财政部规划教材
全国财政职业教育教学指导委员会推荐教材
全国高职高专院校财经类教材

经济法基础

沈永希　陈小凤　主　编
林欣欣　徐　弘　黄燕梅　藏振霞　副主编

中国财经出版传媒集团
经济科学出版社
Economic Science Press

图书在版编目（CIP）数据

经济法基础／沈永希，陈小凤主编．--北京：经济科学出版社，2022.6

财政部规划教材　全国财政职业教育教学指导委员会推荐教材　全国高职高专院校财经类教材

ISBN 978－7－5218－3702－5

Ⅰ.①经…　Ⅱ.①沈…②陈…　Ⅲ.①经济法－中国－高等职业教育－教材　Ⅳ.①D922.29

中国版本图书馆CIP数据核字（2022）第093862号

责任编辑：白留杰　杨晓莹
责任校对：王苗苗　王肖楠
责任印制：张佳裕

经济法基础
沈永希　陈小凤　主　编
林欣欣　徐　弘　黄燕梅　藏振霞　副主编
经济科学出版社出版、发行　新华书店经销
社址：北京市海淀区阜成路甲28号　邮编：100142
教材分社电话：010－88191309　发行部电话：010－88191522
网址：www.esp.com.cn
电子邮箱：bailiujie518@126.com
天猫网店：经济科学出版社旗舰店
网址：http：//jjkxcbs.tmall.com
北京鑫海金澳胶印有限公司印装
787×1092　16开　31印张　780000字
2022年7月第1版　2022年7月第1次印刷
ISBN 978－7－5218－3702－5　定价：76.00元
（图书出现印装问题，本社负责调换。电话：010－88191510）

编写说明

《经济法基础》是一门法规性很强的财经类专业基础课程。本教材根据新会计专业技术资格考试大纲组织编写，紧扣课证融通。本着通俗、易学、理论联系实际的原则，为了利教便学，内容采用模块化形式，在每章前面都设有学习目标，案例导入，中间穿插知识归纳、知识要点、例题，还配有本章主要内容提示、章节小测等，教学资源丰富，以提高学生独立运用法律法规知识解决经济活动中现实问题的能力，同时帮助学生掌握会计职称考试的重难点。本教材既可作高等职业院校财经商贸类专业学生教材，也可作为会计专业技术资格考试经济法基础的辅导复习教材，同时可供经济管理从业人员学习经济法律知识。

本书由泉州经贸职业技术学院沈永希、陈小凤担任主编，负责全书的修改定稿工作。其中，沈永希教授负责模块七的编写；陈小凤讲师负责模块一、模块六、模块八的编写；厦门软件职业技术学院林欣欣负责模块二的编写；天津轻工职业技术学院臧振霞副教授负责模块三的编写；泉州经贸职业技术学院徐弘讲师负责模块四的编写；泉州经贸职业技术学院黄燕梅讲师负责模块五的编写。

在编写过程中，参阅现行有关法律法规制度条文，也参考和借鉴了大量教材及学习指导书的相关成果，在此谨向相关作者表示深深的感谢！由于编者水平有限，书中难免存在疏漏和不足之处，恳请广大读者批评指正，以不断提高本书的质量。

编者

2022 年 5 月

目录

模块一

总　论

学习目标

1. 掌握法的分类与渊源、法律关系、法律事实、法律主体的分类、法律主体资格；
2. 熟悉法和法律、法律责任的种类；
3. 解法律部门与法律体系、法律责任的概念。

案例导入

某种业科技有限公司为水稻新品种“金粳818”的独占实施被许可人。某农业产业发展有限公司在不具有种子生产经营许可证的情况下，未经许可在微信群内发布“农业产业链信息匹配”寻找潜在交易者，并收取会员费后提供种子交易信息，与买家商定交易价格、数量、交货时间后安排送交无标识、标签的白皮袋，或者包装标注为其他商品粮的“金粳818”种子。某种业科技有限公司诉请判令某农业产业发展有限公司停止侵权，并赔偿经济损失300万元。请分析该案件中法律关系各要素。

资料来源：此案例发布在七台河市中级人民法院官网，2022年3月29日。

任务一　法律基础

一、法和法律

（一）法和法律的概念

1. 法的概念。法是由国家制定或认可，以权利义务为主要内容，由国家强制力保证实施的社会行为规范及其相应的规范性文件的总称。

知识要点：国家创制法的两种方式的制定和认可。

2. 法律的概念。法律一词可从狭义、广义两方面进行理解。广义的法律指法的整体，即“法”。包括宪法、全国人民代表大会及其常务委员会（以下简称“全国人大及其常委会”）制定的法律、国务院制定的行政法规、地方国家权力机关制定的地方性法规以及民族自治地方的人民代表大会制定的自治条例和单行条例等。狭义的法律专指全国人大及其常委会制定的法律。

（二）法的本质与特征

1. 法的本质。法是统治阶级的国家意志的体现。

（1）法只能是统治阶级意志的体现。①法是由统治阶级的物质生活条件决定的，是社会客观需要的反映；②法体现的是统治阶级的整体意志和根本利益，而不是统治阶级每个成员个人意志的简单相加。

（2）法体现的也不是一般的统治阶级意志，而是被奉为法律的统治阶级意志，即统治阶级的国家意志。

知识要点：法的本质是统治阶级的国家意志的体现。

2. 法的特征。

（1）法是国家制定或认可的规范，具有国家意志性。统治阶级意志并不能直接形成为法，它必须通过一定的组织和程序，即通过统治阶级的国家制定或认可，才能形成为法。制定和认可，是国家创制法的两种方式，也是统治阶级把自己的意志变为国家意志的两条途径。

（2）法凭借国家强制力的保证而获得普遍遵守的效力，具有国家强制性。法是由国家强制力保障实施的规范。法的强制性是由国家提供和保证的，因而与一般社会规范的强制性不同。其他社会规范虽然也有一定的强制性，如道德主要依靠社会舆论的强制，但这种强制不同于国家的强制。

（3）法是确定人们在社会关系中的权利和义务的行为规范，具有规范性。法是调整社会关系的规范，通过规范人们的行为而达到调整社会关系的目的。法具有为人们提供行为模式和标准的属性。法通过规定人们的权利和义务来分配利益，从而影响人们的动机和行为，进而影响社会关系，实现统治阶级的意志和要求，维持社会秩序，因此法也具有利益导向性。

（4）法是明确而普遍适用的规范，具有明确公开性和普遍约束性。法具有明确的内容，能使人们预知自己或他人一定行为的法律后果，该特征也被称为法的可预测性。法具有普遍适用性，凡是在国家权力管辖和法律调整的范围、期限内，对所有社会成员及其活动都普遍适用。

知识要点：法的特征具有国家意志性、国家强制性、规范性、公开性和普遍约束性。

【例题1－1】下列关于法的本质与特征的表述中，不正确的是（　　）。

A. 法是由国家制定或认可的规范

B. 法是全社会成员共同意志的体现

C. 法由统治阶级的物质生活条件所决定

D. 法凭借国家强制力的保证获得普遍遵守的效力

【答案】B

【解析】法是统治阶级的国家意志的体现。

二、法的分类和渊源

根据不同的标准，可以对法作不同的分类。

（一）法的分类

1. 根据法的内容、效力和制定程序划分为根本法和普通法。根本法就是宪法。宪法规定国家制度和社会制度的基本原则，具有最高的法律效力，是普通法立法的依据。普通法泛指宪法以外的所有法律。普通法根据宪法确认的原则就某个方面或某些方面的问题作出具体规定，其效力低于宪法。

2. 根据法的空间效力、时间效力或对人的效力划分为一般法和特别法。一般法是指在一国领域内对一般自然人、法人、组织和一般事项都普遍适用。特别法是指只在一国的特定地域内或只对特定主体或在特定时期内或对特定事项有效的法律。

3. 根据法的内容划分为实体法和程序法。实体法是指具体规定主体的权利和义务的法律，如民法典等。程序法是指为了保障法律主体实体权利和义务的实现而制定的关于程序方面的法律，如中华人民共和国民事诉讼法等。对于具体的法律而言，其中往往既有实体法，又有程序法。如公司法中不仅规定了相关主体的权利义务，还规定了相关主体行使权利的程序。

4. 根据法的主体、调整对象和渊源划分为国际法和国内法。国际法指适用主权国家之间以及其他具有国际人格的实体之间的法律规则的总称。国际法的主体主要是国家；调整对象主要是国家间的相互关系；渊源主要是国际条约和各国公认的国际惯例；实施则以国家单独或集体的强制措施为保证。国内法的主体主要是该国的自然人和社会组织；调整对象是一国内部的社会关系；渊源主要是该国立法机关颁布的规范性文件；实施则以该国的强制力予以保证。

5. 根据法律运用的目的划分为公法和私法。公法是以保护公共利益为目的的法律，如宪法、行政法、刑法、诉讼法等。私法是以保护私人利益为目的的法律，如民法典、商法等。

6. 根据法的创制方式和表现形式划分为成文法和不成文法。成文法是指有权制定法律的国家机关，依照法定程序所制定的具有条文形式的规范性文件。不成文法是指国家机关认可的、不具有条文形式的规范，如习惯、判例等。我国是成文法国家，在没有明确法律依据时，习惯和判例中的内容不能成为法律。

知识归纳（见表1－1）

表1－1　法的分类

标准	分类
法的内容、效力和制定程序	根本法和普通法
法的空间效力、时间效力或对人的效力	一般法和特别法
法的内容	实体法和程序法
法的主体、调整对象和渊源	国际法和国内法
法律运用的目的	公法和私法
法的创制方式和表现形式	成文法和不成文法

【例题1－2】下列对法所作的分类中，以法的创制方式和表现形式为依据进行分类的是（　　）。

A. 实体法和程序法　　B. 一般法和特别法

C. 成文法和不成文法　　D. 根本法和普通法

【答案】C

【解析】根据法的创制方式和表现形式划分为成文法和不成文法。

（二）法的渊源

法的渊源也称为法的形式，是指法的具体表现形态。即法是由何种国家机关，依照什么方式或程序创制出来的，并表现为何种形式、具有何种效力等级的规范性法律文件。

1. 我国法的主要渊源。

（1）宪法由国家最高立法机关即全国人民代表大会制定，是国家的根本大法。宪法规定国家的基本制度和根本任务、公民的基本权利和义务，具有最高的法律效力，也具有最为严格的制定和修改程序。

（2）法律由全国人大及其常委会制定。全国人民代表大会制定和修改刑事、民事、国家机构的和其他的基本法律。全国人民代表大会常务委员会制定和修改除应当由全国人民代表大会制定的法律以外的其他法律；在全国人民代表大会闭会期间，对全国人民代表大会制定的法律进行部分补充和修改，但是不得同该法律的基本原则相抵触。法律通常规定和调整国家、社会和公民生活中某一方面带根本性的社会关系或基本问题。其法律效力和地位仅次于宪法，是制定其他规范性文件的依据。

（3）行政法规是由国家最高行政机关即国务院在法定职权范围内为实施宪法和法律而制定、发布的规范性文件，通常冠以条例、办法、规定等名称。

（4）地方性法规、自治条例和单行条例。省、自治区、直辖市的人民代表大会及其常务委员会根据本行政区域的具体情况和实际需要，在不同宪法、法律、行政法规相抵触的前提下，可以制定地方性法规。

（5）特别行政区的法。《宪法》第 31 条规定，国家在必要时得设立特别行政区。在特别行政区内实行的制度按照具体情况由全国人民代表大会以法律规定。全国人民代表大会制定的特别行政区基本法以及特别行政区依法制定并报全国人民代表大会常务委员会备案的、在该特别行政区内有效的规范性法律文件，属于特别行政区的法。

（6）规章。国务院各部、委员会、中国人民银行、审计署和具有行政管理职能的直属机构，可以根据法律和国务院的行政法规、决定、命令，在本部门的权限范围内，制定规章。省、自治区、直辖市和设区的市、自治州的人民政府，可以根据法律、行政法规和本省、自治区、直辖市的地方性法规，制定规章。

（7）国际条约属于国际法而不属于国内法的范畴，但我国缔结和参加条约对于我国的国家机关、社会团体、企业、事业单位和公民也有约束力，因此，这些条约就其具有与国内法同样的拘束力而言，也是我国法的渊源之一，如国际民用航空公约。

知识要点：法律效力等级：宪法 > 法律 > 行政法规 > 地方性法规 > 同级和下级地方政府规章。

最高人民法院所作的判决书、指导案例只是一种非规范性法律文件，不能作为法的渊源。

【例题 1－3】下列规范性文件中，属于行政法规的是（　　）。

A. 国务院发布的《企业财务会计报告条例》

B. 全国人民代表大会通过的《民事诉讼法》

C. 中国人民银行发布的《支付结算办法》

D. 全国人民代表大会常务委员会通过的《会计法》

【答案】A

【解析】选项 BD 属于法律，选项 C 属于部门规章。

2. 法的效力范围。法的效力范围也称法的生效范围，是指法在什么时间和什么空间对什么人有效。

（1）法的时间效力，是指法的效力的起始和终止的时限以及对其实施以前的事件和行为有无溯及力。

法规定生效期限的方式主要有两种：一是明确规定一个具体生效时间；二是规定具备何种条件后开始生效。

法的终止又称法的终止生效，是指使法的效力绝对消灭。具体来讲，大致有两种情况：一是明示终止，即直接用语言文字表示法的终止时间。这种方法为现代国家所普遍采用；二是默示终止，即不用明文规定该法终止生效的时间，而是在实践中贯彻“新法优于旧法”“后法优于前法”的原则，从而使旧法在事实上被废止。

我国法的终止方式主要有以下四种：①新法取代旧法，由新法明确规定旧法废止。这是通常做法；②有的法在完成一定的历史任务后不再适用；③由有权的国家机关发布专门的决议、决定，废除某些法律；④同一国家机关制定的法，虽然名称不同，但在内容上旧法与新法发生冲突或相互抵触时，以新法为准，旧法中的有关条款自动终止效力。

法的溯及力，又称法的溯及既往的效力，它是指新法对其生效前发生的行为和事件是否适用。如果不适用，就没有溯及力；如果适用，新法就有溯及力。我国法律采用的是从旧兼从轻原则，就是说原则上新法无溯及力，对行为人适用旧法，但新法对行为人的处罚较轻时则适用新法。《立法法》第 93 条规定，法律、行政法规、地方性法规、自治条例和单行条例、规章不溯及既往，但为了更好地保护公民、法人和其他组织的权利和利益而作的特别规定除外。

（2）法的空间效力，是指法在哪些空间范围或地域范围内发生效力。法的空间效力与国家主权直接相关，法直接体现国家主权。它适用于该国主权所及一切领域，既包括领陆、领水及底土和领空；也包括延伸意义的领土，如驻外使馆；还包括在境外的飞行器和停泊在境外的船舶。当然，由于法的制定机关和内容不同，其效力范围也有区别，一般分为域内效力与域外效力两个方面。以我国为例，其域内效力大致有如下两种情况：

①在全国范围内有效。在我国，由全国人大及其常委会、国务院制定的规范性法律文件，如宪法、法律、行政法规，除法律有特别规定的外，均在全国范围内有效。

②在我国局部地区有效。我国地方人大及其常委会、人民政府依法制定的地方性法规及地方政府规章，民族自治地方制定的自治条例与单行条例，在其管辖范围内有效。

在域外效力方面，我国在互相尊重领土主权的基础上，本着保护本国利益和公民权益的精神和原则，也规定了某些法律或某些法律条款具有域外效力。比如，民事婚姻家庭方面，有些法律实行有条件的域外效力原则；刑事方面，我国刑法也规定了对某些发生在域外的犯罪人应追究其刑事责任。如《刑法》第 7 条规定，中华人民共和国公民在中华人民共和国领域外犯本法规定之罪的，适用本法，但是按本法规定的最高刑为三年以下有期徒刑的，可以不予追究。中华人民共和国国家工作人员和军人在中华人民共和国领域外犯本法规定之罪的，适用本法。

（3）法的对人效力，也称法的对象效力，是指法适用于哪些人或法适用主体的范围。我国法律对人效力采用的是结合主义原则，即以属地主义为主，但又结合属人主义与保护主义的一项原则。属人主义原则，是根据自然人的国籍来确定法的适用范围。按照这一原则，凡是本国人，不论在国内还是在国外，一律受本国法的约束；属地主义原则，是根据领土来确定法的适用范围。按照这一原则，凡属一国管辖范围的一切人，不管是本国人，还是外国人，都受该国法的约束；保护主义原则，是从保护本国利益出发来确定法的适用范围。其含义是，只要损害了本国利益，不论侵犯者在何地域或是何国国籍，一律受本国法的约束。

根据我国有关法律规定，法的对人效力主要包括两个方面：一方面，对中国公民的效力。凡是中华人民共和国的公民，在中国领域内一律适用中国法律，平等地享有法律权利和承担法律义务。中国公民在国外的，仍然受中国法律的保护，也有遵守中国法律的义务。但由于各国法律规定不同，这就必然涉及中国法律与居住国法律之间的关系问题。总的原则是既要维护中国主权，也要尊重他国主权。也就是说，中国公民还要遵守居住国的法律。发生冲突时，应根据有关国际条约、惯例和两国签订的有关协定予以解决。另一方面，对外国人的效力。我国法律既保护外国人的合法权益，又依法查处其违法犯罪行为。这实际上是国家主权在法律领域的体现。凡在中国领域内的外国人均应遵守中国法律。但在刑事领域，对有外交特权和豁免权的外国人犯罪需要追究刑事责任的，通过外交途径解决。对于外国人的人身权利、财产权利、受教育权利和其他合法权利，我国法律均予以保护。但外国人不能享有我国公民的某些权利或承担我国公民的某些义务，如选举权，担任公职和服兵役等。

【例题1－4】《立法法》第93条规定，法律、行政法规、地方性法规、自治条例和单行条例、规章不溯及既往，但为了更好地保护公民、法人和其他组织的权利和利益而作的特别规定除外。《立法法》的这一规定，体现了法的效力范围中的有（　　）。

A. 法的对人效力　　B. 法的时间效力

C. 从旧兼从轻原则　　D. 保护主义原则

【答案】BC

3. 法的效力冲突及其解决方式。法的效力等级，也称效力位阶，指在一国法的体系中因制定法的国家机关地位不同而形成的法在效力上的等级差别。这种效力等级的形成同该国立法体制有直接关系。制定法的国家机关地位越高，其制定的法的效力等级就越高。法的效力冲突是指在适用法律的过程中，一国法律内部对同一问题作出不同规定从而产生的冲突。

（1）解决法的效力冲突的一般原则。

①根本法优于普通法。在成文宪法国家，宪法是国家根本法，具有最高法律效力。普通法必须以宪法为依据，不得同宪法相抵触。在我国宪法具有最高的法律效力，一切法律、行政法规、地方性法规、自治条例和单行条例、规章都不得同宪法相抵触。

②上位法的效力优于下位法。不同位阶的法之间发生冲突，遵循上位法优于下位法的原则，适用上位法。在我国，法律的效力高于行政法规、地方性法规、规章。行政法规的效力高于地方性法规、规章。地方性法规的效力高于本级和下级地方政府规章。省、自治区的人民政府制定的规章的效力高于本行政区域内的设区的市、自治州的人民政府制定的规章。

③新法优于旧法。同一国家机关在不同时期颁布的法产生冲突时，遵循新法优于旧法的原则。

④特别法优于一般法。这一原则的适用是有条件的。这就是要求必须是同一国家机关制定的法，并包括以下两种情况：一是指在适用对象上，对特定主体和特定事项的法，优于对一般主体和一般事项的法；二是指在适用空间上，对特定时间和特定区域的法，优于平时和一般地区的法。

（2）解决法的效力冲突的特殊方式。如果法的效力冲突不能按照一般原则予以解决，只能采取特殊方式。以我国为例，依据《立法法》的有关规定，出现下列情况可由有权的国家机关予以制裁：

①法律之间对同一事项的新的一般规定与旧的特别规定不一致，不能确定如何适用时，由全国人民代表大会常务委员会裁决。行政法规之间对同一事项的新的一般规定与旧的特别规定不一致，不能确定如何适用时，由国务院裁决。地方性法规、规章之间不一致时，由有关机关依照规定的权限作出裁决；同一机关制定的新的一般规定与旧的特别规定不一致时，由制定机关裁决。

②地方性法规与部门规章之间对同一事项的规定不一致，不能确定如何适用时，由国务院提出意见。国务院认为应当适用地方性法规的，应当决定在该地方适用地方性法规的规定；认为应当适用部门规章的，应当提请全国人民代表大会常务委员会裁决。部门规章之间、部门规章与地方政府规章之间对同一事项的规定不一致时，由国务院裁决。

③根据授权制定的法规与法律规定不一致时，由全国人民代表大会常务委员会裁决。

知识要点：解决法的效力冲突一般原则：根本法优于普通法、上位法优于下位法、新法优于旧法、特别法优于一般法。

【例题1-5】部门规章与地方政府规章之间对同一事项的规定不一致时，由国务院裁决。(　　)

【答案】√

三、法律部门与法律体系

（一）法律部门与法律体系的概念

法律部门又称部门法，是指根据一定标准和原则所划分的同类法律规范的总称。法律部门划分的标准首先是法律调整的对象，即法律调整的社会关系。如调整行政主体与行政相对人之间行政管理关系的法律规范的总和构成行政法部门；其次是法律调整的方法。如民法和刑法，都调整人身关系和财产关系。但民法是以自行调节为主要方式，而刑法是以强制干预为主要调整方式。民法要求对损害予以财产赔偿，而刑法则对犯罪人处以严厉的人身惩罚。

一个国家现行的法律规范分类组合为若干法律部门。由这些法律部门组成的具有内在联系的、互相协调的统一整体即为法律体系。

（二）我国现行的法律部门与法律体系

我国现行法律体系大体可以划分为以下法律部门：

1. 宪法及宪法相关法。宪法是国家的根本法。宪法相关法是与宪法相配套、直接保障宪法实施和国家政权运作的法律规范的总和，主要包括四个方面的法律：

（1）有关国家机构的产生、组织、职权和基本工作制度的法律；

（2）有关民族区域自治制度、特别行政区制度、基层群众自治制度的法律；

（3）有关维护国家主权、领土完整和国家安全的法律；

（4）有关保障公民基本政治权利的法律。

2. 民商法是规范民事、商事活动的法律规范的总和，具体可以分为民法和商法。民法调整的是自然人、法人和其他组织等平等主体之间的人身关系和财产关系。商法可以看作是民法中的一个特殊部分，是在民法基本原则的基础上适应现代商事活动的需要逐渐发展起来的，是调整平等主体之间的商事关系的法律，主要包括公司、破产、证券、期货、保险、票据、海商等方面的法律。

3. 行政法是规范国家行政管理活动的法律规范的总和，包括有关行政管理主体、行政行为、行政程序、行政监督以及国家公务员制度等方面的法律规范。行政法调整的是行政机关与行政管理相对人之间因行政管理活动而发生的社会关系。如行政许可法行政处罚法等。

4. 经济法是调整国家从社会整体利益出发对市场经济活动实行干预、管理、调控所产生的社会经济关系的法律规范的总和。经济法是在国家干预市场经济活动过程中逐渐发展起来的一个法律门类，主要包括两个部分：一是创造平等竞争环境、维护市场秩序方面的法律，主要是反垄断、反不正当竞争、消费者权益保护方面的法律；二是国家宏观经济调控方面的法律，主要是有关财政、税收、金融、对外贸易等方面的法律。

5. 劳动法与社会法。劳动法是调整劳动关系以及与劳动关系有密切联系的其他社会关系的法律规范的总和。如《劳动法》《劳动合同法》等。社会法是调整有关社会保障、社会福利等关系的法律规范的总和。社会法的目的在于从社会整体利益出发，对需要扶助的人的合法权益进行保障，如未成年人保护法、妇女权益保护法、残疾人保护法等。

6. 刑法是规范犯罪、刑事责任和刑罚的法律规范的总和。也就是规定哪些行为是犯罪和应该负何种刑事责任，并给犯罪人刑罚处罚的法律。刑法调整的是因犯罪而产生的社会关系，所采用的调整方法是最严厉的一种法律处罚方法，即刑罚的方法。

7. 诉讼与非诉讼程序法是调整因诉讼活动和非诉讼活动而产生的社会关系的法律规范的总和。我国的诉讼制度分为刑事诉讼、民事诉讼、行政诉讼三种，如《刑事诉讼法》《民事诉讼法》《行政诉讼法》等。此外，针对海事诉讼的特殊性，制定了《海事诉讼特别程序法》。非诉讼程序法是解决非诉案件的程序制度，制定了《人民调解法》《仲裁法》《公证法》等。

【例题1－6】按照我国现行法律体系对法律部门的划分,《企业所得税法》属于（　　）。

A. 行政法部门　　B. 经济法部门

C. 民商法部门　　D. 诉讼与非诉讼程序法部门

【答案】B

【解析】有关税收的法属于宏观调控法，属于经济法部门。

四、法律关系

（一）法律关系的概念

法律关系是法律规范在调整人们的行为过程中所形成的一种特殊的社会关系，即法律上的权利与义务关系。或者说，法律关系是指被法律规范所调整的权利与义务关系。

（二）法律关系的要素

法律关系是由法律关系的主体、法律关系的内容和法律关系的客体三个要素构成的。

1. 法律关系的主体，又称法律主体，是指参加法律关系，依法享有权利和承担义务的当事人。

2. 法律关系的内容是指法律关系主体所享有的权利和承担的义务。

法律权利是指法律关系主体依法享有的权益，表现为权利享有者依照法律规定有权自主决定作出或者不作出某种行为、要求他人作出或者不作出某种行为和一旦被侵犯，有权请求国家予以法律保护。依法享有权利的主体称为权利主体或权利人，如所有权人可以自主占有、使用其财产以获得收益；债权人有权请求债务人偿还债务。

法律义务是指法律关系主体依照法律规定所担负的必须作出某种行为或者不得作出某种行为的负担或约束。依法承担义务的主体称为义务主体或义务人。义务主体必须作出某种行为是指以积极的作为方式去履行义务，称为积极义务，如缴纳税款、履行兵役等。义务主体不得作出某种行为是指以消极的不作为方式去履行义务，称为消极义务，如不得毁坏公共财物、不得侵害他人生命健康权等。

3. 法律关系的客体。

（1）法律关系客体的概念。法律关系客体是指法律关系主体的权利和义务所指向的对象。客体是确立权利与义务关系性质和具体内容的依据，也是确定权利行使与否和义务是否履行的客观标准。

（2）法律关系客体的内容和范围。法律关系客体的内容和范围是由法律规定的。法律关系客体应当具备的特征是：能为人类所控制并对人类有价值。一般认为，法律关系的客体主要包括物，人身、人格，智力成果，信息、数据、网络虚拟财产，行为等。具体如下：

①物。物指能满足人们需要，具有一定的稀缺性，并能被人们现实支配和控制的各种物质资源。物可以是自然物，如土地、矿藏、水流、森林；也可以是人造物，如建筑、机器、各种产品等；还可以是财产物品的一般价值表现形式——货币及有价证券，如支票、股票、债券等。物既可以是有体物也可以是无体物。有体物既可以是固定形态的，也可以是没有固定形态的，如天然气、电力等；无体物，如权利、数据信息等，依照相关法律的规定，也都可以作为物权客体。

②人身、人格。人身和人格分别代表着人的物质形态和精神利益，是人之为人的两个不可或缺的要素。一方面，人身和人格是生命权、身体权、健康权、姓名权、肖像权、名誉权、荣誉权、隐私权、婚姻自主权等人身权指向的客体；另一方面，人身和人格又是禁止非法拘禁他人、禁止对犯罪嫌疑人刑讯逼供、禁止侮辱或诽谤他人、禁止卖身为奴等法律义务所指向的客体。以人身、人格作为法律关系客体的范围，法律有严格的限制。人的整体只能是法律关系的主体，不能作为法律关系的客体；而人的部分是可以作为客体的“物”，如当人的头发、血液、骨髓、精子和其他器官从身体中分离出去，成为与身体相分离的外部之物时，在某些情况下也可视为法律上的“物”。

③智力成果。智力成果是指人们通过脑力劳动创造的能够带来经济价值的精神财富，主要是知识产权的客体。如作品，发明、实用新型、外观设计，商标等。

④信息、数据、网络虚拟财产。作为法律关系客体的信息，是指有价值的情报或资讯，如矿产情报、产业情报、国家机密、商业秘密、个人隐私等。《个人信息保护法》第 4 条规定，个人信息是以电子或者其他方式记录的与已识别或者可识别的自然人有关的各种信息，不包括匿名化处理后的信息。《网络安全法》第 44 条规定，任何个人和组织不得窃取或者

以其他非法方式获取个人信息，不得非法出售或者非法向他人提供个人信息。这明确说明信息可以成为法律关系的客体，并且应当予以保护。《民法典》第127条规定，法律对数据、网络虚拟财产的保护有规定的，依照其规定。该条规定明确了数据、网络虚拟财产的财产属性，也说明其可以成为法律关系的客体。

⑤行为。行为作为法律关系的客体不是指人们的一切行为，而是指法律关系的主体为达到一定目的所进行的作为（积极行为）或不作为（消极行为），是人的有意识的活动。如生产经营行为、经济管理行为、完成一定工作的行为和提供一定劳务的行为等。

知识要点：法律关系的客体主要包括物，人身、人格，智力成果，信息、数据、网络虚拟财产，行为等。

人不能成为法律关系的客体，但人体器官是与身体分离的外部之物，可以成为法律关系的客体。

个人信息属于法律关系的客体，但个人信息不包括匿名化处理后的信息。

【例题1－7】下列各项中，属于法律关系客体的有（　　）。

A. 数字人民币　　B. 支付账户

C. 电子商务平台经营者　　D. 个人消费信息数据

【答案】ABD

【解析】选项C属于法律关系的主体。

五、法律事实

任何法律关系的发生、变更和消灭，都要有法律事实的存在。

法律事实是指由法律规范所确定的，能够产生法律后果，即能够直接引起法律关系发生、变更或者消灭的情况。

法律事实是法律关系发生、变更和消灭的直接原因。按照是否以当事人的意志为转移作标准，可以将法律事实划分为法律事件和法律行为。

（一）法律事件

法律事件是指不以当事人的主观意志为转移的，能够引起法律关系发生、变更和消灭的法定情况或者现象。

事件可以是自然现象，如地震、洪水、台风、森林大火等自然灾害或者生老病死、意外事故等；也可以是某些社会现象，如社会革命、战争、重大政策的改变等。这两种事件对于特定的法律关系主体而言，都是不可避免、不以当事人的意志为转移的。由自然现象引起的事实又称自然事件、绝对事件；由社会现象引起的事实又称社会事件、相对事件。

（二）法律行为

法律行为是指以法律关系主体意志为转移，能够引起法律后果，即引起法律关系发生、变更和消灭的人们有意识的活动。

根据不同的标准，可以对法律行为作不同的分类。

1. 根据行为是否符合法律规范的要求分为合法行为与违法行为。合法行为是指行为人所实施的符合法律规范要求，能导致合法的法律后果的行为；违法行为是指行为人所实施的违反法律规范的要求、应承担不利的法律后果的行为。

2. 根据行为的表现形式不同分为积极行为（作为）与消极行为（不作为）。积极行为，又称作为，是指以积极、主动作用于客体的形式表现的、具有法律意义的行为；消极行为，又称不作为，则是指以消极的、抑制的形式表现的，具有法律意义的行为。

3. 根据行为是否通过意思表示分为意思表示行为与非意思表示行为。意思表示行为，又称表示行为，是指行为人基于意思表示而作出的具有法律意义的行为，如签订合同等；非意思表示行为，是指非经行为者意思表示而是基于某种事实状态即具有法律效果的行为，例如拾得遗失物、发现埋藏物等。

4. 根据作出意思表示的主体数量分为单方行为与多方行为。单方行为，是指由法律主体一方的意思表示即可成立的法律行为，如遗嘱、行政命令等；多方行为，是指由两个或两个以上的法律主体意思表示一致而成立的法律行为，如合同行为等。

5. 根据行为是否需要特定形式或实质要件分为要式行为和非要式行为。要式行为，是指必须具备某种特定形式或程序才能成立的法律行为；非要式行为，是指无须特定形式或程序即能成立的法律行为。

6. 根据主体实际参与行为的状态分为自主行为和代理行为。自主行为，是指法律主体在没有其他主体参与的情况下以自己的名义独立从事的法律行为；代理行为，是指法律主体根据法律授权或其他主体的委托而以被代理人的名义所从事的法律行为。

知识要点：不以当事人的主观意志为转移的称为法律事件；以法律关系主体意志为转移的称为法律行为。

【例题1-8】下列法律事实中，属于法律事件的是（　　）。

A. 核酸检测　　B. 捐赠口罩　　C. 出口疫苗　　D. 地震

【答案】D

【解析】选项 ABC 属于法律行为。

任务二　法律主体

一、法律主体的分类

法律主体，也称法律关系主体，是指参加法律关系，依法享有权利和承担义务的当事人。根据我国法律规定，能够参与法律关系的主体包括以下四类：

（一）自然人

1. 自然人的概念。自然人是指具有生命的个体的人。即生物学上的人，是基于出生而取得主体资格的人。既包括中国公民，也包括居住在中国境内或在中国境内活动的外国公民和无国籍人。公民是各国法律关系的基本主体之一，是指具有一国国籍的自然人。

2. 自然人的出生时间和死亡时间，以出生证明、死亡证明记载的时间为准；没有出生证明、死亡证明的，以户籍登记或者其他有效身份登记记载的时间为准。有其他证据足以推翻以上记载时间的，以该证据证明的时间为准。

自然人在出生之前也可以成为特殊法律关系的主体。例如《民法典》规定，涉及遗产继承、接受赠与等胎儿利益保护的，胎儿视为具有民事权利能力。但是，胎儿娩出时为死体的，其民事权利能力自始不存在。

3. 自然人的住所。自然人以户籍登记或者其他有效身份登记记载的居所为住所；经常居所与住所不一的，经常居所视为住所。

（二）法人

1. 法人制度概述。法人制度是指法律赋与符合条件的团体以法律人格、使团体的人格与成员的人格独立开来，从而使这些团体成为独立的民事主体。

（1）法人的概念与成立。法人是具有民事权利能力和民事行为能力，依法独立享有民事权利和承担民事义务的组织。法人应当依法成立，应当有自己的名称、组织机构、住所、财产或者经费。法人的名称是法人独立于其成员的人格标志，是法人参与法律活动时得以区别于其他法人的特定化标志，法人的组织机构也称法人的机关。法人机关依法律、条例、章程规定而产生，其对内管理法人事务；对外代表法人从事民事活动。法人作为法律关系主体要独立参与法律活动，就必须产生出自己的团体意思，并能将自己的团体意思付诸实施。而这一切只有通过法人各种健全的组织机构才能完成。法人的组织机构主要有议事机关、执行机关、代表机关、监督机关。法人以其主要办事机构所在地为住所；以其全部财产独立承担民事责任。

（2）法人的分类。法人分为营利法人、非营利法人和特别法人。法律所指营利，是指积极地营利并将其所得利益分配给其成员。营利所指不是法人本身营利，而是指法人为其成员营利，仅法人本身营利，如果不将所获得利益分配给成员，而是作为自身积累，则不属于营利法人。例如基金会等组织，虽然有投资保值增值的营利，但没有股东出资人，也不可能分配利润，则属于非营利法人。

（3）法人的法定代表人。依照法律或者法人章程的规定，代表法人从事民事活动的负责人，为法人的法定代表人。法定代表人以法人名义从事的民事活动，其法律后果由法人承受。法人章程或者法人权力机构对法定代表人代表权的限制，不得对抗善意相对人。

法定代表人因执行职务造成他人损害的，由法人承担民事责任。法人承担民事责任后，依照法律或者法人章程的规定，可以向有过错的法定代表人追偿。

（4）法人设立中的责任承担。设立人为设立法人从事的民事活动。其法律后果由法人承受；法人未成立的，其法律后果由设立人承受。设立人为两人以上的，享有连带债权，承担连带债务。设立人为设立法人以自己的名义从事民事活动产生的民事责任，第三人有权选择请求法人或者设立人承担。

（5）法人的合并和分立。法人合并的，其权利和义务由合并后的法人享有和承担；法人分立的，其权利和义务由分立后的法人享有连带债权，承担连带债务。但是债权人和债务人另有约定的除外。

（6）法人解散和终止。法人解散是指由于法人章程或者法律规定的事由出现，致使法人不能继续存在，从而停止积极活动，开始整理财产关系的程序。《民法典》规定，出现下列情形之一的，法人解散：①法人章程规定的存续期间届满或者法人章程规定的其他解散事由出现；②法人的权力机构决议解散；③因法人合并或者分立需要解散；④法人依法被吊销营业执照、登记证书，被责令关闭或者被解散；⑤法律规定的其他情形。

法人终止是指法人资格的丧失。法人终止虽然产生与自然人死亡相同的法律效果，但其终止更具备社会属性，需要特定事由，并通过特定法律程序来推动。有下列原因之一并依法完成清算、注销登记的，法人终止：①法人解散；②法人被宣告破产；③法律规定的其他原因。该规定明确将法人终止和法人解散区分开来，将法人解散作为法人终止的原因之一。

法人终止，法律、行政法规规定须经有关机关批准的，依照其规定。例如，《保险法》第 89 条规定，保险公司因分立、合并需要解散，或者股东会、股东大会决议解散，或者公司章程规定的解散事由出现，经国务院保险监督管理机构批准后解散。经营有人寿保险业务的保险公司，除因分立、合并或者被依法撤销外，不得解散。保险公司解散，应当依法成立清算组进行清算。

（7）法人的清算。法人解散的，除合并或者分立的情形外，清算义务人应当及时组成清算组进行清算。法人的董事、理事等执行机构或者决策机构的成员为清算义务人。法律、行政法规另有规定的，依照其规定。清算义务人未及时履行清算义务，造成损害的，应当承担民事责任；主管机关或者利害关系人可以申请人民法院指定有关人员组成清算组进行清算。

清算期间法人存续，但是不得从事与清算无关的活动。法人清算后的剩余财产，按照法人章程的规定或者法人权力机构的决议处理。法律另有规定的，依照其规定。清算结束并完成法人注销登记时，法人终止；依法不需要办理法人登记的，清算结束时，法人终止；法人被宣告破产的，依法进行破产清算并完成法人注销登记时，法人终止。

（8）法人的分支机构。法人可以依法设立分支机构。法律、行政法规规定分支机构应当登记的，依照其规定。分支机构以自己的名义从事民事活动，产生的民事责任由法人承担；也可以先以该分支机构管理的财产承担。不足以承担的，由法人承担。

2. 营利法人。

（1）营利法人的概念与成立。营利法人是指以取得利润并分配给股东等出资人为目的成立的法人。营利法人包括公司制营利法人和非公司制营利法人。公司制营利法人主要是有限责任公司、股份有限公司。非公司制营利法人主要是没有采用公司制的全民所有制企业、集体所有制企业等。

营利法人经依法登记成立。依法设立的营利法人，由登记机关发给营利法人营业执照。营业执照签发日期为营利法人的成立日期。营利法人从事经营活动，应当遵守商业道德，维护交易安全，接受政府和社会的监督，承担社会责任。

（2）营利法人的组织机构。设立营利法人应当依法制定法人章程。营利法人应当设权力机构。权力机构行使修改法人章程，选举或者更换执行机构、监督机构成员，以及法人章程规定的其他职权。

营利法人应当设执行机构。执行机构行使召集权力机构会议，决定法人的经营计划和投资方案，决定法人内部管理机构的设置，以及法人章程规定的其他职权。执行机构为董事会或者执行董事的，董事长、执行董事或者经理按照法人章程的规定担任法定代表人；未设董事会或者执行董事的，法人章程规定的主要负责人为其执行机构和法定代表人。

营利法人设监事会或者监事等监督机构的，监督机构依法行使检查法人财务，监督执行机构成员、高级管理人员执行法人职务的行为，以及法人章程规定的其他职权。

（3）营利法人的出资人。营利法人的出资人不得滥用出资人权利损害法人或者其他出资人的利益；滥用出资人权利造成法人或者其他出资人损失的，应当依法承担民事责任。

营利法人的出资人不得滥用法人独立地位和出资人有限责任损害法人债权人的利益；滥用法人独立地位和出资人有限责任，逃避债务，严重损害法人债权人的利益的，应当对法人债务承担连带责任。

营利法人的控股出资人、实际控制人、董事、监事、高级管理人员不得利用其关联关系损害法人的利益；利用关联关系造成法人损失的，应当承担赔偿责任。

营利法人的权力机构、执行机构作出决议的会议召集程序、表决方式违反法律、行政法规、法人章程，或者决议内容违反法人章程的，营利法人的出资人可以请求人民法院撤销该决议。但是，营利法人依据该决议与善意相对人形成的民事法律关系不受影响。

3. 非营利法人。

（1）非营利法人的概念。非营利法人是指为公益目的或者其他非营利目的成立，不向出资人、设立人或者会员分配所取得利润的法人。非营利法人包括事业单位、社会团体、基金会、社会服务机构等。

（2）事业单位。事业单位是指国家为了社会公益目的，由国家机关举办或者其他组织利用国有资产举办的，从事教育、科技、文化、卫生等活动的社会服务组织。具备法人条件，为适应经济社会发展需要，提供公益服务设立的事业单位，经依法登记成立，取得事业单位法人资格；依法不需要办理法人登记的，从成立之日起，具有事业单位法人资格。

（3）社会团体。社会团体是指中国公民自愿组成，为实现会员共同意愿，按照其章程开展活动的非营利性社会组织。国家机关以外的组织可以作为单位会员加入社会团体。具备法人条件，基于会员共同意愿，为公益目的或者会员共同利益等非营利目的设立的社会团体，经依法登记成立，取得社会团体法人资格；依法不需要办理法人登记的，从成立之日起，具有社会团体法人资格。

（4）捐助法人和宗教活动场所法人。捐助法人是指具备法人条件，为公益目的以捐助财产设立的基金会、社会服务机构等组织。《基金会管理条例》规定，基金会是指利用自然人、法人或者其他组织捐赠的财产，以从事公益事业为目的，按照规定成立的非营利性法人。社会服务机构通常是以“助人自助”为宗旨，由受过专门训练的社会工作者，作为职业的服务人员和志愿者组成，为特定的有需要的服务对象提供专业服务的人群组织。

宗教活动场所法人是指取得捐助法人资格的宗教活动场所，如寺院、宫观、清真寺、教堂等。信教公民的集体宗教活动，一般应当在经登记的宗教活动场所内进行。

4. 特别法人。由于实践中有些法人的设立依据、目的、职能和责任最终承担等方面均与营利法人和非营利法人存在较大差别，所以立法中单列了一类法人即特别法人，主要包括机关法人、农村集体经济组织法人、城镇农村的合作经济组织法人、基层群众性自治组织法人。

（1）机关法人是指依据宪法、法律法规或政府的行政命令而设立、享有公权力的、以从事履行公共管理职能为主的各级国家机关。其成立目的、成立程序和运行程序、消灭程序等与其他法人组织存在明显差别。有独立经费的机关和承担行政职能的法定机构从成立之日起，具有机关法人资格，可以从事为履行职能所需要的民事活动。因为机关法人存续过程中，会偶尔涉及民事法律关系，因此，民法上将其作为有民事主体资格的法人对待，以便于民事诉讼。

机关法人被撤销的，法人终止，其民事权利和义务由继任的机关法人享有和承担；没有继任的机关法人的，由作出撤销决定的机关法人享有和承担。

（2）农村集体经济组织是指利用农村集体的土地或其他财产，从事农业经营等活动的组织。其以维护集体成员权益、实现共同富裕为宗旨，坚持集体所有、合作经营、民主管理，实行各尽所能、按劳分配、共享收益的原则。农村集体经济组织依法取得法人资格。《宪法》第 8 条规定，农村集体经济组织实行家庭承包经营为基础、统分结合的双层经营体制。参加农村集体经济组织的劳动者，有权在法律规定的范围内经营自留地、自留山、家庭副业和饲养自留畜。

（3）城镇农村的合作经济组织。合作经济组织法人又称为合作社法人，是指劳动者在互助基础上，自筹资金共同经营，共同劳动并分享收益的经济组织。其成员退社自由，对合作社的债务一般承担有限责任，合作社在法律上享有法人资格。城镇农村的合作经济组织依法取得法人资格。《农民专业合作社法》规定，农民专业合作社是在农村家庭承包经营基础上，同类农产品的生产经营者或者同类农业生产经营服务的提供者、利用者，自愿联合民主管理的互助性经济组织。

（4）基层群众性自治组织。居民委员会、村民委员会具有基层群众性自治组织法人资格，可以从事为履行职能所需要的民事活动。《城市居民委员会组织法》规定，居民委员会是居民自我管理、自我教育、自我服务的基层群众性自治组织。不设区的市、市辖区的人民政府或者它的派出机关对居民委员会的工作给予指导、支持和帮助。居民委员会协助不设区的市、市辖区的人民政府或者它的派出机关开展工作。《村民委员会组织法》规定，村民委员会是村民自我管理、自我教育、自我服务的基层群众性自治组织，实行民主选举、民主决策、民主管理、民主监督。村民委员会办理本村的公共事务和公益事业，调解民间纠纷，协助维护社会治安，向人民政府反映村民的意见、要求和提出建议。村民委员会向村民会议、村民代表会议负责并报告工作；未设立村集体经济组织的，村民委员会可以依法代行村集体经济组织的职能。

（三）非法人组织

1. 非法人组织的概念。非法人组织是指不具有法人资格，但是能够依法以自己的名义从事民事活动的组织。

非法人组织包括个人独资企业、合伙企业、不具有法人资格的专业服务机构等。非法人组织应当依照法律的规定登记。设立非法人组织，法律、行政法规规定须经有关机关批准的，依照其规定。

非法人组织的财产不足以清偿债务的，其出资人或者设立人承担无限责任。法律另有规定的，依照其规定。例如，合伙企业也具有自己的合伙财产。《合伙企业法》规定，合伙人的出资、以合伙企业名义取得的收益和依法取得的其他财产均为合伙企业的财产。在承担债务时，首先以合伙企业的财产承担责任。只有在合伙企业财产不足以承担责任时，才由各合伙人承担无限连带责任。

2. 非法人组织的代表。非法人组织可以确定一人或者数人代表该组织从事民事活动。

3. 非法人组织的解散。有下列情形之一的，非法人组织解散：

（1）章程规定的存续期间届满或者章程规定的其他解散事由出现；

（2）出资人或者设立人决定解散；

（3）法律限定的其他情形。非法人组织解散的，应当依法进行清算。

（四）国家

在特殊情况下，国家可以作为一个整体成为法律主体。如在国内，国家是国家财产所有权唯一和统一的主体；在国际上，国家作为主权者，是国际公法关系的主体，也可以成为对外贸易关系中的债权人或债务人。

知识要点：法律关系的主体限于自然人、组织和国家，机器人不属于法律关系的主体。合作企业在承担债务时，首先以合伙企业的财产承担责任。只有在合伙企业财产不足以承担责任时，才由各合伙人承担无限连带责任。

【例题 1－9】下列各项中，属于非营利性法人的是（　　）。

A. 基金会　　B. 农村集体经济组织法人

C. 机关法人　　D. 合伙企业

【答案】A

【解析】选项 BC 属于特别法人；选项 D 属于非法人组织。

二、法律主体资格

法律主体资格包括权利能力和行为能力两个方面。

（一）权利能力

权利能力，是指法律主体能够参加某种法律关系，依法享有一定权利和承担一定义务的法律资格。或者说，权利能力就是自然人或组织能够成为法律主体的资格。它是任何自然人或组织参加法律关系的前提条件。

1. 自然人的权利能力。自然人从出生时起到死亡时止，具有民事权利能力，依法享有民事权利，承担民事义务。自然人的民事权利能力一律平等。

2. 法人的权利能力。法人权利能力的范围由法人成立的宗旨和业务范围决定，自法人成立时产生，至法人终止时消灭。

（二）行为能力

行为能力，是指法律主体能够通过自己的行为实际取得权利和履行义务的能力。法人的行为能力和权利能力是一致的，同时产生、同时消失。而自然人的行为能力不同于其权利能力，具有行为能力必须首先具有权利能力；但具有权利能力并不必然具有行为能力。确定自然人有无行为能力，一看能否认识自己行为的性质、意义和后果；二看能否控制自己的行为并对自己的行为负责。

1. 自然人的民事行为能力。我国法律将自然人按其民事行为能力划分为三类（见表 1－2）。

表 1-2 自然人的民事行为能力分类

种类	具体规定
完全民事行为能力	18 周岁以上的自然人
	16 周岁以上的未成年人，以自己的劳动收入为主要生活来源的，视为完全民事行为能力人
限制民事行为能力	8 周岁以上（≥8 周岁）的未成年人
	不能完全辨认自己行为的成年人
无民事行为能力	不满 8 周岁（<8 周岁）的未成年人
	8 周岁以上的未成年人，不能辨认自己行为的
	不能辨认自己行为的成年人

（1）完全民事行为能力人。完全民事行为能力人，是指达到法定年龄、智力健全、能够对自己行为负完全责任的自然人。18 周岁以上的自然人是成年人；不满 18 周岁的自然人为未成年人。成年人为完全民事行为能力人，可以独立实施民事法律行为；16 周岁以上的未成年人，以自己的劳动收入为主要生活来源的，视为完全民事行为能力人。

（2）限制民事行为能力人。限制民事行为能力人，是指行为能力受到一定的限制，只有部分行为能力的自然人。8 周岁以上的未成年人、不能完全辨认自己行为的成年人为限制民事行为能力人，实施民事法律行为由其法定代理人代理或者经其法定代理人同意、追认；但是，可以独立实施纯获利益的民事法律行为或者与其年龄、智力、精神健康状况相适应的民事法律行为。

（3）无民事行为能力人。无民事行为能力人，是指完全不能以自己的行为行使权利、履行义务的自然人。不满 8 周岁的未成年人、8 周岁以上的不能辨认自己行为的未成年人，以及不能辨认自己行为的成年人为无民事行为能力人。无民事行为能力人，由其法定代理人代理实施民事法律行为。

无民事行为能力人、限制民事行为能力人的监护人是其法定代理人。

【例题 1-10】 下列自然人中，属于限制民事行为能力人的有（　　）。

A. 赵某，13 周岁，系某中学在校学生

B. 陈某，20 周岁，有精神障碍，不能辨认自己的行为

C. 孙某，7 周岁，不能辨认自己的行为

D. 李某，15 周岁，系省足球队专业运动员

【答案】AD

【解析】7 周岁，只能是无民事行为能力人；20 周岁，通常是完全民事行为能力人，但不能辨认自己行为，界定为无民事行为能力人；13 周岁、15 周岁，精神状态无异常，属于限制民事行为能力人。

2. 自然人的刑事责任能力。刑事责任能力指行为人构成犯罪和承担刑事责任所必须具备的刑法意义上辨认和控制自己行为的能力。不具备刑事责任能力者即使实施了危害社会的行为，也不能成为犯罪主体，不能被追究刑事责任；刑事责任能力减弱者，其刑事责任相应地适当减轻。对于一般自然人来说，只要达到一定的年龄，生理和智力发育正常，就具有了

相应地辨认和控制自己行为的能力，从而具有刑事责任能力。但有的人因患病等原因会丧失或减弱刑事责任能力。

（1）已满16周岁的人犯罪，应当负刑事责任。

（2）已满14周岁不满16周岁的人，犯故意杀人、故意伤害致人重伤或者死亡、强奸、抢劫、贩卖毒品、放火、爆炸、投放危险物质罪的，应当负刑事责任。

（3）已满12周岁不满14周岁的人，犯故意杀人、故意伤害罪，致人死亡或者以特别残忍手段致人重伤造成严重残疾，情节恶劣，经最高人民检察院核准追诉的，应当负刑事责任。

（4）已满12周岁不满18周岁的人犯罪，应当从轻或者减轻处罚。因不满16周岁不予刑事处罚的，责令其父母或者其他监护人加以管教；在必要的时候，依法进行专门矫治教育。

（5）已满75周岁的人故意犯罪的，可以从轻或者减轻处罚；过失犯罪的，应当从轻或者减轻处罚。

（6）精神病人在不能辨认或者不能控制自己行为的时候造成危害结果，经法定程序鉴定确认的，不负刑事责任，但是应当责令他的家属或者监护人严加看管和医疗；在必要的时候，由政府强制医疗。间歇性的精神病人在精神正常的时候犯罪，应当负刑事责任。尚未完全丧失辨认或者控制自己行为能力的精神病人犯罪的，应当负刑事责任，但是可以从轻或者减轻处罚。

（7）醉酒的人犯罪，应当负刑事责任。

（8）又聋又哑的人或者盲人犯罪，可以从轻、减轻或者免除处罚。

知识归纳（见表1－3）

表1－3　自然人刑事责任能力分类及量刑规则

不同年龄段的犯罪情形		量刑规则
12周岁≤x<14周岁	犯故意杀人、故意伤害罪，致人死亡或者以特别残忍手段致人重伤造成严重残疾，情节恶劣，经最高人民检察院核准追诉的	应当负刑事责任
14周岁≤x<16周岁	触犯法定的8种罪行	应当负刑事责任
	触犯法定的8种罪行以外的其他罪行	不负刑事责任
x≥16周岁		应当负刑事责任
12周岁≤x<18周岁		应当从轻或者减轻处罚
x≥75周岁	故意犯罪	可以从轻或者减轻处罚
	过失犯罪	应当从轻或者减轻处罚
精神病人	不能辨认或者不能控制自己行为	不负刑事责任
	尚未完全丧失辨认或者控制自己行为	应当负刑事责任，但是可以从轻或者减轻处罚
又聋又哑的人或者盲人		可以从轻、减轻或者免除处罚
醉酒的人犯罪		应当负刑事责任

【例题1-11】《刑法修正案（十一）》正式实施后，我国自然人刑事责任年龄的底限下降至14周岁。（ ）

【答案】×

【解析】《刑法修正案（十一）》正式实施后，我国自然人刑事责任年龄的底限下降至12周岁。

任务三 法律责任

一、法律责任

法律责任这一概念可以从正反两个方面理解，即积极意义的法律责任与消极意义的法律责任。积极意义的法律责任是指所有法律主体都有遵守法律的义务，即将法律责任与法律义务含义等同，也称广义的法律责任。现行立法所用的法律责任是一种消极意义的法律责任，是指法律关系主体由于违反法定或约定的义务而应承受的不利的法律后果。

二、法律责任的种类

根据我国法律的有关规定，可将法律责任分为民事责任、行政责任和刑事责任三种。

（一）民事责任

民事责任是指民事主体违反了约定或法定的义务所应承担的不利民事法律后果。根据《民法典》的规定，承担民事责任的方式主要有以下11种：

1. 停止侵害。适用于侵权行为正在进行或仍在延续中的情形，受害人可依法要求侵害人立即停止其侵害行为。

2. 排除妨碍。行为人实施的侵害行为使受害人无法行使或不能正常行使自己的财产权利、人身权利的，受害人有权请求排除妨碍。

3. 消除危险。行为人的行为对他人人身和财产安全造成威胁，或存在着侵害他人人身或者财产的可能，他人有权要求行为人采取有效措施消除危险。

4. 返还财产。行为人非法占有财产，权利人有权要求其返还。

5. 恢复原状。权利人有权要求恢复权利被侵害前的原有状态。

6. 修理、重作、更换。权利人有权要求将被损害的财产通过修理、重新制作或者更换损坏的部分，使财产恢复到原有正常状态。

7. 继续履行。行为人不履行或不当履行合同义务，另一方合同当事人有权要求违反合同义务的行为人承担继续履行合同义务的责任。

8. 赔偿损失。行为人因违反合同或者侵权行为而给他人造成损害，应以其财产赔偿受害人所受的损失。

9. 支付违约金。行为人因违反合同规定的义务，而应按照合同的约定，向权利人支付一定数额的货币作为违约的补偿或惩罚。

10. 消除影响、恢复名誉。行为人因其侵害了自然人或者法人的人格、名誉而应在影响所及的范围内消除不良后果、将受害人的名誉恢复到未受侵害时的状态。

11. 赔礼道歉。违法行为人向受害人公开认错、表示歉意的责任形式。既可由加害人向受害人口头表示，也可以由加害人以写道歉书的形式进行。

以上承担民事责任的方式，可以单独适用，也可以合并适用。

（二）行政责任

行政责任是指违反法律法规规定的行为人所应承受的由国家行政机关对其依行政程序所给予的制裁。行政责任包括行政处罚和行政处分。

1. 行政处罚。行政处罚是指行政机关依法对违反行政管理秩序的公民、法人或者其他组织，以减损权益或者增加义务的方式予以惩戒的行为。行政处罚分为人身自由罚、行为罚、财产罚和声誉罚等多种形式。根据《行政处罚法》的规定，行政处罚的具体种类有：

（1）警告、通报批评。这是行政主体对行政违法行为人实施的一种书面形式的谴责和告诫。我国行政机关实施的通报批评主要有两种：一种是行政机关内部对不依法履行职责的工作人员作出的行政处分；另一种是行政机关面向社会，在一定范围内公布违法行为人的违法事实，以导致其声誉和信誉受损害的处罚行为。《行政处罚法》规定的通报批评属于第二种。

（2）罚款、没收违法所得、没收非法财物。罚款是行政主体强制行政违法行为人承担金钱给付义务的处罚形式。没收违法所得、没收非法财物是由行政主体实施的将行政违法行为人的违法收入、物品或者其他非法占有的财物收归国家所有的处罚方式。

（3）暂扣许可证件、降低资质等级、吊销许可证件。这是禁止行政违法行为人从事某种特许权利或降低资格的处罚。行政主体依法暂扣或收回行政违法行为人已获得的从事某种活动的权利或资格的证书，降低其资质等级。吊销许可证件是对行政违法行为人从事某种活动或者其享有的某种资格的彻底取消；而暂扣许可证件，则是中止行政违法行为人从事某项活动的资格，待行为人改正以后或经过一定期限后再发还。

（4）限制开展生产经营活动、责令停产停业、责令关闭、限制从业。责令停产停业，是限制行政违法行为人从事生产、经营活动的处罚形式。一般常附有限期整顿的要求。如果受罚人在限期内纠正了违法行为，则可恢复生产、营业。责令关闭，即命令、禁止行政违法行为人继续经营的行政处罚。限制从业，即因违反行政法律、法规规定和行业规定而限制行政违法行为人不得再从事此行业的行政处罚。

（5）行政拘留。这是对违反治安管理的行为人，依法在短期内限制其人身自由的处罚。

（6）法律、行政法规规定的其他行政处罚。

2. 行政处分。行政处分是指对违反法律规定的国家机关工作人员或被授权、委托执法人员所实施的内部制裁措施。

根据《公务员法》，对因违法违纪应当承担纪律责任的公务员给予的行政处分种类有警告、记过、记大过、降级、撤职、开除六类。

（三）刑事责任

刑事责任是指犯罪人因实施犯罪行为所应承受的由国家审判机关（人民法院）依照刑

事法律给予的制裁后果，是法律责任中最严厉的责任形式。刑事责任主要通过刑罚而实现，刑罚分为主刑和附加刑两类。

1. 主刑。主刑是对犯罪分子适用的主要刑罚。主刑的种类有：

（1）管制。这是对犯罪分子不实行关押，但是限制其一定的自由，交由公安机关管束和监督的刑罚，期限为3个月以上2年以下。

（2）拘役。这是剥夺犯罪分子短期的人身自由，就近拘禁并强制劳动的刑罚，期限为1个月以上6个月以下。

（3）有期徒刑。这是剥夺犯罪分子一定期限的人身自由，实行劳动改造的刑罚。除特殊情况外，有期徒刑的期限为6个月以上15年以下。

（4）无期徒刑。这是剥夺犯罪分子终身自由，实行劳动改造的刑罚。

（5）死刑。这是剥夺犯罪分子生命的刑罚。死刑只适用于罪行极其严重的犯罪分子。对于应当判处死刑的犯罪分子，如果不是必须立即执行的，可以判处死刑同时宣告缓期2年执行。

2. 附加刑。附加刑是补充、辅助主刑适用的刑罚。附加刑可以附加于主刑之后作为主刑的补充，同主刑一起适用；也可以独立适用。附加刑的种类有：

（1）罚金。这是强制犯罪分子或者犯罪的单位向国家缴纳一定数额金钱的刑罚。

（2）剥夺政治权利。这是剥夺犯罪分子参加国家管理和政治活动权利的刑罚。剥夺的政治权利包括：选举权和被选举权；言论、出版、集会、结社、游行、示威自由的权利；担任国家机关职务的权利；担任国有公司、企业、事业单位和人民团体领导职务的权利。

（3）没收财产。这是将犯罪分子个人所有财产的一部分或者全部，强制无偿地收归国有的刑罚。

（4）驱逐出境。这是强迫犯罪的外国人离开中国国（边）境的刑罚。

3. 数罪并罚。一人犯数罪的，除判处死刑和无期徒刑以外，应当在总和刑期以下、数刑中最高刑期以上，酌情决定执行的刑罚。但是管制最高不能超过3年；拘役最高不能超过1年；有期徒刑总和刑期不满35年的，最高不能超过20年；总和刑期在35年以上的，最高不能超过25年。数罪中有判处附加刑的，附加刑仍须执行。其中附加刑种类相同的，合并执行；种类不同的，分别执行。

知识要点：3个“罚”：罚款属于行政处罚；罚金属于刑事附加刑；银行罚息属于民事违约金。

2个“拘”：行政拘留属于行政处罚；拘役属于刑事主刑。

3个“没”：没收违法所得和没收非法财物属于行政处罚；没收财产属于刑事附加刑。

知识归纳（见表1－4～表1－7）

表1－4　　**民事责任**

1. 方式：停止侵害；排除妨碍；消除危险；返还财产；恢复原状；修理、重作、更换；继续履行；赔偿损失；支付违约金；消除影响、恢复名誉；赔礼道歉共11种
2. 可单独也可合并适用

表 1－5　　行政责任分类

分类	形式	
行政处罚	人身自由罚	行政拘留
	行为罚	暂扣许可证件、降低资质等级、吊销许可证件；限制开展生产经营活动、责令停产停业、责令关闭、限制从业
	财产罚	罚款、没收违法所得、没收非法财物
	声誉罚	警告、通报批评
行政处分	对违反法律规定的国家机关工作人员或被授权、委托的执法人员所实施的内部制裁措施	
	种类（6 类）：警告、记过、记大过、降级、撤职、开除	

表 1－6　　刑事责任种类

种类	形式	内容
主刑	管制	不关押，限制自由，期限 3 个月以上 2 年以下
	拘役	短期限自由（就近拘禁并强制劳动），期限 1 个月以上 6 个月以下
	有期	一定期限自由，期限 6 个月以上 15 年以下
	无期	终身限自由
	死刑	剥夺生命，不是必须立即执行的死刑犯可同时宣告缓期 2 年执行
附加刑	主刑的补充、辅助，同主刑一起适用也可独立适用	
	包括：罚金、剥夺政治权利、没收财产、驱逐出境	
	剥夺的政治权利具体是：选举权和被选举权；言论、出版、集会、结社、游行、示威自由的权利；担任国家机关职务的权利；担任国有公司、企业、事业单位和人民团体领导职务的权利	

表 1－7　　刑事责任数罪并罚的处理

基本规则	一人犯数罪的，除判处死刑和无期徒刑的以外，应当在总和刑期以下、数刑中最高刑期以上，酌情决定执行的刑罚
上限控制	上限控制：拘役最高不能超过 1 年；管制最高不能超过 3 年；有期徒刑总和刑期不满 35 年的，最高不能超过 20 年；总和刑期在 35 年以上的，最高不能超过 25 年
数罪中附加刑处理	数罪中有附加刑的，附加刑仍须执行。其中附加刑种类相同的合并执行；种类不同的分别执行

【例题 1－12】下列法律责任形式中，属于行政责任的有（　　）。

A. 没收违法所得　　　　B. 吊销许可证

C. 剥夺政治权利　　D. 恢复原状

【答案】AB

【解析】选项 C 属于刑事责任；选项 D 属于民事责任

本章主要内容提示

1. 法的本质是统治阶级的国家意志的体现。

2. 法的主要渊源有宪法、法律、行政法规、地方性法规、自治条例和单行条例、特别行政区的法、规章、国际条约等。

3. 法的效力包括时间效力、空间效力、对人效力。

4. 解决法的效力冲突的一般原则：根本法优于普通法；上位法优于下位法；新法优于旧法；特别法优于一般法。

5. 法律关系由法律关系的主体、内容和客体三个要素构成。

6. 法律事实是法律关系发生、变更和消灭的直接原因。

7. 自然人按其民事行为能力划分为完全民事行为能力人、限制民事行为能力人、无民事行为能力人。

8. 法律责任分为民事责任、行政责任、刑事责任。

章节小测

一、单项选择题

1. 法律通过规定人们的权利和义务来分配利益，从而影响人们的动机和行为，进而影响社会关系，实现统治阶级的意志和要求，维持社会秩序，体现的是法的（　　）特征。

A. 普遍约束性　　B. 利益导向性　　C. 明确公开性　　D. 国家意志性

2. 下列关于法律效力等级的表述中，不正确的是（　　）。

A. 上级地方政府规章的效力高于下级地方政府规章

B. 法律的效力高于行政法规

C. 本级地方政府规章的效力高于本级地方性法规

D. 行政法规的效力高于地方性法规

3. 下列规范性文件中，法律效力最高的是（　　）。

A. 全国人民代表大会发布的《民法典》

B. 国务院发布的《企业所得税法实施条例》

C. 财政部发布的《会计基础工作规范》

D. 福建省人民政府发布的《福建省车船税实施办法》

4. 根据规定，下列表述不正确的是（　　）。

A. 法律之间对同一事项的新的一般规定与旧的特别规定不一致，不能确定如何适用时，由全国人民代表大会常务委员会裁决

B. 行政法规之间对同一事项的新的一般规定与旧的特别规定不一致，不能确定如何适用时，由国务院裁决

C. 地方性法规与部门规章之间对同一事项的规定不一致，不能确定如何适用时，由国务院裁决

D. 根据授权制定的法规与法律规定不一致、不能确定如何适用时，由全国人民代表大会常务委员会裁决

5. 《刑法》第 7 条规定，中华人民共和国公民在中华人民共和国领域外犯本法规定之罪的，适用本

法……中华人民共和国国家工作人员和军人在中华人民共和国领域外犯本法规定之罪的，适用本法。该规定体现了我国法的对人效力中的（　　）。

A. 属人主义　B. 属地主义　C. 保护主义　D. 结合主义

6. 根据行为是否需要特定形式或实质要件，法律行为可以分为（　　）。

A. 单方行为和多方行为　B. 积极行为和消极行为

C. 要式行为和非要式行为　D. 自主行为和代理行为

7. 下列法律事实中，属于法律行为的是（　　）。

A. 发生地震　B. 直播带货　C. 暴发洪水　D. 发生战争

8. 下列法律事实中，属于法律事件的是（　　）。

A. 瓜熟蒂落　B. 订立遗嘱　C. 买卖房屋　D. 研发疫苗

9. 下列选项中，属于完全民事行为能力人的是（　　）。

A. 20 周岁不能完全辨认自己行为的钱某

B. 17 周岁在饭店打工，工资足以支撑自己生活的小赵

C. 15 周岁在文工团工作每月工资 8 000 元的小李

D. 30 周岁完全不能辨认自己行为的精神病人周某

10. 下列未成年人犯罪，应负刑事责任的是（　　）。

A. 10 周岁的小王犯投放危险物质罪

B. 12 周岁的小陈犯抢劫罪

C. 15 周岁的小赵犯放火罪

D. 13 周岁的小黄犯故意伤害罪，致人轻伤

11. 下列法律责任形式中，属于民事责任的是（　　）。

A. 暂扣许可证　B. 拘役　C. 继续履行　D. 没收非法财物

12. 下列法律责任形式中，属于行政责任的是（　　）。

A. 吊销许可证　B. 管制　C. 剥夺政治权利　D. 驱逐出境

13. 下列法律责任形式中，属于行政处罚的是（　　）。

A. 罚款　B. 记过　C. 降级　D. 开除

14. 下列选项中，属于主刑的是（　　）。

A. 罚金　B. 拘役　C. 没收财产　D. 驱逐出境

二、多项选择题

1. 下列各项中，属于法的特征的有（　　）。

A. 国家意志性　B. 社会舆论强制性　C. 规范性　D. 普遍约束性

2. 下列规范行为中，属于法律的是（　　）。

A.《总会计师条例》　B.《企业所得税法》

C.《支付结算办法》　D.《税收征管法》

3. 下列各项中，属于法的时间效力的有（　　）。

A. 法的域外效力　B. 法的终止　C. 法的溯及力　D. 法的生效

4. 下列各项中，属于解决法的效力冲突的一般原则的有（　　）。

A. 根本法优于普通法　B. 一般法优于特别法

C. 新法优于旧法　D. 下位法优于上位法

5. 下列各项中，属于法律关系主体的有（　　）。

A. 甲个人独资企业　B. 乙有限责任公司

C. 自然人丙　D. 智能机器人阿尔法

6. 下列选项中，可以作为法律关系主体的有（　　）。

A. 个人独资企业　　B. 股份有限公司
C. 自然人　　D. 合伙企业

7. 下列主体中，属于非营利法人的有（　　）。

A. 事业单位　　B. 合伙企业　　C. 基金会　　D. 有限责任公司

8. 下列各项中，属于法人的有（　　）。

A. 某股份有限公司　　B. 某合伙企业
C. 高校　　D. 中国注册会计师协会

9. 下列关于自然人民事行为能力的表述中，正确的有（　　）。

A. 14 周岁的周某，以自己的劳动收入为主要生活来源，视为完全民事行为能力人
B. 7 周岁的吴某，不能完全辨认自己的行为，是限制民事行为能力人
C. 18 周岁的郑某，能够完全辨认自己的行为，是完全民事行为能力人
D. 20 周岁的王某，不能辨认自己的行为，是无民事行为能力人

10. 下列各项中，可以成为法律关系客体的有（　　）。

A. 人体器官　　B. 发明
C. 网络虚拟财产　　D. 匿名化处理后的个人信息

11. 下列各项中，属于法律关系的客体的有（　　）。

A. 有价证券　　B. 原材料　　C. 提供建筑行为　　D. 专利技术

12. 下列各项中，能够引起法律关系发生、变更和消灭的法律事实有（　　）。

A. 爆发战争　　B. 签发支票　　C. 签订合同　　D. 提起诉讼

13. 7 周岁的小张接受亲戚赠与价值 500 元的玩具，根据相关规定，有关本案的下列说法中，正确的有（　　）。

A. 小张属于无民事行为能力人　　B. 小张接受赠与的行为无效
C. 小张属于限制民事行为能力人　　D. 小张接受赠与的行为有效

14. 下列行政责任形式中，属于行政处罚的有（　　）。

A. 开除　　B. 没收非法财物　　C. 行政拘留　　D. 撤职

15. 下列法律责任形式中，属于刑事责任的有（　　）。

A. 罚款　　B. 赔礼道歉　　C. 管制　　D. 罚金

三、判断题

1. 法凭借国家强制力的保证而获得普遍遵守的效力。（　　）

2.《保险法》关于保险合同的规定，相对于《民法典》合同编的规定属于特殊规定。（　　）

3. 全国人民代表大会常务委员会制定《中华人民共和国税收征收管理法》属于行政法规。（　　）

4. 在我国，最高人民法院的指导案例也是法的形式之一。（　　）

5. 同一国家机关制定的法，虽然名称不同，在内容上旧法与新法发生冲突或相互抵触时，以新法为准，旧法中的有关条款自动终止效力。此为法的默示终止。（　　）

6. 在法的溯及力上，我国法律采用的是从旧兼从轻原则。（　　）

7. 部门规章之间、部门规章与地方政府规章之间对同一事项的规定不一致时，由国务院裁决。（　　）

8. 法是通过国家制定和发布的，所以国家发布的任何文件都是法。（　　）

9. 智力成果的物质载体是智力成果的主要价值体现。（　　）

10. 法律事实是法律关系发生、变更、消灭的直接原因。（　　）

11. 下位法与上位法冲突时，以上位法为据不再适用下位法体现的是法律效力等级适用规则中的特别法优于一般法。（　　）

12. 胎儿不具有民事权利能力。（　　）

13. 自然人以户籍登记或者其他有效身份登记记载的居所为住所；经常居所与住所不一致的，经常居

所视为住所。 ( )

14. 自然人的出生时间以户籍登记记载的时间为准；尚未进行户籍登记的，以出生证明记载的时间为准。 ( )

15. 一人犯数罪的，数罪中有判处附加刑的，附加刑仍须执行。其中附加刑种类相同的，合并执行；种类不同的，分别执行。 ( )

16. 罚金为行政责任形式，罚款为刑事责任形式。 ( )

模块二

会计法律制度

学习目标

1. 掌握我国会计法律制度的构成；

2. 熟悉我国关于会计核算和会计监督的法律制度以及对会计机构和会计人员的具体规定；

3. 熟悉会计违法行为的法律责任；

4. 了解我国会计工作管理体制。

案例导入

某有限责任公司是一家中外合资经营企业，2021 年度发生了以下事项：

（1）1 月 28 日，公司接到市财政局通知，市财政局将要来公司检查会计工作情况。公司董事长兼总经理胡某以中外合资经营企业为由，拒绝财政部门的检查。

（2）3 月 26 日，公司从外地购买了一批原材料，收到发票后，与实际支付款项进行核对时发现发票金额错误，经办人员在原始凭证上进行了更改，并加盖了自己的印章，将其作为报销凭证。

（3）4 月 26 日，公司有一批保管期满的会计档案，按规定需要进行销毁。公司档案管理部门编制了会计档案销毁清册，档案管理部门的负责人在会计档案销毁清册上签了字，并于当天销毁。

（4）5 月 10 日，公司董事会研究决定，公司以后对外报送的财务会计报告由会计科王科长签字、盖章后报出。

分析：你认为上述哪些情况符合会计法律制度规定，哪些情况不符合会计法律制度规定，并说明理由。

任务一　会计法律制度概述

一、会计法律制度概述

会计法律制度是指国家权力机关和行政机关制定的关于会计工作的法律、法规、规章和规范性文件的总称以及调整会计关系的法律法规。

为了规范会计行为，保证会计资料真实、完整，加强经济管理和财务管理，提高经济效益，维护社会主义市场经济秩序，国家陆续颁布了一系列会计法律、法规、规章。例如，《会计法》，1985 年 1 月 21 日第六届全国人民代表大会常务委员会第九次会议通过、根据 1993 年 12 月 29 日第八届全国人民代表大会常务委员会第五次会议《关于修改〈中华人民共和国会计法〉的决定》第一次修正、1999 年 10 月 31 日第九届全国人民代表大会常务委员会第十二次会议修订、2017 年 11 月 4 日第十二届全国人民代表大会常务委员会第三十次会议《关于修改〈中华人民共和国会计法〉等十一部法律的决定》第二次修正；《总会计师条例》，1990 年 12 月 31 日国务院发布、2011 年 1 月 8 日国务院修订；《企业财务会计报告条例》，2000 年 6 月 21 日国务院发布、2001 年 1 月 1 日起施行；《代理记账管理办法》，财政部于 2016 年 2 月 16 日发布、自 2016 年 5 月 1 日起施行；《会计专业技术人员继续教育规定》，由财政部、人力资源社会保障部于 2018 年 5 月 19 日印发，共七章二十七条，自 2018 年 7 月 1 日起施行；《会计人员工作规范》，1996 年 6 月 17 日财政部发布、2019 年 3 月 14 日修正；2015 年 12 月 11 日，由财政部、国家档案局发布修订后的《会计档案管理办法》，自 2016 年 1 月 1 日起施行；1996 年 6 月 17 日财政部发布、2019 年 3 月 14 日修正的《会计基础工作规范》；以及企业会计准则及其解释等。这些法律法规是我国会计法律制度的重要组成部分。

知识归纳（见表 2 – 1）

表 2 – 1　会计法律、法规和规章

中文名	颁布时间	实施时间	现行版本	颁布机关	属性
中华人民共和国会计法	1999 年 10 月 31 日	1999 年 10 月 31 日	2017 年 11 月 5 日	全国人民代表大会常务委员会	法律
总会计师条例	1990 年 12 月 31 日	1990 年 12 月 31 日	2011 年 1 月 8 日	国务院	行政法规
企业财务会计报告条例	2000 年 6 月 21 日	2001 年 1 月 1 日	2001 年 1 月 1 日	国务院	行政法规
代理记账管理办法	2016 年 2 月 16 日	2016 年 5 月 1 日	2019 年 3 月 14 日	中华人民共和国财政部	部门规章
会计专业技术人员继续教育规定	2018 年 5 月 19 日	2018 年 7 月 1 日	2018 年 7 月 1 日	财政部、人力资源社会保障部	部门规章
会计人员工作规范	1996 年 6 月 17 日	1996 年 6 月 17 日	2019 年 3 月 14 日	中华人民共和国财政部	部门规章
会计档案管理办法	2015 年 12 月 11 日	2016 年 1 月 1 日	2016 年 1 月 1 日	财政部、国家档案局	部门规章
企业会计准则	2006 年 2 月 15 日	2007 年 1 月 1 日起	2014 年 7 月 23 日	财政部	部门规章

知识要点：会计法律制度由会计法律、会计行政法规、会计部门规章和地方性会计法规构成。

【例题 2 – 1】会计法律制度指的是国家权力机关和行政机关制定的《会计法》。（　　）

【答案】×

【例题 2 – 2】下列会计法律制度属于会计行政法规的是（　　）

A. 《总会计师条例》　　B. 《会计档案管理办法》

C. 《企业会计制度》　　D. 《企业财务会计报告条例》

【答案】AD

二、会计法律制度适用范围

《会计法》规定，国家实行统一的会计制度。国家统一的会计制度，是指国务院财政部门根据《会计法》制定的关于会计核算、会计监督、会计机构和会计人员以及会计工作管理的制度。国家机关、社会团体、公司、企业、事业单位和其他组织办理会计事务必须依照《会计法》规定。

三、会计工作管理体制

会计工作管理体制是指国家管理会计工作的组织形式与基本制度，是贯彻落实国家会计法律、法规、规章、制度和方针、政策的组织保障和制度保障。

我国的会计管理体制在《会计法》和《注册会计师法》中的规定，形成了会计行政管理、自律管理和单位会计管理三位一体的会计工作管理体制。

（一）会计工作的行政管理

根据《会计法》的规定，国务院财政部门主管全国的会计工作，县级以上地方各级人民政府财政部门管理本行政区域内的会计工作。这就明确了由财政部门主管会计工作的管理体制，即遵循“统一领导，分级管理”的原则。

（二）会计工作的自律管理

会计工作的自律管理也称为会计工作的行业管理。行业自律是相对于行政管理的一种管理模式。行政管理是国家行政机关依法对国家和社会公共事务进行管理；行业自律是指行业协会根据会员一致的意愿，自行制定规则，并据此对各成员进行管理，以促进成员之间的公平竞争和行业的有序发展。会计行业自律管理制度是对行政管理制度的一种有益的补充，有助于督促会计人员依法开展会计工作，树立良好的行业风气，促进行业的发展。我国会计工作的行业自律管理组织主要有中国注册会计师协会、中国会计学会和中国总会计师协会。

（三）单位内部的会计工作管理

单位会计工作管理的责任主体是单位负责人。单位负责人主要有两类：一是单位的法定代表人，指依法代表法人单位行使职权的负责人，如国有工业企业的厂长经理、公司制企业的董事长、国有机关的最高行政官员等；二是按照法律、行政法规的规定代表单位行使职权的负责人，具体指代表非法人单位行使职权的负责人，如代表合伙企业执行合伙企业事务的合伙人、个人独资企业投资人等。

我国《会计法》规定，单位负责人负责单位内部的会计工作管理，应当保证会计机构、会计人员依法履行职责，不得授意、指使、强令会计机构和会计人员违法办理会计事项，并对本单位的会计工作和会计资料的真实性、完整性负责。

知识要点：单位负责人对本单位的会计工作和会计资料的真实性、完整性负责。

【例题2－3】下列表述中，正确的有（　　）。

A. 财政部主管全国的会计工作
B. 县级以上地方各级人民政府财政部门管理本行政区域内的会计工作
C. 各行业主管部门主管本行业的会计工作
D. 地方各级人民政府财政部门管理本行政区域的会计工作
【答案】AB

任务二　会计核算与监督

一、会计核算

《会计法》第9条规定，各单位必须根据实际发生的经济业务事项进行会计核算，填制会计凭证，登记会计账簿，编制财务会计报告，任何单位不得以虚假的经济业务事项或者资料进行会计核算。

会计核算，是指以货币为主要计量单位，通过确认、计量、记录和报告等环节，对特定主体的经济活动进行记账、算账和报账，为相关会计信息使用者提供决策所需的会计信息。会计核算贯穿于经济活动的整个过程，是会计最基本和最重要的职能。

（一）会计核算依据和处理方法

《会计基础工作规范》第38条规定，各单位的会计核算应当以实际发生的经济业务为依据，按照规定的会计处理方法进行，保证会计指标的口径一致、相互可比和会计处理方法的前后各期相一致。这一规定主要体现了以下几点要求。

1. 合法性要求。会计核算的合法性要求，即是按照规定的会计处理方法对所发生的经济业务进行会计核算。对会计处理方法的规定，各单位应当按照《会计法》和国家统一的会计制度规定建立会计账册，进行会计核算。各单位发生的各项经济业务事项应当统一进行会计核算，不得违反规定私设会计账簿进行登记、核算。

2. 真实性与客观性要求。会计核算应当以实际发生的经济业务为依据，体现了会计核算的真实性和客观性要求。

会计资料，主要是指会计凭证、会计账簿、财务会计报告等会计核算专业资料。它是会计核算的重要成果，为投资者作出决策、经营者对企业进行管理、国家宏观调控提供重要依据。会计资料的真实性，是指会计资料所反映的内容和结果，应当同实际发生的经济业务内容及结果达到一致性。

不以实际发生的经济业务为依据，整个会计核算就失去了存在的意义。在现实生活中，造成会计资料不真实、不完整的原因有多方面。这对会计工作造成了极大的冲击和负面影响，使社会上在一定的程度上对会计信息产生“信任危机”。伪造、变造会计资料是使会计资料不真实、不完整最重要和最常见的手段之一。

伪造会计资料，以虚假的经济业务为前提来编制会计凭证和会计账簿，目的是以假充真，无中生有。例如，假发票；变造会计资料，包括变造会计凭证和会计账簿。用涂改、挖补等手段改变会计凭证和会计账簿的真实内容，以歪曲事实真相。通过编造虚假的会计凭证、会计账簿及其他会计资料，或者篡改财务会计报告的真实数据，使财务会计报告不真实、不完整地反映财务状况和经营成果，借以误导、欺骗会计资料使用者的行为，属于“以假乱真”。伪造、变造会计资料会损害投资人、债权人、国家和社会公众利益。《刑法》将伪造、变造票据的行为认定为金融票证罪，将受到相关部门的严厉惩罚。

3. 一致性要求。一致性原则是指会计处理方法前后各期应当一致，不得随意变更。这样有利于同一企业的会计指标在纵向上的可比性，从而对企业不同期间的经营管理成果有一个直观的了解。一致性原则并不否定企业在必要时对会计处理方法作适当变更。当企业的经营活动或国家的有关政策规定发生重大变化时，可以根据实际情况变更会计处理方法。但要将变更的情况、变更的原因及其对企业财务状况和经营成果的影响，在财务报表批注中加以说明。

4. 正确使用会计记录文字。会计记录文字是指在进行会计核算时，用文字来表述所记载经济业务发生情况和辅助说明。根据《会计法》的规定，会计记录的文字应当使用中文。在民族自治地方，会计记录可以同时使用当地通用的一种民族文字；在中国境内外商投资企业、外国企业和其他外国组织的会计记录可以同时使用一种外国文字。

5. 会计电算化核算必须符合法律规定。使用电子计算机进行会计核算，即会计电算化，是采用电子计算机替代手工记账、算账、报账，以及对会计资料进行电子化分析和利用的现代记账手段。《会计法》规定，使用电子计算机进行会计核算的，其软件及其生成的会计凭证、会计账簿、财务会计报告和其他会计资料，必须符合国家统一的会计制度的规定。

知识要点：伪造和变造会计资料的形式是不同的。

【例题 2－4】甲单位会计王某采用涂改手段，将金额为 10 000 元购货发票改为 40 000 元。根据《会计法》的有关规定，该行为属于（　　）。

A. 伪造会计凭证　　B. 变造会计凭证

C. 伪造会计账簿　　D. 变造会计账簿

【答案】B

（二）会计核算的主要内容

会计核算的内容，是指应当进行会计核算的经济业务事项。《会计法》对会计核算的基本内容作过规定。《规范》第 37 条重申了《会计法》的这一规定，即要求对下列会计事项，必须及时办理会计手续、进行会计核算。

1. 款项和有价证券的收付。款项是作为支付手段的货币资金，主要包括货币资金收入、付出、结存、转存等。货币资金，包括现金、银行存款和其他货币资金，如外埠存款、银行汇票存款、银行本票存款、在途货币资金、信用证存款、保函押金和各种备用金等。有价证券是具有一定财产权利或者支配权利的票证，如股票、国库券、其他企业债券等。

2. 财物的收发、增减和使用。财物的收发、增减和使用，包括存货、固定资产、无形资产等的购入、自行建造、无偿取得、债务重组取得、融资租入、出售、转让、抵债、捐赠、减值等。

3. 债权债务的发生和结算。债权是一个单位收取款项的权利，包括各种应收和预付的款项。债务则是一个单位需要以其货币资金等资产或者劳务清偿的义务，包括各项借款、应付和预收款项以及应交款项等。

4. 资本、基金的增减。资本也称所有者权益，具体包括实收资本、资本公积、盈余公积和未分配利润等。

基金，主要是指机关、事业单位某些特定用途的资金，如事业发展基金、集体福利基金、后备基金等。

5. 收支与成本费用的计算。收入是一个单位在经营活动中由于销售产品、商品，提供劳务、服务或提供资产的使用权等取得的款项或收取款项的权利。

支出从广义上理解，是一个单位实际发生的各项开支或损失。从狭义上理解，仅指事业单位和社会团体在履行法定职能或发挥特定的功能时所发生的各项开支，以及企业和企业化的事业单位在正常经营活动以外的支出或损失。

费用的含义比支出窄，仅指企业和企业化的事业单位因生产、经营和管理活动而发生的各项耗费和支出。比如销售费用、管理费用、财务费用等。

成本一般仅限于企业在生产产品、购置商品和提供劳务或服务中所发生的各项直接耗费，如直接材料、直接人工、制造费用等。

6. 财务成果的计算和处理。财务成果主要是企业在一定的时期内通过从事经营活动而在财务上所取得的结果，具体表现为盈利或是亏损。财务成果的计算和处理，主要包括将收入和相配比的成本、费用、支出转入本年利润，计算利润总额；将所得税转入本年利润，计算净利润；年终结转本年利润；所得税计提、缴纳、返还和余额结转等。

7. 其他会计事项，是指在上述六项会计核算内容中未能包括的、按有关法律法规或会计制度的规定或根据单位的具体情况需要办理会计手续和进行会计核算的事项。

【例题 2－5】根据会计法律制度的规定，下列各项中，属于会计核算主要内容的有（　　）。

A. 固定资产盘盈　　　　B. 货币资金收入

C. 无形资产购入　　　　D. 合同审核和签订

【答案】ABC

（三）会计凭证

会计凭证是指具有一定格式、用以记录经济业务事项发生和完成情况的书面证明，是登记账簿的依据。每个企业都必须按一定的程序填制和审核会计凭证，根据审核无误的会计凭证进行账簿登记，如实反映企业的经济业务。会计凭证按其编制程序和用途的不同，可以分为原始凭证和记账凭证两种。

1. 原始凭证又称单据，是在经济业务发生之时，由业务经办人员直接取得或填制，用以表明某项经济业务已经发生或完成情况并明确有关经济责任的一种书面证明。比如出差乘坐的飞机票、动车票、出差住宿的发票、采购原材料的发货票、到仓库领料的领料单等，这些都是原始凭证。这些原始凭证是在经济业务发生的过程中直接产生的，是进行会计核算的原始依据和重要的会计资料。

原始凭证根据取得的来源不同，可以分为自制原始凭证和外来原始凭证两类。自制原始凭证是指在经济业务发生、执行或完成时，由本单位的经办人员自行填制并且仅供内部使用的原始单据，如产品入库单、领料单等。外来原始凭证，是指本单位同外单位发生经济往来时，从外单位取得的单据。如企业购买原材料、商品时，从供货方取得的发货票，就是外来原始凭证。

原始凭证填写必须有以下几个方面的内容：（1）凭证的名称；（2）填制凭证的日期；（3）填制凭证单位名称或者填制人姓名；（4）经办人员的签名或者盖章；（5）接受凭证单位名称；（6）经济业务内容；（7）数量、单价和金额。自制原始凭证必须有经办单位领导人或者其指定人员的签名或者盖章；对外开出的原始凭证，必须加盖本单位公章；从外单位取得的原始凭证，必须由填制单位加盖公章；从个人取得的原始凭证，必须有填制人员的签名或者盖章。原始凭证上填有大写和小写金额，两者金额必须一致。购买实物的原始凭证，必须有验收证明。支付款项的原始凭证，必须有收款单位和收款人的收款证明。一式几联的原始凭证，应当注明各联的用途，只能以一联作为报销凭证。发生退货时，除填制退货发票外，还必须有退货验收证明；退款时，必须取得对方的收款收据或者汇款银行的凭证，不得以退货发票代替收据。经上级有关部门批准的经济业务，应当将批准文件作为原始凭证附件。

原始凭证的审核和更正。根据《会计基础工作规范》第 74 条规定，会计机构、会计人员应当对原始凭证进行审核和监督，对不真实、不合法的原始凭证，不予受理。对弄虚作假、严重违法的原始凭证，在不予受理的同时，应当予以扣留，并及时向单位领导人报告，请求查明原因，追究当事人的责任。对记载不准确、不完整的原始凭证，予以退回，要求经办人员更正、补充。原始凭证记载的各项内容均不得涂改。如原始凭证有错误的，必须由出具单位重开或者更正，更正处应由出具单位加盖印章；若原始凭证金额有错误的，不得在原始凭证上更正，必须由出具单位重开。

原始凭证的保管。原始凭证不得外借。如因特殊原因，其他单位需要使用本单位原始凭证时，必须由本单位会计机构负责人、会计主管人员批准，才可以复制。提供给外单位的原始凭证复印件，应该在专设的登记簿上登记，并且由本单位提供人员和外单位的收取人员共同签名或者盖章。若从外单位取得的原始凭证有遗失，应当由原单位开具相关证明并加盖公章，证明上应当注明原来凭证的金额、号码和内容等，由经办单位会计机构负责人、会计主管人员和单位领导人批准后，才能代作原始凭证。丢失后无法取得原单位证明的，如火车票、飞机票、船票等凭证，由当事人写明具体情况，由经办单位会计机构负责人、会计主管人员和单位领导人批准后，也可代作原始凭证。

2. 记账凭证，是会计人员根据审核无误的原始凭证或者原始凭证汇总表，将所发生的经济业务进行分类，确定会计分录，并据以登记到会计账簿的直接会计凭证。记账凭证也分为三类：收款凭证、付款凭证和转账凭证。小企业也可以使用通用记账凭证。

记账凭证的填写必须具备以下事项：（1）记账凭证的名称及填制单位名称；（2）填制记账凭证的日期；（3）记账凭证的编号；（4）经济业务事项的内容摘要；（5）经济业务事项所涉及的会计科目及其记账方向；（6）经济业务事项的金额；（7）所附原始凭证张数；（8）会计主管、记账、审核、出纳、制单等有关人员的签章。除此之外，还应该注意的是，记账凭证填写时，应当对记账凭证进行连续编号。一笔经济业务涉及几张记账凭证，可以采用分数编号法编号：如一张原始凭证涉及几张记账凭证的，可以把原始凭证附在一张主要的记账凭证后面，并在其他记账凭证上注明附有该原始凭证的记账凭证的编号或附上该原始凭证的复印件；一张原始凭证所列支出需要由几个单位共同负担时，应当由保存该原始凭证的单位开具原始凭证分割单给其他应负担的单位进行结算，原始凭证分割单必须具备原始凭证的基本内容。记账凭证必须附有原始凭证，除更正和结账的记账凭证可以不附原始凭证外。

记账凭证的更正。根据《会计基础工作规范》的要求，对记账后发现记账凭证有错误的，更正方法有以下三种：第一，已经登记入账的记账凭证，在当年内发现填写错误时，首先用红字填写一张记账凭证，用于冲销原来错误的记账凭证，其摘要为“注销××××年×月×日×号凭证”；其次再用蓝字编写一张正确的记账凭证，其摘要为“订正××××年×月×日×号凭证”。第二，如果金额错误而会计科目及借、贷方向未错的记账凭证，也可以将正确数字与错误数字之间的差额，另外编制一张调整的记账凭证。调增金额用蓝字，按照其差额用蓝字填写一张记账凭证，摘要为“补充××××年×月×日×号凭证少记金额”；调减金额用红字，摘要为“冲销××××年×月×日×号凭证多计金额”。第三，对于以前年度的记账凭证错误，主要指科目或金额方面的错误，应当用蓝字填制一张更正的记账凭证，摘要为“更正××××年×月×日×号凭证”。

记账凭证的保管。记账凭证应连同所附的原始凭证或者原始凭证汇总表，按照编号顺序，折叠整齐，按期装订成册，并加封面注明单位名称、年度、月份和起讫日期、凭证种类、起讫码，由装订人在装订线封签处签名或者盖章。对于原始凭证数量过多的情况，可以单独装订保管，在封面上注明记账凭证日期、编号、种类，同时在记账凭证上注明“附件另订”和原始凭证名称及编号。各种经济合同、存出保证金收据以及涉外文件等重要原始凭证，应当另编目录，单独登记保管，并在有关的记账凭证和原始凭证上相互注明日期和编号。

（四）会计账簿

会计账簿，是由具有固定格式、相互联系的账页所组成，以会计凭证为依据，全面、系统、连续、分类地记录和核算各项已经发生的经济业务的账簿。主要包括总账、日记账、明细账和其他辅助性账簿等。

1. 会计账簿的种类。

（1）总账。是根据总分类科目开设的账户，用来登记单位发生的全部经济业务。总分类账所提供的核算资料，是编制会计报表的主要依据，任何单位都必须设置总分类账。总分类账一般采用活页账簿或者订本式账簿。

（2）日记账。是按照经济业务发生或完成时间的先后顺序逐日逐笔进行登记的账簿。普通日记账是将企业每天发生的所有经济业务，不论其性质如何，按其时间的先后顺序，编成会计分录记入账簿；特种日记账是按经济业务性质单独设置的账簿。它只把某些特定的项目按经济业务顺序记入账簿，反映其详细情况，如库存现金日记账和银行存款日记账等。现金日记账和银行存款日记账采用的是订本式账簿。

（3）明细账。明细分类账，简称明细账，是根据总账科目所属的明细分类科目开设账户，用来登记某一类经济业务，进行明细分类核算，提供有关明细核算资料。一般采用活页账簿。

（4）其他辅助账簿。也称为备查账簿，是对某些账簿中不予登记或登记不够详细的经济业务事项进行补充登记时使用的账簿。备查账簿的设置视实际需要而设置，并非一定要设置，并且没有固定格式。

2. 会计账簿的基本内容。各单位均应按照《会计法》的有关规定，结合本单位自身经济业务的特点和管理的需要，依法设置必要的会计账簿，并认真做好记账工作。账簿形式和格式多种多样，但必须具备下列组成内容：

（1）封面：必须标明单位名称和账簿的名称，如总分类账簿、现金日记账、银行存款日记账。

（2）扉页：标明会计账簿的使用信息，如科目索引、账簿启用和经管人员一览表（记账人员、会计机构负责人、会计主管人员名字，并且加盖名章和单位公章）等。

（3）账页：账簿用来记录经济业务事项的载体，其格式反映经济业务内容的不同而有所不同。但其内容应当包括：账户的名称，以及科目、二级或明细科目；登记账簿的日期栏；记账凭证的种类和号数栏；摘要栏，所记录经济业务内容的简要说明；金额栏，记录经济业务的增减变动和余额；总页次和分户页次栏。

3. 会计账簿的基本要求。

（1）准确完整。登记会计账簿时，应当将会计凭证日期、编号、业务内容摘要、金额和其他有关资料逐项登记入账内，要做到数字准确、摘要清楚、登记及时、字迹工整。

（2）注明记账符号。为了避免发生重记或者漏记的行为，登记完毕后，要在记账凭证上签名或者盖章，并注明已经登账的符号，表示已经记账。

（3）文字和数字必须字迹清晰整洁，准确无误。文字、数字紧靠下线书写，上面要留有适当空距，不要写满，一般应占格宽的1/2，以备按规定的方法改错。

（4）正常记账使用蓝黑墨水。不得使用圆珠笔（银行的复写账簿除外）或者铅笔书写。下列情况，可以用红色墨水记账：按照红字冲账的记账凭证，冲销错误记录；在不设借贷等栏的多栏式账页中，登记减少数；在三栏式账户的余额栏前，如未印明余额方向的，在余额栏内登记负数余额；根据国家统一会计制度的规定可以用红字登记的其他会计记录。

（5）顺序连续登记。各种账簿按页次顺序连续登记，不得跳行、隔页。如果发生跳行、隔页，应当将空行、空页划线注销；或者注明“此行空白”“此页空白”字样，并由记账人员签名或者盖章。

（6）结出余额。凡需要结出余额的账户，结出余额后，应当在“借或贷”等栏内写明“借”或者“贷”等字样。没有余额的账户，应当在“借或贷”等栏内写“平”字，并在余额栏内用“θ”表示。现金日记账和银行存款日记账必须逐日结出余额。

（7）过次承前。“过次页”和“承前页”的方法有两种：第一种是在本页最后一行内结出发生额合计数及余额，然后过次页并在次页第一行承前页；第二种是只在次页第一行承前页写出发生额合计数及余额，不在上页最后一行结出发生额合计数及余额后过次页。

（8）登记账簿发生错误时，必须按规定方法更正，严禁刮、擦、挖、补，或使用化学药物清除字迹。发现差错必须根据差错的具体情况采用划线更正、红字更正、补充登记等方法更正。

（9）定期打印，整段话改为《会计基础工作规范》第58条提出实行会计电算化的单位，用计算机打印的会计账簿必须连续编号，审核无误以后装订成册，并由记账人员和会计机构负责人、会计主管人员签字或盖章。

（10）结账。为了总结每一会计期间（月度、季度、年度）的经济活动情况，考核经营成果，编制会计报表，就必须在每一个会计期末进行结账。结账是指在将本期内所发生的经济业务全部登记入账的基础上，于会计期末按照规定的方法结算账目，包括结算出本期发生额和期末余额。

（五）财务会计报告

财务会计报告，简称财务报告。是指企业会计部门根据经过审核的会计账簿记录和有关资料，编制并对外提供，反映某一特定日期财务状况和某一会计期间财务状况、经营成果、现金流量及所有者权益等会计信息的书面性总结。财务报表能帮助投资者和债权人了解企业的实际情况，进一步帮助经济决策。

1. 财务报告的组成。根据《会计法》第 20 条第 2 款规定，财务会计报告由会计报表、会计报表附注和财务情况说明书组成。

2. 财务报告的分类。

（1）会计报表按照编制的时间可分为中期报表和年报。中期报表是会计期间短于一年编制的会计报表，比如月度、季度、半年度财务会计报告。月度财务报告是月终编制的报告，只包括资产负债表、利润表等一些主要的报表；季度财务报告是季度终了以后编制的报告；半年度财务报告是指每个会计年度前六个月结束后对外提供的财务会计报告。它和年度财务报告一样，必须要有资产负债表、利润表、现金流量表及相关附表。

（2）会计报表根据服务对象，分为外部报表和内部报表两大类。内部报表是用来反映经济活动和财务收支的具体情况，为高层管理者做决策提供必要信息的会计报表。这类报表无规定的格式和种类；外部报表是企业向外部的会计信息使用者报告经济活动和财务收支情况的会计报表，具体包含资产负债表、利润表、现金流量表和所有者权益变动表。这类报表一般有统一的格式和编制要求。

3. 财务报告的要求。关于财务会计报告，《会计法》主要有如下规定，财务会计报告应当根据经过审核的会计账簿记录和有关资料编制，并符合本法和国家统一的会计制度关于财务会计报告的编制要求、提供对象和提供期限的规定；其他法律、行政法规另有规定的，从其规定。向不同的会计资料使用者提供的财务会计报告，其编制依据应当一致。有关法律、行政法规规定会计报表、会计报表附注和财务情况说明书须经注册会计师审计的，注册会计师及其所在的会计师事务所出具的审计报告应当随同财务会计报告一并提供。

财务会计报告应当由单位负责人和主管会计工作的负责人、会计机构负责人（会计主管人员）签名并盖章；设置总会计师的单位，还须由总会计师签名并盖章。单位负责人应当保证财务会计报告真实、完整。

财务会计报告应当按照规定的期限对外提供。对此，《企业会计制度》规定，月度中期财务会计报告应当于月度终了后 6 天内（节假日顺延，下同）对外提供；季度中期财务会计报告应当于季度终了后 15 天内对外提供；半年度中期财务会计报告应当于年度中期结束后 60 天内（相当于两个连续的月份）对外提供；年度财务会计报告应当于年度终了后 4 个月内对外提供。

《企业财务会计报告条例》规定，国有企业、国有控股的或者占主导地位的企业，应当至少每年一次向本企业的职工代表大会公布财务会计报告。接受企业财务会计报告的组织或者个人，在企业财务会计报告未正式对外披露前，必须对其内容组织保密。

【例题2-6】根据《会计法》的规定，下列人员中，应当在单位财务会计报告上签名或盖章的有（　　）。

A. 单位负责人　　B. 总会计师

C. 会计机构负责人　　D. 出纳人员

【答案】ABC

（六）账务核实和财产清查

1. 账务核对。各单位应当定期对会计账簿记录的：有关数字、库存实物、货币资金、有价证券、往来单位或者个人等进行相互核对，保证账证相符、账账相符、账实相符。对账工作每年至少进行一次。

（1）账证相符。核对会计账簿记录与原始凭证、记账凭证的时间、凭证字号、内容、金额是否一致，记账方向是否相符。

（2）账账相符。核对不同会计账簿之间的账簿记录是否相符。包括总账有关账户的余额核对、总账与明细账核对、总账与日记账核对、会计部门的财产物资明细账与财产物资保管和使用部门的有关明细账核对等。

（3）账实相符。核对会计账簿记录与财产等实有数额是否相符。包括现金日记账账面余额与现金实际库存数相核对，银行存款日记账账面余额定期与银行对账单相核对，各种财物明细账账面余额与财物实存数额相核对，各种应收、应付款明细账账面余额与有关债务、债权单位或者个人核对等。

2. 财产清查。财产清查制度是通过定期或不定期、全面或部分地对各项财产物资进行实地盘点和对库存现金、银行存款、债权债务进行清查核实的一种制度。在编制年度财务报告前，必须进行财产清查，并对账实不符等问题根据国家统一的会计制度的规定进行会计处理，以保证财务会计报告反映的会计信息真实、完整。

（七）其他

我国会计法律制度还对会计年度、记账本位币等做了明确规定。

1. 会计年度。《会计法》规定，会计年度自公历1月1日起至12月31日止。我国的会计年度采用公历制，是为了与我国的财政年度、计划年度、统计年度、税务年度等保持一致。

2. 记账本位币。《会计法》规定，会计核算以人民币为记账本位币。业务收支以人民币以外的货币为主的单位，可以选定其中一种货币作为记账本位币，但是编报的财务会计报告应当折算为人民币。境外单位向国内有关部门编报的会计报表，应当折算为人民币反映。

二、会计档案

会计档案是对一个单位经济活动的记录和反映。通过会计档案，可以检查一个单位是否遵纪守法，了解单位每笔经济活动的来龙去脉；会计档案还可以为国家、单位提供详尽的经济资料，为国家制定宏观经济政策及单位制定经营决策提供参考。

《会计法》对各单位的会计凭证、会计账簿、财务会计报告和其他会计资料的建档、归档、移交、查阅、保管以及销毁都有明确的规定。

（一）会计档案的内容

会计档案是指单位在进行会计核算等过程中接收或形成的、记录和反映单位经济业务事项的、具有保存价值的文字、图表等各种形式的会计资料，包括通过计算机等电子设备形成、传输和存储的电子会计档案。具体包括以下内容。

1. 会计凭证，包括原始凭证、记账凭证。

2. 会计账簿，包括总账、明细账、日记账、固定资产卡片及其他辅助性账簿。

3. 财务会计报告，包括月度、季度、半年度、年度财务会计报告。

4. 其他会计资料，包括银行存款余额调节表、银行对账单、纳税申报表、会计档案移交清册、会计档案保管清册、会计档案销毁清册、会计档案鉴定意见书及其他具有保存价值的会计资料。

知识要点：《会计档案管理办法》规定，各单位的财务预算、计划、制度等文件材料不属于会计档案。

【**例题 2－7**】下列资料中，不属于会计档案的是（　　）。

A. 会计移交清册　　B. 原始凭证

C. 月度财务计划　　D. 记账凭证

【答案】C

（二）会计档案的管理部门

根据 2015 年 12 月 11 日财政部与国家档案局印发的《会计档案管理办法》，财政部和国家档案局主管全国会计档案工作，共同制定全国统一的会计档案工作制度，对全国会计档案工作实行监督和指导。县级以上地方人民政府财政部门和档案行政管理部门管理本行政区域内的会计档案工作，并对本行政区域内会计档案工作实行监督和指导。

单位应当加强会计档案管理工作，建立和完善会计档案的收集、整理、保管、利用和鉴定销毁等管理制度，采取可靠的安全防护技术和措施，保证会计档案的真实、完整、可用、安全。单位的档案机构或者档案工作人员所属机构（以下统称“单位档案管理机构”）负责管理本单位的会计档案。单位也可以委托具备档案管理条件的机构代为管理会计档案。

（三）会计档案的归档要求

单位的会计管理机构必须严格按照《会计档案管理办法》，定期将应归档的会计资料进行整理立卷，编制会计档案保管清册。

单位可以利用计算机、网络通信等信息技术手段管理会计档案。为确保电子会计档案的准确、完整、可用、安全，对于电子会计资料仅以电子形式归档保存的方式，新《管理办法》提出了如下要求。

1. 形成的电子会计资料来源真实有效，由计算机等电子设备形成和传输。

2. 使用的会计核算系统能够准确、完整、有效接收和读取电子会计资料，能够输出符合国家标准归档格式的会计凭证、会计账簿、财务会计报表等会计资料，设定了经办、审核、审批等必要的审签程序。

3. 使用的电子档案管理系统能够有效接收、管理、利用电子会计档案，符合电子档案的长期保管要求，并建立了电子会计档案与相关联的其他纸质会计档案的检索关系。

4. 采取有效措施，防止电子会计档案被篡改。

5. 建立电子会计档案备份制度，能够有效防范自然灾害、意外事故和人为破坏的影响。

6. 形成的电子会计资料不属于具有永久保存价值或者其他重要保存价值的会计档案。

7. 从外部接收的电子会计资料附有符合《电子签名法》规定的电子签名。

（四）会计档案的移交

当年形成的会计档案，在会计年度终了后，可由单位会计管理机构临时保管 1 年，再移交单位档案管理机构保管。因工作需要确需推迟移交的，应当经单位档案管理机构同意。单位会计管理机构临时保管会计档案最长不超过三年。临时保管期间，会计档案的保管应当符合国家档案管理的有关规定，且出纳人员不得兼管会计档案。

单位会计管理机构在办理会计档案移交时，应当编制会计档案移交清册，并按照国家档案管理的有关规定办理移交手续。

纸质会计档案移交时应当保持原卷的封装。电子会计档案移交时应当将电子会计档案及其元数据一起移交，且文件格式应当符合国家档案管理的有关规定。特殊格式的电子会计档案应当与其读取平台一并移交。

单位档案管理机构接收电子会计档案时，应当对电子会计档案的准确性、完整性、可用性、安全性进行检测，符合要求的才能接收。

（五）会计档案的查阅

单位应当严格按照相关制度利用会计档案，在进行会计档案查阅、复制、借出时履行登记手续，严禁篡改和损坏。

单位保存的会计档案一般不得对外借出。确因工作需要且根据国家有关规定必须借出的，应当严格按照规定办理相关手续。

会计档案借用单位应当妥善保管和利用借入的会计档案，确保借入会计档案的安全完整，并在规定时间内归还。

（六）会计档案的保管期限

会计档案根据保管期限可分为永久、定期两类。其中定期保管期限一般分为 10 年和 30 年。会计档案的保管期限，从会计年度终了后的第一天算起。《会计档案管理办法》规定的会计档案保管期限为最低保管期限。企业和其他组织会计档案保管期限表见表 2－2，财政总预算、行政单位、事业单位和税收会计档案保管期限表见表 2－3。

表 2－2　　企业和其他组织会计档案保管期限

序号	档案名称	保管期限	备注
一	会计凭证		
1	原始凭证	30 年	
2	记账凭证	30 年	

续表

序号	档案名称	保管期限	备注
二	会计账簿		
3	总账	30年	
4	明细账	30年	
5	日记账	30年	
6	固定资产卡片		固定资产报废清理后保管5年
7	其他辅助性账簿	30年	
三	财务会计报告		
8	月度、季度、半年度财务会计报告	10年	
9	年度财务会计报告	永久	
四	其他会计资料		
10	银行存款余额调节表	10年	
11	银行对账单	10年	
12	纳税申报表	10年	
13	会计档案移交清册	30年	
14	会计档案保管清册	永久	
15	会计档案销毁清册	永久	
16	会计档案鉴定意见书	永久	

表2-3　　财政总预算、行政单位、事业单位和税收会计档案保管期限

序号	档案名称	保管期限			备注
		财政总预算	行政单位事业单位	税收会计	
一	会计凭证				
1	国家金库编送的各种报表及缴库退库凭证	10年		10年	
2	各收入机关编送的报表	10年			
3	行政单位和事业单位的各种会计凭证		30年		包括：原始凭证、记账凭证和传票汇总表
4	财政总预算拨款凭证和其他会计凭证	30年			包括：拨款凭证和其他会计凭证
二	会计账簿				
5	日记账		30年	30年	
6	总账	30年	30年	30年	

续表

序号	档案名称	保管期限			备注
		财政总预算	行政单位事业单位	税收会计	
7	税收日记账（总账）			30 年	
8	明细分类、分户账或登记簿	30 年	30 年	30 年	
9	行政单位和事业单位固定资产卡片				固定资产报废清理后保管 5 年
三	财务会计报告				
10	政府综合财务报告	永久			下级财政、本级部门和单位报送的保管 2 年
11	部门财务报告		永久		所属单位报送的保管 2 年
12	财政总决算	永久			下级财政、本级部门和单位报送的保管 2 年
13	部门决算		永久		所属单位报送的保管 2 年
14	税收年报（决算）			永久	
15	国家金库年报（决算）	10 年			
16	基本建设拨、贷款年报（决算）	10 年			
17	行政单位和事业单位会计月、季度报表		10 年		所属单位报送的保管 2 年
18	税收会计报表			10 年	所属税务机关报送的保管 2 年
四	其他会计资料				
19	银行存款余额调节表	10 年	10 年		
20	银行对账单	10 年	10 年	10 年	
21	会计档案移交清册	30 年	30 年	30 年	
22	会计档案保管清册	永久	永久	永久	
23	会计档案销毁清册	永久	永久	永久	
24	会计档案鉴定意见书	永久	永久	永久	

注：税务机关的税务经费会计档案保管期限，按行政单位会计档案保管期限规定办理。

（七）会计档案的鉴定和销毁

1. 会计档案的鉴定。单位应当定期对已到保管期限的会计档案进行鉴定，并形成会计档案鉴定意见书。经过鉴定，仍然需继续保存的会计档案，应当重新划定保管期限；对保管期限已满，确无保存价值的会计档案，可以销毁。由单位档案管理机构牵头，组织单位会计、审计、纪检监察等机构或人员共同进行会计档案的鉴定工作。

2. 销毁的程序。根据《会计档案管理办法》第 18 条规定，经鉴定可以销毁的会计档案，应当按照以下程序销毁：

（1）单位档案管理机构编制会计档案销毁清册，列明拟销毁会计档案的名称、卷号、册数、起止年度、档案编号、应保管期限、已保管期限和销毁时间等内容。

（2）单位负责人、档案管理机构负责人、会计管理机构负责人、档案管理机构经办人、会计管理机构经办人在会计档案销毁清册上签署意见。

（3）单位档案管理机构负责组织会计档案销毁工作，并与会计管理机构共同派员监销。监销人在会计档案销毁前，应当按照会计档案销毁清册所列内容进行清点核对；在会计档案销毁后，应当在会计档案销毁清册上签名或盖章。

电子会计档案的销毁还应当符合国家有关电子档案的规定，并由单位档案管理机构、会计管理机构和信息系统管理机构共同派员监销。

3. 不得销毁的会计档案。保管期满但未结清的债权债务会计凭证和涉及其他未了事项的会计凭证不得销毁，纸质会计档案应当单独抽出立卷，电子会计档案单独转存，保管到未了事项完结时为止。单独抽出立卷或转存的会计档案，应当在会计档案鉴定意见书、会计档案销毁清册和会计档案保管清册中列明。

知识要点：出纳人员不得兼管会计档案。

【例题 2－8】会计档案销毁前，应在会计档案销毁清册上签署意见的人员包括（　　）。

A. 会计机构的经办人员　　B. 档案管理机构的经办人员

C. 会计机构负责人　　D. 单位负责人

【答案】ABCD

（八）特殊情况下会计档案的处理

1. 单位分立的会计档案的处理。单位分立后原单位存续的，其会计档案应当由分立后的存续方统一保管，其他方可以查阅、复制与其业务相关的会计档案。

单位分立后原单位解散的，其会计档案应当经各方协商后由其中一方代管或按照国家档案管理的有关规定处置，各方可以查阅、复制与其业务相关的会计档案。

单位分立中未结清的会计事项所涉及的会计凭证，应当单独抽出由业务相关方保存，并按照规定办理交接手续。

单位因业务移交其他单位办理所涉及的会计档案，应当由原单位保管，承接业务单位可以查阅、复制与其业务相关的会计档案。对其中未结清的会计事项所涉及的会计凭证，应当单独抽出由承接业务单位保存，并按照规定办理交接手续。

2. 单位合并的会计档案的处理。单位合并后原各单位解散或者一方存续其他方解散的，原各单位的会计档案应当由合并后的单位统一保管。单位合并后原各单位仍存续的，其会计档案仍应当由原各单位保管。

3. 建设单位项目的会计档案的处理。建设单位在项目建设期间形成的会计档案，需要移交给建设项目接受单位的，应当在办理竣工财务决算后及时移交，并按照规定办理交接手续。

4. 单位之间交接的会计档案的处理。单位之间交接会计档案时，交接双方应当办理会计档案交接手续。移交会计档案的单位，应当编制会计档案移交清册，列明应当移交的会计档案名称、卷号、册数、起止年度、档案编号、应保管期限和已保管期限等内容。交接会计档案时，交接双方应当按照会计档案移交清册所列内容逐项交接，并由交接双方的单位有关负责人负责监督。交接完毕后，交接双方经办人和监督人应当在会计档案移交清册上签名或盖章。电子会计档案应当与其元数据一并移交，特殊格式的电子会计档案应当与其读取平台一并移交。档案接受单位应当对保存电子会计档案的载体及其技术环境进行检验，确保所接收电子会计档案的准确、完整、可用和安全。单位的会计档案及其复制件需要携带、寄运或者传输至境外的，应当按照国家有关规定执行。

【例题2-9】由于企业分立，原单位解散的，其会计档案交由当地财政部门统一保管。(　　)

【答案】×

三、会计监督

会计监督是会计的基本职能之一，是我国经济监督体系的重要组成部分。为了使经济活动能够朝着一定的方向、目标、计划、有序地正常进行，《会计法》确立了三位一体的会计监督体制。会计监督体系的三位指：单位内部会计监督、政府监督和社会监督；所谓一体，是指各层次监督之间的相互联系、相互协调形成一个有机整体。

（一）会计工作的单位内部监督

单位内部会计监督是指各单位的会计机构、会计人员依照相关法律，通过会计手段对本单位经济活动的合法性、合理性和有效性进行监督。

1. 单位内部会计监督的基本规定。

（1）主体与对象。单位内部会计监督的主体是各单位的会计机构和会计人员。单位内部会计监督的对象是本单位的经济活动。单位内部会计监督是会计工作的一项重要内容。会计机构和会计人员进行单位内部会计监督，既是一种权利，又是一种责任。

（2）单位内部会计监督的内容和要求。根据《会计基础工作规范》的规定，单位内部会计监督的内容有：对原始凭证进行审核和监督；对会计账簿和财务报表的监督；对财产物资的监督。

单位内部会计监督制度应当符合下列要求：记账人员与经济业务事项和会计事项的审批人员、经办人员、财物保管人员的职责权限应当明确，并相互分离、相互制约；重大对外投资、资产处置、资金调度和其他重要经济业务事项的决策和执行的相互监督、相互制约程序应当明确；财产清查的范围、期限和组织程序应当明确；对会计资料定期进行内部审计的办法和程序应当明确。

会计机构、会计人员对违反《会计法》和国家统一的会计制度规定的会计事项，有权拒绝办理或者按照职权予以纠正；会计机构、会计人员发现会计账簿记录与实物、款项及有关资料不相符的，按照国家统一的会计制度的规定有权自行处理的，应当及时处理；无权自行处理的，应当立即向单位负责人报告，请求查明原因，作出处理；单位负责人应当保证会计机构、会计人员依法履行职责，不得授意、指使、强令会计机构、会计人员违法办理会计事项。

2. 单位内部控制制度。

（1）一般单位建立与实施内部控制应当遵循的原则。

①全面性原则。即内部控制应当贯穿单位经济活动决策、执行和监督全过程。

②重要性原则。即在全面控制的基础上，应当关注单位重要经济活动和经济活动的重大风险。

③制衡性原则。即内部控制应当在治理结构、机构设置及权责分配、业务流程等方面形成相互制约、相互监督，同时兼顾运营效率。

④适应性原则。即内部控制应当符合国家有关规定和单位的实际情况，并随着情况的变化及时加以调整。

⑤成本效益原则。即内部控制应当权衡实施成本与预期效益，以适当的成本实现有效控制。

（2）小企业建立与实施内部控制应当遵循的原则。

①风险导向原则。即内部控制应当以防范风险为出发点，重点关注对实现内部控制目标造成重大影响的风险领域。

②适应性原则。即内部控制应当与企业发展阶段、经营规模、管理水平等相适应，并随着情况的变化及时加以调整。

③实质重于形式原则。即内部控制应当注重实际效果，而不局限于特定的表现形式和实现手段。

④成本效益原则。即内部控制应当权衡实施成本与预期效益，以合理的成本实现有效控制。

3. 企业内部控制措施。

（1）不相容职务分离控制。要求企业全面系统地分析、梳理业务流程中所涉及的不相容职务，实施相应的分离措施，形成各司其职、各负其责、相互制约的工作机制。不相容职务主要包括：授权批准与业务经办；业务经办与会计记录；会计记录与财产保管；业务经办与稽核检查；授权批准与监督检查。

（2）授权审批控制。要求企业根据常规授权和特别授权的规定，明确各岗位办理业务和事项的权限范围、审批程序和相应责任。

（3）会计系统控制。要求企业严格执行国家统一的会计准则制度，加强会计基础工作，明确会计凭证、会计账簿和财务会计报告的处理程序，保证会计资料真实完整。

（4）财产保护控制。要求企业建立财产日常管理和定期清查制度，采取财产记录、实物保管、定期盘点、账实核对等措施，确保财产安全。

（5）预算控制。要求企业实施全面预算管理制度，明确各责任单位在预算管理中的职责权限，规范预算的编制、审定、下达和执行程序，强化预算约束。

（6）运营分析控制。要求企业建立运营情况分析制度，经理层应当综合运用生产、购销、投资、筹资、财务等方面的信息，通过因素分析、对比分析、趋势分析等方法，定期开展运营情况分析，发现存在的问题，及时查明原因并加以改进。

（7）绩效考评控制。要求企业建立和实施绩效考评制度，科学设置考核指标体系，对企业内部各责任单位和全体员工的业绩进行定期考核和客观评价，将考核结果作为确定员工薪酬以及职务晋升、评优、降级、调岗、辞退等的依据。

4. 行政事业单位内部控制方法。

（1）不相容岗位相互分离。合理设置内部控制关键岗位，明确划分职责权限，实施相应的分离措施，形成相互制约、相互监督的工作机制。

（2）内部授权审批控制。明确各岗位办理业务和事项的权限范围、审批程序和相关责任，建立重大事项集体决策和会签制度。相关工作人员应当在授权范围内行使职权、办理业务。

（3）归口管理。根据本单位实际情况，按照权责对等的原则，采取成立联合工作小组并确定牵头部门或牵头人员等方式，对有关经济活动实行统一管理。

（4）预算控制。强化对经济活动的预算约束，使预算管理贯穿于单位经济活动的全过程。

（5）财产保护控制。建立资产日常管理制度和定期清查机制，采取资产记录、实物保管、定期盘点、账实核对等措施，确保资产安全完整。

（6）会计控制。建立健全本单位财会管理制度，加强会计机构建设，提高会计人员业务水平，强化会计人员岗位责任制，规范会计基础工作，加强会计档案管理，明确会计凭证、会计账簿和财务会计报告处理程序。

（7）单据控制。要求单位根据国家有关规定和单位的经济活动业务流程，在内部管理制度中明确界定各项经济活动所涉及的表单和票据，要求相关工作人员按照规定填制、审核、归档、保管单据。

（8）信息内部公开。建立健全经济活动相关信息内部公开制度，根据国家有关规定和单位的实际情况，确定信息内部公开的内容、范围、方式和程序。

知识要点：单位内部会计监督主体是各单位的会计机构和会计人员。

【例题2－10】下列各项中，属于不相容职务的有（　　）。

A. 授权批准与业务经办　　　　B. 业务经办与会计记录

C. 会计记录与财产保管　　　　D. 业务经办与稽核检查

【答案】ABCD

（二）会计工作的社会监督

1. 会计工作社会监督的概念和类型。会计工作的社会监督主要是指由注册会计师及其所在的会计师事务所等中介机构接受委托，依法对单位的经济活动进行审计，出具审计报告，发表审计意见的一种监督制度。

任何单位和个人对违反《会计法》和国家统一的会计制度规定的行为，有权检举，这也属于会计工作社会监督的范畴。

2. 注册会计师审计报告。

（1）审计报告的概念和内容。审计报告，是指注册会计师根据审计准则的规定，在执行审计工作的基础上，对被审计单位财务报表发表审计意见的书面文件。注册会计师应当就财务报表是否在所有重大方面按照适用的财务报告编制基础编制并实现公允反映形成审计意见。注册会计师一旦在审计报告上签名并盖章，就表明对其出具的审计报告负责。

法律、行政法规规定须经注册会计师进行审计的单位，应当向受委托的会计师事务所如实提供会计凭证、会计账簿、财务会计报告和其他会计资料以及有关情况；任何单位或者个人不得以任何方式要求或者示意注册会计师及其所在的会计师事务所出具不实或者不当的审计报告。

审计报告应当包括以下内容：标题；收件人；审计意见；形成审计意见的基础；管理层对财务报表的责任；注册会计师对财务报表审计的责任；按照相关法律法规的要求报告的事项（如适用）；注册会计师的签名和盖章；会计师事务所的名称、地址和盖章；报告日期。

（2）审计报告意见类型。在财务报表审计中，注册会计师可能发表的审计意见类型分为两大类，无保留意见和非无保留意见。

无保留意见是指注册会计师在执行审计过程中，认为被审计的财务报表在所有重大方面按照适用的财务报告编制基础编制并且实现公允反应。也就是说对所提供的财务报表核对相关账务后没有意见，这份报表能客观地表述该企业的财务情况。当出具无保留意见的审计报告时，注册会计师应当以“我们认为”作为意见段的开头，并使用“在所有重大方面”“公允反映”等术语。

非无保留意见是指保留意见、否定意见或无法表示意见。根据获取的审计证据，得出财务报表整体存在重大错报的结论；无法获取充分、适当的审计证据，不能得出财务报表整体不存在重大错报的结论。出现以上情形之一，注册会计师应当在审计报告中发表非无保留意见。

根据获取的审计证据，得出财务报表整体存在重大错报的结论；无法获取充分、适当的审计证据，不能得出财务报表整体不存在重大错报的结论。出现以上情形之一，注册会计师应当在审计报告中发表非无保留意见。

在获取充分、适当的审计证据后，注册会计师认为错报单独或汇总起来对财务报表影响重大，但不具有广泛性；注册会计师无法获取充分、适当的审计证据以作为形成审计意见的基础，但认为未发现的错报（如存在）对财务报表可能产生的影响重大，但不具有广泛性。存在以上情形之一的，注册会计师应当发表保留意见。

在获取充分、适当的审计证据后，如果认为错报单独或汇总起来对财务报表的影响重大且具有广泛性，注册会计师应当发表否定意见。

如果无法获取充分、适当的审计证据以作为形成审计意见的基础，但认为未发现的错报（如存在）对财务报表可能产生的影响重大且具有广泛性，注册会计师应当发表无法表示意见。在极少数情况下，可能存在多个不确定事项。尽管注册会计师对每个单独的不确定事项获取了充分、适当的审计证据，但由于不确定事项之间可能存在相互影响，以及可能对财务报表产生累积影响，注册会计师不可能对财务报表形成审计意见。在这种情况下，注册会计师应当发表无法表示意见。

知识归纳（见表2－4）

表2－4　审计报告意见类型

<table>
<tr><td rowspan="5">审计报告</td><td>标准</td><td colspan="3">指不含有说明段、强调事项段、其他事项段或其他任何修饰性用语的无保留意见的审计报告</td></tr>
<tr><td rowspan="4">非标准</td><td>无保留意见的</td><td>无保留意见的</td><td>“所有重大方面”按照适用的编制基础编制并实现公允反映</td></tr>
<tr><td rowspan="3">非无保留意见的</td><td>保留意见</td><td>无论是否能够获取充分、适当的审计证据，错报影响重大但“不具有广泛性”</td></tr>
<tr><td>否定意见</td><td>“能够”获取充分、适当的审计证据＋错报影响重大且“具有广泛性”</td></tr>
<tr><td>无法表示意见</td><td>“不能”获取充分、适当的审计证据＋错报影响重大且“具有广泛性”</td></tr>
</table>

（三）会计工作的政府监督

1. 主体与对象。会计工作的政府监督，主要是指财政部门代表国家对各单位和单位中相关人员的会计行为实施的监督检查，以及对发现的违法会计行为实施的行政处罚。财政部门是会计工作政府监督的实施主体。除财政部门外，审计、税务、人民银行、证券监管、保险监管等部门依照有关法律、行政法规规定的职责和权限，可以对有关单位的会计资料实施监督检查。依法实施监督检查后，应当出具检查结论。

2. 财政部门会计监督的主要内容。

（1）是否依法设置会计账簿。

（2）会计凭证、会计账簿、财务会计报告和其他会计资料是否真实、完整。

（3）会计核算是否符合《会计法》和国家统一的会计制度的规定。

（4）从事会计工作的人员是否具备专业能力、遵守职业道德等。

财政部门在对各单位会计凭证、会计账簿、财务会计报告和其他会计资料真实性、完整性实施监督检查中，发现重大违法嫌疑时，国务院财政部门及其派出机构可以向与被监督单位有经济业务往来的单位和被监督单位开立账户的金融机构查询有关情况，有关单位和金融机构应予以支持。

依法对有关单位的会计资料实施监督检查的部门，及其工作人员对在监督检查中知悉的国家秘密和商业秘密负有保密的义务。

【例题2－11】根据会计法律制度的规定，下列行为中，属于会计工作政府监督的是（　　）。

A. 个人检举会计违法行为

B. 会计师事务所对单位经济活动进行审计

C. 单位内部会计机构审核本单位会计账簿

D. 财政部门对各单位的会计工作进行监督检查

【答案】D

【解析】（1）选项AB属于会计工作的社会监督；（2）选项C属于单位内部会计监督。

任务三　会计机构和会计人员

一、会计机构的设置

会计机构，是指各单位办理会计事务的职能部门。会计人员是依法在会计岗位上从事会计工作的人员。根据《会计法》的相关规定，各单位应当根据会计业务的需要，设置会计机构，或者在有关机构中设置会计人员并指定会计主管人员；不具备设置条件的，应当委托经批准从事会计代理记账业务的中介机构代理记账。

（一）设置单独的会计机构

各单位是否单独设置会计机构，应当根据会计业务的需要来决定，即各单位可以根据本单位会计业务的繁简情况决定是否单独设置会计机构。一个单位是否需要单独设置会计机构，一般取决于以下几个方面的因素：单位规模的大小、经济业务和财务收支的繁简，以及经营管理要求的高低等。一般情况下，大、中型企业和实行企业化管理的事业单位应当单独设置会计机构；业务较多的行政单位、社会团体和其他组织也应单独设置会计机构。

（二）在有关机构中配置专职会计人员

规模很小的企业、业务和人员都不多的行政单位等，可以不单独设置会计机构，将会计业务并入其他职能部门。在其他职能部门中设置专职会计人员并指定会计主管人员，负责组织管理会计事务、行使会计机构负责人的职权。

（三）代理记账

既无条件设立单独的会计机构，又无条件在有关机构中设置会计人员并指定会计主管人员（以下简称“两无”单位）的，应当委托经批准从事会计代理记账业务的中介机构代理记账。

1. 代理记账机构，是指依法经批准设立从事代理记账业务的中介机构。代理记账机构主要包括代理记账公司、会计师事务所、税务师事务所以及具有代理记账资格的其他社会咨询服务机构等几大类。申请设立除会计师事务所以外的代理记账机构，应当经所在地的县级以上地方人民政府财政部门批准，并领取由财政部统一规定样式的代理记账许可证书。

根据《代理记账管理办法》第4条规定，设立代理记账机构，除国家法律、行政法规另有规定外，应当符合下列条件：

（1）依法设立的企业；

（2）专职从业人员不少于3名；

（3）主管代理记账业务的负责人具有会计师以上专业技术职务资格或者从事会计工作不少于3年，且为专职从业人员；

（4）有健全的代理记账业务内部规范和财务会计管理制度。

2. 代理记账的业务范围。代理记账机构可以接受委托办理下列业务：

（1）根据委托人提供的原始凭证和其他资料，按照国家统一的会计制度的规定进行会计核算，包括审核原始凭证、填制记账凭证、登记会计账簿、编制财务会计报告等；

（2）对外提供财务会计报告；

（3）向税务机关提供税务资料；

（4）委托人委托的其他会计业务。

3. 委托代理记账的委托人应当履行下列义务：对本单位发生的经济业务事项，应当填制或者取得符合国家统一的会计制度规定的原始凭证；应当配备专人负责日常货币收支和保管；及时向代理记账机构提供真实、完整的原始凭证和其他相关资料；对于代理记账机构退回的，要求按照国家统一的会计制度的规定进行更正、补充的原始凭证，应当及时予以更正、补充。

4. 代理记账机构及其从业人员应当履行下列义务：遵守有关法律、法规和国家统一的会计制度的规定，按照委托合同办理代理记账业务；对在执行业务中知悉的商业秘密予以保密；对委托人要求其作出不当的会计处理，提供不实的会计资料，以及其他不符合法律、法规和国家统一的会计制度行为的，予以拒绝；对委托人提出的有关会计处理相关问题予以解释。

5. 代理记账机构为委托人编制的财务会计报告，经代理记账机构负责人和委托人负责人签名并盖章后，按照有关法律、法规和国家统一的会计制度的规定对外提供。

6. 代理记账机构的管理。代理记账机构应当于每年 4 月 30 日之前，向审批机关报送以下材料：

（1）代理记账机构基本情况表；

（2）专职从业人员变动情况。

代理记账机构设立分支机构的，分支机构应当于每年 4 月 30 日之前向其所在地的审批机关报送上述材料。

县级以上人民政府财政部门对代理记账机构及其从事代理记账业务情况实施监督，随机抽取检查对象、随机选派执法检查人员，并将抽查情况及查处结果依法及时向社会公开。对委托代理记账的企业因违反财税法律、法规受到处理处罚的，县级以上人民政府财政部门应当将其委托的代理记账机构列入重点检查对象。对其他部门移交的代理记账违法行为线索，县级以上人民政府财政部门应当及时予以查处。

代理记账机构有下列情形之一的，审批机关应当办理注销手续，收回代理记账许可证书并予以公告：代理记账机构依法终止的；代理记账资格被依法撤销或撤回的；法律、法规规定的应当注销的其他情形。

二、会计岗位设置

（一）会计工作岗位设置要求

会计工作岗位是指单位会计机构内部根据业务分工而设置的从事会计工作、办理会计事项的具体职位。

会计工作岗位一般可分为：会计机构负责人或者会计主管人员、出纳、财产物资核算、工资核算、成本费用核算、财务成果核算、资金核算、往来结算、总账报表、稽核、档案管理等。开展会计电算化和管理会计的单位，可以根据需要设置相应工作岗位，也可以与其他工作岗位相结合。会计工作岗位，可以一人一岗、一人多岗或者一岗多人。出纳人员不得兼任稽核、会计档案保管和收入、支出、费用、债权债务账目的登记工作。会计人员的工作岗位应当有计划地进行轮换。

知识要点：

1. 对于会计档案管理岗位，在会计档案正式移交之前，属于会计岗位；正式移交档案管理部门之后，不再属于会计岗位。

2. 医院门诊收费员、住院处收费员、药房收费员、药品库房记账员、商场收款（银）员所从事的工作，均不属于会计岗位。

3. 单位内部审计、社会审计、政府审计工作也不属于会计岗位。

【例题 3 - 12】 下列人员所从事的工作岗位中，不属于会计工作岗位的有（　　）。

A. 商场收银员　　B. 医院门诊收费员

C. 单位出纳　　D. 药品库房记录员

【答案】ABD

【解析】(1) 选项AB属于收银、收费工作只是出纳工作中的一部分；出纳人员主要办理本单位的现金收付、银行结算及有关账务，保管库存现金、有价证券、财务印章及有关票据等工作。(2) 选项D属于库房记录员并不负责核算，只负责保管，不属于会计工作岗位。

(二) 会计人员回避制度

国家机关、国有企业、事业单位聘任会计人员应当实行回避制度。与单位负责人存在夫妻关系、直系血亲关系、三代以内旁系血亲以及姻亲关系的，不得担任本单位的会计机构负责人、会计主管人员。与会计机构负责人、会计主管人员存在夫妻关系、直系血亲关系、三代以内旁系血亲以及姻亲关系的，不得在本单位会计机构中担任出纳工作。

【例题3－13】根据回避制度的规定，下列事业单位中，没有违背会计人员回避制度规定的是（　）。

A. 甲单位法定代表人的妻子担任本单位财务部门经理

B. 乙单位会计科长的女儿担任本部门出纳员

C. 丙单位法定代表人的儿子担任财务部门经理

D. 丁单位财务处处长的同学担任本部门出纳员

【答案】D

【解析】(1) 选项AC属于与单位负责人存在夫妻关系（选项A)、直系血亲关系（选项C)、三代以内旁系血亲以及姻亲关系的，不得担任本单位的会计机构负责人、会计主管人员；(2) 选项BD属于与会计机构负责人、会计主管人员存在夫妻关系、直系血亲关系、三代以内旁系血亲以及姻亲关系的，不得在本单位会计机构中担任出纳工作；选项B中，“女儿”属于直系血亲，选项D中，“同学”不属于回避范围。

三、会计人员

(一) 会计人员的概念和范围

根据《会计法》的有关规定，会计人员指在国家机关、社会团体、企业、事业单位和其他组织（以下统称“单位”）中从事会计核算、实行会计监督等会计工作的人员。会计人员包括从事下列具体会计工作的人员：(1) 出纳；(2) 稽核；(3) 资产、负债和所有者权益（净资产）的核算；(4) 收入、费用（支出）的核算；(5) 财务成果（政府预算执行结果）的核算；(6) 财务会计报告（决算报告）编制；(7) 会计监督；(8) 会计机构内会计档案管理；(9) 其他会计工作。担任单位会计机构负责人（会计主管人员）、总会计师的人员，属于会计人员。

(二) 会计人员的基本要求

对从事会计工作的人员，应该符合下列要求：遵守《会计法》和国家统一的会计制度、法规的规定；具备良好的职业道德，包括爱岗敬业、诚实守信、廉洁自律、客观公正、坚持准则、提高技能、参与管理、强化服务；按照《会计专业技术人员继续教育规定》参加继续教育；具备从事会计工作的专业能力。如会计机构负责人或会计主管人员，是在一个单位内具体负责会计工作的中层领导人员。担任单位会计机构负责人（会计主管人员）的，应当具备会计师以上专业技术职务资格或者从事会计工作不少于3年。

（三）会计人员的禁入规定

因有提供虚假财务会计报告，做假账，隐匿或者故意销毁会计凭证、会计账簿、财务会计报告，贪污，挪用公款，职务侵占等与会计职务有关的违法行为被依法追究刑事责任的人员，不得再从事会计工作。因伪造、变造会计凭证、会计账簿，编制虚假财务会计报告，隐匿或者故意销毁依法应当保存的会计凭证、会计账簿、财务会计报告，尚不构成犯罪的，5年内不得从事会计工作。会计人员具有违反国家统一的会计制度的一般违法行为，情节严重的，5年内不得从事会计工作。

（四）会计专业职务与技术资格

1. 会计专业职务，是区分会计人员从事业务工作的技术等级。根据《关于深化会计人员职称制度改革的指导意见》将会计专业职务分为助理会计师、会计师、高级会计师和正高级会计师。其中，助理会计师为初级职务；会计师为中级职务；高级会计师和正高级会计师为高级职务。

助理会计师应具备以下条件：（1）基本掌握会计基础知识和业务技能；（2）能正确理解并执行财经政策、会计法律法规和规章制度；（3）能独立处理一个方面或某个重要岗位的会计工作；（4）具备国家教育部门认可的高中毕业（含高中、中专、职高、技校）以上学历。

会计师应具备以下条件：（1）系统掌握会计基础知识和业务技能；（2）掌握并能正确执行财经政策、会计法律法规和规章制度；（3）具有扎实的专业判断和分析能力，能独立负责某领域会计工作；（4）具备博士学位；或具备硕士学位，从事会计工作满1年；或具备第二学士学位或研究生班毕业，从事会计工作满2年；或具备大学本科学历或学士学位，从事会计工作满4年；或具备大学专科学历，从事会计工作满5年。

高级会计师应具备以下条件：（1）系统掌握和应用经济与管理理论、财务会计理论与实务。（2）具有较高的政策水平和丰富的会计工作经验，能独立负责某领域或一个单位的财务会计管理工作。（3）工作业绩较为突出，有效地提高了会计管理水平或经济效益。（4）有较强的科研能力，取得一定的会计相关理论研究成果，或主持完成会计相关研究课题、调研报告、管理方法或制度创新等。（5）具备博士学位，取得会计师职称后，从事与会计师职责相关工作满2年；或具备硕士学位，或第二学士学位或研究生班毕业，或大学本科学历或学士学位，取得会计师职称后，从事与会计师职责相关工作满5年；或具备大学专科学历，取得会计师职称后，从事与会计师职责相关工作满10年。

正高级会计师应具备以下条件：（1）系统掌握和应用经济与管理理论、财务会计理论与实务，把握工作规律；（2）政策水平高，工作经验丰富，能积极参与一个单位的生产经营决策；（3）工作业绩突出，主持完成会计相关领域重大项目，解决重大会计相关疑难问题或关键性业务问题，提高单位管理效率或经济效益；（4）科研能力强，取得重大会计相关理论研究成果，或其他创造性会计相关研究成果，推动会计行业发展；（5）一般应具有大学本科及以上学历或学士以上学位，取得高级会计师职称后，从事与高级会计师职责相关工作满 5 年。

2. 会计专业技术资格。坚持原则，具备良好的职业道德品质；认真执行《会计法》和国家统一的会计制度，以及有关财经法律、法规、规章制度，无严重违反财经纪律的行为；履行岗位职责，热爱本职工作，符合报名条件的人员，均可报考会计专业技术资格。

会计专业技术资格考试分为初级资格、中级资格和高级资格三个级别。分别对应初级、中级、副高级会计职称的任职资格。初级、中级会计资格实行全国统一考试制度。初级资格考试内容为经济法基础和初级会计实务；中级资格考试为三门，分别是财务管理、经济法和中级会计实务；高级会计师资格实行考试与评审相结合制度。

通过全国统一考试取得初级或中级会计专业技术资格的会计人员，表明其已具备担任相应级别会计专业技术职务的任职资格。用人单位可根据工作需要和德才兼备的原则从获得会计专业技术资格的会计人员中择优聘任。

（五）会计人员继续教育

会计专业技术人员继续教育应当紧密结合经济社会和会计行业发展要求，以能力建设为核心，突出针对性、实用性，兼顾系统性、前瞻性，为经济社会和会计行业发展提供人才保证和智力支持。根据财政部颁布的《会计专业技术人员继续教育规定》规定，国家机关、企业、事业单位以及社会团体等组织具有会计专业技术资格的人员，或不具有会计专业技术资格但从事会计工作的人员，应当参加继续教育。具有会计专业技术资格的人员应当自取得会计专业技术资格的次年开始参加继续教育，并在规定时间内取得规定学分。不具有会计专业技术资格但从事会计工作的人员应当自从事会计工作的次年开始参加继续教育，并在规定时间内取得规定学分。会计专业技术人员继续教育工作应当遵循下列基本原则：以人为本，按需施教；突出重点，提高能力；加强指导，创新机制。

会计专业技术人员继续教育内容包括公需科目和专业科目。公需科目包括专业技术人员应当普遍掌握的法律法规、政策理论、职业道德、技术信息等基本知识；专业科目包括会计专业技术人员从事会计工作应当掌握的财务会计、管理会计、财务管理、内部控制与风险管理、会计信息化、会计职业道德、财税金融、会计法律法规等相关专业知识。财政部会同人力资源社会保障部根据会计专业技术人员能力框架，定期发布继续教育公需科目指南、专业科目指南，对会计专业技术人员继续教育内容进行指导。

会计专业技术人员参加继续教育实行学分制管理，每年参加继续教育取得的学分不少于 90 学分。其中，专业科目一般不少于总学分的 2/3。会计专业技术人员参加继续教育取得的学分，在全国范围内当年度有效，不得结转以后年度。

用人单位应当建立本单位会计专业技术人员继续教育与使用、晋升相衔接的激励机制，将参加继续教育情况作为会计专业技术人员考核评价、岗位聘用的重要依据。会计专业技术人员参加继续教育情况，应当作为聘任会计专业技术职务或者申报评定上一级资格的重要条件。

（六）总会计师

总会计师是主管本单位会计工作的行政领导，是单位行政领导成员，协助单位主要行政领导人工作，直接对单位主要行政领导人负责。总会计师组织领导本单位的财务管理、成本管理、预算管理、会计核算和会计监督等方面的工作，参与本单位重要经济问题的分析和决策。因此总会计师不是一种专业技术职务，也不是会计机构的负责人或会计主管人员，而是一种行政职务。凡设置总会计师的单位，在单位行政领导成员中，不设与总会计师职权重叠的副职。

按照《会计法》相关规定，国有的和国有资产占控股地位或者主导地位的大、中型企业必须设置总会计师。总会计师由具有会计师以上专业技术资格的人员担任。《总会计师条例》规定，事业单位和业务主管部门根据需要，经批准可以设置总会计师。其他单位可以根据业务需要，自行决定是否设置总会计师。

【例题3-14】 下列各项中，不属于会计专业职务的是（　　）。

A. 高级会计师　　B. 助理会计师

C. 会计员　　D. 总会计师

【答案】D

【解析】（1）选项ABC属于会计专业职务分为高级会计师、会计师、助理会计师和会计员；（2）选项D属于总会计师是主管本单位会计工作的行政领导，是单位行政领导成员，协助单位主要行政领导人工作，直接对单位主要行政领导人负责。

【例题3-15】 某有限责任公司财务部门有一位出纳、一位会计、一位会计机构负责人，要完成以下9项工作：①填制记账凭证；②登记债权、债务明细分类账和其他明细分类账；③办理银行结算；④收付现金；⑤检查银行对账单，审核银行存款余额调节表和会计报表；⑥登记现金日记账和银行存款日记账；⑦登记总账；⑧编制会计报表；⑨审核会计凭证

要求：请你根据单位内部会计监督制度的要求，将上述9项工作分配给3位财务人员，其中会计机构负责人承担两项工作。

分析：

（1）出纳工作：③办理银行结算；④收付现金；⑥登记现金日记账和银行存款日记账。

（2）会计工作：①填制记账凭证；②登记债权、债务明细分类账和其他明细分类账；⑦登记总账；⑧编制会计报表。

（3）会计机构负责人工作：⑤检查银行对账单，审核银行存款余额调节表和会计报表；⑨审核会计凭证。

四、会计工作交接

根据《会计法》的规定，会计人员调动工作或者离职，与接管人员办清交接手续的程序叫作会计工作的交接。

（一）交接的范围

1. 会计人员工作调动或者因故离职，必须将本人所经管的会计工作全部移交给接替人员。没有办清交接手续的，不得调动或者离职。

2. 会计人员临时离职或者因病不能工作且需要接替或者代理的，会计机构负责人、会

计主管人员或者单位领导人必须指定有关人员接替或者代理，并办理交接手续。

3. 临时离职或者因病不能工作的会计人员恢复工作的，应当与接替或者代理人员办理交接手续。

4. 移交人员因病或者其他特殊原因不能亲自办理移交的，经单位领导人批准，可由移交人员委托他人代办移交，但委托人应当对所移交的会计凭证、会计账簿、会计报告和其他有关资料的合法性、真实性承担法律责任。

知识要点：不论是彻底离开该工作岗位，还是因故暂时不能工作，均应办理交接手续。

（二）交接的程序

为了办理好会计工作的交接，使会计工作前后衔接和顺利进行，会计工作交接，有以下几个程序：办理移交手续前的准备工作；会计工作移交点收；会计工作的监交；交接后有关事宜。

1. 办理移交手续前的准备工作。会计人员办理移交手续前，必须做好以下工作：

（1）已经受理的经济业务尚未填制会计凭证的，应当填制完毕。

（2）尚未登记的账目，应当登记完毕，并在最后一笔余额后加盖经办人印章。

（3）整理应该移交的各项资料，对未了事项写出书面材料。

（4）编制移交清册，列明应当移交的会计凭证、会计账簿、会计报告、印章、现金、有价证券、支票簿、发票、文件、其他会计资料和物品等内容；实行会计电算化的单位，从事该项工作的移交人员还应当在移交清册上列明会计软件及密码、会计软件数据磁盘（磁带等）及有关资料、实物等内容。

2. 会计工作移交点收。移交人员办理移交时，必须将本人经管的会计工作，在规定的期限内，按照移交清册逐项移交；接替人员要认真逐项核对点收。具体有以下几点要求：

（1）现金要根据会计账簿有关记录进行当面点交，不得短缺。接替人员发现不一致或“白条抵库”现象时，移交人员在规定期限内负责查清处理。

（2）有价证券的数量要与会计账簿记录一致。有价证券面额与发行价不一致时，按照会计账簿余额交接。

（3）会计凭证、会计账簿、会计报表和其他会计资料必须完整无缺，不得遗漏。如有短缺，必须查清原因，并在移交清册中加以说明，由移交人员负责。

（4）银行存款账户余额要与银行对账单核对相符。如有未达账项，应编制银行存款余额调节表调节相符；各种财产物资和债权债务的明细账户余额，要与总账有关账户的余额核对相符；对重要实物要实地盘点；对余额较大的往来账户要与往来单位、个人核对。

（5）移交人员经管的票据、印章和其他实物等，必须交接清楚。实行会计电算化的单位，交接双方应在电子计算机上对有关电子数据进行实际操作，确认有关数据正确无误后，方可交接。

（6）会计机构负责人（会计主管人员）在移交时，必须将全部财务会计工作、重大财务支出和会计人员的具体情况等，向接替人员详细介绍。对需要移交的遗留问题，应当写出相关内容的书面材料。

3. 会计工作的监交。会计工作交接进行时，必须要有监交人员在场负责监交。一般会计人员办理交接手续，由会计机构负责人（会计主管人员）监交；会计机构负责人（会计主管人员）办理交接手续时，由单位负责人监交，必要时，主管单位可以派人会同监交。

4. 交接后有关事宜。交接完毕后，交接双方和监交人员要在移交清册上签名或者盖章。并应在移交清册上注明：单位名称，交接日期，交接双方和监交人员的职务、姓名，移交清册页数以及需要说明的问题和意见等。移交清册一般应当填制一式三份，交接双方各执一份，存档一份。接替人员应当继续使用移交的会计账簿，不得自行另立新账，以保持会计记录的连续性。

任务四　会计法律责任

法律责任是指违反法律规定的行为应当承担的法律后果，也就是对违法者的制裁。法律责任分为民事责任、行政责任和刑事责任。为了保证《会计法》的有效实施，惩治会计违法行为，《会计法》规定了明确的法律责任：一是行政责任；二是刑事责任。《会计法》没有规定民事责任。

一、违反国家统一会计制度的行为及法律责任

违反国家统一会计制度的行为包括。

1. 不依法设置会计账簿的。
2. 私设会计账簿的。
3. 未按照规定填制、取得原始凭证或者填制、取得的原始凭证不符合规定的。
4. 以未经审核的会计凭证为依据登记会计账簿或者登记会计账簿不符合规定的。
5. 随意变更会计处理方法的。
6. 向不同的会计资料使用者提供的财务会计报告编制依据不一致的。
7. 未按照规定使用会计记录文字或者记账本位币的。
8. 未按照规定保管会计资料，致使会计资料毁损、灭失的。
9. 未按照规定建立并实施单位内部会计监督制度或者拒绝依法实施的监督，或者不如实提供有关会计资料及有关情况的。
10. 任用会计人员不符合《会计法》规定的。

违反《会计法》规定，实施上述“违反国家统一会计制度行为”的：由县级以上人民政府财政部门责令限期改正，可以对单位并处3 000元以上5万元以下的罚款；对其直接负责的主管人员和其他直接责任人员，可以处2 000元以上2万元以下的罚款；属于国家工作人员的，还应当由其所在单位或者有关单位依法给予行政处分；构成犯罪的，依法追究刑事责任；会计人员有上述所列行为之一，情节严重的，5年内不得从事会计工作。

二、伪造、变造会计凭证、会计账簿，编制虚假财务会计报告的法律责任

1. 构成犯罪的，依法追究刑事责任。
2. 尚不构成犯罪的，由县级以上人民政府财政部门予以通报，可以对单位并处5 000元

以上10万元以下的罚款；对其直接负责的主管人员和其他直接责任人员，可以处3 000元以上5万元以下的罚款；属于国家工作人员的，还应当由其所在单位或者有关单位依法给予撤职直至开除的行政处分；其中的会计人员，5年内不得从事会计工作。

知识要点：

1. 任何单位或者个人不得以任何方式授意、指使、强令会计机构、会计人员伪造、变造会计凭证、会计账簿和其他会计资料，提供虚假财务会计报告。任何单位和个人不得伪造、变造会计凭证、会计账簿及其他会计资料，不得提供虚假的财务会计报告。

2. 伪造会计资料，包括伪造会计凭证和会计账簿，是以虚假的经济业务为前提来编制会计凭证和会计账簿，旨在以假充真。

3. 变造会计资料，包括变造会计凭证和会计账簿，是用涂改、挖补等手段来改变会计凭证和会计账簿的真实内容，以歪曲事实真相。

三、隐匿或者故意销毁会计资料的法律责任

隐匿或者故意销毁依法应当保存的会计凭证、会计账簿、财务会计报告：

1. 构成犯罪的，依法追究刑事责任。隐匿或者故意销毁依法应当保存的会计凭证、会计账簿、财务会计报告，情节严重的，处5年以下有期徒刑或者拘役，并处或者单处2万元以上20万元以下罚金；单位犯前款罪的，对单位判处罚金，并对其直接负责的主管人员和其他直接责任人员，依照前款的规定处罚。

2. 尚不构成犯罪的。由县级以上人民政府财政部门予以通报，可以对单位并处5 000元以上10万元以下的罚款；对其直接负责的主管人员和其他直接责任人员，可以处3 000元以上5万元以下的罚款；属于国家工作人员的，还应当由其所在单位或者有关单位依法给予撤职直至开除的行政处分；其中的会计人员，5年内不得从事会计工作。

四、授意、指使、强令行为及相关法律责任

授意、指使、强令会计机构、会计人员及其他人员伪造、变造会计凭证、会计账簿，编制虚假财务会计报告或者隐匿、故意销毁依法应当保存的会计凭证、会计账簿、财务会计报告：

1. 构成犯罪的，依法追究刑事责任。

2. 尚不构成犯罪的，可以处5 000元以上5万元以下的罚款；属于国家工作人员的，还应当由其所在单位或者有关单位依法给予降级、撤职、开除的行政处分。

五、打击、报复行为及相关法律责任

单位负责人对依法履行职责、抵制违反《会计法》规定行为的会计人员以降级、撤职、调离工作岗位、解聘或者开除等方式实行打击报复：

1. 构成犯罪的，依法追究刑事责任。公司、企业、事业单位、机关、团体的领导人，对依法履行职责、抵制违反《会计法》行为的会计人员实行打击报复，情节恶劣的，处3

年以下有期徒刑或者拘役。

2. 尚不构成犯罪的，由其所在单位或者有关单位依法给予行政处分。

3. 对受打击报复的会计人员，应当恢复其名誉和原有职务、级别。

六、财政部门及有关行政部门的工作人员在实施监督管理职务中违法行为的法律责任

财政部门及有关行政部门的工作人员在实施监督管理中滥用职权、玩忽职守、徇私舞弊或者泄露国家秘密、商业秘密，构成犯罪的，依法追究刑事责任。尚不构成犯罪的，依法给予行政处分。收到对违反《会计法》和国家统一的会计制度规定的行为检举的部门及负责处理检举的部门，将检举人姓名和检举材料转给被检举单位和被检举人个人的，由所在单位或者有关单位依法给予行政处分。

【例题 2－16】根据会计法律制度的规定，下列情形中，属于违法行为的有（　　）。

A. 指使会计人员编制虚假财务会计报告

B. 变造会计账簿

C. 隐匿依法应当保存的会计凭证

D. 拒绝接收金额记载错误的原始凭证

【答案】ABC

【解析】选项 D 属于会计机构、会计人员必须按照国家统一的会计制度的规定对原始凭证进行审核，对不真实、不合法的原始凭证有权不予接受，并向单位负责人报告；对记载不准确、不完整的原始凭证予以退回，并要求按照国家统一的会计制度的规定更正、补充（原始凭证金额有错误的，应当由出具单位重开，不得在原始凭证上更正。

本章主要内容提示

1. 会计法律制度是关于会计工作的法律，法规，规章和规范性文件的总称以及调整会计关系的法律法规。

2. 会计核算的基本要求、主要内容、会计年度、记账本位币、会计凭证、会计账簿、财务会计报告、账务核对和财产清查。

3. 会计档案管理：归档、移交、利用、保管、鉴定、销毁。

4. 会计监督分为内部监督、社会监督和政府监督。

5. 会计机构是指各单位办理会计事务的职能部门，各单位办理会计事务的组织方式有三种：单独设置会计机构；在有关机构中配置专职会计人员；实行代理记账。

6. 会计工作岗位的设置要求以及会计人员回避制度。

7. 会计人员的一般要求和会计工作的禁入规定。

8. 会计专业职务：初级、中级、副高级和正高级。

9. 会计专业技术资格和会计人员继续教育。

10. 会计工作的交接：原因、准备、交接、监交。

11. 违反会计法律制度应该承担相应的法律责任。

章节小测

一、单项选择题

1. 根据《会计法》的规定，对本单位的会计工作和会计资料的真实性、完整性负责的人是（　　）。

A. 出纳人员　　B. 会计机构负责人

C. 单位分管会计工作领导　　D. 单位负责人

2. 以虚假的经济业务为依据编制会计凭证和会计账簿，这种行为属于（　　）。

A. 变造会计凭证和会计账簿　　B. 伪造会计凭证和会计账簿

C. 设置账外账　　D. 报送虚假会计报表

3. 下列各项中，不属于会计资料归档范围的是（　　）。

A. 会计凭证　　B. 会计账簿　　C. 财务会计报告　　D. 经济合同

4. 单位会计管理机构临时保管会计档案最长不超过（　　）年。

A. 1　　B. 2　　C. 3　　D. 5

5. 应当保证会计机构、会计人员依法履行职责，不得授意、指使、强令会计机构、会计人员违法办理会计事项的是（　　）。

A. 审计机构负责人　　B. 会计机构负责人

C. 财政部门　　D. 单位负责人

6. 根据《会计法》的规定，有权制定国家统一的会计制度的政府部门是（　　）。

A. 国务院　　B. 国务院财政部门

C. 国务院各业务主管部门　　D. 省级人民政府财政部门

7. 关于原始凭证审核，下列说法不正确的是（　　）。

A. 一式几联的原始凭证，应当注明各联的用途，只能以一联作为报销凭证

B. 原始凭证金额有错误的，应由出具单位更正，并加盖出具单位印章

C. 自制原始凭证必须有经办单位领导人或其指定的人员签名或盖章

D. 购买实物的原始凭证，必须有验收证明

8. 下列各项中，不属于会计岗位的是（　　）。

A. 会计机构内档案管理岗位　　B. 单位内部审计岗位

C. 财产物资收发、增减核算岗位　　D. 总账岗位

9. 会计工作交接时，接替人员在交接时因疏忽没有发现所交接会计资料存在真实性、完整性方面的问题。如事后发现，对该问题应负责的人是（　　）。

A. 接替人员和原移交人员　　B. 原移交人员

C. 接替人　　D. 会计机构负责人

10. 下列各项中，对报送的财务报告的合法性、真实性负首要法律责任的是（　　）。

A. 总会计师　　B. 会计主管人员

C. 单位负责人　　D. 会计机构负责人

11. 下列关于总会计师的说法中，错误的是（　　）。

A. 总会计师不是单位的行政领导成员

B. 总会计师组织领导本单位的财务管理与成本管理等工作

C. 总会计师直接对单位主要领导人负责

D. 总会计师参与本单位重要经济问题的分析和决策

12. 按照规定，（　　）任用会计人员应当实行回避制度。

A. 国家机关、国有企业、事业单位

B. 国家机关、国有企业、企事业单位

C. 国有企业、企业单位、外资企业

D. 国有企业、事业单位、外资企业

13. 财政部门实施会计监督检查的对象是（　　）。

A. 会计资料　　B. 会计报告　　C. 经济活动　　D. 会计行为

14. 对于犯有打击报复会计人员罪的单位负责人，可处（　　）年以下有期徒刑或者拘役。

A. 2　　B. 3　　C. 4　　D. 5

15. 有“不依法设置会计账簿的”行为的会计人员，情节严重的，（　　）年不得从事会计工作。

A. 2　　B. 3　　C. 4　　D. 5

16. 根据会计内部监督制度的规定，企业内部控制措施（　　）是指要求企业全面系统地分析、梳理业务流程中所涉及的不相容职务，实施相应的分离措施，形成各司其职、各负其责、相互制约的工作机制。

A. 授权审批控制　　B. 会计系统控制

C. 预算控制　　D. 不相容职务分立控制

17. 会计专业技术人员参加继续教育实行学分制管理，每年参加继续教育取得的学分不少于（　　）学分。

A. 60　　B. 70　　C. 80　　D. 90

18. Y公司准备聘请会计主管人员，下列应聘人员中符合《会计法》所规定条件的是（　　）。

A. 林某，取得注册会计师、注册资本评估师和税务师执业资格，但未从事过会计相关工作

B. 吴某，担任出纳工作一年，并刚刚取得初级会计专业资格，为人聪慧，善于与人沟通

C. 张某，管理学博士学位，一直全日制在读，当年刚考完初级职称资格考试正在等待成绩，据说100%能通过考试

D. 胡某，会计专科学位，刚刚获得会计师专业技术职务资格

19. 下列表述正确的是（　　）。

A. 各单位应当根据会计业务需要设置会计工作岗位，可以一人一岗、一人多岗或一岗多人

B. 出纳人员可以从事收入、支出、费用账目的登记工作

C. 为防范财务风险，所有的企业任用会计人员都应当实行回避制度

D. 国有企业单位领导人的直系亲属不得在本单位会计机构中担任出纳工作

20. 下列各项中，不属于不得销毁的会计档案的是（　　）。

A. 保管期满但未结清的债权债务原始凭证

B. 保管期满但涉及未了事项的会计凭证

C. 保管期满但未结清的债权债务会计凭证

D. 保管期满确无保存价值的会计档案

二、多项选择题

1. 经定可以销毁的会计档案，在销毁程序中，需要在会计档案销毁清册上签署意见的有（　　）。

A. 单位负责人　　B. 档案管理机构负责人

C. 会计管理机构负责人　　D. 档案管理机构经办人

2. 某地方财政部门进行执法检查时发现一家单位以虚假的经济事项编造了会计凭证和会计账簿，并据此编制了财务会计报告。对此，财政部门对该单位的违法行为应认定为（　　）。

A. 伪造会计凭证行为　　B. 变造会计凭证和会计账簿行为

C. 伪造会计账簿行为　　D. 提供虚假的财务会计报告行为

3. 会计机构、会计人员对不真实、不合法的原始凭证有权（　　）。

A. 不予接受　　B. 向单位负责人报告

C. 予以接受　　D. 予以退回，要求更正、补充

4. 下列各项中，属于企业内部控制措施的有（　　）。

A. 不相容职务分离控制　　B. 授权审批控制

C. 预算控制　　D. 运营分析控制

5. 根据《会计法》的规定，对于“随意变更会计处理方法”的行为，应当承担的法律责任有（　　）。

A. 由县级以上人民政府财政部门责令限期改正

B. 对单位处以3 000元以上5万元以下的罚款

C. 对其直接负责的主管人员可以处2 000元以上2万元以下的罚款

D. 构成犯罪的，依法追究刑事责任

6. 下列有关各类会计账簿用途的表述中，正确的有（　　）。

A. 总账是用于分类登记某一类经济业务事项，提供有关明细核算资料的账簿

B. 明细账是用于分类登记某一类经济业务事项，提供资产、负债、所有者权益、费用、成本、收入等“总括核算”的资料

C. 日记账是按照经济业务事项发生的时间先后顺序，逐日逐笔地进行登记的账簿

D. 其他辅助账簿是为备忘备查而设置

7. 下列会计工作岗位中，出纳不可以兼任的有（　　）。

A. 稽核　　B. 债券债务账目的登记

C. 固定资产明细账的登记　　D. 会计档案保管

8. 根据会计法律制度的规定，下列关于登记会计账簿基本要求的表述中，正确的有（　　）。

A. 在不设借贷栏的多栏式账页中，登记增加数，不登记减少数

B. 会计账簿按页次顺序连续登记，不得跳行、隔页

C. 账簿中书写的文字和数字上面要留有适当空格；不要写满格；一般应占格距的1/2

D. 按照红字冲账的记账凭证，冲销错误记录时，可以用红色墨水记账

9. 下列涉案会计人员，5年内不得从事会计工作的有（　　）。

A. 因私设会计账簿且情节严重，被行政处罚的会计人员张某

B. 因伪造会计凭证被行政处罚的会计人员王某

C. 因故意销毁会计账簿被追究刑事责任的会计人员李某

D. 因挪用公款被追究刑事责任的会计人员赵某

三、判断题

1. 单位负责人为单位会计责任主体，就是说如果一个单位会计工作中出现违法违纪行为，单位负责人应当承担全部责任。（　　）

2. 各单位发生的各项经济业务事项应当统一进行会计核算，不得违反规定私设会计账簿进行登记、核算。（　　）

3. 《会计法》规定，任何单位和个人对违反《会计法》和国家统一的会计制度规定的行为，有权检举。（　　）

4. 会计专业技术人员参加继续教育取得的学分，每年累计不得少于70学分。（　　）

5. 《会计法》规定，业务收支以人民币以外的货币为主的单位，可以选定其中一种货币作为记账本位币，但是编报的财务会计报告应当折算为人民币。（　　）

6. 会计机构和会计人员如发现外来原始凭证金额填写错误，应当交由出具单位予以更正并在更正处加盖出具单位印章后，才能受理并据此进行会计核算。（　　）

7. 会计人员职称层级分为初级、中级、副高级和正高级。（　　）

8. 会计机构负责人办理交接手续，应由主管单位派人进行监交。（　　）

9. 会计人员离职或因病不能工作的，会计机构负责人（会计主管人员）或单位负责人必须指定专人接替或者代理，并且办理会计工作交接手续。（　）

10. 对于保管期满的会计凭证，可以销毁。（　）

四、不定项选择题

（一）2021 年，某服装厂发生如下事项：

1. 该厂会计人员王某因身体原因请假一个星期，会计科长指定出纳李某兼管卫某的债权债务账目的登记工作，未办理会计工作交接手续。

2. 该厂档案科会同会计科销毁了一批保管期限已满的会计档案。

3. 该厂年度亏损 20 万元，会计科长授意会计人员采取伪造会计凭证等手段调整企业的财务会计报告，将本年度利润调整为盈利 50 万元，并将调整后的企业财务会计报告经厂长及有关人员签名、盖章后向有关单位报送。

要求：根据以上事实，回答下列问题：

1. 关于李某兼管债权债务的登记工作下列表述正确的是（　）。

A. 李某可以兼管债权债务账目的登记工作，因为是临时兼管

B. 李某可以兼管债权债务账目的登记工作，因为是会计科长指定

C. 李某不得兼管债权债务账目的登记工作，因为法律对出纳有禁止兼任的规定

D. 李某不得兼管债权债务账目的登记工作，因为王某没办交接手续

2. 会计人员王某因身体原因请假一个星期，（　）。

A. 应当与接管人员办理工作交接

B. 应当与会计机构负责人办理工作交接

C. 属于临时离岗不用办理工作交接

D. 可以在家办公

3. 该厂档案科会同会计科销毁保管期已满的会计档案，应当在会计档案销毁清册上签署意见的是（　）。

A. 单位负责人　　B. 档案管理机构负责人

C. 会计管理机构负责人　　D. 上级单位负责人

4. 下列对该厂伪造会计凭证等违法行为承担法律责任的表述正确的是（　）。

A. 应当对单位并处 5 千元以上 10 万元以下的罚款

B. 可以对单位并处 5 千元以上 10 万元以下的罚款

C. 对其直接负责的主管人员和其他直接责任人员，可以处 5 千元以上 3 万元以下的罚款

D. 对其中的会计人员，5 年内不得从事会计工作

（二）甲公司公开招聘会计机构负责人，录用张某接替即将退休的会计机构负责人陈某。张某与陈某办理工作交接后，法定代表人刘某安排张某梳理检查公司的会计工作。在检查中，张某发现出纳王某错账更正的方法有误：账簿金额“78900”被误登记为“79800”，王某仅画红线更正了登记错误的百位和千位数字。张某指出此处的不当后，王某改正了此项登记。检查完毕后，甲公司会计机构将临时保管期限届满的会计档案移交给公司档案管理机构保管。

要求：根据上述资料，不考虑其他因素，分析回答下列小题。

1. 张某具备的下列条件中，使其满足会计机构负责人任职资格的法定条件是（　）。

A. 会计师专业技术职务资格　　B. 会计专业硕士学位

C. 注册会计师资格　　D. 1 年会计工作经历

2. 张某与陈某办理工作交接手续的下列说法中，正确的是（　）。

A. 陈某应将甲公司全部财务会计工作、会计人员的情况等向张某详细介绍

B. 对需要移交的遗留问题，陈某应写出书面材料单

C. 应由刘某负责监交

D. 交接完毕后，张某、陈某和刘某应在移交清册上签名或盖章

3. 下列账簿登记的改正措施中，王某应采用的是（　　）。

A. 在原更正处，补充加盖王某个人印章和公司印章

B. 将错误数字“79800”全部重新画红线更正，并在更正处加盖王某个人印章

C. 在原更正处，补充加盖王某个人印章

D. 将错误数字“79800”全部消除字迹后填上正确数字，加盖王某个人印章

4. 下列关于甲公司会计机构移交会计档案的表述中，正确的是（　　）。

A. 会计机构应编制会计档案移交清册

B. 纸质会计档案移交时应重新封装

C. 公司档案管理机构接收电子会计档案时，应对其准确性、完整性、可用性和安全性进行检测

D. 电子会计档案移交时应将电子会计档案及其元数据一并移交

模块三

支付结算法律制度

学习目标

1. 掌握支付结算的概念、特征、原则。

2. 掌握银行账户管理的主要规定，了解银行结算账户的开立、变更和撤销；各个账户的使用范围。

3. 掌握支票、本票、汇票、银行卡、汇兑、委托收款、网上支付、条码支付、支付机构非现金支付的相关规定等结算方式的规定。

4. 熟悉票据的相关概念，掌握办理支付结算的具体要求以及票据和结算凭证填写的基本要求。

案例导入

甲公司向乙公司购买一批原材料，使用了一张出票金额为50万元的银行汇票，该汇票的收款人为乙公司。实际结算时材料价款为55万元。征得甲公司同意，乙公司在汇票实际结算金额栏内填写55万元，向银行提示付款，不料银行不予受理。随后甲公司向乙公司开具已经由甲企业开户银行承兑的银行承兑汇票支付55万元货款，乙公司将银行承兑汇票背书转让给丙公司，丙公司又背书转让给丁公司。请分析一下，案例中的乙公司在票据上的当事人身份是什么？

任务一　支付结算概述

一、支付结算的概念与支付结算服务组织

（一）支付结算的概念

支付结算是指单位、个人在社会经济活动中使用票据、银行卡和汇兑、托收承付、委托收款等结算方式进行货币给付及其资金清算的行为。

支付结算作为社会经济金融活动的重要组成部分，其主要功能是完成资金从一方当事人向另一方当事人的转移。

知识要点：支付结算是指“转账结算”，不包括使用现金。

（二）支付结算服务组织

我国的支付结算服务组织主要有中央银行、银行业金融机构（以下简称“银行”）、非银行支付机构（以下简称“支付机构”）等。其中：

1. 中国人民银行作为我国的中央银行，负责建设运行支付清算系统，向银行、特许清算机构、支付机构提供账户、清算等服务。

2. 银行面向广大单位和个人提供账户、支付工具、结算等服务。特许清算机构主要向成员机构提供银行卡、电子商业汇票等特定领域的清算服务。

3. 支付机构主要为个人和中小微企业提供网络支付、银行卡收单和多用途预付卡发行与受理等支付服务。

【例题3-1】 下列可以作为中介机构办理支付结算业务的是（　　）。

A. 从事投资咨询服务的股份有限公司　　B. 担保公司

C. 证券公司　　D. 银行

【答案】D

【解析】银行是支付结算和资金清算的中介机构。非银行金融机构和其他单位不得作为中介机构办理支付结算业务。

二、支付结算的工具

我国传统的人民币非现金支付工具主要包括“三票一卡”和结算方式。“三票一卡”是指三种票据（汇票、本票和支票）和银行卡；结算方式包括汇兑、托收承付和委托收款。随着互联网技术的纵深发展，网上银行、条码支付、网络支付等电子支付得到快速发展。目前，我国已经形成了以票据和银行卡为主体，以电子支付为发展方向的非现金支付体系。

票据和汇兑是我国经济活动中不可或缺的重要支付工具及方式，被广大单位和个人广泛使用，并在大额支付中占据主导地位；银行卡收单、网络支付、预付卡、条码支付等在小额支付中占据主导地位。托收承付、国内信用卡使用量比较少，本书不再赘述。

知识要点：银行是支付结算和资金清算的中介机构。

【例题3-2】 根据支付结算法律制度的规定，下列各项中属于单位、个人在社会经济活动中使用人民币非现金支付工具的有（　　）。

A. 股票　　B. 支票　　C. 汇票　　D. 本票

【答案】BCD

【解析】非现金支付工具主要包括“三票一卡”和结算方式，“三票一卡”是指汇票、本票和支票和银行卡；结算方式包括汇兑和委托收款等。

三、办理支付结算的原则

支付结算原则是指参与支付结算活动的各方当事人，如银行、单位和个人都应遵守的准则。经过多年的实践与总结，我国形成了以下与经济活动相适应的支付结算原则：

（一）恪守信用，履约付款

这是办理支付结算应遵守的基本原则。诚实守信，是各国经济活动和社会交往普遍推崇的原则。“条约必须遵守，合同必须履行”是国际法的原则之一；我国民法通则也将“诚实守信”作为民事活动的原则之一。

（二）谁的钱进谁的账，由谁支配

他人支付给存款人的资金，应当收入存款人的银行账户；存款人在银行账户里的资金，其所有权归存款人所有，由其自主支配，其他任何一方都无权擅自动用、处理和任意转移。否则就是侵犯了存款人的合法权益，就应当承担相应的法律责任。除法律法规另有规定外，银行无权在未经存款人授权或委托的情况下，擅自动用存款人在银行账户里的资金。

（三）银行不垫款

银行是办理支付结算业务的中介机构，应按照付款人的委托，将资金支付给付款人指定的收款人；或者按照收款人的委托，将归收款人所有的资金转账收入到收款人的账户中。这是银行应承担的责任。因此，在实际工作中，要将银行资金与存款人资金严格区分开来，二者不能混淆。付款人账户内没有资金或资金不足，或者收款人应收的款项由于付款人的原因不能收回时，银行的中介职责可以不履行，因为银行没有为存款人垫付资金的义务。银行与存款人另有约定的除外。

知识要点：支付结算的三个基本原则。

【**例题3-3**】下列各项中，属于办理支付结算应遵循的原则有（　　）。

A. 恪守信用，履约付款　　B. 谁的钱进谁的账，由谁支配

C. 银行不垫款　　D. 一个基本存款账户原则

【答案】ABC

【解析】选项D属于银行结算账户管理的原则。

四、办理支付结算的基本要求

根据《支付结算办法》的规定，单位、个人和银行办理支付结算时，应符合下面的基本要求。

1. 办理支付结算，必须使用按中国人民银行统一规定印制的票据和统一规定的结算凭证。

未使用按中国人民银行统一规定印制的票据，票据无效；未使用中国人民银行统一规定格式的结算凭证，银行不予受理。

2. 票据和结算凭证上的签章和其他记载事项应当真实，不得伪造、变造。

（1）所谓“伪造”是指无权限人假冒他人或虚构他人名义签章的行为，例如伪造出票签章、背书签章、承兑签章和保证签章等。

（2）所谓“变造”是指无权更改票据内容的人，对票据上签章以外的记载事项加以改变的行为。变造票据的方法多是在合法票据的基础上，对票据加以剪接、挖补、覆盖、涂改，从而非法改变票据记载事项。

知识要点：办理支付结算的基本要求，重点掌握票据的伪造和变造的情形。

【**例题3-4**】根据支付结算法律制度的规定，下列各项中，属于变造票据行为的有（　　）。

A. 涂改出票金额

B. 假冒他人在票据上签章

C. 原记载人更改付款人名称并在更改处签章证明

D. 剪接票据非法改变票据记载事项

【答案】AD

【解析】选项 B 属于票据的伪造，票据 C 属于票据的更改。

3. 支付结算凭证填写的要求。

（1）出票金额的填写规范。中文大写金额数字应用正楷或行书填写。如壹、贰、叁、肆、伍、陆、柒、捌、玖、拾、佰、仟、万、亿、元、角、分、零、整（正）等字样。不得用一、二（两）、三、四、五、六、七、八、九、十、廿、毛、另（或0）填写。不得自造简化字。如果金额数字书写中使用繁体字，也应受理。

票据和结算凭证金额以中文大写和阿拉伯数码同时记载，二者必须一致，二者不一致的票据无效；二者不一致的结算凭证，银行不予受理。

知识要点：付结算凭证填写的要求，重点掌握出票金额的规范填写。

【例题 3-5】下列各项中，表述正确的有（　　）。

A. 票据中的中文大写金额数字应用正楷或行书填写

B. 票据中的中文大写金额数字前应标明"人民币"字样

C. 阿拉伯小写金额数字前面，可以填写人民币符号"¥"

D. 票据中的中文大写金额数字到"元"为止的，在"元"之后，应写"整"或"正"字

【答案】ABD

【解析】选项 C 属于阿拉伯小写金额数字前面，均应填写人民币符号"¥"。

（2）收款人名称。单位和银行的名称应当记载全称或者规范化简称。规范化简称应当具有排他性，与全称在实质上具有同一性，例如"中国银行保险监督管理委会员"的规范简称为"银保监会"。

（3）出票日期的填写规范。票据的出票日期必须使用中文大写。为防止变造票据的出票日期，在填写月、日时，月为壹、贰和壹拾的，日为壹至玖和壹拾、贰拾和叁拾的，应在其前加"零"；日为拾壹至拾玖的，应在其前面加"壹"。如 2 月 12 日，应写成零贰月壹拾贰日；10 月 20 日，应写成零壹拾月零贰拾日。

知识归纳（见表 3-1）

表 3-1　日期书写规范

实际日期	票据日期
月为"壹""贰"和"壹拾"的 1、2、10 日为"壹"至"玖"和"壹拾""贰拾"和"叁拾" 1~9、10、20、30	前加"零"
日为"拾壹"至"拾玖" 11~19	前加"壹"
日为"贰拾壹"至"贰拾玖""叁拾壹"	不加

票据出票日期使用小写填写的，银行不予受理。大写日期未按要求规范填写的，银行可予受理。但由此造成损失的，由出票人自行承担。

（4）票据和结算凭证上的签章。票据和结算凭证的签章为签名、盖章或者签名加盖章。单位、银行在票据上的签章和单位在结算凭证上的签章，为该单位、银行的盖章加其法定代表人或其授权的代理人的签名或盖章。个人在票据和结算凭证上的签章，为个人本名的签名

或盖章。

知识要点：支付结算凭证填写的三大要求：汉语语言的规律、数字金额的构成、防止涂改的要求。

任务二　银行结算账户

一、银行结算账户的概念

银行结算账户是指银行为存款人开立的办理资金收付结算的活期存款账户。

1. 存款人，是指在中国境内开立银行结算账户的机关、团体、部队、企业、事业单位、其他组织（以下统称单位）、个体工商户和自然人。

2. 银行，是指在中国境内经中国人民银行批准经营支付结算业务的政策性银行、商业银行（含外资独资银行、中外合资银行、外国银行分行）、城市信用合作社、农村信用合作社。中国人民银行是银行结算账户的监督管理部门。

【例题3－6】银行结算账户是指银行为存款人开立的办理资金收付的活期存款账户和定期存款账户。（　　）

【答案】×

【解析】本题考查银行结算账户的概念，银行结算账户仅包括活期存款账户，不包括定期存款账户。

知识要点：银行结算账户的概念及特点。

二、银行结算账户的分类

银行结算账户的类别不同，其开立、使用和管理也不尽相同。银行结算账户可根据不同标准做如下不同分类：

（一）按存款人不同分为单位银行结算账户和个人银行结算账户

1. 单位银行结算账户。这里所说的单位包括机关、团体、部队、企业、事业单位和其他组织等。个体工商户凭营业执照以字号或经营者姓名开立的银行结算账户纳入单位银行结算账户管理。

2. 个人银行结算账户。存款人凭个人身份证件以自然人名称开立的银行结算账户称为个人银行结算账户。这里所指的个人包括中国公民（含香港、澳门、台湾居民）和外国公民。个人因投资、消费使用各种支付工具，包括借记卡、信用卡，在银行开立的银行结算账户；邮政储蓄机构办理银行卡业务开立的账户等纳入个人银行结算账户管理。

（二）按用途不同区分账户

根据单位资金用途不同，单位银行结算账户分为基本存款账户、一般存款账户、专用存款账户、临时存款账户。

（三）按开户制度上的不同分为核准制账户和备案账户

企业（包括境内设立的企业法人、非法人企业、个体工商户）与非企业法人（包括机关法人、事业单位法人和社会团体法人，基金会等非营利机构）按开户制度上的不同分为核准制账户和备案账户。

（四）按开户地的不同分为本地银行结算账户和异地银行结算账户

1. 本地银行结算账户是指存款人在注册地或住所地开立的银行结算账户。注册地是指存款人的营业执照等开户证明文件上记载的住所地。

2. 异地银行结算账户是指存款人符合法定条件，根据需要在异地开立的账户。单位或个人只要符合相关条件，均可根据需要在异地开立相应的单位银行结算账户或个人银行结算账户。

知识要点：银行结算账户的分类，重点掌握按用途分类。

三、银行结算账户管理应当遵守的基本原则

1. 一个基本账户原则，是指单位银行结算账户的存款人只能在银行开立一个基本存款账户，不得多头开立基本银行账户。

2. 自主选择原则，是指存款人可以根据需要自主选择银行。除国家法律、行政法规和国务院另有规定外，任何单位和个人不得强令存款人到指定银行开立银行结算账户。这样既保护了存款人作为经济主体应有的自主选择权，也有效防范了银行间的不正当竞争和行业腐败行为。

3. 守法合规原则，是指银行结算账户的开立和使用应当遵守法律、行政法规，不得利用银行结算账户进行偷逃税款、逃避债务、套取现金及其他违法犯罪活动。

4. 存款信息保密原则，是指银行必须依法为存款人的银行结算账户信息保密。依据《人民币银行结算账户管理办法》规定，对单位银行结算账户的存款和有关资料，除国家法律、行政法规和国务院另有规定外，银行有权拒绝任何单位或个人查询；对个人银行结算账户的存款和有关资料，除国家法律另有规定外，银行有权拒绝任何单位或个人查询。

知识要点：银行结算账户应遵守的基本原则，重点理解一个基本存款账户的原则。

四、银行结算账户的开立、变更和撤销

（一）银行结算账户开立的基本程序

1. 开户地点。存款人应在注册地或住所地开立银行结算账户；符合异地（跨省、市、县）开户条件的，也可以在异地开立银行结算账户。

2. 实名制管理。

（1）存款人应以实名开立银行结算账户，并对其出具的开户（变更、撤销）申请资料实质内容的真实性负责，法律、行政法规另有规定的除外。

（2）存款人应按照账户管理规定使用银行结算账户办理结算业务，不得出租、出借银行结算账户；不得利用银行结算账户套取银行信用或进行洗钱活动。

3. 核准与备案。

（1）核准类账户。非企业法人（包括机关法人、事业单位法人和社会团体法人、基金会等非营利机构）开立基本存款账户、临时存款账户、预算单位专用存款账户、QFII 账户需要核准制。

对核准类账户，银行应将存款人的开户申请书、相关的证明文件和银行审核意见等开户资料报送中国人民银行当地分支行，经其核准并核发开户许可证后办理开户手续。

【注意】中国人民银行当地分支行应于 2 个工作日内对开户银行报送的核准类账户的开户资料的合规性予以审核。符合开户条件的，予以核准，颁发基本（或临时或专用）存款账户开户许可证。

（2）备案类账户。2019 年 2 月 2 日，中国人民银行发布《企业银行结算账户管理办法》。于 2019 年年底前，完全取消企业银行账户许可。企业（在境内设立的企业法人、非法人企业和个体工商户，下同）开立基本存款账户、临时存款账户取消核准制，实行备案制，不再颁发开户许可证。银行完成企业基本存款账户信息备案后，账户管理系统生成基本存款账户编号，代替原基本存款账户核准号使用。银行应打印《基本存款账户信息》和存款人查询密码，并交付企业。持有基本存款账户编号的企业申请开立一般存款账户、专用存款账户、临时存款账户时，应当向银行提供基本存款账户编号。备案类结算账户的变更和撤销也应通过账户管理系统向中国人民银行当地分支行报备。

知识要点：申请开立除核准类账户外的其他银行结算账户的，开户银行应于开户之日起 5 个工作日内向中国人民银行当地分支行备案。

4. 预留签章。

（1）银行应建立存款人预留签章卡片，并将签章式样和有关证明文件的原件或复印件留存归档。

（2）存款人为单位的，其预留签章为该单位的公章或财务专用章加其法定代表人（单位负责人）或其授权的代理人的签名或者盖章。

（3）存款人为个人的，其预留签章为该个人的签名或者盖章。

5. 办理付款业务的时间。存款人开立单位银行结算账户，自正式开立之日起 3 个工作日后，方可使用该账户办理付款业务。但是，注册验资的临时存款账户转为基本存款账户、因借款转存开立的一般存款账户除外（见图 3－1）。

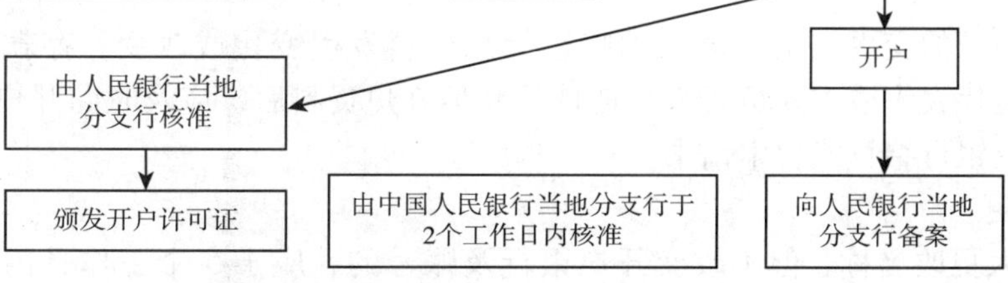

图 3－1　银行结算账户开立的流程

6. 签订银行结算账户管理协议。

（1）异地开户。对注册地和经营地均在“异地”的单位，银行应当与其法定代表人或者负责人“面签”银行结算账户管理协议。

（2）开通非柜面转账业务。银行为存款人开通非柜面转账业务时，双方应签订协议，约定非柜面渠道向非同名银行账户和支付账户转账的日累计限额、笔数和年累计限额等；超出限额和笔数的应到柜面办理。

知识要点：银行账户的开立，点账务核准账户与备案账户的规定。

【例题3－7】根据支付结算法律制度的规定，下列存款人中2022年1月在银行开立基本存款账户，无须核发开户许可证的是（　　）。

A. 丁居民委员会　　B. 丙市人民医院

C. 乙公司　　D. 甲县市场监督管理局

【答案】C

【解析】企业银行结算账户实行备案制，不再核发开户许可证；选项AD是属于特别法人，选项B属于事业单位，其开立银行结算账户实行核准制。

知识归纳（见表3－2）

表3－2　企业与非企业法人在开户制度上的区别

	非企业法人	企业
核准制账户	基本存款账户、临时存款账户（因注册验资和增资验资开立的临时存款账户除外）、预算单位专用存款账户、QFⅡ专用存款账户	“基本存款账户、临时存款账户”改为执行备案制
开户许可证	有正本和副本之分，正本由“申请人”保管；副本由申请人“开户银行”留存	用“基本存款账户编号”，代替原基本存款账户核准号使用【注意】申请开立一般存款账户、专用存款账户、临时存款账户时，应当向银行提供基本存款账户编号
生效日	存款人开立单位银行结算账户，自正式开立之日起“3个工作日后”，方可办理“付款业务”【注意】注册验资的临时存款账户“转为”基本存款账户和因“借款转存”开立的一般存款账户除外	自开立之日即可办理收付款业务

（二）银行结算账户的变更

银行结算账户的变更是指存款人的账户信息资料发生变化或改变。存款人变更账户名称、单位的法定代表人或主要负责人、地址等其他开户资料后，应及时向开户银行办理变更手续，填写变更银行结算账户申请书。

1. 主动变更。

（1）存款人更改名称，但不改变开户银行及账号的，应于5个工作日内向开户银行提出银行结算账户的变更申请，并出具有关部门的证明文件。

（2）单位的法定代表人或主要负责人、住址以及其他开户资料发生变更时，应于5个工作日内书面通知开户银行并提供有关证明。属于变更开户许可证记载事项的，存款人办理变更手续时，应交回开户许可证，由中国人民银行当地分支行换发新的开户许可证（见图3-2）。

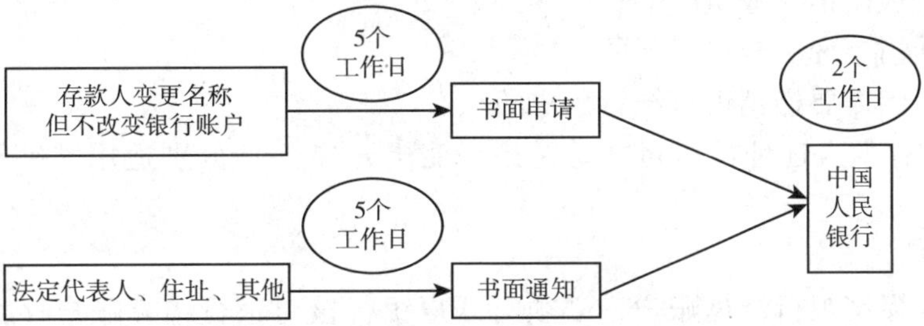

图3-2 银行结算账户的变更流程

2. 被动变更。

（1）银行发现企业名称、法定代表人或单位负责人发生变更的，应及时通知企业办理变更手续；企业自通知到达之日起的合理期间内仍未办理变更手续，且未提出合理理由的，银行有权采取措施适当控制账户交易。

（2）企业营业执照、法定代表人或者单位负责人有效身份证件列明有效期的，银行应于到期日前提示企业及时更新。有效期到期后的合理期间内仍未更新，且未提出合理理由的，银行应当按规定中止其办理业务。

3. 原开户许可证的处理。

（1）因办理变更收回的企业开户许可证原件，“不再换发”新的开户许可证。

（2）企业名称、法定代表人或单位负责人变更，账户管理系统“重新生成”新的基本存款账户编号，银行应当打印《基本存款账户信息》并交付企业。

（3）企业遗失或损毁取消许可证前基本存款账户开户许可证的，由企业出具说明，人民银行分支行“不再补发”。企业可以向基本存款账户开户银行申请打印《基本存款账户信息》。

知识要点：银行结算账户的变更，重点掌握不同变更情形的处理。

【**例题3-8**】下列内容属于银行结算账户的变更的有（　　）。

A. 存款人的账户名

B. 单位的法定代表人或主要负责人发生变化

C. 用于开户的地址、邮编发生变化

D. 用以开户的电话发生变化

【答案】ABCD

【解析】本题考核银行结算账户的变更。以上均属于变更的事项。

（三）银行结算账户的撤销

银行结算账户的撤销是指存款人因开户资格或其他原因终止银行结算账户使用的行为。存款人申请撤销银行结算账户时，应填写撤销银行结算账户申请书。银行在收到存款人撤销银行结算账户的申请后，对于符合销户条件的，应在2个工作日内办理撤销手续。

应当撤销银行结算账户的法定情形。有下列情形之一的，存款人应向开户银行提出撤销银行结算账户的申请：

（1）被撤并、解散、宣告破产或关闭的；

（2）注销、被吊销营业执照的；

（3）因迁址需要变更开户银行的；

（4）其他原因需要撤销银行结算账户的。

知识要点：存款人迁址视不同情况（是否变更开户行）分别适用“变更”或“撤销”的规定。

1. 撤销程序。

（1）存款人撤销银行结算账户，必须与开户银行核对银行结算账户存款余额，交回各种重要空白票据及结算凭证，银行核对无误后方可办理销户手续。

（2）企业因转户原因撤销基本存款账户的，银行应打印“已开立银行结算账户清单”并交付企业。

存款人有以上第1、2项情形的，应于5个工作日内向开户银行提出撤销银行临时存款账户。将账户资金转入基本存款账户后，方可办理基本存款账户的撤销。银行得知存款人有第1、2项情形的，存款人超过规定期限未主动办理撤销银行结算账户手续的，银行有权停止其银行结算账户的对外支付。存款人因以上第3、4项情形撤销基本存款账户后，需要重新开立基本存款账户的，应在撤销其原基本存款账户后10日内申请重新开立基本存款账户。

2. 撤销顺序。撤销银行结算账户时，应当先撤销一般存款账户、专用存款账户、临时存款账户，将账户资金转入基本存款账户后，方可办理基本存款账户的撤销。

3. 不得撤销银行结算账户的情形。存款人尚未清偿其开户银行债务的，不得申请撤销该银行结算账户。

4. 强制撤销银行结算账户的情形。银行对于一年未发生收付活动且未欠开户银行债务的单位银行结算账户，按照账户管理规定，银行通知该单位银行结算账户的存款人自发出通知之日起30日内办理销户手续；逾期视同自愿销户，未划转款项列入久悬未取专户管理。存款人撤销核准类银行结算账户时，应交回开户许可证。

知识要点：银行结算账户撤销的程序。

【例题3-9】根据支付结算法律制度的规定，下列情形中，属于存款人应向开户银行提出撤销银行结算账户申请的有（　　）。

A. 被撤并、解散、宣告破产或关闭的　　B. 注销、被吊销营业执照的

C. 因迁址需要变更开户银行的　　D. 更换公司法定代表人的

【答案】ABC

【解析】（1）有下列情形之一的，存款人应向开户银行提出撤销银行结算账户的申请：①被撤并、解散、宣告破产或关闭的（选项A）；②注销、被吊销营业执照的（选项B）；③因迁址需要变更开户银行的（选项C）；④其他原因需要撤销银行结算账户的。（2）单位的法定代表人发生变更时，应于5个工作日内书面通知开户银行并提供有关证明，不需要撤销银行结算账户。

五、具体银行结算账户的开立和使用

（一）基本存款账户

1. 基本存款账户的概念。基本存款账户是存款人因办理日常转账结算和现金收付需要开立的银行结算账户。下列存款人，可以申请开立基本存款账户：企业法人；非法人企业；机关、事业单位；团级（含）以上军队、武警部队及分散执勤的支（分）队；社会团体；民办非企业组织；异地常设机构；外国驻华机构；个体工商户；居民委员会、村民委员会、社区委员会；单位设立的独立核算的附属机构，包括食堂、招待所、幼儿园；其他组织，即按照现行的法律、行政法规规定可以成立的组织，如业主委员会、村民小组等组织。

2. 开户证明文件。

（1）企业法人，应出具企业法人营业执照正本。

（2）非法人企业，应出具企业营业执照正本。

（3）机关和实行预算管理的事业单位，应出具政府人事部门或编制委员会的批文或登记证书和财政部门同意其开户的证明。因年代久远、批文丢失等原因无法提供政府人事部门或编制委员会的批文或登记证书的，凭上级单位或主管部门出具的证明及财政部门同意其开户的证明开立基本存款账户。机关和实行预算管理的事业单位出具的政府人事部门或编制委员会的批文或登记证书上，有两个或两个以上的名称的，可以分别开立基本存款账户。非预算管理的事业单位，应出具政府人事部门或编制委员会的批文或登记证书。

（4）军队、武警团级（含）以上单位以及有关边防、分散执勤的支（分）队，应出具军队军级以上单位财务部门、武警总队财务部门的开户证明。

（5）社会团体，应出具社会团体登记证书；宗教组织还应出具宗教事务管理部门的批文或证明。

（6）民办非企业组织，应出具民办非企业登记证书。

（7）外地常设机构，应出具其驻在地政府主管部门的批文。对于已经取消对外地常设机构审批的省（市），应出具派出地政府部门的证明文件。

（8）外国驻华机构，应出具国家有关主管部门的批文或证明；外资企业驻华代表处、办事处，应出具国家登记机关颁发的登记证。

（9）个体工商户，应出具个体工商户营业执照正本。

（10）居民委员会、村民委员会、社区委员会，应出具其主管部门的批文或证明。

（11）单位附属独立核算的食堂、招待所、幼儿园，应出具其主管部门的基本存款账户开户许可证和批文。

（12）按照现行法律法规规定可以成立的业主委员会、村民小组等组织，应出具政府主管部门的批文或证明。

上述存款人如果为从事生产、经营活动纳税人的，还应出具税务部门颁发的税务登记证。

3. 基本存款账户的使用。基本存款账户是存款人的主办账户。根据《人民币银行结算账户管理办法》的规定，存款人只能选择一家金融机构开立一个基本存款账户，不得多头开立基本存款账户。开立基本存款账户是开立其他银行结算账户的前提，其使用范围包括存款人日常经营活动的资金收付及其工资、奖金和现金的支取。

知识要点：基本存款账户的开立和使用。

【例题3-10】下列首次申请开立单位银行结算账户的存款人中，不应开立基本存款账户的是（　　）。

A. 丙学校　　B. 乙公司

C. 甲电影公司临时摄影组　　D. 丁居民委员会

【答案】C

【解析】临时机构不得开立基本存款账户，可以开设临时存款账户。

（二）一般存款账户

1. 一般存款账户的概念。一般存款账户是存款人因借款或其他结算需要，在基本存款账户开户银行以外的银行营业机构开立的银行结算账户。

2. 开户证明文件。

（1）基本存款账户开户许可证或者企业基本存款账户编号；

（2）存款人因向银行借款需要，应出具借款合同；

（3）存款人因其他结算需要，应出具有关证明。

3. 一般存款账户的使用。一般存款账户用于办理存款人借款转存、归还和其他结算的资金收付。一般存款账户可以办理现金缴存，但不得办理现金支取。

【注意】开立一般存款账户“没有数量限制”。

知识要点：一般存款账户的开立和使用。

【例题3-11】根据我国金融法律制度的规定，下列各项中，可以用于办理存款人借款转存、归还和其他结算的资金收付的是（　　）。

A. 个人储蓄存款账户　　B. 一般存款账户

C. 临时存款账户　　D. 专用存款账户

【答案】B

【解析】一般存款账户用于办理存款人借款转存、归还和其他结算的资金收付。

（三）专用存款账户

1. 专用存款账户的概念。专用存款账户是存款人按照法律、行政法规和规章，对其特定用途资金进行专项管理和使用而开立的银行结算账户。

2. 适用范围。专用存款账户适用于对下列资金的管理和使用：

（1）基本建设资金；

（2）更新改造资金；

（3）财政预算外资金；

（4）粮、棉、油收购资金；

（5）证券交易结算资金；

（6）期货交易保证金；

（7）信托基金；

（8）金融机构存放同业资金；

（9）政策性房地产开发资金；

（10）单位银行卡备用金；

（11）住房基金；

（12）社会保障基金；

（13）收入汇缴资金和业务支出资金；

（14）党、团、工会设在单位的组织机构经费；

（15）其他需要专项管理和使用的资金。

3. 开户证明文件。存款人申请开立专用存款账户，应向银行出具其开立基本存款账户规定的证明文件、基本存款账户开户许可证和下列证明文件：

（1）基本建设资金、更新改造资金、政策性房地产开发资金、住房基金、社会保障基金，应出具主管部门批文。

（2）财政预算外资金，应出具财政部门的证明。

（3）粮、棉、油收购资金，应出具主管部门批文。

（4）单位银行卡备用金，应按照中国人民银行批准的银行卡章程的规定出具有关证明和资料。

（5）证券交易结算资金，应出具证券公司或证券管理部门的证明。

（6）期货交易保证金，应出具期货公司或期货管理部门的证明。

（7）金融机构存放同业资金，应出具其证明。

（8）收入汇缴资金和业务支出资金，应出具基本存款账户存款人有关的证明。

（9）党、团、工会设在单位的组织机构经费，应出具该单位或有关部门的批文或证明。

（10）其他按规定需要专项管理和使用的资金，应出具有关法规、规章或政府部门的有关文件。

对于合格境外机构投资者在境内从事证券投资开立的人民币特殊账户和人民币结算资金账户，均纳入专用存款账户管理。其开立人民币特殊账户时，应出具国家外汇管理部门的批复文件；开立人民币结算资金账户时，应出具证券管理部门的证券投资业务许可证。

知识归纳（见表3－3）

表3－3　　专用存款账户的使用

各类专用账户	具体使用规定
“单位银行卡”账户	资金必须由基本存款账户转入，该账户“不得办理现金收付”业务
①“证券交易结算资金”账户； ②“期货交易保证金”账户； ③“信托基金”账户	“不得支取”现金
①基本建设资金账户； ②更新改造资金账户； ③政策性房地产开发资金账户	需要支取现金的，应“在开户时报中国人民银行当地分支行批准”

续表

各类专用账户	具体使用规定
①粮、棉、油收购资金账户； ②社会保障基金账户； ③住房基金账户； ④党、团、工会经费账户	支取现金应按照国家现金管理的规定办理
“收入汇缴”账户	除向其基本存款账户或预算外资金财政专用存款账户划缴款项外，“只收不付”，不得支取现金
“业务支出”账户	除从其基本存款账户拨入款项外，“只付不受”，可以按规定支取现金

【例题3－12】根据支付结算法律制度的规定，下列专用存款账户中不能支取现金的是（　　）。

A. “证券交易结算资金”专用存款账户　　B. 社会保障基金专用存款账户

C. 住房基金专用存款账户　　D. 工会经费账户专用存款账户

【答案】A

【解析】“证券交易结算资金”账户、“期货交易保证金”账户、“信托基金”账户不得支取现金。

（四）预算单位零余额账户

1. 预算单位零余额账户的开户程序。

（1）预算单位使用财政性资金，应当按照规定的程序和要求，向财政部门提出设立零余额账户的申请，财政部门同意预算单位开设零余额账户后通知代理银行。

（2）代理银行根据《人民币银行结算账户管理办法》的规定，具体办理开设预算单位零余额账户业务，并将所开账户的开户银行名称、账号等详细情况书面报告财政部门和中国人民银行，并由财政部门通知一级预算单位。

（3）预算单位根据财政部门的开户通知，具体办理预留印鉴手续。印鉴卡内容如有变动，预算单位应及时通过一级预算单位向财政部门提出变更申请，办理印鉴卡更换手续。

一个基层预算单位开设一个零余额账户。

2. 使用规定。预算单位零余额账户用于财政授权支付，可以办理转账、提取现金等结算业务；可以向本单位按账户管理规定保留的相应账户划拨工会经费、住房公积金及提租补贴；以及财政部门批准的特殊款项。不得违反规定向本单位其他账户和上级主管单位、所属下级单位账户划拨资金。

3. 账户管理。

（1）预算单位未开立基本存款账户，或者原基本存款账户在国库集中支付改革后按照财政部门的要求撤销的，作为“基本存款账户”管理。

（2）除上述情况外，作为“专用存款账户”管理。

知识要点：预算单位零余额账户的开立和使用。

（五）临时存款账户

1. 临时存款账户的概念。临时存款账户是指存款人因临时需要并在规定期限内使用而开立的银行结算账户。

2. 适用范围。

（1）设立临时机构，例如工程指挥部、筹备领导小组、摄制组等；

（2）异地临时经营活动，例如建筑施工及安装单位等在异地的临时经营活动；

（3）注册验资、增资；

（4）军队、武警单位承担基本建设或者异地执行作战、演习、抢险救灾、应对突发事件等临时任务。

3. 开户时“不需要提供”基本存款账户登记证（或企业基本存款账户编号）的情形：

（1）设立临时机构；

（2）境外（含港、澳、台地区）机构在境内从事经营活动；

（3）军队、武警单位承担基本建设或者异地执行作战、演习、抢险救灾、应对突发事件等临时任务开立临时账户；

（4）验资临时账户。

【注意】上述情形均不存在基本存款账户，因此无需提供。

4. 临时存款账户的使用。临时存款账户用于办理临时机构以及存款人临时经营活动发生的资金收付。临时存款账户应根据有关开户证明文件确定的期限或存款人的需要确定其有效期限，最长不得超过2年。临时存款账户支取现金，应按照国家现金管理的规定办理。注册验资的临时存款账户在验资期间只收不付。

知识要点：临时账户的开立和使用。

【例题3－13】（　　）情况下，存款人可以申请开立临时存款账户。

A. 注册验资　　B. 缴纳住房基金

C. 异地临时经营活动　　D. 清算证券交易结算资金

【答案】AC

【解析】临时存款账户是因临时需要并在规定期限内使用而开立的，注册验资和异地临时经营都可开立临时存款账户。缴纳住房基金和清算证券交易结算资金应开立专用存款账户。

（六）个人银行结算账户

1. 个人银行结算账户的概念。个人银行结算账户是指存款人因投资、消费、结算等需要而凭个人身份证件以自然人名称开立的银行结算账户。邮政储蓄机构办理银行卡业务开立的账户纳入个人银行结算账户管理。自然人可根据需要申请开立个人银行结算账户，也可以在已开立的储蓄账户中选择并向开户银行申请确认为个人银行结算账户。储蓄账户仅限于办理现金存取业务，不得办理转账结算。

2. 个人银行结算账户的分类及功能（见表3－4）。

表 3－4　　个人银行结算账户的分类及功能

<table>
<tr><td colspan="2">项目类型</td><td>Ⅰ型</td><td colspan="2">Ⅱ类</td><td colspan="2">Ⅲ类</td></tr>
<tr><td rowspan="2">转账业务</td><td>向非绑定账户转“出”</td><td>√</td><td colspan="2">限额</td><td colspan="2">限额</td></tr>
<tr><td>向非绑定账户转“入”</td><td>√</td><td>限额</td><td rowspan="3">经银行工作人员面对面确认身份</td><td>限额</td><td>经银行工作人员面对面确认身份</td></tr>
<tr><td rowspan="2">现金业务</td><td>存入</td><td>√</td><td>限额</td><td colspan="2">×</td></tr>
<tr><td>支取</td><td>√</td><td>限额</td><td colspan="2">×</td></tr>
<tr><td colspan="2">购买投资理财等金融产品</td><td>√</td><td colspan="2">√</td><td colspan="2">×</td></tr>
<tr><td colspan="2">消费和缴费</td><td>√</td><td colspan="2">限额</td><td colspan="2">限额</td></tr>
<tr><td colspan="2">“限额”</td><td>—</td><td colspan="2">日累计≤1 万元
年累计≤20 万元</td><td colspan="2">任一时点账户余额≤2 000 元</td></tr>
<tr><td colspan="7">【注意 1】银行通过Ⅱ类账户放贷及个人通过Ⅱ类账户还贷，不受转账限额规定
【注意 2】Ⅲ类账户不得发放实体介质（卡、折）</td></tr>
</table>

3. 个人银行结算账户的开户程序（见表 3－5）。

表 3－5　　个人银行结算账户的开户程序

<table>
<tr><td colspan="2">方式</td><td>可开立账户</td></tr>
<tr><td colspan="2">柜面开户</td><td>Ⅰ、Ⅱ、Ⅲ</td></tr>
<tr><td rowspan="2">自助机具开户</td><td>工作人员现场核验</td><td>Ⅰ、Ⅱ、Ⅲ</td></tr>
<tr><td>工作人员未现场核验</td><td>Ⅱ、Ⅲ</td></tr>
<tr><td colspan="2">电子渠道开户</td><td>Ⅱ、Ⅲ</td></tr>
</table>

4. 个人银行结算账户的开户证明文件（见表 3－6）。

表 3－6　　个人银行结算账户的开户证明文件

<table>
<tr><td colspan="2">开户人</td><td>“有效”身份证件</td><td>“辅助”身份证明</td></tr>
<tr><td rowspan="2">中国大陆居民</td><td>定居国内</td><td>身份证
【注意】“不满 16 周岁”的可以使用“户口簿”</td><td>户口簿、护照、机动车驾驶证、居住证、社会保障卡、军人和武警身份证件、公安机关出具的户籍证明、工作证【注意】军人、武警尚未领取居民身份证的，还应出具“军人保障卡”或所在单位开具的尚未领取居民身份证的证明材料</td></tr>
<tr><td>定居国外</td><td>中国护照</td><td>定居国外的证明文件</td></tr>
<tr><td colspan="2">中国港澳居民</td><td>来往内地通行证、港澳居民居住证</td><td>港澳特别行政区居民身份证</td></tr>
</table>

续表

开户人	“有效”身份证件	“辅助”身份证明
中国台湾居民	来往大陆通行证、台湾居民居住证	台湾居住的有效身份证明
外国人	外国护照或永久居留证	外国居民身份证、使领馆人员身份证件或者机动车驾驶证等其他带有照片的身份证件
【注意】上述个人的“完税证明”“水电煤缴费单等税费凭证”也可作为辅助身份证明		

5. 代理开户。

（1）出具证明。

①代理人应出具“代理人、被代理人的有效身份证件”以及合法的“委托书”等。

②银行认为有必要的，应要求代理人出具证明代理关系的“公证书”。

（2）单位代理。单位代理开立的个人银行账户，在被代理人持本人有效身份证件到开户银行办理身份确认、密码设（重）置等激活手续前，只收不付。

（3）法定代理。无民事行为能力或限制民事行为能力的开户申请人，由法定代理人或者人民法院等有关部门依法指定的人员代理办理。

【注意】无民事行为能力人或限制民事行为能力人，可以申请开立个人银行结算账户，但不得使用银行卡。

6. 可以转入个人银行结算账户的款项——一切个人合法所得。

【注意】禁止“公款私存”。

7. 使用规定。

（1）单位从其银行结算账户支付给个人银行结算账户的款项，每笔“超过5万元”的，应向其开户银行提供付款依据。

（2）从单位银行结算账户支付给个人银行结算账户的款项应纳税的，税收代扣单位付款时应向其开户银行提供“完税证明”。

知识要点：个人结算账户的开立和使用。

【例题3－14】关于个人银行结算账户的使用，下列表述不正确的是（　　）。

A. 个人银行结算账户用于办理个人转账收付和现金存取

B. 个人银行结算账户具有普通转账结算功能

C. 不能通过个人银行结算账户使用支票等信用工具

D. 保险理赔款项可以转入个人银行结算账户

【答案】C

【解析】本题考核个人银行结算账户的功能。可以通过个人银行结算账户使用支票、信用卡等信用支付工具，这是个人结算账户的三项功能之一。

（七）异地银行结算账户

1. 概念。异地银行结算账户是指存款人符合法定条件，根据需要在异地开立的账户。

单位或个人只要符合相关条件，均可根据需要在异地开立相应的单位银行结算账户或个人银行结算账户。

2. 异地银行结算账户使用。存款人有下列情形之一的，可以在异地开立有关银行结算账户：

（1）营业执照注册地与经营地不在同一行政区域（跨省、市、县）需要开立基本存款账户的；

（2）办理异地借款和其他结算需要开立一般存款账户的；

（3）存款人因附属的非独立核算单位或派出机构发生的收入汇缴或业务支出需要开立专用存款账户的；

（4）异地临时经营活动需要开立临时存款账户；

（5）自然人根据需要在异地开立个人银行结算账户的。

3. 异地银行结算账户开立要求。开立异地银行结算账户除应按照前述规定的程序办理并提交有关证明文件外，开立异地单位银行结算账户，存款人还应出具下列相应的证明文件：

（1）经营地与注册地不在同一行政区域的存款人，在异地开立基本存款账户的，应出具注册地中国人民银行分支行的未开立基本存款账户的证明。

（2）异地借款的存款人，在异地开立一般存款账户的，应出具在异地取得借款的借款合同。

（3）因经营需要在异地办理收入汇缴和业务支出的存款人，在异地开立专用存款账户的，应出具隶属单位的证明。

知识归纳（见表3－7）

表3－7　　总结

账户	开立是否需经中国人民银行核准	能否存入现金	能否支取现金
基本存款账户	①非企业法人需要核准； ②企业备案即可	可以	可以
一般存款账户	备案	可以	不可以
专用存款账户	①预算单位专用存款账户、QFII专用存款账户：核准； ②其他：备案	单位银行卡不可以	单位银行卡账户、财政预算外、证券、期货、信托不可以
临时存款账户	①非企业法人需要核准（因注册验资和增资验资的除外）； ②企业备案即可	可以	可以
个人银行账户	备案	可以	可以

六、银行结算账户的管理

（一）银行结算账户的实名制管理

1. 个人应以实名开立银行结算账户，并对其出具的开户（变更、撤销）申请资料实质内容的真实性负责，法律、行政法规另有规定的除外。

2. 个人应按照账户管理规定使用银行结算账户办理结算业务，不得出租、出借银行结算账户，不得利用银行结算账户套取银行信用或进行洗钱活动。

（二）银行结算账户资金的管理

单位、个人和银行应当按照《人民币银行结算账户管理办法》和《企业银行结算账户管理办法》的规定开立、使用账户。在银行开立存款账户的单位和个人办理支付结算账户内须有足够的资金保证支付。银行依法为单位、个人在银行开立的存款账户内的存款保密，维护其资金的自主支配。除国家法律、行政法规另有规定外，银行不得为任何单位或个人查询账户情况；不得为任何单位或个人冻结、扣划款项；不得停止单位、个人存款的正常支付。

（三）银行结算账户变更事项的管理

存款人申请临时存款账户展期、变更、撤销单位银行结算账户时，“变更预留公章、财务章、个人签章”可由法定代表人或单位负责人直接办理，也可授权他人办理。

银行应对已开立的单位银行结算账户实行年检制度，检查开立的银行结算账户的合规性，核实开户资料的真实性；对不符合本办法规定开立的单位银行结算账户，应予以撤销。对经核实的各类银行结算账户的资料变动情况，应及时报告中国人民银行当地分支行。

（四）存款人预留银行签章的管理

1. 单位遗失预留公章或财务专用章的，应向开户银行出具书面申请、开户许可证、营业执照等相关证明文件；更换预留公章或财务专用章时，应向开户银行出具书面申请、原预留公章或财务专用章等相关证明文件。

2. 个人遗失或更换预留个人印章或更换签字人时，应向开户银行出具经签名确认的书面申请，以及原预留印章或签字人的个人身份证件。

（五）银行结算账户对账管理

银行结算账户的存款人应与银行按规定核对账务。存款人收到对账单或对账信息后，应及时核对账务并在规定期限内向银行发出对账回单或确认信息。

知识要点：银行结算账户的管理，重点掌握预留银行签章管理。

【例题 3－15】存款人在使用银行结算账户管理的下列表述中，正确的有（　　）。

A. 存款人应以实名开立银行结算账户

B. 存款人不得出租银行结算账户

C. 存款人可以出借银行结算账户

D. 存款人不得利用银行结算账户套取银行信息

【答案】ABD

【解析】存款人不得出借银行结算账户。

任务三　银行非现金支付业务

目前，我国银行非现金支付业务主要包括票据业务、银行卡业务和汇兑、委托收款等传统的结算方式，以及随着互联网技术的发展而日益使用广泛的银行卡收单业务、网上银行、条码支付等新型支付方式。

一、票据

（一）票据的概念和种类

1. 票据的概念。票据的概念有广义和狭义之分。广义上的票据包括各种有价证券和凭证，如股票、企业债券、发票、提单等；狭义上的票据，即我国《票据法》中规定的“票据”，包括汇票、银行本票和支票。是指由出票人签发的、约定自己或者委托付款人在见票时或指定的日期向收款人或持票人无条件支付一定金额的有价证券。

2. 票据的特征。

（1）票据是“完全有价证券”。即票据权利完全证券化，票据权利与票据本身融为一体、不可分离。也就是说，票据权利的产生、行使、转让和消灭都离不开票据。完全有价证券这一特征可以通过票据的“设权证券”“提示证券”“交付证券”和“缴回证券”等特征来体现：

首先，票据权利的产生必须通过作成票据，即必须通过票据行为——出票来创设。从这一意义上说，票据又是“设权证券”。

其次，票据权利的享有必须以占有票据为前提。为了证明占有的事实以行使票据权利，必须提示票据。从这一意义上说，票据又是“提示证券”。

再次，票据权利的转让必须交付票据。从这一意义上说，票据又是“交付证券”。

最后，票据权利实现之后，应将票据缴回付款人。付款人因付款而免责，以消灭票据权利义务关系或者付款人再行使追索权。从这一意义上说，票据又是“缴回证券”。被追索人清偿债务时，持票人应当交出票据和有关拒绝证明。

（2）票据是“文义证券”。即票据上的一切票据权利义务必须严格依照票据记载的文义而定，文义之外的任何理由、事项均不得作为根据。即使文义记载有错，也不得用票据之外的其他证明方法变更或补充。

（3）票据是“无因证券”。即票据如果符合《票据法》规定的条件，票据权利就成立。持票人不必证明取得票据的原因，仅以票据文义请求履行票据权利。但当票据债务人根据《票据法》第12条的规定，认为持票人是以欺诈、偷盗或者胁迫等手段取得票据；或者明知有上述情形出于恶意取得票据；或者因为重大过失取得票据，持票人应当对自己持票的合法性负责举证。

（4）票据是“金钱债权证券”。即票据上体现的权利性质是财产权而不是其他权利，财产权的内容是请求支付一定的金钱而不是物品。

（5）票据是“要式证券”。即票据的制作、形式、文义都有规定的格式和要求，必须符合《票据法》的规定。

（6）票据是“流通证券”。即票据可以流通转让。只有流通转让，票据的功能才能充分发挥，衔接企业的产供销活动，畅通经济金融运行。因此，票据贵在流通。与一般财产权相比，票据权利的转让灵活简便，无须通知债务人，可以通过背书行为直接转让。

知识要点：票据的种类及六大特征。

【例题3－16】下列各项中，属于票据特征的有（　　）。

A. 完全有价证券　　B. 流通证券

C. 文义证券　　D. 信用证券

【答案】ABC

【解析】信用证券不属于票据的特征范畴。

3. 票据的功能。

（1）支付功能。即票据可以充当支付工具，代替现金使用。对于当事人来讲，用票据支付可以消除现金携带的不便，克服点钞的麻烦，节省计算现金的时间。

（2）汇兑功能。即票据可以代替货币在不同地方之间运送，方便异地之间的支付。如果异地之间使用货币，需要运送或携带。不仅费时费力，而且不安全。大额货币的运送更是如此。如果只拿着一张票据到异地支付，相对而言既安全又方便。

（3）信用功能。即票据当事人可以凭借自己的信誉，将未来才能获得的金钱作为现在的金钱来使用。例如，甲企业购买乙企业货物。甲企业暂时款项不足，便凭借自己的信誉签发了一张以“乙企业”为收款人、以自己的开户银行为付款人，约定3个月后付款的票据给乙企业。此时，甲企业实际上是将3个月后才能筹足的款项于现在使用。

（4）结算功能。即债务抵销功能。简单的结算是互有债务的双方当事人各签发一张本票，待两张本票都到到期日可以相互抵销债务。若有差额，由一方以现金支付。

（5）融资功能。即融通资金或调度资金。票据的融资功能是通过票据的贴现、转贴现和再贴现实现的。

【注意】区别“支付功能”与“结算功能”。双方当事人互负到期债务，“交换票据”抵销债务是结算功能的体现。

知识要点：票据的五大功能。

【例题3－17】甲公司购买乙公司货物。甲公司暂时款项不足，便凭借自己的信誉签发了一张以乙公司为收款人、以自己的开户银行为付款人，约定3个月后付款的票据给乙公司。上述结算行为充分体现了票据的（　　）。

A. 支付功能　　B. 信用功能　　C. 结算功能　　D. 融资功能

【答案】B

【解析】信用功能是指票据的当事人可以凭借自己的信誉，将未来才能获得的金钱作为现在的金钱来使用。本题中甲公司实际上是将3个月后才能筹足的款项用于现在使用。

（二）票据当事人

票据当事人是指在票据法律关系中，享有票据权利、承担票据义务的主体。票据当事人分为基本当事人和非基本当事人。票据基本当事人是指在票据作成和交付时就已经存在的当事人，包括出票人、付款人和收款人三种。汇票和支票的基本当事人有出票人、付款人与收款人；本票的基本当事人有出票人与收款人。

1. 基本当事人。

（1）出票人是指依法定方式签发票据并将票据交付给收款人的人。银行汇票的出票人为银行；商业汇票的出票人为银行以外的企业和其他组织；银行本票的出票人为出票银行；支票的出票人，为在银行开立支票存款账户的企业、其他组织和个人。

（2）收款人是指票据到期后有权收取票据所载金额的人，又称票据权利人。

（3）付款人是指由出票人委托付款或自行承担付款责任的人。商业承兑汇票的付款人是合同中应给付款项的一方当事人，也是该汇票的承兑人；银行承兑汇票的付款人是承兑银行；支票的付款人是出票人的开户银行；本票的付款人是出票人。

2. 非基本当事人。非基本当事人是指在票据作成并交付后，通过一定的票据行为加入票据关系而享有一定权利、承担一定义务的当事人，包括承兑人、背书人、被背书人、保证人等。

（1）承兑人。是指接受汇票出票人的付款委托，同意承担支付票款义务的人，是汇票主债务人。

（2）背书人与被背书人。背书人是指在转让票据时，在票据背面或粘单上签字或盖章，并将该票据交付给受让人的票据收款人或持有人；被背书人是指被记名受让票据或接受票据转让的人。背书后，被背书人成为票据新的持有人，享有票据的所有权利。

（3）保证人。是指为票据债务提供担保的人，由票据债务人以外的第三人担当。保证人在被保证人不能履行票据付款责任时，以自己的金钱履行票据付款义务，然后取得持票人的权利，向票据债务人追索。

知识要点：票据的基本当事人和非基本当事人的规定。

【例题3－18】下列选项中，不属于支票基本当事人的是（　　）。

A. 出票人　　B. 收款人　　C. 付款人　　D. 背书人

【答案】D

【解析】本题考核支票的基本当事人。根据规定，支票的基本当事人包括出票人、付款人和收款人。

（三）票据行为

票据行为是指票据当事人以发生票据债务为目的、以在票据上签名或盖章为权利义务成立要件的法律行为。票据行为包括出票、背书、承兑和保证。

知识要点：票据行为不包括“提示付款”和“付款”。

1. 出票。

（1）出票的概念。出票是指出票人签发票据并将其交付给收款人的票据行为。出票包括两个行为：一是出票人依照《票据法》的规定作成票据，即在原始票据上记载法定事项并签章；二是交付票据，即将作成的票据交付给他人占有。这两者缺一不可。

（2）出票的基本要求。出票人必须与付款人具有真实的委托付款关系，并且具有支付票据金额的可靠资金来源，不得签发无对价的票据用以骗取银行或者其他票据当事人的资金。

（3）票据的记载事项。出票人和其他票据行为当事人在票据上的记载事项必须符合《票据法》等的规定。所谓票据记载事项是指依法在票据上记载的票据的相关内容。票据记载事项一般分为必须记载事项、相对记载事项、任意记载事项和记载不产生票据法上效力的事项等。

①必须记载事项，也称必要记载事项，是指《票据法》明文规定必须记载的，如不记载，票据行为即为无效的事项。例如，出票时表明票据种类的事项，必须记明“汇票”“本票”“支票”；否则票据无效。再如，票据行为当事人必须按照法定程序在票据上签章。出票人在票据上的签章不符合《票据法》等规定的，票据无效；承兑人、保证人在票据上的签章不符合《票据法》等规定的，其签章无效，但不影响其他符合规定签章的效力；背书人在票据上的签章不符合《票据法》等规定的，其签章无效，但不影响其前手符合规定签章的效力。

②相对记载事项是指除了必须记载的事项外，《票据法》规定的其他应记载的事项。这些事项如果未记载，由法律另作相应规定予以明确，并不影响票据的效力。

例如，《票据法》规定背书由背书人签章并记载背书日期。背书未记载日期的，视为在票据到期日前背书。这里的“背书日期”就属于相对记载事项；未记载背书日期的，《票据法》视同背书日期为“到期日前”。

③任意记载事项是指《票据法》不强制当事人必须记载而允许当事人自行选择，不记载时不影响票据效力，记载时则产生票据效力的事项。如出票人在汇票记载“不得转让”字样的，汇票不得转让，其中的“不得转让”事项即为任意记载事项。

④记载不产生票据法上的效力的事项是指除了绝对记载事项、相对记载事项、任意记载事项外，票据上还可以记载其他一些事项。但这些事项不具有票据效力，银行不负审查责任。如《票据法》第24条规定，汇票上可以记载本法规定事项以外的其他出票事项，但是该记载事项不具有汇票上的效力。

（4）出票人的责任。出票人签发票据后，即承担该票据承兑或付款的责任。在票据得不到承兑或者付款时，应当向持票人清偿《票据法》规定的金额和费用。

2. 背书。

（1）概念和种类。背书是在票据背面或者粘单上记载有关事项并签章的行为。以背书的目的为标准，将背书分为转让背书和非转让背书。转让背书是指以转让票据权利为目的的背书；非转让背书是指以授予他人行使一定的票据权利为目的的背书。非转让背书包括委托收款背书和质押背书。

①委托收款背书是背书人委托被背书人行使票据权利的背书。委托收款背书的被背书人有权代背书人行使被委托的票据权利。但是，被背书人不得再以背书转让票据权利。

②质押背书是以担保债务而在票据上设定质权为目的的背书。被背书人依法实现其质权时，可以行使票据权利。

（2）背书记载事项。背书由背书人签章并记载背书日期。背书未记载日期的，视为在票据到期日前背书。以背书转让或者以背书将一定的票据权利授予他人行使时，必须记载被背书人名称；背书人未记载被背书人名称即将票据交付他人的，持票人在票据被背书人栏内记载自己的名称与背书人记载具有同等法律效力。

委托收款背书应记载“委托收款”字样、被背书人和背书人签章。质押背书应记载

“质押”字样、质权人和出质人签章。

票据凭证不能满足背书人记载事项的需要，可以加附粘单，粘附于票据凭证上。粘单上的第一记载人，应当在票据和粘单的粘接处签章（见图3－3）。

图3－3　背书样式

【注意】粘单的第一记载人是指第一手使用粘单的“背书人”（见图3－4）。

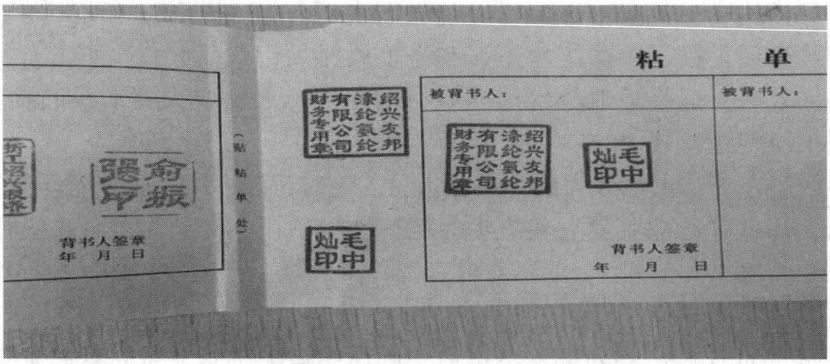

图3－4　粘单的背书样式

（3）背书连续及其效力。背书连续，是指在票据转让中，转让票据的背书人与受让票据的被背书人在票据上的签章依次前后衔接。具体来说，第一背书人为票据收款人；最后持票人为最后背书的被背书人；中间的背书人为前手背书的被背书人。

以背书转让的票据，背书应当连续。持票人以背书的连续，证明其票据权利；非经背书转让，如因税收、继承、赠与等合法方式取得票据的，依法举证，证明其票据权利，就能享有票据上的权利，不受给付对价的限制，但是所享有的票据权利不得优于其前手的权利。

（4）不得进行背书的情形。包括条件背书、部分背书、限制背书和期后背书。

①背书不得附有条件。背书时附有条件的，所附条件不具有票据上的效力。但不影响背书行为本身的效力。

例如，2021年9月，甲公司向乙公司购买一批钢材。甲公司将一张汇票背书转让给乙公司作为付款，背书时注明“货到后此汇票方生效”。所附条件不具有票据上的效力，即不影响背书行为本身的效力。被背书人仍可依该背书取得票据权利。

②部分背书是指将票据金额的一部分转让的背书或者将票据金额分别转让给两人以上的

背书。部分背书属于无效背书。

③期后背书是指票据被拒绝承兑、被拒绝付款或者超过付款提示期限的，不得背书转让；背书转让的，背书人应当承担票据责任。

此外，还有禁止背书。禁止背书是指出票人或背书人在票据上记载“不得转让”等类似文句，以禁止票据权利的转让。禁止背书包括出票人的禁止背书和背书人的禁止背书两种情形。

出票人的禁止背书是指出票人在汇票的正面记载“不得转让”字样，其后手再背书转让的，不发生票据法的效力，只具有普通债权让与的效力。出票人对受让人不承担票据责任。

例如，A 企业出票给 B 企业，同时在汇票上记载“不得转让”字样。B 企业将汇票背书转让给 C 企业。如果持票人 C 企业被拒绝付款，则 C 企业不能向出票人 A 企业进行追索。

背书人的禁止背书是指背书人在汇票的背面记载“不得转让”字样，其后手再背书转让的，原背书人对直接被背书人以后通过背书方式取得汇票的一切当事人不负担保责任。

例如，A 企业出票给 B 企业，B 企业将汇票背书转让给 C 企业，同时在汇票上记载“不得转让”字样。C 企业又将汇票转让给了 D 企业。如果持票人 D 企业被拒绝付款，则 D 企业可以向出票人 A 企业、背书人 C 企业进行追索，但是不能向 B 企业进行追索。B 企业对其直接的后手 C 企业承担保证责任，C 企业向 D 企业的背书转让是有效的，D 企业可以向出票人 A 企业、背书人 C 企业进行追索，但是不能向 B 企业进行追索。

（5）背书效力。背书人以背书转让票据后，即承担保证其后手所持票据承兑和付款的责任。

知识要点：票据的出票及背书，重点理解背书的种类及背书的效力。

【例题 3－19】根据支付结算法律制度的规定，下列票据当事人中，应在票据和粘单的粘接处签章的是（　　）。

A. 粘单上第一背书的背书人　　B. 票据上最后一手背书的背书人

C. 票据上第一手背书的背书人　　D. 粘单上的一手背书的被背书人

【答案】A

【解析】粘单上的第一记载人，应当在票据和粘单的粘接处签章。

3. 承兑。

（1）承兑的概念。承兑是指汇票付款人承诺在汇票到期日支付汇票金额并签章的行为，仅适用于商业汇票。

（2）承兑程序包括提示承兑、承兑成立

①提示承兑是指持票人向付款人出示汇票，并要求付款人承诺付款的行为。

定日付款或者出票后定期付款的汇票，持票人应当在汇票到期日前向付款人提示承兑。

定日付款，就是出票人在票据上记载“3 月 1 日付款”这样一个确定的日期（在到期日前提示承兑；自到期日起 10 日内提示付款）。

出票后定期付款，是汇票上记载的、从出票日起经过一定期间方能付款的一种付款日期形式。也就是以出票日作为起算日。比如：甲 1 月 1 日开具一张票据，在票据上记载“出票后 1 个月付款”。那么票据到期日就是“出票后 1 个月”，即 2 月 1 日（在到期日前提示承兑；自到期日起 10 日内提示付款）。

见票后定期付款的汇票，持票人应当自出票日起 1 个月内向付款人提示承兑。汇票未按照规定期限提示承兑的，持票人丧失对其前手的追索权。

见票后定期付款是指出票人在汇票上记载的、于付款人承兑日起经过一定期限方能付款的一种付款日期形式。这里的起算日是见票日。比如：甲 1 月 1 日开具一张票据，在票据上记载“见票后 1 个月付款”，持票人在 2 月 1 日去提示承兑（见票就是提示承兑）。那么票据的到期日是“见票后 1 个月”，即 3 月 1 日（自出票日起 1 个月内提示承兑；自到期日起 10 日内提示付款）。

没有记载付款日期的商业汇票视为见票即付。见票即付的汇票不需要承兑。

②承兑成立。承兑时间。根据我国《票据法》规定，付款人对向其提示承兑的汇票，应当自收到提示承兑的汇票之日起 3 日内承兑或者拒绝承兑。如果付款人在 3 日内不作承兑与否表示的，则应视为拒绝承兑。持票人可以请求其作出拒绝承兑证明，向其前手行使追索权。

接受承兑。是指持票人向付款人提示承兑时，付款人需要向持票人办理的收取汇票的手续。《票据法》规定，付款人收到持票人提示承兑的汇票时，应当向持票人签发收到汇票的回单。回单上应当记明汇票提示承兑日期并签章。由此可见，回单是付款人向持票人出具的已收到请求承兑汇票的证明。

承兑的格式。是指付款人办理承兑手续时需要在汇票上记载的事项和如何记载该等事项。

《票据法》规定，付款人承兑汇票的，应当在汇票正面记载“承兑”，字样和承兑日期并签章；见票后定期付款的汇票，应当在承兑时记载付款日期。汇票上未记载承兑日期的，以 3 天承兑期的最后一日为承兑日期。由此可见，付款人办理承兑手续时，应在汇票上记载承兑的事项，包括承兑文句、承兑日期、承兑人签章。在这三个记载事项中，承兑文句和承兑人签章是绝对应记载事项，缺一不可；否则承兑行为无效。

上列应记载事项必须记载于汇票的正面，而不能记载于汇票的背面或粘单上。

退回已承兑的汇票。付款人依承兑格式填写完毕应记载事项后，并不意味着承兑生效，只有在其将已承兑的汇票退回持票人后才产生承兑的效力。

（3）承兑的效力。付款人承兑汇票后，应当承担到期付款的责任。具体包括如下四个方面：

①承兑人于汇票到期日必须向持票人无条件支付汇票上的金额，否则其必须承担迟延付款责任；

②承兑人必须对汇票上的一切权利人承担责任，该等权利人包括付款请求权人和追索权人；

③承兑人不得以其与出票人之间的资金关系来对抗持票人，拒绝支付汇票金额；

④承兑人的票据责任不因持票人未在法定期限提示付款而解除。

（4）承兑不得附条件。付款人承兑商业汇票，不得附有条件；承兑附有条件的，视为拒绝承兑。付款人作出的承兑是无条件的。如果附有条件，则应视为拒绝承兑。持票人可以请求作成拒绝证明，向其前手行使追索权。另外，银行承兑汇票的承兑银行，应当按照票面金额向出票人收取万分之五的手续费。

知识要点：票据的承兑规定。

【例题 3－20】甲公司向乙公司签发了一张见票后 3 个月付款的银行承兑汇票。乙公司持该汇票向付款人提示承兑的期限是（　　）。

A. 自出票日起10日内　　B. 自出票日起1个月内

C. 自出票日起6个月内　　D. 自出票日起2个月内

【答案】B

【解析】见票后定期付款的商业汇票，持票人应当自出票日起1个月内向付款人提示承兑。

4. 保证。

（1）保证的概念。保证是指票据债务人以外的人，为担保特定债务人履行票据债务而在票据上记载有关事项并签章的行为。

保证的当事人为保证人与被保证人。就保证人而言，根据《票据法》第45条第2款的规定，其由汇票债务人以外的他人担当。由此可见，保证人是指票据债务人以外的，为票据债务的履行提供担保而参与票据关系中的第三人。已成为票据债务人的，不得再充当票据上的保证人。

国家机关、以公益为目的的事业单位、社会团体、企业法人的分支机构和职能部门作为票据保证人的，票据保证无效，但经国务院批准为使用外国政府或者国际经济组织贷款进行转贷，国家机关提供票据保证的，以及企业法人的分支机构在法人书面授权范围内提供票据保证的除外。

（2）保证的格式。保证的格式是指在办理保证手续时需要在汇票上记载的事项和如何记载该等事项。根据《票据法》的规定，保证人必须在汇票或者粘单上记载下列事项：

①表明“保证”的字样；

②保证人的名称和住所；

③被保证人的名称；

④保证日期；

⑤保证人签章。

其中，绝对应记载事项包括保证文句和保证人签章两项；相对应记载事项包括被保证人的名称、保证日期和保证人住所。如果不记载被保证人的名称，已承兑的汇票，承兑人为被保证人；未承兑的汇票，出票人为被保证人。如果不记载保证日期，出票日期为保证日期。如果不记载保证人的住所，可以推定为保证人的营业场所或住所。

保证不得附有条件。附有条件的，不影响对汇票的保证责任（即所附条件无效，保证有效）。

（3）保证的效力。保证一旦成立，即在保证人与被保证人之间产生法律效力，保证人必须对保证行为承担相应的责任。

①保证人的责任。《票据法》第49条规定，保证人对合法取得汇票的持票人所享有的汇票权利，承担保证责任。但是，被保证人的债务因汇票记载事项欠缺而无效的除外。由此可见，被保证的汇票，保证人应当与被保证人对持票人承担连带责任。

②共同保证人的责任。共同保证是指保证人为两人以上的保证。《票据法》第51条规定，保证人为两人以上的，保证人之间承担连带责任。这就是说，在共同保证的情况下，持票人可以不分先后向保证人中的一人或者数人或者全体就全部票据金额及有关费用行使票据权利，共同保证人不得拒绝。

③保证人的追索权。保证人清偿汇票债务后，可以行使持票人对被保证人及其前手的追索权。

知识要点：票据保证行为的规定。

【例题3－21】根据支付结算法律制度的规定，下列关于票据保证责任的表述中，正确的有（　）。

A. 保证人与被保证人对持票人承担连带责任

B. 保证附有条件的，影响对票据的保证责任

C. 票据到期后得不到付款的，持票人向保证人请求付款，保证人应当足额付款

D. 保证人为两人以上的，保证人之间承担连带责任

【答案】ACD

【解析】保证附有条件的，不影响对票据的保证责任。

（四）票据权利与责任

1. 票据权利。

（1）票据权利的概念和分类。票据权利是指票据持票人向票据债务人请求支付票据金额的权利，包括付款请求权和追索权。

①付款请求权。付款请求权是指持票人向汇票的承兑人、本票的出票人、支票的付款人出示票据要求付款的权利，是第一顺序权利。行使付款请求权的持票人可以是票据记载的收款人或最后的被背书人；担负付款请求权付款义务的主要是主债务人。

②票据追索权。票据追索权是指票据当事人行使付款请求权遭到拒绝或有其他法定原因存在时，向其前手请求偿还票据金额及其他法定费用的权利，是第二顺序权利。行使追索权的当事人除票据记载的收款人和最后被背书人外，还可能是代为清偿票据债务的保证人、背书人。持票人可以不按照票据债务人的先后顺序，对其中任何一人、数人或者全体行使追索权。持票人对票据债务人中的一人或者数人已经进行追索的，对其他票据债务人仍可以行使追索权。被追索人清偿债务后，与持票人享有同一权利。

（2）票据权利的取得。签发、取得和转让票据，应当遵守诚实信用的原则，具有真实的交易关系和债权债务关系。

①票据的取得，必须给付对价；

②如果是因税收、继承、赠与可以依法无偿取得票据的，则不受给付对价的限制，但是所享有的票据权利不得优于其前手的权利；

③因欺诈、偷盗、胁迫或明知有上述情形出于恶意而取得票据，不得享有票据权利；

④持票人因重大过失取得不符合票据法规定的票据，也不得享有票据权利。

知识要点：票据的权利的种类。

【例题3－22】张某因采购货物签发一张票据给王某，胡某从王某处窃取了该票据，陈某明知胡某系窃取所得但仍受让该票据，并将其赠与不知情的黄某。下列取得票据的当事人中，享有票据权利的是（　）。

A. 王某　　B. 胡某　　C. 陈某　　D. 黄某

【答案】A

【解析】胡某以偷盗手段取得票据，不享有票据权利，陈某明知胡某系窃取所得但仍受

让该票据属于出于恶意取得票据，不享有票据权利，黄某虽不知情，但未支付合理对价，其票据权利不优先于其前手陈某，因陈某不享有票据权利，故黄某也不享有票据权利。

（3）票据权利的行使。票据权利的行使，是指持票人请求票据的付款人支付票据金额的行为。不同的票据种类，其权利的行使有不同的程序，可包括票据的承兑、提示付款、行使追索权等程序。这是远期汇票持票人行使票据权利的一个必经程序，如果省略此程序就不能请求付款。提示付款，是指持票人在法定期限内向付款人请求付款的行为。票据到期被拒绝付款的，持票人可以对背书人、出票人以及票据的其他债务人行使追索权。在票据到期日前，如汇票被拒绝承兑或被拒绝付款的；承兑人或者付款人死亡、逃匿的；承兑人或者付款人被依法宣告破产的以及因违法被责令终止业务活动的，持票人也可行使追索权。

（4）票据权利行使的时间和地点。由于票据具有流通性，法律对票据责任的兑现场所和时间有所规定，以便持票人行使票据权利。票据权利的行使场所一般是银行营业点，其时间就是银行营业的时间。即票据时效的最后期限是以银行的营业结束时间为限，而不能以当日的24小时为限。

（5）票据权利时效。票据权利时效是指票据权利在时效期间内不行使，即引起票据权利丧失。《票据法》根据不同情况，将票据权利时效划分为2年、6个月、3个月。《票据法》规定，票据权利在下列期限内不行使而消灭：

①持票人对票据的出票人和承兑人的权利自票据到期日起2年。见票即付的汇票、本票自出票日起2年；

②持票人对支票出票人的权利，自出票日起6个月。在这里，持票人对出票人和承兑人的权利，包括付款请求权和追索权。之所以规定支票的权利时效短于其他票据，是因为支票主要是一种短期支付工具，其权利的行使以迅速为宜。规定较短的时效，可以督促权利人及时行使票据权利；

③持票人对前手的追索权，在被拒绝承兑或者被拒绝付款之日起6个月；

④持票人对前手的再追索权，自清偿日或者被提起诉讼之日起3个月。

知识归纳（见表3-8）

表3-8　票据权利的时效

对象	票据	起算点	期限
对出票人或承兑人	商业汇票	自票据“到期日”起	2年
	银行汇票、本票	自出票日起	2年
	支票	自出票日起	6个月
追索与再追索	追索	自被拒绝承兑或者被拒绝付款之日起	6个月
	再追索	自清偿或者被提起诉讼之日起	3个月

追索权的行使以获得拒绝付款证明或退票理由书等有关证明为前提。为了督促持票人及时获得这些证明，尽可能地在短期内结清因拒绝承兑或拒绝付款而产生的债务关系，从速实现持票人的票据权利，加快债权债务关系的清偿速度，促进社会经济关系的稳定，追索权的行使应当迅速及时。因此，《票据法》对于追索权规定了较短的时效。如果持票人因超票据权利时效或者因票据记载事项欠缺而丧失票据权利的，《票据法》为了保护持票人的合法权益，规定

其仍享有民事权利，可以请求出票人或者承兑人返还其与未支付的票据金额相当的利益。

知识要点：票据权利根据追索对象不同所规定的时效规定。

2. 票据责任。

（1）票据的责任人。票据责任是指票据债务人向持票人支付票据金额的义务。实务中，票据债务人承担票据义务一般有四种情况：一是汇票承兑人因承兑而应承担付款义务；二是本票出票人因出票而承担自己付款的义务；三是支票付款人在与出票人有资金关系时承担付款义务；四是汇票、本票、支票的背书人，汇票、支票的出票人、保证人，在票据不获承兑或不获付款时的付款清偿义务。

（2）提示付款。持票人应当按照下列期限提示付款：

①见票即付的票据，自出票日起 1 个月内向付款人提示付款；

②定日付款、出票后定期付款或者见票后定期付款的票据，自到期日起 10 日内向承兑人提示付款。持票人未按照规定期限提示付款的，在作出说明后，承兑人或者付款人仍应当继续对持票人承担付款责任。通过委托收款银行或者通过票据交换系统向付款人提示付款的，视同持票人提示付款。

（3）付款人付款。持票人依照规定提示付款的，付款人必须在当日足额付款。付款人及其代理付款人付款时，应当审查票据背书的连续，并审查提示付款人合法身份证明或者有效证件。票据金额为外币的，按照付款日的市场汇价，以人民币支付。票据当事人对票据支付的货币种类另有约定的，从其约定。

（4）票据的抗辩。抗辩是指票据债务人根据《票据法》规定，对票据债权人拒绝履行义务的行为。票据债务人在下列情况下，可以对持票人行使抗辩权：

①与票据债务人有直接债权债务关系并且不履行约定义务的；

②以欺诈、偷盗或者胁迫等非法手段取得票据，或者明知有前列情形，而出于恶意取得票据的；

③明知票据债务人与出票人或者持票人的前手之间存在抗辩事由而取得票据的；

④因重大过失取得票据的；

⑤其他依法不得享有票据权利的规定。

（5）获得付款。持票人获得付款的，应当在票据上签收，并将票据交给付款人。持票人委托银行收款的，受委托的银行将代收的票据金额转账收入持票人账户，视同签收。电子商业汇票的持票人可委托本行代为发出提示付款、逾期提示付款行为申请。

（6）相关银行的责任。持票人委托的收款银行的责任，限于按照票据上记载事项将票据金额转入持票人账户；付款人委托的付款银行的责任，限于按照票据上记载事项从付款人账户支付票据金额。付款人及其代理付款人以恶意或者有重大过失付款的，应当自行承担责任；对定日付款、出票后定期付款或者见票后定期付款的票据，付款人在到期日前付款的，由付款人自行承担所产生的责任。

（7）票据责任解除。付款人依法足额付款后，全体票据债务人的责任解除。

知识要点：票据责任人、付款、抗辩及票据责任的解除。

（五）票据签章

票据签章，是指票据有关当事人在票据上签名、盖章或签名加盖章的行为。票据签章是票据行为生效的重要条件，也是票据行为表现形式中必须记载的事项。如果票据缺少当事人的签章，将导致票据无效或该项票据行为无效。

票据上的签章因票据行为的性质不同，签章当事人也不相同。票据签发时，由出票人签章；票据转让时，由背书人签章；票据承兑时，由承兑人签章；票据保证时，由保证人签章；持票人行使票据权利时，由持票人签章。

一般来讲，出票人在票据上的签章不符合法律规定的，票据无效；背书人在票据上的签章不符合法律规定的，其签章无效，但不影响其前手符合规定签章的效力；承兑人，保证人在票据上的签章不符合法律规定的，其签章无效，但不影响其他符合规定的签章的效力。

知识要点：票据签章的规定。

（六）票据权利丧失补救

票据丧失是指票据因灭失（如不慎被烧毁）、遗失（如不慎丢失）、被盗等原因而使票据权利人脱离其对票据的占有。票据一旦丧失，票据的债权人不采取措施补救就不能阻止债务人向拾获者履行义务，从而造成正当票据权利人经济上的损失。因此，需要进行票据丧失的补救。票据丧失后，可以采取挂失止付、公示催告和普通诉讼三种形式进行补救。

1. 挂失止付。

（1）挂失止付是指失票人将丧失票据的情况通知付款人或代理付款人，由接受通知的付款人或代理付款人审查后暂停支付的一种方式。

（2）可以挂失止付的票据种类。只有确定付款人或代理付款人的票据丧失时才可进行挂失止付，具体包括：

①已承兑的商业汇票；

②支票；

③填明“现金”字样和代理付款人的银行汇票；

④填明“现金”字样的银行本票。

（3）挂失止付通知的记载事项。

①票据丧失的时间、地点、原因；

②票据的种类、号码、金额、出票日期、付款日期、付款人名称、收款人名称；

③挂失止付人的姓名、营业场所或者住所以及联系方法。

【注意】欠缺上述记载事项之一的，银行不予受理。

（4）信息登记。承兑人或承兑人开户行收到挂失止付通知或者公示催告等司法文书并确认相关票据未付款的，应于当日依法暂停支付并在中国人民银行指定的票据市场基础设施（上海票据交换所）登记或者委托开户行在票据市场基础设施登记相关信息。

（5）止付期。挂失止付并不是票据丧失后采取的必经措施，而只是一种暂时的预防措施，最终要通过申请公示催告或提起普通诉讼来补救票据权利。付款人或者代理付款人收到挂失止付通知书后，查明挂失票据确未付款时，应立即暂停支付。付款人或者代理付款人自收到挂失止付通知书之日起 12 日内没有收到人民法院的止付通知书的，自第 13 日起，不再承担止付责任，持票人提示付款即依法向持票人付款。付款人或者代理付款人在收到挂失止付通知书之前，已经向持票人付款的，不再承担责任。但是，付款人或者代理付款人以恶意或者重大过失付款的除外。

知识要点：挂失支付的情形。

【例题3－23】根据票据法律制度的规定，下列票据中，在丧失后可以挂失止付的有（　　）。

A. 银行承兑汇票　　　　　　B. 支票

C. 商业承兑汇票　　　　　　D. 未填明“现金”字样的银行本票

【答案】ABC

【解析】只有确定付款人或代理付款人的票据丧失时才可进行挂失止付，填明“现金”字样的银行本票可以挂失止付。

2. 公示催告。

（1）概念。公示催告是指按照规定可以背书转让的票据持有人在票据丧失后由失票人向人民法院提出申请，请求人民法院以公告方式通知不确定的利害关系人限期申报权利，逾期未申报者，则权利失效，而由法院通过除权判决宣告所丧失的票据无效的制度或程序。

（2）申请公示催告。根据《票据法》规定，失票人应当在通知挂失止付后的3日内，也可以在票据丧失后，依法向票据支付地人民法院申请公示催告或者向人民法院提起诉讼。采取申请公示催告方式的，人民法院决定受理申请，应当同时通知支付人停止支付，并在3日内发出公告，催促利害关系人申报权利。公示催告的期间，由人民法院根据情况决定，但不得少于60日。

支付人收到人民法院停止支付的通知，应当停止支付，至公示催告程序终结。公示催告期间，转让票据权利的行为无效。

①利害关系人应当在公示催告期间向人民法院申报。人民法院收到利害关系人的申报后，应当裁定终结公示催告程序，并通知申请人和支付人。申请人或者申报人可以向人民法院起诉。

②没有人申报的，人民法院应当根据申请人的申请，作出判决，宣告票据无效。判决应当公告，并通知支付人。自判决公告之日起，申请人有权向支付人请求支付。

利害关系人因正当理由不能在判决前向人民法院申报的，自知道或者应当知道判决公告之日起1年内，可以向作出判决的人民法院起诉。

知识要点：（1）挂失止付非公示催告的必经前置程序。

（2）不包括被告住所地，因为利害关系人不明确。

申请公示催告的主体必须是可以背书转让的票据的最后持票人。

（3）公示催告。

①申请书内容。票面金额；出票人、持票人、背书人；申请的理由、事实；通知挂失止付的时间；付款人或代理付款人的名称、地址、电话。

②付款人与代理付款人止付期责任。付款人或者代理付款人收到止付通知即行止付，直至公示催告程序终结，非经人民法院许可擅自解付不免除票据责任。

③公告刊登媒体。人民法院决定受理公示催告申请后发布的公告应当在全国性的报刊上登载。人民法院所在地有证券交易所的，还应当同日在该交易所公布。

④公示催告期间。公示催告的期间，国内票据自公告发布之日起60日，且公示催告期届满日不得早于票据付款日后15日。涉外票据可根据具体情况适当延长，但最长不得超过90日。

⑤公示催告期间的票据行为。在公示催告期间，转让票据权利的行为无效。以公示催告的票据质押、贴现，因质押、贴现而接受该票据的持票人主张票据权利的，人民法院不予支持，但公示催告期间届满以后人民法院作出除权判决以前取得该票据的除外。申请人或者申报人可以向人民法院起诉，以主张自己的权利。没有人申报的，人民法院应当根据申请人的申请，作出除权判决，宣告票据无效。判决应当公告，并通知支付人。

3. 普通诉讼。普通诉讼是指丧失票据的人为原告，以承兑人或出票人为被告，请求法院判决其向失票人付款的诉讼活动。如果与票据上的权利有利害关系的人是明确的，无须公示催告，可按一般的票据纠纷向法院提起诉讼。

知识要点：票据的权利丧失补救的三大措施。

【例题3-24】根据《票据法》的规定，失票人应当在通知挂失止付后的（　　）日内，依法向人民法院申请公示催告。

A. 1　　B. 3　　C. 5　　D. 10

【答案】B

【解析】失票人应当在通知挂失止付后的3日内，依法向人民法院申请公示催告。

（七）票据的追索

追索是指票据持票人在依照票据法的规定请求付款人承兑或者付款而被拒绝后向他的前手（出票人、背书人、保证人、承兑人以及其他票据债务人）要求偿还票据金额、利息和相关费用的行为。

追索权的行使必须在票据法规定的期限内，并且只有在获得拒绝证明后才能行使。

1. 票据追索适用的情形。

（1）到期后追索，是指票据到期被拒绝付款的，持票人对背书人、出票人以及票据的其他债务人行使的追索。

（2）到期前追索，是指票据到期日前，持票人对下列情形之一行使的追索：

①汇票被拒绝承兑的；

②承兑人或者付款人死亡、逃匿的；

③承兑人或者付款人被依法宣告破产；

④承兑人或者付款人因违法被责令终止业务活动的。

持票人行使追索权的条件是作为主债务人的“承兑人或者付款人”丧失支付能力，持票人的第一次权利（付款请求权）不能实现了，才能行使第二次权利（追索权）。

2. 追索对象及追索顺序。

（1）可以作为追索对象的包括出票人、背书人、承兑人和保证人。

（2）追索顺序：票据债务人对持票人承担连带责任；持票人行使追索权，可以不按照票据债务人的先后顺序，对其中任何一人、数人或者全体行使追索权。持票人对票据债务人中的一人或者数人已经进行追索的，对其他票据债务人仍可以行使追索权。

3. 追索金额。

（1）持票人行使追索权，可以请求被追索人支付下列金额和费用：

①被拒绝付款的票据金额；

②票据金额自到期日或者提示付款日起至清偿日止，按照中国人民银行规定的利率计算

的利息；

③取得有关拒绝证明和发出通知书的费用。

（2）持票人行使再追索权，可以请求其他票据债务人支付下列金额和费用：

①已清偿的全部金额；

②前项金额自清偿日起至再追索清偿日止，按照中国人民银行规定的利率计算利息；

③发出通知书的费用。

（3）不论是追索还是再追索时，权利人均应当交出票据和有关拒绝证明，并出具所收到利息和费用的收据。

4. 追索权的行使程序。

（1）取得有关证明。持票人行使追索权时，应当提供相关证明（包括拒绝证明，承兑人或付款人的死亡、逃匿证明，司法文书等）；持票人不能出示相关证明的，将丧失对其前手的追索权，但是承兑人或者付款人仍应当对持票人承担责任。

（2）追索通知。

①持票人应当自收到被拒绝承兑或者被拒绝付款的有关证明之日起3日内，将被拒绝事由书面通知其前手；其前手应当自收到通知之日起3日内书面通知其再前手。

②持票人未按照规定期限（3日）发出追索通知的，持票人仍可以行使追索权。因延期通知给其前手或者出票人造成损失的，由其承担该损失的赔偿责任，但所赔偿的金额以汇票金额为限。

知识要点：票据的追索，重点掌握追索适用的情形及追索的内容。

（八）银行汇票

1. 银行汇票的概念和适用范围。

（1）银行汇票的概念。银行汇票是出票银行签发的，由其在见票时按照实际结算金额无条件支付给收款人或者持票人的票据。出票银行为银行汇票的付款人。

（2）适用范围。银行汇票可以用于转账，填明“现金”字样的银行汇票也可以用于支取现金。单位和个人各种款项结算，均可使用银行汇票。

2. 银行汇票的记载事项。

（1）签发银行汇票必须记载下列事项：表明“银行汇票”的字样；无条件支付的承诺；出票金额；付款人名称；收款人名称；出票日期；出票人签章。必须记载事项，缺少一项则票据无效。

（2）签发银行汇票的相对记载事项：付款日期、付款地、出票地也是汇票记载的内容，与必须记载事项的区别之处是：这些事项如果未在汇票上记载，并不影响汇票本身的效力，可依法律规定推定。未记载付款日期的，视为见票即付；未记载付款地的，以付款人的营业场所、住所或者经常居住地为付款地；未记载出票地的，以出票人的营业场所、住所或经常居住地为出票地。

相对记载事项的说明：未在汇票上记载，并不影响汇票本身的效力，按照默认处理。

3. 银行汇票的出票。

（1）申请。申请人使用银行汇票，应向出票银行填写“银行汇票申请书”，填明收款人名称、汇票金额、申请人名称、申请日期等事项并签章，签章为其预留银行的签章。申请人和收款人均为个人，需要使用银行汇票向代理付款人支取现金的，申请人须在“银行汇票申请书”上填明代理付款人名称，在“出票金额”栏先填写“现金”字样，后填写汇票金额。申请人或者收款人为单位的，不得在“银行汇票申请书”上填明“现金”字样。

（2）签发并交付。出票银行受理银行汇票申请书，收妥款项后签发银行汇票，并将银行汇票和解讫通知一并交给申请人。欠缺记载上列事项之一的，银行汇票无效。签发现金银行汇票，申请人和收款人必须均为个人。收妥申请人交存的现金后，在银行汇票“出票金额”栏先填写“现金”字样，后填写出票金额，并填写代理付款人名称。申请人或者收款人为单位的，银行不得为其签发现金银行汇票。申请人应将银行汇票和解讫通知一并交付给汇票上记明的收款人。

（3）银行汇票的基本规定。

①银行汇票可以用于转账，标明现金字样的“银行汇票”也可以提取现金；

②银行汇票的付款人为银行汇票的出票银行；银行汇票的付款地为代理付款人或出票人所在地；

③银行汇票的出票人在票据上的签章，应为经中国人民银行批准使用的该银行汇票专用章加其法定代表人或其授权经办人的签名或盖章；

④银行汇票属见票即付的汇票，自出票日起1个月内向付款人提示付款。持票人超过付款期限向代理付款人提示付款的，代理付款人不予受理；

⑤银行汇票可以背书转让，但填明“现金”字样的银行汇票不得背书转让。银行汇票的背书转让以不超过出票金额的实际结算金额为准；未填明实际结算金额或实际结算金额超过出票金额的银行汇票不得背书转让；

⑥填明“现金”字样和代理付款人的银行汇票丧失，可以由失票人通知付款人或者代理付款人挂失止付。未填明“现金”字样和代理付款人的银行汇票丧失，不得挂失止付；

⑦银行汇票丧失，失票人可以凭人民法院出具的其享有票据权利的证明，向出票银行请求付款或退款。

（4）申办银行汇票的基本程序和规定。

①申请。申请人使用银行汇票，应向出票银行填写“银行汇票申请书”。

②受理。出票银行受理银行汇票申请书，收妥款项后签发银行汇票，并用压数机压印出票金额，将银行汇票和解讫通知一并交给申请人。

③签发转账银行汇票，不得填写代理付款人名称，但由人民银行代理兑付银行汇票的商业银行向设有分支机构地区签发转账银行汇票的除外。签发现金银行汇票，申请人和收款人必须均为个人。申请人或者收款人为单位的，银行不得为其签发现金银行汇票。

④申请人应将银行汇票和解讫通知一并交付给汇票上记明的收款人。

⑤银行汇票的实际结算金额低于出票金额的，其多余金额由出票银行退交申请人。

⑥申请人因银行汇票超过付款提示期限或其他原因要求退款时，应将银行汇票和解讫通知同时交到出票银行，并提供本人身份证件或单位证明。对于代理付款银行查询要求退款的银行汇票，应在汇票提示付款期满后方能办理退款。申请人缺少解讫通知要求退款的，出票银行应于银行汇票提示付款期满一个月后办理。

（5）兑付银行汇票的基本程序和规定。收款人收到银行汇票后，应首先审查下列事项：

①银行汇票和解讫通知是否齐全、汇票号码和记载的内容是否一致；

②收款人是否为本单位或本人；

③银行汇票是否在提示付款期限内；

④必须记载的事项是否齐全；

⑤出票人签章是否符合规定，是否有压数机压印的出票金额，并与大写出票金额一致；

⑥出票金额、出票日期、收款人名称是否更改，更改的其他记载事项是否由原记载人员签章证明。

审查无误后，收款人应在出票金额以内，根据实际需要的款项办理结算，并将实际结算金额和多余金额准确、清晰地填入银行汇票和解讫通知的有关栏内。未填明实际结算金额和多余金额或实际结算金额超过出票金额的，银行不予受理。银行汇票的实际结算金额不得更改，更改实际结算金额的银行汇票无效。

在提示付款时，收款人应在汇票背面“持票人向银行提示付款签章”处加盖预留银行印鉴，同时填写进账单，连同银行汇票一并交开户银行转账。收款人应根据银行盖章退回的进账单回单联及有关单据编制记账凭证。

收款人可以将银行汇票背书转让给被背书人，但填明“现金”字样的银行汇票不得背书转让。银行汇票的背书转让以不超过出票金额的实际结算金额为准。未填写实际结算金额或实际结算金额超过出票金额的银行汇票不得背书转让。

持票人向银行提示付款时，必须同时提交银行汇票和解讫通知，缺少任何一联，银行不予受理。

未在银行开立存款账户的个人持票人，可以向选择的任何一家银行机构提示付款。提示付款时，应在汇票背面“持票人向银行提示付款签章”处签章，并填明本人身份证件名称、号码及发证机关，由其本人向银行提交身份证件及其复印件。银行审核无误后，将其身份证件复印件留存备查，并以持票人的姓名开立应解汇款及临时存款账户。该账户只付不收，付完清户，不计付利息。转账支付的，应由原持票人向银行填制支款凭证，并由本人交验其身份证件办理支付款项。该账户的款项只能转入单位或个体工商户的存款账户，严禁转入储蓄和信用卡账户。支取现金的，银行汇票上必须有出票银行按规定填明的“现金”字样，才能办理。未填明“现金”字样，需要支取现金的，由银行按照国家现金管理规定审查支付。

持票人超过期限向代理付款银行提示付款不获付款的，须在票据权利时效内向出票银行作出说明，并提供本人身份证件或单位证明，持银行汇票和解讫通知向出票银行请求付款。出票银行对于转账银行汇票的退款，只能转入原申请人账户；对于符合规定填明“现金”字样银行汇票的退款，才能退付现金。

（6）银行汇票丧失。失票人可以凭人民法院出具的其享有票据权利的证明，向出票银行请求付款或退款。

知识要点：银行汇票的出票及使用。

【例题3-25】下列款项结算中，可以使用现金银行汇票的是（　　）。

A. 赵某向张某支付购房款20万元　　B. 丙公司向刘某支付劳务费15万元

C. 孙某向戊公司支付装修款15万元　　D. 甲公司向乙公司支付材料款20万元

【答案】A

【解析】申请人或收款人有一方为“单位”的，不得申请“现金”汇票。

（九）商业汇票

1. 商业汇票的概念、种类和适用范围。

（1）商业汇票的概念、种类。商业汇票是出票人签发的，委托付款人在指定日期无条件支付确定的金额给收款人或者持票人的票据。

商业汇票按照承兑人的不同分为商业承兑汇票和银行承兑汇票。商业承兑汇票由银行以外的付款人承兑；银行承兑汇票由银行承兑。

（2）电子商业汇票是指出票人依托人民银行电子商业汇票系统，以数据电文形式制作的，委托付款人在指定日期无条件支付确定的金额给收款人或者持票人的票据。电子商业汇票分为电子银行承兑汇票和电子商业承兑汇票。电子银行承兑汇票由银行业金融机构、财务公司承兑；电子商业承兑汇票由金融机构以外的法人或其他组织承兑。

①单张出票金额在“100万元”以上的商业汇票“原则上”应全部通过电子商业汇票办理。

②单张出票金额在“300万元”以上的商业汇票应全部通过电子商业汇票办理。

③电子商业汇票的付款期限自出票日起至到期日不超过1年。

④电子商业汇票信息以上海票据交易电子商业汇票系统的记录为准。

⑤提示付款。

电子商业汇票持票人在电子银行承兑汇票提示付款期限内付款的，如提示付款指令于中午12：00前发出，承兑人应在收到提示付款的当日（遇法定休假日、大额支付系统非营业日、电子商业汇票系统非营业日顺延）付款或拒绝付款；提示付款期限内付款的，如提示付款指令于中午12：00后发出，承兑人应收到提示付款请求当日、至迟次日付款或拒绝付款。

（3）商业汇票的适用范围。在银行开立存款账户的法人以及其他组织之间，必须具有真实的交易关系或债权债务关系，才能使用商业汇票。

2. 商业汇票的出票。

（1）出票人的资格。商业承兑汇票的出票人，为在银行开立存款账户的法人以及其他组织，与付款人具有真实的委托付款关系，具有支付汇票金额的可靠资金来源。个人不能使用商业汇票，出票人不得签发无对价的商业汇票用以骗取银行和其他票据当事人的资金。商业承兑汇票到期，付款人不能支付票据款的，按照票面金额对其处以5%但不得低于1 000元的罚款。

（2）出票人的确定。

①商业承兑汇票可以由“付款人签发”并承兑，也可以由“收款人签发”并交由付款人承兑；

②银行承兑汇票由在承兑银行开立存款账户的存款人签发。

【例题3-26】根据支付结算法律制度的规定，下列关于商业汇票的说法中，正确的有（　　）。

A. 单位和个人各种款项结算，均可使用商业汇票

B. 单张出票金额在100万元以上的商业汇票原则上应全部通过电子商业汇票办理

C. 单张出票金额在300万元以上的商业汇票应全部通过电子商业汇票办理

D. 商业承兑汇票可以由付款人签发并承兑，也可以由收款人签发并交由付款人承兑

【答案】BCD

【解析】个人不得使用商业汇票。

（3）商业汇票的绝对记载事项。签发商业汇票必须记载下列事项，欠缺记载上述事项之一的，商业汇票无效：

①表明“商业承兑汇票”或“银行承兑汇票”的字样；②无条件支付的委托；③确定的金额；④付款人名称；⑤收款人名称；⑥出票日期；⑦出票人签章。

电子商业汇票的必须记载事项除上述7项外，还包括“票据到期日”和“出票人名称”。

（4）商业汇票的相对记载事项。相对记载事项未在汇票上记载，并不影响汇票本身的效力，汇票仍然有效。汇票上未记载付款日期的，为见票即付；汇票上未记载付款地的，付款人的营业场所、住所或者经常居住地为付款地；汇票上未记载出票地的，出票人的营业场所、住所或者经营居住地为出票地。

（5）商业汇票出票的效力。

①对收款人的效力。付款请求权、追索权。

②对付款人的效力。承兑后，即成为汇票上的主债务人。

③对出票人的效力。即承担保证该汇票承兑和付款的责任。

【例题3－27】根据支付结算法律制度的规定，下列关于商业汇票出票的表述中，正确的有（　　）。

A. 签发银行承兑汇票必须记载付款人名称

B. 商业承兑汇票可以由收款人签发

C. 商业承兑汇票可以由付款人签发

D. 银行承兑汇票应当由承兑银行签发

【答案】AB

【解析】银行承兑汇票由在承兑行开户的存款人签发。

3. 商业汇票的承兑。承兑，指汇票付款人承诺在汇票到期日支付汇票金额的票据行为。承兑是汇票的特有制度，本票和支票都没有承兑。承兑程序包括提示承兑和承兑成立。

（1）承兑的程序。

①提示承兑。见票后定期付款的汇票，持票人应当自出票日起1个月内向付款人提示承兑。见票即付的汇票无须提示承兑。

②承兑成立。付款人必须在汇票正面记载“承兑”字样，不记载的，承兑不成立。付款人应在汇票正面记载承兑日期；未记载日期的，以付款人3天考虑时间的最后一天为承兑期。付款人必须在汇票正面签章，未签章的，承兑不成立。见票后定期付款的汇票，应当在承兑时记载付款日期。

③银行承兑汇票的承兑程序。银行信贷部门应审核出票人的资格、资信、购销合同和汇票记载的内容，可以要求出票人提供担保并出票人签订承兑协议，银行按照“市场调节价”向持票人收取手续费。

④退回已承兑的汇票。付款人按承兑格式填写完记载事项后，将已承兑的汇票退回给持票人，承兑才生效。付款人承兑汇票不得附有条件；承兑附有条件的，视为拒绝承兑。

（2）承兑的效力。

①承兑人于汇票到期日必须向持票人无条件地支付汇票上的金额，否则其必须承担迟延

付款责任；

②承兑人必须对汇票上的一切权利人承担责任，该等权利人包括付款请求权人和追索权人；

③承兑人不得以其与出票人之间资金关系来对抗持票人，拒绝支付汇票金额；

④承兑人的票据责任不因持票人未在法定期限提示付款而解除。

（3）承兑不得附有条件。付款人承兑商业汇票，不得附有条件；承兑附有条件的，视为拒绝承兑。

4. 票据信息登记与电子化。

（1）票据市场基础设施。上海票据交易所是中国人民银行指定的提供票据交易、登记托管、清算结算和信息服务的机构。

【注意】票据信息登记与电子化通过票据市场基础设施完成，而非中国人民银行大额支付系统。

（2）纸质商业承兑汇票的登记。

①登记时间。纸质票据贴现前，金融机构办理承兑、质押、保证等业务，应当不晚于业务办理的次一工作日在票据市场基础设施完成相关信息登记工作。

②登记人。纸质商业承兑汇票完成承兑后，承兑人开户行应当根据承兑人委托代其进行承兑信息登记。承兑信息未能及时登记的，持票人有权要求承兑人补充登记承兑信息。

③纸质票据票面信息与登记不一致的，以纸质票据票面信息为准。

（3）电子商业汇票签发、承兑、质押、保证、贴现等信息应当通过电子商业汇票系统同步传送至票据市场基础设施。

（4）通过票据市场基础设施提示付款。

①持票人在提示付款期内通过票据市场基础设施提示付款的，承兑人应当在提示付款“当日”进行应答或者委托其开户行进行应答。

②承兑人存在合法抗辩事由拒绝付款的，应当在提示付款当日出具或者委托其开户行出具拒绝付款证明，并通过票据市场基础设施通知持票人。

③承兑人或者承兑人开户行在提示付款当日未作出应答的，视为拒绝付款，票据市场基础设施提供拒绝付款证明并通知持票人。

④商业承兑汇票承兑人在提示付款当日同意付款的，承兑人开户行应当根据承兑人账户余额情况予以处理：

承兑人账户余额足够支付票款的，承兑人开户行应当代承兑人作出同意付款应答，并于提示付款日向持票人付款。

承兑人账户余额不足以支付票款的，则视同承兑人拒绝付款。承兑人开户行应当于提示付款日代承兑人作出拒付应答并说明理由，同时通过票据市场基础设施通知持票人。

⑤银行承兑汇票的承兑人已于到期前进行付款确认的，票据市场基础设施应当根据承兑人的委托于提示付款日代承兑人发送指令划付资金至持票人资金账户。

⑥商业承兑汇票的承兑人已于到期前进行付款确认的，承兑人开户行应当根据承兑人委托于提示付款日扣划承兑人账户资金，并将相应款项划付至持票人资金账户。

5. 商业汇票的贴现。

（1）贴现的概念。票据持票人在票据未到期前为获得现金向“银行”贴付一定利息而发生的票据转让行为。

贴现的当事人包括转让票据的当事人即“贴出人”和受让票据的当事人即“贴入人”。

知识要点：只有远期商业汇票才有贴现、承兑，其他见票即付的票据谈不上贴现和承兑。

（2）贴现的分类。一般而言，票据贴现可以分为三种，分别是贴现、转贴现和再贴现。

①贴现。指商业票据的持票人在汇票到期日前，为了取得资金，贴付一定利息将票据权利转让给银行的票据行为，是持票人向银行融通资金的一种方式。

②转贴现。指商业银行在资金临时不足时，将已经贴现但仍未到期的票据，交给其他商业银行或贴现机构给予贴现，以取得资金融通。

③再贴现。指中央银行通过买进商业银行持有的已贴现但尚未到期的商业汇票，向商业银行提供融资支持的行为。

贴现的性质。贴现是银行的一项资产业务，汇票的支付人对银行负责，银行实际上是与付款人有一种间接贷款关系。

贴现、转贴现和再贴现按照交易方式，分为买断式和回购式。回购式是指贴出人将票据权利转让给贴入人，不约定日后赎回的交易方式；买断式是指贴出人将票据权利转让给贴入人，约定日后赎回的交易方式。

（3）贴现的条件。

①票据未到期；

②未记载不得转让字样；

③持票人是在银行开立存款账户的企业法人以及其他组织；

④持票人与出票人或者直接前手之间具有真实的商品交易关系。

【提示】无须向金融机构提供合同、发票等资料。

（4）电子商业汇票贴现的必须记载事项。电子商业汇票贴现必须记载：贴出人名称；贴入人名称；贴现日期；贴现类型；贴现利率；实付金额；贴出人签章。

知识要点：电子商业汇票回购式贴现赎回时应作成背书，并记载原贴出人名称、原贴入人名称、赎回日期、赎回利率、赎回金额、原贴入人签章。

（5）票据信息登记与电子化前提下纸质票据贴现的特殊规定。

①“查”——贴现人办理纸质票据贴现时，应当通过票据市场基础设施（上海票据交易所）查询票据承兑信息，并在确认纸质票据必须记载事项与已登记承兑信息一致后，为贴现申请人办理贴现。

知识要点：信息不存在或纸质票据必须记载事项与已登记承兑信息不一致的，不得办理贴现。

②“免”——贴现申请人无须提供发票、合同等资料。

③“记”——贴现人办理纸质票据贴现后，应当在票据上记载“已电子登记权属”字样。该票据应当通过票据市场基础设施办理背书转让、质押、保证、提示付款等票据业务，不再以纸质形式进行。

④“存”——贴现人应当对纸质票据进行妥善保管。

（6）贴现保证（为转贴现提供保证）。

①贴现人可以按照市场化原则选择商业银行对纸质票据进行保证增信。

②保证增信行对纸质票据进行保管并为贴现人的偿付责任进行先行偿付。

（7）纸质贴现票据的付款确认

①付款确认发起人。保管人可以向承兑人发起付款确认。

②付款确认方式。实物确认：票据保管人将票据实物送达承兑人或承兑人开户银行。影像确认：票据保管人将票据影像信息发送至承兑人或承兑人开户银行。

知识要点：两者具有同等法律效力。

③实物确认后的票据保管。银行承兑汇票：由承兑人代为保管。商业承兑汇票：由承兑人开户银行代为保管。

④付款确认时间。承兑人收到票据影像确认请求或票据实物后，应当在3个工作日内作出或委托其开户银行作出同意或者拒绝到期付款的应答，拒绝付款的应当说明理由。

（8）电子贴现票据的付款确认。电子商业汇票一经承兑即视同承兑人已经付款确认。

知识要点：承兑人或承兑人开户银行在付款确认后，除挂失止付、公示催告等合法抗辩情形外，应当在持票人提示付款后付款。

知识要点：商业汇票使用流程

纸质：出票→提示承兑→付款确认→提示付款

电子：出票→提示承兑（视同付款确认）→提示付款

（9）贴现利息的计算。

贴现利息 = 票面金额 × 日贴现率 × 贴现期

日贴现率 = 年贴现率 ÷ 360

贴现期：自贴现日起至票据到期日止。

知识要点：

①实付贴限期为贴现日至汇票到期前1日。即算头不算尾。

②承兑人在异地的，贴现的期限应“另加3天”的划款日期。

例如一张汇票票面价值为100万元，出票日期2月1日，4月1日到期的不带息票据。要求计算贴息和贴现净额。持票人于3月2日到银行进行贴现，贴现率为12%。

该应收票据到期日为4月1日，其贴现天数应为30天（29+1）：

贴现息 = 100 ×（30/360）× 12% = 1（万元）

贴现净值 = 100 − 1 = 99（万元）

（10）贴现收款。

①贴现到期，贴现银行应向付款人收取票款；

②不获付款的，贴现银行应向其前手追索票款；

③贴现银行追索票款时可从申请人的存款账户“直接”收取票款。

知识要点：办理电子商业汇票贴现及提示付款业务，可选择票款兑付、同城票据交换、通存通兑、汇兑等方式清算票据资金。

6. 商业票据的到期处理。

（1）票据到期后的偿付顺序。

①票据未经承兑人付款确认和保证增信即交易的，若承兑人未付款，应当由贴现人先行偿付。该票据在交易后又经承兑人付款确认的，应由承兑人付款；若承兑人未付款，应当由贴现人先行偿付。

②票据经承兑人付款确认且未保证增信即交易的，应当由承兑人付款；若承兑人未付

款，应当由贴现人先行偿付。

③票据保证增信后即交易且未经承兑人付款确认的，若承兑人未付款，应当由保证增信行先行偿付；保证增信行未偿付的，应当由贴现人先行偿付。

④票据保证增信后且经承兑人付款确认的，应当由承兑人付款；若承兑人未付款，应当由保证增信行先行偿付；保证增信行未偿付的，应当由贴现人先行偿付。

（2）商业汇票的付款。

商业汇票的付款是指付款人依据文义支付票据金额，以消灭票据关系的行为。

①付款期限。按照商业汇票的付款期限，见票后定期付款的汇票付款期限自承兑或拒绝承兑日起按月计算，并在汇票上记载商业汇票的提示付款期限“自汇票到期日起10日”。

按照支付结算办法的规定，商业汇票的付款期限最长不得超过6个月。需要注意的是，这里所说的“付款期限”并不是承兑银行支付汇票款项的时间，而是指出票人与承兑人约定的延期付款的时间。即商业汇票的延期付款的时间或称汇票的到期日应当在规定的6个月以内，由有关当事人来确定，并明确地记载在汇票的“汇票到期日”栏内。超过6个月的商业汇票银行不予受理。

②提示付款期限。按照商业汇票的提示付款期限，持票人应在提示付款期限内通过开户银行委托收款或直接向付款人提示付款。对异地委托收款的，持票人可匡算邮程，提前通过开户银行委托收款。持票人超过提示付款期限提示付款的，持票人开户银行不予受理。但在作出说明后，承兑人或者付款人仍应当继续对持票人承担付款责任。电子商业汇票的提示付款日是指提示付款申请的指令进入人民银行电子商业汇票系统的日期。持票人依照规定提示付款的，付款人必须在当日足额付款。

知识归纳（见表3－9）

表3－9　付款期限与提示付款期限

两个“期限”	票据种类	起算点及长度
“付款”期限	“纸质”商业汇票	自“出票日”起最长不得超过“6个月”
	“电子”商业汇票	自“出票日”起最长不得超过“1年“
“提示付款”期限	“远期”商业汇票	自汇票“到期日”起“10日”
	“即付”商业汇票	自“出票日”起“1个月”

（3）应答时间。

①持票人在提示付款期内通过票据市场基础设施提示付款的，承兑人应当在提示付款“当日”进行应答或者委托其开户行进行应答。

②承兑人存在合法抗辩事由拒绝付款的，应当在提示付款当日出具或者委托其开户行出具拒绝付款证明，并通过票据市场基础设施通知持票人。

③承兑人或者承兑人开户行在提示付款当日未作出应答的，视为拒绝付款，票据市场基础设施提供拒绝付款证明并通知持票人。

（4）办理付款或拒绝付款。

①商业承兑汇票的付款。商业承兑汇票的付款人开户银行收到通过委托收款寄来的商业

承兑汇票，将商业承兑汇票留存，并及时通知付款人。付款人收到开户银行的付款通知，应在当日通知银行付款。付款人在接到通知日的次日起 3 日内（遇法定休假日顺延，下同）未通知银行付款的，视同付款人承诺付款。付款人提前收到由其承兑的商业汇票，应通知银行于汇票到期日付款。银行应于汇票到期日将票款划给持票人。电子商业汇票的拒绝付款日是指驳回提示付款申请的指令进入人民银行电子商业汇票系统的日期。电子商业汇票追索行为的发生日是指追索通知的指令进入人民银行电子商业汇票系统的日期。电子商业汇票的承兑、背书、保证、质押解除、付款和追索清偿行为的发生日是指相应的签收指令进入人民银行电子商业汇票系统的日期。付款人存在合法抗辩事由拒绝支付的，应自接到通知的次日起 3 日内，作成拒绝付款证明送交开户银行，银行将拒绝付款证明和商业承兑汇票邮寄持票人开户银行转交持票人。

②银行承兑汇票的付款。银行承兑汇票的出票人应于汇票到期前将票款足额交存其开户银行。承兑银行应在汇票到期日或到期日后的见票当日支付票款。承兑银行存在合法抗辩事由拒绝支付的，应自接到商业汇票的次日起 3 日内，作成拒绝付款证明，连同银行承兑汇票邮寄持票人开户银行转交持票人。

银行承兑汇票的出票人于汇票到期日未能足额交存票款时，承兑银行除凭票向持票人无条件付款外，对出票人尚未支付的汇票金额按照每天万分之五计收利息。银行承兑汇票的付款人存在合法抗辩事由拒绝支付的，应自接到汇票的次日起 3 日内，作成拒绝付款证明，连同银行承兑汇票邮寄持票人开户银行转交持票人。电子银行承兑汇票承兑后，出票人可以通过渠道发出提示收票申请，在票据提示付款期截止前将票据交付收款人。

知识要点：商业汇票的出票、承兑、贴现、付款等规定。

【例题 3－28】下列关于票据信息登记与电子化的说法中，正确的有（　　）。

A. 金融机构办理承兑业务，应当不早于业务办理的次一工作日在票据市场基础设施完成相关信息登记工作

B. 纸质商业承兑汇票完成承兑后，承兑人开户银行应当根据承兑人委托代其进行承兑信息登记

C. 纸质票据票面信息与登记信息不一致的，票据无效

D. 电子商业汇票的签发信息，应当通过电子商业汇票系统同步传送至票据市场基础设施

【答案】BD

【解析】选项 A 属于金融机构办理承兑业务，应当不晚于业务办理的次一工作日在票据市场基础设施完成相关信息登记工作；选项 C 属于纸质票据票面信息与登记信息不一致的，以“纸质票据票面信息”为准。

（十）银行本票

1. 银行本票的概念和种类。银行本票是银行签发的，承诺自己在见票时无条件支付确定的金额给收款人或者持票人的票据。银行本票的代理付款人是代理出票银行审核支付本票款项的银行。银行本票分为定额本票和不定额本票两种。定额银行本票面额为 1 千元、5 千元、1 万元和 5 万元。

知识要点：银行本票的基本当事人只有出票人和收款人。

2. 银行本票的使用范围。

（1）单位和个人在同一票据交换区域需要支付各种款项，均可以使用银行本票。

（2）银行本票可以用于转账，注明“现金”字样的银行本票可以用于支取现金。

3. 银行本票的记载事项。

（1）签发银行本票必须记载下列事项：表明“银行本票”的字样；无条件支付的承诺；确定的金额；收款人的名称；出票日期；出票人签章。欠缺记载上列六项内容之一的，银行本票无效。

知识要点：本票的必须记载事项为六项，无付款人名称。

（2）银行本票的相对必要记载事项包括两项内容：①付款地。本票上未记载付款地的，出票人的营业场所为付款地；②出票地。本票上未记载出票地的，出票人的营业场所为出票地。

4. 银行本票的出票。

（1）申请。申请人使用银行本票，应向银行填写“银行本票申请书”，填明收款人名称、申请人名称、支付金额、申请日期等事项并签章。申请人和收款人均为个人需要支取现金的，应在“金额”栏先填写“现金”字样，后填写支付金额。申请人或收款人为单位的，不得申请签发现金银行本票。

（2）受理。出票银行受理“银行本票申请书”，收妥款项，签发银行本票。签发银行本票必须记载下列事项：表明“银行本票”的字样；无条件支付的承诺；确定的金额；收款人名称；出票日期；出票人签章。欠缺记载上列事项之一的，银行本票无效。用于转账的，在银行本票上划去“现金”字样；申请人和收款人均为个人需要支取现金的，在银行本票上划去“转账”字样。出票银行在银行本票上签章后交给申请人。申请人或收款人为单位的，银行不得为其签发现金银行本票。出票银行必须具有支付本票金额的可靠资金来源，并保证支付。

（3）交收款人。申请人应将银行本票交付给本票上记明的收款人。收款人受理银行本票时，应审查下列事项：

①收款人是否确为本单位或本人；

②银行本票是否在提示付款期限内；

③必须记载的事项是否齐全；

④出票人签章是否符合规定，大小写出票金额是否一致；

⑤出票金额、出票日期、收款人名称是否更改，更改的其他记载事项是否由原记载人签章证明。

5. 银行本票的付款。提示付款。银行本票见票即付。银行本票的提示付款期限自出票日起最长不得超过2个月。本票的出票人在持票人提示见票时，必须承担付款的责任。持票人超过提示付款期限不获付款的，在票据权利时效内向出票银行作出说明，并提供本人身份证件或单位证明，可持银行本票向出票银行请求付款。

在银行开立存款账户的持票人向开户银行提示付款时，应在银行本票背面“持票人向银行提示付款签章”处签章。签章须与预留银行签章相同，并将银行本票、进账单送交开户银行。银行审查无误后办理转账。

未在银行开立存款账户的个人持票人，凭注明“现金”字样的银行本票向出票银行支取现金的，应在银行本票背面签章，记载本人身份证件名称、号码及发证机关，并交验本人身份证件及其复印件。

6. 银行本票的退款和丧失。

（1）提交资料。申请人因银行本票超过提示付款期限或其他原因要求退款时，应将银行本票提交到出票银行。申请人为单位的，应出具单位的证明；申请人为个人的，应出具本人的身份证件。

（2）资金去向。出票银行对于在本行开立存款账户的申请人，只能将款项转入原申请人账户；对于现金银行本票和未在本行开立存款账户的申请人，才能退付现金。

（3）本票丧失。银行本票丧失，失票人可以凭人民法院出具的其享有票据权利的证明，向出票银行请求付款或退款。

知识要点：银行本票的出票及使用规定。

【例题3－29】甲公司为支付货款，于6月7日向开户银行A银行申请签发了一张银行本票，并交付给乙公司。8月9日，乙公司持该本票委托自己的开户银行B银行收款，被拒绝。则下列说法中正确的是（　　）。

A. 乙公司可以向甲公司追索

B. 乙公司可以向B银行追索

C. 乙公司可以向A银行追索

D. 乙公司未在规定期限内提示付款，票据权利消灭

【答案】C

【解析】银行本票持票人超过提示付款期限不获付款的，在票据权利时效内向出票银行作出说明，并提供本人身份证件或单位证明，可持银行本票向出票银行请求付款。票据权利时效是指票据权利在时效期间内不行使，即引起票据权利丧失。持票人对票据的出票人和承兑人的权利自票据到期日起2年；见票即付的汇票、本票自出票日起2年。

（十一）支票

1. 支票的概念、种类和适用范围。

（1）概念。支票是指出票人签发的、委托办理支票存款业务的银行在见票时无条件支付确定的金额给收款人或者持票人的票据。支票的基本当事人包括出票人、付款人和收款人。出票人即存款人，是在批准办理支票业务的银行机构开立可以使用支票的存款账户的单位和个人；付款人是出票人的开户银行；持票人是票面上填明的收款人，也可以是经背书转让的被背书人。

（2）种类。支票分为现金支票、转账支票和普通支票三种。支票上印有“现金”字样的为现金支票，现金支票只能用于支取现金；支票上印有“转账”字样的为转账支票，转账支票只能用于转账；支票上未印有“现金”或“转账”字样的为普通支票。普通支票可以用于支取现金，也可以用于转账。在普通支票左上角划两条平行线的，为划线支票。划线支票只能用于转账，不得支取现金。

知识要点：划线支票仅为普通支票的特殊形式，不包括在支票的种类当中。

（3）适用范围。

①单位和个人的各种款项结算，均可以使用支票。

②全国支票影像系统支持全国使用。

【例题3-30】只能用于转账。不能支取现金的支票有（　　）。

A. 现金支票　　B. 转账支票　　C. 普通支票　　D. 划线支票

【答案】BD

【解析】本题考核支票的用途。转账支票只能够转账，不能够支取现金。在普通、支票左上角划两条平行线，为划线支票。划线支票只能用于转账，不能用于支取现金。

2. 支票的出票。

（1）支票的记载事项。签发支票必须记载下列事项：表明“支票”的字样；无条件支付的委托；确定的金额；付款人名称；出票日期；出票人签章。支票上未记载前款规定事项之一的，支票无效。其中，支票的“付款人”为支票上记载的出票人开户银行。

知识要点：支票的必须记载事项有6项，无收款人名称。

（2）授权补记事项。支票的金额、收款人名称，可以由出票人授权补记；未补记前不得背书转让和提示付款。

（3）相对记载事项。

①付款地。支票上未记载付款地的，付款人的营业场所为付款地。

②出票地。支票上未记载出票地的，出票人的营业场所、住所或者经常居住地为出票地。出票人可以在支票上记载自己为收款人。

知识要点：支票的相对记载事项付款地只有一个，且无“付款日期”。

3. 签发支票的要求。

（1）签发支票应使用碳素墨水或墨汁填写，中国人民银行另有规定的除外。签发现金支票和用于支取现金的普通支票，必须符合国家现金管理的规定。

（2）支票的金额、收款人名称，可由出票人授权补记；未补记前不得背书转让和提示付款。

（3）支票的出票人预留银行签章是银行审核支票付款的依据。支票的出票人不得签发与其预留本名的签名式样或者印鉴不符的支票。银行也可以与出票人约定使用支付密码，作为银行审核支付支票金额的条件。

（4）支票的出票人签发支票的金额不得超过付款时在付款人处实有的存款金额。禁止签发空头支票。出票人不得签发与其预留银行签章不符的支票；使用支付密码的，出票人不得签发支付密码错误的支票。

（5）出票人签发的支票金额超过其付款时在付款人处实有的存款金额的，为空头支票。禁止签发空头支票。出票人签发空头支票；签章与预留银行签章不符的支票；使用支付密码地区，支付密码错误的支票，银行应予以退票，并按票面金额处以5%但不低于1 000元的罚款。持票人有权要求出票人赔偿支票金额2%的赔偿金。对于屡次签发空头支票的出票人，银行有权停止为其办理支票或全部支付结算业务。

1 000元≤银行罚款金额=票面金额×5%

持票人要求赔偿金额=票面金额×2%

【例题3-31】甲公司向乙公司签发金额为200 000元的支票用于支付货款，乙公司按期提示付款时被告知甲公司在付款人处实有的存款金额仅为100 000元。乙公司有权要求甲公司支付的赔偿金是（　　）元。

A. 100 000 ×5%　　B. 100 000 ×2%

C. 200 000 ×5%　　D. 200 000 ×2%

【答案】D

【解析】持票人有权要求出票人赔偿支票金额 2% 的赔偿金。

（6）出票的效力。出票人作成支票并交付之后，对出票人产生相应的法律效力。

4. 支票付款的提示。

（1）提示付款期限。支票的提示付款期限自出票日起 10 日。持票人可以委托开户银行收款或直接向付款人提示付款。

（2）转账支票的提示。

①持票人可以委托开户银行收款或直接向付款人提示付款。

②持票人委托开户银行收款时，应作委托收款背书，在支票背面背书人签章栏签章、记载“委托收款”字样、背书日期；在被背书人栏记载开户银行名称，并将支票和填制的进账单送交开户银行。持票人持用于转账的支票向付款人提示付款时，应在支票背面背书人签章栏签章，并将支票和填制的进账单送交出票人开户银行。

（3）现金支票提示付款。

①用于支取现金的支票仅限于收款人向付款人提示付款。

②收款人持用于支取现金的支票向付款人提示付款时，应在支票背面“收款人签章”处签章。持票人为个人的，还需交验本人身份证件，并在支票背面注明证件名称、号码及发证机关。

（4）超期提示付款的法律后果。

①支票的持票人超过提示付款期限提示付款的，持票人的开户银行不予受理，付款人不予付款。

②支票的持票人超过提示付款期限提示付款的，丧失对前手的追索权，但出票人仍应当承担付款责任。

5. 付款。出票人必须按照签发的支票金额承担保证向该持票人付款的责任。出票人在付款人处的存款足以支付支票金额时，付款人应当在见票当日足额付款。付款人依法支付支票金额的，对出票人不再承担受委托付款的责任，对持票人不再承担付款的责任。但付款人以恶意或者有重大过失付款的除外。

知识要点：支票的出票及使用、付款规定。

【例题 3－32】根据支付结算法律制度的规定，下列各项关于支票提示付款的说法正确的是（　　）。

A. 转账支票提示付款日期为出票日起 1 个月

B. 出票人记载自己为收款人，提示付款不予受理

C. 支票未记载收款人名称，可以提示付款

D. 现金支票仅限于收款人向付款人提示付款

【答案】D

【解析】本题考核支票的付款。选项 A，支票的提示付款期限为出票日起 10 日；选项 B，支票出票人可以记载自己为收款人；选项 C，支票的金额、收款人名称，可以由出票人授权补记；未补记前不得提示付款。

二、其他结算方式

（一）汇兑

1. 汇兑的概念和分类。

（1）汇兑的概念：汇兑是汇款人委托银行将其款项支付给收款人的结算方式。单位和个人各种款项的结算，均可使用汇兑结算方式。

（2）汇兑的种类：根据支付方式不同，汇兑可分为信汇、电汇两种。信汇是以邮寄方式将汇款凭证转给外地收款人指定的汇入行；而电汇则是以电报方式将汇款凭证转发给收款人指定的汇入行。

2. 办理汇兑的程序（见图3－5）。

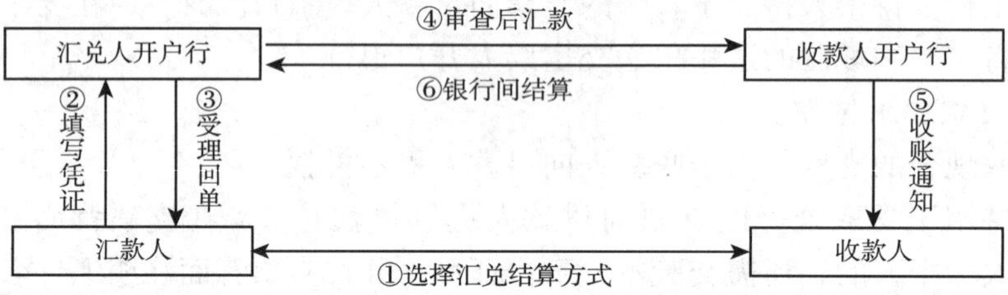

图3－5 汇兑业务流程

（1）签发汇兑凭证。签发汇兑凭证必须记载下列事项：①表明“信汇”或“电汇”的字样；②无条件支付的委托；③确定的金额；④收款人名称；⑤汇款人名称；⑥汇入地点、汇入行名称；⑦汇出地点、汇出行名称；⑧委托日期；⑨汇款人签章。

委托日期是指汇款人向汇出银行提交汇兑凭证的当日。汇兑凭证上欠缺上述记载事项之一的，银行不予受理。汇兑凭证记载的汇款人名称、收款人名称，其在银行开立存款账户的，必须记载其账号；欠缺记载的，银行不予受理。

汇兑凭证上记载收款人为个人的，收款人需要到汇入银行领取汇款，汇款人应在汇兑凭证上注明“留行待取”字样；“留行待取”的汇款，需要指定单位的收款人领取汇款的，应注明收款人的单位名称；信汇凭收款人签章支取的，应在信汇凭证上预留其签章。

汇款人确定不得转汇的，应在汇兑凭证备注栏注明“不得转汇”字样。汇款人和收款人均为个人，需要在汇入银行支取现金的，应在信、电汇凭证的汇款金额大写栏，先填写“现金”字样，后填写汇款金额。

（2）银行受理。汇出银行受理汇款人签发的汇兑凭证，经审查无误后，应及时向汇入银行办理汇款，并向汇款人签发汇款回单。汇款回单只能作为汇出银行受理汇款的依据，不能作为该笔汇款已转入收款人账户的证明。

①汇款回单。只能作为汇出银行“受理”汇款的依据，不能作为该笔汇款已转入收款人账户的证明。

②收账通知。银行将款项“确已收入”收款人账户的凭据。

（3）汇入处理。汇入银行对开立存款账户的收款人，应将汇给其的款项直接转入收款人账户，并向其发出收账通知。收账通知是银行将款项确已收入收款人账户的凭据。未在银行开立存款账户的收款人，凭信、电汇的取款通知或留行待取的，向汇入银行支取款项，必须交验本人的身份证件，在信、电汇凭证上注明证件名称、号码及发证机关，并在“收款人签盖章”处签章；信汇凭签章支取的，收款人的签章必须与预留信汇凭证上的签章相符。银行审查无误后，以收款人的姓名开立应解汇款及临时存款账户。该账户只付不收，付完清户，不计付利息。

支取现金的信、电汇凭证上必须有按规定填明的“现金”字样，才能办理。未填明“现金”字样，需要支取现金的，由汇入银行按照国家现金管理规定审查支付。收款人需要委托他人向汇入银行支取款项的，应在取款通知上签章，注明本人身份证件名称、号码、发证机关和代理字码及发证机关，并同时交验代理人和被代理人的身份证件。转账支付的，应由原收款人向银行填制支款凭证，并由本人交验其身份证件办理支付款项。该账户的款项只能转入单位或个体工商户的存款账户，严禁转入储蓄和信用卡账户。转汇的，应由原收款人向银行填制信、电汇凭证，并由本人交验其身份证件。转汇的收款人必须是原收款人。原汇入银行必须在信、电汇凭证上加盖“转汇”戳记。

3. 汇兑的撤销和退汇。

（1）汇兑的撤销。汇款人对汇出银行尚未汇出的款项可以申请撤销。申请撤销时，应出具正式函件或本人身份证件及原信、电汇回单。汇出银行查明确未汇出款项的，收回原信、电汇回单，方可办理撤销。

（2）申请退汇。汇款人对汇出银行已经汇出的款项可以申请退汇。转汇银行不得受理汇款人或汇出银行对汇款的撤销或退汇。

①对在汇入银行开立存款账户的收款人，由汇款人与收款人自行联系退汇。

②对未在汇入银行开立存款账户的收款人，汇款人应出具正式函件或本人身份证件以及原信、电汇回单，由汇出银行通知汇入银行。经汇入银行核实汇款确未支付，并将款项退回汇出银行，方可办理退汇。

③汇入银行对于收款人拒绝接受的汇款，应立即办理退汇。

④汇入银行对于向收款人发出取款通知，经过2个月无法交付的汇款，应主动办理退汇。

知识要点：汇兑业务的记载事项及业务流程。

【例题3-33】根据支付结算法律制度的规定，下列以汇兑方式结算的款项中，汇款人可以申请撤销的是（　　）。

A. 汇出银行已经汇出的款项　　B. 汇入银行已发出收账通知的款项

C. 收款人拒绝接受的款项　　D. 汇出银行尚未汇出的款项

【答案】D

【解析】汇出银行尚未汇出的款项可以申请撤回。

（二）委托收款

1. 委托收款的概念。委托收款是收款人委托银行向付款人收取款项的结算方式。委托收款结算款项的划回方式，分为邮寄和电报两种，由收款人选用。单位和个人凭已承兑商业汇票、债券、存单等付款人债务证明办理款项的结算均可以使用委托收款结算方式。委托收款在同城、异地均可以使用。

2. 委托收款的记载事项。签发委托收款凭证必须记载下列事项：表明“委托收款”的字样；确定的金额；付款人名称；收款人名称；委托收款凭据名称及附寄单证张数；委托日期及收款人签章。

3. 委托收款的结算规定。

（1）委托收款办理办法。收款人办理委托收款应向银行提交委托收款凭证和有关的债务证明。银行接到寄来的委托收款凭证及债务证明，审查无误办理付款。

①以银行为付款人的，银行应在当日将款项主动支付给收款人。

②以单位为付款人的，银行通知付款人后，付款人应于接到通知的当日书面通知银行付款。

如果付款人未接到通知日的次日起3日内通知银行付款的，视同付款人同意付款，银行应于付款人接到通知日的次日起第4日上午开始营业时将款项划给收款人。银行在办理划款时，付款人存款账户不能足额支付的，应通过被委托银行向收款人发出未付款通知书。

（2）委托收款的注意事项。

①付款人审查有关债务证明后，对收款人委托收款的款项有权提出拒绝付款。连同有关债务证明、凭证寄给被委托银行，转交收款人；以单位为付款人的，应在付款人接到通知日的次日起3日内出具拒绝证明。持有债务证明的，应将其送交开户银行。银行将拒绝证明、债务证明和有关凭证一并寄给被委托银行，转交收款人。

②收款人收取公用事业费，必须具有收付双方事先签订的经济合同，由付款人向开户银行授权，并经开户银行同意，报经中国人民银行当地分支行批准，可以使用同城特约委托收款。

知识要点：委托收款结算方式的记载事项及使用情况。

【例题3-34】根据支付结算法律制度的规定，关于委托收款结算方式的下列表述中，正确的有（　　）。

A. 以银行以外的单位为付款人的，委托收款凭证必须记载付款人开户银行名称

B. 银行在为单位办理划款时，付款人存款账户不足支付的，应通知付款人交足存款

C. 单位凭已承兑的商业汇票办理款项结算，可以使用委托收款结算方式

D. 委托收款仅限于异地使用

【答案】AC

【解析】付款人存款账户不能足额支付的，应通过被委托银行向收款人发出未付款通知书。

三、银行卡

（一）银行卡的概念和分类

1. 银行卡的概念。银行卡是指经批准由商业银行（含邮政金融机构）向社会发行的具有消费信用、转账结算、存取现金等全部或部分功能的信用支付工具。

2. 银行卡的分类。一般情况下，银行卡按是否给予持卡人授信额度分为信用卡和借记卡。此外，银行卡还可以按信息载体不同分为磁条卡和芯片卡；按发行主体是否在境内分为境内卡和境外卡；按发行对象不同分为个人卡和单位卡；按账户币种不同分为人民币卡、外

币卡和双币种卡。

（1）借记卡。借记卡按功能不同分为转账卡、专用卡、储值卡。借记卡不能透支。转账卡具有转账、存取现金和消费功能；专用卡是在特定区域、专用用途（是指百货、餐饮、娱乐行业以外的用途）使用的借记卡，具有转账、存取现金的功能；储值卡是银行根据持卡人要求将资金转至卡内储存，交易时直接从卡内扣款的预付钱包式借记卡。

借记卡可以在网络或 POS 机上消费，或者通过 ATM 转账和提款，不能透支，卡内的金额按活期存款计付利息。消费或提款时资金直接从储蓄账户划出。借记卡在使用时一般需要密码（PIN）。借记卡按等级可以分为普通卡、金卡和白金卡；按使用范围可以分为国内卡和国际卡。

（2）信用卡。信用卡又分为贷记卡和准贷记卡。贷记卡是指发卡银行给予持卡人一定的信用额度，持卡人可在信用额度内先消费、后还款的信用卡。准贷记卡是指持卡人先按银行要求交存一定金额的备用金，当备用金不足支付时，可在发卡银行规定的信用额度内透支的信用卡。

①贷记卡，常称为信用卡。是指发卡银行给予持卡人一定的信用额度，持卡人可在信用额度内先消费、后还款的信用卡。它具有的特点是：先消费后还款，享有免息缴款期（最长可达 60 天），并设有最低还款额，客户出现透支可自主分期还款。客户需要向申请的银行交付一定数量的年费，各银行不相同。

②准贷记卡。准贷记卡是一种存款有息、刷卡消费以人民币结算的单币种单账户信用卡，具有转账结算、存取现金、信用消费、网上银行交易等功能。当刷卡消费、取现账户存款余额不足支付时，持卡人可在规定的有限信用额度内透支消费、取现，并收取一定的利息。不存在免息还款期。

准贷记卡是一种具有中国特色的信用卡种类，国外并没有这种类型的信用卡。20 世纪 80 年代后期，中国银行业从国外引入信用卡产品。因为当时中国个人信用体制并不是很完善，中国银行业对国外的信用卡产品进行了一定的更改。将国外传统的信用卡“存款无利息、透支有免息期”更改为“存款有利息、透支不免息”。

准贷记卡作为中国信用卡产业发展过程中的过渡产品正在逐步退出历史舞台，在我们现实生活中准贷记卡的使用量、使用意义都在逐步减小。

知识要点：银行卡的种类。

【例题 3-35】刘某在 P 银行申领了一张信用额度为 1 万元的银行卡。P 银行与刘某约定，刘某需存入备用金 5 000 元。当备用金余额不足支付时，刘某可在 1 万元的信用额度内透支。该银行卡是（　　）。

A. 储蓄卡　　B. 借记卡　　C. 贷记卡　　D. 准贷记卡

【答案】D

【解析】准贷记卡是指持卡人须先按发卡银行要求交存一定金额的备用金，当备用金账户余额不足支付时，可在发卡银行规定的信用额度内透支的信用卡。

（二）银行卡账户与交易

1. 银行卡交易的基本规定。

（1）单位人民币卡可办理商品交易和劳务供应款项的结算，但不得透支。单位卡不得支取现金。

(2) 发卡银行应当遵守下列信用卡业务风险控制指标：同一持卡人单笔透支发生额个人卡不得超过2万元（含等值外币）；单位卡不得超过5万元（含等值外币）。同一账户月透支余额个人不得超过5万元（含等值外币）；单位卡不得超过发卡银行对该单位综合授信额度的3%。

(3) 无综合授信额度可参照的单位，其月透支余额不得超过10万元（含等值外币）；外币卡的透支额度不得超过持卡人保证金（含储值存单质押金额）的80%。

(4) 持卡人透支消费享受免息还款期和最低还款额待遇的条件和标准等，由发卡机构自主确定。

(5) 发卡银行通过下列途径追偿透支款项和诈骗款项：扣减持卡人保证金、依法处理抵押物和质物；向保证人追索透支款项；通过司法机关的诉讼程序进行追偿。

2. 银行卡的资金来源。

(1) 单位卡资金来源。单位卡在使用过程中，需要向其账户结存资金的，一律从其基本存款账户转账存入，不得交存现金，不得将销货收入的款项存入其账户。

(2) 个人卡资金来源。个人卡在使用过程中，需要向其账户续存资金的，只限于其持有的现金存入和工资性款项以及属于个人的劳务报酬收入转账存入。严禁将单位的款项存入个人卡账户。

3. 银行卡的计息和收费。发卡银行对准贷记卡及借记卡（不含储值卡）账户内的存款，按照中国人民银行规定的同期同档次存款利率及计息办法计付利息。发卡银行对贷记卡账户的存款、储值卡内的币值不计付利息。

(1) 计息。

①发卡银行对准贷记卡及借记卡（不含储值卡）账户内的存款，按照中国人民银行规定的同期同档次存款利率及计息办法计付利息。

②发卡银行对贷记卡账户的存款、储值卡（含IC卡的电子钱包）内的币值不计付利息。

③贷记卡持卡人非现金交易享受如下优惠条件：第一，免息还款期待遇。银行记账日至发卡行规定的到期还款日之间为免息还款期。最长为60天。第二，最低还款额待遇。持卡人在到期还款日前偿还所使用全部银行款项有困难的，可按发卡行规定的最低还款额还款。贷记卡选择最低还款或超过批准的信用额度用卡，不得享受免息还款期待遇；贷记卡支取现金、准贷记卡透支，不享受免息还款期和最低还款额待遇；贷记卡透支按月计收复利，准贷记卡按月计收单利。透支利率为日利率的万分之五。

(2) 收费，是指商业银行办理银行卡收单业务向商户收取结算手续费。2013年2月25日起，发改委下调银行卡刷卡手续费，按照餐娱类（0.9%）、一般类（0.55%）、民生类（0.26%）和公益类（0）划分四档标准收取结算手续费。

（三）银行卡的申领、注销和挂失

1. 银行卡的申领。凡在中国境内金融机构开立基本存款账户的单位，可凭中国人民银行核发的开户许可证申领单位卡。单位卡可申领若干张，持卡人资格由申领单位法定代表人或其委托的代理人书面指定和注销。凡具有完全民事行为能力的公民，可凭本人有效身份证件及发卡银行规定的相关证明文件申领个人卡。个人卡的主卡持卡人，可为其配偶及年满

18 周岁的亲属申领附属卡。申领的附属卡最多不得超过两张，也有权要求注销其附属卡。

2. 银行卡的注销。持卡人在还清全部交易款项、透支本息和有关费用后，有下列情形之一的，可申请办理销户：

（1）信用卡有效期满 45 天后，持卡人不更换新卡的；

（2）信用卡挂失满 45 天后，没有附属卡又不更换新卡的；

（3）信用卡被列入止付名单，发卡银行已收回其信用卡 45 天的；

（4）持卡人死亡，发卡银行已收回其信用卡 45 天的；

（5）持卡人要求销户或担保人撤销担保，并已交回全部信用卡 45 天的；

（6）信用卡账户两年（含）以上未发生交易的；

（7）持卡人违反其他规定，发卡银行认为应该取消其资格的。销户时，单位卡账户余额转入其基本存款账户，不得提取现金；个人卡账户可以转账结清，也可以提取现金。

3. 销户时，账户余额处理销户时，单位卡账户余额转入其基本存款账户，不得提取现金；个人卡账户可以转账结清，也可以提取现金。

4. 银行卡的挂失。持卡人丧失银行卡，应立即持本人身份证件或其他有效证明，并按规定提供有关情况，向发卡银行或代办银行申请挂失。

知识要点：银行卡的申领、注销和挂失的情形。

【例题 3-36】关于银行卡账户及交易管理要求的下列表述中，不正确的是（　　）。

A. 单位人民币卡账户的资金一律从其基本存款账户转账存入

B. 单位外币卡账户的资金应从其单位的外汇账户转账存入

C. 单位人民币卡账户不得存取现金

D. 单位人民币卡账户可以存入销货收入

【答案】D

【解析】（1）选项 ACD 属于单位人民币卡账户的资金一律从其基本账户转账存入，不得存取现金，不得将销货收入存入单位卡账户；

（2）选项 B 属于单位外币卡账户的资金应从其单位的外汇账户转账存入，不得在境内存取外币现钞。

（四）信用卡

1. 概念。信用卡又叫贷记卡，是由商业银行或信用卡公司对信用合格的消费者发行的信用证明。其特点是先消费后还款。

【注意】区别“准贷记卡”的开卡时缴存备用金规定。

2. “非现金交易”优惠政策。

（1）免息还款。银行记账日至发卡银行规定的到期还款日之间为免息还款期。免息还款期最长为 60 天。

（2）最低还款额。最低还款额就是在信用卡的还款日之前，如果没有钱全额还款，可以先还 10% 的欠款，剩下的金额按规定再慢慢还。但是信用卡现金交易（如贷记卡提现）不享受上述优惠政策。

3. 信用卡透支利率。

（1）上下限管理。中国人民银行在 2016 年 4 月 15 日发布《关于信用卡业务有关事项的通知》，取消此前统一规定的信用卡透支利率标准，实行透支利率上限、下限区间管理，上限为日利率万分之五；下限为日利率万分之五的0.7倍。

（2）利率调整。发卡机构至少提前“45日”通知。持卡人有权在新利率生效“前”选择销户。

4. 发卡机构在信用卡协议中以显著方式提示，确保持卡人充分知悉并确认接收的事项：

（1）信用卡利率标准和计结息方式；

（2）免息还款期和最低还款额待遇的条件和标准；

（3）向持卡人收取违约金的详细情形和收取标准；

（4）与持卡人有重大利害关系的事项。

知识要点：信用卡协议中应同时注明“日利率”和“年利率”。

5. 信用卡预借现金业务。

（1）业务种类。现金提取：是指持卡人通过柜面和自动柜员机（ATM）等自助机具，以现钞形式获得信用卡预借现金额度内资金。

现金转账：是指持卡人将信用卡预借现金额度内资金划转到本人银行结算账户。

现金充值：是指持卡人将信用卡预借现金额度内资金划转到本人在非银行支付机构开立的支付账户。

（2）风险控制。Ⅰ信用卡持卡人通过ATM机提现：每卡每日累计≤1万元人民币；

Ⅱ借记卡ATM机提现：每卡每日累计≤2万元人民币；

Ⅲ储值卡面值或卡内币值≤1 000元。

柜面提现、各渠道现金转账的每卡每日限额，由发卡机构与持卡人通过协议约定。

发卡机构可自主确定是否提供现金充值服务，并与持卡人协议约定每卡每日限额。

发卡机构不得将持卡人信用卡预借现金额度内资金划转至其他信用卡，以及非持卡人的银行结算账户或支付账户。

6. 由发卡机构自主决定的事项。

（1）免息还款期和最低还款额待遇的条件和标准；

（2）信用卡透支的计结息方式；

（3）信用卡溢缴款收费计付利息及利率标准；

（4）持卡人违约逾期未还款是否收取违约金；

（5）是否提供信用卡现金充值服务。

7. 不得收取的款项。

（1）滞纳金；

（2）发卡机构向持卡人提供超过授信额度用卡的，不得收取超限费；

（3）发卡机构对向持卡人收取的“违约金和年费、取现手续费、货币兑换费等服务费用”不得计收利息。

【例题3－37】徐女士在P银行申请一张信用卡。关于该信用卡计息和收费的下列表述中，符合法律规定的有（　　）。

A. 若徐女士欠缴信用卡年费，P银行可对该欠费计收利息

B. P银行应在信用卡协议中以显著方式提示信用卡利率标准和计结息方式，并经徐女士确认接受

C. P银行确定的信用卡透支利率可为日利率万分之五

D. 若P银行要调整信用卡利率，应至少提前45个自然日按照约定方式通知徐女士

【答案】BCD

【解析】发卡机构对向持卡人收取的年费等服务费用不得计收利息。

8. 银行卡清算市场。

（1）自2015年6月1日起，我国放开银行卡清算市场。符合条件的“内外资企业”均可申请在中国境内设立银行卡清算机构。

（2）申请成为银行卡清算机构的，注册资本不低于“10亿元”人民币。

（3）目前“中国银联股份有限公司”是唯一的银行卡清算机构。

（五）银行卡收单

1. 概念。银行卡收单业务，是指收单机构与特约商户签订银行卡受理协议，在特约商户按约定受理银行卡与持卡人达成交易后，为特约商户提供交易资金结算服务额行为。

通俗讲，持卡人在银行签约商户那里刷卡消费，银行将持卡人刷卡消费的资金在规定周期内结算给商户，并从中扣取一定比例的手续费。

2. 收单程序（见图3－6）。

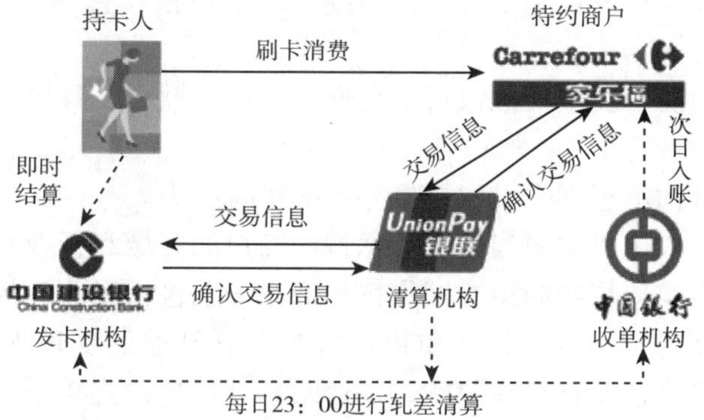

图3－6

3. 银行卡收单机构及特约商户。

（1）银行卡的收单机构包括从事银行卡收单业务的银行业金融机构，获得银行卡收单业务许可、为实体特约商户提供收单服务的支付机构，以及获得网络支付业务许可，为网络特约商户提供银行卡受理并完成资金结算服务的支付机构。

（2）特约商户，是指与收单机构签订银行卡受理协议、按约定受理银行卡并委托收单机构为其完成交易资金结算的企事业单位、个体工商户或其他组织，以及按照国家工商行政管理机关有关规定，开展网络商品交易等经营活动的自然人。

①实体特约商户：是指通过实体经营场所提供商品或服务的特约商户。

②网络特约商户：是指基于公共网络信息系统提供商品或服务的特约商户。

4. 银行卡收单业务管理规定。

（1）特约商户管理。

①“实名制管理”。收单机构拓展特约商户，应当遵循“了解你的客户”原则，对特约

商户实行“实名制”管理，严格审核特约商户的营业执照等证明文件，以及法定代表人或负责人有效身份证件等申请材料。特约商户为自然人的，收单机构应当审核其有效身份证件。特约商户使用单位银行结算账户作为收单银行结算账户的，收单机构还应当审核其合法拥有该账户的证明文件。

②签订银行卡受理协议。收单机构应当与特约商户签订银行卡受理协议，就可受理的银行卡种类、开通的交易类型、收单银行结算账户的设置和变更、资金结算周期、结算手续费标准、差错和争议处理等事项，明确双方的权利、义务和违约责任。

③“同名”管理。特约商户的收单银行结算账户应当为其同名单位银行结算账户，或其指定的、与其存在合法资金管理关系的单位银行结算账户。特约商户为个体工商户和自然人的，可使用其同名个人银行结算账户作为收单银行结算账户。

④“本地化”管理。收单机构应当对实体特约商户收单业务进行本地化经营和管理，通过在特约商户及其分支机构所在省（区、市）域内的收单机构或其分支机构提供收单服务，不得跨省（区、市）域开展收单业务。对于连锁式经营或集团化管理的特约商户，收单机构或经其授权的特约商户所在地的分支机构可与特约商户签订总对总银行卡受理协议，并按照前款规定落实本地化服务和管理责任。

（2）业务与风险管理。收单机构应当建立特约商户检查制度、资金结算风险管理制度、特约商户收单银行结算账户设置和变更审核制度，严格审核设置和变更申请材料的真实性、有效性。

①风险事件。特约商户发生疑似银行卡套现、洗钱、欺诈、移机、留存或泄露持卡人账户信息等风险事件。

知识要点：收单机构承担因未采取措施导致的风险损失。

②风险应对措施。收单机构应当综合考虑特约商户的区域和行业特征、经营规模、财务和资信状况等因素，对实体特约商户、网络特约商户分别进行风险评级。

对于风险等级较高的特约商户，收单机构应当对其开通的受理卡种和交易类型进行限制，并采取强化交易监测、设置交易限额、延迟结算、增加检查频率、建立特约商户风险准备金等风险管理措施。收单机构应当对发送的收单交易信息采用加密和数据校验措施。

收单机构发现特约商户发生疑似银行卡套现、洗钱、欺诈、移机、留存或泄露持卡人账户信息等风险事件的，应当对特约商户采取延迟资金结算、暂停银行卡交易或收回受理终端（关闭网络支付接口）等措施，并承担因未采取措施导致的风险损失责任；发现涉嫌违法犯罪活动的，应当及时向公安机关报案。

5. 资金结算。收单机构应按协议约定及时将交易资金结算到特约商户的收单银行结算账户，资金结算时限最迟不得超过持卡人确认可直接向特约商户付款的支付指令生效之日起30个自然日，因涉嫌违法违规等风险交易需延迟结算的除外。

6. 差错及退货处理。收单机构应当根据交易发生时的“原”交易信息发起银行卡交易差错处理、退货交易，将资金退至持卡人“原”银行卡账户。

知识要点：若持卡人原银行卡账户已撤销的，退至持卡人指定的本人其他银行账户。

7. 结算收费。

知识归纳（见表3－10）

表 3－10　　结算收费

收费项目	收费方式	费率及封顶标准
收单服务费	收单机构向商户收取	实行市场调节价
发卡行服务费	发卡机构向收单机构收取	借记卡：不高于 0.35%（封顶 13 元）
		贷记卡：不高于 0.45%
网络服务费	银行卡清算机构向发卡机构、收单机构分别收取	
免收行业	非营利性的医疗机构、教育机构、社会福利机构、养老机构、慈善机构	

【例题 3－38】根据支付结算法律制度的规定，银行卡收单服务费由（　　）收取。

A. 收单机构向持卡人　　　　B. 收单机构向商户

C. 发卡机构向收单机构　　　D. 银行卡清算机构向收单机构

【答案】B

【解析】收单机构向商户收取服务费。

四、银行电子支付

电子支付是指单位、个人直接或授权他人通过电子终端发出支付指令，实现货币支付与资金转移的行为。电子支付的类型按照电子支付指令发起方式分为网上支付、电话支付、移动支付、销售点终端交易、自动柜员机交易和其他电子支付。简单来说，电子支付是指电子交易的当事人包括消费者、厂商和金融机构，使用安全电子支付手段，通过网络进行的货币支付或资金流转。电子支付是电子商务系统的重要组成部分。

（一）网上银行

1. 网上银行，也称网络银行，简称网银。简单地说，网上银行就是银行在互联网上设立虚拟银行柜台，使传统的银行服务不再通过物理的银行分支机构来实现，而是借助于网络与信息技术手段在互联网上实现。它包含两个层次的含义：一个是机构概念。指通过信息网络开办业务的银行；另一个是业务概念。指银行通过信息网络提供的金融服务，包括传统银行业务和因信息技术应用带来的新兴业务。在日常生活和工作中，我们提及网上银行，更多的是第二层次的概念，即网上银行服务的概念。

【链接】网上银行又被称为“3A 银行”。因为它不受时间、空间限制，能够在任何时间、任何地点、以任何方式为客户提供金融服务。

2. 网上银行的分类。按照不同的标准，网上银行可以分为不同的类型：

（1）按经营组织分为单纯网上银行和分支型网上银行。

①单纯网上银行本身就是一家银行，是专门为提供在线银行服务而成立的，因而也被称为只有一个站点的银行。单纯网上银行是完全依赖于互联网的虚拟的电子银行。它没有实际的物理柜台，一般只有一个办公地址；没有分支机构，也没有营业网点；采用互联网等高科技服务手段与客户建立密切的联系，为客户提供全方位的金融服务。

②分支型网上银行是指现有的传统银行利用互联网开展传统的银行业务，建立银行站

点，提供在线服务而设立的网上银行。即传统银行利用互联网作为新的服务手段为客户提供在线服务，实际上是传统银行服务在互联网上的延伸。

（2）按主要服务对象分为企业网上银行和个人网上银行。

①企业网上银行主要服务于企事业单位。企事业单位可以通过企业网络银行实时了解财务状况，及时调度资金，轻松处理工资发放和大批量的网络支付业务。

②个人网上银行主要服务于个人。个人可以通过个人网络银行实时查询、转账，进行网络支付和汇款。

3. 网上银行的主要功能。

（1）企业网上银行的功能。企业网上银行子系统目前能够支持所有的对公企业客户，能够为客户提供网上账务信息服务、资金划拨、网上 B2B 支付和批量支付等服务，使集团公司总部能对其分支机构的财务活动进行实时监控，随时获得其账户的动态情况。其主要业务功能包括：

①账户信息查询。能够为企业客户提供账户信息的网上在线查询、网上下载和电子邮件发送账务信息等服务，包括账户的昨日余额、当前余额、当日明细和历史明细等。

②支付指令。支付指令业务能够为客户提供集团、企业内部各分支机构之间的账务往来，同时也能提供集团、企业之间的账务往来，并且支持集团、企业向他行账户进行付款。

③B2B 网上支付。B2B，即商业机构之间的商业往来活动。指的是企业与企业之间进行的电子商务活动。B2B 网上支付能够为客户提供网上 B2B 支付平台。

④批量支付。能够为企业客户提供批量付款（包括同城、异地及跨行转账业务）、代发工资、一付多收等批量支付功能。企业客户负责按银行要求的格式生成数据文件，通过安全通道传送给银行；银行负责系统安全及业务处理，并将处理结果反馈给客户。

（2）个人网上银行功能。个人网上业务子系统主要提供银行卡、本外币活期一本通客户账务管理、信息管理、网上支付等功能，是网上银行对个人客户服务的窗口。其具体业务功能包括：

①账户信息查询。系统为客户提供信息查询功能，能够查询银行卡的人民币余额和活期一本通不同币种的钞、汇余额；提供银行卡在一定时间段内的历史明细数据查询；下载包含银行卡、活期一本通一定时间段内的历史明细数据的文本文件；查询使用信用卡进行网上支付后的支付记录。

②人民币转账业务。系统能够提供个人客户本人的或与他人的银行卡之间的卡卡转账服务。系统在转账功能上严格控制了单笔转账最大限额和当日转账最大限额，使客户的资金安全有一定的保障。

③银证转账业务。银行卡客户在网上能够进行银证转账，可以实现银转证、证转银、查询证券资金余额等功能。

④外汇买卖业务。客户通过网上银行系统能够进行外汇买卖，主要可以实现外汇即时买卖、外汇委托买卖、查询委托明细、查询外汇买卖历史明细、撤销委托等功能。

⑤账户管理业务。系统提供客户对本人网上银行各种权限功能、客户信息的管理以及账户的挂失。

⑥B2C 网上支付。B2C，即商业机构对消费者的电子商务。指的是企业与消费者之间进行的在线式零售商业活动（包括网上购物和网上拍卖等）。个人客户在申请开通网上支付功

能后，能够使用本人的银行卡进行网上购物后的电子支付。通过账户管理功能，客户还能够随时选择使用哪一张银行卡来进行网上支付。

知识要点：网上银行的功能，重点区分企业网上银行和个人网上银行的功能。

【**例题3-39**】个人网上银行具体业务功能包括（　　）。

A. 账户信息查询　　B. 人民币转账业务

C. 外汇买卖业务　　D. B2B 网上支付

【答案】ABC

【解析】B2B 网上支付是企业网上银行子系统的功能。

（二）条码支付

1. 条码支付的概念。条码支付业务是指银行业金融机构、非银行支付机构应用条码技术，实现收付款人之间货币资金转移的业务活动。

条码支付业务包括付款扫码和收款扫码。付款扫码是指付款人通过移动终端识读收款人展示的条码完成支付的行为；收款扫码是指收款人通过识读付款人移动终端展示的条码完成支付的行为。

2. 条码支付业务资质及清算管理要求。

（1）非银行支付机构（以下简称“支付机构”）向客户提供基于条码技术的付款服务的，应当取得网络支付业务许可；支付机构为实体特约商户和网络特约商户提供条码支付收单服务的，应当分别取得银行卡收单业务许可和网络支付业务许可。

支付机构不得基于条码技术，从事或变相从事证券、保险、信贷、融资、理财、担保、信托、货币兑换、现金存取等业务。

（2）银行业金融机构（以下简称“银行”）、支付机构开展条码支付业务涉及跨行交易时，应当通过人民银行跨行清算系统或者具备合法资质的清算机构处理。根据中国人民银行于2017年12月25日发布的《关于印发〈条码支付业务规范（试行）〉的通知》，自通知发布之日起，银行、支付机构不得新增不同法人机构间直连处理条码支付业务；存量业务应按照人民银行有关规定加快迁移到合法清算机构处理。

3. 对客户条码支付交易进行验证规定。银行、支付机构开展条码支付业务，可以组合选用下列三种要素，对客户条码支付交易进行验证：

（1）仅客户本人知悉的要素，如静态密码等。

（2）仅客户本人持有并特有的、不可复制或者不可重复利用的要素，如经过安全认证的数字证书、电子签名，以及通过安全渠道生成和传输的一次性密码等。

（3）客户本人生物特征要素，如指纹等。银行、支付机构应当确保采用的要素相互独立，部分要素的损坏或者泄露不应导致其他要素损坏或者泄露。

4. 对个人客户的条码支付业务进行限额管理。

（1）风险防范能力达到A级。即采用包括数字证书或电子签名在内的两类（含）以上有效要素对交易进行验证的，可与客户通过协议自主约定单日累计限额；

（2）风险防范能力达到B级。即采用不包括数字证书、电子签名在内的两类（含）以上有效要素对交易进行验证的，同一客户单个银行账户或所有支付账户单日累计交易金额应不超过5 000元；

（3）风险防范能力达到C级。即采用不足两类要素对交易进行验证的，同一客户单个银行账户或所有支付账户单日累计交易金额应不超过1 000元；

（4）风险防范能力达到D级。即使用静态条码的，同一客户单个银行账户或所有支付账户单日累计交易金额应不超过500元。

5. 特约商户管理。

（1）实名制管理。银行、支付机构拓展条码支付特约商户，应遵循“了解你的客户”原则，确保所拓展的是依法设立、合法经营的特约商户。银行、支付机构拓展特约商户应落实实名制规定，严格审核特约商户的营业执照等证明文件，以及法定代表人或负责人的有效身份证件等申请材料，确认申请材料的真实性、完整性、有效性，并留存申请材料的影印件或复印件。

对依据法律法规和相关监管规定免于办理工商注册登记的实体特约商户（小微商户），收单机构在遵循“了解你的客户”原则的前提下，可以通过审核商户主要负责人身份证明文件和辅助证明材料为其提供条码支付收单服务。辅助证明材料包括但不限于营业场所租赁协议或者产权证明、集中经营场所管理方出具的证明文件等能够反映小微商户真实、合法从事商品或服务交易活动的材料。

（2）限额管理。以同一个身份证件在同一家收单机构办理的全部小微商户基于信用卡的条码支付收款金额日累计不超过1 000元、月累计不超过1万元。银行、支付机构应当结合小微商户风险等级动态调整交易卡种、交易限额、结算周期等，强化对小微商户的交易监测。

6. 风险管理。银行、支付机构应建立全面风险管理体系和内部控制机制，提升风险识别能力，采取有效措施防范风险，及时发现、处理可疑交易信息及风险事件。应当评估业务相关的洗钱和恐怖融资风险，采取与风险水平相适应的管控措施；应结合特约商户风险等级及交易类型等因素，设置或与其约定单笔及日累计交易限额；对风险等级较高的特约商户，应通过强化交易监测、建立特约商户风险准备金、延迟清算等风险管理措施，防范交易风险；应确保客户身份或账户信息安全，防止泄露，并根据收付款不同业务场景设置条码有效性和使用次数；充分披露条码支付业务产品类型、办理流程、操作规程、收费标准等信息，明确业务风险点及相关责任承担机制、风险损失赔付方式及操作方式。

银行、支付机构发现特约商户发生疑似套现、洗钱、恐怖融资、欺诈、留存或泄露账户信息等风险事件的，应对特约商户采取延迟资金结算、暂停交易、冻结账户等措施，并承担因未采取措施导致的风险损失责任；发现涉嫌违法犯罪活动的，应及时向公安机关报案。

银行、支付机构或其外包服务机构、条码支付特约商户发生涉嫌重大支付违法犯罪案件或重大风险事件的，应当于2个工作日内向中国人民银行或其分支机构报告。

任务四　支付机构非现金支付业务

一、支付机构的概念和支付服务的种类

（一）支付机构的概念

非金融机构提供支付服务应当取得《支付业务许可证》，称为支付机构。未经中国人民

银行批准，任何非金融机构和个人不得从事或变相从事支付业务。在手机端进行的互联网支付，又称为移动支付。通过这个平台实现资金在不同支付机构账户或银行账户间的划拨和转移。第三方支付的特点是独立于商户和银行为客户提供支付结算服务，具有方便快捷、安全可靠、开放创新的优势。

（二）支付服务种类

非金融机构支付服务，是指非金融机构在收付款人之间作为中介机构提供下列部分或全部货币资金转移服务：

1. 网络支付。
2. 预付卡的发行与受理。
3. 银行卡收单。
4. 中国人民银行确定的其他支付服务。

二、网络支付

（一）网络支付的概念

网络支付，是指收款人或付款人通过计算机、移动终端等电子设备，依托公共网络或专用网络信息系统远程发起支付指令，且付款人电子设备不与收款人特定专属设备交互，由支付机构为收付款人提供货币资金转移服务的活动，包括货币汇兑、互联网支付、移动电话支付、固定电话支付、数字电视支付等。

（二）网络支付机构

根据相关规定，非金融机构提供支付服务需要按规定取得《支付业务许可证》，成为支付机构。现共有230个支付公司机构获取了支付牌照许可证，主要包括支付宝（中国）网络技术有限公司、银联商务股份有限公司、资和信电子支付有限公司、财付通支付科技有限公司、通联支付网络服务股份有限公司、开联通支付服务有限公司、易宝支付有限公司、快钱支付清算信息有限公司、上海汇付数据服务有限公司等支付机构。

目前从事网络支付的支付机构主要有两类：

1. 金融型支付企业。金融型支付企业是独立第三方支付模式，如银联商务、快钱、易宝支付、汇付天下、拉卡拉等。其特点是立足于企业端，无担保功能，仅为用户提供支付产品和支付系统解决方案，侧重行业需求和开拓行业应用。

2. 互联网支付企业。互联网支付企业依托自有的电子商务网站的第三方支付模式，如支付宝、微信、财付通等，其特点是立足于个人消费者端，依托自有电子商务网站，提供担保功能，以在线支付为主。

知识要点：支付机构及网络支付机构的规定。

（三）支付账户

1. 支付账户的概念。支付账户是指获得互联网支付业务许可的支付机构，根据客户的真实意愿为其开立的、用于记录预付交易资金余额、客户凭以发起支付指令、反映交易明细信息的电子簿记。

支付账户不得透支；不得出借、出租、出售；不得利用支付账户从事或者协助他人从事非法活动。

2. 支付账户的种类。根据中国人民银行发布《非银行支付机构网络支付业务管理办法》将个人支付账户分为三类，对应不同的功能和限额。

Ⅰ类账户自开立起累计支付限额1 000元，可用于购物消费和客户转账；

Ⅱ类账户年累计支付限额10万元，可用于购物消费和客户转账；

Ⅲ类账户年累计支付限额20万元，可用于购物消费、客户转账和购买投资理财产品。

上述限额是仅针对支付账户余额付款的额度。对于客户常用的银行卡快捷支付和网关支付，不受此额度限制。

3. 支付账户与银行账户的区别。支付账户最初是支付机构为方便客户网上支付和解决电子商务交易中买卖双方信任度不高而为其开立的，与银行账户有明显不同。

一是提供账户服务的主体不同。支付账户由支付机构为客户开立，主要用于电子商务交易的收付款结算；银行账户由银行业金融机构为客户开立。账户资金除了用于支付结算外，还具有保值、增值等目的。

二是账户资金余额的性质和保障机制不同。支付账户余额的本质是预付价值，类似于预付费卡中的余额。该余额资金虽然所有权归属于客户，却未以客户本人名义存放在银行。而是支付机构以其自身名义存放在银行，并实际由支付机构支配与控制。同时，该余额仅代表支付机构的企业信用，法律保障机制上远低于《中国人民银行法》《商业银行法》保障下的央行货币与商业银行货币，也不受存款保险条例保护。一旦支付机构出现经营风险或信用风险，将可能导致支付账户余额无法使用，不能回提为银行存款，使客户遭受财产损失。

4. 支付账户的开户规定。

（1）实名制管理。支付机构应当遵循“了解你的客户”原则，建立健全客户身份识别机制。支付机构为客户开立支付账户的，应当对客户实行实名制管理。登记并采取有效措施验证客户身份基本信息，按规定核对有效身份证件并留存有效身份证件复印件或者影印件，建立客户唯一识别编码。并在与客户业务关系存续期间采取持续的身份识别措施，确保有效核实客户身份及其真实意愿，不得开立匿名、假名支付账户。

（2）签订开户协议。支付机构应当与客户签订服务协议，约定双方责任、权利和义务。至少明确业务规则，还应在服务协议中以显著方式告知客户，并采取有效方式确认客户充分知晓并清晰理解下列内容：“支付账户所记录的资金余额不同于客户本人的银行存款，不受《存款保险条例》保护，其实质为客户委托支付机构保管的、所有权归属于客户的预付价值。该预付价值对应的货币资金虽然属于客户，但不以客户本人名义存放在银行，而是以支付机构名义存放在银行，并且由支付机构向银行发起资金调拨指令”。

（3）客户信息的验证管理。支付机构应根据客户身份对同一客户在本机构开立的所有支付账户进行关联管理，并按照下列要求对个人支付账户进行分类管理：

①对于以非面对面方式通过至少一个合法安全的外部渠道进行身份基本信息验证，且为首次在本机构开立支付账户的个人客户，支付机构可以为其开立Ⅰ类支付账户。账户余额仅可用于消费和转账，余额付款交易自账户开立起累计不超过1 000元（包括支付账户向客户

本人同名银行账户转账)；

②对于支付机构自主或委托合作机构以面对面方式核实身份的个人客户，或以非面对面方式通过至少三个合法安全的外部渠道进行身份基本信息多重交叉验证的个人客户，支付机构可以为其开立Ⅱ类支付账户。账户余额仅可用于消费和转账，其所有支付账户的余额付款交易年累计不超过 10 万元（不包括支付账户向客户本人同名银行账户转账)；

③对于支付机构自主或委托合作机构以面对面方式核实身份的个人客户，或以非面对面方式通过至少五个合法安全的外部渠道进行身份基本信息多重交叉验证的个人客户，支付机构可以为其开立Ⅲ类支付账户。账户余额可以用于消费、转账以及购买投资理财等金融类产品，其所有支付账户的余额付款交易年累计不超过 20 万元（不包括支付账户向客户本人同名银行账户转账)。

客户身份基本信息外部验证渠道包括但不限于政府部门数据库、商业银行信息系统、商业化数据库等。其中，通过商业银行验证个人客户身份基本信息的，应为Ⅰ类银行账户或信用卡。

5. 不得开户的情形。

（1）获得互联网支付业务许可的支付机构，经客户主动提出申请，可为其开立支付账户；仅获得移动电话支付、固定电话支付、数字电视支付业务许可的支付机构，不得为客户开立支付账户。

（2）支付机构不得为金融机构，以及从事信贷、融资、理财、担保、信托、货币兑换等金融业务的其他机构开立支付账户。

知识要点：支付账户的开立及使用。

（四）网络支付的相关规定

1. 网络支付的限额。支付机构应根据交易验证方式的安全级别，按照下列要求对个人客户使用支付账户余额付款的交易进行限额管理：

（1）支付机构采用包括数字证书或电子签名在内的两类（含）以上有效要素进行验证的交易，单日累计限额由支付机构与客户通过协议自主约定；

（2）支付机构采用不包括数字证书、电子签名在内的两类（含）以上有效要素进行验证交易，单个客户所有支付账户单日累计金额应不超过 5 000 元（不包括支付账户向客户本人同名银行账户转账)；

（3）支付机构采用不足两类有效要素进行验证的交易，单个客户所有支付账户单日累计金额应不超过 1 000 元（不包括支付账户向客户本人同名银行账户转账)，且支付机构应当承诺无条件全额承担此类交易的风险损失赔付责任。

2. 业务与风险管理。支付机构向客户开户银行发送支付指令，扣划客户银行账户资金的，支付机构和银行应当执行下列要求：

（1）支付机构应当事先或在首笔交易时自主识别客户身份并分别取得客户和银行的协议授权，同意其向客户的银行账户发起支付指令扣划资金；

（2）银行应当事先或在首笔交易时自主识别客户身份并与客户直接签订授权协议，明确约定扣款适用范围和交易验证方式，设立与客户风险承受能力相匹配的单笔和单日累计交易限额，承诺无条件全额承担此类交易的风险损失先行赔付责任；

(3) 除单笔金额不超过 200 元的小额支付业务，公共事业缴费、税费缴纳、信用卡还款等收款人固定并且定期发生的支付业务，以及符合《非银行支付机构网络支付业务管理办法》第 37 条规定的情形以外，支付机构不得代替银行进行交易验证。

支付机构应当综合客户类型、身份核实方式、交易行为特征、资信状况等因素，建立客户风险评级管理制度和机制，并动态调整客户风险评级及相关风险控制措施。

支付机构应当根据客户风险评级、交易验证方式、交易渠道、交易终端或接口类型、交易类型、交易金额、交易时间、商户类别等因素，建立交易风险管理制度和交易监测系统，对疑似欺诈、套现、洗钱、非法融资、恐怖融资等交易，及时采取调查核实、延迟结算、终止服务等措施。支付机构应当向客户充分提示网络支付业务的潜在风险，及时揭示不法分子新型作案手段，对客户进行必要的安全教育，并对高风险业务在操作前、操作中进行风险警示。

支付机构不得存储客户银行卡的磁道信息或芯片信息、验证码、密码等敏感信息，原则上不得存储银行卡有效期。因特殊业务需要，支付机构确需存储客户银行卡有效期的，应当取得客户和开户银行的授权，以加密形式存储。

知识要点：网络支付的要求。

三、预付卡

（一）预付卡的概念及种类

1. 预付卡是指发卡机构以特定载体和形式发行的、可在发卡机构以外购买商品或服务的预付价值。

2. 目前市场上预付卡有两类：

(1) 单用途预付卡和多用途预付卡。一类是多用途预付卡：由专营发卡机构发行，可跨地区、跨行业、跨法人使用；另一类是单用途预付卡：由商业企业发行，只在本企业或同一品牌连锁商业企业购买商品、服务。

(2) 预付卡按是否记载持卡人身份信息分为记名预付卡和不记名预付卡。

记名预付卡是指预付卡业务处理系统中记载持卡人身份信息的预付卡。

不记名预付卡是指预付卡业务处理系统中不记载持卡人身份信息的预付卡。

发卡机构发行的预付卡应当以人民币计价，单张记名预付卡资金限额不超过 5 000 元；单张不记名预付卡资金限额不超过 1 000 元。中国人民银行可视情况调整预付卡资金限额。

记名预付卡应当可挂失，可赎回，不得设置有效期；不记名预付卡不挂失，不赎回，中国人民银行于 2012 年 9 月 27 日公布的《支付机构预付卡业务管理办法》另有规定的除外。不记名预付卡有效期不得低于 3 年。预付卡不得具有透支功能。

3. 实名购买预付卡的登记信息。使用实名购买预付卡的，发卡机构应当登记购卡人姓名或单位名称、单位经办人姓名、有效身份证件名称和号码、联系方式、购卡数量、购卡日期、购卡总金额、预付卡卡号及金额等信息。对于记名预付卡，发卡机构还应当在预付卡核心业务处理系统中记载持卡人的有效身份证件信息、预付卡卡号、金额等信息。

4. 预付卡购买及充值的规定。

（1）购买的规定。单位一次性购买预付卡5 000元以上，个人一次性购买预付卡5万元以上的，应当通过银行转账等非现金结算方式购买，不得使用现金。采用银行转账等非现金结算方式购买预付卡的，付款人银行账户名称和购卡人名称应当一致。不得使用信用卡购买预付卡。

（2）充值的规定。预付卡只能通过现金、银行转账方式进行充值。同时获准办理“互联网支付”业务的发卡机构，还可通过持卡人在本发卡机构开立的实名网络支付账户进行充值。不得使用信用卡为预付卡充值。办理一次性金额5 000元以上预付卡充值业务的，不得使用现金。单张预付卡充值后的资金余额不得超过规定限额。预付卡现金充值应当通过发卡机构网点进行，但单张预付卡同日累计现金充值在200元以下的，可通过自助充值终端、销售合作机构代理等方式充值，收取的现金应当直接存入发卡机构备付金银行账户。

5. 赎回记名卡时应提供的资料。记名预付卡可在购卡3个月后办理赎回。赎回时，持卡人应当出示预付卡及持卡人和购卡人的有效身份证件。由他人代理赎回的，应当同时出示代理人和被代理人的有效身份证件。单位购买的记名预付卡，只能由单位办理赎回。

知识要点：预付卡的种类、购买、充值、规定。

（二）预付卡的相关规定

1. 发卡机构的规定。

（1）性质。预付卡的发卡机构必须是经过中国人民银行核准，取得支付业务许可证的支付机构。支付机构应当严格按照支付业务许可证核准的业务类型和业务覆盖范围从事预付卡业务。

（2）要求。

①采取有效措施加强对购卡人信息的保护，确保信息安全，防止信息泄露和滥用。

②严格发票管理，按照规定开具发票。

③对客户备付金需100%集中交存中国人民银行。

2. 预付卡的使用规定。预付卡不得用于或变相用于提取现金；不得用于购买、交换非本发卡机构发行的预付卡、单一行业卡及其他商业预付卡或向其充值；卡内资金不得向银行账户或向非本发卡机构开立的网络支付账户转移。

预付卡不得用于网络支付渠道。下列情形除外：

（1）缴纳公共事业费；

（2）在本发卡机构合法拓展的实体特约商户的网络商店中使用；

（3）同时获准办理“互联网支付”业务的发卡机构，其发行的预付卡可向在本发卡机构开立的实名网络支付账户充值，但同一客户的所有网络支付账户的年累计充值金额合计不超过5 000元。

知识要点：预付卡使用规定。

【例题3－40】根据支付结算法律制度的规定，关于预付卡使用的下列表述中，正确的是（　）。

A. 可在发卡机构签约的特约商户中使用

B. 可向银行账户转移卡内资金

C. 可用于提取现金

D. 可用于购买非本发卡机构发行的预付卡

【答案】A

【解析】预付卡在发卡机构拓展签约的特约商户中使用；不得用于或变相提现，不得用于购买、交换非本发卡机构发行的预付卡、单一行业卡及其他商业预付卡或其充值；卡内资金不得向银行账户或非本发卡机构开立的网络支付账户转移。

任务五　支付结算纪律和法律责任

一、支付结算纪律

（一）单位和个人的支付结算纪律（四不准）

1. 不准签发没有资金保证的票据或远期支票，套取银行信用。
2. 不准签发、取得和转让没有真实交易的债权债务的票据，套取银行和他人资金。
3. 不准无理拒绝付款，任意占用他人资金。
4. 不准违反规定开立和使用账户。

（二）银行的支付结算纪律（八不准）

1. 不准以任何理由压票、任意退票，截留挪用客户和他行资金。
2. 不准无理拒绝支付应由银行支付的票据款项。
3. 不准受理无理拒付、不扣少扣滞纳金。
4. 不准违章签发、承兑、贴现票据，套取银行资金。
5. 不准签发空头银行汇票、本票和办理空头汇款。
6. 不准在支付结算制度之外规定附加条件，影响汇路畅通。
7. 不准违反规定为单位和个人开立账户。
8. 不准拒绝受理、代理他行正常结算业务。

（三）违反支付结算法律制度的法律责任

1. 签发空头支票、印章与其预留印鉴不符、使用支付密码但支付密码错误的支票，不以骗取财物为目的的：

（1）由中国人民银行处以票面金额5%但不低于1 000元的罚款；

（2）持票人有权要求出票人赔偿支票金额2%的赔偿金；

（3）对屡次签发空头支票的，银行有权停止为其办理支票或全部支付结算业务。

2. 无理拒付，占用他人资金的法律责任。

（1）商业承兑汇票的付款人对见票即付或到期的票据，故意押票、退票、拖延支付的，按规定处以压票、拖延支付期间内每日票据金额万分之七的罚款。

（2）银行机构违反规定不予兑现，不予收付入账，压单、压票或者违反规定退票的，由国务院银行保险监督管理机构责令改正，有违法所得的，没收违法所得。违法所得超过5万元以上的，并处违法所得1倍以上5倍以下的罚款；没有违法所得或违法所得不足5万元的，处5万元以上50万元以下的罚款。

3. 违反账户规定行为的法律责任。

（1）存款人开立、撤销银行结算账户违反规定：

①违反规定开立银行结算账户；

②伪造、变造证明文件欺骗银行开立银行结算账户；

③违反规定不及时撤销银行结算账户。

属于非经营性存款人的，给予警告并处以1 000元的罚款；属于经营性存款人的，给予警告并处以1万元以上3万元以下的罚款；构成犯罪的，移交司法机关依法追究刑事责任。

（2）存款人使用银行结算账户违反规定：

①违反规定将单位款项转入个人银行结算账户；

②违反规定支取现金；

③利用开立银行结算账户逃废银行债务；

④出租、出借银行结算账户；

⑤从基本存款账户之外的银行结算账户转账存入、将销货收入存入或现金存入单位信用卡账户；

⑥法定代表人或主要负责人、存款人地址以及其他开户资料的变更事项未在规定期限内通知银行。

非经营性的存款人有上述第①至⑤项行为的，给予警告并处以1 000元罚款；

经营性的存款人有上述第①至⑤项行为的，给予警告并处以5 000元以上3万元以下的罚款；

存款人有上述所列第⑥项行为的，给予警告并处以1 000元的罚款。

（3）伪造、变造、私自印制开户许可证的存款人，属非经营性的处以1 000元罚款；属经营性的处以1万元以上3万元以下的罚款；构成犯罪的，移交司法机关依法追究刑事责任。

4. 票据欺诈等行为的法律责任。

（1）伪造、变造票据、托收凭证、汇款凭证、信用证，伪造信用卡的，处5年以下有期徒刑或者拘役，并处或单处2万元以上20万元以下的罚金；情节严重的，处5年以上10年以下有期徒刑，并处5万元以上50万元以下罚金；情节特别严重的，处10年以上有期徒刑或无期徒刑，并处5万元以上50万元以下罚金或者没收财产。

单位犯上述罪行的，对单位判处罚金，并对其直接负责的主管人员和其他责任人员，依照上述规定进行处罚。

（2）妨害信用卡管理。妨害信用卡管理的行为：

①明知是伪造的信用卡而持有、运输的，或者明知是伪造的空白信用卡而持有、运输，数量较大的；

②非法持有他人信用卡，数量较大的；

③使用虚假的身份证明骗领信用卡的；

④出售、购买、为他人提供伪造的信用卡或者以虚假的身份证明骗领信用卡的。

窃取、收买或者非法提供他人信用卡信息资料的，依照上述①至④规定处罚。

承担的法律责任：

①处 3 年以下有期徒刑或拘役，并处或单处 1 万元以上 10 万元以下罚金；

②数量巨大或有其他严重情节，处 3 年以上 10 年以下有期徒刑，并处 2 万元以上 20 万元以下罚金。

（3）信用卡诈骗。

信用卡诈骗行为：

①使用伪造的信用卡的；

②使用作废的信用卡的；

③冒用他人信用卡的；

④恶意透支的；

⑤使用以虚假的身份证明骗领的信用卡。

承担的法律责任：

①5 年以下有期徒刑或拘役，并处 2 万元以上 20 万元以下罚金；

②数额巨大或有其他严重情节，处 1 年以上 5 年以下有期徒刑，并年 5 万元以上 50 万元以下罚金；

③数额特别巨大或有其他特别严重情节，处 10 年以上有期或无期徒刑，并处 5 万元以上 50 万元以下罚金或没收财产。

知识要点：上述行为的行为人均应承担“刑事责任”。

5. 非法出租、出借、出售、购买银行结算账户或支付账户行为的法律责任。银行和支付机构对经公安机关认定的出租、出借、出售、购买银行结算账户或支付账户的单位和个人及相关组织，假冒他人身份或者虚假代理关系开立银行结算账户或支付账户的单位和个人，5 年内暂停其银行账户非柜面业务、支付账户所有业务，并不得为其新开账户。惩戒期满后，受承接单位和个人办理新开立账户业务的，银行和支付机构应加大审核力度。中国人民银行将上述单位和个人信息移送金融信用信息基础数据库，并向社会公布。

知识要点：支付结算纪律及支付结算法律责任。

【例题 3－41】根据支付结算法律制度的规定，下列关于经营性存款人违反账户结算的行为中，适用给予警告并处以 5 000 元以上 3 万元以下罚款的是（　　）。

A. 出租、出借银行结算账户

B. 违反规定不及时撤销银行结算账户

C. 伪造、变造开户许可证

D. 伪造、变造证明文件欺骗银行开立结算账户

【答案】A

【解析】BCD 属于伪造、变造开户许可证及开立撤销的规定，对于经营性存款人处以 1 万元以上 3 万元以下的处罚金额。

本章主要内容提示

1. 支付结算，是指单位、个人在社会经济活动中使用票据、信用卡和汇兑、托收承付、委托收款等结算方式进行货币给付及其资金清算的行为。其主要功能是完成资金从一方当事

人向另一方当事人的转移。本节重点阐述支付结算的主要法律依据、基本原则和主要支付工具。

2. 银行结算账户，是指存款人在经办银行开立的办理资金收付结算的人民币活期存款账户。本节重点阐述各类银行结算账户的开立、使用、撤销，银行结算账户管理的基本原则及违反银行账户结算管理的法律责任。

3. 银行非现金支付业务主要包括票据结算业务、电子支付、银行卡业务以及汇兑、委托收款等传统的结算方式和条码支付等新型支付方式。

4. 支付机构非现金支付业务主要讲述支付机构以及网络支付机构的概念、种类、支付账户的开户要求及开户种类、预付卡的分类、购买、充值、使用、赎回等相关规定。

5. 支付结算的纪律包括单位和个人的支付结算纪律和银行的支付结算纪律以及各方违反支付结算纪律应承担的法律责任。

章节小测

一、单项选择题

1. 根据《人民币银行结算账户管理办法》的规定，（　　）可以办理现金缴存，但不得办理现金支取。

A. 一般存款账户　　B. 基本存款账户

C. 个人银行结算账户　　D. 临时存款账户

2. 票据出票的中文大写日期未按要求规范填写的，银行可予受理。但由此造成损失的，由（　　）承担。

A. 银行　　B. 出票人　　C. 收款人　　D. 付款人

3. 下列情形中，不属于申请撤销银行结算账户的情形是（　　）。

A. 存款人因迁址需要变更开户银行

B. 存款人被注销，被吊销营业执照

C. 存款人尚未清偿其开户银行债务，拟宣告破产

D. 存款人被撤并，解散

4. 甲公司签发了一张金额为1.6万元的支票给乙厂，乙厂在有效付款期间内到银行提示付款，因甲公司存款不足被银行退票。为此甲公司将支付给乙厂的赔偿金为（　　）元。

A. 800　　B. 1 000　　C. 320　　D. 1 320

5. 支票的提示付款期限为（　　）。

A. 自见票日起10日内　　B. 自出票日起15日内

C. 自出票日起10日内　　D. 自出票日起30日内

6. （　　）属于办理存款人日常经营活动的资金收付及其工资，奖金和现金的支取的存款账户。

A. 一般存款账户　　B. 基本存款账户

C. 专用存款账户　　D. 临时存款账户

7. 办理现金汇兑必须满足的条件（　　）。

A. 收款人必须为个人　　B. 汇款人必须为个人

C. 收款人和汇款人均为个人　　D. 收款人与汇款人均在同一城市

8. 下列对存款人开立银行结算账户的表述中，不正确的是（　　）。

A. 开立银行结算账户应填写开户申请书，并提交有关证明文件

B. 开立银行结算账户时，银行应与存款人签订银行结算账户管理协议

C. 银行应将存款人的开户申请书、相关的证明文件进行审查，复核开户条件的应办理开户手续，并履行向银监会备案的义务

D. 银行应建立存款人预留签章卡片，并将签章形式和有关证明文件原件或复印件留存归档

9. 票据的出票日期如果是 2010 年 10 月 20 日，按规范填写要求，其中文大写应为（　　）。

A. 贰仟壹零年拾月贰拾日　　B. 贰零壹零年拾月贰拾日

C. 贰零壹零年壹拾月贰拾日　　D. 贰零壹零年零壹拾月零贰拾日

10. 票据出票的大写日期未按要求规范填写的，银行可以受理，但由此造成的损失，由（　　）承担。

A. 付款人　　B. 收票人　　C. 银行　　D. 出票人

11. 下列存款人中可以申请开立基本存款账户的是（　　）。

A. 村民委员会　　B. 单位设立的非独立核算的附属机构

C. 营级以上军队　　D. 异地临时机构

12. 存款人的营业执照注册地与经营地不在同一行政区域（跨省、市、县）的，可以根据需要在异地开立（　　）。

A. 一般存款账户　　B. 基本存款账户

C. 专用存款账户　　D. 临时存款账户

13. 根据我国金融法律制度的规定，下列各项中，可以用于办理存款人借款转存、借款归还和其他结算的资金收付的是（　　）。

A. 个人储蓄存款账户　　B. 一般存款账户

C. 临时存款账户　　D. 专用存款账户

14. 下列对基本存款账户与临时存款账户在管理上区别的表述，正确的是（　　）。

A. 基本存款账户能支取现金而临时存款账户不能支取现金

B. 基本存款账户不能向银行借款而临时存款账户可以向银行借款

C. 基本存款账户没有数量限制而临时存款受数量限制

D. 基本存款账户没有时间限制而临时存款账户实行有效期管理

15. 注册验资的临时存款账户在验资期间（　　）。

A. 只付不收　　B. 只收不付　　C. 可以收付　　D. 不收不付

16. 存款人在使用银行结算账户过程中，违反规定将单位款项转入个人银行结算账户。对于经营性存款人，给予警告并处（　　）的罚款。

A. 1 万元以上 3 万元以下　　B. 1 000 元

C. 5 000 元以上 3 万元以下　　D. 5 万元以上 30 万元以下

17. 甲公司购买乙公司货物，甲公司暂时款项不足，便凭借自己的信誉签发了一张以乙公司为收款人、以自己的开户银行为付款人，约定 3 个月后付款的票据给乙公司……上述结算行为充分体现了票据的（　　）。

A. 支付功能　　B. 信用功能　　C. 结算功能　　D. 融资功能

18. 根据《票据法》的规定，关于支票的说法正确的是（　　）。

A. 支票的收款人可以由出票人授权补记

B. 支票的金额不可授权补记

C. 支票的提示付款期限为出票日起 1 个月

D. 持票人提示付款时，支票的出票人账户金额不足的，银行应先向持票人支付票款

19. 用于在银行开立存款账户的法人以及其他组织之间具有真实的交易关系或债权债务关系的票据结算方式是（　　）。

A. 委托收款　　B. 托收承付　　C. 商业汇票　　D. 汇兑

20. 银行卡是指经批准由（　　）向社会发行的具有消费信用、转账结算、存取现金等全部或部分功能的信用支付工具。

A. 中国人民银行　　B. 商业银行（含邮政金融机构）
C. 金融机构　　D. 社会组织

二、多项选择题

1. 根据《支付结算办法》的规定，下列各项中，属于银行不予受理的有（　　）。
A. 更改金额的票据
B. 出票日期用小写填写的票据
C. 中文大写金额和阿拉伯数码不一致的结算凭证
D. 中文大写出票日期未按要求填写的票据

2. 下列各项中，属于票据基本当事人的有（　　）。
A. 出票人　　B. 付款人　　C. 收款人　　D. 保证人

3. 下列可用于支取现金的支票有（　　）。
A. 现金支票　　B. 转账支票　　C. 普通支票　　D. 划线支票

4. 根据《支付结算办法》的规定，汇票上未记载付款地的，（　　）可以为付款地。
A. 付款人的营业场所　　B. 付款人的住所
C. 付款人经常居住地　　D. 收款人的营业场所

5. 根据《票据法》的规定，保证人必须在汇票或粘贴单上记载的事项有（　　）。
A. 表明“保证”的字样　　B. 保证日期
C. 保证人名称和住所　　D. 被保证人的住所

6. 根据《票据法》的规定，下列各项中，属于汇票背书记载的事项有（　　）。
A. 背书人签章　　B. 背书日期
C. 被背书人名称　　D. 被背书人签章

7. 下列关于现金使用限额的说法正确的有（　　）。
A. 现金使用限额由中国人民银行核定
B. 现金使用限额一般按照开户单位 3 ~ 5 天日常零星开支所需确定
C. 边远地区和交通不方便的地区的库存现金限额可超过 5 天，但不得超过 15 天的日常零星开支
D. 需要增加或减少库存现金限额的，由中国人民银行核定

8. 下列关于退汇的办理正确的做法有（　　）。
A. 在汇入行开立存款账户的收款人，由汇款人与收款人自行联系退汇
B. 在汇入行开立存款账户的收款人，经核实汇款未支付的才可以办理退汇
C. 汇入银行对于收款拒绝接受的汇款应立即办理退汇
D. 汇入银行对于收款人 1 个月未领取的汇款主动办理退汇

9. 下列各项中，属于支付结算主体的有（　　）。
A. 城市信用合作社　　B. 个人
C. 单位　　D. 个体工商户

10. 办理支付结算的要求有（　　）。
A. 使用按统一规定印制的票据和结算凭证
B. 按规定开立和使用银行账户
C. 票据和结算凭证上签章和其他记载事项应当真实
D. 填写票据和结算凭证应当规范

11. 单位银行结算账户按用途不同可分为（　　）。
A. 基本存款账户　　B. 一般存款账户

C. 专用存款账户　　D. 临时存款账户

12. 银行结算账户按存款人的不同分为（　　）。

A. 单位银行结算账户　　B. 公司存款账户

C. 个人银行结算账户　　D. 个体工商户存款账户

13. 下列存款人中，可以申请开立基本存款账户的有（　　）。

A. 非法人企业　　B. 单位设立的独立核算的附属机构

C. 异地常设机构　　D. 民办非企业组织

14. 一般存款账户的使用范围包括办理存款人（　　）。

A. 现金缴存　　B. 现金支取　　C. 借款转存　　D. 借款归还

15. 银行在银行结算账户的使用中，不得有下列行为（　　）。

A. 为储蓄账户办理转账结算

B. 超过期限或未向中国人民银行报送账户开立、变更、撤销等资料

C. 违反规定为存款人支付现金或办理现金存入

D. 明知或应知是单位资金，而允许以自然人名称开立账户存储

16. （　　）情况下，存款人可以申请开立临时存款账户。

A. 注册验资　　B. 缴纳住房基金

C. 异地临时经营活动　　D. 清算证券交易结算资金

17. 我国《票据法》所规定的票据包括（　　）。

A. 银行汇票　　B. 股票　　C. 商业汇票　　D. 支票

18. 只能用于转账，不能支取现金的支票有（　　）。

A. 现金支票　　B. 转账支票　　C. 普通支票　　D. 划线支票

19. 根据《票据法》的规定，支票的记载事项可以授权补记的有（　　）。

A. 付款人名称　　B. 收款人名称　　C. 出票日期　　D. 金额

20. 汇出银行审查汇兑凭证的内容有（　　）。

A. 汇兑凭证填写的各项内容是否齐全

B. 汇兑凭证填写的各项内容是否正确

C. 汇款人账户内是否有足够支付的余额

D. 汇款人的印章是否与预留银行印鉴相符

三、判断题

1. 银行汇票，银行本票和商业汇票的签发人均为银行。（　　）

2. 银行汇票可以转账，表明“现金”字样的也可以用于支取现金。（　　）

3. 商业汇票的提示付款期限为自出票日起 1 个月。（　　）

4. 背书人 A 企业将一张银行承兑汇票背书转让给 B 公司，并注明 B 企业不得对 A 企业行使追索权，该背书无效。（　　）

5. 办理支付结算必须使用中国人民银行统一规定的票据和结算凭证，未使用中国人民银行统一规定的票据，票据无效；未使用中国人民银行统一规定的结算凭证，银行予以受理。（　　）

6. 中文大写金额数字到“元”为止的，在“元”之后，可以写“整”（或“正”）字，在“角”之后不能写“整”（或“正”）字。（　　）

7. 除国家法律另有规定外，银行不代任何单位或者个人冻结、扣款，不得停止单位、个人存款的正常支付。（　　）

8. 票据日期使用小写填写的，银行可予受理。但由此造成损失的，由出票人自行承担。（　　）

9. 银行结算账户，是指银行为存款人开立的办理资金收付的活期存款账户和定期存款账户。（　　）

10. 个体工商户凭营业执照以字号或经营者姓名开立的银行结算账户纳入个人银行结算账户管理。（　）

11. 存款人尚未清偿其开户银行债务的，不得申请撤销银行结算该账户。（　）

12. 基本存款账户既可以用于日常转账结算也可以用于现金收付。（　）

13. 一般存款账户可以办理现金缴存，但不得办理现金支取；而基本存款账户既可以支取现金，也可以缴存现金。（　）

14. 上海的甲公司在北京进行了临时的经营活动，由于业务时间比较短，甲公司只能够在上海开立银行结算账户，不能够在北京开立银行结算账户。（　）

15. 票据是由出票人签发的、约定自己或者委托付款人在见票时或指定的日期有条件地向收款人或持票人支付一定金额的有价证券。（　）

16. 背书人是指被记名受让票据或接受票据转让的人。（　）

17. 商业汇票的付款期限最长不得超过6个月。（　）

18. 单位卡账户的资金，可以从其基本存款账户转账存入，也可以交存现金，但是不得将销货收入的款项存入单位卡账户。（　）

19. 贷记卡持卡人选择最低还款额方式或超过发卡银行批准的信用额度用卡时，可以同时享受免息还款期待遇，应当支付未偿还部分自银行记账日起，按规定利率计算的透支利息。（　）

20. 在办理汇兑时，需要在汇入银行支取现金的，信、电汇凭证上必须有按规定填明的“现金”字样，才能办理。未填明“现金”字样，需要支取现金的，由汇入银行按照国家现金管理规定审查支付。（　）

四、不定项选择题

（一）2021年2月25日，王女士给父亲王老汉开具1万元现金支票一张，用途栏写明“生日快乐”，并注明付款日期为王老汉生日当天。

要求：根据上述资料，分析回答下列问题：

1. 关于王女士在支票上的签章，下列说法中正确的有（　）。

A. 王女士预留银行的签名

B. 王女士预留银行的盖章

C. 王女士所在单位的财务专用章加王女士预留银行的签名

D. 王女士所在单位的公章加王女士预留银行的盖章

2. 关于王女士在用途栏书写的内容及法律后果，下列说法中正确的有（　）。

A. 银行应予拒付，因为用途栏书写不规范

B. 银行不应拒付，因为用途栏记载事项属于非法定记载事项

C. 用途栏记载事项属于绝对应记载事项，书写不规范导致该支票无效

D. 用途栏记载事项属于相对应记载事项，书写不规范并不会导致该支票无效

3. 关于该支票中记载的付款日期，下列说法中正确的有（　）。

A. 该支票无效，因为支票不得记载付款日期

B. 该支票有效，因为支票记载了付款日期不影响支票的效力，该记载无效。

C. 该支票效力待定，因为有待于出票人的追认

D. 该支票有效，因为付款日期属于支票的相对记载事项

4. 关于王老汉向银行提示付款，下列说法中正确的有（　）。

A. 王老汉向银行提示付款的最迟期限为2021年3月6日之前

B. 王老汉向银行提示付款的最迟期限为2021年3月7日之前

C. 王老汉向银行提示付款时应在支票背面收款人处签章

D. 王老汉向银行提示付款时应交验本人身份证

5. 关于王老汉持有的现金支票，下列说法中正确的有（　）。

A. 王老汉可以委托银行收款

B. 只能由王老汉向银行提示付款，不能委托银行收款

C. 王老汉可以将持有的支票背书转让

D. 超过提示付款期限，付款人和出票人均不承担票据责任

（二）2021 年 4 月 6 日，中国信德会计公司为履行与乙公司的买卖合同，签发一张由本公司承兑的商业汇票交付乙公司。汇票收款人为乙公司，到期日为 10 月 6 日。4 月 11 日，乙公司将该汇票背书转让给丙公司。9 月 8 日，丙公司持该汇票向其开户银行 Q 银行办理贴现。该汇票到期后，Q 银行向其异地的中国信德会计公司开户银行 P 银行发出委托收款，P 银行于收到委托收款的次日通知中国信德会计公司付款，中国信德会计公司以乙公司一直未发货为由拒绝付款。

要求：根据上述材料，分析回答下列问题：

1. 该汇票的付款人是（　　）。

A. 中国信德会计公司　　B. 乙公司　　C. P 银行　　D. Q 银行

2. 下列各项中，属于转让背书行为的是（　　）。

A. 中国信德会计公司将汇票交付给乙公司

B. 乙公司将汇票转让给丙公司

C. 丙公司持汇票向 Q 银行办理贴现

D. 汇票到期 Q 银行办理委托收款

3. 下列当事人中，属于该汇票债务人的是（　　）。

A. 中国信德会计公司　　B. 乙公司

C. 丙公司　　D. P 银行

4. Q 银行为丙公司办理该汇票贴现时，计算贴现利息的贴现天数为（　　）天。

A. 28　　B. 29　　C. 30　　D. 31

5. 关于该汇票付款责任的下列判断中，正确的是（　　）。

A. 乙公司未发货，中国信德会计公司可以拒绝付款

B. 乙公司应当对 Q 银行承担第一付款责任

C. Q 银行是善意持票人，中国信德会计公司不得拒绝付款

D. Q 银行遭拒付后，可从丙公司的存款账户直接收取票款

（三）2021 年 5 月 10 日，A 公司因买卖关系向 B 公司签发了一张 50 万元的于 2010 年 6 月 20 日定日付款的 C 银行承兑汇票。5 月 15 日，B 公司向 C 银行提示承兑并于当日获得承兑。5 月 25 日，B 公司在与 D 公司买卖合同中将该承兑后的汇票背书转让给 D 公司，同时在汇票背面记载“不得转让”字样。6 月 15 日，D 公司在与 E 公司买卖合同中将该汇票转让给 E 公司，D 公司未记载背书日期。6 月 24 日，持票人 E 公司向 C 银行提示付款，C 银行以“D 公司在背书转让时未记载背书日期”为由拒绝付款。E 公司在次日取得“拒付理由书”。于是，E 公司决定向 D 公司、B 公司、A 公司、C 银行行使追索权。

要求：根据上述资料和《票据法》的规定，从下列各题的备选答案中选出正确答案。

1. E 公司向 D 公司、B 公司、A 公司、C 银行行使追索权，应当对 E 公司承担票据责任的为（　　）。

A. D 公司　　B. B 公司　　C. A 公司　　D. C 银行

2. C 银行以“D 公司在背书转让时未记载背书日期”为由拒绝付款，下列表述正确的是（　　）。

A. 背书日期是背书的绝对记载事项。背书未记载背书日期的背书无效

B. 背书日期是背书的相对记载事项。背书未记载日期的，并不因此而无效

C. 背书未记载背书日期的，视为未背书

D. 背书未记载背书日期的，视为在汇票到期日前背书

3. 下列有关银行承兑汇票的表述中，错误的有（　　）。

A. 银行承兑汇票可以全国通用　　B. 银行承兑汇票的承兑人是持票企业的银行

C. 银行承兑汇票在背书转让时需要有银行的确认　D. 银行承兑汇票的有效期最长不得超过6个月

4. 下列关于银行承兑汇票的表述，正确的有（　　）。

A. 银行承兑汇票属于银行汇票　B. 银行承兑汇票属于商业汇票

C. 银行承兑汇票属于汇票　D. 银行承兑汇票的出票人为承兑银行

5. E公司自收到被拒绝付款的有关证明之日起（　　）内，向其前手行使追索权。

A. 3个月　B. 6个月　C. 一年　D. 两年

（四）甲公司为履行与乙公司的买卖合同，签发一张商业汇票。甲公司的开户银行P银行按期对该汇票进行了承兑，汇票收款人为乙公司。乙公司背书转让给丙公司。丁公司对该汇票进行了保证。

根据材料，回答下列问题：

1. 关于丙公司按期持票向承兑人行使权利的说法正确的有（　　）。

A. 追索权　B. 付款请求权

C. 利益返还权　D. 票据返还请求权

2. 下列关于票据权利的说法中，符合规定的有（　　）。

A. 票据权利包括付款请求权和追索权

B. 票据权利是持票人向票据债务人请求支付票据金额的权利

C. 付款请求权和追索权的行使没有顺序之分，由当事人自行选择

D. 追索权是票据权利的第一顺序权利。只有在追索权遭到拒绝后，才能行使付款请求权。

3. 关于丙公司行使付款请求权的说法中，正确的有（　　）。

A. 可向甲公司行使请求权　B. 可以向乙公司行使付款请求权

C. 可以向丁公司行使付款请求权　D. 可以向P银行行使付款请求权

4. 丙公司被拒绝付款后，可行使追索权的说法正确的有（　　）。

A. 可向甲公司行使追索权　B. 可向乙公司行使追索权

C. 可向丁公司行使追索权　D. 不得行使追索权

5. 下列人员中，行使付款请求权时，对持票人附有付款义务的有（　　）。

A. 商业汇票的承兑人　B. 银行本票的出票人

C. 支票的付款人　D. 商业汇票的背书人

模块四

税法概述及货物和劳务税法律制度

学习目标

1. 掌握增值税征税范围、增值税应纳税额的计算，消费税征税范围、消费税应纳税额的计算，城市维护建设税、车辆购置税、关税的计税依据和应纳税额的计算；

2. 熟悉增值税纳税人、增值税税收优惠、增值税征收管理、增值税专用发票使用规定，消费税纳税人、消费税税目、消费税征收管理，城市维护建设税、车辆购置税、关税的纳税人和征税范围，教育费附加征收制度；

3. 了解税收与税收法律关系、税法要素，了解我国的现行税种与征收机关，增值税税率和征收率，消费税税率，城市维护建设税、车辆购置税、关税的税率、税收优惠和征收管理。

案例导入

浙江某木地板有限责任公司属于增值税一般纳税人，主营销售各种木地板业务，兼营木地板安装服务。下设三个部门：采购部门、安装部门和销售部门。采购部门负责采购木地板；安装部门负责安装木地板。2021 年 7 月安装木地板收入 60 万元，其中安装已销售的地板收入 35 万元，安装其他企业的地板收入 25 万元；销售部门负责销售木地板，其收支均由公司实行统一核算。销售部门的收入由销售木地板收入、销售复合地板收入和销售实木地板收入组成。2021 年 7 月销售木地板收入 150 万元，销售复合地板收入 120 万元，销售实木地板收入 180 万元。

浙江某木地板有限责任公司销售木地板、复合地板和实木地板以及安装木地板的服务收入应当如何进行税务处理？

任务一　税收法律制度概述

一、税收与税收法律关系

（一）税收与税法

1. 税收的概念与特征。税收是指以国家为主体，为实现国家职能，凭借政治权力，按照法定标准，无偿取得财政收入的一种特定分配形式。它体现了国家与纳税人在征税、纳税的利益分配上的一种特定分配关系。税收是国家收入的最重要来源，是人类社会经济发展到一定历史阶段的产物。社会剩余产品和国家的存在是税收产生的基本前提。在社会主义市场经济运行中，税收主要具有资源配置、收入再分配、稳定经济和维护国家政权的作用。税收与其他财政收入形式相比，具有强制性、无偿性和固定性的特征。

知识要点：税收的特征包括强制性、无偿性、固定性。

2. 税法的概念。税法即税收法律制度，是调整税收关系的法律规范的总称，是国家法律的重要组成部分。它是以宪法为依据，调整国家与社会成员在税收征纳上的权利与义务关系，维护社会经济秩序和税收秩序，保障国家利益和纳税人合法权益的法律规范；是国家税务机关及一切纳税单位和个人依法征税、依法纳税的行为规则。

（二）税收法律关系

1. 税收法律关系，是税法在调整征税主体与纳税主体之间的税收征纳关系过程中，形成的税收权利与税收义务关系。税收法律关系与其他法律关系一样，也是由主体、客体和内容三个方面构成。

2. 税收法律关系主体，是指税收法律关系中享有权利和承担义务的当事人。包括征税主体和纳税主体。在我国税收法律关系中，征税主体是代表国家行使征税职责的税务机关和海关；纳税主体是履行纳税义务的人，包括纳税人和扣缴义务人，具体表现形式有自然人、法人和其他组织。

3. 税收法律关系客体，是指主体的权利、义务所共同指向的对象，也就是征税对象。如企业所得税法律关系客体就是生产经营所得和其他所得；房产税法律关系的客体就是房产。

4. 税收法律关系内容，是指主体所享受的权利和所应承担的义务。这是税收法律关系中最实质的东西，也是税法的核心。

二、税法要素

税法要素是指各单行税法共同具有的基本要素。在税法体系里，既包括实体法，也包括程序法。税法要素一般包括纳税人、征税对象、税率、计税依据、纳税环节、纳税期限、纳税地点、税收优惠、法律责任等。

（一）纳税人

纳税人是指法律、行政法规规定负有纳税义务的单位和个人。

与纳税人相联系的另一个概念是扣缴义务人。扣缴义务人是税法规定的，在其经营活动中负有代扣或代收税款并向国库缴纳义务的单位。扣缴义务人必须按照税法规定代扣或代收税款，并在规定期限缴入国库。

（二）征税对象

征税对象又称课税对象，是纳税的客体。它是指税收法律关系中权利义务所指向的对象，即对什么征税。征税对象是区别不同税种的重要标志。

税目是税法中具体规定应当征税的项目，是征税对象的具体化。规定税目有两个目的：一是为了明确征税的具体范围；二是为了对不同的征税项目加以区分，从而制定高低不同的税率。

知识要点：征税对象是区别不同税种的重要标志。

（三）税率

1. 税率的概念及意义。税率，是指应征税额与计税金额（或数量单位）之间的比例，是计算税额的尺度。税率的高低直接体现国家的政策要求，直接关系到国家财政收入和纳税人的负担程度。

2. 税率的形式。税率的形式主要有比例税率、累进税率和定额税率三种。

（1）比例税率，是指对同一征税对象，不论其数额大小，均按同一个比例征税的税率。税率本身是应征税额与计税金额之间的比例。在比例税率中根据不同的情况又可划分为不同的征税比例，有行业比例税率、产品比例税率、地区差别比例税率、有免征额的比例税率、分档比例税率和幅度比例税率等。我国税收法律制度大量采取比例税率。

（2）累进税率，是根据征税对象数额的逐渐增大，按不同等级逐步提高的税率。即征税对象数额越大，税率越高。累进税率又分为全额累进税率、超额累进税率和超率累进税率三种。

①全额累进税率，是按征税对象数额的逐步递增划分为若干等级，并按等级规定逐步提高的税率。征税对象的金额达到哪一个等级，全部按相应的税率征税。目前，我国的税收法律制度中已不采用这种税率。

②超额累进税率，是按征税对象数额的逐步递增划分为若干等级，并按等级规定相应的递增税率，对每个等级分别计算税额。我国个人所得税对综合所得和经营所得采取超额累进税率。

③超率累进税率，是按征税对象的某种递增比例划分为若干等级，并按等级规定相应的递增税率，对每个等级分别计算税额。我国的土地增值税采用这种税率。

（3）定额税率，又称固定税额，是指按征税对象的一定单位直接规定固定的税额，而不采取百分比的形式。我国的车船税、城镇土地使用税、耕地占用税等税种采取定额税率。

知识要点：个人所得税采用超额累进税率；土地增值税采用超率累进税率。

（四）计税依据

计税依据，是指计算应纳税额的依据或标准，即根据什么来计算纳税人应缴纳的税额。税款的计算方式一般有两种：一是从价计征；二是从量计征。

从价计征是以计税金额为计税依据。计税金额是指征税对象的数量乘以计税价格的数额。我国税收法律制度大量采取从价计征方式。

从量计征是以征税对象的重量、体积、数量等为计税依据。我国的车船税、城镇土地使用税、耕地占用税等税种采取从量计征方式。

（五）纳税环节

纳税环节主要是指税法规定的征税对象在从生产到消费的流转过程中应当缴纳税款的环节。我国的增值税对流转的每一个环节都征税，具有不同于其他税种的特点。我国的消费税主要在生产销售和进口环节征收，个别应税消费品在批发销售和零售销售环节征收。

（六）纳税期限

纳税期限是指纳税人的纳税义务发生后应依法缴纳税款的期限。包括纳税义务发生时间、纳税期限和缴库期限。规定纳税期限是为了保证国家财政收入的及时实现，也是税收强制性和固定性的体现。税法中，根据不同的情况规定不同的纳税期限。纳税人必须在规定的纳税期限内缴纳税款。

（七）纳税地点

纳税地点是指税法根据各税种的纳税环节和有利于对税款的源泉控制而规定的纳税人（包括代征、代扣、代缴义务人）的具体申报缴纳税款的地点。比较常见的纳税地点有纳税人住所地、纳税人经营地、不动产所在地等。

（八）税收优惠

1. 税收优惠的概念与目的。税收优惠是指国家对某些纳税人和征税对象给予鼓励和照顾的一种特殊规定。制定这种特殊规定，一方面是为了鼓励和支持某些行业或项目的发展；另一方面是为了照顾某些纳税人的特殊困难。

2. 税收优惠的主要形式。

（1）减税和免税。减税是指对应征税款减少征收部分税款；免税是对按规定应征收的税款给予免除。减税和免税具体又分两种情况，一种是税法直接规定的长期减免税项目；另一种是依法给予的一定期限内的减免税措施，期满之后仍依规定纳税。我国税收法律制度大量采取减税和免税的税收优惠形式。

（2）起征点，也称“征税起点”，是指对征税对象开始征税的数额界限。征税对象的数额没有达到规定起征点的不征税；达到或超过起征点的，就其全部数额征税。我国增值税采取了起征点的税收优惠形式。

（3）免征额是指对征税对象总额中免予征税的数额。即对纳税对象中的一部分给予减免；只就减除后的剩余部分计征税款。我国个人所得税采取了免征额的税收优惠形式。

（九）法律责任

法律责任是指行为人因实施了违反国家税法规定的行为而应承受的不利的法律后果。违反税法规定的行为，包括作为和不作为。税法中的法律责任包括行政责任和刑事责任。纳税人和税务人员违反税法规定，都将依法承担法律责任。

知识要点：征税对象的数额没有达到规定起征点的不征税；达到或超过起征点的，就其全部数额征税。

【**例题4-1**】下列各项中，属于我国税法规定的税率形式有（　　）。

A. 全额累进税率　　B. 定额税率

C. 比例税率　　D. 超率累进税率

【答案】BCD

【解析】我国现行税收法律制度中，已不采用全额累进税率。

三、现行税种与征收机关

（一）我国现行税收征收机关

现阶段，我国税收征收管理机关有国家税务机关和海关。

（二）税务机关征收管理的税种

税务机关主要负责下列税收的征收和管理：（1）增值税；（2）消费税；（3）企业所得税；（4）个人所得税；（5）资源税；（6）城镇土地使用税；（7）城市维护建设税；（8）印花税；（9）土地增值税；（10）房产税；（11）车船税；（12）车辆购置税；（13）烟叶税；（14）耕地占用税；（15）契税；（16）环境保护税。出口产品退税（增值税、消费税）由税务机关负责办理；部分非税收入和社会保险费的征收也由税务机关负责。

（三）海关征收管理的税种

海关主要负责下列税收的征收和管理：（1）关税；（2）船舶吨税。进口环节的增值税、消费税由海关代征。

【例题4-2】下列税费中，属于税务机关负责征收和管理的有（　　）。

A. 印花税　　B. 个人所得税

C. 社会保险费　　D. 进口环节增值税

【答案】ABC

【解析】根据我国现行税费征收管理制度的规定，印花税、个人所得税和社会保险费由税务机关负责征收和管理；进口环节增值税由海关负责征收和管理。

任务二　增值税法律制度

增值税是对销售商品或者劳务过程中实现的增值额征收的一种税。增值税是我国现阶段税收收入规模最大的税种。

一、增值税纳税人和扣缴义务人

（一）纳税人

根据《增值税暂行条例》的规定，在中华人民共和国境内销售货物或者加工、修理修配劳务（以下简称“劳务”），销售服务、无形资产、不动产以及进口货物的单位和个人，为增值税的纳税人。单位是指企业、行政单位、事业单位、军事单位、社会团体及其他单位；个人是指个体工商户和其他个人。

单位以承包、承租、挂靠方式经营的，承包人、承租人、挂靠人（以下统称“承包人”）以发包人、出租人、被挂靠人（以下统称“发包人”）名义对外经营并由发包人承担相关法律责任的，以该发包人为纳税人；否则以承包人为纳税人。

资管产品运营过程中发生的增值税应税行为，以资管产品管理人为增值税纳税人。

（二）纳税人的分类

根据纳税人的经营规模以及会计核算健全程度的不同，增值税的纳税人可划分为小规模纳税人和一般纳税人。

1. 小规模纳税人。

（1）增值税小规模纳税人标准为年应征增值税销售额500万元及以下。年应税销售额，是指纳税人在连续不超过12个月或4个季度的经营期内累计应征增值税销售额，包括纳税申报销售额、稽查查补销售额、纳税评估调整销售额。

（2）小规模纳税人会计核算健全，能够提供准确税务资料的，可以向税务机关申请登记为一般纳税人，不再作为小规模纳税人。会计核算健全是指能够按照国家统一的会计制度规定设置账簿，根据合法、有效凭证核算。

为持续推进放管服（简政放权、放管结合、优化服务的简称）改革，全面推行小规模纳税人自行开具增值税专用发票。小规模纳税人（其他个人除外）发生增值税应税行为，需要开具增值税专用发票的，可以自愿使用增值税发票管理系统自行开具。

2. 一般纳税人，是指年应税销售额超过财政部、国家税务总局规定的小规模纳税人标准的企业和企业性单位。

一般纳税人实行登记制。除另有规定外，应当向税务机关办理登记手续。

下列纳税人不办理一般纳税人登记：

（1）按照政策规定，选择按照小规模纳税人纳税的；

（2）年应税销售额超过规定标准的其他个人。

纳税人自一般纳税人生效之日起，按照增值税一般计税方法计算应纳税额。并可以按照规定领用增值税专用发票，财政部、国家税务总局另有规定的除外。

纳税人登记为一般纳税人后，不得转为小规模纳税人，国家税务总局另有规定的除外。

（三）扣缴义务人

中华人民共和国境外的单位或者个人在境内销售劳务，在境内未设有经营机构的，以其境内代理人为扣缴义务人；在境内没有代理人的，以购买方为扣缴义务人。

二、增值税征税范围

增值税的征税范围包括在中华人民共和国境内销售货物或者劳务，销售服务、无形资产、不动产以及进口货物。

（一）销售货物

在中国境内销售货物，是指销售货物的起运地或者所在地在境内。

销售货物是有偿转让货物的所有权。货物是指有形动产，包括电力、热力、气体在内；有偿是指从购买方取得货币、货物或者其他经济利益。

（二）销售劳务

在中国境内销售劳务，是指提供的劳务发生地在境内。

销售劳务是指有偿提供加工、修理修配劳务。单位或者个体工商户聘用的员工为本单位或者雇主提供加工、修理修配劳务不包括在内。

加工是指受托加工货物，即委托方提供原料及主要材料，受托方按照委托方的要求，制造货物并收取加工费的业务；修理修配，是指受托对损伤和丧失功能的货物进行修复，使其恢复原状和功能的业务。

【例题4－3】 下列各项中，属于增值税征税范围的有（　　）。

A. 汽车维修　　　　B. 手机修配

C. 金银首饰加工　　　　D. 电力销售

【答案】ABCD

【解析】根据增值税法律制度的规定，销售劳务、电力均属于增值税征税范围。

（三）销售服务

销售服务是指提供交通运输服务、邮政服务、电信服务、建筑服务、金融服务、现代服务、生活服务。

1. 交通运输服务，是指利用运输工具将货物或者旅客送达目的地，使其空间位置得到转移的业务活动。包括陆路运输服务、水路运输服务、航空运输服务和管道运输服务。

（1）陆路运输服务，是指通过陆路（地上或者地下）运送货物或者旅客的运输业务活动，包括铁路运输服务和其他陆路运输服务。

出租车公司向使用本公司自有出租车的出租车司机收取的管理费用，按照陆路运输服务缴纳增值税。

（2）水路运输服务，是指通过江、河、湖、川等天然、人工水道或者海洋航道运送货物或者旅客的运输业务活动。

水路运输的程租、期租业务，属于水路运输服务。

（3）航空运输服务，是指通过空中航线运送货物或者旅客的运输业务活动。航空运输的湿租业务，属于航空运输服务。

航天运输服务，是指利用火箭等载体将卫星、空间探测器等空间飞行器发射到空间轨道的业务活动。按照航空运输服务缴纳增值税。

（4）管道运输服务，是指通过管道设施输送气体、液体、固体物质的运输业务活动。

无运输工具承运业务，是指经营者以承运人身份与托运人签订运输服务合同，收取运费并承担承运人责任，然后委托实际承运人完成运输服务的经营活动。按照交通运输服务缴纳增值税。

2. 邮政服务，是指中国邮政集团公司及其所属邮政企业提供邮件寄递、邮政汇兑和机要通信等邮政基本服务的业务活动。包括邮政普遍服务、邮政特殊服务和其他邮政服务。

（1）邮政普遍服务，是指函件、包裹等邮件寄递，以及邮票发行、报刊发行和邮政汇兑等业务活动。

（2）邮政特殊服务，是指义务兵平常信函、机要通信、盲人读物和革命烈士遗物的寄递等业务活动。

（3）其他邮政服务，是指邮册等邮品销售、邮政代理等业务活动。

3. 电信服务，是指利用有线、无线的电磁系统或者光电系统等各种通信网络资源，提供语音通话服务，传送、发射、接收或者应用图像、短信等电子数据和信息的业务活动。包括基础电信服务和增值电信服务。

（1）基础电信服务，是指利用固网、移动网、卫星、互联网，提供语音通话服务的业务活动，以及出租或者出售带宽、波长等网络元素的业务活动。

（2）增值电信服务，是指利用固网、移动网、卫星、互联网、有线电视网络，提供短信和彩信服务、电子数据和信息的传输及应用服务、互联网接入服务等业务活动。

卫星电视信号落地转接服务，按照增值电信服务缴纳增值税。

知识要点：区别电信服务中基础电信服务和增值电信服务。

4. 建筑服务，是指各类建筑物、构筑物及其附属设施的建造、修缮、装饰，线路、管道、设备、设施等的安装以及其他工程作业的业务活动。包括工程服务、安装服务、修缮服务、装饰服务和其他建筑服务。

（1）工程服务，是指新建、改建各种建筑物、构筑物的工程作业。包括与建筑物相连的各种设备或者支柱、操作平台的安装或者装设工程作业，以及各种窑炉和金属结构工程作业。

（2）安装服务，是指生产设备、动力设备、起重设备、运输设备、传动设备、医疗实验设备以及其他各种设备、设施的装配、安置工程作业。包括与被安装设备相连的工作台、梯子、栏杆的装设工程作业，以及被安装设备的绝缘、防腐、保温、油漆等工程作业。

固定电话、有线电视、宽带、水、电、燃气、暖气等经营者向用户收取的安装费、初装费、开户费、扩容费以及类似收费，按照安装服务缴纳增值税。

（3）修缮服务，是指对建筑物、构筑物进行修补、加固、养护、改善，使之恢复原来的使用价值或者延长其使用期限的工程作业。

（4）装饰服务，是指对建筑物、构筑物进行修饰装修，使之美观或者具有特定用途的工程作业。

（5）其他建筑服务，是指上列工程作业之外的各种工程作业服务。如钻井（打井）、拆除建筑物或者构筑物、平整土地、园林绿化、疏浚（不包括航道疏浚）、建筑物平移、搭脚手架、爆破、矿山穿孔、表面附着物（包括岩层、土层、沙层等）剥离和清理等工程作业。

5. 金融服务，是指经营金融保险的业务活动。包括贷款服务、直接收费金融服务、保险服务和金融商品转让。

（1）贷款服务。贷款是指将资金贷与他人使用而取得利息收入的业务活动。

各种占用、拆借资金取得的收入，包括金融商品持有期间（含到期）利息（如保本收益、报酬、资金占用费、补偿金等）收入、信用卡透支利息收入、买入返售金融商品利息收入、融资融券收取的利息收入，以及融资性售后回租、押汇、罚息、票据贴现、转贷等业务取得的利息及利息性质的收入，按照贷款服务缴纳增值税。

融资性售后回租，是指承租方以融资为目的，将资产出售给从事融资性售后回租业务的企业后，从事融资性售后回租业务的企业将该资产出租给承租方的业务活动。

以货币资金投资收取的固定利润或者保底利润，按照贷款服务缴纳增值税。

（2）直接收费金融服务，是指为货币资金融通及其他金融业务提供相关服务并且收取费用的业务活动。包括提供货币兑换、账户管理、电子银行、信用卡、信用证、财务担保、资产管理、信托管理、基金管理、金融交易场所（或平台）管理、资金结算、资金清算、金融支付等服务。

（3）保险服务，是指投保人根据合同约定，向保险人支付保险费，保险人对于合同约定的可能发生的事故因其发生所造成的财产损失承担赔偿保险金责任，或者当被保险人死亡、伤残、疾病或者达到合同约定的年龄、期限等条件时承担给付保险金责任的商业保险行为。包括人身保险服务和财产保险服务。

（4）金融商品转让，是指转让外汇、有价证券、非货物期货和其他金融商品所有权的业务活动。

其他金融商品转让包括基金、信托、理财产品等各类资产管理产品和各种金融衍生品的转让。

6. 现代服务，是指围绕制造业、文化产业、现代物流产业等提供技术性、知识性服务的业务活动。包括研发和技术服务、信息技术服务、文化创意服务、物流辅助服务、租赁服务、鉴证咨询服务、广播影视服务、商务辅助服务和其他现代服务。

（1）研发和技术服务，包括研发服务、合同能源管理服务、工程勘察勘探服务、专业技术服务。

（2）信息技术服务，是指利用计算机、通信网络等技术对信息进行生产、收集、处理、加工、存储、运输、检索和利用，并提供信息服务的业务活动。包括软件服务、电路设计及测试服务、信息系统服务、业务流程管理服务和信息系统增值服务。

（3）文化创意服务，包括设计服务、知识产权服务、广告服务和会议展览服务。

（4）物流辅助服务，包括航空服务、港口码头服务、货运客运场站服务、打捞救助服务、装卸搬运服务、仓储服务和收派服务。

（5）租赁服务，包括融资租赁服务和经营租赁服务。

融资性售后回租不按照本税目缴纳增值税。

将建筑物、构筑物等不动产或者飞机、车辆等有形动产的广告位出租给其他单位或者个人用于发布广告，按照经营租赁服务缴纳增值税。

车辆停放服务、道路通行服务（包括过路费、过桥费、过闸费等）等按照不动产经营租赁服务缴纳增值税。

（6）鉴证咨询服务，包括认证服务、鉴证服务和咨询服务。翻译服务和市场调查服务按照咨询服务缴纳增值税。

（7）广播影视服务，包括广播影视节目（作品）的制作服务、发行服务和播映（含放映服务）。

（8）商务辅助服务，包括企业管理服务、经纪代理服务、人力资源服务、安全保护服务。

（9）其他现代服务，是指除研发和技术服务、信息技术服务、文化创意服务、物流辅助服务、租赁服务、鉴证咨询服务、广播影视服务和商务辅助服务以外的现代服务。

7. 生活服务，是指为满足城乡居民日常生活需求提供的各类服务活动。包括文化体育服务、教育医疗服务、旅游娱乐服务、餐饮住宿服务、居民日常服务和其他生活服务。

（1）文化体育服务包括文化服务和体育服务。

（2）教育医疗服务包括教育服务和医疗服务。

（3）旅游娱乐服务包括旅游服务和娱乐服务。

（4）餐饮住宿服务包括餐饮服务和住宿服务。

（5）居民日常服务是指主要为满足居民个人及其家庭日常生活需求提供的服务。包括市容市政管理、家政、婚庆、养老、殡葬、照料和护理、救助救济、美容美发、按摩、桑拿、氧吧、足疗、沐浴、洗染、摄影扩印等服务。

(6) 其他生活服务是指除文化体育服务、教育医疗服务、旅游娱乐服务、餐饮住宿服务和居民日常服务之外的生活服务。

(四) 销售无形资产

销售无形资产是指转让无形资产所有权或者使用权的业务活动。无形资产是指不具有实物形态，但能带来经济利益的资产。包括技术、商标、著作权、商誉、自然资源使用权和其他权益性无形资产。

技术包括专利技术和非专利技术。

自然资源使用权包括土地使用权、海域使用权、探矿权、采矿权、取水权和其他自然资源使用权。

其他权益性无形资产包括基础设施资产经营权、公共事业特许权、配额、经营权（包括特许经营权、连锁经营权、其他经营权）、经销权、分销权、代理权、会员权、席位权、网络游戏虚拟道具、域名、名称权、肖像权、冠名权、转会费等。

知识要点：融资性售后回租按照贷款服务税目缴纳增值税。

【例题4-4】下列无形资产中，属于自然资源使用权的有（　　）。

A. 土地使用权　　B. 海域使用权　　C. 采矿权　　D. 经营权

【答案】ABC

【解析】根据《营业税改征增值税试点实施办法》及相关的规定，土地使用权、海域使用权和采矿权属于自然资源使用权；经营权属于其他权益性无形资产。

(五) 销售不动产

销售不动产，是指转让不动产所有权的业务活动。不动产是指不能移动或者移动后会引起性质、形状改变的财产，包括建筑物、构筑物等。

建筑物包括住宅、商业营业用房、办公楼等可供居住、工作或者进行其他活动的建造物。

构筑物包括道路、桥梁、隧道、水坝等建造物。

转让建筑物有限产权或者永久使用权的，转让在建的建筑物或者构筑物所有权的，以及在转让建筑物或者构筑物时一并转让其所占土地的使用权的，按照销售不动产缴纳增值税。

(六) 进口货物

进口货物，是指申报进入中国海关境内的货物。根据《增值税暂行条例》的规定，只要是报关进口的应税货物，均属于增值税的征税范围。除享受免税政策外，在进口环节缴纳增值税。

(七) 非经营活动的界定

销售服务、无形资产或者不动产，是指有偿提供服务、有偿转让无形资产或者不动产。但属于下列非经营活动的情形除外：

1. 行政单位收取的同时满足以下条件的政府性基金或者行政事业性收费。

(1) 由国务院或者财政部批准设立的政府性基金，由国务院或者省级人民政府及其财政、价格主管部门批准设立的行政事业性收费；

（2）收取时开具省级以上（含省级）财政部门监（印）制的财政票据；

（3）所收款项全额上缴财政。

2. 单位或者个体工商户聘用的员工为本单位或者雇主提供取得工资的服务。

3. 单位或者个体工商户为聘用的员工提供服务。

4. 财政部和国家税务总局规定的其他情形。

（八）境内销售服务、无形资产或者不动产的界定

1. 在境内销售服务、无形资产或者不动产，是指：

（1）服务（租赁不动产除外）或者无形资产（自然资源使用权除外）的销售方或者购买方在境内；

（2）所销售或者租赁的不动产在境内；

（3）所销售自然资源使用权的自然资源在境内；

（4）财政部和国家税务总局规定的其他情形。

2. 下列情形不属于在境内销售服务或者无形资产：

（1）境外单位或者个人向境内单位或者个人销售完全在境外发生的服务；

（2）境外单位或者个人向境内单位或者个人销售完全在境外使用的无形资产；

（3）境外单位或者个人向境内单位或者个人出租完全在境外使用的有形动产；

（4）财政部和国家税务总局规定的其他情形。

（九）视同销售货物行为

1. 单位或者个体工商户的下列行为，视同销售货物，征收增值税：

（1）将货物交付其他单位或者个人代销；

（2）销售代销货物；

（3）设有两个以上机构并实行统一核算的纳税人，将货物从一个机构移送至其他机构用于销售，但相关机构设在同一县（市）的除外；

（4）将自产或者委托加工的货物用于非增值税应税项目；

（5）将自产、委托加工的货物用于集体福利或者个人消费；

（6）将自产、委托加工或者购进的货物作为投资，提供给其他单位或者个体工商户；

（7）将自产、委托加工或者购进的货物分配给股东或者投资者；

（8）将自产、委托加工或者购进的货物无偿赠送其他单位或者个人。

知识要点（见表4－1）

表4－1　　视同销售行为

产品来源	消费形式	税务处理
自产、委托加工产品	对内（消费、职工福利、用于非应税）	视同销售
	对外（分配、捐赠、投资）	视同销售
外购产品	对内（消费、职工福利、用于非应税）	进项税额转出
	对外（分配、捐赠、投资）	视同销售

【例题4-5】下列行为中，应视同销售货物征收增值税的有（　　）。

A. 将外购货物分配给股东　　B. 将外购货物用于个人消费

C. 将自产货物无偿赠送他人　　D. 将自产货物用于集体福利

【答案】ACD

【解析】根据增值税法律制度的规定，将外购货物用于个人消费，其购进货物的进项税额不允许抵扣，不属于增值税视同销售货物的情形。而选项A、选项C、选项D三种情形属于增值税视同销售货物的情形。

2. 单位或者个人的下列情形视同销售服务、无形资产或者不动产，征收增值税：

（1）单位或者个体工商户向其他单位或者个人无偿提供服务，但用于公益事业或者以社会公众为对象的除外；

（2）单位或者个人向其他单位或者个人无偿转让无形资产或者不动产，但用于公益事业或者以社会公众为对象的除外；

（3）财政部和国家税务总局规定的其他情形。

（十）混合销售

一项销售行为如果既涉及货物又涉及服务，则为混合销售。从事货物的生产、批发或者零售的单位和个体工商户的混合销售行为，按照销售货物缴纳增值税；其他单位和个体工商户的混合销售行为，按照销售服务缴纳增值税。

上述从事货物的生产、批发或者零售的单位和个体工商户，包括以从事货物的生产、批发或者零售为主，并兼营销售服务的单位和个体工商户在内。

自2017年5月起，纳税人销售活动板房、机器设备、钢结构件等自产货物的同时提供建筑、安装服务，不属于混合销售。应分别核算货物和建筑服务的销售额；分别适用不同的税率或者征收率。

【例题4-6】下列各项中，属于增值税混合销售行为的有（　　）。

A. 百货商店在销售商品的同时又提供送货服务

B. 餐饮公司提供餐饮服务的同时又销售烟酒

C. 建材商店在销售木质地板的同时提供安装服务

D. 歌舞厅在提供娱乐服务的同时销售食品

【答案】ABCD

【解析】根据增值税法律制度的规定，选项ABCD均属于增值税混合销售行为。

（十一）兼营

兼营，是指纳税人的经营中包括销售货物、劳务以及销售服务、无形资产和不动产的行为。

纳税人发生兼营行为，应当分别核算适用不同税率或征收率的销售额；未分别核算销售额的，按照以下办法适用税率或征收率：

1. 兼有不同税率的销售货物、劳务、服务、无形资产或者不动产，从高适用税率。

2. 兼有不同征收率的销售货物、劳务、服务、无形资产或者不动产，从高适用征收率。

3. 兼有不同税率和征收率的销售货物、劳务、服务、无形资产或者不动产，从高适用税率。

（十二）不征收增值税项目

1. 根据国家指令无偿提供的铁路运输服务、航空运输服务，属于《营业税改征增值税试点实施办法》规定的用于公益事业的服务。

2. 存款利息。

3. 被保险人获得的保险赔付。

4. 房地产主管部门或者其指定机构、公积金管理中心、开发企业以及物业管理单位代收的住宅专项维修资金。

5. 在资产重组过程中，通过合并、分立、出售、置换等方式，将全部或者部分实物资产以及与其相关联的债权、负债和劳动力一并转让给其他单位和个人，其中涉及的不动产、土地使用权转让行为。

6. 纳税人在资产重组过程中，通过合并、分立、出售、置换等方式，将全部或者部分实物资产以及与其相关联的债权、负债和劳动力一并转让给其他单位和个人，不属于增值税的征税范围，其中涉及的货物转让，不征收增值税。

知识要点：纳税人发生兼营行为，应当分别核算适用不同税率或征收率的销售额；未分别核算销售额的，按照从高税率。

三、增值税税率和征收率

（一）增值税税率

1. 适用13%税率的项目。纳税人销售货物、劳务、有形动产租赁服务或者进口货物，除有特殊规定外，税率为13%。

2. 适用9%税率的项目。纳税人销售交通运输、邮政、基础电信、建筑、不动产租赁服务，销售不动产，转让土地使用权，销售或者进口下列货物，税率为9%：

（1）粮食等农产品、食用植物油、食用盐；

（2）自来水、暖气、冷气、热水、煤气、石油液化气、天然气、二甲醚、沼气、居民用煤炭制品；

（3）图书、报纸、杂志、音像制品、电子出版物；

（4）饲料、化肥、农药、农机、农膜；

（5）国务院规定的其他货物。

3. 适用6%税率的项目。纳税人销售服务、无形资产，除另有规定外，税率为6%。

4. 适用零税率的项目。

（1）纳税人出口货物，税率为零；但是，国务院另有规定的除外。

（2）境内单位和个人跨境销售国务院规定范围内的服务、无形资产，税率为零。包括：

①国际运输服务；

②航天运输服务；

③向境外单位提供的完全在境外消费的下列服务：研发服务、合同能源管理服务、设计

服务、广播影视节目（作品）的制作和发行服务、软件服务、电路设计及测试服务、信息系统服务、业务流程管理服务、离岸服务外包业务、转让技术；

④国务院规定的其他服务。

（二）增值税征收率

1. 征收率的一般规定。小规模纳税人以及一般纳税人选择简易办法计税的，征收率为3%，另有规定除外。具体为：

（1）一般纳税人销售自己使用过的属于《增值税暂行条例》第10条规定，不得抵扣且未抵扣进项税额的固定资产，按简易办法依照3%征收率减按2%征收增值税。可以放弃减免，按照简易办法依照3%征收率缴纳增值税，并可以开具增值税专用发票。

（2）一般纳税人销售自己使用过的其他固定资产应区分不同情形征收增值税：

①销售自己使用过的2009年1月1日以后购进或者自制的固定资产，按照适用税率征收增值税。

②2008年12月31日以前未纳入扩大增值税抵扣范围试点的纳税人，销售自己使用过的2008年12月31日以前购进或者自制的固定资产，按照简易办法依照3%征收率减按2%征收增值税。

③2008年12月31日以前已纳入扩大增值税抵扣范围试点的纳税人，销售自己使用过的在本地区扩大增值税抵扣范围试点以前购进或者自制的固定资产，按照简易办法依照3%征收率减按2%征收增值税；销售自己使用过的在本地区扩大增值税抵扣范围试点以后购进或者自制的固定资产，按照适用税率征收增值税。

（3）一般纳税人销售自己使用过的除固定资产以外的物品，应当按照适用税率征收增值税。

（4）小规模纳税人（除其他个人外，下同）销售自己使用过的固定资产，减按2%征收率征收增值税。可以放弃减免，依照3%征收率缴纳增值税，并可以开具增值税专用发票。

小规模纳税人销售自己使用过的除固定资产以外的物品，应按3%的征收率征收增值税。

（5）纳税人销售旧货，按照简易办法依照3%征收率减按2%征收增值税。

旧货是指进入二次流通的具有部分使用价值的货物（含旧汽车、旧摩托车和旧游艇），但不包括自己使用过的物品。

自2020年5月1日至2023年12月31日，从事二手车经销业务的纳税人销售其收购的二手车，由原按照简易办法依3%征收率减按2%征收增值税，改为减按0.5%征收增值税，并按下列公式计算销售额：

$$销售额 = 含税销售额 \div (1 + 0.5\%)$$

（6）一般纳税人销售自产的下列货物，可选择按照简易办法依照3%征收率计算缴纳增值税。选择简易办法计算缴纳增值税后，36个月内不得变更。具体适用范围为：

①县级及县级以下小型水力发电单位生产的电力。小型水力发电单位，是指各类投资主体建设的装机容量为5万千瓦以下（含5万千瓦）的小型水力发电单位；

②建筑用和生产建筑材料所用的砂、土、石料；

③以自己采掘的砂、土、石料或其他矿物连续生产的砖、瓦、石灰（不含黏土实心砖、瓦）；

④用微生物、微生物代谢产物、动物毒素、人或动物的血液或组织制成的生物制品；

⑤自来水（对属于一般纳税人的自来水公司销售自来水按简易办法依照3%的征收率征收增值税，不得抵扣其购进自来水取得增值税扣税凭证上注明的增值税税款）；

⑥商品混凝土（仅限于以水泥为原料生产的水泥混凝土）。

（7）一般纳税人销售货物属于下列情形之一的，暂按简易办法依照3%的征收率计算缴纳增值税：

①寄售商店代销寄售物品（包括居民个人寄售的物品在内）；

②典当业销售死当物品。

（8）建筑企业一般纳税人提供建筑服务属于老项目的，可以选择简易办法依照3%的征收率征收增值税。

2. 征收率的特殊规定。

（1）小规模纳税人转让其取得的不动产，按照5%的征收率征收增值税。

（2）一般纳税人转让其2016年4月30日前取得的不动产，选择简易计税方法计税的，按照5%的征收率征收增值税。

（3）小规模纳税人出租其取得的不动产（不含个人出租住房），按照5%的征收率征收增值税。

（4）一般纳税人出租其2016年4月30日前取得的不动产，选择简易计税方法计税的，按照5%的征收率征收增值税。

（5）房地产开发企业（一般纳税人）销售自行开发的房地产老项目，选择简易计税方法计税的，按照5%的征收率征收增值税。

（6）房地产开发企业（小规模纳税人）销售自行开发的房地产项目，按照5%的征收率征收增值税。

（7）一般纳税人提供劳务派遣服务，可以按照《财政部 国家税务总局关于全面推开营业税改征增值税试点的通知》的有关规定，以取得的全部价款和价外费用为销售额，按照一般计税方法计算缴纳增值税；也可以选择差额纳税，以取得的全部价款和价外费用，扣除代用工单位支付给劳务派遣员工的工资、福利和为其办理社会保险及住房公积金后的余额为销售额，按照简易计税方法依5%的征收率计算缴纳增值税。

（8）自2021年10月1日起，住房租赁企业中的增值税一般纳税人向个人出租住房取得的全部出租收入，可以选择适用简易计税方法，按照5%的征收率减按1.5%计算缴纳增值税，或适用一般计税方法计算缴纳增值税。住房租赁企业中的增值税小规模纳税人向个人出租住房，按照5%的征收率减按1.5%计算缴纳增值税。

四、增值税应纳税额的计算

（一）一般计税方法应纳税额的计算

1. 一般计税方法应纳税额的计算公式。一般纳税人销售货物、劳务、服务、无形资产、不动产（以下简称应税销售行为），采取一般计税方法计算应纳增值税额。其计算公式为：

$$应纳税额 = 当期销项税额 - 当期进项税额$$

当期销项税额小于当期进项税额不足抵扣时，其不足部分可以结转下期继续抵扣。

2. 销项税额的计算公式。销项税额是指纳税人发生应税销售行为，按照销售额和适用税率计算并向购买方收取的增值税税款。其计算公式为：

$$销项税额 = 销售额 \times 适用税率$$

可见，一般计税方法计算增值税应纳税额时，主要有两个因素：一是销售额；二是进项税额。

3. 销售额的确定。

（1）销售额的概念。销售额是指纳税人发生应税销售行为向购买方收取的全部价款和价外费用，但是不包括收取的销项税额。价外费用包括价外向购买方收取的手续费、补贴、基金、集资费、返还利润、奖励费、违约金、滞纳金、延期付款利息、赔偿金、代收款项、代垫款项、包装费、包装物租金、储备费、优质费、运输装卸费以及其他各种性质的价外收费。上述价外费用无论其会计制度如何核算，均应并入销售额计算销项税额。但下列项目不包括在销售额内：

①受托加工应征消费税的消费品所代收代缴的消费税。

②同时符合以下条件代为收取的政府性基金或者行政事业性收费：由国务院或者财政部批准设立的政府性基金，由国务院或者省级人民政府及其财政、价格主管部门批准设立的行政事业性收费；收取时开具省级以上财政部门印制的财政票据，所收款项全额上缴财政。

③销售货物的同时代办保险等而向购买方收取的保险费，以及向购买方收取的代购买方缴纳的车辆购置税、车辆牌照费。

④以委托方名义开具发票代委托方收取的款项。

（2）含税销售额的换算。增值税实行价外税，计算销项税额时，销售额中不应含有增值税款。如果销售额中包含了增值税款即销项税额，则应将含税销售额换算成不含税销售额。其计算公式为：

$$不含税销售额 = 含税销售额 \div (1 + 增值税税率)$$

知识归纳（见表4－2）

表4－2　判断含税的方法

项目	具体说明
看票	专用发票是不含税，普通发票是含税
看行业	零售业是含税
看项目	价外费用是含税
明确告知含税销售额和需要并入销售额一并缴纳增值税的包装物押金，都需要换算	

（3）视同销售货物的销售额的确定。《增值税暂行条例实施细则》规定了8种视同销售

货物行为。这8种视同销售行为一般不以资金的形式反映出来，因而会出现无销售额的情况。在此情况下，税务机关有权按照下列顺序核定其销售额：

①按纳税人最近时期同类货物的平均销售价格确定；

②按其他纳税人最近时期同类货物的平均销售价格确定；

③按组成计税价格确定。其计算公式为：

$$组成计税价格 = 成本 \times (1 + 成本利润率)$$

征收增值税的货物，同时又征收消费税的，其组成计税价格中应包含消费税税额。其计算公式为：

$$组成计税价格 = 成本 \times (1 + 成本利润率) + 消费税税额$$

或：

$$组成计税价格 = 成本 \times (1 + 成本利润率) \div (1 - 消费税税率)$$

公式中的成本分两种情况：一是销售自产货物的为实际生产成本；二是销售外购货物的为实际采购成本。公式中的成本利润率为10%。但属于应从价定率征收消费税的货物，其组成计税价格公式中的成本利润率为《消费税若干具体问题的规定》中规定的成本利润率。

纳税人销售货物或者劳务的价格明显偏低并无正当理由的，由税务机关按照上述方法核定其销售额。

纳税人销售服务、无形资产或者不动产价格明显偏低或者偏高且不具有合理商业目的的，或者发生无销售额的，税务机关有权按照下列顺序确定销售额：

第一，按照纳税人最近时期销售同类服务、无形资产或者不动产的平均价格确定。

第二，按照其他纳税人最近时期销售同类服务、无形资产或者不动产的平均价格确定。

第三，按照组成计税价格确定。组成计税价格的计算公式为：

$$组成计税价格 = 成本 \times (1 + 成本利润率)$$

成本利润率由国家税务总局确定。

不具有合理商业目的，是指以谋取税收利益为主要目的，通过人为安排，减少、免除、推迟缴纳增值税税款，或者增加退还增值税税款。

（4）混合销售的销售额的确定。混合销售的销售额为货物的销售额与服务销售额的合计。

（5）兼营销售的销售额的确定。纳税人兼营不同税率的货物、劳务、服务、无形资产或者不动产，应当分别核算不同税率或者征收率的销售额；未分别核算销售额的，从高适用税率。

（6）特殊销售方式下销售额的确定。

①折扣方式销售。折扣销售是指销货方在销售货物时，因购货方购货数量较大等原因而给予购货方的价格优惠。纳税人采取折扣方式销售货物，如果销售额和折扣额在同一张发票上分别注明，可以按折扣后的销售额征收增值税；如果将折扣额另开发票，不论其在财务上如何处理，均不得从销售额中减除折扣额。

②以旧换新方式销售。以旧换新销售是指纳税人在销售货物时，折价收回同类旧货物，并以折价款部分冲减新货物价款的一种销售方式。纳税人采取以旧换新方式销售货物的，应按新货物的同期销售价格确定销售额，不得扣减旧货物的收购价格。

但是对金银首饰以旧换新业务，可以按销售方实际收取的不含增值税的全部价款征收增值税。

③还本销售方式销售。还本销售是指纳税人在销售货物后，到一定期限将货款一次或分次退还给购货方全部或部分价款的一种销售方式。这种方式实际上是一种筹资，是以货物换取资金的使用价值，到期还本不付息的方法。纳税人采取还本销售方式销售货物，其销售额就是货物的销售价格，不得从销售额中减除还本支出。

④以物易物方式销售。以物易物是指购销双方不是以货币结算，而是以同等价款的货物相互结算，实现货物购销的一种方式。以物易物双方都应作购销处理，以各自发出的货物核算销售额并计算销项税额，以各自收到的货物按规定核算购货额并计算进项税额。在以物易物活动中，应分别开具合法的票据，如收到的货物不能取得相应的增值税专用发票或其他合法票据的，不能抵扣进项税额。

⑤直销方式销售。直销企业先将货物销售给直销员，直销员再将货物销售给消费者的，直销企业的销售额为其向直销员收取的全部价款和价外费用。直销员将货物销售给消费者时，应按照现行规定缴纳增值税。

直销企业通过直销员向消费者销售货物，直接向消费者收取货款，直销企业的销售额为其向消费者收取的全部价款和价外费用。

（7）包装物押金。包装物是指纳税人包装本单位货物的各种物品。一般情况下，销货方向购货方收取包装物押金，购货方在规定时间内返还包装物，销货方再将收取的包装物押金返还。纳税人为销售货物而出租、出借包装物收取的押金，单独记账核算的，且时间在1年以内，又未过期的，不并入销售额征税；但对因逾期未收回包装物不再退还的押金，应按所包装货物的适用税率计算增值税款。实践中，应注意以下具体规定：

①“逾期”是指按合同约定实际逾期或以1年为期限，对收取1年以上的押金，无论是否退还均并入销售额征税。

②包装物押金是含税收入。在并入销售额征税时，需要先将该押金换算为不含税收入，再计算应纳增值税款。

③包装物押金不同于包装物租金。包装物租金属于价外费用，在销售货物时随同货款一并计算增值税款。

④从1995年6月1日起，对销售除啤酒、黄酒外的其他酒类产品而收取的包装物押金，无论是否返还以及会计上如何核算，均应并入当期销售额征收增值税。

知识归纳（见表4-3）

表4-3　包装物押金的收取

包装物押金	取得时	逾期时
一般货物	不并入销售额	并入销售额
啤酒、黄酒	不并入销售额	并入销售额
白酒、其他酒	并入销售额	不并入销售额

（8）“营改增”行业销售额的规定。

①贷款服务，以提供贷款服务取得的全部利息及利息性质的收入为销售额。

②直接收费金融服务，以提供直接收费金融服务收取的手续费、佣金、酬金、管理费、服务费、经手费、开户费、过户费、结算费、转托管费等各类费用为销售额。

③金融商品转让，按照卖出价扣除买入价后的余额为销售额。转让金融商品出现的正负差，按盈亏相抵后的余额为销售额。若相抵后出现负差，可结转下一纳税期与下期转让金融商品销售额相抵。但年末时仍出现负差的，不得转入下一个会计年度。

金融商品的买入价可以选择按照加权平均法或者移动加权平均法进行核算，选择后36个月内不得变更。

纳税人无偿转让股票时，转出方以该股票的买入价为卖出价，按照“金融商品转让”计算缴纳增值税；在转入方将上述股票再转让时，以原转出方的卖出价为买入价，按照“金融商品转让”计算缴纳增值税。金融商品转让，不得开具增值税专用发票。

④经纪代理服务，以取得的全部价款和价外费用，扣除向委托方收取并代为支付的政府性基金或者行政事业性收费后的余额为销售额。向委托方收取的政府性基金或者行政事业性收费，不得开具增值税专用发票。

⑤航空运输企业的销售额，不包括代收的民航发展基金（原机场建设费）和代售其他航空运输企业客票而代收转付的价款。

⑥试点纳税人中的一般纳税人提供客运场站服务，以其取得的全部价款和价外费用，扣除支付给承运方运费后的余额为销售额。

⑦试点纳税人提供旅游服务，可以选择以取得的全部价款和价外费用，扣除向旅游服务购买方收取并支付给其他单位或者个人的住宿费、餐饮费、交通费、签证费、门票费和支付给其他接团旅游企业的旅游费用后的余额为销售额。

选择上述办法计算销售额的试点纳税人，向旅游服务购买方收取并支付的上述费用，不得开具增值税专用发票，可以开具普通发票。

⑧试点纳税人提供建筑服务适用简易计税方法的，以取得的全部价款和价外费用扣除支付的分包款后的余额为销售额。

⑨房地产开发企业中的一般纳税人销售其开发的房地产项目（选择简易计税方法的房地产老项目除外），以取得的全部价款和价外费用，扣除受让土地时向政府部门支付的土地价款后的余额为销售额。房地产老项目是指《建筑工程施工许可证》注明的合同开工日期在2016年4月30日前的房地产项目。

（9）销售额确定的特殊规定。

①纳税人兼营免税、减税项目的，应当分别核算免税、减税项目的销售额；未分别核算的，不得免税、减税。

②纳税人发生应税销售行为，开具增值税专用发票后，发生开票有误或者销售折让、中止、退回等情形的，应当按照国家税务总局的规定开具红字增值税专用发票；未按照规定开具红字增值税专用发票的，不得扣减销项税额或者销售额。

（10）外币销售额的折算。纳税人按人民币以外的货币结算销售额的，其销售额的人民币折合率可以选择销售额发生的当天或者当月1日的人民币外汇中间价。纳税人应在事先确定采用何种折合率，确定后在1年内不得变更。

【例题4－7】根据增值税法律制度的规定，关于计税销售额的下列表述中，正确的有（　　）。

A. 金融企业转让金融商品，按照卖出价扣除买入价后的余额为销售额

B. 银行提供贷款服务，以提供贷款服务取得的全部利息及利息性质的收入为销售额

C. 建筑企业提供建筑服务适用一般计税方法的，以取得的全部价款和价外费用扣除支付的分包款后的余额为销售额

D. 房地产开发企业销售其开发的房地产项目适用一般计税方法的，以取得的全部价款和价外费用，扣除受让土地时向政府部门支付的土地价款后的余额为销售额

【答案】ABD

【解析】根据财政部和国家税务总局发布的《营业税改征增值税试点实施办法》及相关规定，试点纳税人提供建筑服务适用简易计税方法的，以取得的全部价款和价外费用扣除支付的分包款后的余额为销售额。

4. 进项税额的确定。进项税额是指纳税人购进货物、劳务、服务、无形资产或者不动产，支付或者负担的增值税额。

（1）准予从销项税额中抵扣的进项税额。

①从销售方取得的增值税专用发票（含税控机动车销售统一发票，下同）上注明的增值税额。

②从海关取得的海关进口增值税专用缴款书上注明的增值税额。

③购进农产品，取得一般纳税人开具的增值税专用发票或者海关进口增值税专用缴款书的，以增值税专用发票或海关进口增值税专用缴款书上注明的增值税额为进项税额；从按照简易计税方法依照3%征收率计算缴纳增值税的小规模纳税人取得增值税专用发票的，以增值税专用发票上注明的金额和9%的扣除率计算进项税额；取得（开具）农产品销售发票或收购发票的，以农产品收购发票或销售发票上注明的农产品买价和9%的扣除率计算进项税额；纳税人购进用于生产或者委托加工13%税率货物的农产品，按照10%的扣除率计算进项税额。进项税额计算公式为：

$$进项税额 = 买价 \times 扣除率$$

购进农产品，按照《农产品增值税进项税额核定扣除试点实施办法》抵扣进项税额的除外。

④纳税人购进国内旅客运输服务未取得增值税专用发票的，暂按照以下规定确定进项税额：

取得增值税电子普通发票的，为发票上注明的税额；

取得注明旅客身份信息的航空运输电子客票行程单的，按照下列公式计算进项税额：

$$航空旅客运输进项税额 = (票价 + 燃油附加费) \div (1 + 9\%) \times 9\%$$

取得注明旅客身份信息的铁路车票的，按照下列公式计算进项税额：

$$铁路旅客运输进项税额 = 票面金额 \div (1 + 9\%) \times 9\%$$

取得注明旅客身份信息的公路、水路等其他客票的，按照下列公式计算进项税额：

$$公路、水路等其他旅客运输进项税额 = 票面金额 \div (1 + 3\%) \times 3\%$$

⑤自境外单位或者个人购进劳务、服务、无形资产或者境内的不动产，从税务机关或者

扣缴义务人取得的代扣代缴税款的完税凭证上注明的增值税额。

⑥原增值税一般纳税人购进货物或者接受劳务，用于《销售服务、无形资产或者不动产注释》所列项目的，不属于《增值税暂行条例》第10条规定不得抵扣进项税额的项目，其进项税额准予从销项税额中抵扣。

⑦原增值税一般纳税人购进服务、无形资产或者不动产，取得的增值税专用发票上注明的增值税额为进项税额，准予从销项税额中抵扣。

⑧原增值税一般纳税人自用的应征消费税的摩托车、汽车、游艇，其进项税额准予从销项税额中抵扣。

纳税人购进货物、劳务、服务、无形资产、不动产，取得的增值税扣税凭证不符合法律、行政法规或者国务院税务主管部门有关规定的，其进项税额不得从销项税额中抵扣。

增值税扣税凭证，是指增值税专用发票、海关进口增值税专用缴款书、农产品收购发票、农产品销售发票、完税凭证和符合规定的国内旅客运输发票。

纳税人凭完税凭证抵扣进项税额的，应当具备书面合同、付款证明和境外单位的对账单或者发票。资料不全的，其进项税额不得从销项税额中抵扣。

【例题4-8】甲公司为增值税一般纳税人，2021年9月购进国内旅客运输服务。取得的下列票据中，可以作为进项税额抵扣依据的有（　　）。

A. 增值税电子普通发票

B. 注明员工身份信息的航空运输电子客票行程单

C. 注明员工身份信息的铁路车票

D. 注明员工身份信息的公路、水路客票

【答案】ABCD

【解析】为推进增值税实质性减税，自2019年4月1日起，增值税一般纳税人购进国内旅客运输服务，取得增值税专用发票、电子普通发票、注明旅客身份信息的航空运输电子客票行程单、铁路车票和公路、水路等其他客票，可以作为进项税额的抵扣依据。

（2）不得从销项税额中抵扣的进项税额。

①用于简易计税方法计税项目、免征增值税项目、集体福利或者个人消费的购进货物、劳务、服务、无形资产和不动产。其中涉及的固定资产、无形资产、不动产，仅指专用于上述项目的固定资产、无形资产（不包括其他权益性无形资产）、不动产。

如果是既用于上述不允许抵扣项目又用于抵扣项目的，该进项税额准予全部抵扣。自2018年1月1日起，纳税人租入固定资产、不动产，既用于一般计税方法计税项目，又用于简易计税方法计税项目、免征增值税项目、集体福利或者个人消费的，其进项税额准予从销项税额中全额抵扣。

纳税人的交际应酬消费属于个人消费。

②非正常损失的购进货物，以及相关的劳务和交通运输服务。

③非正常损失的在产品、产成品所耗用的购进货物（不包括固定资产）、劳务和交通运输服务。

④非正常损失的不动产，以及该不动产所耗用的购进货物、设计服务和建筑服务。

⑤非正常损失的不动产在建工程所耗用的购进货物、设计服务和建筑服务。纳税人新建、改建、扩建、修缮、装饰不动产，均属于不动产在建工程。

⑥购进的贷款服务、餐饮服务、居民日常服务和娱乐服务。

⑦纳税人接受贷款服务向贷款方支付的与该笔贷款直接相关的投融资顾问费、手续费、咨询费等费用，其进项税额不得从销项税额中抵扣。

⑧财政部和国家税务总局规定的其他情形。

上述第④项、第⑤项所称货物，是指构成不动产实体的材料和设备。包括建筑装饰材料和给排水、采暖、卫生、通风、照明、通讯、煤气、消防、中央空调、电梯、电气、智能化楼宇设备及配套设施。

不动产、无形资产的具体范围，按照《销售服务、无形资产或者不动产注释》执行。

固定资产是指使用期限超过12个月的机器、机械、运输工具以及其他与生产经营有关的设备、工具、器具等有形动产。

非正常损失是指因管理不善造成货物被盗、丢失、霉烂变质，以及因违反法律法规造成货物或者不动产被依法没收、销毁、拆除的情形。

【例题4-9】根据增值税法律制度的规定，下列各项中，不得从销项税额中抵扣进项税额的是（　　）。

A. 购进生产用燃料所支付的增值税款

B. 不合格产品耗用材料所支付的增值税款

C. 因管理不善造成被盗材料所支付的增值税款

D. 购进不动产耗用装修材料所支付的增值税款

【答案】C

【解析】根据增值税法律制度的规定，因管理不善造成被盗、丢失、霉烂变质的损失以及被执法部门依法没收或者强令自行销毁的货物的增值税款不允许从销项税额中抵扣。

（3）进项税额抵扣的特殊规定。

①适用一般计税方法的纳税人，兼营简易计税方法计税项目、免征增值税项目而无法划分不得抵扣的进项税额，按照下列公式计算不得抵扣的进项税额：

$$\text{不得抵扣的进项税额}=\text{当期无法划分的全部进项税额}\times\left(\text{当期简易计税方法计税项目销售额}+\text{免征增值税项目销售额}\right)\div\text{当期全部销售额}$$

税务机关可以按照上述公式依据年度数据对不得抵扣的进项税额进行清算。

②一般纳税人当期购进的货物或劳务用于生产经营，其进项税额在当期销项税额中予以抵扣。但已抵扣进项税额的购进货物或劳务如果事后改变用途，用于集体福利或者个人消费、购进货物发生非正常损失、在产品或产成品发生非正常损失等，应当将该项购进货物或者劳务的进项税额从当期的进项税额中扣减；无法确定该项进项税额的，按当期外购项目的实际成本计算应扣减的进项税额。

③已抵扣进项税额的固定资产，发生不得从销项税额中抵扣情形的，应在当月按下列公式计算不得抵扣的进项税额：

$$\text{不得抵扣的进项税额}=\text{固定资产净值}\times\text{适用税率}$$

固定资产净值是指纳税人按照财务会计制度计提折旧后计算的固定资产净值。

④已抵扣进项税额的购进服务，发生不得从销项税额中抵扣情形（简易计税方法计税项目、免征增值税项目除外）的，应当将该进项税额从当期进项税额中扣减；无法确定该

进项税额的，按照当期实际成本计算应扣减的进项税额。

⑤已抵扣进项税额的无形资产，发生不得从销项税额中抵扣情形的，按照下列公式计算不得抵扣的进项税额：

$$不得抵扣的进项税额 = 无形资产净值 \times 适用税率$$

无形资产净值是指纳税人根据财务会计制度摊销后的余额。

⑥已抵扣进项税额的不动产，发生非正常损失，或者改变用途，专用于简易计税方法计税项目、免征增值税项目、集体福利或者个人消费的，按照下列公式计算不得抵扣的进项税额，并从当期进项税额中扣减：

$$不得抵扣的进项税额 = 已抵扣进项税额 \times 不动产净值率$$

$$不动产净值率 = (不动产净值 \div 不动产原值) \times 100\%$$

⑦纳税人适用一般计税方法计税的，因销售折让、中止或者退回而退还给购买方的增值税额，应当从当期的销项税额中扣减；因销售折让、中止或者退回而收回的增值税额，应当从当期的进项税额中扣减。

⑧自2019年4月1日起，增值税一般纳税人取得不动产或者不动产在建工程的进项税额不再分2年抵扣。此前按照规定尚未抵扣完毕的待抵扣进项税额，可自2019年4月税款所属期起从销项税额中抵扣。取得不动产，包括以直接购买、接受捐赠、接受投资入股、自建以及抵债等各种形式取得不动产。

⑨不得抵扣且未抵扣进项税额的固定资产、无形资产，发生用途改变，用于允许抵扣进项税额的应税项目，可在用途改变的次月按照下列公式，计算可以抵扣的进项税额：

$$可以抵扣的进项税额 = 固定资产、无形资产净值 \div (1 + 适用税率) \times 适用税率$$

上述可以抵扣的进项税额应取得合法有效的增值税扣税凭证。

⑩按照规定不得抵扣进项税额的不动产，发生改变用途，用于允许抵扣进项税额项目的，按照下列公式在改变用途的次月计算可抵扣进项税额：

$$可抵扣进项税额 = 增值税扣税凭证注明或计算的进项税额 \times 不动产净值率$$

5. 特殊纳税人应纳税额的计算。有下列情形之一者，应当按照销售额和增值税税率计算应纳税额，不得抵扣进项税额，也不得使用增值税专用发票：

（1）一般纳税人会计核算不健全，或者不能够提供准确税务资料的；

（2）应当办理一般纳税人资格登记而未办理的。

【例题4-10】某银行为增值税一般纳税人，2021年第三季度发生的有关经济业务如下：

（1）购进5台自助存取款机，取得增值税专用发票注明的金额为40万元，增值税为5.2万元；

（2）租入一处底商作为营业部，租金总额为105万元。取得增值税专用发票注明的金额为100万元，增值税为5万元；

（3）办理公司业务，收取结算手续费（含税）31.8万元；收取账户管理费（含税）26.5万元；

（4）办理贷款业务，取得利息收入（含税）1.06 亿元；

（5）吸收存款 8 亿元。

已知：该银行取得增值税专用发票均符合抵扣规定；提供金融服务适用的增值税税率为 6%。计算该银行第三季度应纳增值税税额。

【解析】根据《营业税改征增值税试点实施办法》及相关规定：（1）购进自助存取款机的进项税额允许抵扣；（2）租入办公用房的进项税额允许抵扣；（3）办理公司业务，收取的手续费和账户管理费属于直接收费金融服务，应缴纳增值税；（4）办理贷款业务收取利息收入，属于贷款服务，应缴纳增值税；（5）吸收存款不属于增值税征税范围。

计算过程：

（1）进项税额 $=5.2+5=10.2$（万元）

（2）销项税额 $=31.8\div(1+6\%)\times6\%+26.5\div(1+6\%)\times6\%+1.06\div(1+6\%)\times6\%\times10\ 000=1.8+1.5+600=603.3$（万元）

（3）应纳增值税税额 $=603.3-10.2=593.1$（万元）

【例题 4－11】某小五金制造企业为增值税一般纳税人，2021 年 10 月发生经济业务如下：

（1）购进一批原材料，取得增值税专用发票注明的金额为 50 万元，增值税为 6.5 万元。支付运费，取得增值税普通发票注明的金额为 2 万元，增值税为 0.18 万元；

（2）接受其他企业投资转入材料一批，取得增值税专用发票注明的金额为 100 万元，增值税为 13 万元；

（3）购进低值易耗品，取得增值税专用发票注明的金额为 6 万元，增值税为 0.78 万元；

（4）销售产品一批，取得不含税销售额 200 万元。另外收取包装物租金 1.13 万元；

（5）采取以旧换新方式销售产品，新产品含税售价为 7.91 万元，旧产品作价 2 万元；

（6）因仓库管理不善，上月购进的一批工具被盗。该批工具的买价为 8 万元（购进工具的进项税额已抵扣）。

已知：该企业取得增值税专用发票均符合抵扣规定；购进和销售产品适用的增值税税率为 13%。计算该企业当月应纳增值税税额。

【解析】根据增值税法律制度的规定：（1）购进材料的进项税额允许抵扣，支付运费未取得增值税专用发票，进项税额不允许抵扣；（2）接受投资的材料的进项税额和购进低值易耗品的进项税额均可以抵扣；（3）包装物租金属于价外费用，应当按照含税价换算为不含税价计算增值税销项税额；（4）以旧换新应当按照新产品的价格计算增值税销项税额；（5）购进工具因管理不善被盗，按照规定应将进项税额转出。

计算过程：

（1）进项税额 $=6.5+13+0.78=20.28$（万元）

（2）销项税额 $=200\times13\%+1.13\div(1+13\%)\times13\%+7.91\div(1+13\%)\times13\%=26+0.13+0.91=27.04$（万元）

（3）进项税额转出 $=8\times13\%=1.04$（万元）

（4）应纳增值税税额 $=27.04-20.28+1.04=7.8$（万元）

（二）简易计税方法应纳税额的计算

1. 小规模纳税人采用简易计税方法。小规模纳税人发生应税销售行为采用简易计税方法计税。应按照销售额和征收率计算应纳增值税税额，不得抵扣进项税额。其计算公式为：

$$应纳税额 = 销售额 \times 征收率$$

简易计税方法的销售额不包括其应纳税额。纳税人采用销售额和应纳税额合并定价方法的，按照下列公式计算销售额：

$$销售额 = 含税销售额 \div (1 + 征收率)$$

纳税人适用简易计税方法计税的，因销售折让、中止或者退回而退还给购买方的销售额，应当从当期销售额中扣减。扣减当期销售额后仍有余额造成多缴的税款，可以从以后的应纳税额中扣减。

2. 一般纳税人选择简易计税方法。一般纳税人发生下列应税行为可以选择适用简易计税方法计税，不允许抵扣进项税额。

（1）公共交通运输服务。包括轮客渡、公交客运、地铁、城市轻轨、出租车、长途客运、班车。

（2）经认定的动漫企业为开发动漫产品提供的动漫脚本编撰、形象设计、背景设计、动画设计、分镜、动画制作、摄制、描线、上色、画面合成、配音、配乐、音效合成、剪辑、字幕制作、压缩转码（面向网络动漫、手机动漫格式适配）服务，以及在境内转让动漫版权（包括动漫品牌、形象或者内容的授权及再授权）。

（3）电影放映服务、仓储服务、装卸搬运服务、收派服务和文化体育服务。

（4）以纳入“营改增”试点之日前取得的有形动产为标的物提供的经营租赁服务。

（5）在纳入“营改增”试点之日前签订的尚未执行完毕的有形动产租赁合同。

一般纳税人发生财政部和国家税务总局规定的特定应税行为，可以选择适用简易计税方法计税。但一经选择，36 个月内不得变更。

知识要点：一般纳税人选择简易计税方法不得抵扣进项税额。

【例题 4－12】根据增值税法律制度的规定，“营改增”试点一般纳税人发生的下列应税行为中，可以选择简易计税方法计税的有（　　）。

A. 公交客运服务　　　　B. 动画设计服务

C. 仓储服务　　　　D. 装卸搬运服务

【答案】ABCD

【解析】根据《营业税改征增值税试点实施办法》及相关规定，“营改增”试点一般纳税人提供公交客运服务、动画设计服务、仓储服务和装卸搬运服务，可以选择适用简易计税方法计税。

【例题 4－13】某企业为增值税小规模纳税人，专门从事商业咨询服务。2021 年 10 月发生以下业务：

（1）15 日，向某一般纳税人企业提供资讯信息服务，取得含增值税销售额 50.5 万元；

（2）20 日，向某小规模纳税人提供注册信息服务，取得含增值税销售额 1.01 万元；

（3）25 日，购进办公用品，支付价款 2.06 万元，并取得增值税普通发票。

已知增值税征收率为 1%。计算该企业当月应纳增值税税额。

【解析】小规模纳税人提供应税服务，采用简易计税办法计税。销售额中含有增值税款的，应换算为不含税销售额，计算应纳税额。购进货物支付的增值税款不允许抵扣。

销售额 =(50.5 +1.01)÷(1 +1%)=51（万元）

应纳增值税税额 =51 ×1% =0.51（万元）

（三）进口货物应纳税额的计算

1. 进口货物应纳税额的计算公式。纳税人进口货物，无论是一般纳税人还是小规模纳税人，均应按照组成计税价格和规定的税率计算应纳税额，不允许抵扣发生在境外的任何税金。其计算公式为：

应纳税额 = 组成计税价格 × 税率

组成计税价格的构成分两种情况：

（1）如果进口货物不征收消费税，则上述公式中组成计税价格的计算公式为：

组成计税价格 = 关税完税价格 + 关税

（2）如果进口货物征收消费税，则上述公式中组成计税价格的计算公式为：

组成计税价格 = 关税完税价格 + 关税 + 消费税

2. 关税完税价格的确定。一般贸易下进口货物的关税完税价格以海关审定的成交价格为基础的到岸价格作为完税价格。所谓成交价格是指一般贸易项下进口货物的买方为购买该项货物向卖方实际支付或应当支付的价格；到岸价格，包括货价，加上货物运抵我国关境内输入地点起卸前的包装费、运费、保险费和其他劳务费等费用构成的一种价格。

特殊贸易下进口的货物，由于进口时没有"成交价格"可作依据，为此《进出口关税条例》对这些进口货物制定了确定其完税价格的具体办法。

关于消费税和关税的计算方法详见本章第三节消费税法律制度和第六节关税法律制度有关内容。

知识要点：进口环节缴纳的增值税作为国内销售环节的进项税额抵扣。

【例题4－14】某外贸公司为增值税一般纳税人，2021年9月从国外进口一批普通商品，海关核定的关税完税价格为200万元。已知进口关税税率为10%，增值税税率为13%。计算该公司进口环节应纳增值税税额。

【解析】根据增值税法律制度的规定，进口货物应纳增值税额，按照组成计税价格和规定税率计算。

（1）进口环节应纳关税税额 =200 ×10% =20（万元）

（2）进口环节应纳增值税税额 =(200 +20)×13% =28.6（万元）

【例题4－15】某公司为增值税一般纳税人，2021年10月从国外进口一批高档化妆品，海关核定的关税完税价格为300万元，已纳关税40万元。已知消费税税率为15%，增值税税率为13%。计算该公司进口环节应纳增值税税额。

【解析】根据增值税法律制度的规定，进口货物如果缴纳消费税，则计算增值税应纳税额时，组成的计税价格中含有消费税税款。

（1）进口环节应纳消费税税额 =(300 +40)÷(1 －15%)×15%

=400 ×15% =60（万元）

（2）组成计税价格 =300 +40 +60 =400（万元）

（3）进口环节应纳增值税税额 $=400\times13\%=52$（万元）

（四）应扣缴税额的计算

境外单位或者个人在境内发生应税销售行为，在境内未设有经营机构的，扣缴义务人按照下列公式计算应扣缴税额：

$$应扣缴税额=购买方支付的价款\div(1+税率)\times税率$$

五、增值税税收优惠

（一）增值税免税项目

1. 农业生产者销售的自产农产品。
2. 避孕药品和用具。
3. 古旧图书。古旧图书，是指向社会收购的古书和旧书。
4. 直接用于科学研究、科学试验和教学的进口仪器、设备。
5. 外国政府、国际组织无偿援助的进口物资和设备。
6. 由残疾人的组织直接进口供残疾人专用的物品。
7. 销售自己使用过的物品。自己使用过的物品，是指其他个人自己使用过的物品。

（二）"营改增"试点税收优惠

1. 免征增值税项目。

（1）托儿所、幼儿园提供的保育和教育服务。托儿所、幼儿园，是指经县级以上教育部门审批成立、取得办园许可证的实施0~6岁学前教育的机构。包括公办和民办的托儿所、幼儿园、学前班、幼儿班、保育院、幼儿园。

公办托儿所、幼儿园免征增值税的收入，是指在省级财政部门和价格主管部门审核报省级人民政府批准的收费标准以内收取的教育费、保育费。

民办托儿所、幼儿园免征增值税的收入，是指在报经当地有关部门备案并公示的收费标准范围内收取的教育费、保育费。

超过规定收费标准的收费，以开办实验班、特色班和兴趣班等为由另外收取的费用以及与幼儿入园挂钩的赞助费、支教费等超过规定范围的收入，不属于免征增值税的收入。

（2）养老机构提供的养老服务。养老机构是指依照民政部《养老机构设立许可办法》设立并依法办理登记的为老年人提供集中居住和照料服务的各类养老机构；养老服务是指上述养老机构按照民政部《养老机构管理办法》的规定，为收住的老年人提供的生活照料、康复护理、精神慰藉、文化娱乐等服务。

（3）残疾人福利机构提供的育养服务。

（4）婚姻介绍服务。

（5）殡葬服务。

（6）残疾人员本人为社会提供的服务。

（7）医疗机构提供的医疗服务。

（8）从事学历教育的学校提供的教育服务。

①学历教育是指受教育者经过国家教育考试或者国家规定的其他入学方式，进入国家有关部门批准的学校或者其他教育机构学习，获得国家承认的学历证书的教育形式。具体包括：

初等教育：普通小学、成人小学。

初级中等教育：普通初中、职业初中、成人初中。

高级中等教育：普通高中、成人高中和中等职业学校（包括普通中专、成人中专、职业高中、技工学校）。

高等教育：普通本专科、成人本专科、网络本专科、研究生（博士、硕士）、高等教育自学考试、高等教育学历文凭考试。

②从事学历教育的学校是指：

普通学校。

经地（市）级以上人民政府或者同级政府的教育行政部门批准成立、国家承认其学员学历的各类学校。

经省级及以上人力资源社会保障行政部门批准成立的技工学校、高级技工学校。

经省级人民政府批准成立的技师学院。

上述学校均包括符合规定的从事学历教育的民办学校，但不包括职业培训机构等国家不承认学历的教育机构。

③提供教育服务免征增值税的收入，是指对列入规定招生计划的在籍学生提供学历教育服务取得的收入。具体包括：经有关部门审核批准并按规定标准收取的学费、住宿费、课本费、作业本费、考试报名费收入，以及学校食堂提供餐饮服务取得的伙食费收入。除此之外的收入，包括学校以各种名义收取的赞助费、择校费等，不属于免征增值税的范围。

（9）学生勤工俭学提供的服务。

（10）农业机耕、排灌、病虫害防治、植物保护、农牧保险以及相关技术培训业务，家禽、牲畜、水生动物的配种和疾病防治。

农业机耕是指在农业、林业、牧业中使用农业机械进行耕作（包括耕耘、种植、收割、脱粒、植物保护等）的业务；排灌是指对农田进行灌溉或者排涝的业务；病虫害防治是指从事农业、林业、牧业、渔业的病虫害测报和防治的业务；农牧保险是指为种植业、养殖业、牧业种植和饲养的动植物提供保险的业务；相关技术培训是指与农业机耕、排灌、病虫害防治、植物保护业务相关以及为使农民获得农牧保险知识的技术培训业务；家禽、牲畜、水生动物的配种和疾病防治业务的免税范围，包括与该项服务有关的提供药品和医疗用具的业务。

（11）纪念馆、博物馆、文化馆、文物保护单位管理机构、美术馆、展览馆、书画院、图书馆在自己的场所提供文化体育服务取得的第一道门票收入。

（12）寺院、宫观、清真寺和教堂举办文化、宗教活动的门票收入。

（13）行政单位之外的其他单位收取的符合《营业税改征增值税试点实施办法》第10条规定条件的政府性基金和行政事业性收费。

（14）个人转让著作权。

（15）个人销售自建自用住房。

（16）台湾航运公司、航空公司从事海峡两岸海上直航、空中直航业务在大陆取得的运输收入。

（17）纳税人提供的直接或者间接国际货物运输代理服务。

（18）符合规定条件的贷款、债券利息收入。

（19）被撤销金融机构以货物、不动产、无形资产、有价证券、票据等财产清偿债务。

（20）保险公司开办的一年期以上人身保险产品取得的保费收入。

（21）符合规定条件的金融商品转让收入。

（22）金融同业往来利息收入。

（23）同时符合规定条件的担保机构从事中小企业信用担保或者再担保业务取得的收入（不含信用评级、咨询、培训等收入）3 年内免征增值税。

（24）国家商品储备管理单位及其直属企业承担商品储备任务，从中央或者地方财政取得的利息补贴收入和价差补贴收入。

（25）纳税人提供技术转让、技术开发和与之相关的技术咨询、技术服务。

（26）同时符合规定条件的合同能源管理服务。

（27）政府举办的从事学历教育的高等、中等和初等学校（不含下属单位），举办进修班、培训班取得的全部归该学校所有的收入。

（28）政府举办的职业学校设立的主要为在校学生提供实习场所并由学校出资自办、由学校负责经营管理、经营收入归学校所有的企业，从事《销售服务、无形资产或者不动产注释》中“现代服务”（不含融资租赁服务、广告服务和其他现代服务）、“生活服务”（不含文化体育服务、其他生活服务和桑拿、氧吧）业务活动取得的收入。

（29）家政服务企业由员工制家政服务员提供家政服务取得的收入。

（30）福利彩票、体育彩票的发行收入。

（31）军队空余房产租赁收入。

（32）为了配合国家住房制度改革，企业、行政事业单位按房改成本价、标准价出售住房取得的收入。

（33）将土地使用权转让给农业生产者用于农业生产。

（34）涉及家庭财产分割的个人无偿转让不动产、土地使用权。

（35）土地所有者出让土地使用权和土地使用者将土地使用权归还给土地所有者。

（36）县级以上地方人民政府或自然资源行政主管部门出让、转让或收回自然资源使用权（不含土地使用权）。

（37）随军家属就业。

（38）军队转业干部就业。

（39）提供社区养老、抚育、家政等服务取得的收入。

2. 增值税即征即退。

（1）一般纳税人提供管道运输服务，对其增值税实际税负超过 3% 的部分实行增值税即征即退政策。

（2）经人民银行、银监会或者商务部批准从事融资租赁业务的试点纳税人中的一般纳税人，提供有形动产融资租赁服务和有形动产融资性售后回租服务，对其增值税实际税负超过 3% 的部分实行增值税即征即退政策。

（3）增值税实际税负是指纳税人当期提供应税服务实际缴纳的增值税额占纳税人当期提供应税服务取得的全部价款和价外费用的比例。

3. 扣减增值税规定。

（1）退役士兵创业就业。自主就业退役士兵从事个体经营的，自办理个体工商户登记当月起，在3年（即36个月，下同）内按每户每年12 000元为限额依次扣减其当年实际应缴纳的增值税、城市维护建设税、教育费附加、地方教育附加和个人所得税。限额标准最高可上浮20%。各省、自治区、直辖市人民政府可根据本地区实际情况在此幅度内确定具体限额标准。

纳税人年度应缴纳税款小于上述扣减限额的，减免税额以其实际缴纳的税额为限；大于上述扣减限额的，以上述扣减限额为限。纳税人的实际经营期不足1年的，应当按月换算其减免税限额。换算公式为：

$$减免税限额 = 年度减免税限额 \div 12 \times 实际经营月数$$

城市维护建设税、教育费附加、地方教育附加的计税依据是享受本项税收优惠政策前的增值税应纳税额。

企业招用自主就业退役士兵，与其签订1年以上期限劳动合同并依法缴纳社会保险费的，自签订劳动合同并缴纳社会保险当月起，在3年内按实际招用人数予以定额依次扣减增值税、城市维护建设税、教育费附加、地方教育附加和企业所得税优惠。定额标准为每人每年6 000元，最高可上浮50%。各省、自治区、直辖市人民政府可根据本地区实际情况在此幅度内确定具体定额标准。

企业按招用人数和签订的劳动合同时间核算企业减免税总额，在核算减免税总额内每月依次扣减增值税、城市维护建设税、教育费附加和地方教育附加。企业实际应缴纳的增值税、城市维护建设税、教育费附加和地方教育附加小于核算减免税总额的，以实际应缴纳的增值税、城市维护建设税、教育费附加和地方教育附加为限；实际应缴纳的增值税、城市维护建设税、教育费附加和地方教育附加大于核算减免税总额的，以核算减免税总额为限。

纳税年度终了，如果企业实际减免的增值税、城市维护建设税、教育费附加和地方教育附加小于核算减免税总额的，企业在企业所得税汇算清缴时以差额部分扣减企业所得税；当年扣减不完的，不再结转以后年度扣减。

自主就业退役士兵在企业工作不满1年的，应当按月换算减免税限额。计算公式为：

$$\begin{matrix}企业核算减\\免税总额\end{matrix} = \frac{\sum 每名自主就业退役士兵}{本年度在本单位工作月份} \div 12 \times 具体定额标准$$

城市维护建设税、教育费附加、地方教育附加的计税依据是享受本项税收优惠政策前的增值税应纳税额。

（2）重点群体创业就业。建档立卡贫困人口、持《就业创业证》（注明“自主创业税收政策”或“毕业年度内自主创业税收政策”）或《就业失业登记证》（注明“自主创业税收政策”）的人员，从事个体经营的，自办理个体工商户登记当月起，在3年内按每户每年12 000元为限额依次扣减其当年实际应缴纳的增值税、城市维护建设税、教育费附加、地方教育附加和个人所得税。限额标准最高可上浮20%。各省、自治区、直辖市人民政府可根据本地区实际情况在此幅度内确定具体限额标准。

企业招用建档立卡贫困人口，以及在人力资源社会保障部门公共就业服务机构登记失业半年以上且持《就业创业证》或《就业失业登记证》（注明“企业吸纳税收政策”）的人员，与其签订1年以上期限劳动合同并依法缴纳社会保险费的，自签订劳动合同并缴纳社会保险当月起，在3年内按实际招用人数予以定额依次扣减增值税、城市维护建设税、教育费附加、地方教育附加和企业所得税优惠。定额标准为每人每年6 000元，最高可上浮30%。各省、自治区、直辖市人民政府可根据本地区实际情况在此幅度内确定具体定额标准。城市维护建设税、教育费附加、地方教育附加的计税依据是享受本项税收优惠政策前的增值税应纳税额。

4. 金融企业发放贷款利息税收优惠。金融企业发放贷款后，自结息日起90日内发生的应收未收利息按现行规定缴纳增值税；自结息日起90日后发生的应收未收利息暂不缴纳增值税，待实际收到利息时按规定缴纳增值税。

5. 个人销售住房税收优惠。北京市、上海市、广州市和深圳市之外的地区，个人将购买不足2年的住房对外销售的，按照5%的征收率全额缴纳增值税；个人将购买2年以上（含2年）的住房对外销售的，免征增值税。

北京市、上海市、广州市和深圳市的个人将购买不足2年的住房对外销售的，按照5%的征收率全额缴纳增值税；个人将购买2年以上（含2年）的非普通住房对外销售的，以销售收入减去购买住房价款后的差额按照5%的征收率缴纳增值税；个人将购买2年以上（含2年）的普通住房对外销售的，免征增值税。

深圳市自2020年7月15日起；上海市自2021年1月22日起；广州市9个区自2021年4月21日起，将个人住房转让增值税征免年限由2年调整到5年。

（三）跨境行为免征增值税的政策规定

境内的单位和个人销售的下列服务和无形资产免征增值税，但财政部和国家税务总局规定适用增值税零税率的除外。

1. 下列服务：

（1）工程项目在境外的建筑服务。

（2）工程项目在境外的工程监理服务。

（3）工程、矿产资源在境外的工程勘察勘探服务。

（4）会议展览地点在境外的会议展览服务。

（5）存储地点在境外的仓储服务。

（6）标的物在境外使用的有形动产租赁服务。

（7）在境外提供的广播影视节目（作品）的播映服务。

（8）在境外提供的文化体育服务、教育医疗服务、旅游服务。

2. 为出口货物提供的邮政服务、收派服务、保险服务。为出口货物提供的保险服务，包括出口货物保险和出口信用保险。

3. 向境外单位提供的完全在境外消费的下列服务和无形资产：

（1）电信服务。

（2）知识产权服务。

（3）物流辅助服务（仓储服务、收派服务除外）。

（4）鉴证咨询服务。

（5）专业技术服务。

（6）商务辅助服务。

（7）广告投放地在境外的广告服务。

（8）无形资产。

4. 以无运输工具承运方式提供的国际运输服务。

5. 为境外单位之间的货币资金融通及其他金融业务提供的直接收费金融服务，且该服务与境内的货物、无形资产和不动产无关。

6. 财政部和国家税务总局规定的其他服务。

（四）起征点

纳税人发生应税销售行为的销售额未达到增值税起征点的，免征增值税；达到起征点的，全额计算缴纳增值税。

增值税起征点的适用范围限于个人，且不适用于登记为一般纳税人的个体工商户。起征点的幅度规定如下：

1. 按期纳税的，为月销售额5 000～20 000元（含本数）。

2. 按次纳税的，为每次（日）销售额300～500元（含本数）。

起征点的调整由财政部和国家税务总局规定。省、自治区、直辖市财政厅（局）和税务局应当在规定的幅度内，根据实际情况确定本地区适用的起征点，并报财政部和国家税务总局备案。

（五）小规模纳税人免税规定

1. 自2021年4月1日至2022年12月31日，增值税小规模纳税人发生增值税应税销售行为，合计月销售额未超过15万元的，免征增值税。其中，以1个季度为纳税期限的增值税小规模纳税人，季度销售额未超过45万元的，免征增值税。

小规模纳税人发生增值税应税销售行为，合计月销售额超过15万元，但扣除本期发生的销售不动产的销售额后未超过15万元的，其销售货物、劳务、服务、无形资产取得的销售额免征增值税。

2. 其他个人采取一次性收取租金形式出租不动产，取得的租金收入，可在租金对应的租赁期内平均分摊。分摊后的月租金收入不超过15万元的，免征增值税。

3. 按照现行规定应当预缴增值税税款的小规模纳税人，凡在预缴地实现的月销售额未超过15万元的，当期无需预缴税款。

（六）其他减免税规定

1. 纳税人兼营免税、减税项目的，应当分别核算免税、减税项目的销售额；未分别核算销售额的，不得免税、减税。

2. 纳税人发生应税销售行为适用免税规定的，可以放弃免税，依照《增值税暂行条例》或者《营业税改征增值税试点实施办法》的规定缴纳增值税。放弃免税后，36个月内不得再申请免税。

3. 纳税人发生应税销售行为同时适用免税和零税率规定的，纳税人可以选择适用免税或者零税率。

六、增值税征收管理

（一）纳税义务发生时间

1. 纳税人发生应税销售行为，为收讫销售款项或者取得索取销售款项凭据的当天；先开具发票的，为开具发票的当天。具体为：

（1）采取直接收款方式销售货物，不论货物是否发出，均为收到销售款或者取得索取销售款凭据的当天。

纳税人生产经营活动中采取直接收款方式销售货物，已将货物移送对方并暂估销售收入入账，但既未取得销售款或取得索取销售款凭据也未开具销售发票的，其纳税义务发生时间为取得销售款或取得索取销售款凭据的当天；先开具发票的，为开具发票的当天。

（2）采取托收承付和委托银行收款方式销售货物，为发出货物并办妥托收手续的当天。

（3）采取赊销和分期收款方式销售货物，为书面合同约定的收款日期的当天；无书面合同的或者书面合同没有约定收款日期的，为货物发出的当天。

（4）采取预收货款方式销售货物，为货物发出的当天。但生产销售生产工期超过 12 个月的大型机械设备、船舶、飞机等货物，为收到预收款或者书面合同约定的收款日期的当天。

（5）委托其他纳税人代销货物，为收到代销单位的代销清单或者收到全部或部分货款的当天。未收到代销清单及货款的，为发出代销货物满 180 天的当天。

（6）纳税人提供租赁服务采取预收款方式的，其纳税义务发生时间为收到预收款的当天。

（7）纳税人从事金融商品转让的，为金融商品所有权转移的当天。

（8）纳税人发生相关视同销售货物行为，为货物移送的当天。

（9）纳税人发生视同销售劳务、服务、无形资产、不动产情形的，其纳税义务发生时间为劳务、服务、无形资产转让完成的当天或者不动产权属变更的当天。

2. 纳税人进口货物，其纳税义务发生时间为报关进口的当天。

3. 增值税扣缴义务发生时间为纳税人增值税纳税义务发生的当天。

（二）纳税地点

1. 固定业户应当向其机构所在地的税务机关申报纳税。总机构和分支机构不在同一县（市）的，应当分别向各自所在地的税务机关申报纳税；经国务院财政、税务部门或者其授权的财政、税务机关批准，可以由总机构汇总向总机构所在地的税务机关申报纳税。

2. 固定业户到外县（市）销售货物或者劳务，应当向其机构所在地的税务机关报告外出经营事项，并向其机构所在地的税务机关申报纳税；未报告的，应当向销售地或者劳务发生地的税务机关申报纳税；未向销售地或者劳务发生地的税务机关申报纳税的，由其机构所在地的税务机关补征税款。

3. 非固定业户销售货物或者劳务，应当向销售地或者劳务发生地的税务机关申报纳税；未向销售地或者劳务发生地的税务机关申报纳税的，由其机构所在地或者居住地的税务机关补征税款。

4. 进口货物，应当向报关地海关申报纳税。

5. 其他个人提供建筑服务，销售或者租赁不动产，转让自然资源使用权，应向建筑服务发生地、不动产所在地、自然资源所在地税务机关申报纳税。

6. 扣缴义务人应当向其机构所在地或者居住地的税务机关申报缴纳其扣缴的税款。

（三）纳税期限

增值税的纳税期限分别为1日、3日、5日、10日、15日、1个月或者1个季度。

纳税人的具体纳税期限，由税务机关根据纳税人应纳税额的大小分别核定；不能按照固定期限纳税的，可以按次纳税。以1个季度为纳税期限的规定适用于小规模纳税人、银行、财务公司、信托投资公司、信用社，以及财政部和国家税务总局规定的其他纳税人。

纳税人以1个月或者1个季度为1个纳税期的，自期满之日起15日内申报纳税；以1日、3日、5日、10日或者15日为1个纳税期的，自期满之日起5日内预缴税款，于次月1日起15日内申报纳税并结清上月应纳税款。

扣缴义务人解缴税款的期限，依照上述规定执行。

纳税人进口货物，应当自海关填发进口增值税专用缴款书之日起15日内缴纳税款。

【例题4－16】根据增值税法律制度的规定，下列关于增值税纳税义务发生时间的表述中，正确的有（　　）。

A. 纳税人发生视同销售货物行为，为货物移送的当天

B. 销售劳务，为提供劳务同时收讫销售款或者取得索取销售款的凭据的当天

C. 纳税人进口货物，为从海关提货的当天

D. 采取委托收款方式销售货物，为发出货物的当天

【答案】AB

【解析】根据增值税法律制度的规定，纳税人进口货物，为报关进口的当天；采取委托收款方式销售货物，为发出货物并办妥托收手续的当天。

【例题4－17】某房地产企业采取预收款方式销售不动产，其纳税义务发生时间为收到预收款的当天。（　　）

【答案】×

【解析】根据《营业税改征增值税试点实施办法》以及相关规定，纳税人提供租赁服务采取预收款方式的，其纳税义务发生时间为收到预收款的当天，不包括提供建筑服务和销售不动产；销售不动产，其纳税义务发生时间为不动产权属变更的当天。

七、增值税专用发票使用规定

（一）专用发票的概念

增值税专用发票是增值税一般纳税人发生应税销售行为开具的发票，是购买方支付增值税额并可按照增值税有关规定据以抵扣增值税进项税额的凭证。

一般纳税人应通过增值税防伪税控系统使用专用发票。使用包括领购、开具、缴销、认证、稽核比对专用发票及其相应的数据电文。

（二）专用发票的联次及用途

专用发票由基本联次或者基本联次附加其他联次构成。基本联次为3联，分别为：

1. 发票联。作为购买方核算采购成本和增值税进项税额的记账凭证。

2. 抵扣联。作为购买方报送主管税务机关认证和留存备查的扣税凭证。

3. 记账联。作为销售方核算销售收入和增值税销项税额的记账凭证。

其他联次用途由一般纳税人自行确定。自 2014 年 8 月 1 日起启用新版增值税纸质专用发票。

（三）专用发票的领购

一般纳税人领购专用设备后，凭《最高开票限额申请表》《发票领购簿》到税务机关办理初始发行。初始发行是指税务机关将一般纳税人的企业名称，纳税人识别号，开票限额，购票限量，购票人员姓名、密码，开票机数量，国家税务总局规定的其他信息等载入空白金税盘和 IC 卡的行为。一般纳税人凭《发票领购簿》、金税盘（或 IC 卡）和经办人身份证明领购专用发票。

一般纳税人有下列情形之一的，不得领购开具专用发票：

1. 会计核算不健全，不能向税务机关准确提供增值税销项税额、进项税额、应纳税额数据及其他有关增值税税务资料的。

2. 有《税收征管法》规定的税收违法行为，拒不接受税务机关处理的。

3. 有下列行为之一，经税务机关责令限期改正而仍未改正的：

（1）虚开增值税专用发票；

（2）私自印制专用发票；

（3）向税务机关以外的单位和个人买取专用发票；

（4）借用他人专用发票；

（5）未按规定开具专用发票；

（6）未按规定保管专用发票和专用设备；

（7）未按规定申请办理防伪税控系统变更发行；

（8）未按规定接受税务机关检查。

有上列情形的，如已领购专用发票，税务机关应暂扣其结存的专用发票和 IC 卡。

（四）专用发票的使用管理

1. 专用发票开票限额。专用发票实行最高开票限额管理。最高开票限额是指单份专用发票开具的销售额合计数不得达到的上限额度。

最高开票限额由一般纳税人申请，区县税务机关依法审批。一般纳税人申请最高开票限额时，需填报《增值税专用发票最高开票限额申请单》。主管税务机关受理纳税人申请以后，根据需要进行实地查验。实地查验的范围和方法由各省税务机关确定。自 2014 年 5 月 1 日起，一般纳税人申请增值税专用发票最高开票限额不超过 10 万元的，主管税务机关不需要事前进行实地查验。

2. 专用发票开具范围。一般纳税人发生应税销售行为，应当向索取增值税专用发票的购买方开具专用发票。属于下列情形之一的，不得开具增值税专用发票：

（1）商业企业一般纳税人零售烟、酒、食品、服装、鞋帽（不包括劳保专用部分）、化妆品等消费品的；

（2）应税销售行为的购买方为消费者个人的；

（3）发生应税销售行为适用免税规定的。

3. 专用发票开具要求。

（1）项目齐全，与实际交易相符；

（2）字迹清楚，不得压线、错格；

（3）发票联和抵扣联加盖财务专用章或者发票专用章；

（4）按照增值税纳税义务的发生时间开具。

【例题 4－18】 下列业务中，一般纳税人允许开具增值税专用发票的是（　　）。

A. 向个人提供餐饮服务　　B. 向某科技公司零售烟酒、食品

C. 向一般纳税人销售货物　　D. 向个人销售房屋

【答案】C

【解析】根据增值税法律制度的规定，选项 ABD 三种情形不允许开具专用发票。

（五）新办纳税人实行增值税电子专用发票

1. 自 2020 年 12 月 21 日起，在天津、河北、上海、江苏、浙江、安徽、广东、重庆、四川、宁波和深圳等 11 个地区的新办纳税人中实行专票电子化，受票方范围为全国。其中，宁波、石家庄和杭州等 3 个地区已试点纳税人开具增值税电子专用专票（以下简称电子专票）的受票方范围扩至全国。

自 2021 年 1 月 21 日起，在北京、山西、内蒙古、辽宁、吉林、黑龙江、福建、江西、山东、河南、湖北、湖南、广西、海南、贵州、云南、西藏、陕西、甘肃、青海、宁夏、新疆、大连、厦门和青岛等 25 个地区的新办纳税人中实行专票电子化，发票方范围为全国。

2. 电子专票由各省税务局监制，采用电子签名代替发票专用章，属于增值税专用发票。其法律效力、基本用途、基本使用规定等与增值税专用发票（以下简称纸质专票）相同。

3. 自各地专票电子化实行之日起，本地区需要开具增值税纸质普通发票、增值税电子普通发票、纸质专票，电子专票、纸质机动车销售统一发票和纸质二手车统一销售发票的新办纳税人，统一领取税务 UKey 开具发票。税务机关向新办纳税人免费发放税务 UKey，并依托增值税电子发票公共服务平台，为纳税人提供免费的电子专票开具服务。

4. 税务机关按照电子专票和纸质专票的合计数，为纳税人核定增值税专用发票领用数量。电子专票和纸质专票的增值税专用发票（增值税税控系统）最高开票限额应当相同。

5. 纳税人开具增值税专用发票，既可以开具电子专票，也可以开具纸质专票。受票方索取纸质专票的，开票方应当开具纸质专票。

任务三　消费税法律制度

消费税是对特定的某些消费品和消费行为征收的一种间接税。

一、消费税纳税人

在中华人民共和国境内生产、委托加工和进口《消费税暂行条例》规定的消费品的单

位和个人，以及国务院确定的销售《消费税暂行条例》规定的消费品的其他单位和个人，为消费税的纳税人。

由于消费税是在对所有货物普遍征收增值税的基础上选择部分消费品征收的，因此，消费税纳税人同时也是增值税纳税人。

二、消费税征税范围

（一）生产应税消费品

1. 生产销售应税消费品。纳税人生产的应税消费品，于纳税人销售时纳税。

2. 自产自用应税消费品。

（1）纳税人自产自用的应税消费品，用于连续生产应税消费品的，不纳税；用于其他方面的，于移送使用时纳税。

（2）用于连续生产应税消费品，是指纳税人将自产自用应税消费品作为直接材料生产最终应税消费品。自产自用应税消费品构成最终应税消费品的实体。

（3）用于其他方面，是指纳税人将自产自用的应税消费品用于生产非应税消费品、在建工程、管理部门、非生产机构、提供劳务、馈赠、赞助、集资、广告、样品、职工福利、奖励等方面。

3. 视为生产销售应税消费品。工业企业以外的单位和个人的下列行为视为应税消费品的生产行为，按规定征收消费税：

（1）将外购的消费税非应税产品以消费税应税产品对外销售的；

（2）将外购的消费税低税率应税产品以高税率应税产品对外销售的。

（二）委托加工应税消费品

1. 委托加工应税消费品的含义。委托加工的应税消费品，是指由委托方提供原料和主要材料，受托方只收取加工费和代垫部分辅助材料加工的应税消费品。对于由受托方提供原材料生产的应税消费品，或者受托方先将原材料卖给委托方，然后再接受加工的应税消费品，以及由受托方以委托方名义购进原材料生产的应税消费品，不论在财务上是否作为销售处理，都不得作为委托加工应税消费品，而应当按照销售自制应税消费品缴纳消费税。

2. 委托加工应税消费品的纳税人与扣缴义务人。委托加工的应税消费品，除受托方为个人外，由受托方在向委托方交货时代收代缴消费税。委托个人加工的应税消费品，由委托方收回后缴纳消费税。

3. 委托加工应税消费品的纳税义务。

（1）委托加工的应税消费品，委托方用于连续生产应税消费品的，所纳税款准予按规定抵扣。

（2）委托方将收回的应税消费品，以不高于受托方的计税价格出售的，为直接出售，不再缴纳消费税。

（3）委托方以高于受托方的计税价格出售的，不属于直接出售，需按照规定申报缴纳消费税，在计税时准予扣除受托方已代收代缴的消费税。

（三）进口应税消费品

单位和个人进口应税消费品，于报关进口时缴纳消费税。为了减少征税成本，进口环节缴纳的消费税由海关代征。

（四）零售应税消费品

1. 商业零售金银首饰。自 1995 年 1 月 1 日起，金银首饰消费税由生产销售环节征收改为零售环节征收。改在零售环节征收消费税的金银首饰仅限于金基、银基合金首饰以及金、银和金基、银基合金的镶嵌首饰。自 2002 年 1 月 1 日起，对钻石及钻石饰品消费税的纳税环节由生产环节、进口环节后移至零售环节。自 2003 年 5 月 1 日起，铂金首饰消费税改为零售环节征税。

下列业务视同零售业，在零售环节缴纳消费税：

（1）为经营单位以外的单位和个人加工金银首饰。加工包括带料加工、翻新改制、以旧换新等业务，不包括修理和清洗。

（2）经营单位将金银首饰用于馈赠、赞助、集资、广告样品、职工福利、奖励等方面。

（3）未经中国人民银行总行批准，经营金银首饰批发业务的单位将金银首饰销售给经营单位。

2. 零售超豪华小汽车。自 2016 年 12 月 1 日起，对超豪华小汽车在生产（进口）环节按现行税率征收消费税的基础上，在零售环节加征消费税，将超豪华小汽车销售给消费者的单位和个人为超豪华小汽车零售环节纳税人。

（五）批发销售卷烟

自 2015 年 5 月 10 日起，将卷烟批发环节从价税税率由 5% 提高至 11%，并按 0.005 元/支加征从量税。

烟草批发企业将卷烟销售给其他烟草批发企业的，不缴纳消费税。

卷烟消费税改为在生产和批发两个环节征收后，批发企业在计算应纳税额时不得扣除已含的生产环节的消费税税款。

纳税人兼营卷烟批发和零售业务的，应当分别核算批发和零售环节的销售额、销售数量；未分别核算批发和零售环节销售额、销售数量的，按照全部销售额、销售数量计征批发环节消费税。

【例题 4 – 19】根据消费税法律制度的规定，下列关于消费税征收范围的表述中，正确的有（　　）。

A. 纳税人自产自用的应税消费品，用于连续生产应税消费品的，不缴纳消费税

B. 纳税人将自产自用的应税消费品用于馈赠、赞助的，缴纳消费税

C. 委托加工的应税消费品，受托方在交货时已代收代缴消费税，委托方收回后直接销售的，再缴纳一道消费税

D. 卷烟在生产和批发两个环节均征收消费税

【答案】ABD

【解析】根据消费税法律制度的规定，委托加工的应税消费品，受托方在交货时已代收

代缴消费税，委托方收回后直接销售的，不再缴纳消费税。

三、消费税税目

根据《消费税暂行条例》的规定，消费税税目共有15个。具体内容如下：

（一）烟

凡是以烟叶为原料加工生产的产品，不论使用何种辅料，均属于本税目的征收范围。具体包括3个子目，分别是：

1. 卷烟，包括甲类卷烟和乙类卷烟。

（1）甲类卷烟，是指每标准条（200支）调拨价格在70元（不含增值税）以上（含70元）的卷烟。

（2）乙类卷烟，是指每标准条（200支）调拨价格在70元（不含增值税）以下的卷烟。

2. 雪茄烟的征收范围包括各种规格、型号的雪茄烟。

3. 烟丝的征收范围包括以烟叶为原料加工生产的不经卷制的散装烟。

（二）酒

酒，包括白酒、黄酒、啤酒和其他酒。

1. 白酒，包括粮食白酒和薯类白酒。

（1）粮食白酒是指以高粱、玉米、大米、糯米、大麦、小麦、青稞等各种粮食为原料，经过糖化、发酵后，采用蒸馏方法酿制的白酒。

（2）薯类白酒是指以白薯（红薯、地瓜）、木薯、马铃薯、芋头、山药等各种干鲜薯类为原料，经过糖化、发酵后，采用蒸馏方法酿制的白酒。用甜菜酿制的白酒，比照薯类白酒征税。

2. 黄酒，是指以糯米、粳米、籼米、大米、黄米、玉米、小麦、薯类等为原料，经加温、糖化、发酵、压榨酿制的酒。包括各种原料酿制的黄酒和酒度超过12度（含12度）的土甜酒。

3. 啤酒，分为甲类啤酒和乙类啤酒。是指以大麦或其他粮食为原料，加入啤酒花，经糖化、发酵、过滤酿制的含有二氧化碳的酒。

对饮食业、商业、娱乐业举办的啤酒屋（啤酒坊）利用啤酒生产设备生产的啤酒，应当征收消费税。

4. 其他酒，是指除粮食白酒、薯类白酒、黄酒、啤酒以外，酒度在1度以上的各种酒。其征收范围包括糠麸白酒、其他原料白酒、土甜酒、复制酒、果木酒、汽酒、药酒、葡萄酒等。

对以黄酒为酒基生产的配制或泡制酒，按其他酒征收消费税。调味料酒不征消费税。

（三）高档化妆品

本税目征收范围包括高档美容、修饰类化妆品、高档护肤类化妆品和成套化妆品。

高档美容、修饰类化妆品和高档护肤类化妆品是指生产（进口）环节销售（完税）价格（不含增值税）在10元/毫升（克）或15元/片（张）及以上的美容、修饰类化妆品和护肤类化妆品。

舞台、戏剧、影视演员化妆用的上妆油、卸妆油、油彩，不属于本税目的征收范围。

（四）贵重首饰及珠宝玉石

本税目的征税范围包括各种金银珠宝首饰和经采掘、打磨、加工的各种珠宝玉石。

1. 金银首饰、铂金首饰和钻石及钻石饰品。金银首饰、铂金首饰和钻石及钻石饰品，包括凡以金、银、白金、宝石、珍珠、钻石、翡翠、珊瑚、玛瑙等高贵稀有物质以及其他金属、人造宝石等制作的各种纯金银首饰及镶嵌首饰（含人造金银、合成金银首饰）等。

2. 其他贵重首饰和珠宝玉石，包括钻石、珍珠、松石、青金石、欧泊石、橄榄石、长石、玉、石英、玉髓、石榴石、锆石、尖晶石、黄玉、碧玺、金禄玉、绿柱石、刚玉、琥珀、珊瑚、煤玉、龟甲、合成刚玉、合成玉石、双合石以及玻璃仿制品等。

宝石坯是经采掘、打磨、初级加工的珠宝玉石半成品。对宝石坯应按规定征收消费税。

（五）鞭炮、焰火

本税目征收范围包括各种鞭炮、焰火。具体包括喷花类、旋转类、旋转升空类、火箭类、吐珠类、线香类、小礼花类、烟雾类、造型玩具类、炮竹类、摩擦炮类、组合烟花类、礼花弹类等。

体育上用的发令纸、鞭炮药引线，不按本税目征收。

（六）成品油

本税目包括汽油、柴油、石脑油、溶剂油、航空煤油、润滑油、燃料油7个子目。

1. 汽油是指用原油或其他原料加工生产的辛烷值不小于66的可用作汽油发动机燃料的各种轻质油。

以汽油、汽油组分调和生产的甲醇汽油、乙醇汽油也属于本税目征收范围。

2. 柴油是指用原油或其他原料加工生产的凝点或倾点在－50℃～30℃的可用作柴油发动机燃料的各种轻质油和以柴油组分为主、经调和精制可用作柴油发动机燃料的非标油。

以柴油、柴油组分调和生产的生物柴油也属于本税目征收范围。

3. 石脑油又叫化工轻油，是以石油加工生产的或二次加工汽油经加氢精制而得的用于化工原料的轻质油。

石脑油的征收范围包括除汽油、柴油、航空煤油、溶剂油以外的各种轻质油。

4. 溶剂油是以石油加工生产的用于涂料、油漆生产、食用油加工、印刷油墨、皮革、农药、橡胶、化妆品生产的轻质油。

5. 航空煤油也叫喷气燃料，是以石油加工生产的用于喷气发动机和喷气推进系统中作为能源的石油燃料。

6. 润滑油是用于内燃机、机械加工过程的润滑产品。润滑油分为矿物性润滑油、植物性润滑油、动物性润滑油和化工原料合成润滑油。

润滑油的征收范围包括矿物性润滑油、矿物性润滑油基础油、植物性润滑油、动物性润滑油和化工原料合成润滑油。

7. 燃料油也称重油、渣油。燃料油征收范围包括用于电厂发电、船舶锅炉燃料、加热炉燃料、冶金和其他工业炉燃料的各类燃料油。

自 2012 年 11 月 1 日起，催化料、焦化料属于燃料油的征收范围，应当征收消费税。

（七）摩托车

本税目征税范围包括气缸容量为 250 毫升的摩托车和气缸容量在 250 毫升（不含）以上的摩托车两种。

对最大设计车速不超过 50 公里/小时、发动机气缸总工作容量不超过 50 毫升的三轮摩托车不征收消费税。

（八）小汽车

汽车是指由动力驱动、具有 4 个或 4 个以上车轮的非轨道承载的车辆。

本税目包括乘用车、中轻型商用客车和超豪华小汽车 3 个子目。分别是：

1. 乘用车，是在设计和技术特性上用于载运乘客和货物的汽车，包括驾驶员座位在内最多不超过 9 个座位（含）。

用排气量小于 1.5 升（含）的乘用车底盘（车架）改装、改制的车辆属于乘用车征收范围。

2. 中轻型商用客车，是在设计和技术特性上用于载运乘客和货物的汽车。包括含驾驶员座位在内的座位数在 10 ~ 23 座（含 23 座）。

用排气量大于 1.5 升的乘用车底盘（车架）或用中轻型商用客车底盘（车架）改装、改制的车辆属于中轻型商用客车征收范围。

含驾驶员人数（额定载客）为区间值的（如 8 ~ 10 人、17 ~ 26 人）小汽车，按其区间值下限人数确定征收范围。

3. 超豪华小汽车，是每辆零售价格为 130 万元（不含增值税）及以上的乘用车和中轻型商用客车。即乘用车和中轻型商用客车子税目中的超豪华小汽车。

电动汽车不属于本税目征收范围。

车身长度大于 7 米（含），并且座位在 10 ~ 23 座（含）以下的商用客车，不属于中轻型商用客车征税范围，不征收消费税。

沙滩车、雪地车、卡丁车、高尔夫车不属于消费税征收范围，不征收消费税。

对于企业购进货车或厢式货车改装生产的商务车、卫星通信车等专用汽车不属于消费税征收范围，不征收消费税。

对于购进乘用车和中轻型商用客车整车改装生产的汽车，应按规定征收消费税。

（九）高尔夫球及球具

本税目征税范围包括高尔夫球、高尔夫球杆及高尔夫球包（袋）、高尔夫球杆的杆头、杆身和握把。

（十）高档手表

高档手表是指销售价格（不含增值税）每只在 10 000 元（含）以上的各类手表。

本税目征收范围包括符合以上标准的各类手表。

（十一）游艇

游艇是指长度大于8米小于90米，船体由玻璃钢、钢、铝合金、塑料等多种材料制作，可以在水上移动的水上浮载体。按照动力划分，游艇分为无动力艇、帆艇和机动艇。

本税目征收范围包括艇身长度大于8米（含）小于90米（含），内置发动机，可以在水上移动，一般为私人或团体购置，主要用于水上运动和休闲娱乐等非牟利活动的各类机动艇。

（十二）木制一次性筷子

木制一次性筷子，又称卫生筷子，是指以木材为原料经过锯段、浸泡、旋切、刨切、烘干、筛选、打磨、倒角、包装等环节加工而成的各类一次性使用的筷子。

本税目征收范围包括各种规格的木制一次性筷子和未经打磨、倒角的木制一次性筷子。

（十三）实木地板

实木地板是指以木材为原料，经锯割、干燥、刨光、截断、开棒、涂漆等工序加工而成的块状或条状的地面装饰材料。实木地板按生产工艺不同，可分为独板（块）实木地板、实木指接地板和实木复合地板三类；按表面处理状态不同，可分为未涂饰地板（白坯板、素板）和漆饰地板两类。

本税目征收范围包括各类规格的实木地板、实木指接地板、实木复合地板及用于装饰墙壁、天棚的侧端面为榫、槽的实木装饰板以及未经涂饰的素板。

（十四）电池

电池是一种将化学能、光能等直接转换为电能的装置。一般由电极、电解质、容器、极端，通常还有隔离层组成的基本功能单元，以及用一个或多个基本功能单元装配成的电池组。范围包括：原电池、蓄电池、燃料电池、太阳能电池和其他电池。

对无汞原电池、金属氢化物镍蓄电池（又称“氢镍蓄电池”或“镍氢蓄电池”）、锂原电池、锂离子蓄电池、太阳能电池、燃料电池和全钒液流电池免征消费税。

自2016年1月1日起，对铅蓄电池按4%税率征收消费税。

（十五）涂料

涂料是指涂于物体表面能形成具有保护、装饰或特殊性能的固态涂膜的一类液体或固体材料的总称。涂料由主要成膜物质、次要成膜物质等构成。按主要成膜物质涂料可分为油脂类、天然树脂类、酚醛树脂类、沥青类、醇酸树脂类、氨基树脂类、硝基类、过滤乙烯树脂类、烯类树脂类、丙烯酸酯类树脂类、聚酯树脂类、环氧树脂类、聚氨酯树脂类、元素有机类、橡胶类、纤维素类、其他成膜物类等。

对施工状态下挥发性有机物含量低于420克/升（含）的涂料免征消费税。

【例题4－20】 根据消费税法律制度的规定，下列消费品中，征收消费税的有（　　）。

A. 电池　　B. 葡萄酒　　C. 成套化妆品　　D. 涂料

【答案】ABCD

【解析】根据消费税法律制度的规定，葡萄酒和成套化妆品属于消费税征收范围；自2015年2月1日起将电池、涂料列入消费税征收范围。

四、消费税税率

（一）消费税税率的形式

消费税税率采取比例税率和定额税率两种形式，以适应不同应税消费品的实际情况。

（二）消费税的具体税率

消费税根据不同的税目或子目确定相应的税率或单位税额。一般情况下，对一种消费品只选择一种税率形式。但为了更好、更有效地保全消费税税基，对卷烟和白酒则采取了比例税率和定额税率复合征收的形式。消费税税目、税率见表4－4。

表4－4　消费税税目、税率

税目	税率
一、烟	
1. 卷烟	
（1）甲类卷烟	56%加0.003元/支（生产环节）
（2）乙类卷烟	36%加0.003元/支（生产环节）
（3）批发环节	11%加0.005元/支
2. 雪茄烟	36%
3. 烟丝	30%
二、酒	
1. 白酒	20%加0.5元/500克（或者500毫升）
2. 黄酒	240元/吨
3. 啤酒	
（1）甲类啤酒	250元/吨
（2）乙类啤酒	220元/吨
4. 其他酒	10%
三、高档化妆品	15%
四、贵重首饰及珠宝玉石	
1. 金银首饰、铂金首饰和钻石及钻石饰品	5%
2. 其他贵重首饰和珠宝玉石	10%
五、鞭炮、焰火	15%
六、成品油	
1. 汽油	1.52元/升
2. 柴油	1.20元/升

续表

税目	税率
3. 航空煤油	1.20元/升
4. 石脑油	1.52元/升
5. 溶剂油	1.52元/升
6. 润滑油	1.52元/升
7. 燃料油	1.20元/升
七、摩托车	
1. 气缸容量（排气量，下同）250毫升的	3%
2. 气缸容量在250毫升（不含）以上的	10%
八、小汽车	
1. 乘用车	
（1）气缸容量在1.0升（含1.0升）以下	1%
（2）气缸容量在1.0升至1.5升（含1.5升）	3%
（3）气缸容量在1.5升至2.0升（含2.0升）	5%
（4）气缸容量在2.0升至2.5升（含2.5升）	9%
（5）气缸容量在2.5升至3.0升（含3.0升）	12%
（6）气缸容量在3.0升至4.0升（含4.0升）	25%
（7）气缸容量在4.0升以上	40%
2. 中轻型商用客车	5%
3. 超豪华小汽车	10%（零售环节）
九、高尔夫球及球具	10%
十、高档手表	20%
十一、游艇	10%
十二、木制一次性筷子	5%
十三、实木地板	5%
十四、电池	4%
十五、涂料	4%

（三）消费税具体适用税率的确定

消费税采取列举法按具体应税消费品设置税目税率，征税界限清楚，一般不易发生错用税率的情况。但是存在下列情况时，纳税人应按照相关规定确定适用税率：

1. 纳税人兼营不同税率的应税消费品，应当分别核算不同税率应税消费品的销售额、销售数量；未分别核算销售额、销售数量，或者将不同税率的应税消费品组成成套消费品销售的，从高适用税率。

2. 配制酒适用税率的确定。配制酒（露酒）是指以发酵酒、蒸馏酒或食用酒精为酒基，加入可食用或药食两用的辅料或食品添加剂，进行调配、混合或再加工制成的并改变了其原酒基风格的饮料酒。

（1）以蒸馏酒或食用酒精为酒基，同时符合以下条件的配制酒，按其他酒税率征收消费税：①具有国家相关部门批准的国食健字或卫食健字文号；②酒精度低于38度（含）。

（2）以发酵酒为酒基，酒精度低于20度（含）的配制酒，按其他酒税率征收消费税。

（3）其他配制酒，按白酒税率征收消费税。

上述以蒸馏酒或食用酒精为酒基是指酒基中蒸馏酒或食用酒精的比重超过80%（含）；以发酵酒为酒基是指酒基中发酵酒的比重超过80%（含）。

3. 纳税人自产自用的卷烟应当按照纳税人生产的同牌号规格的卷烟销售价格确定征税类别和适用税率。

4. 卷烟由于接装过滤嘴、改变包装或其他原因提高销售价格后，应按照新的销售价格确定征税类别和适用税率。

5. 委托加工的卷烟按照受托方同牌号规格卷烟的征税类别和适用税率征税；没有同牌号规格卷烟的，一律按卷烟最高税率征税。

6. 残次品卷烟应当按照同牌号规格正品卷烟的征税类别确定适用税率。

7. 下列卷烟不分征税类别一律按照56%卷烟税率征税，并按照定额每标准箱150元计算征税：（1）白包卷烟；（2）手工卷烟；（3）未经国务院批准纳入计划的企业和个人生产的卷烟。

五、消费税应纳税额的计算

（一）销售额的确定

消费税应纳税额的计算分为从价计征、从量计征和从价从量复合计征三种方法。以下分三种情况介绍销售额的确定。

1. 从价计征销售额的确定。

（1）销售额的范围。销售额是指纳税人销售应税消费品向购买方收取的全部价款和价外费用，不包括应向购买方收取的增值税税款。价外费用是指价外向购买方收取的手续费、补贴、基金、集资费、返还利润、奖励费、违约金、滞纳金、延期付款利息、赔偿金、代收款项、代垫款项、包装费、包装物租金、储备费、优质费、运输装卸费以及其他各种性质的价外收费。但下列项目不包括在销售额内：

①同时符合以下条件的代垫运输费用：承运部门的运输费用发票开具给购买方的；纳税人将该项发票转交给购买方的。

②同时符合以下条件代为收取的政府性基金或者行政事业性收费：由国务院或者财政部批准设立的政府性基金；由国务院或者省级人民政府及其财政、价格主管部门批准设立的行政事业性收费。收取时开具省级以上财政部门印制的财政票据，所收款项全额上缴财政。

（2）含增值税销售额的换算。应税消费品在缴纳消费税的同时，还应缴纳增值税。应税消费品的销售额，不包括应向购货方收取的增值税税款。如果纳税人应税消费品的销售额中未扣除增值税税款或者因不得开具增值税专用发票而发生价款和增值税税款合并收取的，在计算消费税时，应将含增值税的销售额换算为不含增值税税款的销售额。其换算公式为：

应税消费品的销售额 = 含增值税的销售额 ÷(1 + 增值税税率或征收率)

在使用换算公式时，应根据纳税人的具体情况分别使用增值税税率或征收率。如果消费税的纳税人同时又是增值税一般纳税人的，应适用13%的增值税税率；如果消费税的纳税人是增值税小规模纳税人的，应适用3%的征收率。

2. 从量计征销售数量的确定。

（1）销售数量的具体规定。销售数量是指纳税人生产、加工和进口应税消费品的数量。具体规定为：

①销售应税消费品的，为应税消费品的销售数量。

②自产自用应税消费品的，为应税消费品的移送使用数量。

③委托加工应税消费品的，为纳税人收回的应税消费品数量。

④进口应税消费品的，为海关核定的应税消费品进口征税数量。

（2）计量单位的换算标准。为了规范不同产品的计量单位，以准确计算应纳税额，《消费税暂行条例实施细则》规定了吨与升两个计量单位的换算标准。具体标准见表4－5。

表4－5　　计量单位换算表

1	黄酒	1吨＝962升
2	啤酒	1吨＝988升
3	汽油	1吨＝1 388升
4	柴油	1吨＝1 176升
5	航空煤油	1吨＝1 246升
6	石脑油	1吨＝1 385升
7	溶剂油	1吨＝1 282升
8	润滑油	1吨＝1 126升
9	燃料油	1吨＝1 015升

3. 复合计征销售额和销售数量的确定。卷烟和白酒实行从价定率和从量定额相结合的复合计征办法征收消费税。

销售额为纳税人生产销售卷烟、白酒向购买方收取的全部价款和价外费用。销售数量为纳税人生产销售、进口、委托加工、自产自用卷烟、白酒的销售数量、海关核定数量、委托方收回数量和移送使用数量。

4. 特殊情形下销售额和销售数量的确定。

（1）纳税人应税消费品的计税价格明显偏低并无正当理由的，由税务机关核定计税价格。其核定权限规定如下：

①卷烟、白酒和小汽车的计税价格由国家税务总局核定，送财政部备案。

②其他应税消费品的计税价格由省、自治区和直辖市税务局核定。

③进口的应税消费品的计税价格由海关核定。

（2）纳税人通过自设非独立核算门市部销售的自产应税消费品，应当按照门市部对外销售额或者销售数量征收消费税。

（3）纳税人用于换取生产资料和消费资料、投资入股和抵偿债务等方面的应税消费品，应当以纳税人同类应税消费品的最高销售价格作为计税依据计算消费税。

（4）白酒生产企业向商业销售单位收取的“品牌使用费”是随着应税白酒的销售而向购货方收取的，属于应税白酒销售价款的组成部分。因此，不论企业采取何种方式或以何种名义收取价款，均应并入白酒的销售额中缴纳消费税。

（5）实行从价计征办法征收消费税的应税消费品连同包装销售的，无论包装物是否单独计价以及在会计上如何核算，均应并入应税消费品的销售额中缴纳消费税。

如果包装物不作价随同产品销售，而是收取押金，此项押金则不应并入应税消费品的销售额中征税。但对因逾期未收回的包装物不再退还的或者已收取的时间超过 12 个月的押金，应并入应税消费品的销售额，缴纳消费税。

对包装物既作价随同应税消费品销售，又另外收取押金的包装物的押金，凡纳税人在规定的期限内没有退还的，均应并入应税消费品的销售额，按照应税消费品的适用税率缴纳消费税。

对酒类生产企业销售酒类产品而收取的包装物押金，无论押金是否返还及会计上如何核算，均应并入酒类产品销售额，征收消费税。

（6）纳税人采用以旧换新（含翻新改制）方式销售的金银首饰，应按实际收取的不含增值税的全部价款确定计税依据征收消费税。

对既销售金银首饰，又销售非金银首饰的生产、经营单位，应将两类商品划分清楚，分别核算销售额。凡划分不清楚或不能分别核算并在生产环节销售的，一律从高适用税率征收消费税；在零售环节销售的，一律按金银首饰征收消费税。

金银首饰与其他产品组成成套消费品销售的，应按销售额全额征收消费税。

金银首饰连同包装物销售的，无论包装是否单独计价，也无论会计上如何核算，均应并入金银首饰的销售额计征消费税。

带料加工的金银首饰，应按受托方销售同类金银首饰的销售价格确定计税依据征收消费税；没有同类金银首饰销售价格的，按照组成计税价格计算纳税。

（7）纳税人销售的应税消费品，以人民币以外的货币结算销售额的，其销售额的人民币折合率可以选择销售额发生的当天或者当月 1 日的人民币汇率中间价。纳税人应在事先确定采取何种折合率，确定后 1 年内不得变更。

【例题 4－21】 根据消费税法律制度的规定，下列关于应税消费品销售额的表述中，不正确的是（　　）。

A. 应税消费品销售额包括向购买方收取的增值税税款

B. 纳税人自产自用应税消费品，按照纳税人生产的同类消费品的销售价格确定销售额

C. 随同从价计征应税消费品出售的包装物，无论是否单独计价，均应并入销售额

D. 对因逾期未收回的包装物不再退还的或者已收取的时间超过 12 个月的押金，应并入应税消费品的销售额

【答案】A

【解析】根据消费税法律制度的规定，应税消费品销售额不包括向购买方收取的增值税税款。

（二）应纳税额的计算

1. 生产销售应纳消费税的计算。

（1）实行从价定率计征消费税的，其计算公式为：

应纳税额 = 销售额 × 比例税率

（2）实行从量定额计征消费税的，其计算公式为：

应纳税额 = 销售数量 × 定额税率

（3）实行从价定率和从量定额复合方法计征消费税的，其计算公式为：

应纳税额 = 销售额 × 比例税率 + 销售数量 × 定额税率

现行消费税的征税范围中，只有卷烟、白酒采用复合计算方法。

【例题4－22】某木地板厂为增值税一般纳税人。2021年9月15日向某建材商场销售实木地板一批，取得含增值税销售额113万元。已知实木地板适用的增值税税率为13%，消费税税率为5%。计算该厂当月应纳消费税税额。

【解析】根据消费税法律制度的规定，从价计征消费税的销售额中不包括向购货方收取的增值税款。所以在计算消费税时，应将增值税款从计税依据中剔除。计算过程：

（1）不含增值税销售额 = 113 ÷（1 + 13%）= 100（万元）

（2）应纳消费税税额 = 100 × 5% = 5（万元）

【例题4－23】某石化公司2020年6月销售汽油1 000吨，柴油500吨，另向本公司在建工程车辆提供汽油5吨。已知汽油1吨 = 1 388升，柴油1吨 = 1 176升；汽油的定额税率为1.52元/升，柴油的定额税率为1.2元/升。计算该公司当月应纳消费税税额。

【解析】根据消费税法律制度的规定，应税消费品用于在建工程应当征收消费税。所以该公司将汽油用于在建工程车辆使用也应计算缴纳消费税。

计算过程：

（1）销售汽油应纳税额 = 1 000 × 1 388 × 1.52 ÷ 10 000 = 210.976（万元）

（2）销售柴油应纳税额 = 500 × 1 176 × 1.2 ÷ 10 000 = 70.56（万元）

（3）在建工程车辆使用汽油应纳税额 = 5 × 1 388 × 1.52 ÷ 10 000 = 1.05488（万元）

（4）应纳消费税税额合计 = 210.976 + 70.56 + 1.05488 = 282.59088（万元）

【例题4－24】某卷烟生产企业为增值税一般纳税人。2021年10月销售乙类卷烟1 500标准条，取得含增值税销售额84 750元。已知乙类卷烟消费税比例税率为36%，定额税率为0.003元/支，每标准条有200支；增值税税率为13%。计算该企业当月应纳消费税税额。

【解析】根据消费税法律制度的规定，卷烟实行从价定率和从量定额复合方法计征消费税。计算过程：

（1）不含增值税销售额 = 84 750 ÷（1 + 13%）= 75 000（元）

（2）从价定率应纳税额 = 75 000 × 36% = 27 000（元）

（3）从量定额应纳税额 =1 500 ×200 ×0.003 =900（元）

（4）应纳消费税税额合计 =27 000 +900 =27 900（元）

【例题4 －25】某白酒生产企业为增值税一般纳税人。2021 年10 月销售粮食白酒30 吨，取得不含增值税销售额180 万元；薯类白酒50 吨，取得不含增值税销售额150 万元。已知白酒消费税比例税率为20%；定额税率为0.5 元/500 克。计算该企业当月应纳消费税税额。

【解析】根据消费税法律制度的规定，白酒实行从价定率和从量定额复合方法计征消费税。计算过程：

（1）从价定率应纳税额 =（180 +150）×20% =66（万元）

（2）从量定额应纳税额 =（30 +50）×2 000 ×0.54 ÷10 000 =8（万元）

（3）应纳消费税税额合计 =66 +8 =74（万元）

2. 自产自用应纳消费税的计算。纳税人自产自用的应税消费品，用于连续生产应税消费品的，不纳税；凡用于其他方面的，于移送使用时，按照纳税人生产的同类消费品的销售价格计算纳税；没有同类消费品销售价格的，按照组成计税价格计算纳税。

（1）实行从价定率办法计征消费税的，其计算公式为：

$$组成计税价格 = (成本 + 利润) \div (1 - 比例税率)$$

$$应纳税额 = 组成计税价格 \times 比例税率$$

（2）实行复合计税办法计征消费税的，其计算公式为：

$$组成计税价格 = (成本 + 利润 + 自产自用数量 \times 定额税率) \div (1 - 比例税率)$$

$$应纳税额 = 组成计税价格 \times 比例税率 + 自产自用数量 \times 定额税率$$

上述公式中所说的“成本”，是指应税消费品的产品生产成本。

上述公式中所说的“利润”，是指根据应税消费品的全国平均成本利润率计算的利润。应税消费品全国平均成本利润率由国家税务总局确定。具体标准见表4 －6。

表4 －6　　平均成本利润率

货物名称	利润率（%）	货物名称	利润率（%）
1. 甲类卷烟	10	11. 摩托车	6
2. 乙类卷烟	5	12. 高尔夫球及球具	10
3. 雪茄烟	5	13. 高档手表	20
4. 烟丝	5	14. 游艇	10
5. 粮食白酒	10	15. 木制一次性筷子	5
6. 薯类白酒	5	16. 实木地板	5
7. 其他酒	5	17. 乘用车	8
8. 高档化妆品	5	18. 中轻型商用客车	5
9. 鞭炮、焰火	5	19. 电池	4
10. 贵重首饰及珠宝玉石	6	20. 涂料	7

同类消费品的销售价格是指纳税人或者代收代缴义务人当月销售的同类消费品的销售价格。如果当月同类消费品各期销售价格高低不同，应按销售数量加权平均计算。但销售的应税消费品有下列情况之一的，不得列入加权平均计算：

①销售价格明显偏低又无正当理由的；

②无销售价格的。

如果当月无销售或者当月未完结，应按照同类消费品上月或者最近月份的售价格计算纳税。

【例题 4－26】某白酒厂 2021 年春节前，将新研制的薯类白酒 1 吨作为过节福利发放给员工饮用，该薯类白酒无同类产品市场销售价格。已知该批薯类白酒生产成本 20 000 元，成本利润率为5%，白酒消费税比例税率为20%；定额税率为0.5 元/500 克。计算该批薯类白酒应纳消费税税额。

【解析】根据消费税法律制度的规定，纳税人自产自用的应税消费品，用于企业员工福利的，应按照同类消费品的销售价格计算缴纳消费税；没有同类消费品销售价格的，按照组成计税价格计算纳税。计算过程：

（1）组成计税价格＝［20 000×（1＋5%）＋（1×2 000×0.5）］÷（1－20%）＝（21 000＋1 000）÷（1－20%）＝27 500（元）

（2）应纳消费税税额＝27 500×20%＋1×2 000×0.5＝6 500（元）

3. 委托加工应纳消费税的计算。委托加工的应税消费品，按照受托方的同类消费品的销售价格计算纳税；没有同类消费品销售价格的，按照组成计税价格计算纳税。

（1）实行从价定率办法计征消费税的，其计算公式为：

组成计税价格＝（材料成本＋加工费）÷（1－比例税率）

应纳税额＝组成计税价格×比例税率

（2）实行复合计税办法计征消费税的，其计算公式为：

组成计税价格＝（材料成本＋加工费＋委托加工数量×定额税率）÷（1－比例税率）

应纳税额＝组成计税价格×比例税率＋委托加工数量×定额税率

材料成本是指委托方所提供加工材料的实际成本。委托加工应税消费品的纳税人，必须在委托加工合同上如实注明（或以其他方式提供）材料成本；凡未提供材料成本的，受托方税务机关有权核定其材料成本。

加工费是指受托方加工应税消费品向委托方所收取的全部费用（包括代垫辅助材料的实际成本），不包括增值税税款。

【例题 4－27】某化妆品企业 2021 年 10 月受托为某商场加工一批高档化妆品，收取不含增值税的加工费 13 万元，商场提供的原材料金额为 72 万元。已知该化妆品企业无同类产品销售价格，消费税税率为 15%。计算该化妆品企业应代收代缴的消费税。

【解析】根据消费税法律制度的规定，委托加工的应税消费品，应按照受托方的同类消费品的销售价格计算缴纳消费税；没有同类消费品销售价格的，按照组成计税价格计算纳税。计算过程：

（1）组成计税价格＝（72＋13）÷（1－15%）＝100（万元）

（2）应代收代缴消费税＝100×15%＝15（万元）

4. 进口环节应纳消费税的计算。纳税人进口应税消费品，按照组成计税价格和规定的税率计算应纳税额。

（1）从价定率计征消费税的，其计算公式为：

$$组成计税价格=(关税完税价格+关税)\div(1-消费税比例税率)$$

$$应纳税额=组成计税价格\times消费税比例税率$$

公式中所称“关税完税价格”，是指海关核定的关税计税价格。

（2）实行复合计税办法计征消费税的，其计算公式为：

$$组成计税价格=(关税完税价格+关税+进口数量\times定额税率)\div(1-消费税比例税率)$$

$$应纳税额=组成计税价格\times消费税比例税率+进口数量\times定额税率$$

进口环节消费税除国务院另有规定外，一律不得给予减税、免税。

【例题4-28】某汽车贸易公司2021年10月从国外进口小汽车50辆，海关核定的每辆小汽车关税完税价为28万元。已知小汽车关税税率为20%，消费税税率为25%。计算该公司进口小汽车应纳消费税税额。

【解析】根据消费税法律制度的规定，纳税人进口应税消费品，按照组成计税价格和规定的税率计算应纳税额。计算过程：

（1）应纳关税税额=50×28×20%=280（万元）

（2）组成计税价格=(50×28+280)÷(1-25%)=2 240（万元）

（3）应纳消费税税额=2 240×25%=560（万元）

【例题4-29】某烟草公司2021年9月进口甲类卷烟100标准箱，海关核定的每箱卷烟关税完税价格为3万元。已知卷烟关税税率为25%，消费税比例税率为56%，定额税率为0.003元/支；每标准箱有250条，每条200支。计算该公司进口卷烟应纳消费税税额（单位：万元，计算结果保留四位小数）。

【解析】根据消费税法律制度的规定，纳税人进口应税消费品，按照组成计税价格和规定的税率计征消费税；进口卷烟实行复合方法计算应纳税额。计算过程：

（1）应纳关税税额=100×3×25%=75（万元）

（2）组成计税价格=(100×3+75+100×250×200×0.003÷10 000)÷(1-56%)=855.6818（万元）

（3）应纳消费税税额=855.6818×56%+100×250×200×0.003÷10 000=479.1818+1.5=480.6818（万元）

（三）已纳消费税的扣除

为了避免重复征税，现行消费税法律制度规定，将外购应税消费品和委托加工收回的应税消费品继续生产应税消费品销售的，可以将外购应税消费品和委托加工收回应税消费品已缴纳的消费税给予扣除。

1. 外购应税消费品已纳税款的扣除。由于某些应税消费品是用外购已缴纳消费税的应税消费品连续生产出来的，在对这些连续生产出来的应税消费品计算征税时，税法规定应按当期生产领用数量计算准予扣除外购的应税消费品已纳的消费税税款。扣除范围包括：

（1）以外购已税烟丝为原料生产的卷烟；
（2）以外购已税高档化妆品为原料生产的高档化妆品；
（3）以外购已税珠宝、玉石为原料生产的贵重首饰及珠宝、玉石；
（4）以外购已税鞭炮、焰火为原料生产的鞭炮、焰火；
（5）以外购已税杆头、杆身和握把为原料生产的高尔夫球杆；
（6）以外购已税木制一次性筷子为原料生产的木制一次性筷子；
（7）以外购已税实木地板为原料生产的实木地板；
（8）以外购已税石脑油、润滑油、燃料油为原料生产的成品油；
（9）以外购已税汽油、柴油为原料生产的汽油、柴油。

上述当期准予扣除外购应税消费品已纳消费税税款的计算公式为：

$$\text{当期准予扣除的外购应税消费品已纳税款}=\text{当期准予扣除的外购应税消费品买价}\times\text{外购应税消费品适用税率}$$

$$\text{当期准予扣除的外购应税消费品买价}=\text{期初库存的外购应税消费品的买价}+\text{当期购进的应税消费品的买价}-\text{期末库存的外购应税消费品的买价}$$

外购已税消费品的买价是指购货发票上注明的销售额（不包括增值税税款）。

纳税人用外购的已税珠宝、玉石原料生产的改在零售环节征收消费税的金银首饰（镶嵌首饰），在计税时一律不得扣除外购珠宝、玉石的已纳税款。

对自己不生产应税消费品，而只是购进后再销售应税消费品的工业企业，其销售的高档化妆品、鞭炮、焰火和珠宝、玉石，凡不能构成最终消费品直接进入消费品市场，而需进一步生产加工的，应当征收消费税，同时允许扣除上述外购应税消费品的已纳税款。

允许扣除已纳税款的应税消费品只限于从工业企业购进的应税消费品和进口环节已缴纳消费税的应税消费品；对从境内商业企业购进应税消费品的已纳税款一律不得扣除。

2. 委托加工收回的应税消费品已纳税款的扣除。委托加工的应税消费品因为已由受托方代收代缴消费税，因此，委托方收回货物后用于连续生产应税消费品的，其已纳税款准予按照规定从连续生产的应税消费品应纳消费税税额中抵扣。下列连续生产的应税消费品准予从应纳消费税税额中按当期生产领用数量计算扣除委托加工收回的应税消费品已纳消费税税款：

（1）以委托加工收回的已税烟丝为原料生产的卷烟；
（2）以委托加工收回的已税高档化妆品为原料生产的高档化妆品；
（3）以委托加工收回的已税珠宝、玉石为原料生产的贵重首饰及珠宝、玉石；
（4）以委托加工收回的已税鞭炮、焰火为原料生产的鞭炮、焰火；
（5）以委托加工收回的已税杆头、杆身和握把为原料生产的高尔夫球杆；
（6）以委托加工收回的已税木制一次性筷子为原料生产的木制一次性筷子；
（7）以委托加工收回的已税实木地板为原料生产的实木地板；
（8）以委托加工收回的已税石脑油、润滑油、燃料油为原料生产的成品油；
（9）以委托加工收回的已税汽油、柴油为原料生产的汽油、柴油。

上述当期准予扣除委托加工收回的应税消费品已纳消费税税款的计算公式为：

$$\text{当期准予扣除的委托加工应税消费品已纳税款}=\text{期初库存的委托加工应税消费品已纳税款}+\text{当期收回的委托加工应税消费品已纳税款}-\text{期末库存的委托加工应税消费品已纳税款}$$

纳税人用委托加工收回的已税珠宝、玉石原料生产的改在零售环节征收消费税的金银首饰，在计税时一律不得扣除委托加工收回的珠宝、玉石原料的已纳消费税税款。

六、消费税征收管理

（一）纳税义务发生时间

1. 纳税人销售应税消费品的，按不同的销售结算方式确定，分别为：

（1）采取赊销和分期收款结算方式的，为书面合同约定的收款日期的当天；书面合同没有约定收款日期或者无书面合同的，为发出应税消费品的当天。

（2）采取预收货款结算方式的，为发出应税消费品的当天。

（3）采取托收承付和委托银行收款方式的，为发出应税消费品并办妥托收手续的当天。

（4）采取其他结算方式的，为收讫销售款或者取得索取销售款凭据的当天。

2. 纳税人自产自用应税消费品的，为移送使用的当天。

3. 纳税人委托加工应税消费品的，为纳税人提货的当天。

4. 纳税人进口应税消费品的，为报关进口的当天。

（二）纳税地点

1. 纳税人销售的应税消费品，以及自产自用的应税消费品，除国务院财政、税务主管部门另有规定外，应当向纳税人机构所在地或者居住地的税务机关申报纳税。

2. 委托加工的应税消费品，除受托方为个人外，由受托方向机构所在地或者居住地的税务机关解缴消费税税款。受托方为个人的，由委托方向机构所在地的税务机关申报纳税。

3. 进口的应税消费品，由进口人或者其代理人向报关地海关申报纳税。

4. 纳税人到外县（市）销售或者委托外县（市）代销自产应税消费品的，于应税消费品销售后，向机构所在地或者居住地税务机关申报纳税。

5. 纳税人的总机构与分支机构不在同一县（市）的，应当分别向各自机构所在地的税务机关申报纳税。

纳税人的总机构与分支机构不在同一县（市），但在同一省（自治区、直辖市）范围内，经省（自治区、直辖市）财政厅（局）、税务局审批同意，可以由总机构汇总向总机构所在地的税务机关申报缴纳消费税。

省（自治区、直辖市）财政厅（局）、税务局应将审批同意的结果，上报财政部、国家税务总局备案。

6. 纳税人销售的应税消费品，如因质量等原因由购买者退回时，经机构所在地或者居住地税务机关审核批准后，可退还已缴纳的消费税税款。

7. 出口的应税消费品办理退税后，发生退关，或者国外退货进口时予以免税的，报关出口者必须及时向其机构所在地或者居住地税务机关申报补缴已退还的消费税税款。

纳税人直接出口的应税消费品办理免税后，发生退关或者国外退货，进口时已予以免税的，经机构所在地或者居住地税务机关批准，可暂不办理补税。待其转为国内销售时，再申报补缴消费税。

8. 个人携带或者邮寄进境的应税消费品的消费税，连同关税一并计征。具体办法由国务院关税税则委员会会同有关部门制定。

（三）纳税期限

消费税的纳税期限分别为1日、3日、5日、10日、15日、1个月或者1个季度；纳税人的具体纳税期限，由税务机关根据纳税人应纳税额的大小分别核定；不能按照固定期限纳税的，可以按次纳税。

纳税人以1个月或者1个季度为1个纳税期的，自期满之日起15日内申报纳税；以1日、3日、5日、10日或者15日为1个纳税期的，自期满之日起5日内预缴税款，于次月1日起至15日内申报纳税并结清上月应纳税款。

纳税人进口应税消费品，应当自海关填发海关进口消费税专用缴款书之日起15日内缴纳税款。

【**例题4-30**】纳税人采取预收货款结算方式销售应税消费品的，其消费税纳税义务发生时间为（　　）。

A. 签订销售合同的当天　　B. 收到预收货款的当天

C. 发出应税消费品的当天　　D. 开具预收款发票的当天

【答案】C

【解析】根据消费税法律制度的规定，纳税人采取预收货款结算方式的，其纳税义务的发生时间，为发出应税消费品的当天。

任务四　城市维护建设税和教育费附加法律制度

城市维护建设税是以纳税人实际缴纳的增值税、消费税税额为计税依据所征收的一种税。主要目的是筹集城镇设施建设和维护资金。

教育费附加是以各单位和个人实际缴纳的增值税、消费税的税额为计征依据而征收的一种费用。其目的是加快发展教育事业，扩大教育经费资金来源。

一、城市维护建设税

（一）城市维护建设税纳税人

在中华人民共和国境内缴纳增值税、消费税的单位和个人，为城市维护建设税的纳税人，应当依照《城市维护建设税法》的规定缴纳城市维护建设税。

城市维护建设税扣缴义务人为负有增值税、消费税扣缴义务的单位和个人。在扣缴增值税、消费税的同时扣缴城市维护建设税。

（二）城市维护建设税税率

1. 税率的具体规定。城市维护建设税实行差别比例税率。按照纳税人所在地区的不同，设置了3档比例税率，即：

①纳税人所在地在市区的，税率为7%；

②纳税人所在地在县城、镇的，税率为5%；

③纳税人所在地不在市区的，税率为1%。

纳税人所在地是指纳税人住所地或者与纳税人生产经营活动相关的其他地点。具体地点由省、自治区、直辖市确定。

2. 适用税率的确定。由受托方代扣代缴、代收代缴增值税、消费税的单位和个人，其代扣代缴、代收代缴的城市维护建设税按受托方所在地适用税率执行。

流动经营等无固定纳税地点的单位和个人，在经营地缴纳增值税、消费税的，其城市维护建设税的缴纳按经营地适用税率执行。

（三）城市维护建设税计税依据

城市维护建设税的计税依据为纳税人实际缴纳的增值税、消费税税额。在计算计税依据时，应当按照规定扣除期末留抵退税退还的增值税税额。

（四）城市维护建设税应纳税额的计算

城市维护建设税的应纳税额按照纳税人实际缴纳的增值税、消费税税额乘以税率计算。其计算公式为：

应纳税额＝纳税人实际缴纳的增值税、消费税税额×适用税率

对实行增值税期末留抵退税的纳税人，允许其从城市维护建设税的计税依据中扣除退还的增值税税额。

【例题4－31】甲公司为国有企业，位于某市东城区。2021年9月应缴增值税90 000元，实际缴纳增值税80 000元；应缴消费税70 000元，实际缴纳消费税60 000元。已知适用的城市维护建设税税率为7%，计算该公司当月应纳城市维护建设税税额。

【解析】根据城市维护建设税法律制度规定，城市维护建设税以纳税人实际缴纳的增值税、消费税税额为计税依据。

应纳城市维护建设税税额＝（80 000＋60 000）×7%＝140 000×7%

＝9 800（元）

（五）城市维护建设税税收优惠

城市维护建设税属于增值税、消费税的一种附加税，原则上不单独规定税收减免条款。如果税法规定减免增值税、消费税，也就相应地减免了城市维护建设税。现行城市维护建设税的减免规定主要有：

1. 对进口货物或者境外单位和个人向境内销售劳务、服务、无形资产缴纳的增值税、消费税税额，不征收城市维护建设税。

2. 对出口货物、劳务和跨境销售服务、无形资产以及因优惠政策退还增值税、消费税

的，不退还已缴纳的城市维护建设税。

3. 对增值税、消费税实行先征后返、先征后退、即征即退办法的，除另有规定外，对随增值税、消费税附征的城市维护建设税，一律不予退（返）还。

4. 根据国民经济和社会发展的需要，国务院对重大公共基础设施建设、特殊产业和群体以及重大突发事件应对等情形可以规定减征或者免征城市维护建设税，报全国人民代表大会常务委员会备案。

（六）城市维护建设税征收管理

1. 纳税义务发生时间。城市维护建设税纳税义务发生时间与缴纳增值税、消费税的纳税义务发生时间一致，分别与增值税、消费税同时缴纳。

2. 纳税地点。城市维护建设税纳税地点为实际缴纳增值税、消费税的地点。扣缴义务人应当向其机构所在地或者居住地的主管税务机关申报缴纳其扣缴的税款。有特殊情况的，按下列原则和办法确定纳税地点：

代扣代缴、代收代缴增值税、消费税的单位和个人，同时也是城市维护建设税的代扣代缴、代收代缴义务人，其纳税地点为代扣代收地。

对流动经营等无固定纳税地点的单位和个人，应随同增值税、消费税在经营地纳税。

3. 纳税期限。城市维护建设税纳税期限与增值税、消费税的纳税期限一致。根据增值税和消费税法律制度的规定，增值税、消费税的纳税期限分别为1日、3日、5日、10日、15日、1个月或者1个季度。纳税人的具体纳税期限，由税务机关根据纳税人应纳税额的大小分别核定；不能按照固定期限纳税的，可以按次纳税。

二、教育费附加

（一）教育费附加征收范围

教育费附加的征收范围为税法规定征收增值税、消费税的单位和个人。包括外商投资企业、外国企业及外籍个人。

（二）教育费附加计征依据

教育费附加以纳税人实际缴纳的增值税、消费税税额之和为计征依据。

（三）教育费附加征收比率

按照1994年2月7日《国务院关于教育费附加征收问题的紧急通知》的规定，现行教育费附加征收比率为3%。

（四）教育费附加计算与缴纳

1. 计算公式：

$$应纳教育费附加 = 实际缴纳增值税、消费税税额之和 \times 征收比率$$

【例题4－32】某大型国有商场2021年12月应缴纳增值税260 000元，实际缴纳增值税

200 000 元；实际缴纳消费税 100 000 元。计算该商场当月应纳教育费附加。

【解析】应纳教育费附加 =（200 000 + 100 000）× 3% = 300 000 × 3% = 9 000（元）

2. 费用缴纳。教育费附加分别与增值税、消费税税款同时缴纳。

（五）教育费附加减免规定

教育费附加的减免，原则上比照增值税、消费税的减免规定。如果税法规定增值税、消费税减免，则教育费附加也就相应地减免。主要的减免规定有：

1. 对海关进口产品征收的增值税、消费税，不征收教育费附加。

2. 对由于减免增值税、消费税而发生退税的，可同时退还已征收的教育费附加。但对出口产品退还增值税、消费税的，不退还已征的教育费附加。

任务五 车辆购置税法律制度

车辆购置税是对在中国境内购置应税车辆的单位和个人征收的一种税。它由车辆购置附加费演变而来。

一、车辆购置税纳税人

在中华人民共和国境内购置汽车、有轨电车、汽车挂车、排气量超过 150 毫升的摩托车（以下统称应税车辆）的单位和个人，为车辆购置税的纳税人。

购置是指以购买、进口、自产、受赠、获奖或者其他方式取得并自用应税车辆的行为。

二、车辆购置税征收范围

车辆购置税的征收范围包括汽车、有轨电车、汽车挂车、排气量超过 150 毫升的摩托车。

三、车辆购置税税率

车辆购置税采用比例税率，税率为 10%。

四、车辆购置税计税依据

车辆购置税的计税依据为应税车辆的计税价格。计税价格根据不同情况，按照下列规定确定：

（一）纳税人购买自用应税车辆的计税价格

纳税人购买自用应税车辆的计税价格，为纳税人实际支付给销售者的全部价款，不包括增值税税款。自 2020 年 6 月 1 日起，纳税人购置应税车辆，以电子发票信息中的不含增值税价作为计税价格。纳税人依据相关规定提供其他有效价格凭证的情形除外。

（二）进口自用应税车辆的计税价格

纳税人进口自用应税车辆的计税价格，为关税完税价格加上关税和消费税。计算公式为：

$$计税价格=关税完税价格+关税+消费税$$

（三）自产自用应税车辆的计税价格

纳税人自产自用应税车辆的计税价格，按照纳税人生产的同类应税车辆的销售价格确定，不包括增值税税款；没有同类应税车辆的销售价格的，按照组成计税价格确定。计算公式如下：

$$组成计税价格=成本\times(1+成本利润率)$$

属于应征消费税的应税车辆，其组成计税价格中包括消费税税额。

（四）以其他方式取得自用应税车辆的计税价格

纳税人以受赠、获奖或者其他方式取得自用应税车辆的计税价格，按照购置应税车辆时相关凭证载明的价格确定，不包括增值税税款。

（五）核定应税车辆的计税价格

纳税人申报的应税车辆计税价格明显偏低，又无正当理由的，由税务机关依照《税收征收管理法》的规定核定其应纳税额。

纳税人以外汇结算应税车辆价款的，按照申报纳税之日的人民币汇率中间价折合成人民币计算缴纳税款。

五、车辆购置税应纳税额的计算

车辆购置税实行从价定率的方法计算应纳税额。计算公式如下：

$$应纳税额=计税依据\times税率$$

【例题4-33】张某2021年12月从某汽车销售有限公司购买一辆越野车供自己使用，支付价款727 800元，取得机动车销售统一发票注明的不含税价644 070.80元，增值税税额83 729.20元。已知：车辆购置税税率为10%。计算张某应纳车辆购置税税额。

【解析】应纳车辆购置税=644 070.80×10%=64 407.08（元）

六、车辆购置税税收优惠

下列车辆免征车辆购置税：

1. 依照法律规定应当予以免税的外国驻华使馆、领事馆和国际组织驻华机构及其有关人员自用的车辆。

2. 中国人民解放军和中国人民武装警察部队列入装备订货计划的车辆。

3. 悬挂应急救援专用号牌的国家综合性消防救援车辆。

4. 设有固定装置的非运输专用作业车辆。

5. 城市公交企业购置的公共汽电车辆。

根据国民经济和社会发展的需要，国务院可以规定减征或者其他免征车辆购置税的情形，报全国人民代表大会常务委员会备案。

七、车辆购置税征收管理

（一）纳税申报

车辆购置税实行一次性征收。购置已征车辆购置税的车辆，不再征收车辆购置税。

车辆购置税由税务机关负责征收。车辆购置税的纳税义务发生时间为纳税人购置应税车辆的当日。纳税人应当自纳税义务发生之日起60日内申报缴纳车辆购置税。

（二）纳税环节

纳税人应当在向公安机关交通管理部门办理车辆注册登记前，缴纳车辆购置税。

纳税人应当持主管税务机关出具的完税证明或者免税证明，向公安机关车辆管理机构办理车辆登记注册手续；没有完税证明或者免税证明的，公安机关车辆管理机构不得办理车辆登记注册手续。

公安机关交通管理部门办理车辆注册登记，应当根据税务机关提供的应税车辆完税或者免税电子信息对纳税人申请登记的车辆信息进行核对，核对无误后依法办理车辆注册登记。

免税、减税车辆因转让、改变用途等原因不再属于免税、减税范围的，纳税人应当在办理车辆转移登记或者变更登记前缴纳车辆购置税。计税价格以免税、减税车辆初次办理纳税申报时确定的计税价格为基准，每满1年扣减10%。

纳税人将已征车辆购置税的车辆退回车辆生产企业或者销售企业的，可以向主管税务机关申请退还车辆购置税。退税额以已缴税款为基准，自缴纳税款之日至申请退税之日，每满1年扣减10%。

（三）纳税地点

纳税人购置应税车辆，应当向车辆登记地的主管税务机关申报缴纳车辆购置税；购置不需要办理车辆登记的应税车辆的，应当向纳税人所在地的主管税务机关申报缴纳车辆购置税。

任务六　关税法律制度

关税是对进出国境或关境的货物、物品征收的一种税。关境又称税境，是指一国海关法规可以全面实施的境域。国境是一个主权国家的领土范围。在通常情况下，一国的关境与其国境的范围是一致的，关境即国境。但由于自由港、自由区和关税同盟的存在，关境与国境有时不完全一致。

关税一般分为进口关税、出口关税和过境关税。我国目前对进出境货物征收的关税分为进口关税和出口关税两类。

一、关税纳税人

进口货物的收货人、出口货物的发货人、进出境物品的所有人，是关税纳税人。

（一）进出口货物的收、发货人

进出口货物的收、发货人是依法取得对外贸易经营权，并且进口或者出口货物的法人或者其他社会团体。具体包括：外贸进出口公司；工贸或农贸结合的进出口公司；其他经批准经营进出口商品的企业。

（二）进出境物品的所有人

进出境物品的所有人包括该物品的所有人和推定为所有人的人。具体包括：入境旅客随身携带的行李、物品的持有人；各种运输工具上服务人员入境时携带自用物品的持有人；馈赠物品以及其他方式入境个人物品的所有人；个人邮递物品的收件人。

二、关税课税对象和税目

关税的课税对象是进出境的货物、物品。凡准许进出口的货物，除国家另有规定的以外，均应由海关征收进口关税或出口关税。对从境外采购进口的原产于中国境内的货物，也应按规定征收进口关税。

关税的税目、税率都由《海关进出口税则》规定。它包括三个主要部分：归类总规则、进口税率表、出口税率表，其中归类总规则是进出口货物分类的具有法律效力的原则和方法。

进出口税则中的商品分类目录为关税税目。按照税则归类总规则及其归类方法，每一种商品都能找到一个最适合的对应税目。

三、关税税率

（一）税率的种类

关税的税率分为进口税率和出口税率两种。其中，进口税率又分为普通税率、最惠国税率、协定税率、特惠税率、关税配额税率和暂定税率。进口货物适用何种关税税率是以进口货物的原产地为标准的。进口关税一般采用比例税率，实行从价计征的办法；但对啤酒、原油等少数货物则实行从量计征；对广播用录像机、放像机、摄像机等实行从价加从量的复合税率。

1. 普通税率。对原产于未与我国共同适用最惠国条款的世界贸易组织成员；未与我国订有相互给予最惠国待遇、关税优惠条款贸易协定和特殊关税优惠条款贸易协定的国家或者地区的进口货物；以及原产地不明的货物，按照普通税率征税。

2. 最惠国税率。对原产于与我国共同适用最惠国条款的世界贸易组织成员的进口货物；原产于与我国签订含有相互给予最惠国待遇的双边贸易协定的国家或者地区的进口货物；以及原产于我国的进口货物，按照最惠国税率征税。

3. 协定税率。对原产于与我国签订含有关税优惠条款的区域性贸易协定的国家或地区的进口货物，按协定税率征税。

4. 特惠税率。对原产于与我国签订含有特殊关税优惠条款的贸易协定的国家或地区的进口货物，按特惠税率征收。

5. 关税配额税率，是指关税配额限度内的税率。关税配额是进口国限制进口货物数量的措施，把征收关税和进口配额相结合以限制进口。对于在配额内进口的货物可以适用较低的关税配额税率；对于配额之外的则适用较高税率。

6. 暂定税率，是在最惠国税率的基础上，对于一些国内需要降低进口关税的货物，以及出于国际双边关系的考虑需要个别安排的进口货物，可以实行暂定税率。

（二）税率的确定

进出口货物应当依照《海关进出口税则》规定的归类原则归入合适的税号，按照适用的税率征税。其中：

1. 进出口货物，应当按照收发货人或者他们的代理人申报进口或者出口之日实施的税率征税。

2. 进口货物到达前，经海关核准先行申报的，应当按照装载此货物的运输工具申报进境之日实施的税率征税。

3. 进出口货物的补税和退税，适用该进出口货物原申报进口或者出口之日所实施的税率。但下列情况除外：

（1）按照特定减免税办法批准予以减免税的进口货物，后因情况改变经海关批准转让或出售需予补税的，应按其原进口之日实施的税率征税。

（2）加工贸易进口料、件等属于保税性质的进口货物，如经批准转为内销，应按向海关申报转为内销当日实施的税率征税；如未经批准擅自转为内销的，则按海关查获日期所施行的税率征税。

（3）对经批准缓税进口的货物以后交税时，不论是分期或一次交清税款，都应按货物原进口之日实施的税率计征税款。

（4）分期支付租金的租赁进口货物，分期付税时，都应按该项货物原进口之日实施的税率征税。

（5）溢卸、误卸货物事后确定需予征税时，应按其原运输工具申报进口日期所实施的税率征税；如原进口日期无法查明的，可按确定补税当天实施的税率征税。

（6）对由于《海关进出口税则》归类的改变、完税价格的审定或其他工作差错而需补征税款的，应按原征税日期实施的税率征税。

（7）查获的走私进口货物需予补税时，应按查获日期实施的税率征税。

（8）暂时进口货物转为正式进口需予补税时，应按其转为正式进口之日实施的税率征税。

四、关税计税依据

我国对进出口货物征收关税，主要采取从价计征的办法，以商品价格为标准征收关税。因此，关税主要以进出口货物的完税价格为计税依据。

（一）进口货物的完税价格

1. 一般贸易项下进口货物的完税价格。一般贸易项下进口的货物以海关审定的成交价格为基础的到岸价格作为完税价格。所谓成交价格是一般贸易项下进口货物的买方为购买该项货物向卖方实际支付或应当支付的价格。在货物成交过程中，进口人在成交价格外另支付给卖方的佣金，应计入成交价格。而向境外采购代理人支付的买方佣金则不能列入，如已包括在成交价格中应予以扣除；卖方付给进口人的正常回扣，应从成交价格中扣除。卖方违反合同规定延期交货的罚款，卖方在货价中冲减时，罚款则不能从成交价格中扣除。

到岸价格是指包括货价以及货物运抵我国关境内输入地点起卸前的包装费、运费、保险费和其他劳务费等费用构成的一种价格，其中还应包括为了在境内生产、制造、使用或出版、发行的目的而向境外支付的与该进口货物有关的专利、商标、著作权，以及专有技术、计算机软件和资料等费用。

为避免低报、瞒报价格偷逃关税，进口货物的到岸价格不能确定时，本着公正、合理原则，海关应当按照规定估定完税价格。

2. 特殊贸易项下进口货物的完税价格。对于某些特殊、灵活的贸易方式（如寄售等）下进口的货物，在进口时没有“成交价格”可作依据。为此，《进出口关税条例》对这些进口货物制定了确定其完税价格的方法，主要有：

（1）运往境外加工的货物的完税价格。出境时已向海关报明，并在海关规定期限内复运进境的，以境外加工费和料件费以及复运进境的运输及其相关费用和保险费审查确定完税价格。

（2）运往境外修理的机械器具、运输工具或者其他货物的完税价格。出境时已向海关报明并在海关规定期限内复运进境的，以经海关审定的修理费和料件费作为完税价格。

（3）租借和租赁进口货物的完税价格。租借、租赁方式进境的货物，以海关审查确定的货物租金作为完税价格。

（4）国内单位留购的进口货样、展览品和广告陈列品的完税价格。对于国内单位留购的进口货样、展览品和广告陈列品，以留购价格作为完税价格；但对于留购货样、展览品和广告陈列品的买方，除按留购价格付款外，又直接或间接给卖方一定利益的，海关可以另行确定上述货物的完税价格。

（5）逾期未出境的暂进口货物的完税价格。对于经海关批准暂时进口的施工机械、工程车辆、供安装使用的仪器和工具、电视或电影摄制机械，以及盛装货物的容器等，如入境超过半年仍留在国内使用的，应自第7个月起，按月征收进口关税，其完税价格按原货进口时的到岸价格确定，每月的税额计算公式为：

$$每月关税=货物原到岸价格\times关税税率\times1\div48$$

（6）转让出售进口减免税货物的完税价格。按照特定减免税办法批准予以减免税进口的货物，在转让或出售而需补税时，可按这些货物原进口时的到岸价格来确定其完税价格。其计算公式为：

$$完税价格 = 原入境到岸价格 \times [1 - 实际使用月份 \div (管理年限 \times 12)]$$

管理年限是指海关对减免税进口的货物监督管理的年限。

（二）出口货物的完税价格

出口货物应当以海关审定的货物售予境外的离岸价格，扣除出口关税后作为完税价格。计算公式为：

$$出口货物完税价格 = 离岸价格 \div (1 + 出口税率)$$

离岸价格应以该项货物运离关境前的最后一个口岸的离岸价格为实际离岸价格。若该项货物从内地起运，则从内地口岸至最后出境口岸所支付的国内段运输费用应予扣除。离岸价格不包括装船以后发生的费用。出口货物在成交价格以外支付给国外的佣金应予扣除，未单独列明的则不予扣除；出口货物在成交价格以外，买方还另行支付的货物包装费，应计入成交价格；当离岸价格不能确定时，完税价格由海关估定。

（三）进出口货物完税价格的审定

对于进出口货物的收发货人或其代理人向海关申报进出口货物的成交价格明显偏低，而又不能提供合法证据和正当理由的；申报价格明显低于海关掌握的相同或类似货物的国际市场上公开成交货物的价格，而又不能提供合法证据和正当理由的；申报价格经海关调查认定买卖双方之间有特殊经济关系或对货物的使用、转让互相订有特殊条件或特殊安排，影响成交价格的，以及其他特殊成交情况，海关认为需要估价的，则按以下方法依次估定完税价格：

1. 相同货物成交价格法。即以从同一出口国家或者地区购进的相同货物的成交价格作为该被估货物完税价格的价格依据。

2. 类似货物成交价格法。即以从同一出口国家或者地区购进的类似货物的成交价格作为被估货物的完税价格的依据。

3. 国际市场价格法。即以进口货物的相同或类似货物在国际市场上公开的成交价格为该进口货物的完税价格。

4. 国内市场价格倒扣法。即以进口货物的相同或类似货物在国内市场上的批发价格，扣除合理的税、费、利润后的价格。

5. 合理方法估定的价格。如果按照上述几种方法顺序估价仍不能确定其完税价格时，则可由海关按照合理方法估定。

五、关税应纳税额的计算

（一）从价税计算方法

从价税是最普遍的关税计征方法，它以进（出）口货物的完税价格作为计税依据。进

（出）口货物应纳关税税额的计算公式为：

$$应纳税额 = 应税进（出）口货物数量 \times 单位完税价格 \times 适用税率$$

（二）从量税计算方法

从量税是以进口商品的数量为计税依据的一种关税计征方法。其应纳关税税额的计算公式为：

$$应纳税额 = 应税进口货物数量 \times 关税单位税额$$

（三）复合税计算方法

复合税是对某种进口货物同时使用从价和从量计征的一种关税计征方法。其应纳关税税额的计算公式为：

$$应纳税额 = 应税进口货物数量 \times 关税单位税额 + 应税进口货物数量 \times 单位完税价格 \times 适用税率$$

（四）滑准税计算方法

滑准税是指关税的税率随着进口商品价格的变动而反方向变动的一种税率形式。即价格越高，税率越低，税率为比例税率。因此，对实行滑准税率的进口商品应纳关税税额的计算方法与从价税的计算方法相同。

【例题 4－34】 某纺织厂于 2021 年 10 月进口一批布料。该批布料在国外购买价折合人民币 800 000 元，货物运抵我国入关前发生运输费折合人民币 30 000 元，保险费折合人民币 20 000 元。货物报关后，按照规定缴纳了进口环节增值税。已知：布料增值税税率 13%；进口关税税率为 20%。计算该批布料应纳的进口环节关税和增值税税额。

【解析】（1）关税完税价格＝800 000＋30 000＋20 000＝850 000（元）

（2）应缴纳进口关税＝850 000×20%＝170 000（元）

（3）应缴纳进口环节增值税＝（850 000＋170 000）×13%＝132 600（元）

六、关税税收优惠

关税的减税、免税分为法定性减免税、政策性减免税和临时性减免税。

（一）法定性减免税

《海关法》和《进出口关税条例》中规定的减免税，称为法定性减免税。主要有下列情形：

1. 一票货物关税税额、进口环节增值税或者消费税税额在人民币 50 元以下的。
2. 无商业价值的广告品及货样。
3. 国际组织、外国政府无偿赠送的物资。
4. 进出境运输工具装载的途中必需的燃料、物料和饮食用品。

5. 因故退还的中国出口货物，可以免征进口关税。但已征收的出口关税，不予退还。

6. 因故退还的境外进口货物，可以免征出口关税，但已征收的进口关税不予退还。

对有上述情况的货物，经海关审查无误后可以免税。

中国缔结或参加的国际条约规定减征、免征关税的货物、物品，海关应当按照规定减免关税。

（二）政策性减免税

有下列情形之一的进口货物，海关可以酌情减免税：

1. 在境外运输途中或者在起卸时，遭受损坏或者损失的；
2. 起卸后海关放行前，因不可抗力遭受损坏或者损失的；
3. 海关查验时已经破漏、损坏或者腐烂，经证明不是保管不慎造成的。

（三）临时性减免税

为境外厂商加工、装配成品和为制造外销产品而进口的原材料、辅料、零件、部件、配套件和包装物料，海关按照实际加工出口的成品数量免征进口关税；或者对进口料、件先征进口关税，再按照实际加工出口的成品数量予以退税。

七、关税征收管理

（一）纳税期限与滞纳金

关税是在货物实际进出境时，即在纳税人按进出口货物通关规定向海关申报后、海关放行前一次性缴纳。进出口货物的收发货人或其代理人应当在海关填发税款缴款书之日起 15 日内，向指定银行缴纳税款；逾期不缴的，除依法追缴外，由海关自到期次日起至缴清税款之日止，按日征收欠缴税额万分之五的滞纳金。

（二）海关暂不予放行的行李物品

自 2016 年 6 月 1 日起，旅客携运进出境的行李物品有下列情形之一的，海关暂不予放行：

1. 旅客不能当场缴纳进境物品税款的。
2. 进出境的物品属于许可证件管理的范围，但旅客不能当场提交的。
3. 进出境的物品超出自用合理数量，按规定应当办理货物报关手续或其他海关手续，其尚未办理的。
4. 对进出境物品的属性、内容存疑，需要由有关主管部门进行认定、鉴定、验核的。
5. 按规定暂不予以放行的其他行李物品。

（三）关税的退税与追缴

对由于海关误征、多缴纳税款的；海关核准免验的进口货物在完税后，发现有短卸情况，经海关审查认可的；已征出口关税的货物，因故未装运出口申报退关，经海关查验属实的，纳税人可以从缴纳税款之日起的1年内，书面声明理由，连同纳税收据向海关申请退税，逾期不予受理。海关应当自受理退税申请之日起30日内作出书面答复，并通知退税申请人。进出口货物完税后，如发现少征或漏征税款，海关有权在1年内予以补征；如因收发货人或其代理人违反规定而造成少征或漏征税款的，海关在3年内可以追缴。

本章主要内容提示

1. 税收是指以国家为主体，为实现国家职能，凭借政治权力，按照法律标准，采用强制性手段，无偿取得财政收入的一种特定分配形式。具有强制性、无偿性和固定性。

2. 纳税义务人、征税对象、税率是构成税法的三个基本要素。

3. 征税对象是区别征收不同税种的重要标志。

4. 根据增值税纳税人的会计核算是否健全，是否能够提供准确的税务资料以及企业规模的大小，将增值税纳税人划分为增值税一般纳税人和增值税小规模纳税人。

5. 增值税的征税范围包括销售货物或劳务，销售服务、无形资产、不动产以及进口货物。销售服务包括：交通运输服务、邮政服务、电信服务、建筑服务、金融服务、现代服务（研发和技术服务、信息技术服务化创意服务、物流辅助服务、租赁服务、鉴证咨询服务、广播影视服务、商务辅助服务和其他现代服务）、生活服务（文化体育服务、教育医疗服务、旅游娱乐服务、餐饮住宿服务、居民日常服务和其他生活服务）。

6. 增值税税率有13%、9%、6%、零税率；征收率有3%、5%。

7. 纳税人兼营免税、减税项目的，应当分别核算免税、减税项目的销售额；未分别核算的，不得免税、减税。

8. 区别可抵扣进项税额和不得抵扣进项税额。

9. 纳税人自产自用的应税消费品，用于连续生产应税消费品的，不纳税；用于其他方面的，于移送使用时纳税。

10. 舞台、戏剧、影视演员化妆用的上妆油、卸妆油、油彩，不属于消费税的征收范围。

11. 白酒生产企业向商业销售单位收取的品牌使用费应并入白酒的销售额中缴纳消费税。

12. 城市维护建设税实行差别比例税率，设置三档比率税率：7%、5%、1%。

13. 车辆购置税实行一次性征收。购置已征车辆购置税的车辆，不再征收车辆购置税。

14. 进口关税一般采用比例税率，实行从价计征的办法；但对啤酒、原油等少数货物则实行从量计征；对广播用录像机、放像机、摄像机等实行从价加从量的复合税率。

章节小测

一、单项选择题

1. 根据税收法律制度的规定，下列各项中，采用超率累进税率的是（　　）。

A. 印花税　　B. 城镇土地使用税

C. 个人所得税　　D. 土地增值税

2. 根据增值税法律制度的规定，下列各项业务中，属于“金融服务——贷款服务”的是（ ）。

A. 资金结算　　B. 资产管理

C. 金融支付　　D. 融资性售后回租

3. 根据增值税的相关规定，下列不属于“建筑服务”的是（ ）。

A. 平整土地　　B. 园林绿化

C. 生产设备安置工程作业　　D. 修理修配劳务

4. 根据增值税法律制度的规定，下列各项中，应按照“现代服务”税目计缴增值税的是（ ）。

A. 经营租赁服务　　B. 融资性售后回租

C. 保险服务　　D. 旅游娱乐服务

5. 根据增值税法律制度的规定，市场调查服务按照（ ）缴纳增值税。

A. 商务辅助服务　　B. 咨询服务

C. 专业技术服务　　D. 文化创意服务

6. 根据增值税法律制度的规定，单位或者个体工商户的下列行为中，应视同销售货物征收增值税的是（ ）。

A. 将购进货物用于集体福利　　B. 将购进货物无偿赠送其他单位

C. 将购进货物用于个人消费　　D. 将购进货物用于免征增值税项目

7. 增值税纳税人发生的下列业务中，应当分别核算销售额，分别适用税率或征收率的是（ ）。

A. 美容院向其提供美容服务的顾客销售美容产品

B. 餐馆提供餐饮服务的同时销售酒水、饮料

C. 家电商城销售冰箱同时提供运输服务运送冰箱上门

D. 建筑公司销售自产的钢结构件同时提供安装服务

8. 根据增值税法律制度的规定，下列各项中，应征收增值税的是（ ）。

A. 被保险人获得的保险赔付

B. 航空公司根据国家指令无偿提供用于公益事业的航空运输服务

C. 存款利息

D. 母公司向子公司出售不动产

9. 2021 年 5 月 8 日，甲公司与乙公司签订了买卖电脑的合同。双方约定总价款为 80 万元。6 月 3 日，甲公司就 80 万元货款全额开具了增值税专用发票。6 月 10 日，甲公司收到乙公司第一笔货款 45 万元。6 月 20 日，甲公司收到乙公司第二笔货款 35 万元。根据增值税法律制度的规定，甲公司增值税纳税义务发生时间为（ ）。

A. 5 月 8 日　　B. 6 月 3 日　　C. 6 月 10 日　　D. 6 月 20 日

10. 根据增值税法律制度的规定，下列各项中，应并入销售额计算销项税额的是（ ）。

A. 以委托方名义开具发票代委托方收取的款项

B. 销售货物向购买方收取的价款之外的优质费

C. 受托加工应征消费税的消费品所代收代缴的消费税

D. 销售货物的同时代办保险而向购买方收取的保险费

11. 某增值税一般纳税人提供咨询服务，取得含税收入 325 万元，取得奖金 5.3 万元。咨询服务的增值税税率为 6%。该业务应计算的销项税额是（ ）。

A. $(325+5.3)\div(1+6\%)\times6\%$　　B. $325\div(1+6\%)\times6\%$

C. $[325\div(1+6\%)+5.3]\times6\%$　　D. $325\times6\%$

12. 甲设备制造厂是增值税一般纳税人。2021 年 11 月销售一批设备，向客户收取不含增值税价款 100 万元；同时为客户运送这批设备，收取含增值税运费 1.13 万元。已知增值税税率为 13%。根据增值税法律制度的规定，下列有关甲设备制造厂 2021 年 11 月销项税额的计算列式中，正确的是（ ）。

A. $100 \times 13\%$　　B. $(100+1.13) \times 13\%$

C. $100 \times 13\% + 1.13 \div (1+13\%) \times 13\%$　　D. $(100+1.13) \div (1+13\%) \times 13\%$

13. A洗衣机生产企业是增值税一般纳税人。2021年10月向某商场销售1 000台A型洗衣机，出厂不含增值税单价为3 800元/台。由于商场采购量大，给予其9%的商业折扣，并将销售额和折扣额在同一张发票的“金额栏”分别注明。已知增值税税率为13%。A洗衣机生产企业当月该笔业务增值税销项税额的下列计算列式中，正确的是（　　）。

A. $3\ 800 \times 1\ 000 \times 13\%$

B. $3\ 800 \times 1\ 000 \times (1-9\%) \times 13\%$

C. $3\ 800 \times 1\ 000 \times (1-9\%) \div (1+13\%) \times 13\%$

D. $3\ 800 \times 1\ 000 \div (1+13\%) \times 13\%$

14. 甲手机专卖店为增值税一般纳税人。2021年9月采取以旧换新方式销售某型号手机150部。该型号新手机的同期含税销售单价为3 164元；旧手机的收购单价为226元。已知增值税税率为13%。甲手机专卖店当月该业务增值税销项税额的下列计算列式中，正确的是（　　）。

A. $(3\ 164-226) \times 150 \times 13\%$　　B. $(3\ 164-226) \times 150 \div (1+13\%) \times 13\%$

C. $3\ 164 \times 150 \times 13\%$　　D. $3\ 164 \times 150 \div (1+13\%) \times 13\%$

15. 甲企业为增值税一般纳税人。2021年9月销售空调取得含增值税价款780.6万元；另收取包装物押金5.65万元，约定3个月内返还。当月确认逾期不予退还的包装物押金为11.3万元。已知增值税税率为13%。计算甲企业当月上述业务增值税销项税额的下列算式中，正确的是（　　）。

A. $(780.6+11.3) \div (1+13\%) \times 13\%$

B. $(780.6+5.65+11.3) \div (1+13\%) \times 13\%$

C. $(780.6+5.65+11.3) \times 13\%$

D. $(780.6+11.3) \times 13\%$

16. 甲酒厂是增值税的一般纳税人，同时生产白酒和啤酒。2021年11月，甲酒厂销售白酒2吨，不含增值税销售额为20万元；销售啤酒20吨，不含增值税销售额为10万元。同时，甲酒厂还收取白酒包装物押金0.2万元；收取啤酒包装物押金1万元、包装物租金0.5万元。已知增值税税率为13%。根据增值税法律制度的规定，有关甲酒厂上述业务应确认的增值税销项税额的下列计算列式中，正确的是（　　）。

A. $(20+10+0.2+1+0.5) \times 13\%$

B. $(20+10+0.2+0.5) \times 13\%$

C. $(20+10) \times 13\% + (0.2+1+0.5) \div (1+13\%) \times 13\%$

D. $(20+10) \times 13\% + (0.2+0.5) \div (1+13\%) \times 13\%$

17. 甲商场为增值税一般纳税人。本月售出A产品100套，合计含税售价为10 735元。为回馈老客户，当月又无偿赠送B产品80套。B产品在甲商场正常的零售单价为56.5元/套。已知增值税税率为13%。有关甲商场上述业务应确认的增值税销项税额，下列计算正确的是（　　）。

A. $10\ 735 \times 13\%$　　B. $10\ 735 \div (1+13\%) \times 13\%$

C. $(10\ 735+56.5 \times 80) \times 13\%$　　D. $(10\ 735+56.5 \times 80) \div (1+13\%) \times 13\%$

18. 甲厂为增值税一般纳税人。2021年9月购进一批农产品，农产品收购发票注明买价100 000元。当月全部用于生产小麦面粉。已知农产品扣除率为9%。有关甲厂当月该笔业务准予抵扣的增值税进项税额的下列算式中，正确的是（　　）。

A. $100\ 000 \div (1-9\%) \times 9\%$　　B. $100\ 000 \times 9\%$

C. $100\ 000 \times (1-9\%) \times 9\%$　　D. $100\ 000 \div (1+9\%) \times 9\%$

19. 根据车辆购置税法律制度的规定，下列车辆中，不属于车辆购置税免税项目的是（　　）。

A. 国际组织驻华机构的自用小汽车　　B. 设有固定装置的非运输专用作业车辆

C. 城市公交企业购置的公共汽电车辆　　D. 甲公司购买的经营用汽车挂车

20. 甲超市为小规模纳税人，按月申报纳税。2021 年 11 月，甲超市共取得销售收入 121 200 元；当月购进货物取得的增值税专用发票上注明税额为 1 000 元。根据增值税法律制度的规定，甲超市本月应纳增值税为（　　）元。

A. 0　　B. 1 200　　C. 200　　D. 3 530

21. 根据增值税法律制度的规定，一般纳税人购进符合规定的国内旅客运输服务取得注明旅客身份信息的航空运输电子客票行程单的，计算进项税额的基数是（　　）。

A. 票价

B. 票价、燃油附加费

C. 票价、燃油附加费、民航发展基金

D. 票价、燃油附加费、民航发展基金、其他税费

22. 甲公司为增值税一般纳税人。2021 年 9 月进口货物实际缴纳关税 60 万元、增值税 80 万元；境内销售货物实际缴纳增值税 100 万元。已知城市维护建设税税率为 7%。甲公司当月应缴纳城市维护建设税税额为（　　）万元。

A. 4.2　　B. 12.6　　C. 7　　D. 9.8

23. 甲公司为增值税一般纳税人。2021 年 9 月应向税务机关缴纳增值税 100 万元，实际缴纳增值税 90 万元；收到按照留抵退税规定退还增值税 60 万元。已知城市维护建设税税率为 7%。甲公司当月应缴纳城市维护建设税税额为（　　）万元。

A. 6.3　　B. 2.8　　C. 2.1　　D. 7

24. 甲汽车 4S 店购入小汽车 18 辆。下列行为中，应当由甲汽车 4S 店作为纳税人缴纳车辆购置税的是（　　）。

A. 将其中 9 辆销售给客户　　B. 将其中 4 辆作为高级管理人员的专用轿车

C. 将其中 3 辆赠送给乙企业　　D. 库存 2 辆尚未售出

25. 根据关税法律制度的规定，原产地不明的进口货物适用的关税税率是（　　）。

A. 协定税率　　B. 最惠国税率　　C. 特惠税率　　D. 普通税率

26. 根据消费税法律制度的规定，下列各项中，应缴纳消费税的是（　　）。

A. 汽车厂销售卡丁车　　B. 手表厂销售高档手表

C. 珠宝店销售珍珠项链　　D. 商场销售木制一次性筷子

27. 某化妆品厂销售高档化妆品取得含税收入 45.2 万元，收取手续费 1.8 万元，另收取包装物押金 1 万元。已知增值税税率为 13%；消费税税率为 15%。以下关于该化妆品厂上述业务应交消费税的计算中，正确的是（　　）。

A. $45.2 \times 15\%$　　B. $45.2 \div (1+13\%) \times 15\%$

C. $(45.2+1.8) \div (1+13\%) \times 15\%$　　D. $(45.2+1.8+1) \div (1+13\%) \times 15\%$

28. 甲商场是增值税一般纳税人。2021 年 11 月向消费者个人销售黄金项链取得含增值税销售额 113 000 元；销售金镶玉吊坠取得含增值税销售额 22 300 元；销售镀金首饰取得含增值税销售额 42 898 元。已知增值税税率 13%；消费税税率 5%。根据消费税法律制度的规定，有关甲商场 2021 年 11 月应缴纳的消费税，下列计算列式中，正确的是（　　）。

A. $(113\ 000+22\ 300+42\ 898) \times 5\%$

B. $(113\ 000+22\ 300+42\ 898) \div (1+13\%) \times 5\%$

C. $(113\ 000+22\ 300) \times 5\%$

D. $(113\ 000+22\ 300) \div (1+13\%) \times 5\%$

29. 2021 年 9 月甲厂受托为乙卷烟厂加工烟丝，收取加工费开具增值税专用发票注明金额 21 000 元、税额 2 730 元。乙卷烟厂提供材料成本 150 000 元；甲厂无同类烟丝销售价格。已知烟丝消费税税率为 30%。关于甲厂当月该笔业务应代收代缴消费税税额的下列算式中，正确的是（　　）。

A. （150 000 + 21 000）÷（1 - 30%）× 30%

B. （150 000 + 21 000 + 2 730）× 30%

C. （150 000 + 21 000）× 30%

D. （150 000 + 21 000 + 2 730）÷（1 - 30%）× 30%

30. 根据消费税法律制度的规定，下列各项中，不能扣除外购的应税消费品已纳消费税税额的是（　　）。

A. 以外购已税烟丝为原料生产的卷烟

B. 以外购已税珠宝、玉石为原料生产的贵重首饰及珠宝、玉石

C. 以外购已税汽油为原料生产的汽油

D. 以外购已税白酒为原料生产的白酒

二、多项选择题

1. 下列税种中，由海关负责征收和管理的有（　　）。

A. 关税　　B. 烟叶税　　C. 船舶吨税　　D. 资源税

2. 下列各项中，属于我国现行税收法律制度规定适用的税率形式的有（　　）。

A. 全额累进税率　　B. 定额税率

C. 比例税率　　D. 超率累进税率

3. 根据增值税法律制度的规定，下列各项中，应按照“交通运输服务”税目计缴增值税的有（　　）。

A. 车辆停放服务　　B. 湿租业务　　C. 程租业务　　D. 期租业务

4. 根据增值税法律制度的规定，下列各项中，不征收增值税的有（　　）。

A. 公积金管理中心代收的住宅专项维修资金

B. 被保险人获得的医疗保险赔付

C. 保险企业取得的财产保险费收入

D. 物业管理单位收取的物业费

5. 根据增值税法律制度的规定，下列关于增值税纳税义务发生时间的表述中，正确的有（　　）。

A. 纳税人进口货物的，为报关进口的当天

B. 纳税人从事金融商品转让的，为收到销售款的当天

C. 纳税人提供租赁服务采取预收款方式的，为交付租赁物的当天

D. 纳税人采取委托银行收款方式销售货物的，为发出货物并办妥托收手续的当天

6. 根据增值税法律制度的规定，纳税人销售下列酒类产品同时收取的包装物押金，无论是否返还，均应并入当期销售额计缴增值税的有（　　）。

A. 啤酒　　B. 白酒　　C. 黄酒　　D. 红酒

7. 甲企业（一般纳税人）主要从事洗衣机的生产和销售。2021 年 9 月发生下列购进业务，准予依法抵扣进项税额的有（　　）。

A. 进口设备一台，取得海关进口增值税专用缴款书

B. 购进办公用打印纸一批，取得销售方开具的增值税专用发票

C. 接受某设计公司提供的设计服务，取得服务提供方开具的增值税普通发票

D. 从境外单位手中受让位于境内的办公室一处，取得代扣代缴税款的完税凭证

8. 根据增值税法律制度的规定，一般纳税人购进货物发生的下列情形中，不得从销项税额中抵扣进项税额的有（　　）。

A. 将购进的货物分配给股东　　B. 将购进的货物用于个人消费

C. 将购进的货物无偿赠送给高级客户　　D. 将购进的货物用于集体福利

9. 根据增值税法律制度的规定，下列各项中，不得从销项税额中抵扣进项税额的有（　　）。

A. 合理瑕疵率范围内的瑕疵品所耗用的外购原材料

B. 因管理不善毁损的产成品所耗用的外购原材料

C. 被认定违章建筑而拆除的仓库所耗用的建筑服务

D. 被洪水浸泡毁损的库存外购原材料

10. 根据增值税法律制度的规定，一般纳税人购进的下列服务中，不得抵扣进项税额的有（　　）。

A. 娱乐服务　　B. 美发服务　　C. 贷款服务　　D. 餐饮服务

11. 根据车辆购置税法律制度的规定，下列各项中，属于车辆购置税征收范围的有（　　）。

A. 有轨电车　　B. 汽车

C. 汽车挂车　　D. 排气量125毫升的摩托车

12. 根据增值税法律制度的规定，下列各项中，免予缴纳增值税的有（　　）。

A. 果农销售自产水果　　B. 药店销售避孕药品

C. 李某销售自己使用过的空调　　D. 直接用于教学的进口设备

13. 根据增值税法律制度的规定，下列各项中，免征增值税的有（　　）。

A. 体育彩票发行单位发行体育彩票取得的收入

B. 在校大学生勤工俭学提供服务取得的收入

C. 养老机构提供养老服务取得的收入

D. 幼儿园提供保育服务取得的收入

14. 根据增值税法律制度的规定，商业企业一般纳税人零售的下列货物中，不能开具增值税专用发票的有（　　）。

A. 红酒　　B. 卷烟　　C. 劳保鞋　　D. 食品

15. 根据增值税法律制度的规定，一般纳税人发生的下列业务中，不得开具增值税专用发票的有（　　）。

A. 酒店向消费者个人提供餐饮服务　　B. 商场向消费者个人销售家用电器

C. 装修公司向一般纳税人提供装修服务　　D. 律师事务所向消费者个人提供咨询服务

16. 根据消费税法律制度的规定，下列各项中，应按照“高档化妆品”税目计缴消费税的有（　　）。

A. 高档护肤类化妆品　　B. 成套化妆品

C. 高档修饰类化妆品　　D. 高档美容类化妆品

17. 根据消费税法律制度的规定，下列有关卷烟批发环节消费税的表述中，正确的有（　　）。

A. 卷烟批发环节消费税目前采用复合计税办法计征

B. 烟草批发企业将卷烟销售给其他烟草批发企业的，不缴纳消费税

C. 卷烟批发企业在计算应纳税额时可以扣除已含的生产环节的消费税税款

D. 烟草批发企业兼营卷烟批发和零售业务，但未分别核算批发和零售环节的销售额、销售数量的，按全部销售额、销售数量计征批发环节消费税

18. 根据消费税法律制度的规定，下列情形中，应当以纳税人同类应税消费品的最高销售价格作为计税依据计缴消费税的有（　　）。

A. 以自产应税消费品抵偿债务　　B. 以自产应税消费品投资入股

C. 以自产应税消费品换取消费资料　　D. 以自产应税消费品换取生产资料

19. 甲礼花厂2021年10月委托乙厂加工一批焰火。甲礼花厂提供的原材料成本为37.5万元。当月乙厂将加工完毕的焰火交付甲礼花厂，开具增值税专用发票注明收取加工费5万元（乙厂无同类焰火销售价格）。已知，销售加工、修理修配劳务适用增值税税率为13%；鞭炮、焰火适用消费税税率为15%。有关甲礼花厂上述业务的税务处理，下列说法正确的有（　　）。

A. 甲礼花厂应缴纳的增值税 $=5\times13\%$

B. 甲礼花厂应缴纳的消费税 $=(37.5+5)\times15\%$

C. 乙厂应缴纳的增值税 $=5\times13\%$

D. 乙厂应代收代缴的消费税 =（37.5 +5）÷（1 −15%）×15%

20. 甲酒厂主要从事白酒生产销售业务。该酒厂销售白酒收取的下列款项中，应并入销售额缴纳消费税的有（　　）。

A. 向 A 公司收取的储备费　　B. 向 B 公司收取的品牌使用费

C. 向 C 公司收取的包装物租金　　D. 向 D 公司收取的产品优质费

三、判断题

1. 以货币资金投资收取的固定利润或者保底利润，按照“销售租赁服务”缴纳增值税。（　　）

2. 甲汽车租赁公司本月出租汽车取得租赁费 40 万元（不含税，下同）；出租车身广告位取得广告费 10 万元。根据增值税法律制度的规定，甲汽车租赁公司本月取得的全部收入按租赁服务缴纳增值税。（　　）

3. 单位为聘用的员工提供服务，视同销售服务，征收增值税。（　　）

4. 根据国家指令无偿提供用于公益事业的铁路运输服务，应征收增值税。（　　）

5. 境外的单位或者个人在境内销售劳务，在境内未设有经营机构也没有境内代理人的，以购买方为增值税扣缴义务人。（　　）

6. 除个体工商户以外的其他个人不属于增值税一般纳税人。（　　）

7. 纳税人采取以旧换新方式按照其实际收取的不含增值税的全部价款征收增值税。（　　）

8. 一般纳税人外购货物发生非正常损失的，该外购货物的增值税进项税额不得从销项税额中抵扣。（　　）

9. 甲企业专营二手物品购销业务，是增值税一般纳税人。2021 年 6 月，甲企业将其收购的一批二手车转让给乙企业，含税转让价格为 402 000 元。已知，从事二手车经销的纳税人销售其收购的二手车，减按 0.5% 征收增值税。甲企业上述业务应缴纳的增值税 =402 000 ÷（1 +0.5%）×0.5% =2 000（元）。（　　）

10. 增值税起征点适用于所有个体工商户。（　　）

11. 进口货物适用的关税税率是以进口货物的原产地为标准的。（　　）

12. 私营企业进口残疾人专用的物品免征增值税。（　　）

13. 财会培训机构开办考前培训班取得的收入，免征增值税。（　　）

14. 学生勤工俭学提供的服务免征增值税。（　　）

15. 个人销售自建自用住房，应缴纳增值税。（　　）

16. 对从境外采购进口的原产于中国境内的货物，不征收进口关税。（　　）

四、不定项选择题

（一）M 县甲葡萄酒公司为增值税一般纳税人，主要从事葡萄酒的生产和销售业务。2021 年 9 月有关经营情况如下：

（1）以自产 100 箱 X 品牌葡萄酒换入酿酒设备。该品牌葡萄酒生产成本 1 130 元/箱，含增值税平均单价 2 334 元/箱；含增值税最高单价 2 588 元/箱。

（2）向 M 县自设非独立核算门市部移送 500 箱自产 Y 品牌葡萄酒。该品牌葡萄酒含增值税出厂价 1 695 元/箱。该门市部对外销售 450 箱，含增值税单价 3 120 元/箱。

（3）受托为乙公司加工 Z 品牌葡萄酒，收取含增值税加工费 40 680 元；乙公司提供原材料成本 830 000 元，甲葡萄酒公司无同类葡萄酒销售价格。

已知：销售葡萄酒增值税税率为 13%；消费税税率为 10%；销售劳务增值税税率为 13%。要求：根据上述资料，不考虑其他因素，分析回答下列小题。

1. 计算甲葡萄酒公司当月以自产 X 品牌葡萄酒换入酿酒设备应缴纳消费税税额的下列算式中，正确的是（　　）。

A. 100 ×1 130 ×10%　　B. 100 ×1 130 ×（1 +10%）×10%

C. 100 ×2 334 ÷（1 +13%）×10%　　D. 100 ×2 588 ÷（1 +13%）×10%

2. 计算甲葡萄酒公司当月 Y 品牌葡萄酒应缴纳消费税税额的下列算式中，正确的是（　　）。

A. 500×3 120÷(1+13%)×10%
B. 450×3 120÷(1+13%)×10%
C. (500×1 695+450×3 120)×10%
D. 500×1 695×10%

3. 计算甲葡萄酒公司当月受托加工Z品牌葡萄酒应代收代缴纳消费税税额的下列算式中，正确的是（　　）。

A. (830 000+40 680)÷(1-10%)×10%
B. [830 000×(1+10%)+40 680÷(1+13%)]×10%
C. [830 000+40 680÷(1+13%)]÷(1-10%)×10%
D. [830 000+40 680÷(1+13%)]×10%

4. 甲葡萄酒公司当月发生的下列业务中，应缴纳增值税的是（　　）。

A. 以自产X品牌葡萄酒换入酿酒设备
B. 向M县自设非独立核算门市部移送自产Y品牌葡萄酒
C. 门市部对外销售Y品牌葡萄酒
D. 受托加工Z品牌葡萄酒

（二）甲房地产开发公司为增值税一般纳税人，主要从事房地产开发业务。2021年9月有关经营情况如下：

1. 销售所开发的商品住宅项目，取得含增值税价款16 000万元。该商品住宅项目所用土地系甲房地产开发公司于2018年从政府部门受让取得，本月所售商品住宅项目允许扣除的土地价款为4 350万元。

2. 所开发的5层办公楼竣工交付，两层办公自用；一层对外出租；一层用于抵偿债务；一层对外投资。

3. 从金融机构取得贷款，向该金融机构支付该笔贷款融资顾问费取得增值税专用发票注明税额5万元；向担保公司支付担保费取得增值税专用发票注明税额5.4万元；向信用评级机构支付评级费取得增值税普通发票注明税额0.6万元；向会计师事务所支付审计费取得增值税专用发票注明税额6万元。

4. 将一批5月购入的原用于管理部门的电脑转用于职工福利部门，原值15.43万元，净值11.3万元。该批电脑购入时计入固定资产，已抵扣进项税额。

已知：销售货物增值税税率为13%；销售不动产增值税税率为9%。取得的扣税凭证均符合抵扣规定。

要求：根据上述资料，不考虑其他因素，分析回答下列小题。

1. 计算当月甲房地产开发公司销售商品住宅增值税销项税额的下列算式中，正确的是（　　）。

A. 16 000×9%
B. 16 000÷(1+9%)×9%
C. (16 000-4 350)÷(1+9%)×9%
D. (16 000-4 350)×9%

2. 甲房地产开发公司竣工交付的下列办公楼楼层中，应缴纳增值税的是（　　）。

A. 办公自用的楼层
B. 对外出租的楼层
C. 用于抵偿债务的楼层
D. 对外投资的楼层

3. 甲房地产开发公司的下列进项税额中，准予从销项税额中抵扣的是（　　）。

A. 融资顾问费的进项税额5万元
B. 担保费的进项税额5.4万元
C. 评级费的进项税额0.6万元
D. 审计费的进项税额6万元

4. 甲房地产开发公司电脑改变用途后，计算不得抵扣进项税额的下列算式中，正确的是（　　）。

A. 11.3÷(1+13%)×13%
B. 11.3×13%
C. 15.43×13%
D. 15.43÷(1+13%)×13%

模块五

所得税法律制度

学习目标

1. 掌握企业所得税征税对象、应纳税所得额的计算、资产的税务处理、应纳税额的计算；

2. 掌握个人所得税应税所得项目、应纳税所得额的确定、应纳税额的计算；

3. 熟悉企业所得税纳税人及税收优惠政策；

4. 熟悉个人所得税纳税人及其纳税义务和税收优惠政策；

5. 了解企业所得税税率及征收管理；

6. 了解个人所得税税率及征收管理。

案例导入

甲公司为居民企业，登记注册地在 Q 市，企业所得税按季预缴。该企业主要从事鞋服的生产和销售业务。2021 年有关销售情况如下：

鞋服销售收入为 5 000 万元；生产设备出租收入 60 万元；国债利息收入 1.5 万元；存款利息收入 0.8 万元；存货盘盈 0.2 万元。

发生的合理的劳动保护费支出 2 万元；因生产经营需要向金融企业借款利息支出 3 万元；直接向某科研机构捐赠 1 万元；缴纳诉讼费用 1.7 万元。

购置符合规定的安全生产专用设备一台。该设备投资额 600 万元，当年即投入使用。

全年利润总额为 2 800 万元。

已知：企业所得税税率为 25%。

问题：请计算甲公司 2021 年度企业所得税应纳税额是多少？

任务一　企业所得税法律制度

企业所得税是对企业和其他取得收入的组织生产经营所得和其他所得征收的一种所得税。

一、企业所得税纳税人

在中华人民共和国境内，企业和其他取得收入的组织（以下统称企业）为企业所得税的纳税人，依照《企业所得税法》的规定缴纳企业所得税。企业所得税纳税人包括各类企业、事业单位、社会团体、民办非企业单位和从事经营活动的其他组织。依照中国法律、行政法规成立的个人独资企业、合伙企业，不属于企业所得税纳税人，不缴纳企业所得税。

企业所得税根据登记注册地和实际管理机构地双重标准，把企业分为居民企业和非居民企业，分别确定不同的纳税义务。

（一）居民企业

居民企业是指依法在中国境内成立，或者依照外国（地区）法律成立但实际管理机构在中国境内的企业。其中，实际管理机构是指对企业的生产经营、人员、账务、财产等实施实质性全面管理和控制的机构。

（二）非居民企业

非居民企业是指依照外国（地区）法律成立且实际管理机构不在中国境内，但在中国境内设立机构、场所的，或者在中国境内未设立机构、场所，但有来源于中国境内所得的企业。

上述所称机构、场所是指在中国境内从事生产经营活动的机构、场所。包括：

1. 管理机构、营业机构、办事机构。
2. 工厂、农场、开采自然资源的场所。
3. 提供劳务的场所。
4. 从事建筑、安装、装配、修理、勘探等工程作业的场所。
5. 其他从事生产经营活动的机构、场所。

【例题5－1】根据企业所得税法律制度的规定，下列各项中，属于企业所得税纳税人的有（　　）。

A. 甲有限责任公司　　B. 乙合伙企业

C. 丙股份有限公司　　D. 丁个体工商户

【答案】AC

【解析】选项B属于个人独资企业、合伙企业不适用《企业所得税法》，不属于企业所得税纳税义务人；选项D属于个体工商户属于个人，不属于企业所得税纳税义务人。

二、企业所得税征税对象

（一）居民企业的征税对象

居民企业应当就其来源于中国境内、境外的所得缴纳企业所得税。包括销售货物所得、提供劳务所得、转让财产所得、股息红利等权益性投资所得、利息所得、租金所得、特许权使用费所得、接受捐赠所得和其他所得。

（二）非居民企业的征税对象

非居民企业在中国境内设立机构、场所的，应当就其所设机构、场所取得的来源于中国境内的所得，以及发生在中国境外但与其所设机构、场所有实际联系的所得，缴纳企业所得税。

非居民企业在中国境内未设立机构、场所的，或者虽设立机构、场所但取得的所得与其所设机构、场所没有实际联系的，应当就其来源于中国境内的所得缴纳企业所得税。

实际联系是指非居民企业在中国境内设立的机构、场所拥有据以取得所得的股权、债权，以及拥有、管理、控制据以取得所得的财产等。

知识归纳（见表5－1）

表5－1　企业所得税纳税人及其纳税义务

<table>
<tr><th>要点</th><th colspan="4">内容</th></tr>
<tr><td>纳税人</td><td colspan="4">包括企业和其他取得收入的组织。【注意】不包括个体工商户、个人独资企业和合伙企业</td></tr>
<tr><td rowspan="4">分类</td><td>居民企业</td><td colspan="3">就其来源于我国境内、外的全部所得纳税</td></tr>
<tr><td rowspan="3">非居民企业</td><td rowspan="2">设立机构、场所</td><td>取得的所得与所设机构、场所“有”实际联系</td><td>无论来源于我国境内还是境外，均应缴纳企业所得税</td></tr>
<tr><td>取得的所得与所设机构、场所“无”实际联系</td><td rowspan="2">只就其来源于我国境内的所得纳税</td></tr>
<tr><td colspan="2">未设立机构场所</td></tr>
</table>

（三）来源于中国境内、境外所得的确定原则

来源于中国境内、境外的所得，按照以下原则确定：

1. 销售货物所得按照交易活动发生地确定。
2. 提供劳务所得按照劳务发生地确定。
3. 转让财产所得、不动产转让所得按照不动产所在地确定；动产转让所得按照转让动产的企业或者机构、场所所在地确定；权益性投资资产转让所得按照被投资企业所在地确定。
4. 股息、红利等权益性投资所得，按照分配所得的企业所在地确定。
5. 利息所得、租金所得、特许权使用费所得，按照负担、支付所得的企业或者机构、场所所在地确定，或者按照负担、支付所得的个人的住所地确定。
6. 其他所得由国务院财政、税务主管部门确定。

三、企业所得税税率

企业所得税实行比例税率。

（一）基本税率25%

居民企业以及在中国境内设立机构、场所且取得的所得与其所设机构、场所有实际联系的非居民企业，应当就其来源于中国境内、境外的所得缴纳企业所得税。

（二）低税率20%（实际减按10%）

非居民企业在中国境内未设立机构、场所的，或者虽设立机构、场所但取得的所得与其

所设机构、场所没有实际联系的，应当就其来源于中国境内的所得缴纳企业所得税。

（三）优惠税率

符合条件的小型微利企业，减按20%的税率征收。

国家需要重点扶持的高新技术企业，减按15%的税率征收。

四、企业所得税应纳税所得额的计算

企业所得税的计税依据是应纳税所得额，即指企业每一纳税年度的收入总额，减除不征税收入、免税收入、各项扣除以及允许弥补的以前年度亏损后的余额。

应纳税所得额＝收入总额－不征税收入－免税收入－各项扣除－以前年度亏损

在计算应纳税所得额时，企业财务、会计处理办法与税收法律法规的规定不一致的，应当依照税收法律法规的规定计算。

（一）收入总额

企业收入总额是指以货币形式和非货币形式从各种来源取得的收入。

企业取得收入的货币形式，包括现金、存款、应收账款、应收票据、准备持有至到期的债券投资以及债务的豁免等。

企业取得收入的非货币形式，包括固定资产、生物资产、无形资产、股权投资、存货、不准备持有至到期的债券投资、劳务以及有关权益等。非货币形式收入应当按照公允价值确定收入额。

企业取得收入的具体构成为：

1. 销售货物收入，是指企业销售商品、产品、原材料、包装物、低值易耗品以及其他存货取得的收入。

除法律法规另有规定外，企业销售货物收入的确认，必须遵循权责发生制原则和实质重于形式原则。

（1）符合收入确认条件，采取下列商品销售方式的，应按以下规定确认收入实现时间：

①销售商品采用托收承付方式的，在办妥托收手续时确认收入。

②销售商品采用预收款方式的，在发出商品时确认收入。

③销售商品需要安装和检验的，在购买方接受商品以及安装和检验完毕时确认收入。如果安装程序比较简单，可在发出商品时确认收入。

④销售商品采用支付手续费方式委托代销的，在收到代销清单时确认收入。

（2）采用售后回购方式销售商品的，销售的商品按售价确认收入；回购的商品作为购进商品处理。有证据表明不符合销售收入确认条件的，如以销售商品方式进行融资，收到的款项应确认为负债。回购价格大于原售价的，差额应在回购期间确认为利息费用。

（3）销售商品以旧换新的，销售商品应当按照销售商品收入确认条件确认收入；回收的商品作为购进商品处理。

（4）企业为促进商品销售而在商品价格上给予的价格扣除属于商业折扣。商品销售涉及商业折扣的，应当按照扣除商业折扣后的金额确定销售商品收入金额。

债权人为鼓励债务人在规定的期限内付款而向债务人提供的债务扣除属于现金折扣。销售商品涉及现金折扣的，应当按扣除现金折扣前的金额确定销售商品收入金额。现金折扣在实际发生时作为财务费用扣除。

企业因售出商品的质量不合格等原因而在售价上给予的减让属于销售折让；企业因售出商品质量、品种不符合要求等原因而发生的退货属于销售退回。企业已经确认销售收入的售出商品发生销售折让和销售退回，应当在发生当期冲减当期销售商品收入。

2. 提供劳务收入，是指企业从事建筑安装、修理修配、交通运输、仓储租赁、金融保险、邮电通信、咨询经纪、文化体育、科学研究、技术服务、教育培训、餐饮住宿、中介代理、卫生保健、社区服务、旅游、娱乐、加工以及其他劳务服务活动取得的收入。

企业在各个纳税期末，提供劳务交易的结果能够可靠估计的，应采用完工进度（百分比）法确认提供劳务收入。

企业应按照从接受劳务方已收或应收的合同或协议价款确定劳务收入总额。根据纳税期末提供劳务收入总额乘以完工进度扣除以前纳税年度累计已确认提供劳务收入后的金额，确认为当期劳务收入；同时，按照提供劳务估计总成本乘以完工进度扣除以前纳税期间累计已确认劳务成本后的金额，结转为当期劳务成本。

3. 转让财产收入，是指企业转让固定资产、生物资产、无形资产、股权、债权等财产取得的收入。转让财产收入应当按照从财产受让方已收或应收的合同或协议价款确认收入。

4. 股息、红利等权益性投资收益，是指企业因权益性投资从被投资方取得的收入。股息、红利等权益性投资收益，除国务院财政、税务主管部门另有规定外，按照被投资方作出利润分配决定的日期确认收入的实现。

5. 利息收入，是指企业将资金提供他人使用但不构成权益性投资，或者因他人占用本企业资金取得的收入，包括存款利息、贷款利息、债券利息、欠款利息等收入。利息收入按照合同约定的债务人应付利息的日期确认收入的实现。

【例题5－2】计算企业所得税应纳税所得额时，企业的利息收入按照实际收到利息的日期确认收入的实现。（　　）

【答案】×

6. 租金收入，是指企业提供固定资产、包装物或者其他有形资产的使用权取得的收入。租金收入按照合同约定的承租人应付租金的日期确认收入的实现。如果交易合同或协议中规定租赁期限跨年度，且租金提前一次性支付的，出租人可对上述已确认的收入，在租赁期内分期均匀计入相关年度收入。

7. 特许权使用费收入，是指企业提供专利权、非专利技术、商标权、著作权以及其他特许权的使用权取得的收入。特许权使用费收入按照合同约定的特许权使用人应付特许权使用费的日期确认收入的实现。

8. 接受捐赠收入，是指企业接受的来自其他企业、组织或者个人无偿给予的货币性资产、非货币性资产。接受捐赠收入按照实际收到捐赠资产的日期确认收入的实现。

9. 其他收入，是指企业取得《企业所得税法》具体列举的收入外的其他收入，包括企业资产溢余收入、逾期未退包装物押金收入、确实无法偿付的应付款项、已作坏账损失处理后又收回的应收款项、债务重组收入、补贴收入、违约金收入、汇兑收益等。

10. 特殊收入的确认。

（1）以分期收款方式销售货物的，按照合同约定的收款日期确认收入的实现。

（2）企业受托加工制造大型机械设备、船舶、飞机，以及从事建筑、安装、装配工程业务或者提供其他劳务等，持续时间超过12个月的，按照纳税年度内完工进度或者完成的工作量确认收入的实现。

（3）采取产品分成方式取得收入的，按照企业分得产品的日期确认收入的实现。其收入额按照产品的公允价值确定。

（4）企业发生非货币性资产交换，以及将货物、财产、劳务用于捐赠、偿债、赞助、集资、广告、样品、职工福利或者利润分配等用途的，应当视同销售货物、转让财产或者提供劳务，但国务院财政、税务主管部门另有规定的除外。

（5）企业以买一赠一等方式组合销售本企业商品的，不属于捐赠，应将总的销售金额按各项商品的公允价值的比例来分摊确认各项的销售收入。

（二）不征税收入

1. 财政拨款，是指各级人民政府对纳入预算管理的事业单位、社会团体等组织拨付的财政资金，但国务院和国务院财政、税务主管部门另有规定的除外。

2. 依法收取并纳入财政管理的行政事业性收费、政府性基金。行政事业性收费是指依照法律法规等有关规定，按照国务院规定程序批准，在实施社会公共管理，以及在向公民、法人或者其他组织提供特定公共服务过程中，向特定对象收取并纳入财政管理的费用。政府性基金是指企业依照法律、行政法规等有关规定，代政府收取的具有专项用途的财政资金。

3. 国务院规定的其他不征税收入，是指企业取得的，由国务院财政、税务主管部门规定专项用途并经国务院批准的财政性资金。

县级以上人民政府将国有资产无偿划入企业，凡指定专门用途并按规定进行管理的，企业可作为不征税收入进行企业所得税处理。其中，该项资产属于非货币性资产的，应按政府确定的接收价值计算不征税收入。

自2018年9月20日起，对全国社会保障基金理事会及基本养老保险基金投资管理机构在国务院批准的投资范围内，运用养老基金投资取得的归属于养老基金的投资收入，作为企业所得税不征税收入。

自2018年9月10日起，对全国社会保障基金取得的直接股权投资收益、股权投资基金收益，作为企业所得税不征税收入。

知识归纳（见表 5 - 2）

表 5 - 2　　**收入总额、不征税收入**

<table>
<tr><td rowspan="14">收入</td><td rowspan="2">收入形式</td><td>货币</td><td colspan="3">固定或可确定金额的收入，如“准备持有至到期的债券投资”</td></tr>
<tr><td>非货币</td><td colspan="3">非固定或可确定金额的收入，如“不准备持有至到期的债券投资”</td></tr>
<tr><td rowspan="11">确认时间</td><td rowspan="7">销售货物</td><td colspan="2">采用托收承付方式</td><td>“办妥托收手续”时</td></tr>
<tr><td colspan="2">采用预收款方式</td><td>发出商品时</td></tr>
<tr><td rowspan="2">需安装和检验</td><td>一般</td><td>安装检验完毕</td></tr>
<tr><td>安装程序简单</td><td>发出货物</td></tr>
<tr><td colspan="2">采用支付手续费方式委托代销</td><td>收到代销清单时</td></tr>
<tr><td colspan="2">采用分期收款方式</td><td>合同约定的收款日期</td></tr>
<tr><td colspan="2">采取产品分成方式</td><td>分得产品的日期</td></tr>
<tr><td colspan="3">提供劳务</td><td>在各个纳税期末（采用完工百分比法）</td></tr>
<tr><td colspan="3">股息、红利等权益性投资</td><td>被投资方做出利润分配决定日期</td></tr>
<tr><td colspan="3">利息、租金、特许权使用费</td><td>合同约定的日期</td></tr>
<tr><td colspan="3">接受捐赠</td><td>实际收到捐赠资产的日期</td></tr>
<tr><td>确认金额</td><td colspan="4">（1）“买一赠一”赠品不属于捐赠，应将总的销售金额按各项商品的“公允价值”的比例来“分摊”确认各项的销售收入；
（2）租赁期限“跨年度”，租金“提前一次性支付”，在租赁期内“分期”均匀计入相关年度；
（3）采取产品分成方式取得收入的，按照企业分得产品的日期确认收入的实现，其收入额按照产品的公允价值确定</td></tr>
<tr><td>不征税收入</td><td colspan="5">（1）财政拨款；
（2）依法应纳入财政管理的行政事业性收费、政府性基金；
【注意】不征税收入用于支出所形成的费用或财产，不得扣除或计算折旧、摊销扣除</td></tr>
</table>

【例题 5 - 3】根据企业所得税法律制度的规定，下列各项中，属于不征税收入的有（　　）。

A. 财政拨款　　　　B. 国债利息收入

C. 接受捐赠收入　　　　D. 依法收取并纳入财政管理的政府性基金

【答案】AD

【解析】选项 B 属于免税收入；选项 C 属于应税收入。

（三）税前扣除项目

企业实际发生的与取得收入有关的、合理的支出，包括成本、费用、税金、损失和其他支出，准予在计算应纳税所得额时扣除。合理的支出是指符合生产经营活动常规，应当计入当期损益或者有关资产成本的必要和正常的支出。企业的不征税收入用于支出所形成的费用或者财产，不得扣除或者计算对应的折旧、摊销扣除。

1. 成本是指企业在生产经营活动中发生的销售成本、销货成本、业务支出以及其他耗费。即企业销售商品（产品、材料、下脚料、废料、废旧物资等）、提供劳务、转让固定资产、无形资产的成本。

2. 费用是指企业在生产经营活动中发生的销售费用、管理费用和财务费用。已经计入成本的有关费用除外。

3. 税金是指企业发生的除企业所得税和允许抵扣的增值税以外的各项税金及其附加。即纳税人按照规定缴纳的消费税、资源税、土地增值税、关税、城市维护建设税、教育费附加及房产税、车船税、城镇土地使用税、印花税等。企业缴纳的增值税属于价外税，故不在扣除之列。

4. 损失是指企业在生产经营活动中发生的固定资产和存货的盘亏、毁损、报废损失，转让财产损失，呆账损失，坏账损失，自然灾害等不可抗力因素造成的损失以及其他损失。

5. 企业发生的损失，减除责任人赔偿和保险赔款后的余额，依照国务院财政、税务主管部门的规定扣除。企业已经作为损失处理的资产，在以后纳税年度又全部收回或者部分收回时，应当计入当期收入。

6. 其他支出是指除成本、费用、税金、损失外，企业在生产经营活动中发生的与生产经营活动有关的、合理的支出。

（四）准予扣除项目的标准

1. 工资、薪金支出。企业发生的合理的工资、薪金支出，准予扣除。工资、薪金是指企业每一纳税年度支付给在本企业任职或者受雇的员工的所有现金形式或者非现金形式的劳动报酬，包括基本工资、奖金、津贴、补贴、年终加薪、加班工资，以及与员工任职或者受雇有关的其他支出。

2. 职工福利费、工会经费、职工教育经费。企业发生的职工福利费、工会经费、职工教育经费按标准扣除。未超过标准的按实际发生数额扣除；超过扣除标准的只能按标准扣除。

（1）企业发生的职工福利费支出，不超过工资薪金总额14%的部分，准予扣除。列入企业员工工资薪金制度、固定与工资薪金一起发放的福利性补贴，符合国家税务总局相关规定的，可作为企业发生的工资薪金支出，按规定在税前扣除；不能同时符合上述条件的福利性补贴，应按规定计算限额税前扣除。

企业的职工福利费，包括以下内容：

①尚未实行分离办社会职能的企业，其内设福利部门所发生的设备、设施和人员费用，包括职工食堂、职工浴室、理发室、医务所、托儿所、疗养院等集体福利部门的设备、设施及维修保养费用和福利部门工作人员的工资薪金、社会保险费、住房公积金、劳务费等；

②为职工卫生保健、生活、住房、交通等所发放的各项补贴和非货币性福利，包括企业向职工发放的因公外地就医费用、未实行医疗统筹企业职工医疗费用、职工供养直系亲属医疗补贴、供暖费补贴、职工防暑降温费、职工困难补贴、救济费、职工食堂经费补贴、职工交通补贴等；

③按照其他规定发生的其他职工福利费，包括丧葬补助费、抚恤费、安家费、探亲假路费等。

（2）企业拨缴的工会经费，不超过工资薪金总额2%的部分，准予扣除。

（3）企业发生的职工教育经费支出，不超过工资薪金总额8%的部分，准予在计算企业所得税应纳税所得额时扣除；超过部分准予在以后纳税年度结转扣除。

【例题5－4】2021年度甲公司发生合理的工资、薪金支出300万元，发生职工教育经费支出3万元，上年度未在税前扣除的职工教育经费支出22万元。已知，职工教育经费支出不超过工资薪金总额8%的部分，准予在计算企业所得税应纳税所得额时扣除；超过部分准予在以后纳税年度结转扣除。在计算甲公司2021年度企业所得税应纳税所得额时，准予扣除的职工教育经费支出为（　　）万元。

A. 46　　B. 3　　C. 24　　D. 25

【答案】C

【解析】扣除限额＝300×8%＝24（万元）；待扣除金额＝3（本年发生额）＋22（上年结转额）＝25（万元）。扣除限额小于待扣除限额，按照限额扣除。因此，准予扣除的职工教育经费支出为24万元。

3. 党组织工作经费。国有企业（包括国有独资、全资和国有资本绝对控股、相对控股企业）纳入管理费用的党组织工作经费，实际支出不超过职工年度工资薪金总额1%的部分，可以据实在企业所得税前扣除。

非公有制企业党组织工作经费纳入企业管理费列支，不超过职工年度工资薪金总额1%的部分，可以据实在企业所得税前扣除。

4. 社会保险费。

（1）企业依照国务院有关主管部门或者省级人民政府规定的范围和标准为职工缴纳的基本养老保险费、基本医疗保险费、失业保险费、工伤保险费等基本社会保险费和住房公积金，准予扣除。

（2）自2008年1月1日起，企业根据国家有关政策规定，为在本企业任职或者受雇的全体员工支付的补充养老保险费、补充医疗保险费，分别在不超过职工工资总额5%标准内的部分，在计算应纳税所得额时准予扣除；超过的部分，不予扣除。

5. 保险费。

（1）企业参加财产保险，按照规定缴纳的保险费，准予扣除。

（2）除企业依照国家有关规定为特殊工种职工支付的人身安全保险费和国务院财政、税务主管部门规定可以扣除的其他商业保险费外，企业为投资者或职工支付的商业保险费，不得扣除。

（3）企业参加雇主责任险、公众责任险等责任保险，按照规定缴纳的保险费，准予在企业所得税税前扣除。

（4）企业职工因公出差乘坐交通工具发生的人身意外保险费支出，准予企业在计算应纳税所得额时扣除。

6. 劳动保护费。企业发生的合理的劳动保护支出，准予扣除。劳动保护支出是指确因工作需要为雇员配备或提供工作服、手套、安全保护用品、防暑降温用品等发生的支出。

7. 公益性捐赠。企业当年发生以及以前年度结转的公益性捐赠支出，不超过年度利润总额12%的部分，在计算应纳税所得额时准予扣除；超过年度利润总额12%的部分，准予结转以后3年内在计算应纳税所得额时扣除。企业在对公益性捐赠支出计算扣除时，应先扣除以前年度结转的捐赠支出，再扣除当年发生的捐赠支出。

年度利润总额是指企业依照国家统一会计制度的规定计算的年度会计利润。

公益性捐赠是指企业通过公益性社会组织或者县级以上人民政府及其部门，用于符合法律规定的慈善活动、公益事业的捐赠。

公益性捐赠具体范围包括：

（1）救助灾害、救济贫困、扶助残疾人等困难的社会群体和个人的活动；

（2）教育、科学、文化、卫生、体育事业；

（3）环境保护、社会公共设施建设；

（4）促进社会发展和进步的其他社会公共和福利事业。

自2019年1月1日至2025年12月31日，企业通过公益性社会组织或者县级（含）以上人民政府及其组成部门，用于目标脱贫地区的扶贫捐赠支出，准予在计算企业所得税应纳税所得额时据实扣除。在政策执行期限内，目标脱贫地区实现脱贫的，可继续适用上述政策。企业同时发生扶贫捐赠支出和其他公益性捐赠支出，在计算公益性捐赠支出年度扣除限额时，符合条件的扶贫捐赠支出不计算在内。

【例题5-5】 甲公司2021年度利润总额500万元。通过当地乡政府向文化事业捐款55万元；通过公益性社会组织向教育事业捐款10万元。已知公益性捐赠支出不超过年度利润总额12%的部分，准予扣除。计算甲公司2021年度企业所得税应纳税所得额时，准予扣除的公益性捐赠支出是（　　）万元。

A. 10　　B. 60　　C. 65　　D. 55

【答案】A

【解析】（1）通过当地“乡政府”向文化事业捐款55万元不属于公益性捐赠，不得在税前扣除；（2）通过公益性社会组织向教育事业捐款10万元属于公益性捐赠，限额内的部分允许在税前扣除；（3）公益性捐赠扣除限额 $=500\times12\%=60$（万元）大于实际发生额10万元，通过公益性社会组织向教育事业的捐款10万元准予全额在税前扣除。

8. 业务招待费。企业发生的与生产经营活动有关的业务招待费支出，按照发生额的60%扣除，但最高不得超过当年销售（营业）收入的5‰。

企业在筹建期间发生的与筹办活动有关的业务招待费支出，可按实际发生额的60%计入企业筹办费，并按有关规定在税前扣除。

对从事股权投资业务的企业（包括集团公司总部、创业投资企业等），其从被投资企业所分配的股息、红利以及股权转让收入，可以按规定的比例计算业务招待费扣除限额。

【例题5-6】 甲公司2021年取得销售收入5 000万元；发生与生产经营活动有关的业务招待费支出30万元。已知业务招待费支出按照发生额的60%扣除，但最高不得超过当年销售（营业）收入的5‰。在计算甲公司2021年度企业所得税应纳税所得额时，准予扣除的业务招待费支出为（　　）万元。

A. 18　　B. 30　　C. 24.85　　D. 25

【答案】A

【解析】限额1 $=5\,000\times5‰=25$（万元）；限额2 $=30\times60\%=18$（万元）。限额1大于限额2，税前准予扣除的业务招待费为18万元。

9. 广告费和业务宣传费。企业发生的符合条件的广告费和业务宣传费支出，除国务院财政、税务主管部门另有规定外，不超过当年销售（营业）收入15%的部分，准予扣除；超过部分准予在以后纳税年度结转扣除。企业在筹建期间发生的广告费和业务宣传费，可按实际发生额计入企业筹办费，并按有关规定在税前扣除。

自2021年1月1日起至2025年12月31日，对化妆品制造或销售、医药制造和饮料制造（不含酒类制造）企业发生的广告费和业务宣传费支出，不超过当年销售（营业）收入30%的部分，准予扣除；超过部分，准予在以后纳税年度结转扣除。

烟草企业的烟草广告费和业务宣传费支出，一律不得在计算应纳税所得额时扣除。

10. 借款费用。

（1）企业在生产经营活动中发生的合理的不需要资本化的借款费用，准予扣除。

（2）企业为购置、建造固定资产、无形资产和经过12个月以上的建造才能达到预定可销售状态的存货发生借款的，在有关资产购置、建造期间发生的合理的借款费用，应当作为资本性支出计入有关资产的成本，并依照《企业所得税法实施条例》的有关规定扣除。

11. 利息费用。企业在生产经营活动中发生的下列利息支出，准予扣除：

（1）非金融企业向金融企业借款的利息支出、金融企业的各项存款利息支出和同业拆借利息支出、企业经批准发行债券的利息支出可据实扣除。

（2）非金融企业向非金融企业借款的利息支出，不超过按照金融企业同期同类贷款利率计算的数额的部分可据实扣除；超过部分不许扣除。

金融企业是指各类银行、保险公司及经中国人民银行批准从事金融业务的非银行金融机构。

（3）凡企业投资者在规定期限内未缴足其应缴资本额的，该企业对外借款所发生的利息，相当于投资者实缴资本额与在规定期限内应缴资本额的差额应计付的利息，其不属于企业合理的支出，应由企业投资者负担，不得在计算企业应纳税所得额时扣除。

（4）企业向股东或其他与企业有关联关系的自然人借款的利息支出，应根据《企业所得税法》及《财政部 国家税务总局关于企业关联方利息支出税前扣除标准有关税收政策问题的通知》规定的条件，计算企业所得税扣除额。

企业向除股东或其他与企业有关联关系的自然人以外的内部职工或其他人员借款的利息支出，其借款情况同时符合以下条件的，其利息支出在不超过按照金融企业同期同类贷款利率计算的数额的部分，准予扣除。

①企业与个人之间的借贷是真实、合法、有效的，并且不具有非法集资目的或其他违反法律、法规的行为；

②企业与个人之间签订了借款合同。

12. 租赁费。企业根据生产经营活动的需要租入固定资产支付的租赁费，按照以下方法扣除：

（1）以经营租赁方式租入固定资产发生的租赁费支出，按照租赁期限均匀扣除。

（2）以融资租赁方式租入固定资产发生的租赁费支出，按照规定构成融资租入固定资产价值的部分应当提取折旧费用分期扣除。

13. 有关资产的费用。企业转让各类固定资产发生的费用，允许扣除。企业按规定计算的固定资产折旧费、无形资产和递延资产的摊销费，准予扣除。

14. 汇兑损失。企业在货币交易中，以及纳税年度终了时将人民币以外的货币性资产、负债按照期末即期人民币汇率中间价折算为人民币时产生的汇兑损失，除已经计入有关资产成本以及与向所有者进行利润分配相关的部分外，准予扣除。

15. 环境保护专项资金。企业依照法律、行政法规有关规定提取的用于环境保护、生态恢复等方面的专项资金，准予扣除。上述专项资金提取后改变用途的，不得扣除。

16. 总机构分摊的费用。非居民企业在中国境内设立的机构、场所，就其中国境外总机构发生的与该机构、场所生产经营有关的费用，能够提供总机构出具的费用汇集范围、定额、分配依据和方法等证明文件，并合理分摊的，准予扣除。

17. 手续费及佣金支出。

（1）自2019年1月1日起，保险企业发生与其经营活动有关的手续费及佣金支出，不超过当年全部保费收入扣除退保金等后余额的18%（含本数）的部分，在计算应纳税所得额时准予扣除；超过部分，允许结转以后年度扣除。

（2）其他企业按与具有合法经营资格的中介服务机构或个人（不含交易双方及其雇员、代理人和代表人等）所签订服务协议或合同确认的收入金额的5%计算限额。

（3）从事代理服务、主营业务收入为手续费、佣金的企业（如证券、期货、保险代理等企业），其为取得该类收入而实际发生的营业成本（包括手续费及佣金支出），准予在企业所得税前据实扣除。

企业应与具有合法经营资格的中介服务企业或个人签订代办协议或合同，并按规定支付手续费及佣金。除委托个人代理外，企业以现金等非转账方式支付的手续费及佣金不得在税前扣除。企业为发行权益性证券支付给有关证券承销机构的手续费及佣金不得在税前扣除。企业不得将手续费及佣金支出计入回扣、业务提成、返利、进场费等费用。企业已计入固定资产、无形资产等相关资产的手续费及佣金支出，应当通过折旧、摊销等方式分期扣除，不得在发生当期直接扣除。企业支付的手续费及佣金不得直接冲减服务协议或合同金额，并如实入账。保险企业应建立健全手续费及佣金的相关管理制度，并加强手续费及佣金结转扣除的台账管理。

18. 其他支出项目。依照有关法律、行政法规和国家有关税法规定准予扣除的其他项目。如会员费、合理的会议费、差旅费、违约金、诉讼费用等。

知识归纳（见表5-3）

表5-3　税前扣除项目及扣除标准

<table>
<tr><td rowspan="6">费用</td><td rowspan="3">三项经费</td><td>职工福利费</td><td>≤工资薪金总额14%</td><td></td></tr>
<tr><td>工会经费</td><td>≤工资薪金总额2%</td><td></td></tr>
<tr><td>职工教育经费</td><td>≤工资薪金总额8%</td><td>超过部分，准予在以后纳税年度“结转”扣除</td></tr>
<tr><td rowspan="3">保险</td><td>五险一金</td><td colspan="2">准予扣除</td></tr>
<tr><td>补充养老、补充医疗保险</td><td colspan="2">“分别”不超过工资总额“5%”的部分准予扣除</td></tr>
<tr><td>企业财产保险</td><td colspan="2">准予扣除</td></tr>
</table>

续表

<table>
<tr><td rowspan="22">费用</td><td rowspan="4">保险</td><td colspan="2">雇主责任险、公众责任险</td><td>准予扣除</td></tr>
<tr><td colspan="2">职工因公出差乘坐交通工具发生的人身意外保险费</td><td>准予扣除</td></tr>
<tr><td colspan="2">特殊工种人身安全保险</td><td>准予扣除</td></tr>
<tr><td colspan="2">其他商业保险</td><td>不得扣除</td></tr>
<tr><td rowspan="3">利息</td><td colspan="2">非金融企业与金融企业借款</td><td>准予扣除</td></tr>
<tr><td colspan="2">非金融企业与“非金融企业”借款</td><td>不超过金融企业同期同类贷款利率部分准予扣除</td></tr>
<tr><td colspan="3">【注意】（1）准予扣除的借款费用和借款利息不包括资本化部分；
（2）投资者未按期缴足资本，该企业对外借款利息，相当于投资者实缴资本与在规定期限内应缴资本的差额应计付的利息，不得扣除</td></tr>
<tr><td rowspan="3">捐赠</td><td rowspan="2">公益性</td><td>限额扣除</td><td>不超过“年度利润总额”12%的部分准予扣除；【注意】超过部分，准予结转以后“3年”扣除</td></tr>
<tr><td>全额扣除</td><td>用于“目标脱贫地区的扶贫”公益性捐赠支出，准予“据实扣除”</td></tr>
<tr><td>非公益性</td><td colspan="2">不得扣除</td></tr>
<tr><td>业务招待费</td><td colspan="2">按照发生额的60%扣除，但最高不得超过当年销售（营业）收入的5‰</td><td rowspan="2">适当关注“筹建期间”的处理</td></tr>
<tr><td>广告和业务宣传费</td><td colspan="2">不超过当年销售（营业）收入15%的部分准予扣除
【注意】（1）超过部分，准予结转以后纳税年度扣除；（2）“广告费”“业务宣传费”金额分别给出的，必须合并计算扣除限额；（3）“化妆品制造或销售、医药制造和饮料制造（不含酒类制造）企业”的扣除标准为“30%”；（4）“烟草企业”的烟草广告费和业务宣传费支出“不得扣除”</td></tr>
<tr><td rowspan="2">租赁费用</td><td colspan="2">经营租赁</td><td>按照租赁期限均匀扣除</td></tr>
<tr><td colspan="2">融资租赁</td><td>计提折旧扣除</td></tr>
<tr><td rowspan="3">手续费及佣金</td><td colspan="2">保险企业</td><td>（保费收入－退保金额）×18%
【注意】超过部分准予结转以后年度扣除</td></tr>
<tr><td colspan="2">金融代理</td><td>据实扣除</td></tr>
<tr><td colspan="2">其他企业</td><td>合同金额×5%</td></tr>
<tr><td>党组织经费</td><td colspan="3">不超过职工年度工资薪金总额1%的部分可以扣除</td></tr>
<tr><td>其他</td><td colspan="3">环境保护专项资金、劳动保护费、资产损失、汇兑损失、总机构分摊的费用</td></tr>
</table>

续表

税金	不得扣除	“准予抵扣的”增值税、企业所得税
	准予扣除	其他税金，包括“不得抵扣”计入产品成本或资产入账价值的增值税
损失	（1）准予扣除的损失＝损失的存货成本＋不能抵增值税税额－责任人赔偿－保险赔款； （2）企业已经作为损失处理的资产，在以后纳税年度又全部收回或部分收回时，应当计入当期收入	

（五）不得扣除项目

在计算应纳税所得额时，下列支出不得扣除：

1. 向投资者支付的股息、红利等权益性投资收益款项。

2. 企业所得税税款。

3. 税收滞纳金。具体是指纳税人违反税收法规，被税务机关处以的滞纳金。

4. 罚金、罚款和被没收财物的损失。是指纳税人违反国家有关法律、法规规定，被有关部门处以的罚款，以及被司法机关处以的罚金和被没收的财物。

5. 超过规定标准的捐赠支出。

6. 赞助支出。具体是指企业发生的与生产经营活动无关的各种非广告性质支出。

7. 未经核定的准备金支出。具体是指不符合国务院财政、税务主管部门规定的各项资产减值准备、风险准备等准备金支出。

8. 企业之间支付的管理费、企业内营业机构之间支付的租金和特许权使用费，以及非银行企业内营业机构之间支付的利息，不得扣除。

9. 与取得收入无关的其他支出。

【例5－7】根据企业所得税法律制度的规定，下列各项中，在计算企业所得税应纳税所得额时，准予扣除的有（　　）。

A. 差旅费　　B. 诉讼费用

C. 企业之间支付的管理费　　D. 违约金

【答案】ABD

【解析】企业之间支付的管理费、企业内营业机构之间支付的租金和特许权使用费，以及非银行企业内营业机构之间支付的利息，不得扣除。

（六）亏损弥补

税法规定，企业某一纳税年度发生的亏损可以用下一年度的所得弥补；下一年度的所得不足以弥补的，可以逐年延续弥补，但最长不得超过5年。5年不论盈利或亏损，都作为实际弥补年限。按此规定，企业当年的应纳税所得额为弥补亏损后的余额。企业在汇总计算缴纳企业所得税时，其境外营业机构的亏损不得抵减境内营业机构的盈利。

亏损是指企业将每一纳税年度的收入总额减除不征税收入、免税收入和各项扣除后小于零的数额。

自2018年1月1日起，当年具备高新技术企业或科技型中小企业资格的企业，其具备资格年度之前5个年度发生的尚未弥补完的亏损，准予结转以后年度弥补，最长结转年限由5年延长至10年。

知识归纳（见表5－4）

表5－4　亏损弥补

<table>
<tr><td rowspan="4">亏损弥补</td><td>一般企业</td><td>延续弥补期“5年”</td></tr>
<tr><td>高新技术企业</td><td rowspan="2">自2018年1月1日起，当年具备资格的企业，其具备资格年度之前5个年度发生的尚未弥补完的亏损，准予结转以后年度弥补，最长结转年限由“5年”延长至“10年”</td></tr>
<tr><td>科技型中小企业</td></tr>
<tr><td colspan="2">【注意】（1）弥补期内不论是盈利或亏损，都作为实际弥补期限计算；（2）境外机构的亏损，不得抵减境内机构的盈利</td></tr>
</table>

（七）非居民企业的应纳税所得额

在中国境内未设立机构、场所的，或者虽设立机构、场所但取得的所得与其所设机构、场所没有实际联系的非居民企业，其取得的来源于中国境内的所得，按照下列方法计算其应纳税所得额：

1. 股息、红利等权益性投资收益和利息、租金、特许权使用费所得，以收入全额为应纳税所得额。

2. 转让财产所得以收入全额减除财产净值后的余额为应纳税所得额。

财产净值是指有关资产、财产的计税基础减除已经按照规定扣除的折旧、折耗、摊销、准备金等后的余额。

3. 其他所得参照前两项规定的方法计算应纳税所得额。

【例题5－8】根据企业所得税法律制度的规定，在中国境内未设立机构、场所的非居民企业取得的来源于境内的下列所得中，应以收入全额为应纳税所得额的有（　　）。

A. 租金所得　　B. 股息所得

C. 特许权使用费所得　　D. 转让财产所得

【答案】ABC

【解析】在实行源泉扣缴的情形下，转让财产所得以收入全额减除财产净值后的“余额”为应纳税所得额。

五、资产的税务处理

企业的各项资产，包括固定资产、生产性生物资产、无形资产、长期待摊费用、投资资产、存货等，以历史成本为计税基础。历史成本是指企业取得该项资产时实际发生的支出。企业持有各项资产期间资产增值或者减值，除国务院财政、税务主管部门规定可以确认损益外，不得调整该资产的计税基础。

企业转让资产，该项资产的净值准予在计算应纳税所得额时扣除。资产的净值是指有关资产、财产的计税基础减除已经按照规定扣除的折旧、折耗、摊销、准备金等后的余额。除另有规定外，企业在重组过程中，应当在交易发生时确认有关资产的转让所得或者损失，相关资产应当按照交易价格重新确定计税基础。

（一）固定资产

固定资产是指企业为生产产品、提供劳务、出租或者经营管理而持有的、使用时间超过12个月的非货币性资产，包括房屋、建筑物、机器、机械、运输工具以及其他与生产经营活动有关的设备、器具、工具等。在计算应纳税所得额时，企业按照规定计算的固定资产折旧，准予扣除。

1. 下列固定资产不得计算折旧扣除：

（1）房屋、建筑物以外未投入使用的固定资产；

（2）以经营租赁方式租入的固定资产；

（3）以融资租赁方式租出的固定资产；

（4）已足额提取折旧仍继续使用的固定资产；

（5）与经营活动无关的固定资产；

（6）单独估价作为固定资产入账的土地；

（7）其他不得计算折旧扣除的固定资产。

2. 固定资产按照以下方法确定计税基础：

（1）外购的固定资产，以购买价款和支付的相关税费以及直接归属于使该资产达到预定用途发生的其他支出为计税基础；

（2）自行建造的固定资产，以竣工结算前发生的支出为计税基础；

（3）融资租入的固定资产，以租赁合同约定的付款总额和承租人在签订租赁合同过程中发生的相关费用为计税基础；租赁合同未约定付款总额的，以该资产的公允价值和承租人在签订租赁合同过程中发生的相关费用为计税基础；

（4）盘盈的固定资产，以同类固定资产的重置完全价值为计税基础；

（5）通过捐赠、投资、非货币性资产交换、债务重组等方式取得的固定资产，以该资产的公允价值和支付的相关税费为计税基础；

（6）改建的固定资产，除法定的支出外，以改建过程中发生的改建支出增加计税基础。

3. 固定资产折旧的计算方法。固定资产按照直线法计算的折旧，准予扣除。企业应当自固定资产投入使用月份的次月起计算折旧；停止使用的固定资产，应当自停止使用月份的次月起停止计算折旧。

企业应当根据固定资产的性质和使用情况，合理确定固定资产的预计净残值。固定资产的预计净残值一经确定，不得变更。

4. 固定资产计算折旧的最低年限。除国务院财政、税务主管部门另有规定外，固定资产计算折旧的最低年限如下：

（1）房屋、建筑物，为20年；

（2）飞机、火车、轮船、机器、机械和其他生产设备，为10年；

（3）与生产经营活动有关的器具、工具、家具等，为5年；

（4）飞机、火车、轮船以外的运输工具，为4年；

（5）电子设备，为3年。

【例题5-9】 根据企业所得税法律制度的规定，下列规定资产中，在计算企业所得税应纳税所得额时不得计算折旧扣除的是（　　）。

A. 以融资租赁方式租入的机器设备

B. 已足额提取折旧仍继续使用的运输工具

C. 未投入使用的厂房

D. 以经营租赁方式租出的运输工具

【答案】B

【解析】选项AD属于融资租赁由“租入方”计算折旧费用在税前扣除，“租出方”不得计算折旧费用扣除；而经营租赁由“租出方”计算折旧费用在税前扣除，“租入方”不得计算折旧费用扣除。选项C属于未投入使用的房屋、建筑物以外的固定资产不得计算折旧费用在税前扣除。房屋、建筑物如果未投入使用，仍可依法计算折旧费用扣除。

（二）生产性生物资产

生产性生物资产，是指企业为生产农产品、提供劳务或者出租等而持有的生物资产。包括经济林、薪炭林、产畜和役畜等。

1. 生产性生物资产按照以下方法确定计税基础：

（1）外购的生产性生物资产，以购买价款和支付的相关税费为计税基础；

（2）通过捐赠、投资、非货币性资产交换、债务重组等方式取得的生产性生物资产，以该资产的公允价值和支付的相关税费为计税基础。

2. 生产性生物资产折旧的计算方法。生产性生物资产按照直线法计算的折旧，准予扣除。企业应当自生产性生物资产投入使用月份的次月起计算折旧；停止使用的生产性生物资产，应当自停止使用月份的次月起停止计算折旧。

企业应当根据生产性生物资产的性质和使用情况，合理确定生产性生物资产的预计净残值。生产性生物资产的预计净残值一经确定，不得变更。

3. 生产性生物资产计算折旧的最低年限如下：

（1）林木类生产性生物资产，为10年；

（2）畜类生产性生物资产，为3年。

（三）无形资产

无形资产，是指企业为生产产品、提供劳务、出租或者经营管理而持有的、没有实物形态的非货币性长期资产。包括专利权、商标权、著作权、土地使用权、非专利技术、商誉等。在计算应纳税所得额时，企业按照规定计算的无形资产摊销费用，准予扣除。

1. 不得计算摊销费用扣除的无形资产。

（1）自行开发的支出已在计算应纳税所得额时扣除的无形资产；

（2）自创商誉；

（3）与经营活动无关的无形资产；

（4）其他不得计算摊销费用扣除的无形资产。

2. 无形资产按照以下方法确定计税基础：

（1）外购的无形资产，以购买价款和支付的相关税费以及直接归属于使该资产达到预定用途发生的其他支出为计税基础；

（2）自行开发的无形资产，以开发过程中该资产符合资本化条件后至达到预定用途前发生的支出为计税基础；

（3）通过捐赠、投资、非货币性资产交换、债务重组等方式取得的无形资产，以该资产的公允价值和支付的相关税费为计税基础。

3. 无形资产摊销费用的计算方法。无形资产按照直线法计算的摊销费用，准予扣除。无形资产的摊销年限不得低于10年。

作为投资或者受让的无形资产，有关法律规定或者合同约定了使用年限的，可以按照规定或者约定的使用年限分期摊销。外购商誉的支出，在企业整体转让或者清算时，准予扣除。

（四）长期待摊费用

长期待摊费用是指企业发生的应在1个年度以上或几个年度进行摊销的费用。

长期待摊费用的扣除。在计算应纳税所得额时，企业发生的下列支出作为长期待摊费用，按照规定摊销的，准予扣除：

1. 已足额提取折旧的固定资产的改建支出，按照固定资产预计尚可使用年限分期摊销。

2. 租入固定资产的改建支出，按照合同约定的剩余租赁期限分期摊销。所谓固定资产的改建支出，是指改变房屋或者建筑物结构、延长使用年限等发生的支出。改建的固定资产延长使用年限的，除前述规定外，应当适当延长折旧年限。

3. 固定资产的大修理支出，按照固定资产尚可使用年限分期摊销。

固定资产的大修理支出，是指同时符合下列条件的支出：

（1）修理支出达到取得固定资产时的计税基础50%以上；

（2）修理后固定资产的使用年限延长2年以上。

4. 其他应当作为长期待摊费用的支出，自支出发生月份的次月起，分期摊销，摊销年限不得低于3年。

（五）投资资产

投资资产是指企业对外进行权益性投资和债权性投资形成的资产。

1. 投资资产成本的扣除。企业对外投资期间，投资资产的成本在计算应纳税所得额时不得扣除。企业在转让或者处置投资资产时，投资资产的成本准予扣除。

2. 投资资产成本的确定。投资资产按照以下方式确定成本：

（1）通过支付现金方式取得的投资资产，以购买价款为成本；

（2）通过支付现金以外的方式取得的投资资产，以该资产的公允价值和支付的相关税费为成本。

（六）存货

存货是指企业持有以备出售的产品或者商品、处在生产过程中的在产品、在生产或者提供劳务过程中耗用的材料和物料等。

1. 存货按照以下方法确定成本：

（1）通过支付现金方式取得的存货，以购买价款和支付的相关税费为成本；

（2）通过支付现金以外的方式取得的存货，以该存货的公允价值和支付的相关税费为成本；

（3）生产性生物资产收获的农产品，以产出或者采收过程中发生的材料费、人工费和分摊的间接费用等必要支出为成本。

2. 存货成本的扣除及计算方法。企业使用或者销售存货，按照规定计算的存货成本，准予在计算应纳税所得额时扣除。

企业使用或者销售的存货的成本计算方法，可以在先进先出法、加权平均法、个别计价法中选用一种。计价方法一经选用，不得随意变更。

（七）资产损失

资产损失是指企业在生产经营活动中实际发生的、与取得应税收入有关的资产损失，包括现金损失，存款损失，坏账损失，贷款损失，股权投资损失，固定资产和存货的盘亏、毁损、报废、被盗损失，自然灾害等不可抗力因素造成的损失以及其他损失。

资产损失的扣除。企业发生上述资产损失，应在按税法规定实际确认或者实际发生的当年申报扣除。

企业以前年度发生的资产损失未能在当年税前扣除的，可以按照规定，向税务机关说明并进行专项申报扣除。其中，属于实际资产损失，准予追补至该项损失发生年度扣除，其追补确认期限一般不得超过5年。企业因以前年度实际资产损失未在税前扣除而多缴的企业所得税税款，可在追补确认年度企业所得税应纳税款中予以抵扣；不足抵扣的，向以后年度递延抵扣。

六、企业所得税应纳税额的计算

（一）企业所得税应纳税额的计算公式

$$应纳税额 = 应纳税所得额 \times 适用税率 - 减免税额 - 抵免税额$$

其中的减免税额和抵免税额，是指依照《企业所得税法》和国务院的税收优惠规定减征、免征和抵免的应纳税额。

（二）境外所得税收抵免

企业取得的下列所得已在境外缴纳的所得税税额，可以从其当期应纳税额中抵免，抵免限额为该项所得依照规定计算的应纳税额；超过抵免限额的部分，可以在以后5个年度内，用每年抵免限额抵免当年应抵税额后的余额进行抵补：

1. 居民企业来源于中国境外的应税所得；

2. 非居民企业在中国境内设立机构、场所，取得发生在中国境外但与该机构、场所有实际联系的应税所得。

已在境外缴纳的所得税税额，是指企业来源于中国境外的所得依照中国境外税收法律以及相关规定应当缴纳并已经实际缴纳的企业所得税性质的税款。

抵免限额是指企业来源于中国境外的所得，依照规定计算的应纳税额。

5个年度是指从企业取得的来源于中国境外的所得，已经在中国境外缴纳的企业所得税性质的税额超过抵免限额的当年的次年起连续5个纳税年度。

自2017年7月1日起，企业可以选择按国（地区）别分别计算（即“分国（地区）不分项”），或者不按国（地区）别汇总计算（即“不分国（地区）不分项”）其来源于境外的应纳税所得额，按照规定的税率，分别计算其可抵免境外所得税税额和抵免限额。上述方式一经选择，5年内不得改变。

计算公式为：

抵免限额＝中国境内、境外所得依据中国所得税法和条例规定计算的应纳税总额×来源于境外的应纳税所得额÷中国境内、境外应纳税所得总额

【例题5－10】甲公司为居民企业。2021年度取得境内所得800万元、境外所得100万元；已在境外缴纳企业所得税税款20万元。已知企业所得税税率25%。计算甲公司2021年度应缴纳企业所得税税额的下列计算中，正确的是（　　）。

A. 800×25%＝200（万元）

B. 800×25%－100×25%＝175（万元）

C.（800＋100）×25%＝225（万元）

D.（800＋100）×25%－20＝205（万元）

【答案】D

【解析】境外所得抵免限额＝境外所得100×25%＝25（万元）。抵免限额（25万元）大于境外已纳税额（20万元），取“小者”扣除，所以境外已纳税额20万元可以全额抵免。甲公司应缴纳企业所得税＝境内外总所得应纳税额－允许抵免的境外已纳税额＝（800＋100）×25%－20＝205（万元）。

七、企业所得税税收优惠

我国企业所得税的税收优惠包括免税收入、可以减免税的所得、优惠税率、民族自治地方的减免税、加计扣除、抵扣应纳税所得额、加速折旧、减计收入、抵免应纳税额和其他专项优惠政策。企业同时从事适用不同企业所得税待遇的项目的，其优惠项目应当单独计算所得，并合理分摊企业的期间费用；没有单独计算的，不得享受企业所得税优惠。

（一）免税收入

企业的免税收入包括：

1. 国债利息收入，是指企业持有国务院财政部门发行的国债取得的利息收入。

2. 符合条件的居民企业之间的股息、红利等权益性投资收益，是指居民企业直接投资于其他居民企业取得的投资收益。

3. 在中国境内设立机构、场所的非居民企业从居民企业取得与该机构、场所有实际联系的股息、红利等权益性投资收益。

股息、红利等权益性投资收益，不包括连续持有居民企业公开发行并上市流通的股票不足12个月取得的投资收益。

4. 符合条件的非营利组织的收入，不包括非营利组织从事营利性活动取得的收入，但国务院财政、税务主管部门另有规定的除外。对非营利组织从事非营利性活动取得的收入给予免税；但从事营利性活动取得的收入则要征税。

（二）所得减免

1. 免征企业所得税项目。企业从事下列项目的所得，免征企业所得税：

（1）蔬菜、谷物、薯类、油料、豆类、棉花、麻类、糖料、水果、坚果的种植；

（2）农作物新品种的选育；

（3）中药材的种植；

（4）林木的培育和种植；

（5）牲畜、家禽的饲养；

（6）林产品的采集；

（7）灌溉、农产品初加工、兽医、农技推广、农机作业和维修等农、林、牧、渔服务业项目；

（8）远洋捕捞。

2. 减半征收所得税项目。企业从事下列项目的所得，减半征收企业所得税：

（1）花卉、茶以及其他饮料作物和香料作物的种植；

（2）海水养殖、内陆养殖。

知识要点：减半征收：花卉、茶、其他饮料和香料作物，海水养殖、内陆养殖；免征：其他农林牧渔业所得。

【例题5－11】根据企业所得税法律制度的规定，企业从事下列项目取得的所得中，减半征收企业所得税的是（　　）。

A. 远洋捕捞　　B. 香料作物的种植

C. 牲畜的饲养　　D. 林木的培育

【答案】B

【解析】企业从事农林牧渔业所得，免征企业所得税。

3. 符合条件的技术转让所得。符合条件的技术转让所得免征、减征企业所得税，是指一个纳税年度内，居民企业技术转让所得不超过500万元的部分，免征企业所得税；超过500万元的部分，减半征收企业所得税。其计算公式为：

技术转让所得＝技术转让收入－技术转让成本－相关税费

4. 从事国家重点扶持的公共基础设施项目投资经营的所得。国家重点扶持的公共基础设施项目，是指《公共基础设施项目企业所得税优惠目录》规定的港口码头、机场、铁路、公路、城市公共交通、电力、水利等项目。

（1）企业从事上述国家重点扶持的公共基础设施项目的投资经营的所得，自项目取得第1笔生产经营收入所属纳税年度起，第1年至第3年免征企业所得税；第4年至第6年减半征收企业所得税。

（2）企业承包经营、承包建设和内部自建自用上述项目，不得享受上述企业所得税优惠。

5. 从事符合条件的环境保护、节能节水项目的所得。符合条件的环境保护、节能节水项目，包括公共污水处理、公共垃圾处理、沼气综合开发利用、节能减排技术改造、海水淡化等。项目的具体条件和范围由国务院财政、税务主管部门会商国务院有关部门制定，报国务院批准后公布施行。

企业从事上述规定的符合条件的环境保护、节能节水项目的所得，自项目取得第1笔生产经营收入所属纳税年度起，第1年至第3年免征企业所得税；第4年至第6年减半征收企业所得税。

知识要点：企业"从事"国家重点扶持的"公共基础设施项目的投资经营"所得、符合条件的"环境保护、节能节水"项目所得享受"三免三减半"。

【注意】(1) 企业"承包经营、承包建设"和"内部自建自用"上述项目"不免税"。(2) 自"取得第1笔生产经营收入"所属纳税年度起计算优惠期。

6. 非居民企业减免税所得。在中国境内未设立机构、场所的，或者虽设立机构、场所但取得的所得与其所设机构、场所没有实际联系的非居民企业，其取得的来源于中国境内的所得，减按10%的税率征收企业所得税。

下列所得可以免征企业所得税：

(1) 外国政府向中国政府提供贷款取得的利息所得。

(2) 国际金融组织向中国政府和居民企业提供优惠贷款取得的利息所得。

(3) 经国务院批准的其他所得。

7. 境外机构投资者免税所得。从2014年11月17日起，对合格境外机构投资者、人民币合格境外机构投资者取得来源于中国境内的股票等权益性投资资产转让所得，暂免征收企业所得税。

(三) 减低税率与定期减免税

1. 小型微利企业。自2021年1月1日至2022年12月31日，对小型微利企业年应纳税所得额不超过100万元的部分，减按12.5%计入应纳税所得额，按20%的税率缴纳企业所得税；对年应纳税所得额超过100万元但不超过300万元的部分，减按50%计入应纳税所得额，按20%的税率缴纳企业所得税。

小型微利企业是指从事国家非限制和禁止行业，且同时符合年度应纳税所得额不超过300万元、从业人数不超过300人、资产总额不超过5 000万元3个条件的企业。

从业人数包括与企业建立劳动关系的职工人数和企业接受的劳务派遣用工人数。从业人数和资产总额指标，应按企业全年的季度平均值确定。具体计算公式如下：

$$季度平均值=(季初值+季末值)\div 2$$

$$全年季度平均值=全年各季度平均值之和\div 4$$

年度中间开业或者终止经营活动的，以其实际经营期作为一个纳税年度确定上述相关指标。

小型微利企业无论按查账征收方式还是按核定征收方式缴纳企业所得税，均可享受优惠政策。

知识归纳（见表5－5）

表5－5　　小型微利企业具体优惠政策

级次	减计所得额	低税率
年应纳税所得额≤100万元部分	减按12.5%计入应纳税所得额	按20%税率缴纳企业所得税
100万元＜年应纳税所得额≤300万元部分	减按50%计入应纳税所得额	

【例题5－12】甲公司2021年度为符合条件的小型微利企业，当年企业所得税应纳税所得额为100万元。已知小型微利企业减按20%的税率征收企业所得税。甲公司2021年度应缴纳企业所得税税额为（　　）万元。

A. 20　　B. 2.5　　C. 25　　D. 10

【答案】B

【解析】自2021年1月1日至2022年12月31日，对小型微利企业年应纳税所得额不超过100万元的部分，减按12.5%计入应纳税所得额，按20%的税率缴纳企业所得税。因此，甲公司2021年度应缴纳的企业所得税税额＝100×12.5%×20%＝2.5（万元）。

2. 高新技术企业。国家需要重点扶持的高新技术企业，减按15%的税率征收企业所得税。

3. 技术先进型服务企业。自2018年1月1日起，对经认定的技术先进型服务企业（服务贸易类），减按15%的税率征收企业所得税。

4. 集成电路生产企业或项目。自2020年1月1日起，国家鼓励的集成电路线宽小于28纳米（含），且经营期在15年以上的集成电路生产企业或项目，第1年至第10年免征企业所得税；国家鼓励的集成电路线宽小于65纳米（含），且经营期在15年以上的集成电路生产企业或项目，第1年至第5年免征企业所得税，第6年至第10年按照25%的法定税率减半征收企业所得税；国家鼓励的集成电路线宽小于130纳米（含），且经营期在10年以上的集成电路生产企业或项目，第1年至第2年免征企业所得税，第3年至第5年按照25%的法定税率减半征收企业所得税。

对于按照集成电路生产企业享受税收优惠政策的，优惠期自获利年度起计算；对于按照集成电路生产项目享受税收优惠政策的，优惠期自项目取得第1笔生产经营收入所属纳税年度起计算。集成电路生产项目需单独进行会计核算、计算所得，并合理分摊期间费用。

国家鼓励的线宽小于130纳米（含）的集成电路生产企业，属于国家鼓励的集成电路生产企业清单年度之前5个纳税年度发生的尚未弥补完的亏损，准予向以后年度结转，总结转年限最长不得超过10年。

5. 集成电路生产企业和软件企业。国家鼓励的集成电路设计、装备、材料、封装、测试企业和软件企业，自获利年度起，第1年至第2年免征企业所得税；第3年至第5年按照25%的法定税率减半征收企业所得税。

国家鼓励的重点集成电路设计企业和软件企业，自获利年度起，第1年至第5年免征企业所得税；接续年度减按10%税率征收企业所得税。

6. 经营性文化事业单位转制为企业。自2019年1月1日至2023年12月31日，经营性文化事业单位转制为企业，自转制注册之日起5年内免征企业所得税；2018年12月31日之前已完成转制的企业，自2019年1月1日起可继续免征5年企业所得税。经营性文化事业单位是指从事新闻出版、广播影视和文化艺术的事业单位。

7. 生产和装配伤残人员专门用品企业。自2021年1月1日至2023年12月31日，对符合条件的生产和装配伤残人员专门用品，且在民政部发布的《中国伤残人员专门用品目录》范围之内的居民企业，免征企业所得税。

（四）民族自治地方的减免税

民族自治地方的自治机关对本民族自治地方的企业应缴纳的企业所得税中属于地方分享的部分，可以决定减征或者免征。自治州、自治县决定减征或者免征的，须报省、自治区、直辖市人民政府批准。

对民族自治地方内国家限制和禁止行业的企业，不得减征或者免征企业所得税。

（五）加计扣除

企业的下列支出，可以在计算应纳税所得额时加计扣除：

1. 研究开发费用。研究开发费用的加计扣除，是指企业为开发新技术、新产品、新工艺发生的研究开发费用，未形成无形资产计入当期损益的，在按规定据实扣除的基础上，按照研究开发费用的50%加计扣除；形成无形资产的，按照无形资产成本的150%摊销。

企业开展研发活动中实际发生的研发费用，未形成无形资产计入当期损益的，在按规定据实扣除的基础上，在2018年1月1日至2023年12月31日期间，再按照实际发生额的75%在税前加计扣除；形成无形资产的，在上述期间按照无形资产成本的175%在税前摊销。

制造业企业开展研发活动中实际发生的研发费用，未形成无形资产计入当期损益的，在按规定据实扣除的基础上，自2021年1月1日起，再按实际发生额的100%在税前加计扣除；形成无形资产的，自2021年1月1日起，按照无形资产的200%在税前摊销。

科技型中小企业开展研发活动中实际发生的研发费用，未形成无形资产计入当期损益的，在按规定据实扣除的基础上，自2022年1月1日起，再按照实际发生额的100%在税前加计扣除；形成无形资产的，自2022年1月1日起，按照无形资产成本的200%在税前摊销。

下列行业不适用税前加计扣除政策：烟草制造业；住宿和餐饮业；批发和零售业；房地产业；租赁和商务服务业；娱乐业；财政部和国家税务总局规定的其他行业。

【例题5-13】甲机械制造厂2021年度利润总额500万元。实际发生未形成无形资产计入当期损益的研究开发费用100万元，无其他纳税调整项目。计算甲机械制造厂2021年度企业所得税应纳税所得额的下列算式中，正确的是（　　）。

A. 500-100×100%=400（万元）　　B. 500-100×75%=425（万元）

C. 500-100×50%=450（万元）　　D. 500+100=600（万元）

【答案】A

【解析】制造业企业开展研发活动中实际发生的研发费用，未形成无形资产计入当期损益的，在按规定据实扣除的基础上，自2021年1月1日起，再按实际发生额的100%在税前加计扣除（纳税调减100×100%=100）；间接法下，企业所得税应纳税所得额=会计利润总额+纳税调整增加额-纳税调整减少额=500-100×100%=400（万元）。

2. 安置国家鼓励就业人员所支付的工资。企业安置残疾人员所支付的工资的加计扣除，是指企业安置残疾人员的，在按支付给残疾职工工资据实扣除的基础上，再按照支付给残疾职工工资的100%加计扣除。企业安置国家鼓励安置的其他就业人员所支付的工资的加计扣除办法，由国务院另行规定。

知识归纳（见表5－6）

表5－6　加计扣除具体规定

一般企业研发费用	未形成无形资产加计扣除“75%”；形成无形资产按175%摊销（2018年1月1日至2023年12月31日）
制造业企业和科技型中小企业	未形成无形资产加计扣除“100%”；形成无形资产按200%摊销
残疾人工资	加计扣除100%

（六）抵扣应纳税所得额

创业投资企业采取股权投资方式投资于未上市的中小高新技术企业2年以上的，可以按照其投资额的70%在股权持有满2年的当年抵扣该创业投资企业的应纳税所得额；当年不足抵扣的，可以在以后纳税年度结转抵扣。

公司制创业投资企业采取股权投资方式直接投资于种子期、初创期科技型企业满2年（24个月）的，可以按照投资额的70%在股权持有满2年的当年抵扣该公司制创业投资企业的应纳税所得额；当年不足抵扣的，可以在以后纳税年度结转抵扣。

有限合伙制创业投资企业采取股权投资方式直接投资于初创科技型企业满2年的，该合伙创投企业的法人合伙人可以按照对初创科技型企业投资额的70%抵扣法人合伙人从合伙创投企业分得的所得；当年不足抵扣的，可以在以后纳税年度结转抵扣。

有限合伙制创业投资企业采取股权投资方式投资于未上市的中小高新技术企业满2年（24个月）的，其法人合伙人可按照对未上市中小高新技术企业投资额的70%抵扣该法人合伙人从该有限合伙制创业投资企业分得的应纳税所得额；当年不足抵扣的，可以在以后纳税年度结转抵扣。

（七）加速折旧

企业的固定资产由于技术进步等原因，确需加速折旧的，可以缩短折旧年限或者采取加速折旧的方法。包括：

1. 由于技术进步，产品更新换代较快的固定资产。
2. 常年处于强震动、高腐蚀状态的固定资产。

采取缩短折旧年限方法的，最低折旧年限不得低于税法规定折旧年限的60%；采取加速折旧方法的，可以采取双倍余额递减法或者年数总和法。

对符合相关条件的生物药品制造业，专用设备制造业，铁路、船舶、航空航天和其他运输设备制造业，计算机、通信和其他电子设备制造业，仪器仪表制造业，信息传输、软件和信息技术服务业等行业企业，2014年1月1日后购进的固定资产（包括自行建造）；对符合相关条件的轻工、纺织、机械、汽车等四个领域重点行业的企业，2015年1月1日后新购进的固定资产，允许按不低于企业所得税法规定折旧年限的60%缩短折旧年限，或选择采取双倍余额递减法或年数总和法进行加速折旧。上述重点行业企业是指以上述行业业务为主营业务，其固定资产投入使用当年的主营业务收入占企业收入总额50%（不含）以上的企业。

自2019年1月1日起，适用固定资产加速折旧优惠相关规定的行业范围，扩大至全部制造业领域。

企业在2018年1月1日至2023年12月31日期间新购进（包括自行建造）的设备、器具，单位价值不超过500万元的，允许一次性计入当期成本费用在计算应纳税所得额时扣除，不再分年度计算折旧。

（八）减计收入

1. 企业以《资源综合利用企业所得税优惠目录》规定的资源作为主要原材料，生产国家非限制和禁止并符合国家和行业相关标准的产品取得的收入，减按90%计入收入总额。原材料占生产产品材料的比例不得低于优惠目录规定的标准。

2. 自2019年6月1日起至2025年12月31日，社区提供养老、托育、家政等服务的机构，提供社区养老、托育、家政服务取得的收入，在计算应纳税所得额时，减按90%计入收入总额。社区包括城市社区和农村社区。

（九）税额抵免

企业购置并实际使用环境保护、节能节水、安全生产等专用设备的，该专用设备投资额的10%可以从企业当年的应纳税额中抵免；当年不足抵免的，可以在以后5个纳税年度结转抵免。享受上述规定的企业所得税优惠的企业，应当实际购置并自身实际投入使用上述规定的专用设备；企业购置上述专用设备在5年内转让、出租的，应当停止享受企业所得税优惠，并补缴已经抵免的企业所得税税款。

购置并实际使用的环境保护、节能节水和安全生产专用设备，包括承租方企业以融资租赁方式租入的、并在融资租赁合同中约定租赁期届满时租赁设备所有权转移给承租方企业，且符合规定条件的上述专用设备。凡融资租赁期届满后租赁设备所有权未转移至承租方企业的，承租方企业应停止享受抵免企业所得税优惠，并补缴已经抵免的企业所得税税款。

【例题5-14】甲公司2021年度企业所得税应纳税所得额为3 000万元。当年购置并实际使用一台符合《安全生产专用设备企业所得税优惠目录》规定的安全生产专用设备，该设备的投资额为600万元。甲公司享受应纳税额抵免优惠政策。已知企业所得税税率为25%。甲公司2021年度应缴纳企业所得税税额为（　　）万元。

A. 750　　B. 735　　C. 690　　D. 600

【答案】C

【解析】企业购置并实际使用符合规定的环境保护、节能节水、安全生产等专用设备的，该专用设备的投资额的10%可以从企业当年的应纳税额中抵免，即应纳税额＝3 000×25%－600×10%＝690（万元）。

（十）西部地区的减免税

自2021年1月1日至2030年12月31日，对设在西部地区的鼓励类产业企业减按15%

的税率征收企业所得税。鼓励类产业企业是指以《西部地区鼓励类产业目录》中规定的产业项目为主营业务，且其主营业务收入占企业收入总额60%以上的企业。

西部地区包括内蒙古、广西、重庆、四川、贵州、云南、西藏、陕西、甘肃、青海、宁夏、新疆、新疆生产建设兵团。湖南湘西土家族苗族自治州、湖北恩施土家族苗族自治州、吉林延边朝鲜族自治州和江西赣州市，可以比照执行。

（十一）海南自由贸易港企业所得税优惠

自2020年1月1日至2024年12月31日，对注册在海南自由贸易港并实质性运营的鼓励类产业企业，减按15%的税率征收企业所得税。

鼓励类产业企业是指以海南自由贸易港鼓励类产业目录中规定的产业项目为主营业务，且其主营业务收入占企业收入总额60%以上的企业。

实质性运营是指企业的实际管理机构设在海南自由贸易港，并对企业生产经营、人员、账务、财产等实施实质性全面管理和控制。对不符合实质性运营的企业，不得享受优惠。

对总机构设在海南自由贸易港的符合条件的企业，仅就其设在海南自由贸易港的总机构和分支机构的所得，适用15%税率；对总机构设在海南自由贸易港以外的企业，仅就其设在海南自由贸易港内的符合条件的分支机构的所得，适用15%税率。

对在海南自由贸易港设立的旅游业、现代服务业、高新技术产业企业新增境外直接投资取得的所得，免征企业所得税。新增境外直接投资所得应当符合以下条件：

1. 从境外新设分支机构取得的营业利润；或从持股比例超过20%（含）的境外子公司分回的，与新增境外直接投资相对应的股息所得。

2. 被投资国（地区）的企业所得税法定税率不低于5%。对在海南自由贸易港设立的企业，新购置（含自建、自行开发）固定资产或无形资产，单位价值不超过500万元（含）的，允许一次性计入当期成本费用在计算应纳税所得额时扣除，不再分年度计算折旧和摊销；新购置（含自建、自行开发）固定资产或无形资产，单位价值超过500万元的，可以缩短折旧、摊销年限或采取加速折旧、摊销的方法。固定资产是指除房屋、建筑物以外的固定资产。

（十二）债券利息减免税

对企业取得的2012年及以后年度发行的地方政府债券利息收入，免征企业所得税。

自2018年11月7日起至2021年11月6日止，对境外机构投资境内债券市场取得的债券利息收入暂免征收企业所得税。暂免征收企业所得税的范围不包括境外机构在境内设立的机构、场所取得的与该机构、场所有实际联系的债券利息。

对企业投资者持有2019～2023年发行的铁路债券取得的利息收入，减半征收企业所得税。

【例题5－15】某企业2021年度实现销售收入1 000万元、利润总额200万元。全年发生的与生产经营活动有关的业务招待费支出10万元；持有国债取得的利息收入3万元。除上述两项外无其他纳税调整项目。已知企业所得税税率为25%。该企业2021年度企业所得税应纳税额为（　　）万元。

A. 50　　B. 50.5　　C. 52　　D. 51.75

【答案】B

【解析】企业发生的业务招待费支出，按照发生额的60%扣除，但最高不得超过当年销售（营业）收入的5‰。10×60%＝6（万元），1 000×5‰＝5（万元）。6万元＞5万元，所以准予在计算应纳税所得额时扣除5万元，应调增10－5＝5（万元）；企业持有国债取得的利息收入属于免税收入，应调减3万元。故该企业2021年度企业所得税应纳税额的计算过程为（200＋5－3）×25%＝50.5（万元）。

八、企业所得税征收管理

（一）纳税地点

1. 居民企业的纳税地点。除税收法律、行政法规另有规定外，居民企业以企业登记注册地为纳税地点；但登记注册地在境外的，以实际管理机构所在地为纳税地点。

居民企业在中国境内设立不具有法人资格的营业机构的，应当汇总计算并缴纳企业所得税。除国务院另有规定外，企业之间不得合并缴纳企业所得税。

2. 非居民企业的纳税地点。非居民企业在中国境内设立机构、场所的，以机构、场所所在地为纳税地点；非居民企业在中国境内设立两个或者两个以上机构、场所的，符合国务院税务主管部门规定条件的，可以选择由其主要机构、场所汇总缴纳企业所得税。

在中国境内未设立机构、场所的，或者虽设立机构、场所但取得的所得与其所设机构、场所没有实际联系的非居民企业，以扣缴义务人所在地为纳税地点。

（二）按年计征和分期预缴

企业所得税按年计征，分月或者分季预缴，年终汇算清缴，多退少补。纳税年度自公历1月1日起至12月31日。

企业在一个纳税年度中间开业，或者终止经营活动，使该纳税年度的实际经营期不足12个月的，应当以其实际经营期为1个纳税年度。企业依法清算时，应当以清算期间作为1个纳税年度。

（三）汇算清缴期限

企业应当自年度终了之日起5个月内，向税务机关报送年度企业所得税纳税申报表，并汇算清缴，结清应缴应退税款。

企业在年度中间终止经营活动的，应当自实际经营终止之日起60日内，向税务机关办理当期企业所得税汇算清缴。

（四）纳税申报

按月或按季预缴的，应当自月份或者季度终了之日起15日内，向税务机关报送预缴企业所得税纳税申报表，预缴税款。

企业在报送企业所得税纳税申报表时，应当按照规定附送财务会计报告和其他有关资料。

企业应当在办理注销登记前，就其清算所得向税务机关申报并依法缴纳企业所得税。

企业分月或者分季预缴企业所得税时，应当按照月度或者季度的实际利润额预缴；按照月度或者季度的实际利润额预缴有困难的，可以按照上一纳税年度应纳税所得额的月度或者季度平均额预缴，或者按照经税务机关认可的其他方法预缴。预缴方法一经确定，该纳税年度内不得随意变更。

企业在纳税年度内无论盈利或者亏损，都应当依照规定期限，向税务机关报送预缴企业所得税纳税申报表、年度企业所得税纳税申报表、财务会计报告和税务机关规定应当报送的其他有关资料。

（五）货币单位和外币折算

企业所得税以人民币计算。所得以人民币以外的货币计算的，应当折合成人民币计算并缴纳税款。

企业所得以人民币以外的货币计算的，预缴企业所得税时，应当按照月度或者季度最后1日的人民币汇率中间价，折合成人民币计算应纳税所得额。

年度终了汇算清缴时，对已经按照月度或者季度预缴税款的，不再重新折合计算。只就该纳税年度内未缴纳企业所得税的部分，按照纳税年度最后一日的人民币汇率中间价，折合成人民币计算应纳税所得额。

经税务机关检查确认，企业少计或者多计前述规定的所得的，应当按照检查确认补税或者退税时的上一个月最后一日的人民币汇率中间价，将少计或者多计的所得折合成人民币计算应纳税所得额，再计算应补缴或者应退的税款。

任务二　个人所得税法律制度

个人所得税是对个人（即自然人）取得的各项应税所得征收的一种所得税。

一、个人所得税纳税人和所得来源的确定

（一）个人所得税纳税人

个人所得税纳税人，包括中国公民（含香港、澳门、台湾同胞）、个体工商户、个人独资企业投资者和合伙企业的自然人合伙人等。

个人所得税纳税人依据住所和居住时间两个标准，分为居民个人和非居民个人。

1. 居民个人。在中国境内有住所，或者无住所而一个纳税年度内在中国境内居住累计满183天的个人，为居民个人。

在中国境内有住所，是指因户籍、家庭、经济利益关系而在中国境内习惯性居住；纳税年度，自公历1月1日起至12月31日止。

无住所个人一个纳税年度内在中国境内累计居住天数，按照个人在中国境内累计停留的天数计算。在中国境内停留的当天满24小时的，计入中国境内居住天数；在中国境内停留的当天不足24小时的，不计入中国境内居住天数。

2. 非居民个人。在中国境内无住所又不居住，或者无住所而一个纳税年度内在中国境内居住累计不满 183 天的个人，为非居民个人。

（二）个人所得税纳税人的纳税义务

1. 居民个人的纳税义务。居民个人负有无限纳税义务，其来源于中国境内和境外所得均应向中国缴纳个人所得税。

来源于中国境内和境外所得，分别是指从中国境内和境外取得的所得。

在中国境内无住所的个人，在中国境内居住累计满 183 天的年度连续不满 6 年的，经向主管税务机关备案，其来源于中国境外且由境外单位或者个人支付的所得，免予缴纳个人所得税；在中国境内居住累计满 183 天的任一年度中有一次离境超过 30 天的，其在中国境内居住累计满 183 天的年度的连续年限重新起算。

中国境内无住所的个人 1 个纳税年度在中国境内累计居住满 183 天的，如果此前 6 年在中国境内每年累计居住天数都满 183 天而且没有任何一年单次离境超过 30 天，该纳税年度来源于中国境内、境外所得应当缴纳个人所得税；如果此前 6 年的任一年在中国境内累计居住天数不满 183 天或者单次离境超过 30 天，该纳税年度来源于中国境外且由境外单位或者个人支付的所得，免予缴纳个人所得税。

此前 6 年，是指该纳税年度的前 1 年至前 6 年的连续 6 个年度。此前 6 年的起始年度自 2019 年（含）以后年度开始计算。

2. 非居民个人的纳税义务。非居民个人负有有限纳税义务，其仅就来源于中国境内所得向中国缴纳个人所得税。

在中国境内无住所的个人，在一个纳税年度内在中国境内居住累计不超过 90 天的，其来源于中国境内的所得，由境外雇主支付并且不由该雇主在中国境内的机构、场所负担的部分，免予缴纳个人所得税。

知识归纳（见表 5 - 7）

表 5 - 7　　**纳税人及纳税义务**

类型	判定标准	纳税义务
居民个人	在中国境内有住所的个人	无限纳税义务
	在中国境内无住所而在一个纳税年度内在中国境内居住累计满 183 天的个人	
非居民个人	在中国境内无住所又不居住的个人	有限纳税义务
	在中国境内无住所而一个纳税年度内在中国境内居住累计不满 183 天的个人	

（三）所得来源的确定

除国务院财政、税务主管部门另有规定外，下列所得，不论支付地点是否在中国境内，均为来源于中国境内的所得：

1. 因任职、受雇、履约等在中国境内提供劳务取得的所得。

2. 将财产出租给承租人在中国境内使用而取得的所得。

3. 许可各种特许权在中国境内使用而取得的所得。

4. 转让中国境内的不动产等财产或者在中国境内转让其他财产取得的所得。

5. 从中国境内企业、事业单位、其他组织以及居民个人取得的利息、股息、红利所得。

【例题5-16】根据个人所得税法律制度的规定，下列所得中，不论支付地点是否在中国境内，均为来源于中国境内所得的有（　　）。

A. 将财产出租给承租人在中国境内使用而取得的所得

B. 许可各种特许权在中国境内使用而取得的所得

C. 转让中国境内的不动产取得的所得

D. 因任职在中国境内提供劳务取得的所得

【答案】ABCD

二、个人所得税应税所得

按应纳税所得的来源划分，现行个人所得税共分为9个应税项目。

（一）工资、薪金所得

工资、薪金所得是指个人因任职或者受雇而取得的工资、薪金、奖金、年终加薪、劳动分红、津贴、补贴以及与任职或者受雇有关的其他所得。

下列项目不属于工资、薪金性质的补贴、津贴，不予征收个人所得税。这些项目包括：

1. 独生子女补贴。

2. 执行公务员工资制度未纳入基本工资总额的补贴、津贴差额和家属成员的副食补贴。

3. 托儿补助费。

4. 差旅费津贴、误餐补助。

（二）劳务报酬所得

劳务报酬所得是指个人从事劳务取得的所得，包括从事设计、装潢、安装、制图、化验、测试、医疗、法律、会计、咨询、讲学、翻译、审稿、书画、雕刻、影视、录音、录像、演出、表演、广告、展览、技术服务、介绍服务、经纪服务、代办服务以及其他劳务取得的所得。

区分“劳务报酬所得”和“工资、薪金所得”，主要看是否存在雇用与被雇用的关系。“工资、薪金所得”是个人从事非独立劳动，从所在单位（雇主）领取的报酬，存在雇用与被雇用的关系；而“劳务报酬所得”则是指个人独立从事某种技艺，独立提供某种劳务而取得的报酬，一般不存在雇用关系。

1. 个人兼职取得的收入应按照“劳务报酬所得”项目缴纳个人所得税。

2. 律师以个人名义再聘请其他人员为其工作而支付的报酬，应由该律师按“劳务报酬所得”项目负责代扣代缴个人所得税。

知识归纳（见表5－8）

表5－8 区分劳务报酬所得和工资、薪金所得

收入来源		归属税目
教师、演员	在单位授课、演出	工资薪金所得
	在外授课	劳务报酬所得
个人兼职		劳务报酬所得
受雇于律师个人，为律师个人工作		劳务报酬所得
证券经纪人、个人保险代理人取得佣金，扣除一定比例的展业成本		劳务报酬所得

【例题5－17】根据个人所得税法律制度的规定，下列所得中，属于“劳务报酬所得”的有（　　）。

A. 个人因其作品以图书形式出版而取得的所得

B. 个人因任职受雇从上市公司取得的股票增值权所得

C. 证券经纪人从证券公司取得的佣金收入

D. 学生假期兼职取得的收入

【答案】CD

【解析】选项A属于稿酬所得；选项B属于工资薪金所得。

（三）稿酬所得

稿酬所得是指个人因其作品以图书、报刊形式出版、发表而取得的所得。作品包括文学作品、书画作品、摄影作品，以及其他作品。

作者去世后，财产继承人取得的遗作稿酬，也应按“稿酬所得”征收个人所得税。

（四）特许权使用费所得

特许权使用费所得，是指个人提供专利权、商标权、著作权、非专利技术以及其他特许权的使用权取得的所得；提供著作权的使用权取得的所得，不包括稿酬所得。

1. 作者将自己的文字作品手稿原件或复印件拍卖取得的所得，按照“特许权使用费所得”项目缴纳个人所得税。

2. 个人取得专利赔偿所得，应按“特许权使用费所得”项目缴纳个人所得税。

3. 对于剧本作者从电影、电视剧的制作单位取得的剧本使用费，不再区分剧本的使用方是否为其任职单位，统一按“特许权使用费所得”项目计征个人所得税。

知识要点：特许权使用费所得包括：“无形资产”所有权及使用权转让（除土地使用权）；作者拍卖“手稿原件或复印件”；特许权的经济赔偿收入；编剧取得的“剧本使用费”。

（五）经营所得

1. 个体工商户从事生产、经营活动取得的所得，个人独资企业投资人、合伙企业的个人合伙人来源于境内注册的个人独资企业、合伙企业生产、经营的所得。

2. 个人依法从事办学、医疗、咨询以及其他有偿服务活动取得的所得。

3. 个人对企业、事业单位承包经营、承租经营以及转包、转租取得的所得。

4. 个人从事其他生产、经营活动取得的所得。

（六）利息、股息、红利所得

利息、股息、红利所得，是指个人拥有债权、股权而取得的利息、股息、红利所得。

（七）财产租赁所得

财产租赁所得是指个人出租不动产、机器设备、车船以及其他财产取得的所得。

1. 个人取得的房屋转租收入，属于“财产租赁所得”项目。

2. 房地产开发企业与商店购买者个人签订协议，以优惠价格出售其商店给购买者个人，购买者个人在一定期限内必须将购买的商店无偿提供给房地产开发企业对外出租使用。对购买者个人少支出的购房价款，应视同个人财产租赁所得，按照“财产租赁所得”项目征收个人所得税。每次财产租赁所得的收入额，按照少支出的购房价款和协议规定的租赁月份数平均计算确定。

（八）财产转让所得

财产转让所得是指个人转让有价证券、股权、合伙企业中的财产份额、不动产、机器设备、车船以及其他财产取得的所得。

1. 个人将投资于在中国境内成立的企业或组织（不包括个人独资企业和合伙企业）的股权或股份，转让给其他个人或法人的行为，按照“财产转让所得”项目，依法计算缴纳个人所得税。

2. 个人因各种原因终止投资、联营、经营合作等行为，从被投资企业或合作项目、被投资企业的其他投资者以及合作项目的经营合作人取得股权转让收入、违约金、补偿金、赔偿金及以其他名目收回的款项等，均属于个人所得税应税收入，应按照“财产转让所得”项目适用的规定计算缴纳个人所得税。

3. 个人以非货币性资产投资，属于个人转让非货币性资产和投资同时发生。对个人转让非货币性资产的所得，应按照“财产转让所得”项目，依法计算缴纳个人所得税。

4. 纳税人收回转让的股权征收个人所得税的方法。

（1）股权转让合同履行完毕、股权已作变更登记，且所得已经实现的，转计人取得的股权转让收入应当依法缴纳个人所得税。转让行为结束后，当事人双方签订并执行解除原股权转让合同、退回股权的协议，是另一次股权转让行为，对前次转让行为征收的个人所得税款不予退回。

（2）股权转让合同未履行完毕，因执行仲裁委员会作出的解除股权转让合同及补充协议的裁决、停止执行原股权转让合同，并原价收回已转让股权的，由于其股权转让行为尚未完成、收入未完全实现，随着股权转让关系的解除，股权收益不复存在，纳税人不应缴纳个人所得税。

5. 对个人转让新三板挂牌公司原始股取得的所得，按照“财产转让所得”，适用20%的比例税率征收个人所得税。原始股是指个人在新三板挂牌公司挂牌前取得的股票，以及在该公司挂牌前和挂牌后由上述股票滋生的送、转股。

6. 个人通过招标、竞拍或其他方式购置债权以后，通过相关司法或行政程序主张债权而取得的所得，应按照“财产转让所得”项目缴纳个人所得税。

7. 个人通过网络收购玩家的虚拟货币，加价后向他人出售取得的收入，应按照“财产转让所得”项目计算缴纳个人所得税。

【例题5－18】 根据个人所得税法律制度的规定，下列所得中，应该按照“财产转让所得”计缴个人所得税的有（　　）。

A. 个人通过网络收购玩家的虚拟货币，加价后向他人销售取得的所得

B. 个人转让新三板挂牌公司原始股取得的所得

C. 个人通过竞拍购置债券后，通过司法程序主张债权而取得的所得

D. 个人取得专利赔偿所得

【答案】ABC

【解析】选项D属于应按“特许权使用费所得”项目征收个人所得税。

（九）偶然所得

偶然所得是指个人得奖、中奖、中彩以及其他偶然性质的所得。

1. 企业对累积消费达到一定额度的顾客，给予额外抽奖机会，个人的获奖所得，按照“偶然所得”项目，全额缴纳个人所得税。

2. 个人取得单张有奖发票奖金所得超过800元的，应全额按照“偶然所得”项目征收个人所得税。税务机关或其指定的有奖发票兑奖机构，是有奖发票奖金所得个人所得税的扣缴义务人。

3. 个人为单位或他人提供担保获得收入，按照“偶然所得”项目计算缴纳个人所得税。

4. 房屋产权所有人将房屋产权无偿赠与他人的，受赠人因无偿受赠房屋取得的受赠收入，按照“偶然所得”项目计算缴纳个人所得税。

5. 企业在业务宣传、广告等活动中，随机向本单位以外的个人赠送礼品（包括网络红包，下同），以及企业在年会、座谈会、庆典以及其他活动中向本单位以外的个人赠送礼品，个人取得的礼品收入，按照“偶然所得”项目计算缴纳个人所得税。但企业赠送的具有价格折扣或折让性质的消费券、代金券、抵用券、优惠券等礼品除外。

知识归纳（见表5－9）

表5－9　　偶然所得包括的内容

收入来源		归属税目
花钱消费	获得抽奖机会，并抽到奖品	偶然所得
花钱消费	获得折扣、礼品、赠品	不征税
个人提供“担保”获得收入		偶然所得
受赠所得	无偿“受赠房屋”	偶然所得
	参加各种会议受赠的“礼品” 【注意】不包括代金券和折扣券等	偶然所得

个人取得的所得，难以界定应纳税所得项目的，由国务院税务主管部门确定。

居民个人取得上述（一）至（四）项所得（综合所得），按纳税年度合并计算个人所得税；非居民个人取得上述（一）至（四）项所得，按月或者按次分项计算个人所得税。纳税人取得上述（五）至（九）项所得，依照法律规定分别计算个人所得税。

知识归纳（见表5－10）

表5－10　综合征收与分类征收

所得类型	纳税人类型	征收制度
工资、薪金所得 劳务报酬所得 特许权使用费所得 稿酬所得	居民个人 非居民个人	综合征收 分类征收
经营所得 利息、股息、红利所得 财产租赁所得 财产转让所得 偶然所得	居民个人 非居民个人	分类征收 分类征收

三、个人所得税税率

（一）综合所得

居民个人每一纳税年度内取得的综合所得包括：工资、薪金所得；劳务报酬所得；稿酬所得；特许权使用费所得。

综合所得适用3%～45%的超额累进税率。具体税率见表5－11。

表5－11　个人所得税税率表一

（综合所得适用）

级数	全年应纳税所得额	税率（%）	速算扣除数
1	不超过36 000元的	3	0
2	超过36 000元至144 000元的部分	10	2 520
3	超过144 000元至300 000元的部分	20	16 920
4	超过300 000元至420 000元的部分	25	31 920
5	超过420 000元至660 000元的部分	30	52 920
6	超过660 000元至960 000元的部分	35	85 920
7	超过960 000元的部分	45	181 920

注：①本表所称全年应纳税所得额是指依照法律规定，居民个人取得综合所得以每一纳税年度收入额减除费用6万元以及专项扣除、专项附加扣除和依法确定的其他扣除后的余额；②非居民个人取得工资、薪金所得，劳务报酬所得，稿酬所得和特许权使用费所得，依照本表按月换算后计算应纳税额。

（二）经营所得

经营所得适用5% ~35%的超额累进税率。具体税率见表5－12。

表5－12 个人所得税税率表二

（经营所得适用）

级数	全年应纳税所得额	税率（%）	速算扣除数
1	不超过30 000元的	5	0
2	超过30 000元至90 000元的部分	10	1 500
3	超过90 000元至300 000元的部分	20	10 500
4	超过300 000元至500 000元的部分	30	40 500
5	超过500 000元的部分	35	65 500

注：本表所称全年应纳税所得额是指依照法律规定，以每一纳税年度的收入总额减除成本、费用以及损失后的余额。

（三）其他所得适用税率

利息、股息、红利所得，财产租赁所得，财产转让所得和偶然所得适用比例税率，税率为20%。

自2001年1月1日起，对个人出租住房取得的所得暂减按10%的税率征收个人所得税。

四、个人所得税应纳税所得额的确定

个人所得税的计税依据是纳税人取得的应纳税所得额。应纳税所得额为个人取得的各项收入减去税法规定的费用扣除金额和减免税收入后的余额。由于个人所得税的应税项目不同，扣除费用标准也各不相同，需要按不同应税项目分项计算。

（一）居民个人综合所得应纳税额所得额的确定

1. 应纳税所得额的计算。居民个人的综合所得，以每一纳税年度的收入额减除费用6万元以及专项扣除、专项附加扣除和依法确定的其他扣除后的余额，为应纳税所得额。

综合所得包括工资、薪金所得，劳务报酬所得，稿酬所得，特许权使用费所得四项。劳务报酬所得、特许权使用费所得以收入减除20%的费用后的余额为收入额；稿酬所得以收入额减除20%的费用后再减按70%计算。

2. 专项扣除，主要指“三险一金”，包括基本养老保险、基本医疗保险、失业保险等社会保险费和住房公积金等。

3. 专项附加扣除，包括子女教育、继续教育、大病医疗、住房贷款利息或者住房租金、赡养老人等支出。

（1）子女教育。纳税人的子女接受全日制学历教育的相关支出、年满3岁至小学入学前处于学前教育阶段的子女，按照每个子女每月1 000元的标准定额扣除。

学历教育包括义务教育（小学、初中教育）、高中阶段教育（普通高中、中等职业、技工教育）、高等教育（大学专科、大学本科、硕士研究生、博士研究生教育）。

纳税人子女在中国境外接受教育的，纳税人应当留存境外学校录取通知书、留学签证等相关教育的证明资料备查。

知识要点：“每个”子女每月1 000元；多个子女可以扣多份。

（2）继续教育。纳税人在中国境内接受学历（学位）继续教育的支出，在学历（学位）教育期间按照每月400元定额扣除。同一学历（学位）继续教育的扣除期限不能超过48个月；纳税人接受技能人员职业资格继续教育、专业技术人员职业资格继续教育的支出，在取得相关证书的当年，按照3 600元定额扣除。

个人接受本科及以下学历（学位）继续教育，符合本办法规定扣除条件的，可以选择由其父母扣除，也可以选择由本人扣除。

纳税人接受技能人员职业资格继续教育、专业技术人员职业资格继续教育的，应当留存相关证书等资料备查。

（3）大病医疗。在一个纳税年度内，纳税人发生的与基本医保相关的医药费用支出，扣除医保报销后个人负担（指医保目录范围内的自付部分）累计超过15 000元的部分，由纳税人在办理年度汇算清缴时，在80 000元限额内据实扣除。纳税人及其配偶、未成年子女发生的医药费用支出，按上述规定分别计算扣除额。

纳税人发生的医药费用支出可以选择由本人或者其配偶扣除；未成年子女发生的医药费用支出可以选择由其父母一方扣除。

纳税人应当留存医药服务收费及医保报销相关票据原件（或者复印件）等资料备查。医疗保障部门应当向患者提供在医疗保障信息系统记录的本人年度医药费用信息查询服务。

（4）住房贷款利息。纳税人本人或者配偶单独或者共同使用商业银行或者住房公积金个人住房贷款为本人或者其配偶购买中国境内住房，发生的首套住房贷款利息支出，在实际发生贷款利息的年度，按照每月1 000元的标准定额扣除，扣除期限最长不超过240个月。纳税人只能享受一次首套住房贷款的利息扣除。

首套住房贷款是指购买住房享受首套住房贷款利率的住房贷款。

经夫妻双方约定，可以选择由其中一方扣除，具体扣除方式在1个纳税年度内不能变更。

夫妻双方婚前分别购买住房发生的首套住房贷款，其贷款利息支出，婚后可以选择其中一套购买的住房，由购买方按扣除标准的100%扣除；也可以由夫妻双方对各自购买的住房分别按扣除标准的50%扣除。具体扣除方式在1个纳税年度内不能变更。

纳税人应当留存住房贷款合同、贷款还款支出凭证备查。

（5）住房租金。纳税人在主要工作城市没有自有住房而发生的住房租金支出，可以按照以下标准定额扣除：

①直辖市、省会（首府）城市、计划单列市以及国务院确定的其他城市，扣除标准为每月1 500元；

②除上述所列城市以外，市辖区户籍人口超过100万的城市，扣除标准为每月1 100元；市辖区户籍人口不超过100万的城市，扣除标准为每月800元。市辖区户籍人口，以国

家统计局公布的数据为准。

主要工作城市是指纳税人任职受雇的直辖市、计划单列市、副省级城市、地级市（地区、州、盟）全部行政区域范围；纳税人无任职受雇单位的，为受理其综合所得汇算清缴的税务机关所在城市。夫妻双方主要工作城市相同的，只能由一方扣除住房租金支出。纳税人的配偶在纳税人的主要工作城市有自有住房的，视同纳税人在主要工作城市有自有住房。

住房租金支出由签订租赁住房合同的承租人扣除。

纳税人应当留存住房租赁合同、协议等有关资料备查。纳税人及其配偶在1个纳税年度内不能同时分别享受住房贷款利息和住房租金专项附加扣除。

知识要点：“主要工作城市”没有住房，租房居住准予扣除。

【注意】①夫妻同城，只能由“一方”扣除住房租金支出（合同承租方）；

②夫妻“不得同时分别享受”住房贷款利息和住房租金专项附加扣除。

（6）赡养老人。纳税人赡养一位及以上被赡养人的赡养支出，统一按照以下标准定额扣除：①纳税人为独生子女的，按照每月2 000元的标准定额扣除；②纳税人为非独生子女的，由其与兄弟姐妹分摊每月2 000元的扣除额度，每人分摊的额度不能超过每月1 000元。可以由赡养人均摊或者约定分摊；也可以由被赡养人指定分摊。约定或者指定分摊的须签订书面分摊协议，指定分摊优先于约定分摊。具体分摊方式和额度在1个纳税年度内不能变更。

被赡养人是指年满60岁的父母，以及子女均已去世的年满60岁的祖父母、外祖父母。

个人所得税专项附加扣除暂行办法所称父母，是指生父母、继父母、养父母。所称子女，是指婚生子女、非婚生子女、继子女、养子女。父母之外的其他人担任未成年人监护人的，比照个人所得税专项附加扣除暂行办法规定执行。

【例题5－19】根据个人所得税法律制度的规定，下列各项中，属于专项附加扣除的有（　　）。

A. 购车贷款利息　　B. 上下班交通费

C. 大病医疗支出　　D. 子女教育支出

【答案】CD

【解析】专项附加扣除共6个项目，包括子女教育、继续教育、大病医疗、住房贷款利息、住房租金、赡养老人。

（7）3岁以下婴幼儿照护费。纳税人照护3岁以下婴幼儿子女的相关支出，按照每个婴幼儿每月1 000元的标准定额扣除。父母可以选择由其中一方按扣除标准的100%扣除；也可以选择由双方分别按扣除标准的50%扣除。具体扣除方式在一个纳税年度内不能变更。

（8）其他扣除。其他扣除包括个人缴付符合国家规定的企业年金、职业年金，个人购买符合国家规定的商业健康保险、税收递延型商业养老保险的支出，以及国务院规定可以扣除的其他项目。

专项扣除、专项附加扣除和依法确定的其他扣除，以居民个人一个纳税年度的应纳税所得额为限额；一个纳税年度扣除不完的，不结转以后年度扣除。

知识归纳（见表5-13）

表5-13　　居民个人综合个人所得扣除项目

项目	主要规定
减除费用	60 000元/年
专项扣除	居民个人按照国家规定的范围和标准缴纳的基本养老保险、基本医疗保险、失业保险等社会保险费和住房公积金等
专项附加扣除	子女教育专项附加扣除
	继续教育专项附加扣除
	大病医疗专项附加扣除
	住房贷款利息专项附加扣除
	住房租金专项附加扣除
	赡养老人专项附加扣除
	3岁以下婴幼儿照护费专项附加扣除
依法确定的其他扣除	个人缴付符合国家规定的企业年金、职业年金，个人购买符合国家规定的商业健康保险、税收递延型商业养老保险支出，以及国务院规定可以扣除的其他项目

（二）非居民个人综合所得应纳税额所得额的确定

非居民个人的工资、薪金所得，以每月收入额减除费用5 000元后的余额为应纳税所得额；劳务报酬所得、稿酬所得、特许权使用费所得，以每次收入额为应纳税所得额。

（三）经营所得应纳税额所得额的确定

经营所得以每一纳税年度的收入总额减除成本、费用以及损失后的余额，为应纳税所得额。

取得经营所得的个人，没有综合所得的，计算其每一纳税年度的应纳税所得额时，应当减除费用6万元、专项扣除、专项附加扣除以及依法确定的其他扣除。专项附加扣除在办理汇算清缴时减除。

从事生产、经营活动，未提供完整、准确的纳税资料，不能正确计算应纳税所得额的，由主管税务机关核定应纳税所得额或者应纳税额。

1. 个体工商户经营所得应纳税所得额计算的具体规定。

（1）基本计算规定。个体工商户的生产、经营所得，以每一纳税年度的收入总额，减除成本、费用、税金、损失、其他支出以及允许弥补的以前年度亏损后的余额，为应纳税所得额。其计算公式为：

应纳税所得额＝收入总额－成本－费用－税金－损失－其他支出
－允许弥补的以前年度亏损

①成本是指个体工商户在生产经营活动中发生的销售成本、销货成本、业务支出以及其他耗费。

②费用是指个体工商户在生产经营活动中发生的销售费用、管理费用和财务费用，已经计入成本的有关费用除外。

③税金是指个体工商户在生产经营活动中发生的除个人所得税和允许抵扣的增值税以外的各项税金及其附加。

④损失是指个体工商户在生产经营活动中发生的固定资产和存货的盘亏、毁损、报废损失，转让财产损失，坏账损失，自然灾害等不可抗力因素造成的损失以及其他损失。

个体工商户发生的损失，减除责任人赔偿和保险赔款后的余额，参照财政部、国家税务总局有关企业资产损失税前扣除的规定扣除。个体工商户已经作为损失处理的资产，在以后纳税年度又全部收回或者部分收回时，应当计入收回当期的收入。

⑤其他支出是指除成本、费用、税金、损失外，个体工商户在生产经营活动中发生的与生产经营活动有关的、合理的支出。

⑥允许弥补的以前年度亏损，是指个体工商户依照规定计算的应纳税所得额小于零的数额。

（2）不得扣除的支出。

①个人所得税税款；

②税收滞纳金；

③罚金、罚款和被没收财物的损失；

④不符合扣除规定的捐赠支出；

⑤赞助支出；

⑥用于个人和家庭的支出；

⑦与取得生产经营收入无关的其他支出；

⑧国家税务总局规定不准扣除的支出。

（3）业主及从业人员相关支出的扣除。

①个体工商户实际支付给从业人员的、合理的工资薪金支出，准予扣除。个体工商户业主的工资薪金支出不得税前扣除。

②个体工商户按照国务院有关主管部门或者省级人民政府规定的范围和标准为其业主和从业人员缴纳的基本养老保险费、基本医疗保险费、失业保险费、工伤保险费和住房公积金，准予扣除。

③个体工商户为从业人员缴纳的补充养老保险费、补充医疗保险费，分别在不超过从业人员工资总额5%标准内的部分据实扣除；超过部分，不得扣除。

个体工商户业主本人缴纳的补充养老保险费、补充医疗保险费，以当地（地级市）上年度社会平均工资的3倍为计算基数，分别在不超过该计算基数5%标准内的部分据实扣除；超过部分，不得扣除。

④除个体工商户依照国家有关规定为特殊工种从业人员支付的人身安全保险费和财政部、国家税务总局规定可以扣除的其他商业保险费外，个体工商户业主本人或者为从业人员支付的商业保险费，不得扣除。

⑤个体工商户向当地工会组织拨缴的工会经费、实际发生的职工福利费支出、职工教育

经费支出分别在工资薪金总额的2%、14%、2.5%的标准内据实扣除。职工教育经费的实际发生数额超出规定比例当期不能扣除的数额，准予在以后纳税年度结转扣除。

个体工商户业主本人向当地工会组织缴纳的工会经费、实际发生的职工福利费支出、职工教育经费支出，以当地（地级市）上年度社会平均工资的3倍为计算基数，在规定比例内据实扣除。

⑥个体工商户发生的合理的劳动保护支出，准予扣除。

（4）借款费用与利息支出的扣除。个体工商户在生产经营活动中发生的合理的不需要资本化的借款费用，准予扣除。具体包括：

①向金融企业借款的利息支出；

②向非金融企业和个人借款的利息支出，不超过按照金融企业同期同类贷款利率计算的数额的部分。

（5）业务招待费和广告宣传费支出的扣除。

①个体工商户发生的与生产经营活动有关的业务招待费，按照实际发生额的60%扣除，但最高不得超过当年销售（营业）收入的5‰。业主自申请营业执照之日起至开始生产经营之日止所发生的业务招待费，按照实际发生额的60%计入个体工商户的开办费。

②个体工商户每一纳税年度发生的与其生产经营活动直接相关的广告费和业务宣传费不超过当年销售（营业）收入15%的部分，可以据实扣除；超过部分，准予在以后纳税年度结转扣除。

（6）开办费及研发费支出的扣除。

①个体工商户自申请营业执照之日起至开始生产经营之日止所发生符合规定的费用，除为取得固定资产、无形资产的支出，以及应计入资产价值的汇兑损益、利息支出外，作为开办费。个体工商户可以选择在开始生产经营的当年一次性扣除；也可以自生产经营月份起在不短于3年期限内摊销扣除。但一经选定，不得改变。开始生产经营之日为个体工商户取得第1笔销售（营业）收入的日期。

②个体工商户研究开发新产品、新技术、新工艺所发生的开发费用，以及研究开发新产品、新技术而购置单台价值在10万元以下的测试仪器和试验性装置的购置费准予直接扣除；单台价值在10万元以上（含10万元）的测试仪器和试验性装置，按固定资产管理，不得在当期直接扣除。

（7）公益性捐赠的扣除。

①个体工商户通过公益性社会团体或者县级以上人民政府及其部门，用于《公益事业捐赠法》规定的公益事业的捐赠，捐赠额不超过其应纳税所得额30%的部分可以据实扣除。

②财政部、国家税务总局规定可以全额在税前扣除的捐赠支出项目，按有关规定执行。

③个体工商户直接对受益人的捐赠不得扣除。

（8）其他支出的扣除。

①个体工商户按照规定缴纳的摊位费、行政性收费、协会会费等，按实际发生数额扣除。

②个体工商户参加财产保险，按照规定缴纳的保险费，准予扣除。

③个体工商户生产经营活动中，应当分别核算生产经营费用和个人、家庭费用。对于生产经营与个人、家庭生活混用难以分清的费用，其40%视为与生产经营有关的费用，准予

扣除。

(9) 亏损结转。个体工商户纳税年度发生的亏损，准予向以后年度结转，用以后年度的生产经营所得弥补，但结转年限最长不得超过5年。

【例题5-20】根据个人所得税法律制度的规定，个体工商户的下列支出中，在计算经营所得个人所得税应纳税所得额时准予扣除的是（　　）。

A. 税收滞纳金

B. 赞助支出

C. 在生产经营活动中发生的向金融企业借款的利息支出

D. 个人所得税税款

【答案】C

【解析】选项A、B、D均属于不得扣除的项目。

2. 个人独资企业和合伙企业经营所得应纳税所得额计算的具体规定。

(1) 个人独资企业和合伙企业应纳税所得额的确定。

①个人独资企业的投资者以全部生产经营所得为应纳税所得额投资者兴办两个或两个以上企业，并且企业性质全部是个人独资的，年度终了后汇算清缴时，应汇总其投资兴办的所有企业的经营所得作为应纳税所得额，以此确定适用税率，计算出全年经营所得的应纳税额，再根据每个企业的经营所得占所有企业经营所得的比例，分别计算出每个企业的应纳税额和应补缴税额。

②合伙企业的投资者按照下列原则确定应纳税所得额。合伙企业的合伙人按照合伙企业的全部生产经营所得和其他所得，以合伙人协商决定的分配比例确定应纳税所得额；协商不成的，以全部生产经营所得和其他所得，按照合伙人实缴出资比例确定应纳税所得额。合伙协议没有约定分配比例的，以全部生产经营所得和其他所得，按照合伙人数量平均计算每个合伙人的应纳税所得额。

③生产经营所得包括个人独资企业和合伙企业分配给投资者个人的所得和企业当年留存的所得（利润）。

④个人独资企业和合伙企业与其关联企业之间的业务往来，应当按照独立企业之间的业务往来收取或者支付价款、费用；不按照独立企业之间的业务往来收取或者支付价款、费用，而减少其应纳税所得额的，主管税务机关有权进行合理调整。

(2) 查账征收的个人独资企业和合伙企业各项支出的扣除。

①查账征收的个人独资企业和合伙企业（以下简称“企业”）的扣除项目比照《个体工商户个人所得税计税办法》的规定确定。

②投资者兴办2个或2个以上企业的，其投资者个人费用扣除标准由投资者选择在其中1个企业的生产经营所得中扣除。

③计提的各种准备金不得扣除。

(3) 个人独资企业和合伙企业的核定征收。国家对下列情形的个人独资企业和合伙企业实行核定征收个人所得税：

①依照国家有关规定应当设置但未设置账簿的；

②虽设置账簿，但账目混乱或者成本资料、收入凭证、费用凭证残缺不全，难以查账的；

③纳税人发生纳税义务，未按照规定的期限办理纳税申报，经税务机关责令限期申报，逾期仍不申报的。

核定征收方式包括定额征收、核定应税所得率征收以及其他合理的征收方式。

（四）其他所得应纳税所得额的确定

1. 财产租赁所得，每次收入不超过4 000元的，减除费用800元；4 000元以上的，减除20%的费用，其余额为应纳税所得额。

2. 财产转让所得，以转让财产的收入额减除财产原值和合理费用后的余额，为应纳税所得额。

财产原值按照下列方法计算：

（1）有价证券为买入价以及买入时按照规定交纳的有关费用；

（2）建筑物为建造费或者购进价格以及其他有关费用；

（3）土地使用权为取得土地使用权所支付的金额、开发土地的费用以及其他有关费用；

（4）机器设备、车船，为购进价格、运输费、安装费以及其他有关费用；

（5）其他财产参照上述方法确定。

纳税人未提供完整、准确的财产原值凭证，不能按照规定的方法确定财产原值的，由主管税务机关核定财产原值。

合理费用是指卖出财产时按照规定支付的有关税费。

3. 利息、股息、红利所得和偶然所得。利息、股息、红利所得和偶然所得，以每次收入额为应纳税所得额。

（五）公益性捐赠的扣除

1. 个人将其所得对教育、扶贫、济困等公益慈善事业进行捐赠，捐赠额未超过纳税人申报的应纳税所得额30%的部分，可以从其应纳税所得额中扣除；国务院规定对公益慈善事业捐赠实行全额税前扣除的，从其规定。个人将其所得对教育、扶贫、济困等公益慈善事业进行捐赠，是指个人将其所得通过中国境内的公益性社会组织、国家机关向教育、扶贫、济困等公益慈善事业的捐赠。应纳税所得额是指计算扣除捐赠额之前的应纳税所得额。

2. 个人通过非营利性的社会团体和国家机关向红十字事业的捐赠，在计算缴纳个人所得税时，准予在税前的所得额中全额扣除。

3. 个人通过境内非营利的社会团体、国家机关向教育事业的捐赠，准予在个人所得税前全部扣除。

4. 个人通过非营利的社会团体和国家机关向农村义务教育的捐赠，在计算缴纳个人所得税时，准予在税前的所得额中全额扣除。

农村义务教育的范围是指政府和社会力量举办的农村乡镇（不含县和县级市政府所在地的镇）、村的小学和初中以及属于这一阶段的特殊教育学校。纳税人对农村义务教育与高中在一起的学校的捐赠，也享受规定的所得税前扣除政策。

接受捐赠或办理转赠的非营利的社会团体和国家机关，应按照财务隶属关系分别使用由中央或省级财政部门统一印（监）制的捐赠票据，并加盖接受捐赠或转赠单位的财务专用印章。税务机关据此对捐赠个人进行税前扣除。

5. 个人通过非营利性社会团体和国家机关对公益性青少年活动场所（其中包括新建）的捐赠，在计算缴纳个人所得税时，准予在税前的所得额中全额扣除。

公益性青少年活动场所，是指专门为青少年学生提供科技、文化、德育、爱国主义教育、体育活动的青少年宫、青少年活动中心等校外活动的公益性场所。

6. 根据财政部、国家税务总局有关规定，个人通过宋庆龄基金会等6家单位；中国医药卫生事业发展基金会、中国教育发展基金会、中国老龄事业发展基金会等8家单位；中华健康快车基金会等5家单位用于公益救济性的捐赠，符合相关条件的，准予在缴纳个人所得税前全额扣除。

7. 根据财政部、国家税务总局有关规定，个人通过非营利性的社会团体和政府部门向福利性、非营利性老年服务机构捐赠，符合相关条件的，准予在缴纳个人所得税前全额扣除。

知识归纳（见表5－14）

表5－14　　公益性捐赠

类型	具体规定	渠道
全额扣除	向“红十字事业、教育事业、农村义务教育、公益性青少年活动场所、福利性、非营利性老年服务机构”的捐赠；“通过特定基金会，用于公益救济”的捐赠	非营利性的社会团体和国家机关
限额扣除	其他公益性捐赠，捐赠额未超过“应纳税所得额”30%的部分，从“应纳税所得额”中扣除	公益性社会组织、国家机关

（六）每次收入的确定

1. 财产租赁所得，以1个月内取得的收入为1次；
2. 利息、股息、红利所得，以支付利息、股息、红利时取得的收入为1次；
3. 偶然所得，以每次取得该项收入为1次；
4. 非居民个人取得的劳务报酬所得、稿酬所得、特许权使用费所得，属于1次性收入的，以取得该项收入为1次；属于同一项目连续性收入的，以一个月内取得的收入为1次。

五、个人所得税应纳税额的计算

（一）个人所得税应纳税额计算的一般规定

1. 综合所得应纳税额的计算公式为：

应纳税额＝应纳税所得额×适用税率－速算扣除数

＝（每一纳税年度的收入额－费用6万元－专项扣除－专项附加扣除－依法确定的其他扣除）×适用税率－速算扣除数

2. 综合所得预扣预缴个人所得税的计算。

（1）扣缴义务人向居民个人支付工资、薪金所得时，应当按照累计预扣法计算预扣税款，并按月办理全员全额扣缴申报。累计预扣法是指扣缴义务人在一个纳税年度内预扣预缴税款时，以纳税人在本单位截至当前月份工资、薪金所得累计收入减除累计免税收入、累计减除费用、累计专项扣除、累计专项附加扣除和累计依法确定的其他扣除后的余额为累计预扣预缴应纳税所得额，计算累计应预扣预缴税额，再减除累计减免税额和累计已预扣预缴税额，其余额为本期应预扣预缴税额；余额为负值时，暂不退税。纳税年度终了后余额仍为负值时，由纳税人通过办理综合所得年度汇算清缴，税款多退少补。

具体计算公式如下：

本期应预扣预缴税额 =（累计预扣预缴应纳税所得额 × 预扣率 − 速算扣除数）− 累计减免税额 − 累计已预扣预缴税额

累计预扣预缴应纳税所得额 = 累计收入 − 累计免税收入 − 累计减除费用 − 累计专项扣除 − 累计专项附加扣除 − 累计依法确定的其他扣除

其中：累计减除费用按照5 000 元/月乘以纳税人当年截至本月在本单位的任职受雇月份数计算。

上述公式中，计算居民个人工资、薪金所得预扣预缴税额的预扣率、速算扣除数，按《个人所得税预扣率表一》执行（见表5 − 15）。

表5 − 15

个人所得税预扣率表一

（居民个人工资、薪金所得预扣预缴适用）

级数	累计预扣预缴应纳税所得额	预扣率（%）	速算扣除数
1	不超过36 000 元的部分	3	0
2	超过36 000 元至144 000 元的部分	10	2 520
3	超过144 000 元至300 000 元的部分	20	16 920
4	超过300 000 元至420 000 元的部分	25	31 920
5	超过420 000 元至660 000 元的部分	30	52 920
6	超过660 000 元至960 000 元的部分	35	85 920
7	超过960 000 元的部分	45	181 920

自2020 年7 月1 日起，对1 个纳税年度内首次取得工资、薪金所得的居民个人，扣缴义务人在预扣预缴个人所得税时，可按照5000 元/月乘以纳税人当年截至本月月份计算累计减除费用。首次取得工资、薪金所得的居民个人，是指自纳税年度首月起至新入职时，未取得工资、薪金所得或者未按照累计预扣法预扣预缴过连续性劳务报酬所得个人所得税的居民个人。

自2021 年1 月1 日起，对上一完整纳税年度内每月均在同一单位预扣预缴工资、薪金所得个人所得税且全年工资、薪金收入不超过6 万元的居民个人，扣缴义务人在预扣预缴本年度工资、薪金所得个人所得税时，累计减除费用自1 月份起直接按照全年6 万元计算扣除。即在纳税人累计收入不超过6 万元的月份，暂不预扣预缴个人所得税；在其累计收入超过6 万元的当月及年内后续月份，再预扣预缴个人所得税。对按照累计预扣法预扣预缴劳务报酬所得个人所得税的居民个人，扣缴义务人比照上述规定执行。

【例题5-21】中国某公司职员王某2021年1-3月每月取得工资、薪金收入均为10 000元。当地规定的社会保险和住房公积金个人缴存比例为：基本养老保险8%；基本医疗保险2%；失业保险0.5%；住房公积金12%。社保部门核定的王某2021年社会保险费的缴费工资基数为8 000元。王某1~2月累计已预扣预缴个人所得税税额为192元。计算王某3月应预扣预缴的个人所得税税额。

计算过程：

①累计收入=10 000×3=30 000（元）

②累计减除费用=5 000×3=15 000（元）

③累计专项扣除=8 000×(8%+2%+0.5%+12%)×3=5 400（元）

④累计预扣预缴应纳税所得额=30 000-15 000-5 400
=9 600（元）

⑤应预扣预缴税额=9 600×3%-192=96（元）

【例题5-22】甲公司职员李某2021年全年取得工资、薪金收入180 000元。当地规定的社会保险和住房公积金个人缴存比例为：基本养老保险8%；基本医疗保险2%；失业保险0.5%；住房公积金12%。社保部门核定的李某2021年社会保险费的缴费工资基数为10 000元。李某正在偿还首套住房贷款及利息；李某为独生女，其独生子正就读大学3年级；李某父母均已年过60岁。李某夫妻约定由李某扣除贷款利息和子女教育费。计算李某2021年应缴纳的个人所得税税额。

计算过程：

①全年减除费用60 000元

②专项扣除=10 000×（8%+2%+0.5%+12%）×12=27 000（元）

③专项附加扣除：子女教育每年扣除12 000元；住房贷款利息每年扣除12 000元；赡养老人每年扣除24 000元。

专项附加扣除合计=12 000+12 000+24 000=48 000（元）

④扣除项合计=60 000+27 000+48 000=135 000（元）

⑤应纳税所得额=180 000-135 000=45 000（元）

⑥应纳个人所得税额=45 000×10%-2 520=1 980（元）

（2）扣缴义务人向居民个人支付劳务报酬所得、稿酬所得、特许权使用费所得，按次或者按月预扣预缴个人所得税。劳务报酬所得、稿酬所得、特许权使用费所得，属于一次性收入的，以取得该项收入为1次；属于同一项目连续性收入的，以1个月内取得的收入为1次。具体预扣预缴方法如下：

劳务报酬所得、稿酬所得、特许权使用费所得以收入减除费用后的余额为收入额。其中，稿酬所得的收入额减按70%计算。

减除费用：劳务报酬所得、稿酬所得、特许权使用费所得每次收入不超过4 000元的，减除费用按800元计算；每次收入4 000元以上的，减除费用按20%计算。

应纳税所得额：劳务报酬所得、稿酬所得、特许权使用费所得，以每次收入额为预扣预缴应纳税所得额。

劳务报酬所得适用20%~40%的超额累进预扣率（《个人所得税预扣率表二》，见表5-16），稿酬所得、特许权使用费所得适用20%的比例预扣率。

劳务报酬所得应预扣预缴税额 = 预扣预缴应纳税所得额 × 预扣率 − 速算扣除数

稿酬所得、特许权使用费所得应预扣预缴税额 = 预扣预缴应纳税所得额 × 20%

表 5 − 16　　个人所得税预扣率表二

（居民个人劳务报酬所得预扣预缴适用）

级数	累计预扣预缴应纳税所得额	预扣率（%）	速算扣除数
1	不超过 20 000 元的部分	20	0
2	超过 20 000 元至 50 000 元的部分	30	2 000
3	超过 50 000 元的部分	40	7 000

自 2020 年 7 月 1 日起，正在接受全日制学历教育的学生因实习取得劳务报酬所得的，扣缴义务人预扣预缴个人所得税时，可按照累计预扣法计算并预扣预缴税款。

居民个人工资、薪金所得，劳务报酬所得，稿酬所得，特许权使用费所得年度预扣预缴税额与年度应纳税额不一致的，由居民个人于次年 3 月 1 日至 6 月 30 日向主管税务机关办理综合所得年度汇算清缴，税款多退少补。

【例题 5 − 23】 中国公民李某 2021 年 10 月提供咨询服务。取得劳务报酬 5 200 元；支付交通费 200 元。计算李某当月该笔咨询收入应预扣预缴个人所得税税额的下列算式中，正确的是（　　）。

A. （5 200 − 200）× 20% = 1 000（元）

B. 5 200 × 20% = 1 040（元）

C. 5 200 ×（1 − 20%）× 20% = 832（元）

D. （5 200 − 200）×（1 − 20%）× 20% = 800（元）

【答案】C

【解析】劳务报酬所得在预扣预缴时，减除费用实行定额和定率相结合的模式。注意需要和 4 000 元进行比较。每次收入 4 000 以下的定额减除 800 元；每次收入 4 000 元以上的定率减除 20%。本题劳务报酬 5 200 元超过 4 000 元，所以通过“ ×（1 − 20%）”的方式减除费用。另外，交通费 200 元不得扣除。

【例题 5 − 24】 2021 年 9 月王某出版小说取得稿酬 40 000 元。为创造该小说，王某发生资料购买费等各种费用 5 000 元。计算王某该笔稿酬所得应预扣预缴个人所得税税额的下列算式中，正确的是（　　）。

A. 40 000 ×（1 − 20%）× 70% × 20% = 4 480（元）

B. 40 000 ×（1 − 20%）× 20% = 6 400（元）

C. （40 000 − 5 000）×（1 − 20%）× 70% × 20% = 3 920（元）

D. （40 000 − 5 000）×（1 − 20%）× 20% = 5 600（元）

【答案】A

【解析】稿酬所得每次收入不超过 4 000 元的，减除费用按 800 元计算；每次收入 4 000 元以上的，减除费用按 20% 计算。在此基础上，再减按 70% 计算应纳税所得额。其实际发生的资料购买费不允许扣除。

3. 非居民个人扣缴个人所得税的计算。扣缴义务人向非居民个人支付工资、薪金所得，劳务报酬所得，稿酬所得和特许权使用费所得时，应当按以下方法按月或者按次代扣代缴个人所得税：

非居民个人的工资、薪金所得，以每月收入额减除费用5 000元后的余额为应纳税所得额；劳务报酬所得、稿酬所得、特许权使用费所得，以每次收入额为应纳税所得额，适用按月换算后的非居民个人月度税率表（《个人所得税税率表三》，见表5－17）计算应纳税额。其中，劳务报酬所得、稿酬所得、特许权使用费所得以收入减除20%的费用后的余额为收入额。稿酬所得的收入额减按70%计算。

非居民个人工资、薪金所得，劳务报酬所得，稿酬所得，特许权使用费所得应纳税额＝应纳税所得额×税率－速算扣除数

表5－17　个人所得税税率表三

（非居民个人工资、薪金所得，劳务报酬所得，稿酬所得，特许权使用费所得适用）

级数	应纳税所得额	税率（%）	速算扣除数
1	不超过3 000元的部分	3	0
2	超过3 000元至12 000元的部分	10	210
3	超过12 000元至25 000元的部分	20	1 410
4	超过25 000元至35 000元的部分	25	2 660
5	超过35 000元至55 000元的部分	30	4 410
6	超过55 000元至80 000元的部分	35	7 160
7	超过80 000元的部分	45	15 160

4. 经营所得应纳税额的计算。个体工商户的生产、经营所得应纳税额的计算公式为：

应纳税额＝应纳税所得额×适用税率－速算扣除数
＝（全年收入总额－成本、费用、税金、损失、其他支出及以前年度亏损）×适用税率－速算扣除数

自2021年1月1日至2022年12月31日，对个体工商户经营所得年应纳税所得额不超过100万元的部分，在现行优惠政策基础上，再减半征收个人所得税。个体工商户不区分征收方式，均可享受。个体工商户在预缴税款时即可享受，其年应纳税所得额暂按截至本期申报所属期末的情况进行判断，并在年度汇算清缴时按年计算、多退少补。若个体工商户从两处以上取得经营所得，需在办理年度汇总纳税申报时，合并个体工商户经营所得年应纳税所得额，重新计算减免税额，多退少补。

个体工商户按照以下方法计算减免税额：

减免税额＝（个体工商户经营所得应纳税所得额不超过100万元部分的应纳税额－其他政策减免税额×个体工商户经营所得应纳税所得额不超过100万元部分÷经营所得应纳税所得额）×（1－50%）

5. 利息、股息、红利所得应纳税额的计算公式为：

应纳税额＝应纳税所得额×适用税率＝每次收入额×适用税率

6. 财产租赁所得应纳税额的计算公式为：

（1）每次（月）收入不足4 000元的：

$$应纳税额=[每次(月)收入额-财产租赁过程中缴纳的税费-由纳税人负担的租赁财产实际开支的修缮费用(800元为限)-800元]\times 20\%$$

（2）每次（月）收入在4 000元以上的：

$$应纳税额=[每次(月)收入额-财产租赁过程中缴纳的税费-由纳税人负担的租赁财产实际开支的修缮费用(800元为限)]\times(1-20\%)\times 20\%$$

个人出租房屋的个人所得税应税收入不含增值税；计算房屋出租所得可扣除的税费不包括本次出租缴纳的增值税。个人转租房屋的，其向房屋出租方支付的租金及增值税额，在计算转租所得时予以扣除。

7. 财产转让所得应纳税额的计算。财产转让所得应按照一次转让财产的收入额减除财产原值和合理费用后的余额计算纳税。

$$应纳税额=应纳税所得额\times 适用税率=(收入总额-财产原值-合理费用)\times 20\%$$

个人转让房屋的个人所得税应税收入不含增值税。其取得房屋时所支付价款中包含的增值税计入财产原值，计算转让所得时可扣除的税费不包括本次转让缴纳的增值税。

受赠人转让受赠房屋的，以其转让受赠房屋的收入减除原捐赠人取得该房屋的实际购置成本以及赠与和转让过程中受赠人支付的相关税费后的余额，为受赠人的应纳税所得额，依法计征个人所得税。受赠人转让受赠房屋价格明显偏低且无正当理由的，税务机关可以依据该房屋的市场评估价格或其他合理方式确定的价格核定其转让收入。

【例题5-25】某居民个人卖房取得不含增值税收入160万元。该房产买入时的价格为120万元；转让发生合理的税费0.5万元。下列计算个人所得税的算式正确的是（　　）。

A. $(160-0.5)\times 20\%$　　B. $160\times(1-20\%)\times 20\%$

C. $(160-120)\times 20\%$　　D. $(160-120-0.5)\times 20\%$

【答案】D

【解析】财产转让所得个人所得税计税时允许扣除财产原值（120万元）和合理费用（0.5万元），但是不能减除800元或者20%的费用。

8. 偶然所得应纳税额的计算公式为：

$$应纳税额=应纳税所得额\times 适用税率=每次收入额\times 20\%$$

（二）个人所得税应纳税额计算的特殊规定

1. 个人领取企业年金、职业年金的征税规定。个人达到国家规定的退休年龄，领取的企业年金、职业年金，符合相关规定的，不并入综合所得，全额单独计算应纳税款。其中按月领取的，适用月度税率表计算纳税；按季领取的，平均分摊计入各月，按每月领取额适用月度税率表计算纳税；按年领取的，适用综合所得税率表计算纳税。

个人因出境定居而一次性领取的年金个人账户资金，或个人死亡后，其指定的受益人或法定继承人一次性领取的年金个人账户余额，适用综合所得税率表计算纳税。对个人除上述特殊原因外一次性领取年金个人账户资金或余额的，适用月度税率表计算纳税。

2. 解除劳动关系一次性补偿收入的征税规定。个人与用人单位解除劳动关系取得一次性补偿收入（包括用人单位发放的经济补偿金、生活补助费和其他补助费），在当地上年职工平均工资3倍数额以内的部分，免征个人所得税；超过3倍数额的部分，不并入当年综合所得，单独适用综合所得税率表，计算纳税。

3. 提前退休一次性补贴收入的征税规定。个人办理提前退休手续而取得的一次性补贴收入，应按照办理提前退休手续至法定离退休年龄之间实际年度数平均分摊，确定适用税率和速算扣除数，单独适用综合所得税率表，计算纳税。计算公式为：

$$应纳税额 = \{[(一次性补贴收入 \div 办理提前退休手续至法定退休年龄的实际年度数) - 费用扣除标准] \times 适用税率 - 速算扣除数\} \times 办理提前退休手续至法定退休年龄的实际年度数$$

4. 内部退养一次性补贴收入的征税规定。实行内部退养的个人在其办理内部退养手续后至法定离退休年龄之间从原任职单位取得的工资、薪金，不属于离退休工资，应按“工资、薪金所得”项目计征个人所得税。个人在办理内部退养手续后从原任职单位取得的一次性收入，应按办理内部退养手续后至法定离退休年龄之间的所属月份进行平均，并与领取当月的工资、薪金所得合并后减除当月费用扣除标准，以余额为基数确定适用税率。再将当月工资、薪金加上取得的一次性收入，减去费用扣除标准，按适用税率计征个人所得税。

个人在办理内部退养手续后至法定离退休年龄之间重新就业取得的工资、薪金所得，应与其从原任职单位取得的同一月份的工资、薪金所得合并，并依法自行向主管税务机关申报缴纳个人所得税。

5. 单位低价向职工售房的征税规定。单位按低于购置或建造成本价格出售住房给职工，职工因此而少支出的差价部分，符合相关规定的，不并入当年综合所得，以差价收入除以12个月得到的数额，按照月度税率表确定适用税率和速算扣除数，单独计算纳税。计算公式为：

$$应纳税额 = 职工实际支付的购房价款低于该房屋的购置或建造成本价格的差额 \times 适用税率 - 速算扣除数$$

6. 个人取得公务交通、通讯补贴收入的征税规定。个人因公务用车和通讯制度改革而取得的公务用车、通讯补贴收入，扣除一定标准的公务费用后，按照“工资、薪金所得”项目计征个人所得税。

7. 退休人员再任职取得收入的征税规定。退休人员再任职取得的收入，在减除按个人所得税法规定的费用扣除标准后，按“工资、薪金所得”应税项目缴纳个人所得税。

8. 离退休人员从原任职单位取得各类补贴、奖金、实物的征税规定。离退休人员除按规定领取离退休工资或养老金外，另从原任职单位取得的各类补贴、奖金、实物，不属于免税的退休工资、离休工资、离休生活补助费，应在减除费用扣除标准后，按“工资、薪金所得”应税项目缴纳个人所得税。

9. 基本养老保险费、基本医疗保险费、失业保险费、住房公积金的征税规定。企事业单位和个人超过规定的比例和标准缴付的基本养老保险费、基本医疗保险费和失业保险费，应将超过部分并入个人当期的工资、薪金收入，计征个人所得税。

单位和个人分别在不超过职工本人上一年度月平均工资12%的幅度内，其实际缴存的住房公积金，允许在个人应纳税所得额中扣除。单位和职工个人缴存住房公积金的月平均工资不得超过职工工作地所在设区城市上一年度职工月平均工资的3倍，具体标准按照各地有关规定执行。单位和个人超过规定比例和标准缴付的住房公积金，应将超过部分并入个人当期的工资、薪金收入，计征个人所得税。

10. 企业为员工支付保险金的征税规定。对企业为员工支付各项免税之外的保险金，应在企业向保险公司缴付时并入员工当期的工资收入，按“工资、薪金所得”项目计征个人所得税，税款由企业负责代扣代缴。

11. 兼职律师从律师事务所取得工资、薪金性质所得的征税规定。兼职律师从律师事务所取得工资、薪金性质的所得，律师事务所在代扣代缴其个人所得税时，不再减除个人所得税法规定的费用扣除标准，以收入全额（取得分成收入的为扣除办理案件支出费用后的余额）直接确定适用税率，计算扣缴个人所得税。兼职律师应自行向主管税务机关申报两处或两处以上取得的工资、薪金所得，合并计算缴纳个人所得税。

12. 从职务科技成果转化收入中给予科技人员的现金奖励的征税规定。依法批准设立的非营利性研究开发机构和高等学校根据《促进科技成果转化法》的规定，从职务科技成果转化收入中给予科技人员的现金奖励，可减按50%计入科技人员当月工资、薪金所得，依法缴纳个人所得税。

13. 保险营销员、证券经纪人佣金收入的征税规定。保险营销员、证券经纪人取得的佣金收入，属于“劳务报酬所得”。以不含增值税的收入减除20%的费用后的余额为收入额。收入额减去展业成本以及附加税费后，并入当年综合所得，计算缴纳个人所得税。保险营销员、证券经纪人展业成本按照收入额的25%计算。

扣缴义务人向保险营销员、证券经纪人支付佣金收入时，应按照规定的累计预扣法计算预扣税款。

14. 个人投资者收购企业股权后，将企业原有盈余积累转增股本个人所得税规定。一名或多名个人投资者以股权收购方式取得被收购企业100%股权，股权收购前，被收购企业原账面金额中的“资本公积、盈余公积、未分配利润”等盈余积累未转增股本，而在股权交易时将其一并计入股权转让价格并履行了所得税纳税义务。股权收购后，企业将原账面金额中的盈余积累向个人投资者（以下称“新股东”）转增股本，有关个人所得税问题区分以下情形处理：

新股东以不低于净资产价格收购股权的，企业原盈余积累已全部计入股权交易价格，新股东取得盈余积累转增股本的部分，不征收个人所得税。

新股东以低于净资产价格收购股权的，企业原盈余积累中，对于股权收购价格减去原股本的差额部分已经计入股权交易价格，新股东取得盈余积累转增股本的部分，不征收个人所得税；对于股权收购价格低于原所有者权益的差额部分未计入股权交易价格，新股东取得盈余积累转增股本的部分，应按照“利息、股息、红利所得”项目征收个人所得税。

新股东以低于净资产价格收购企业股权后转增股本，应按照下列顺序进行，即：先转增应税的盈余积累部分；然后再转增免税的盈余积累部分。

15. 个人取得上市公司股息红利所得的征税规定。个人从公开发行和转让市场取得的上市公司股票，持股期限在1个月以内（含1个月）的，其股息红利所得全额计入应纳税所得额；持股期限在1个月以上至1年（含1年）的，暂减按50%计入应纳税所得额。上述所得统一适用20%的税率计征个人所得税。

对个人持有的上市公司限售股，解禁后取得的股息红利，按照上市公司股息红利差别化个人所得税政策规定计算纳税，持股时间自解禁日起计算；解禁前取得的股息红利继续暂减按50%计入应纳税所得额，适用20%的税率计征个人所得税。

个人从公开发行和转让市场取得的上市公司股票包括：

（1）通过证券交易所集中交易系统或大宗交易系统取得的股票；

（2）通过协议转让取得的股票；

（3）因司法扣划取得的股票；

（4）因依法继承或家庭财产分割取得的股票；

（5）通过收购取得的股票；

（6）权证行权取得的股票；

（7）使用可转换公司债券转换的股票；

（8）取得发行的股票、配股、股份股利及公积金转增股本；

（9）持有从代办股份转让系统转到主板市场（或中小板、创业板市场）的股票；

（10）上市公司合并，个人持有的被合并公司股票转换的合并后公司股票；

（11）上市公司分立，个人持有的被分立公司股票转换的分立后公司股票；

（12）其他从公开发行和转让市场取得的股票。

自2019年7月1日起至2024年6月30日，个人持有全国中小企业股份转让系统挂牌公司的股票，持股期限在1个月以内（含1个月）的，其股息红利所得全额计入应纳税所得额；持股期限在1个月以上至1年（含1年）的，其股息红利所得暂减按50%计入应纳税所得额。上述所得统一适用20%的税率计征个人所得税。

对证券投资基金从挂牌公司取得的股息红利所得，按照前述规定计征个人所得税。

16. 房屋买受人按照约定退房取得补偿款的征税规定。房屋买受人在未办理房屋产权证的情况下，按照与房地产公司约定条件（如对房屋的占有、使用、收益和处分权进行限制）在一定时期后无条件退房而取得的补偿款，应按照“利息、股息、红利所得”项目缴纳个人所得税。税款由支付补偿款的房地产公司代扣代缴。

17. 个人转让限售股的征税规定。自2010年1月1日起，对个人转让限售股取得的所得，按照“财产转让所得”项目征收个人所得税。

个人转让限售股，以每次限售股转让收入，减除股票原值和合理税费后的余额，为应纳税所得额。即：

$$应纳税所得额=限售股转让收入-(限售股原值+合理税费)$$

$$应纳税额=应纳税所得额\times 20\%$$

限售股转让收入是指转让限售股股票实际取得的收入；限售股原值是指限售股买入时的买入价及按照规定缴纳的有关费用；合理税费是指转让限售股过程中发生的印花税、佣金、过户费等与交易相关的税费。

18. 两个以上的个人共同取得同一项目收入的征税规定。两个以上的个人共同取得同一项目收入的，应当对每个人取得的收入分别按照个人所得税法的规定计算纳税。

19. 居民个人从境外取得所得的征税规定。居民个人从中国境内和境外取得的综合所得、经营所得，应当分别合并计算应纳税额；从中国境内和境外取得的其他所得，应当分别单独计算应纳税额。即居民个人来源于中国境外的综合所得，应当与境内综合所得合并计算应纳税额。居民个人来源于中国境外的经营所得，应当与境内经营所得合并计算应纳税额。居民个人来源于境外的经营所得，按照个人所得税法及其实施条例的有关规定计算的亏损，不得抵减其境内或他国（地区）的应纳税所得额，但可以用来源于同一国家（地区）以后年度的经营所得按中国税法规定弥补；居民个人来源于中国境外的利息、股息、红利所得，财产租赁所得，财产转让所得和偶然所得，不与境内所得合并，应当分别单独计算应纳税额。

居民个人从中国境外取得的所得，可以从其应纳税额中抵免已在境外缴纳的个人所得税税额，但抵免额不得超过该纳税人境外所得依照个人所得税法规定计算的应纳税额。

已在境外缴纳的个人所得税税额，是指居民个人来源于中国境外的所得，依照该所得来源国家（地区）的法律应当缴纳并且实际已经缴纳的所得税税额。

除国务院财政、税务主管部门另有规定外，来源于中国境外一个国家（地区）的综合所得抵免限额、经营所得抵免限额以及其他所得抵免限额之和，为来源于该国家（地区）所得的抵免限额。

居民个人在中国境外一个国家（地区）实际已经缴纳的个人所得税税额，低于依照规定计算出的来源于该国家（地区）所得的抵免限额的，应当在中国缴纳差额部分的税款；超过来源于该国家（地区）所得的抵免限额的，其超过部分不得在本纳税年度的应纳税额中抵免，但是可以在以后纳税年度来源于该国家（地区）所得的抵免限额的余额中补扣。补扣期限最长不得超过5年。

境外所得应抵免额及应补税额具体可按以下步骤计算：

（1）第一步，计算来自某国或地区的抵免额。具体按照下列公式计算：

$$\text{来源于一国(地区)综合所得的抵免限额} = \text{中国境内和境外综合所得依照规定计算的综合所得应纳税额} \times \text{来源于该国(地区)的综合所得收入额} \div \text{中国境内和境外综合所得收入额合计}$$

$$\text{来源于一国(地区)经营所得的抵免限额} = \text{中国境内和境外经营所得依照规定计算的经营所得应纳税额} \times \text{来源于该国(地区)的经营所得应纳税所得额} \div \text{中国境内和境外经营所得应纳税所得额合计}$$

$$\text{来源于一国(地区)其他分类所得的抵免限额} = \text{该国(地区)的其他分类所得依照规定计算的应纳税额}$$

（2）第二步，判断允许抵免额。具体按照下列公式计算：

来源于一国（地区）所得的抵免限额 = 来源于该国（地区）综合所得抵免限额 + 来源于该国（地区）经营所得抵免限额 + 来源于该国（地区）其他分类所得抵免限额。

①当在境外实际缴纳税额小于抵免限额时：

$$\text{允许抵免额} = \text{境外实际缴纳税额}$$

②当在境外实际缴纳税额大于抵免限额时：

$$\text{允许抵免额} = \text{抵免限额}$$

（3）第三步，计算应纳税额。

$$应纳税额=\sum 来自一国(地区)的综合所得、经营所得和其他所得应纳税额-允许抵免额$$

20. 出租车驾驶员收入的征税规定。出租汽车经营单位对出租车驾驶员采取单车承包或承租方式运营，出租车驾驶员从事客货营运取得的收入，按“工资、薪金所得”项目征税。

出租车属于个人所有，但挂靠出租汽车经营单位或企事业单位，驾驶员向挂靠单位缴纳管理费的，或出租汽车经营单位将出租车所有权转移给驾驶员的，出租车驾驶员从事客货运营取得的收入，比照“经营所得”项目征税。

从事个体出租车运营的出租车驾驶员取得的收入，按“经营所得”项目缴纳个人所得税。

21. 关于企业改组改制过程中个人取得的量化资产征税问题。根据国家有关规定，集体所有制企业在改制为股份合作制企业时，可以将有关资产量化给职工个人。为了支持企业改组改制的顺利进行，对于企业在改制过程中个人取得量化资产的征税问题，税法作出了如下规定：

对职工个人以股份形式取得的仅作为分红依据、不拥有所有权的企业量化资产，不征收个人所得税。

对职工个人以股份形式取得的拥有所有权的企业量化资产，暂缓征收个人所得税；待个人将股份转让时，就其转让收入额，减除个人取得该股份时实际支付的费用支出和合理转让费用后的余额，按“财产转让所得”项目计征个人所得税。

对职工个人以股份形式取得的企业量化资产参与企业分配而获得的股息、红利，应按“利息、股息、红利所得”项目征收个人所得税。

22. 企业为个人购房或其他财产的征税规定。符合以下情形的房屋或其他财产，不论所有权人是否将财产无偿或有偿交付企业使用，其实质均为企业对个人进行了实物性质的分配，应依法计征个人所得税。

（1）企业出资购买房屋及其他财产，将所有权登记为投资者个人、投资者家庭成员或企业其他人员的。

（2）企业投资者个人、投资者家庭成员或企业其他人员向企业借款用于购买房屋及其他财产，将所有权登记为投资者、投资者家庭成员或企业其他人员，且借款年度终了后未归还借款的。

（3）对个人独资企业、合伙企业的个人投资者或其家庭成员取得的上述所得，视为企业对个人投资者的利润分配，按照“经营所得”项目计征个人所得税；对除个人独资企业、合伙企业以外其他企业的个人投资者或其家庭成员取得的上述所得，视为企业对个人投资者的红利分配，按照“利息、股息、红利所得”项目计征个人所得税；对企业其他人员取得的上述所得，按照“综合所得”项目计征个人所得税。

六、个人所得税税收优惠

（一）免税项目

1. 省级人民政府、国务院部委和中国人民解放军军以上单位，以及外国组织、国际组织颁发的科学、教育、技术、文化、卫生、体育、环境保护等方面的奖金。

2. 国债和国家发行的金融债券利息。其中，国债利息是指个人持有财政部发行的债券而取得的利息；国家发行的金融债券利息，是指个人持有经国务院批准发行的金融债券而取得的利息。

3. 按照国家统一规定发给的补贴、津贴。是指按照国务院规定发给的政府特殊津贴、院士津贴，以及国务院规定免纳个人所得税的其他补贴、津贴。

4. 福利费、抚恤金、救济金。其中，福利费是指根据国家有关规定，从企业、事业单位、国家机关、社会组织提留的福利费或者工会经费中支付给个人的生活补助费；救济金是指各级人民政府民政部门支付给个人的生活困难补助费。

5. 保险赔款。

6. 军人的转业费、复员费、退役金。

7. 按照国家统一规定发给干部、职工的安家费、退职费、基本养老金或者退休费、离休费、离休生活补助费。

8. 依照有关法律规定应予免税的各国驻华使馆、领事馆的外交代表、领事官员和其他人员的所得。该所得是指依照《外交特权与豁免条例》和《领事特权与豁免条例》规定免税的所得。

9. 中国政府参加的国际公约、签订的协议中规定免税的所得。

10. 国务院规定的其他免税所得。该项免税规定，由国务院报全国人民代表大会常务委员会备案。

（二）减税项目

1. 残疾、孤老人员和烈属的所得。

2. 因自然灾害造成重大损失的。

上述减税项目的减征幅度和期限，由省、自治区、直辖市人民政府规定，并报同级人民代表大会常务委员会备案。

国务院可以规定其他减税情形，报全国人民代表大会常务委员会备案。

（三）其他免税和暂免征税项目

1. 下列所得，暂免征收个人所得税。

（1）外籍个人以非现金形式或实报实销形式取得的住房补贴、伙食补贴、搬迁费、洗衣费。

（2）外籍个人按合理标准取得的境内、外出差补贴。

（3）外籍个人取得的探亲费、语言训练费、子女教育费等，经当地税务机关审核批准为合理的部分。

（4）外籍个人从外商投资企业取得的股息、红利所得。

（5）凡符合下列条件之一的外籍专家取得的工资、薪金所得可免征个人所得税：

①根据世界银行专项贷款协议由世界银行直接派往我国工作的外国专家；

②联合国组织直接派往我国工作的专家；

③为联合国援助项目来华工作的专家；

④援助国派往我国专为该国无偿援助项目工作的专家；

⑤根据两国政府签订文化交流项目来华工作2年以内的文教专家，其工资、薪金所得由该国负担的；

⑥根据我国大专院校国际交流项目来华工作2年以内的文教专家，其工资、薪金所得由该国负担的；

⑦通过民间科研协定来华工作的专家，其工资、薪金所得由该国政府机构负担的。

自2022年1月1日起，外籍个人不再享受住房补贴、语言训练费、子女教育费津补贴免税优惠政策，应按规定享受专项附加扣除。

2. 个人在上海、深圳证券交易所转让从上市公司公开发行和转让市场取得的股票，转让所得暂不征收个人所得税。

3. 自2018年11月1日（含）起，对个人转让全国中小企业股份转让系统（新三板）挂牌公司非原始股取得的所得，暂免征收个人所得税。非原始股是指个人在新三板挂牌公司挂牌后取得的股票，以及由上述股票孳生的送、转股。

4. 个人举报、协查各种违法、犯罪行为而获得的奖金暂免征收个人所得税。

5. 个人办理代扣代缴手续，按规定取得的扣缴手续费暂免征收个人所得税。

6. 个人转让自用达5年以上，并且是唯一的家庭生活用房取得的所得，暂免征收个人所得税。

7. 对个人购买福利彩票、体育彩票，一次中奖收入在1万元以下（含1万元）的暂免征收个人所得税；超过1万元的，全额征收个人所得税。

8. 个人取得单张有奖发票奖金所得不超过800元（含800元）的，暂免征收个人所得税。

9. 达到离休、退休年龄，但确因工作需要，适当延长离休、退休年龄的高级专家（指享受国家发放的政府特殊津贴的专家、学者），其在延长离休、退休期间的工资、薪金所得，视同离休、退休工资免征个人所得税。

10. 个人领取原提存的住房公积金、基本医疗保险金、基本养老保险金，以及失业保险金，免予征收个人所得税。

11. 对工伤职工及其近亲属按照《工伤保险条例》规定取得的工伤保险待遇，免征个人所得税。

12. 企事业单位按照国家或省（自治区、直辖市）人民政府规定的缴费比例或办法实际缴付的基本养老保险费、基本医疗保险费和失业保险费，免征个人所得税；个人按照国家或省（自治区、直辖市）人民政府规定的缴费比例或办法实际缴付的基本养老保险费、基本医疗保险费和失业保险费，允许在个人应纳税所得额中扣除。

13. 企业和事业单位根据国家有关政策规定的办法和标准，为在本单位任职或者受雇的全体职工缴付的企业年金或职业年金单位缴费部分，在计入个人账户时，个人暂不缴纳个人所得税。

个人根据国家有关政策规定缴付的年金个人缴费部分，在不超过本人缴费工资计税基数的4%标准内的部分，暂从个人当期的应纳税所得额中扣除。

年金基金投资运营收益分配计入个人账户时，个人暂不缴纳个人所得税。

14. 企业依照国家有关法律规定宣告破产，企业职工从该破产企业取得的一次性安置费收入，免征个人所得税。

15. 自2008年10月9日（含）起，对储蓄存款利息所得暂免征收个人所得税。

16. 自2015年9月8日起，个人从公开发行和转让市场取得的上市公司股票，持股期限超过1年的，股息红利所得暂免征收个人所得税。

17. 自2019年7月1日起至2024年6月30日，个人持有全国中小企业股份转让系统挂牌公司的股票，持股期限超过1年的，对股息红利所得暂免征收个人所得税。

18. 对被拆迁人按照国家有关城镇房屋拆迁管理办法规定的标准取得的拆迁补偿款，免征个人所得税。

19. 以下情形的房屋产权无偿赠与的，对当事双方不征收个人所得税：

（1）房屋产权所有人将房屋产权无偿赠与配偶、父母、子女、祖父母、外祖父母、孙子女、外孙子女、兄弟姐妹；

（2）房屋产权所有人将房屋产权无偿赠与对其承担直接抚养或者赡养义务的抚养人或者赡养人；

（3）房屋产权所有人死亡，依法取得房屋产权的法定继承人、遗嘱继承人或者受遗赠人。

20. 个体工商户、个人独资企业和合伙企业或个人从事种植业、养殖业、饲养业、捕捞业取得的所得，暂不征收个人所得税。

21. 企业在销售商品（产品）和提供服务过程中向个人赠送礼品，属于下列情形之一的，不征收个人所得税：

（1）企业通过价格折扣、折让方式向个人销售商品（产品）和提供服务；

（2）企业在向个人销售商品（产品）和提供服务的同时给予赠品，如通信企业对个人购买手机赠话费、入网费，或者购话费赠手机等；

（3）企业对累积消费达到一定额度的个人按消费积分反馈礼品。

税收法律、行政法规、部门规章和规范性文件中未明确规定纳税人享受减免税必须经税务机关审批，且纳税人取得的所得完全符合减免税条件的，无须经主管税务机关审核，纳税人可自行享受减免税。

税收法律、行政法规、部门规章和规范性文件中明确规定纳税人享受减免税必须经税务机关审批的，或者纳税人无法准确判断其取得的所得是否应享受个人所得税减免的，必须经主管税务机关按照有关规定审核或批准后，方可减免个人所得税。

【例5-26】 根据个人所得税法律制度的规定，下列各项中，应缴纳个人所得税的是（　　）。

A. 公务员王某取得的国债利息

B. 退役士兵张某取得的退役金

C. 退休职工林某取得的按国家统一规定发放的基本养老金

D. 教师李某获得的县人民政府为其颁发的优秀教师奖金

【答案】D

【解析】省级人民政府、国务院部委和中国人民解放军军以上单位，以及外国组织、国际组织颁发的科学、教育、技术、文化、卫生、体育、环境保护等方面的奖金，免征个人所得税。“县人民政府”颁发的奖金不免。

七、个人所得税征收管理

（一）纳税申报

个人所得税的申报方式有两种：扣缴申报和自行申报。

1. 个人所得税的扣缴申报。个人所得税以所得人为纳税人，以支付所得的单位或者个人为扣缴义务人。扣缴义务人应当按照国家规定办理全员全额扣缴申报。全员全额扣缴申报，是指扣缴义务人在代扣税款的次月15日内，向主管税务机关报送其支付所得的所有个人的有关信息、支付所得数额、扣除事项和数额、扣缴税款的具体数额和总额以及其他相关涉税信息资料。

2. 纳税人办理纳税申报的情形。有下列情形之一的，纳税人应当依法办理纳税申报：

（1）取得综合所得需要办理汇算清缴。需要办理汇算清缴的情形包括：

①在两处或者两处以上取得综合所得，且综合所得年收入额减去专项扣除的余额超过6万元。

②取得劳务报酬所得、稿酬所得、特许权使用费所得中一项或者多项所得，且综合所得年收入额减去专项扣除的余额超过6万元。

③纳税年度内预缴税额低于应纳税额的。

④纳税人申请退税。纳税人申请退税，应当提供其在中国境内开设的银行账户，并在汇算清缴地就地办理税款退库。

（2）取得应税所得没有扣缴义务人。

（3）取得应税所得，扣缴义务人未扣缴税款。

（4）取得境外所得。

（5）因移居境外注销中国户籍。

（6）非居民个人在中国境内从两处以上取得工资、薪金所得。

（7）国务院规定的其他情形。

纳税人可以委托扣缴义务人或者其他单位和个人办理汇算清缴。

【例题5-27】根据个人所得税法律制度的规定，下列情形中，纳税人应当依法办理纳税申报的有（　　）。

A. 非居民个人在中国境内从两处以上取得工资、薪金所得

B. 因移居境外注销中国户籍

C. 居民个人取得境外所得

D. 取得综合所得需要办理汇算清缴

【答案】ABCD

3. 专项附加扣除信息的提供及减除。居民个人取得工资、薪金所得时，可以向扣缴义务人提供专项附加扣除有关信息，由扣缴义务人扣缴税款时减除专项附加扣除。纳税人同时从两处以上取得工资、薪金所得，并由扣缴义务人减除专项附加扣除的，对同一专项附加扣除项目，在1个纳税年度内只能选择从一处取得的所得中减除。

居民个人取得劳务报酬所得、稿酬所得、特许权使用费所得，应当在汇算清缴时向税务

机关提供有关信息，减除专项附加扣除。

纳税人、扣缴义务人应当按照规定保存与专项附加扣除相关的资料。税务机关可以对纳税人提供的专项附加扣除信息进行抽查，具体办法由国务院税务主管部门另行规定。税务机关发现纳税人提供虚假信息的，应当责令改正并通知扣缴义务人；情节严重的，有关部门应当依法予以处理，纳入信用信息系统并实施联合惩戒。

4. 修正申报与退税。纳税人发现扣缴义务人提供或者扣缴申报的个人信息、所得、扣缴税款等与实际情况不符的，有权要求扣缴义务人修改。扣缴义务人拒绝修改的，纳税人应当报告税务机关，税务机关应当及时处理。

纳税人申请退税时提供的汇算清缴信息有错误的，税务机关应当告知其更正；纳税人更正的，税务机关应当及时办理退税。扣缴义务人未将扣缴的税款解缴入库的，不影响纳税人按照规定申请退税。税务机关应当凭纳税人提供的有关资料办理退税。

（二）纳税期限

1. 居民个人的纳税期限。

（1）居民个人取得综合所得，按年计算个人所得税；有扣缴义务人的，由扣缴义务人按月或者按次预扣预缴税款；需要办理汇算清缴的，应当在取得所得的次年 3 月 1 日至 6 月 30 日内办理汇算清缴。预扣预缴办法由国务院税务主管部门制定。

（2）居民个人从中国境外取得所得的，应当在取得所得的次年 3 月 1 日至 6 月 30 日内申报纳税。

2. 非居民个人的纳税期限。

（1）非居民个人取得工资、薪金所得，劳务报酬所得，稿酬所得和特许权使用费所得，有扣缴义务人的，由扣缴义务人按月或者按次代扣代缴税款，不办理汇算清缴。

（2）非居民个人在中国境内从两处以上取得工资、薪金所得的，应当在取得所得的次月 15 日内申报纳税。

3. 扣缴义务人的纳税期限。扣缴义务人每月或者每次预扣、代扣的税款，应当在次月 15 日内缴入国库，并向税务机关报送扣缴个人所得税申报表。

4. 其他情形的纳税期限。

（1）纳税人取得经营所得，按年计算个人所得税。由纳税人在月度或者季度终了后 15 日内向税务机关报送纳税申报表，并预缴税款；在取得所得的次年 3 月 31 日前办理汇算清缴。

（2）纳税人取得利息、股息、红利所得，财产租赁所得，财产转让所得和偶然所得，按月或者按次计算个人所得税。有扣缴义务人的，由扣缴义务人按月或者按次代扣代缴税款。

（3）纳税人取得应税所得没有扣缴义务人的，应当在取得所得的次月 15 日内向税务机关报送纳税申报表，并缴纳税款。

（4）纳税人取得应税所得，扣缴义务人未扣缴税款的，纳税人应当在取得所得的次年 6 月 30 日前，缴纳税款；税务机关通知限期缴纳的，纳税人应当按照期限缴纳税款。

（5）纳税人因移居境外注销中国户籍的，应当在注销中国户籍前办理税款清算。

（三）货币单位及外币折算

各项所得的计算，以人民币为单位。所得为人民币以外货币的，按照办理纳税申报或扣缴申报的上一月最后一日人民币汇率中间价，折合成人民币计算应纳税所得额。年度终了后办理汇算清缴的，对已经按月、按季或者按次预缴税款的人民币以外货币所得，不再重新折算；对应当补缴税款的所得部分，按照上一纳税年度最后一日人民币汇率中间价，折合成人民币计算应纳税所得额。

本章主要内容提示

1. 企业所得税是对企业和其他取得收入的组织生产经营所得和其他所得征收的一种所得税。企业所得税的基本法律规定包括企业所得税纳税人、企业所得税的征税对象、企业所得税税率及企业所得税的税收优惠政策。企业所得税的计算包括企业所得税应纳税所得额的计算、资产的税务处理及企业所得税应纳税额的计算。企业所得税的征收管理包括纳税地点、纳税期限及纳税申报。

2. 个人所得税是对个人（即自然人）取得的各项应税所得征收的一种所得税。个人所得税的基本法律规定包括个人所得税的纳税人、个人所得税的征税对象、个人所得税税率及个人所得税的税收优惠政策。个人所得税的计算包括个人所得税应纳税所得额的确定及个人所得税应纳税额的计算。个人所得税的征收管理包括纳税申报、纳税期限和货币单位及折算等相关内容。

章节小测

一、单项选择题

1. 根据企业所得税法律制度的规定，下列各项中，属于企业所得税纳税人的是（　　）。

A. 甲个人独资企业　　B. 乙合伙企业

C. 丙个体工商户　　D. 丁民办非企业单位

2. 根据企业所得税法律制度的规定，下列有关非居民企业的表述中，正确的是（　　）。

A. 在境外成立的企业均属于非居民企业

B. 依法在境内成立但有来源于境外所得的企业属于非居民企业

C. 依照外国法律成立，实际管理机构在中国境内的企业属于非居民企业

D. 依照外国法律成立，实际管理机构不在中国境内但在中国境内设立机构、场所的企业属于非居民企业

3. 根据企业所得税法律制度的规定，企业应当在纳税年度终了之日起一定期限内，向税务机关报送年度企业所得税纳税申报表。该期限为（　　）个月。

A. 3　　B. 4　　C. 5　　D. 6

4. 根据企业所得税法律制度的规定，关于确认收入实现时间的下列表述中，正确的是（　　）。

A. 接受捐赠收入按照合同约定的捐赠日期确认收入的实现

B. 利息收入按照合同约定的债务人应付利息的日期确认收入的实现

C. 租金收入按照出租人实际收到租金的日期确认收入的实现

D. 权益性投资收益按照投资方实际收到利润的日期确认收入的实现

5. 甲手机生产公司2021年9月销售一批手机，含增值税价格为45.2万元。由于购买数量多，甲手机生产公司给予购买方9折优惠，并将销售额和折扣额在同一张发票"金额栏"内分别列示。已知，增值税税率为13%。甲手机生产公司在计算企业所得税应纳税所得额时，应确认的手机销售收入为（　　）万元。

A. 36　　B. 40.68　　C. 40　　D. 45.2

6. 根据企业所得税法律制度的规定，下列各项中，在计算企业所得税应纳税所得额时，准予扣除的是（　　）。

A. 罚金　　B. 合理的劳动保护支出

C. 向投资者支付的股息　　D. 税收滞纳金

7. 甲公司2021年度取得销售货物收入1 000万元；发生的与生产经营活动有关的业务招待费支出6万元。已知，在计算企业所得税应纳税所得额时，业务招待费支出按照发生额的60%扣除，但最高不得超过当年销售（营业）收入的5‰。甲公司在计算2021年度企业所得税应纳税所得额时，准予扣除的业务招待费支出为（　　）万元。

A. 6　　B. 5　　C. 4.97　　D. 3.6

8. 甲公司2021年度利润总额300万元；预缴企业所得税税额60万元；在"营业外支出"账户中列支了通过公益性社会组织向灾区的捐款40万元。已知，企业所得税税率为25%；公益性捐赠支出不超过年度利润总额12%的部分，准予在计算企业所得税应纳税所得额时扣除。计算甲公司当年应补缴企业所得税税额的下列算式中，正确的是（　　）。

A. $300\times25\%-60$　　B. $(300+300\times12\%)\times25\%-60$

C. $[300+(40-300\times12\%)]\times25\%-60$　　D. $(300+40)\times25\%-60$

9. 根据企业所得税法律制度的规定，下列固定资产中，在计算企业所得税应纳税所得额时，准予计算折旧扣除的是（　　）。

A. 未投入使用的机器设备　　B. 以经营租赁方式租入的机器设备

C. 已足额提取折旧仍继续使用的机器设备　　D. 以融资租赁方式租入的机器设备

10. 根据企业所得税法律制度的规定，下列各项中，应以同类固定资产的重置完全价值为计税基础的是（　　）。

A. 盘盈的固定资产　　B. 自行建造的固定资产

C. 通过非货币性资产交换取得的固定资产　　D. 通过捐赠取得的固定资产

11. 甲公司2021年度为符合条件的小型微利企业，当年企业所得税应纳税所得额260万元。已知，小型微利企业减按20%的税率征收企业所得税。计算甲公司2021年度应缴纳企业所得税税额的下列算式中，正确的是（　　）。

A. $260\times12.5\%\times20\%$

B. $260\times25\%\times20\%$

C. $100\times12.5\%\times20\%+(260-100)\times50\%\times20\%$

D. $100\times25\%\times20\%+(260-100)\times50\%\times20\%$

12. 甲公司2021年度企业所得税应纳税所得额为3 000万元。当年购置并实际使用一台符合《安全生产专用设备企业所得税优惠目录》规定的安全生产专用设备。该设备的投资额为600万元。甲公司享受应纳税额抵免优惠政策。已知，企业所得税税率为25%。甲公司2021年度应缴纳企业所得税税额为（　　）万元。

A. 750　　B. 735　　C. 690　　D. 600

13. 甲公司为居民企业。2021年度取得境内所得800万元、境外所得200万元；已在境外缴纳企业所得税税款40万元。已知企业所得税税率为25%。计算甲公司2021年度应缴纳企业所得税税额的下列算式中，正确的是（　　）。

A. 800×25%　　B. 800×25%－200×25%

C.（800＋20）×25%　　D.（800＋200）×25%－40

14. 根据个人所得税法律制度的规定，下列各项中，不属于个人所得税纳税人的是（　　）。

A. 合伙企业中的个人合伙人　　B. 一人有限责任公司

C. 个体工商户　　D. 个人独资企业的投资者个人

15. 根据个人所得税法律制度的规定，在中国境内有住所的居民取得的下列所得中，属于综合所得的是（　　）。

A. 经营所得　　B. 劳务报酬所得　　C. 偶然所得　　D. 财产租赁所得

16. 根据个人所得税法律制度的规定，下列各项中，不属于专项附加扣除的是（　　）。

A. 基本医疗保险　　B. 住房租金　　C. 大病医疗　　D. 子女教育

17. 中国公民李某2021年9月提供咨询服务。取得劳务报酬8 200元；支付交通费200元。已知，劳务报酬所得个人所得税预扣率为20%；每次收入4 000元以上的，减除费用按20%计算。计算李某当月该笔劳务报酬应预扣预缴个人所得税税额的下列算式中，正确的是（　　）。

A.（8 200－200）×20%　　B. 8 200×20%

C. 8 200×（1－20%）×20%　　D.（8 200－200）×（1－20%）×20%

18. 2021年9月，张某购买福利彩票一次中奖收入200 000元；购买彩票支出1 000元。已知，偶然所得个人所得税税率为20%。计算张某当月该笔中奖收入应缴纳所得税税额的下列算式中，正确的是（　　）。

A. 200 000×20%　　B.（200 000－1 000）×20%

C.（200 000－1 000）×（1－20%）×20%　　D. 200 000×（1－20%）×20%

19. 根据个人所得税法律制度的规定，下列情形中，应缴纳个人所得税的是（　　）。

A. 王某将房屋无偿赠与其子

B. 张某转让使用达5年以上且唯一家庭生活用房

C. 赵某转让无偿受赠的商铺

D. 杨某将房屋无偿赠与其外孙女

二、多项选择题

1. 根据企业所得税法律制度的规定，下列关于确定所得来源地的表述，正确的有（　　）。

A. 提供劳务所得，按照劳务发生地确定

B. 销售货物所得，按照交易活动发生地确定

C. 不动产转让所得，按照受让不动产的企业所在地确定

D. 股息所得，按照分配股息的企业所在地确定

2. 根据企业所得税法律制度的规定，下列各项中，属于不征税收入的有（　　）。

A. 依法收取并纳入财政管理的政府性基金

B. 各级人民政府对纳入预算管理的事业单位拨付的财政资金

C. 国际金融组织向中国政府提供优惠贷款取得的利息所得

D. 依法收取并纳入财政管理的行政事业性收费

3. 在计算企业所得税应纳税所得额时，准予扣除的有（　　）。

A. 向客户支付的合同违约金　　B. 向税务机关支付的税收滞纳金

C. 向银行支付的逾期借款利息　　D. 向生态环境主管部门缴纳的污染环境罚款

4. 我国企业所得税的税收优惠形式包括（　　）。

A. 免税收入　　B. 加计扣除

C. 抵扣应纳税所得额　　D. 税额抵免

5. 根据企业所得税法律制度的规定，下列行业中，不适用研究开发费用税前加计扣除政策的有（　　）。

A. 住宿和餐饮业　　　　　　　　　　B. 烟草制造业
C. 租赁和商务服务业　　　　　　　　D. 房地产业

6. 根据个人所得税法律制度的规定，下列在中国境内无住所的外籍人员中，属于2021年度居民个人的有（　　）。

A. 约翰2020年11月1日来到中国，2021年4月5日离开中国
B. 杰克2020年7月6日来到中国，2021年1月6日离开中国
C. 亚当2020年1月1日来到中国，2021年12月1日离开中国
D. 波比2021年5月1日来到中国，2021年12月31日离开中国

7. 根据个人所得税法律制度的规定，下列个人所得中，不论支付地点是否在境内，均为来源于中国境内所得的有（　　）。

A. 转让境内房产取得的所得
B. 许可专利权在境内使用取得的所得
C. 因任职在境内提供劳务取得的所得
D. 将财产出租给承租人在境内使用取得的所得

8. 居民企业甲企业2021年12月新招用了下列4名员工，甲企业在为他们办理2021年12月的个人所得税工资、薪金所得的预扣预缴工作时可以累计减除12个月费用的有（　　）。

A. 张某，本次就业为大学毕业后首次就业
B. 王某，失业2年，本次就业为2年来首次就业
C. 李某，年中从甲企业离职，12月再次回到甲企业任职
D. 赵某，11月从乙企业离职，12月即到甲企业入职

9. 根据个人所得税法律制度的规定，下列支出中，在计算个体工商户个人所得税应纳税所得额时，不得扣除的有（　　）。

A. 从业人员合理工资　　　　　　　　B. 未经核准计提的各项准备金
C. 业主本人工资　　　　　　　　　　D. 业主家庭生活费用

10. 根据个人所得税法律制度的规定，下列情形中，应征收个人所得税的有（　　）。

A. 企业投资者个人向企业借款购买房屋，将所有权登记为投资者个人，且借款年度终了未归还借款的
B. 企业员工向企业借款购买房屋，将所有权登记为员工个人，且借款年度终了未归还借款的
C. 企业出资购买房屋．将所有权登记为投资者家庭成员的
D. 企业出资购买房屋，将所有权登记为投资者个人的

11. 下列各项所得中，适用超额累进税率计征个人所得税的有（　　）。

A. 偶然所得　　　B. 综合所得　　　C. 经营所得　　　D. 财产转让所得

12. 根据个人所得税法律制度的规定，下列各项中，免征个人所得税的有（　　）。

A. 银行储蓄存款利息　　　　　　　　B. 保险佣金
C. 按照国务院规定发给的政府特殊津贴　D. 退休工资

三、判断题

1. 居民企业无须就其来源于中国境外的所得缴纳企业所得税。（　　）

2. 根据企业所得税法律制度的规定，企业以买一赠一等方式组合销售本企业商品的，赠送的商品应当作视同销售处理，确认商品收入。（　　）

3. 计算企业所得税应纳税所得额时，企业当年发生的职工福利费超过法律规定扣除标准的部分，不得在以后年度结转扣除。（　　）

4. 企业为在本企业任职或受雇的全体员工支付的补充养老保险费、补充医疗保险费，不得在企业所得税税前扣除。（　　）

5. 企业承包建设国家重点扶持的公共基础设施项目，可以自该承包项目取得第一笔生产经营收入所属

纳税年度起，第1年至第3年免征企业所得税；第4年至第6年减半征收企业所得税。（　　）

6. 在中国境内有住所，或者无住所而一个纳税年度内在境内居住累计满183天的个人，属于我国个人所得税的居民纳税人。（　　）

7. 在大病医疗专项附加扣除中，纳税人发生的医药费用支出可以选择由本人或者其配偶扣除；未成年子女发生的医药费用支出可以选择由其父母一方扣除。（　　）

8. 个人所得税的专项附加扣除，一个纳税年度扣除不完，可以结转以后年度扣除。（　　）

9. 个人出版画作取得的所得，应按“劳务报酬所得”计缴个人所得税。（　　）

10. 个人通过网络收购玩家的虚拟货币，加价后向他人出售取得的收入，不征收个人所得税。（　　）

四、不定项选择题

（一）甲公司为居民企业，2021年度有关财务收支情况如下：

1. 销售商品收入5 000万元；出售一台设备收入20万元；转让一宗土地使用权收入300万元；从其直接投资的未上市居民企业分回股息收益100万元。

2. 税收滞纳金3万元；赞助支出30万元；被没收财物的损失10万元；环保罚款50万元。

3. 其他可在企业所得税前扣除的成本、费用、税金合计3 500万元。

已知：甲公司2012年在境内W市登记注册成立，企业所得税实行按月预缴。

要求：根据上述资料，不考虑其他因素，分析回答下列问题。

1. 甲公司取得的下列收入中，属于企业所得税免税收入的是（　　）。

A. 出售设备收入20万元

B. 销售商品收入5 000万元

C. 转让土地使用权收入300万元

D. 从其直接投资的未上市居民企业分回股息收益100万元

2. 甲公司在计算2021年度企业所得税应纳税所得额时，不得扣除的项目是（　　）。

A. 环保罚款50万元　　B. 赞助支出30万元

C. 税收滞纳金3万元　　D. 被没收财物的损失10万元

3. 甲公司2021年度企业所得税应纳税所得额是（　　）万元。

A. 1 720　　B. 1 587　　C. 1 807　　D. 1 820

4. 下列关于甲公司企业所得税征收管理的表述中，正确的是（　　）。

A. 甲公司应当自2021年度终了之日起5个月内，向税务机关报送年度企业所得税纳税申报表，并汇算清缴

B. 甲公司企业所得税的纳税地点为W市

C. 甲公司应当于每月终了之日起15日内，向税务机关预缴企业所得税

D. 甲公司2021纳税年度自2021年1月1日起至2021年12月31日

（二）中国公民王某2021年的有关收支情况如下：

1. 1月购买体育彩票，取得中奖收入30 000元；购买体育彩票支出700元。

2. 2月获赠父母名下的住房一套。

3. 3月取得储蓄存款利息1 600元；在乙商场购买空调，获赠价值300元的电饭锅一个；在丙公司累积消费达到规定额度，取得按消费积分反馈的价值50元的礼品。

4. 4月将一套商铺出租，取得当月租金7 000元，缴纳相关税费840元。

5. 其他相关情况：2021年总计取得工资收入105 600元；专项扣除20 250元；王某夫妇有个在上小学的孩子，子女教育专项附加扣除由王某夫妇分别按扣除标准的50%扣除。

已知：财产租赁所得个人所得税税率为20%。财产租赁所得每次（月）收入在4 000元以上的，减除20%的费用。综合所得，每一纳税年度减除费用60 000元；子女教育专项附加扣除，按照每个子女每年12 000元的标准定额扣除。具体如下表所示：

个人所得税税率表

（综合所得适用）

级数	全年应纳税所得额	税率（%）	速算扣除数（元）
1	不超过36 000元的部分	3	0
2	超过36 000元至144 000元的部分	10	2 520
3	超过144 000元至300 000元的部分	20	16 920
4	超过300 000元至420 000元的部分	25	31 920
…	…	…	…

要求：根据上述资料，不考虑其他因素，分析回答下列问题：

1. 计算：王某1月体育彩票中奖收入应纳个人所得税税额的下列算式中，正确的是（　　）。

A.（30 000－700）×20%

B. 30 000－（1－20%）×20%

C.（30 000－700）+（1－20%）×20%

D. 30 000×20%

2. 王某的下列所得中，不缴纳个人所得税的是（　　）。

A. 获赠父母名下住房一套

B. 取得储蓄存款利息1 600元

C. 获赠乙商场价值300元的电饭锅

D. 获赠丙公司价值150元的礼品

3. 计算王某4月出租商铺应缴纳个人所得税税额的下列算式中，正确的是（　　）。

A.（7 000－840）×20%

B.（7 000－840）×（1－20%）×20%

C. 7 000×（1－20%）×20%

D. 7 000×20%

4. 计算王某2021年综合所得应纳个人所得税税额的下列算式中，正确的是（　　）。

A.（105 600－60 000－12 000×2）×3%

B.（105 600－60 000－20 250－12 000）×3%

C.（105 600－60 000－20 250－12 000×50%）×3%

D.（105 600－60 000－12 000）×3%

模块六

财产和行为税法律制度

学习目标

1. 掌握房产税征税范围、计税依据、应纳税额的计算；
2. 掌握契税征税范围、应纳税额的计算；
3. 掌握土地增值税征税范围、计税依据、应纳税额的计算；
4. 掌握城镇土地使用税征税范围、应纳税额的计算；
5. 掌握耕地占用税应纳税额的计算；
6. 掌握车船税应纳税额的计算、税收优惠；
7. 掌握资源税应纳税额的计算；
8. 掌握环境保护税应纳税额的计算、税收优惠；
9. 掌握印花税征税范围、计税依据、应纳税额的计算；
10. 熟悉烟叶税法律制度；
11. 熟悉船舶吨税法律制度。

案例导入

甲公司为增值税一般纳税人，拥有一栋原值600万元的厂房。2020年12月在厂房外建造了一处价值20万元的水塔；在厂房中安装了一台与厂房不可分割的价值30万元的升降机。已知房产税从价计征税率为1.2%；当地规定的房产原值扣除比例为30%。请计算甲公司2021年度该厂房应缴纳房产税税额。

任务一　房产税法律制度

房产税是以房产为征税对象，按照房产的计税价值或房产租金收入向产权所有人征收的一种税。

一、房产税纳税人

房产税的纳税人，是指在我国城市、县城、建制镇和工矿区内拥有房屋产权的单位和个人。具体包括产权所有人、承典人、房产代管人或者使用人。

1. 产权属于国家所有的，其经营管理的单位为纳税人；产权属于集体和个人的，集体单位和个人为纳税人。

2. 产权出典的，承典人为纳税人。

3. 产权所有人、承典人均不在房产所在地的，房产代管人或者使用人为纳税人。

4. 产权未确定以及租典纠纷未解决的，房产代管人或者使用人为纳税人。

5. 纳税单位和个人无租使用房产管理部门、免税单位及纳税单位的房产，由使用人代为缴纳房产税。

知识要点：房产税纳税人具体包括产权所有人、承典人、房产代管人或者使用人（见表6－1）。

表6－1　　　　房产税纳税人

产权属于国家所有		经营管理单位
产权属于集体和个人所有		集体单位和个人
产权出典		承典人
产权所有人、承典人均不在房产所在地		房产代管人或者使用人
产权未确定、租典纠纷未解决		房产代管人或者使用人
房屋出租	一般情况	出租人
	纳税人"无租使用"房产	"使用人"代缴

【例题6－1】下列关于房产税纳税人的表述中，不符合法律制度规定的是（　　）。

A. 房屋出租的，承租人为纳税人

B. 房屋产权所有人不在房产所在地的，房产代管人或使用人为纳税人

C. 房屋产权属于国家的，其经营管理单位为纳税人

D. 房屋产权未确定的，房产代管人或使用人为纳税人

【答案】A

【解析】房屋出租的，出租人仍为该房产的产权人，出租人为房产税的纳税人。

二、房产税征税范围

（一）房产税的征税对象

房产税的征税对象是房屋。所谓房屋是指有屋面和围护结构（有墙或两边有柱），能够遮风避雨，可供人们在其中生产、工作、学习、娱乐、居住或储藏物资的场所。独立于房屋之外的建筑物，如围墙、烟囱、水塔、菜窖、室外游泳池等不属于房产税的征税范围。

房地产开发企业建造的商品房，在出售前，不征收房产税。但对出售前房地产开发企业已使用或出租、出借的商品房应按规定征收房产税。

（二）房产税征税范围

房产税的征税范围为城市、县城、建制镇和工矿区的房屋。其中，城市是指国务院批准设立的市，其征税范围为市区、郊区和市辖县城，不包括农村；县城是指未设立建制镇的县人民政府所在地的地区；建制镇是指经省、自治区、直辖市人民政府批准设立的建制镇；工矿区是指工商业比较发达，人口比较集中，符合国务院规定的建制镇的标准，但尚未设立建制镇的大中型工矿企业所在地。在工矿区开征房产税必须经省、自治区、直辖市人民政府批准。

知识要点：房产税的征税范围为城市、县城、建制镇和工矿区的房屋（见表6－2）。

表 6－2 房产税征收范围

1. 城市、县城、建制镇和工矿区的房屋，“不包括农村”		
2. 确实是房屋（不包括独立于房屋之外的建筑物，如围墙、烟囱、水塔、菜窖、室外游泳池等）		
3. 房地产开发企业建造的商品房	出售前未使用或出租、出借	不征收房产税
	出售前已使用或出租、出借	征收房产税

【例题 6－2】根据房产税法律制度的规定，下列各项中，属于房产税征税范围的是（ ）。

A. 市区的商业大楼　　B. 独立于房屋之外的水塔

C. 农村居民住宅　　D. 独立于房屋之外的围墙

【答案】A

【解析】房产税征税范围包括城市、县域、建制镇和工矿区的房屋。

三、房产税税率

1. 房产税的税率形式。我国现行房产税采用比例税率。从价计征和从租计征实行不同标准的比例税率。

2. 从价计征房产税的税率。从价计征的，房产税税率为 1.2%。

3. 从租计征房产税的税率。从租计征的，房产税税率为 12%。

四、房产税计税依据

房产税以房产的计税价值或房产租金收入为计税依据。按房产计税价值征税的，称为从价计征；按房产租金收入征税的，称为从租计征。

（一）从价计征的房产税的计税依据

1. 房产余值。从价计征的房产税，是以房产余值为计税依据。房产余值是房产的原值减除规定比例后的剩余价值。

房产税依照原值一次减除 10% ~30% 后的余值计算缴纳。具体扣减比例由省、自治区、直辖市人民政府确定。

2. 房产原值，是指纳税人按照会计制度规定，在账簿固定资产科目中记载的房屋原价。

自 2009 年 1 月 1 日起，对依照房产原值计税的房产，不论是否记载在会计账簿固定资产科目中，均应按照房屋原价计算缴纳房产税。房屋原价应根据国家有关会计制度规定进行核算；对纳税人未按国家会计制度核算并记载的，应按规定予以调整或重新评估。

3. 房屋附属设备和配套设施的计税规定。房产原值应包括与房屋不可分割的各种附属设备或一般不单独计算价值的配套设施。主要有暖气、卫生、通风、照明、煤气等设备；各种管线，如蒸汽、压缩空气、石油、给水、排水等管道及电力、电信、电缆导线；电梯、升降机、过道、晒台等。

凡以房屋为载体，不可随意移动的附属设备和配套设施，如给排水、采暖、消防、中央空调、电气及智能化楼宇设备等，无论在会计核算中是否单独记账与核算，都应计入房产原值，计征房产税。

纳税人对原有房屋进行改建、扩建的，要相应增加房屋的原值。对更换房屋附属设备和配套设施的，在将其价值计入房产原值时，可扣减原来相应设备和设施的价值；对附属设备和配套设施中易损坏、需要经常更换的零配件，更新后不再计入房产原值。

4. 投资联营的房产的计税规定。

(1) 对以房产投资联营、投资者参与投资利润分红、共担风险的，按房产余值作为计税依据计缴房产税。

(2) 对以房产投资收取固定收入、不承担经营风险的，实际上是以联营名义取得房屋租金，应以出租方取得的租金收入为计税依据计缴房产税。

5. 融资租赁房屋的计税规定。融资租赁房屋由于租赁费包括购进房屋的价款、手续费、借款利息等，与一般房屋出租的“租金”内涵不同，且租赁期满后，当承租方偿还最后一笔租赁费时，房屋产权要转移到承租方。这实际上是一种变相的分期付款购买固定资产的形式，所以在计征房产税时应以房产余值计算征收。由承租人自融资租赁合同约定开始日的次月起依照房产余值缴纳房产税。合同未约定开始日的，由承租人自合同签订的次月起依照房产余值缴纳房产税。

6. 居民住宅区内业主共有的经营性房产的计税规定。从 2007 年 1 月 1 日起，对居民住宅内业主共有的经营性房产，由实际经营（包括自营和出租）的代管人或使用人缴纳房产税。其中，自营房产的依照房产原值减除 10% ~30% 后的余值计征。没有房产原值或不能将业主共有房产与其他房产的原值准确划分开的，由房产所在地税务机关参照同类房产核定房产原值；出租房产的，按照租金收入计征。

（二）从租计征的房产税的计税依据

1. 租金收入。房产出租的，以房屋出租取得的租金收入为计税依据，计缴房产税。计征房产税的租金收入不含增值税。免征增值税的，确定计税依据时，租金收入不扣减增值税。

房产的租金收入，是指房屋产权所有人出租房产使用权所取得的报酬，包括货币收入和实物收入。对以劳务或其他形式为报酬抵付房租收入的，应根据当地同类房产的租金水平，确定一个标准租金额从租计征。

2. 核定应纳税额。纳税人对个人出租房屋的租金收入申报不实或申报数与同一地段同类房屋的租金收入相比明显不合理的，税务部门可以按照《税收征收管理法》的有关规定，采取科学合理的方法核定其应纳税额。

五、房产税应纳税额的计算

（一）从价计征房产税应纳税额的计算

从价计征是按房产的原值减除一定比例后的余值计征。其计算公式为：

从价计征的房产税应纳税额 = 应税房产原值 ×（1 − 扣除比例）×1.2%

公式中，扣除比例幅度为 10% ~30%。具体减除幅度由省、自治区、直辖市人民政府规定。

（二）从租计征的房产税应纳税额的计算

从租计征是按房产的租金收入计征。其计算公式为：

从租计征的房产税应纳税额＝租金收入×12%（或4%）

知识归纳（见表6－3）

表6－3　　房产税应纳税额计算

<table>
<tr><td>从价计征</td><td colspan="2">全年应纳税额＝应税房产原值×（1－扣除比例）×1.2%</td></tr>
<tr><td>从租计征</td><td colspan="2">全年应纳税额＝租金收入×12%</td></tr>
<tr><td rowspan="2">税收优惠</td><td>个人出租住房不区分承租对象</td><td rowspan="2">减按4%税率征收</td></tr>
<tr><td>单位按“市场价格”向“个人”出租用于“居住”</td></tr>
<tr><td colspan="3">【房产原值】(1) 不减除折旧；(2) 以房屋为载体不可随意移动的附属设备和配套设施应计入房产原值；(3) 改建、扩建的，要相应增加房屋的原值；(4) 以房产投资联营遵循实质重于形式原则；(5) 融资租赁的房屋，由“承租人”以“房产余值”计征房产税。
【注意】单位、个人分别前半年自用，后半年出租的情形</td></tr>
</table>

【例题6－3】甲公司拥有一处原值800 000元的房产。已知房产税税率为1.2%；当地规定的房产原值减除比例为30%。甲公司该房产年应缴纳房产税税额的下列计算中，正确的是（　　）。

A. 800 000×1.2%　　B. 800 000÷(1－30%)×1.2%

C. 800 000×(1－30%)×1.2%　　D. 800 000×30%×1.2%

【答案】C

【解析】甲公司拥有自用的房产计算房产税，应当从价计征房产税。应纳税额＝应税房产原值800 000×(1－扣除比例30%)×税率1.2%。

六、房产税税收优惠

1. 国家机关、人民团体、军队自用的房产免征房产税。上述免税单位的出租房产以及非自身业务使用的生产、营业用房产，不属于免税范围。

自2004年8月1日起，对军队空余房产租赁收入暂免征收房产税。

2. 由国家财政部门拨付事业经费（全额或差额）的单位（学校、医疗卫生单位、托儿所、幼儿园、敬老院以及文化、体育、艺术类单位）所有的、本身业务范围内使用的房产免征房产税。

上述单位所属的附属工厂、商店、招待所等不属于单位公务、业务的用房，应照章纳税。

3. 宗教寺庙、公园、名胜古迹自用的房产免征房产税。宗教寺庙自用的房产，是指举行宗教仪式等的房屋和宗教人员使用的生活用房屋；公园、名胜古迹自用的房产，是指供公共参观游览的房屋及其管理单位的办公用房屋。宗教寺庙、公园、名胜古迹中附设的营业单位，如影剧院、饮食部、茶社、照相馆等所使用的房产及出租的房产，不属于免税范围，应照章征税。

4. 个人所有非营业用的房产免征房产税。个人所有的非营业用房，主要是指居民住房。不分面积多少，一律免征房产税。对个人拥有的营业用房或者出租的房产，不属于免税房产，应照章征税。

5. 经财政部批准免税的其他房产。

（1）毁损不堪居住的房屋和危险房屋，经有关部门鉴定，在停止使用后，可免征房产税。

（2）纳税人因房屋大修导致连续停用半年以上的，在房屋大修期间免征房产税，免征税额由纳税人在申报缴纳房产税时自行计算扣除，并在申报表附表或备注栏中作相应说明。纳税人房屋大修停用半年以上需要免征房产税的，应在房屋大修前向主管税务机关报送相关的证明材料，包括大修房屋的名称、坐落地点、产权证编号、房产原值、用途、房屋大修的原因、大修合同及大修的起止时间等信息和资料，以备税务机关查验。

（3）在基建工地为基建工地服务的各种工棚、材料棚、休息棚和办公室、食堂、茶炉房、汽车房等临时性房屋，施工期间一律免征房产税。工程结束后，施工企业将这种临时性房屋交还或估价转让给基建单位的，应从基建单位接收的次月起，照章纳税。

（4）对房管部门经租的居民住房，在房租调整改革之前收取租金偏低的，可暂缓征收房产税；对房管部门经租的其他非营业用房，是否给予照顾，由各省、自治区、直辖市根据当地具体情况按税收管理体制的规定办理。

（5）对高校学生公寓免征房产税。

（6）对非营利性医疗机构、疾病控制机构和妇幼保健机构等卫生机构自用的房产，免征房产税。

（7）对老年服务机构自用的房产免征房产税。老年服务机构是指专门为老年人提供生活照料、文化、护理、健身等多方面服务的福利性、非营利性的机构。主要包括老年社会福利院、敬老院（养老院）、老年服务中心、老年公寓（含老年护理院、康复中心、托老所）等。

（8）对公共租赁住房免征房产税。公共租赁住房经营单位应单独核算公共租赁住房租金收入；未单独核算的，不得享受免征房产税优惠政策。对廉租住房经营管理单位按照政府规定价格、向规定保障对象出租廉租住房的租金收入，免征房产税。对个人出租住房，不区分用途，按4%的税率征收房产税；对企事业单位、社会团体以及其他组织按市场价格向个人出租用于居住的住房，减按4%的税率征收房产税。

（9）对国家机关、军队、人民团体、财政补助事业单位、居民委员会、村民委员会拥有的体育场馆，用于体育活动的房产，免征房产税；对经费自理事业单位、体育社会团体、体育基金会、体育类民办非企业单位拥有并运营管理的体育场馆，符合相关条件的，其用于体育活动的房产，免征房产税；对企业拥有并运营管理的大型体育场馆，其用于体育活动的房产，减半征收房产税。享受上述税收优惠体育场馆的运动场地，用于体育活动的天数不得低于全年自然天数的70%。

（10）自2019年1月1日至2021年12月31日，对农产品批发市场、农贸市场（包括自有和承租）专门用于经营农产品的房产、土地，暂免征收房产税；对同时经营其他产品的，按其他产品与农产品交易场地面积的比例确定征免房产税；对农产品批发市场、农贸市场的行政办公区、生活区，以及商业餐饮娱乐等非直接为农产品交易提供服务的房产、土地，应按规定征收房产税。

（11）自2019年1月1日至2021年12月31日，对国家级、省级科技企业孵化器、大学科技园和国家备案众创空间自用以及无偿或通过出租等方式提供给在孵对象使用的房产、土地，免征房产税。

（12）自2019年1月1日至2023年供暖期结束，对向居民供热收取采暖费的供热企业，为居民供热所使用的厂房免征房产税；对供热企业其他厂房，应当按照规定征收房产税。对专业供热企业，按其向居民供热取得的采暖费收入占全部采暖费收入的比例，计算免征的房产税。

（13）自2021年10月1日起，对企事业单位、社会团体以及其他组织向个人、专业化规模化住房租赁企业出租住房的，减按4%的税率征收房产税。专业化规模化住房租赁企业的标准为：企业在开业报告或者备案城市内持有或者经营租赁住房1 000套（间）及以上或者建筑面积3万平方米及以上。各省、自治区、直辖市住房城乡建设部门会同同级财政、税务部门，可根据租赁市场发展情况，对本地区全部或者部分城市在50%的幅度内下调标准。

【例题6－4】根据房产税法律制度的规定，下列房产中，应缴纳房产税的是（　　）。

A. 名胜古迹自用的房产　　B. 高校学生公寓

C. 个人出租位于县城的住房　　D. 非营利性老年服务机构自用的房产

【答案】C

七、房产税征收管理

（一）纳税义务发生时间

1. 纳税人将原有房产用于生产经营，从生产经营之月起，缴纳房产税。
2. 纳税人自行新建房屋用于生产经营，从建成之次月起，缴纳房产税。
3. 纳税人委托施工企业建设的房屋，从办理验收手续之次月起，缴纳房产税。
4. 纳税人购置新建商品房，自房屋交付使用之次月起，缴纳房产税。
5. 纳税人购置存量房，自办理房屋权属转移、变更登记手续，房地产权属登记机关签发房屋权属证书之次月起，缴纳房产税。
6. 纳税人出租、出借房产，自交付出租、出借本企业房产之次月起，缴纳房产税。
7. 房地产开发企业自用、出租、出借本企业建造的商品房，自房屋使用或交付之次月起，缴纳房产税。
8. 纳税人因房产的实物或权利状态发生变化而依法终止房产税纳税义务的，其应纳税款的计算截止到房产的实物或权利状态发生变化的当月末。

（二）纳税地点

房产税在房产所在地缴纳。房产不在同一地方的纳税人，应按房产的坐落地点分别向房产所在地的税务机关申报纳税。

（三）纳税期限

房产税实行按年计算、分期缴纳的征收方法。具体纳税期限由省、自治区、直辖市人民政府确定。

知识要点：纳税人将原有房产用于生产经营，从生产经营“之月”起，缴纳房产税；其他为“之次月”起。

【例题6－5】甲公司委托施工企业建设一栋办公楼，从该办公楼建成之次月起缴纳房产税。（　　）

【答案】×

【解析】纳税人委托施工企业建设的房屋，从办理验收手续之次月起，缴纳房产税。

任务二　契税法律制度

契税是指国家在土地、房屋权属转移时，按照当事人双方签订的合同（契约）以及所确定价格的一定比例，向权属承受人征收的一种税。

一、契税纳税人

契税的纳税人是指在我国境内承受土地、房屋权属转移的单位和个人。

契税由权属的承受人缴纳。这里所说的“承受”，是指以受让、购买、受赠、交换等方式取得土地、房屋权属的行为。

知识要点：契税由权属的承受人缴纳。

二、契税征税范围

契税以在我国境内转移土地、房屋权属的行为作为征税对象。土地、房屋权属未发生转移的，不征收契税。契税的征税范围主要包括：

（一）土地使用权出让

土地使用权出让，是指土地使用者向国家交付土地使用权出让费用，国家将土地使用权在一定年限内让予土地使用者的行为。出让费用包括土地出让金等。

（二）土地使用权转让

土地使用权转让，是指土地使用者以出售、赠与、交换或者其他方式将土地使用权转移给其他单位和个人的行为。土地使用权的转让不包括土地承包经营权和土地经营权的转移。

（三）房屋买卖

房屋买卖是指房屋所有者将其房屋出售，由承受者交付货币、实物、无形资产或其他经济利益的行为。

（四）房屋赠与

房屋赠与是指房屋所有者将其房屋无偿转让给受赠者的行为。

（五）房屋互换

房屋交换是指房屋所有者之间相互交换房屋的行为。

（六）以其他方式转移土地、房屋权属的征税规定

以作价投资（入股）、偿还债务、划转、奖励等方式转移土地、房屋权属的，应当依照税法规定征收契税。对于这些转移土地、房屋权属的形式，可以分别视同土地使用权转让、房屋买卖或者房屋赠与征收契税。

土地使用权受让人通过完成土地使用权转让方约定的投资额度或投资特定项目，以此获取低价转让或无偿赠与的土地使用权的，属于契税征收范围。其计税价格由征收机关参照纳税义务发生时当地的市场价格核定。

公司增资扩股中，对以土地、房屋权属作价入股或作为出资投入企业的，征收契税；企业破产清算期间，对非债权人承受破产企业土地、房屋权属的，征收契税。

下列情形发生土地、房屋权属转移的，承受方应当依法缴纳契税：

（1）因共有不动产份额变化的；

（2）因共有人增加或者减少的；

（3）因人民法院、仲裁委员会的生效法律文书或者监察机关出具的监察文书等因素，发生土地、房屋权属转移的。

（七）不属于契税的征税范围

土地、房屋典当、分拆（分割）、抵押以及出租等行为，不属于契税的征税范围。

知识要点：契税以在我国境内转移土地、房屋权属的行为作为征税对象。

【例题6-6】根据契税法律制度的规定，下列各项中，属于契税纳税人的是（　　）。

A. 继承父母车辆的子女　　B. 转让土地使用权的企业

C. 出租自有住房的个人　　D. 受赠房屋权属的个体工商户

【答案】D

【解析】选项A既不涉及房也不涉及地；选项C“出租”不转移租赁物权属；选项B是转让方。只有选项D涉及房屋权属转移且为承受方，属于契税纳税人。

三、契税税率

（一）契税幅度税率及其确定

契税采用比例税率，实行3%～5%的幅度税率。具体适用税率由各省、自治区、直辖市人民政府在幅度税率规定范围内，按照本地区的实际情况提出，报同级人民代表大会常务

委员会决定，并报全国人民代表大会常务委员会和国务院备案。

（二）地方差别税率

省、自治区、直辖市可以依照税法规定的程序对不同主体、不同地区、不同类型的住房的权属转移确定差别税率。

四、契税计税依据

按照土地、房屋权属转移的形式、定价方法的不同，契税的计税依据确定如下：

（一）成交价格

土地使用权出让、出售，房屋买卖，以成交价格作为计税依据。成交价格是指土地、房屋权属转移合同确定的价格，包括承受者应交付的货币、实物、无形资产或其他经济利益对应的价款。计征契税的成交价格不含增值税。

土地使用权及所附建筑物、构筑物等（包括在建的房屋、其他建筑物、构筑物和其他附着物）转让的，计税依据为承受方应交付的总价款。

土地使用权出让的，计税依据包括土地出让金、土地补偿费、安置补助费、地上附着物和青苗补偿费、征收补偿费、城市基础设施配套费、实物配建房屋等应交付的货币以及实物、其他经济利益对应的价款。

房屋附属设施（包括停车位、机动车库、非机动车库、顶层阁楼、储藏室及其他房屋附属设施）与房屋为同一不动产单元的，计税依据为承受方应交付的总价款，并适用与房屋相同的税率；房屋附属设施与房屋为不同不动产单元的，计税依据为转移合同确定的成交价格，并按当地确定的适用税率计税。

承受已装修房屋的，应将包括装修费用在内的费用计入承受方应交付的总价款。

（二）核定价格

土地使用权赠与、房屋赠与以及其他没有价格的转移土地、房屋权属行为，为税务机关参照土地使用权出售、房屋买卖的市场价格依法核定的价格。

（三）互换价格差额

土地使用权互换、房屋互换，以所互换的土地使用权、房屋价格的差额为计税依据。土地使用权互换、房屋互换，互换价格相等的，互换双方计税依据为零；互换价格不相等的，以其差额为计税依据，由支付差额的一方缴纳契税。土地使用权与房屋所有权之间相互交换，也应按照上述办法确定计税依据。

（四）土地出让价款与成交价格

以划拨方式取得的土地使用权，经批准改为出让方式重新取得该土地使用权的，应由该土地使用权人以补缴的土地出让价款为计税依据缴纳契税。

先以划拨方式取得土地使用权，后经批准转让房地产，划拨土地性质改为出让的，承受方应分别以补缴的土地出让价款和房地产权属转移合同确定的成交价格为计税依据缴纳契税。

先以划拨方式取得土地使用权，后经批准转让房地产，划拨土地性质未发生改变的，承受方应以房地产权属转移合同确定的成交价格为计税依据缴纳契税。

（五）核定价格与差额

为了防止纳税人隐瞒、虚报成交价格以偷、逃税款，对纳税人申报的成交价格、互换价格差额明显偏低且无正当理由的，由税务机关依照《税收征收管理法》的规定核定。

税务机关依法核定计税价格，应参照市场价格，采用房地产价格评估等方法合理确定。

（六）计税依据不含增值税

契税计税依据不包括增值税，具体情形为：

（1）土地使用权出售、房屋买卖，承受方计征契税的成交价格不含增值税；实际取得增值税发票的，成交价格以发票上注明的不含税价格确定。

（2）土地使用权互换、房屋互换，契税计税依据为不含增值税价格的差额。

（3）税务机关核定的契税计税价格为不含增值税价格。

知识归纳（见表6－4）

表6－4　契税计税依据

买卖	成交价格
赠与	市场价格
划拨土地出售	补交的土地出让金
交换	价格差额 【注意】交换价格不相等，由“多交付货币”的一方缴纳契税；交换价格相等，免征契税

知识要点：契税计税依据不含增值税。

五、契税应纳税额的计算

契税应纳税额依照省、自治区、直辖市人民政府确定的适用税率和税法规定的计税依据计算征收。其计算公式为：

$$应纳税额 = 计税依据 \times 税率$$

以作价投资（入股）、偿还债务等应付经济利益的方式转移土地、房屋权属的，参照土地使用权出让、出售或房屋买卖确定契税适用税率、计税依据等。

以划转、奖励等没有价格的方式转移土地、房屋权属的，参照土地使用权或房屋赠与确定契税适用税率、计税依据等。

【例题6－7】2021年，赵某获得单位奖励房屋一套。赵某得到该房屋后又将其与李某拥有的一套房屋进行交换。经房地产评估机构评估赵某获奖房屋价值30万元；李某房屋价值35万元。两人协商后，赵某实际向李某支付房屋交换价格差额款5万元。税务机关核定奖励赵某的房屋价值28万元。已知当地规定的契税税率为4%。计算赵某应缴纳的契税税额。

【解析】以获奖方式取得房屋权属的应视同房屋赠与征收契税。计税依据为税务机关参照市场价格核定的价格，即28万元。房屋交换且交换价格不相等的，应由多支付货币的一方缴纳契税。计税依据为所交换的房屋价格的差额，即5万元。因此，赵某应就其获奖承受该房屋权属行为和房屋交换行为分别缴纳契税。

赵某获奖承受房屋权属应缴纳的契税税额 = 280 000 × 4% = 11 200（元）

赵某交换房屋行为应缴纳的契税税额 = 50 000 × 4% = 2 000（元）

赵某实际应缴纳的契税税额 = 11 200 + 2 000 = 13 200（元）

六、契税税收优惠

（一）全国法定免税情形

有下列情形之一的，免征契税：

1. 国家机关、事业单位、社会团体、军事单位承受土地、房屋权属用于办公、教学、医疗、科研和军事设施。

享受契税免税优惠的土地、房屋用途具体如下：

（1）用于办公的，限于办公室（楼）以及其他直接用于办公的土地、房屋；

（2）用于教学的，限于教室（教学楼）以及其他直接用于教学的土地、房屋；

（3）用于医疗的，限于门诊部以及其他直接用于医疗的土地、房屋；

（4）用于科研的，限于科学试验的场所以及其他直接用于科研的土地、房屋；

（5）用于军事设施的，限于直接用于《军事设施保护法》规定的军事设施的土地、房屋。

2. 非营利性的学校、医疗机构、社会福利机构承受土地、房屋权属用于办公、教学、医疗、科研、养老、救助。

享受契税免税优惠的非营利性的学校、医疗机构、社会福利机构，限于上述三类单位中依法登记为事业单位、社会团体、基金会、社会服务机构等的非营利法人和非营利组织。

享受契税免税优惠的土地、房屋用途具体如下：

（1）用于养老的，限于直接用于为老年人提供养护、康复、托管等服务的土地、房屋；

（2）用于救助的，限于直接为残疾人、未成年人、生活无着落的流浪乞讨人员提供养护、康复、托管等服务的土地、房屋。

3. 承受荒山、荒地、荒滩土地使用权用于农、林、牧、渔业生产。

4. 婚姻关系存续期间夫妻之间变更土地、房屋权属。

5. 法定继承人通过继承承受土地、房屋权属。

6. 依照法律规定应当予以免税的外国驻华使馆、领事馆和国际组织驻华代表机构承受土地、房屋权属。

根据国民经济和社会发展的需要，国务院对居民住房需求保障、企业改制重组、灾后重建等情形可以规定免征或者减征契税，报全国人民代表大会常务委员会备案。

（二）地方酌定减免税情形

省、自治区、直辖市可以决定对下列情形免征或者减征契税：

1. 因土地、房屋被县级以上人民政府征收、征用，重新承受土地、房屋权属。

2. 因不可抗力灭失住房，重新承受住房权属。

上述规定的免征或者减征契税的具体办法，由省、自治区、直辖市人民政府提出，报同级人民代表大会常务委员会决定，并报全国人民代表大会常务委员会和国务院备案。

经批准减征、免征契税的纳税人，改变有关土地、房屋的用途，或者有其他不再属于税法规定的减征、免征契税情形的，就不再属于减征、免征契税范围，并且应当补缴已经减征、免征的税款。

纳税人符合减征或者免征契税规定的，应当按照规定进行申报。

（三）临时减免税情形

自2021年1月1日至2023年12月31日，企业、事业单位改制重组执行以下契税政策：

1. 企业改制。企业按照《公司法》有关规定整体改制，包括非公司制企业改制为有限责任公司或股份有限公司、有限责任公司变更为股份有限公司、股份有限公司变更为有限责任公司，原企业投资主体存续并在改制（变更）后的公司中所持股权（股份）比例超过75%，且改制（变更）后公司承继原企业权利、义务的，对改制（变更）后公司承受原企业土地、房屋权属，免征契税。

2. 事业单位改制。事业单位按照国家有关规定改制为企业，原投资主体存续并在改制后企业中出资（股权、股份）比例超过50%的，对改制后企业承受原事业单位土地、房屋权属，免征契税。

3. 公司合并。两个或两个以上的公司，依照法律规定、合同约定，合并为一个公司，且原投资主体存续的，对合并后公司承受原合并各方土地、房屋权属，免征契税。

4. 公司分立。公司依照法律规定、合同约定分立为两个或两个以上与原公司投资主体相同的公司，对分立后公司承受原公司土地、房屋权属，免征契税。

5. 企业破产。企业依照有关法律法规规定实施破产，对债权人（包括破产企业职工）承受破产企业抵偿债务的土地、房屋权属，免征契税。对非债权人承受破产企业土地、房屋权属，凡按照《劳动法》等国家有关法律法规政策要妥善安置原企业全部职工规定，与原企业全部职工签订服务年限不少于3年的劳动用工合同的，对其承受所购企业土地、房屋权属，免征契税；与原企业超过30%的职工签订服务年限不少于3年的劳动用工合同的，减半征收契税。

6. 资产划转。对承受县级以上人民政府或国有资产管理部门按规定进行行政性调整、划转国有土地、房屋权属的单位，免征契税。对同一投资主体内部所属企业之间土地、房屋权属的划转，包括母公司与其全资子公司之间，同一公司所属全资子公司之间，同一自然人与其设立的个人独资企业、一人有限公司之间土地、房屋权属的划转，免征契税。母公司以土地、房屋权属向其全资子公司增资，视同划转，免征契税。

7. 债权转股权。经国务院批准实施债权转股权的企业，对债权转股权后新设立的公司承受原企业的土地、房屋权属，免征契税。

8. 划拨用地出让或作价出资。以出让方式或国家作价出资（入股）方式承受原改制重组企业、事业单位划拨用地的，不属于上述规定的免税范围，对承受方应按规定征收契税。

9. 公司股权（股份）转让。在股权《股份）转让中，单位、个人承受公司股权（股份），公司土地、房屋权属不发生转移，不征收契税。

上述所称企业、公司，是指依照我国有关法律法规设立并在中国境内注册的企业、公司；所称投资主体存续，是指原改制重组企业、事业单位的出资人必须存在于改制重组后的企业。出资人的出资比例可以发生变动；所称投资主体相同，是指公司分立前后出资人不发生变动。出资人的出资比例可以发生变动。

七、契税征收管理

（一）纳税义务发生时间

契税的纳税义务发生时间是纳税人签订土地、房屋权属转移合同的当日，或者纳税人取得其他具有土地、房屋权属转移合同性质凭证的当日。具有土地、房屋权属转移合同性质的凭证包括契约、协议、合约、单据、确认书以及其他凭证。

纳税人应当在依法办理土地、房屋权属登记手续前申报缴纳契税。契税申报以不动产单元为基本单位。

因人民法院、仲裁委员会的生效法律文书或者监察机关出具的监察文书等发生土地、房屋权属转移的，纳税义务发生时间为法律文书等生效当日。

因改变土地、房屋用途等情形应当缴纳已经减征、免征契税的，纳税义务发生时间为改变有关土地、房屋用途等情形的当日。

因改变土地性质、容积率等土地使用条件须补缴土地出让价款，应当缴纳契税的，纳税义务发生时间为改变土地使用条件当日。

发生上述情形，按规定不再需要办理土地、房屋权属登记的，纳税人应自纳税义务发生之日起 90 日内申报缴纳契税。

（二）纳税地点

契税实行属地征收管理。纳税人发生契税纳税义务时，应向土地、房屋所在地的税务机关申报纳税。

（三）纳税申报

契税纳税人依法纳税申报时，应填报《财产和行为税税源明细表》（《契税税源明细表》部分），并根据具体情形提交下列资料：

1. 纳税人身份证件。具体是指：单位纳税人为营业执照，或者统一社会信用代码证书或者其他有效登记证书；个人纳税人中，自然人为居民身份证，或者居民户口簿或者入境的身份证件，个体工商户为营业执照。

2. 土地、房屋权属转移合同或其他具有土地、房屋权属转移合同性质的凭证。

3. 交付经济利益方式转移土地、房屋权属的，提交土地、房屋权属转移相关价款支付凭证。其中，土地使用权出让为财政票据；土地使用权出售、互换和房屋买卖、互换为增值税发票。

4. 因人民法院、仲裁委员会的生效法律文书或者监察机关出具的监察文书等因素发生土地、房屋权属转移的，提交生效法律文书或监察文书等。

符合减免税条件的，应按规定附送有关资料或将资料留存备查。

（四）完税凭证与权属登记

纳税人办理纳税事宜后，税务机关应当开具契税完税凭证。纳税人办理土地、房屋权属登记，不动产登记机构应当查验契税完税、减免税凭证或者有关信息。未按照规定缴纳契税的，不动产登记机构不予办理土地、房屋权属登记。

税务机关在契税足额征收或办理免税（不征税）手续后，应通过契税的完税凭证或契税信息联系单（以下简称联系单）等，将完税或免税（不征税）信息传递给不动产登记机构。能够通过信息共享即时传递信息的，税务机关可不再向不动产登记机构提供完税凭证或开具联系单。

（五）部门之间的工作配合

税务机关应当与相关部门建立契税涉税信息共享和工作配合机制。自然资源、住房城乡建设、民政、公安等相关部门应当及时向税务机关提供与转移土地、房屋权属有关的信息，协助税务机关加强契税征收管理。具体转移土地、房屋权属有关的信息包括：自然资源部门的土地出让、转让、征收补偿、不动产权属登记等信息；住房城乡建设部门的房屋交易等信息；民政部门的婚姻登记、社会组织登记等信息；公安部门的户籍人口基本信息。

各地税务机关应与当地房地产管理部门加强协作，采用不动产登记、交易和缴税一窗受理等模式，持续优化契税申报缴纳流程，共同做好契税征收与房地产管理的衔接工作。

（六）契税的退还

在依法办理土地、房屋权属登记前，权属转移合同或权属转移合同性质凭证不生效、无效、被撤销或者被解除的，纳税人可以向税务机关申请退还已缴纳的税款，税务机关应当依法办理。

纳税人缴纳契税后发生下列情形，可依照有关法律法规申请退税：

1. 因人民法院判决或者仲裁委员会裁决导致土地、房屋权属转移行为无效、被撤销或者被解除，且土地、房屋权属变更至原权利人的。

2. 在出让土地使用权交付时，因容积率调整或实际交付面积小于合同约定面积须退还土地出让价款的。

3. 在新建商品房交付时，因实际交付面积小于合同约定面积须返还房价款的。

纳税人依照上述规定向税务机关申请退还已缴纳契税的，应提供纳税人身份证件、完税凭证复印件，并根据不同情形提交相关资料：

（1）在依法办理土地、房屋权属登记前，权属转移合同或合同性质凭证不生效、无效、被撤销或者被解除的，提交合同或合同性质凭证不生效、无效、被撤销或者被解除的证明材料；

（2）因人民法院判决或者仲裁委员会裁决导致土地、房屋权属转移行为无效、被撤销或者被解除，且土地、房屋权属变更至原权利人的，提交人民法院、仲裁委员会的生效法律文书；

（3）在出让土地使用权交付时，因容积率调整或实际交付面积小于合同约定面积须退还土地出让价款的，提交补充合同（协议）和退款凭证；

（4）在新建商品房交付时，因实际交付面积小于合同约定面积须返还房价款的，提交补充合同（协议）和退款凭证。

税务机关收取纳税人退税资料后，应向不动产登记机构核实有关土地、房屋权属登记情况。核实后符合条件的即时受理；不符合条件的一次性告知应补正资料或不予受理原因。

上述要求纳税人提交的资料，各省、自治区、直辖市和计划单列市税务局能够通过信息共享即时查验的，可公告明确不再要求纳税人提交。

（七）税务机关及其工作人员的保密义务

税务机关及其工作人员对税收征管过程中知悉的个人身份信息、婚姻登记信息、不动产权属登记信息、纳税申报信息及其他商业秘密和个人隐私，应当依法予以保密，不得泄露或者非法向他人提供。纳税人的税收违法行为信息不属于保密信息范围，税务机关可依法处理。

任务三　土地增值税法律制度

土地增值税是对转让国有土地使用权、地上建筑物及其附着物并取得收入的单位和个人，就其转让房地产所取得的增值额征收的一种税。

一、土地增值税纳税人

土地增值税的纳税人为转让国有土地使用权、地上建筑物及其附着物（以下简称转让房地产）并取得收入的单位和个人。

单位包括各类企业单位、事业单位、国家机关和社会团体及其他组织。

个人包括个体经营者和其他个人。

此外，还包括外商投资企业、外国企业、外国驻华机构及海外华侨、港澳台同胞和外国公民。

知识要点：土地增值税的纳税人为转让国有土地使用权、地上建筑物及其附着物并取得收入的单位和个人。

二、土地增值税征税范围

（一）征税范围的一般规定

1. 土地增值税只对转让国有土地使用权的行为征税，对出让国有土地的行为不征税。

土地增值税只对企业、单位和个人转让国有土地使用权的行为征税。政府出让土地的行为及取得的收入也不在土地增值税的征税之列。

2. 土地增值税既对转让国有土地使用权的行为征税，也对转让地上建筑物及其他附着物产权的行为征税。

3. 土地增值税只对有偿转让的房地产征税，对以继承、赠与等方式无偿转让的房地产，不予征税。

不征土地增值税的房地产赠与行为包括以下两种情况：（1）房产所有人、土地使用权所有人将房屋产权、土地使用权赠与直系亲属或承担直接赡养义务人的行为；（2）房产所有人、土地使用权所有人通过中国境内非营利的社会团体、国家机关将房屋产权、土地使用权赠与教育、民政和其他社会福利、公益事业的行为。

（二）征税范围的特殊规定

1. 房地产转为自用或出租。房地产开发企业将开发的部分房地产转为企业自用或用于出租等商业用途时，如果产权未发生转移，不征收土地增值税。

2. 房地产的交换。房地产的交换，是指一方以房地产与另一方的房地产进行交换的行为。由于这种行为既发生了房产产权、土地使用权的转移，交换双方又取得了实物形态的收入，属于土地增值税的征税范围。但对个人之间互换自有居住用房地产的，经当地税务机关核实，可以免征土地增值税。

3. 合作建房。对于一方出地，另一方出资金，双方合作建房，建成后按比例分房自用的，暂免征收土地增值税；建成后转让的，应征收土地增值税。

4. 房地产的出租。房地产的出租，是指房产所有者或土地使用者将房产或土地使用权租赁给承租人使用，由承租人向出租人支付租金的行为。房地产出租，出租人虽取得了收入，但没有发生房产产权、土地使用权的转让，因此，不属于土地增值税的征税范围。

5. 房地产的抵押。房地产的抵押，是指房产所有者或土地使用者作为债务人或第三人向债权人提供不动产作为清偿债务的担保而不转移权属的法律行为。这种情况下房产的产权、土地使用权在抵押期间并没有发生权属的变更。因此，对房地产的抵押，在抵押期间不征收土地增值税。待抵押期满后，视该房地产是否转移而确定是否征收土地增值税。对于以房地产抵债而发生房地产权属转让的，应列入土地增值税的征税范围。

6. 房地产的代建行为。房地产的代建行为，是指房地产开发公司代客户进行房地产的开发，开发完成后向客户收取代建收入的行为。对于房地产开发公司而言，虽然取得了收入，但没有发生房地产权属的转移，故不属于土地增值税的征税范围。

7. 房地产的重新评估。国有企业在清产核资时对房地产进行重新评估而产生的评估增值，因其既没有发生房地产权属的转移，房产产权、土地使用权人也未取得收入，所以不属于土地增值税的征税范围。

8. 土地使用者处置土地使用权。土地使用者转让、抵押或置换土地，无论其是否取得了该土地的使用权属证书，也无论其在转让、抵押或置换土地过程中是否与对方当事人办理了土地使用权属证书变更登记手续，只要土地使用者享有占有、使用、收益或处分该土地的权利，且有合同等证据表明其实质转让、抵押或置换了土地并取得了相应的经济利益，土地使用者及其对方当事人就应当依照税法规定缴纳增值税、土地增值税和契税等。

知识归纳（见表6－5）

表6－5　　土地增值税征税范围

一般规定	(1) 转让国有土地使用权征税，转让非国有土地和出让国有土地不征税； (2) 对转让土地使用权征税，也对转让地上建筑物和其他附着物的产权征税； (3) 房地产继承、赠与不征（赠与指直系亲属或承担直接赡养义务人和公益性赠与）	
特殊规定	房地产开发企业将开发部分房地产转为企业自用或用于出租等商业用途时	如果产权未发生转移不征
	合作建房	(1) 建成后自用，暂免；(2) 建成后转让，征税
	房地产交换	征收（个人之间互换自有居住用房免征）
	房地产抵押	(1) 抵押期不征；(2) 抵押期满，不能偿还债务，房地产抵债，征税
	房地产出租	不征
	房地产评估增值	不征
	代建房行为	不征
	土地使用者转让、抵押、置换土地	征税

【例题6－8】根据土地增值税法律制度的规定，下列各项中，属于土地增值税纳税人的是（　　）。

A. 承租商铺的甲公司

B. 出让国有土地使用权的乙市人民政府

C. 接受房屋捐赠的丙学校

D. 转让厂房的丁公司

【答案】D

【解析】选项D属于丁公司转让建筑物所有权需缴纳土地增值税。

三、土地增值税税率

土地增值税实行四级超率累进税率：

1. 增值额未超过扣除项目金额50%的部分，税率为30%。

2. 增值额超过扣除项目金额50%、未超过扣除项目金额100%的部分，税率为40%。

3. 增值额超过扣除项目金额100%、未超过扣除项目金额200%的部分，税率为50%。

4. 增值额超过扣除项目金额200%的部分，税率为60%。

上述所列四级超率累进税率，每级"增值额未超过扣除项目金额"的比例，均包括本比例数。四级超率累进税率及速算扣除系数见表6－6。

表 6-6　　　　　　土地增值税四级超率累进税率表

级数	增值额与扣除项目金额的比率	税率（%）	速算扣除系数（%）
1	不超过 50% 的部分	30	0
2	超过 50% ~100% 的部分	40	5
3	超过 100% ~200% 的部分	50	15
4	超过 200% 的部分	60	35

四、土地增值税计税依据

土地增值税的计税依据是纳税人转让房地产所取得的增值额。转让房地产的增值额，是纳税人转让房地产的收入减除税法规定的扣除项目金额后的余额。土地增值额的大小，取决于转让房地产的收入额和扣除项目金额两个因素。

（一）应税收入的确定

根据《土地增值税暂行条例》及其实施细则的规定，纳税人转让房地产取得的应税收入，应包括转让房地产的全部价款及有关的经济收益。从收入的形式来看，包括货币收入、实物收入和其他收入。纳税人转让房地产取得的收入为不含增值税收入。

1. 货币收入是指纳税人转让房地产而取得的现金、银行存款和国库券、金融债券、企业债券、股票等有价证券。

2. 实物收入是指纳税人转让房地产而取得的各种实物形态的收入，如钢材、水泥等建材，房屋、土地等不动产等。对于这些实物收入一般要按照公允价值确认应税收入。

3. 其他收入是指纳税人转让房地产而取得的无形资产收入或具有财产价值的权利，如专利权、商标权、著作权、专有技术使用权、土地使用权、商誉权等。对于这些无形资产收入一般要进行专门的评估，按照评估价确认应税收入。

4. 外币的折算。纳税人取得的收入为外国货币的，应当以取得收入当天或当月 1 日国家公布的市场汇价折合成人民币，据以计算土地增值税税额。当月以分期收款方式取得的外币收入，也应按实际收款日或收款当月 1 日国家公布的市场汇价折合成人民币。

（二）扣除项目及其金额

依照《土地增值税暂行条例》的规定，准予纳税人从房地产转让收入额减除的扣除项目金额具体包括以下内容：

1. 取得土地使用权所支付的金额包括以下两方面的内容：

（1）纳税人为取得土地使用权所支付的地价款。地价款的确定有三种方式：如果是以协议、招标、拍卖等出让方式取得土地使用权的，地价款为纳税人所支付的土地出让金；如果是以行政划拨方式取得土地使用权的，地价款为按照国家有关规定补交的土地出让金；如果是以转让方式取得土地使用权的，地价款为向原土地使用权人实际支付的地价款。

（2）纳税人在取得土地使用权时按国家统一规定缴纳的有关费用和税金。有关费用和税金是指纳税人在取得土地使用权过程中为办理有关手续，必须按国家统一规定缴纳的有关登记、过户手续费和契税。

2. 房地产开发成本是指纳税人开发房地产项目实际发生的成本，包括土地的征用及拆迁补偿费、前期工程费、建筑安装工程费、基础设施费、公共配套设施费、开发间接费用等。

（1）土地征用及拆迁补偿费包括土地征用费、耕地占用税、劳动力安置费及有关地上、地下附着物拆迁补偿的净支出、安置动迁用房支出等。

（2）前期工程费包括规划、设计、项目可行性研究和水文、地质、勘察、测绘、“三通一平”等支出。

（3）建筑安装工程费是指以出包方式支付给承包单位的建筑安装工程费和以自营方式发生的建筑安装工程费。

（4）基础设施费包括开发小区内道路、供水、供电、供气、排污、排洪、通信、照明、环卫、绿化等工程发生的支出。

（5）公共配套设施费包括不能有偿转让的开发小区内公共配套设施发生的支出。

（6）开发间接费用是指直接组织、管理开发项目发生的费用，包括工资、职工福利费、折旧费、修理费、办公费、水电费、劳动保护费、周转房摊销等。

3. 房地产开发费用是指与房地产开发项目有关的销售费用、管理费用和财务费用。根据现行财务会计制度的规定，这三项费用作为期间费用，按照实际发生额直接计入当期损益。但是在计算土地增值税时，房地产开发费用并不是按照纳税人实际发生额进行扣除，应分别按以下两种情况扣除：

（1）财务费用中的利息支出，凡能够按转让房地产项目计算分摊并提供金融机构证明的，允许据实扣除，但最高不能超过按商业银行同类同期贷款利率计算的金额。其他房地产开发费用，按规定计算的金额（即取得土地使用权所支付的金额和房地产开发成本，下同）之和的5%以内计算扣除。计算扣除的具体比例，由各省、自治区、直辖市人民政府规定。计算公式为：

$$\text{允许扣除的房地产开发费用} = \text{利息} + \left(\text{取得土地使用权所支付的金额} + \text{房地产开发成本}\right) \times \text{省级政府确定的比例}$$

（2）财务费用中的利息支出，凡不能按转让房地产项目计算分摊利息支出或不能提供金融机构证明的，房地产开发费用按规定计算的金额之和的10%以内计算扣除。计算扣除的具体比例，由各省、自治区、直辖市人民政府规定。计算公式为：

$$\text{允许扣除的房地产开发费用} = \left(\text{取得土地使用权所支付的金额} + \text{房地产开发成本}\right) \times \text{省级政府确定的比例}$$

财政部、国家税务总局对扣除项目金额中利息支出的计算问题作了两点专门规定：一是利息的上浮幅度按国家的有关规定执行，超过上浮幅度的部分不允许扣除；二是对于超过贷款期限的利息部分和加罚的利息不允许扣除。

4. 与转让房地产有关的税金，是指在转让房地产时缴纳的城市维护建设税、印花税。因转让房地产缴纳的教育费附加，也可视同税金予以扣除。《土地增值税暂行条例》等规定的土地增值税扣除项目涉及的增值税进项税额，允许在销项税额中计算抵扣的，不计入扣除项目；不允许在销项税额中计算抵扣的，可以计入扣除项目。

5. 财政部确定的其他扣除项目。对从事房地产开发的纳税人可按规定计算的金额之和，加计20%的扣除。此条优惠只适用于从事房地产开发的纳税人，除此之外的其他纳税人不适用。

知识要点：只是对从事房地产开发的纳税人按规定计算的金额之和加计20%扣除；其他纳税人不得加计20%扣除。

【例题6-9】根据土地增值税法律制度的规定，下列各项中，在计算土地增值税时，应计入房地产开发成本的有（　　）。

A. 公共配套设施费　　　　　B. 建筑安装工程费

C. 取得土地使用权所支付的地价款　　　　　D. 土地征用及拆迁补偿费

【答案】ABD

【解析】选项C属于取得土地使用权所支付的金额。

6. 旧房及建筑物的扣除金额。

（1）按评估价格扣除。旧房及建筑物的评估价格是指在转让已使用的房屋及建筑物时，由政府批准设立的房地产评估机构评定的重置成本价乘以成新度折扣率后的价格。评估价格须经当地税务机关确认。

重置成本价的含义是：对旧房及建筑物，按转让时的建材价格及人工费用计算建造同样面积、同样层次、同样结构、同样建设标准的新房及建筑物所需花费的成本费用。成新度折扣率的含义是：按旧房的新旧程度作一定比例的折扣。

因此，转让旧房应按房屋及建筑物的评估价格、取得土地使用权所支付的地价款和按国家统一规定缴纳的有关费用，以及在转让环节缴纳的税金作为扣除项目金额计征土地增值税。对取得土地使用权时未支付地价款或不能提供已支付的地价款凭据的，在计征土地增值税时不允许扣除。

（2）按购房发票金额计算扣除。纳税人转让旧房及建筑物，凡不能取得评估价格，但能提供购房发票的，经当地税务部门确认，《土地增值税暂行条例》规定的扣除项目的金额，可按发票所载金额并从购买年度起至转让年度止每年加计5%计算。对于纳税人购房时缴纳的契税，凡能够提供契税完税凭证的，准予作为“与转让房地产有关的税金”予以扣除，但不作为加计5%的基数。

7. 计税依据的特殊规定。

（1）隐瞒、虚报房地产成交价格的。隐瞒、虚报房地产成交价格，是指纳税人不报或有意低报转让土地使用权、地上建筑物及其附着物价款的行为。对于纳税人隐瞒、虚报房地产成交价格的，应由评估机构参照同类房地产的市场交易价格进行评估，税务机关根据评估价格确定转让房地产的收入。

（2）提供扣除项目金额不实的。提供扣除项目金额不实，是指纳税人在纳税申报时，不据实提供扣除项目金额，而是虚增被转让房地产扣除项目的内容或金额，使税务机关无法从纳税人方面了解计征土地增值税所需的正确的扣除项目金额，以达到虚增成本偷税的目的。对于纳税人申报扣除项目金额不实的，应由评估机构按照房屋重置成本价乘以房屋的成新度折扣率计算的房屋成本价和取得土地使用权时的基准地价进行评估。税务机关根据评估价格确定房产的扣除项目金额，并用该房产所坐落土地取得时的基准地价或标准地价来确定土地的扣除项目金额，房产和土地的扣除项目金额之和即为该房地产的扣除项目金额。

(3) 转让房地产的成交价格低于房地产评估价格，又无正当理由的。转让房地产的成交价格低于房地产评估价格且无正当理由，是指纳税人申报的转让房地产的成交价低于房地产评估机构采用市场比较法评估的正常市场交易价，纳税人又无正当理由进行解释的行为。对于这种情况，应按评估的市场交易价确定其实际成交价，并以此作为转让房地产的收入计算征收土地增值税。

(4) 非直接销售和自用房地产收入的确定。房地产开发企业将开发产品用于职工福利、奖励、对外投资、分配给股东或投资人、抵偿债务、换取其他单位和个人的非货币性资产等，发生所有权转移时应视同销售房地产，其收入按下列方法和顺序确认：一是按本企业在同一地区、同一年度销售的同类房地产的平均价格确定；二是由主管税务机关参照当地当年、同类房地产的市场价格或评估价值确定。

知识归纳（见表 6－7）

表 6－7　土地增值税扣除项目

扣除项目	新建项目	1. 取得土地使用权所支付的金额：地价款和有关税费； 2. 房地产开发成本：土地征用及拆迁补偿费（含耕地占用税）、前期工程费、建筑安装工程费、基础设施费、公共配套设施费、开发间接费用； 3. 房地产开发费用： (1) 能分摊利息支出并提供金融机构证明的：利息＋（1＋2）×5%以内； (2) 不能的：（1＋2）×10%以内，超过上浮幅度、超过贷款期限和加罚的利息不允许扣除； 4. 税金：城市维护建设税、教育费附加、印花税，增值税进项税额允许在销项税额中计算抵扣的，不计入扣除项目，不允许在销项税额中计算抵扣的可以计入扣除项目； 5. 加扣：（1＋2）×20%，只针对从事房地产开发的纳税人
	旧房	1. 房屋及建筑物的评估价格： (1) 有评估价：重置成本价×成新度折扣率； (2) 无评估有发票：发票金额×[1＋(售房发票年－购房发票年)×5%]。 2. 取得土地使用权所支付的地价款和国家统一规定交纳的有关费用。 3. 转让环节的税金

【例题 6－10】纳税人转让旧房，在计算土地增值额时，允许扣除的项目有（　　）。

A. 转让环节缴纳的各项税费

B. 经税务机关确认的房屋及建筑物的评估价格

C. 当期发生的管理费用、财务费用和销售费用

D. 取得土地使用权所支付的价款和按国家规定缴纳的有关税费

【答案】ABD

【解析】根据土地增值税法律制度的规定，纳税人转让旧房，不允许扣除管理费用等三项费用；只有转让新建商品房项目时，才允许按照房地产开发费用扣除。

五、土地增值税应纳税额的计算

（一）应纳税额的计算公式

土地增值税按照纳税人转让房地产所取得的增值额和规定的税率计算征收。土地增值税

的计算公式是：

$$应纳税额 = \sum(每级距的增值额 \times 适用税率)$$

由于分步计算比较烦琐，一般可以采用速算扣除法计算。即计算土地增值税税额，可按增值额乘以适用的税率减去扣除项目金额乘以速算扣除系数的简便方法计算。具体公式如下：

1. 增值额未超过扣除项目金额50%：

$$土地增值税应纳税额 = 增值额 \times 30\%$$

2. 增值额超过扣除项目金额50%，未超过100%：

$$土地增值税应纳税额 = 增值额 \times 40\% - 扣除项目金额 \times 5\%$$

3. 增值额超过扣除项目金额100%，未超过200%：

$$土地增值税应纳税额 = 增值额 \times 50\% - 扣除项目金额 \times 15\%$$

4. 增值额超过扣除项目金额200%：

$$土地增值税应纳税额 = 增值额 \times 60\% - 扣除项目金额 \times 35\%$$

（二）应纳税额的计算步骤

根据上述计算公式，土地增值税应纳税额的计算可分为以下四步：

1. 计算增值额。

$$增值额 = 房地产转让收入 - 扣除项目金额$$

2. 计算增值率。

$$增值率 = 增值额 \div 扣除项目金额 \times 100\%$$

3. 确定适用税率。

按照计算出的增值率，从土地增值税税率表中确定适用税率。

4. 计算应纳税额。

$$土地增值税应纳税额 = 增值额 \times 适用税率 - 扣除项目金额 \times 速算扣除系数$$

【例题6-11】2020年某国有商业企业利用库房空地进行住宅商品房开发，按照国家有关规定补交土地出让金2 840万元，缴纳相关税费160万元；住宅开发成本2 800万元，其中含装修费用500万元；房地产开发费用中的利息支出为300万元（不能提供金融机构证明）；当年住宅全部销售完毕，取得不含增值税销售收入共计9 000万元；缴纳城市维护建设税和教育费附加45万元；缴纳印花税4.5万元。已知：该公司所在省人民政府规定的房地产开发费用的计算扣除比例为10%。计算该企业销售住宅应缴纳的土地增值税税额。

【解析】非房地产开发企业缴纳的印花税允许作为税金扣除；非房地产开发企业不允许按照取得土地使用权所支付金额和房地产开发成本合计数的20%加计扣除。

1. 住宅销售收入为9 000万元。

2. 确定转让房地产的扣除项目金额包括：

（1）取得土地使用权所支付的金额 =2 840 +160 =3 000（万元）。

（2）住宅开发成本为 2 800 万元。

（3）房地产开发费用 =(3 000 +2 800) ×10% =580（万元）。

（4）与转让房地产有关的税金 =45 +4.5 =49.5（万元）。

（5）转让房地产的扣除项目金额 =2 840 +160 +2 800 +(2 840 +160 +2 800) ×10% +49.5 =6 429.5（万元）。

3. 转让房地产的增值额 =9 000 −6 429.5 =2 570.5（万元）。

4. 增值额与扣除项目金额的比率 =2 570.5 ÷6 429.5≈39.98%。

增值额与扣除项目金额的比率未超过 50%，适用税率为 30%。

5. 应纳土地增值税税额 =2 570.5 ×30% =771.15（万元）。

六、土地增值税税收优惠

1. 纳税人建造普通标准住宅出售，增值额未超过扣除项目金额 20% 的，予以免税；超过 20% 的，应按全部增值额缴纳土地增值税。

普通标准住宅是指按所在地一般民用住宅标准建造的居住用住宅。高级公寓、别墅、度假村等不属于普通标准住宅。普通标准住宅与其他住宅的具体划分界限，2005 年 5 月 31 日以前由各省、自治区、直辖市人民政府规定。从 2005 年 6 月 1 日起，普通标准住宅应同时满足：住宅小区建筑容积率在 1.0 以上；单套建筑面积在 120 平方米以下；实际成交价格低于同级别土地上住房平均交易价格 1.2 倍以下。各省、自治区、直辖市根据实际情况，制定本地区享受优惠政策普通住房具体标准。允许单套建筑面积和价格标准适当浮动，但向上浮动的比例不得超过上述标准的 20%。

对于纳税人既建普通标准住宅又进行其他房地产开发的，应分别核算增值额。不分别核算增值额或不能准确核算增值额的，其建造的普通标准住宅不能适用这一免税规定。

2. 因国家建设需要依法征用、收回的房地产，免征土地增值税。因国家建设需要依法征用、收回的房地产，是指因城市实施规划、国家建设的需要而被政府批准征用的房产或收回的土地使用权。

因城市实施规划、国家建设的需要而搬迁，由纳税人自行转让原房地产的，免征土地增值税。

3. 企事业单位、社会团体以及其他组织转让旧房作为公共租赁住房房源且增值额未超过扣除项目金额 20% 的，免征土地增值税。

4. 自 2008 年 11 月 1 日起，对个人转让住房暂免征收土地增值税。

5. 自 2021 年 1 月 1 日至 2023 年 12 月 31 日，执行以下企业改制重组有关土地增值税政策：

（1）企业按照《公司法》有关规定整体改制，包括非公司制企业改制为有限责任公司或股份有限公司、有限责任公司变更为股份有限公司、股份有限公司变更为有限责任公司，对改制前的企业将国有土地使用权、地上的建筑物及其附着物（以下简称房地产）转移、变更到改制后的企业，暂不征土地增值税。整体改制是指不改变原企业的投资主体，并承继原企业权利、义务的行为。

（2）按照法律规定或者合同约定，两个或两个以上企业合并为一个企业，且原企业投资主体存续的，对原企业将房地产转移、变更到合并后的企业，暂不征土地增值税。

（3）按照法律规定或者合同约定，企业分设为两个或两个以上与原企业投资主体相同的企业，对原企业将房地产转移、变更到分立后的企业，暂不征土地增值税。

（4）单位、个人在改制重组时以房地产作价入股进行投资，对其将房地产转移、变更到被投资的企业，暂不征土地增值税。

（5）上述改制重组有关土地增值税政策不适用于房地产转移任意一方为房地产开发企业的情形。

（6）改制重组后再转让房地产并申报缴纳土地增值税时，对"取得土地使用权所支付的金额"，按照改制重组前取得该宗国有土地使用权所支付的地价款和按国家统一规定缴纳的有关费用确定；经批准以国有土地使用权作价出资入股的，为作价入股时县级及以上自然资源部门批准的评估价格。按购房发票确定扣除项目金额的，按照改制重组前购房发票所载金额并从购买年度起至本次转让年度止每年加计5%计算扣除项目金额。购买年度是指购房发票所载日期的当年。

（7）纳税人享受上述税收政策，应按税务机关规定办理。

（8）"不改变原企业投资主体""投资主体相同"是指企业改制重组前后出资人不发生变动，出资人的出资比例可以发生变动；投资主体存续，是指原企业出资人必须存在于改制重组后的企业，出资人的出资比例可以发生变动。

【例题6－12】根据土地增值税法律制度的规定，下列各项中，可以免征土地增值税的有（　　）。

A. 国家机关转让自用房产

B. 工业企业在改制重组时以不动产作价入股投资非房地产企业

C. 房地产公司以不动产作价入股进行投资

D. 某商场因城市实施规划、国家建设的需要而自行转让原房产

【答案】BD

【解析】对于以土地（房地产）作价入股进行投资或联营的，凡所投资、联营的企业从事房地产开发的，或者房地产开发企业以其建造的商品房进行投资和联营的，不免征土地增值税；工业企业以不动产作价入股进行投资和某商场因城市实施规划、国家建设的需要而自行转让原房产属于免征土地增值税的情形；国家机关转让自用房产属于土地增值税的征税范围。

七、土地增值税征收管理

（一）纳税申报

纳税人应在转让房地产合同签订后7日内，到房地产所在地主管税务机关办理纳税申报，并向税务机关提交房屋及建筑物产权、土地使用权证书，土地转让、房产买卖合同、房地产评估报告及其他与转让房地产有关的资料，然后在税务机关规定的期限内缴纳土地增

值税。

纳税人因经常发生房地产转让而难以在每次转让后申报的，经税务机关审核同意后，可以定期进行纳税申报。具体期限由主管税务机关根据情况确定。

纳税人采取预售方式销售房地产的，对在项目全部竣工结算前转让房地产取得的收入，税务机关可以预征土地增值税。具体办法由各省、自治区、直辖市税务局根据当地情况制定。

对于纳税人预售房地产所取得的收入，凡当地税务机关规定预征土地增值税的，纳税人应当到主管税务机关办理纳税申报，并按规定比例预缴，待办理完纳税清算后，多退少补。

（二）纳税清算

1. 土地增值税的清算单位。土地增值税以国家有关部门审批的房地产开发项目为单位进行清算。对于分期开发的项目，以分期项目为单位清算。

开发项目中同时包含普通住宅和非普通住宅的，应分别计算增值额。

2. 土地增值税的清算条件。

（1）符合下列情形之一的，纳税人应进行土地增值税的清算：

①房地产开发项目全部竣工、完成销售的。

②整体转让未竣工决算房地产开发项目的。

③直接转让土地使用权的。

（2）符合下列情形之一的，主管税务机关可要求纳税人进行土地增值税清算：

①已竣工验收的房地产开发项目，已转让的房地产建筑面积占整个项目可售建筑面积的比例在85%以上，或该比例虽未超过85%，但剩余的可售建筑面积已经出租或自用的。

②取得销售（预售）许可证满3年仍未销售完毕的。

③纳税人申请注销税务登记但未办理土地增值税清算手续的。

④省级税务机关规定的其他情况。

3. 土地增值税清算应报送的资料。纳税人办理土地增值税清算应报送以下资料：

（1）房地产开发企业清算土地增值税书面申请、土地增值税纳税申报表。

（2）项目竣工决算报表、取得土地使用权所支付的地价款凭证、国有土地使用权出让合同、银行贷款利息结算通知单、项目工程合同结算单、商品房购销合同统计表等与转让房地产的收入、成本和费用有关的证明资料。

（3）主管税务机关要求报送的其他与土地增值税清算有关的证明资料等。

纳税人委托税务中介机构审核鉴证的清算项目，还应报送中介机构出具的《土地增值税清算税款鉴证报告》。

4. 清算后再转让房地产的处理。在土地增值税清算时未转让的房地产，清算后销售或有偿转让的，纳税人应按规定进行土地增值税的纳税申报，扣除项目金额按清算时的单位建筑面积成本费用乘以销售或转让面积计算。

单位建筑面积成本费用＝清算时的扣除项目总金额÷清算的总建筑面积

5. 土地增值税的核定征收。房地产开发企业有下列情形之一的，税务机关可以实行核定征收土地增值税：

（1）依照法律、行政法规的规定应当设置但未设置账簿的。

（2）擅自销毁账簿或者拒不提供纳税资料的。

（3）虽设置账簿，但账目混乱或者成本资料、收入凭证、费用凭证残缺不全，难以确定转让收入或扣除项目金额的。

（4）符合土地增值税清算条件，未按照规定的期限办理清算手续，经税务机关责令限期清算，逾期仍不清算的。

（5）申报的计税依据明显偏低，又无正当理由的。

【例题6－13】根据土地增值税法律制度的规定，下列各项中，不属于纳税人应当进行土地增值税清算的是（　　）。

A. 直接转让土地使用权的

B. 房地产开发项目全部竣工、完成销售的

C. 整体转让未竣工决算房地产开发项目的

D. 取得销售（预售）许可证满3年仍未销售完毕的

【答案】D

（三）纳税地点

土地增值税纳税人发生应税行为应向房地产所在地主管税务机关缴纳税款。

这里所称的房地产所在地，是指房地产的坐落地。纳税人转让的房地产坐落在两个或两个以上地区的，应按房地产所在地分别申报纳税。

任务四　城镇土地使用税法律制度

城镇土地使用税是国家在城市、县城、建制镇和工矿区范围内，对使用土地的单位和个人，以其实际占用的土地面积为计税依据，按照规定的税额计算征收的一种税。

一、城镇土地使用税纳税人

（一）城镇土地使用税纳税人的一般规定

城镇土地使用税的纳税人，是指在税法规定的征税范围内使用土地的单位和个人。

（二）城镇土地使用税纳税人的具体规定

城镇土地使用税的纳税人，根据用地者的不同情况分别确定为：

1. 城镇土地使用税由拥有土地使用权的单位或个人缴纳。
2. 拥有土地使用权的纳税人不在土地所在地的，由代管人或实际使用人缴纳。
3. 土地使用权未确定或权属纠纷未解决的，由实际使用人纳税。
4. 土地使用权共有的，共有各方均为纳税人，由共有各方分别纳税。

土地使用权共有的，以共有各方实际使用土地的面积占总面积的比例，分别计算缴纳城镇土地使用税。

二、城镇土地使用税征税范围

城镇土地使用税的征税范围是税法规定的纳税区域内的土地。凡在城市、县城、建制镇、工矿区范围内的土地，不论是属于国家所有的土地，还是集体所有的土地，都属于城镇土地使用税的征税范围。

建立在城市、县城、建制镇和工矿区以外的工矿企业则不需缴纳城镇土地使用税。

公园、名胜古迹内的索道公司经营用地，应按规定缴纳城镇土地使用税。

知识要点：城镇土地使用税的征税范围是在城市、县城、建制镇、工矿区范围内的土地。

【**例题 6－14**】根据城镇土地使用税法律制度的规定，下列各项中，属于城镇土地使用税征税范围的有（　　）。

A. 集体所有的位于农村的土地

B. 集体所有的位于建制镇的土地

C. 国家所有的位于工矿区的土地

D. 集体所有的位于城市的土地

【答案】BCD

三、城镇土地使用税税率

（一）定额税率

城镇土地使用税采用定额税率，按大、中、小城市和县城、建制镇、工矿区分别规定每平方米城镇土地使用税年应纳税额。

（二）每平方米年税额标准

城镇土地使用税每平方米年税额标准具体规定如下：大城市 1.5～30 元；中等城市 1.2～24 元；小城市 0.9～18 元；县城、建制镇、工矿区 0.6～12 元。

城镇土地使用税规定幅度税额，且每个幅度税额的差距为 20 倍。这主要考虑到我国各地存在着悬殊的土地级差收益，同一地区内不同地段的市政建设情况和经济发展程度也有较大的差别。

（三）各地具体适用税额的确定

省、自治区、直辖市人民政府，在上述规定的税额幅度内，根据市政建设情况、经济繁荣程度等条件，确定所辖地区的适用税额幅度。在经济落后地区，城镇土地使用税的适用税额标准可适当降低，但降低幅度不得超过上述规定最低税额的 30%；在经济发达地区，城镇土地使用税的适用税额可以适当提高，但须报经财政部批准。这样，各地在确定不同地段的等级和适用税额时，就有选择余地，尽可能做到平衡税负。

四、城镇土地使用税计税依据

城镇土地使用税的计税依据是纳税人实际占用的土地面积。土地面积以平方米为计量标准。

（一）测定的土地面积

凡由省级人民政府确定的单位组织测定土地面积的，以测定的土地面积为准。

（二）证书确定的土地面积

尚未组织测定，但纳税人持有政府部门核发的土地使用证书的，以证书确定的土地面积为准。

（三）申报的土地面积

尚未核发土地使用证书的，应由纳税人据实申报土地面积，并据以纳税，待核发土地使用证书后再作调整。

知识要点：城镇土地使用税计税依据顺序：测定面积—证书面积—申报面积。

五、城镇土地使用税应纳税额的计算

城镇土地使用税是以纳税人实际占用的土地面积为计税依据，按照规定的适用税额计算征收。其应纳税额计算公式为：

年应纳税额＝实际占用应税土地面积（平方米）×适用税额

【例题 6－15】甲公司 2021 年在某城区实际占地面积 20 000 平方米，其中生产区占地 10 000 平方米；生活区占地 3 000 平方米；对外出租 7 000 平方米。已知，城镇土地使用税适用税率每平方米年税额 2 元。计算甲公司当年应缴纳城镇土地使用税税额的下列算式中，正确的是（　　）。

A. 20 000×2

B. （10 000＋3 000）×2

C. 10 000×2

D. （10 000＋7 000）×2

【答案】A

【解析】不论自用于生产、生活，还是对外出租，都属于甲公司实际占用的土地，均属于城镇土地使用税的征税范围。

六、城镇土地使用税税收优惠

（一）免征城镇土地使用税的土地

下列用地免征城镇土地使用税：

1. 国家机关、人民团体、军队自用的土地。
2. 由国家财政部门拨付事业经费的单位自用的土地。
3. 宗教寺庙、公园、名胜古迹自用的土地。
4. 市政街道、广场、绿化地带等公共用地。
5. 直接用于农、林、牧、渔业的生产用地。
6. 经批准开山填海整治的土地和改造的废弃土地，从使用的月份起免缴土地使用税 5～10 年。
7. 由财政部另行规定免税的能源、交通、水利设施用地和其他用地。

（二）城镇土地使用税税收优惠的特殊规定

1. 城镇土地使用税与耕地占用税的征税范围衔接。为避免对一块土地同时征收耕地占用税和城镇土地使用税，凡是缴纳了耕地占用税的，从批准征用之日起满1年后征收城镇土地使用税；征用非耕地因不需要缴纳耕地占用税，应从批准征用之次月起征收城镇土地使用税。

2. 免税单位与纳税单位之间无偿使用的土地。对免税单位无偿使用纳税单位的土地（如公安、海关等单位使用铁路、民航等单位的土地），免征城镇土地使用税；对纳税单位无偿使用免税单位的土地，纳税单位应照章缴纳城镇土地使用税。

3. 房地产开发公司开发建造商品房的用地。房地产开发公司开发建造商品房的用地，除经批准开发建设经济适用房的用地外，对各类房地产开发用地一律不得减免城镇土地使用税。

4. 防火、防爆、防毒等安全防范用地。对于各类危险品仓库、厂房所需的防火、防爆、防毒等安全防范用地，可由各省、自治区、直辖市税务局确定，暂免征收城镇土地使用税；对仓库库区、厂房本身用地，应依法征收城镇土地使用税。

5. 企业的铁路专用线、公路等用地。对企业的铁路专用线、公路等用地除另有规定者外，在企业厂区（包括生产、办公及生活区）以内的，应照章征收城镇土地使用税；在厂区以外、与社会公用地段未加隔离的，暂免征收城镇土地使用税。

6. 石油天然气（含页岩气、煤层气）生产企业用地。

（1）下列石油天然气生产建设用地暂免征收城镇土地使用税：

①地质勘探、钻井、井下作业、油气田地面工程等施工临时用地；

②企业厂区以外的铁路专用线、公路及输油（气、水）管道用地；

③油气长输管线用地。

（2）对在城市、县城、建制镇以外工矿区内的消防、防洪排涝、防风、防沙设施用地，暂免征收城镇土地使用税。

（3）除上述列举免税的土地外，其他油气生产及办公、生活区用地，依照规定征收城镇土地使用税。享受上述税收优惠的用地，用于非税收优惠用途的，不得享受税收优惠。

7. 林业系统用地。

（1）对林区的育林地、运材道、防火道、防火设施用地，免征城镇土地使用税。

（2）对林业系统的森林公园、自然保护区可比照公园免征城镇土地使用税。

（3）除上述列举免税的土地外，对林业系统的其他生产用地及办公、生活区用地，均应征收城镇土地使用税。

8. 盐场、盐矿用地。

（1）对盐场、盐矿的生产厂房、办公、生活区用地，应照章征收城镇土地使用税。

（2）对盐场的盐滩、盐矿的矿井用地，暂免征收城镇土地使用税。

（3）对盐场、盐矿的其他用地，由各省、自治区、直辖市税务局根据实际情况，确定征收城镇土地使用税或给予定期减征、免征的照顾。

9. 矿山企业用地。对矿山的采矿场、排土场、尾矿库、炸药库的安全区，以及运矿运岩公路、尾矿输送管道及回水系统用地，免征城镇土地使用税。

10. 电力行业用地。

（1）对火电厂厂区围墙内的用地均应征收城镇土地使用税。对厂区围墙外的灰场、输灰管、输油（气）管道、铁路专用线用地，免征城镇土地使用税；厂区围墙外的其他用地，应照章征税。

（2）对水电站的发电厂房用地（包括坝内、坝外式厂房），生产、办公、生活用地，应征收城镇土地使用税；对其他用地给予免税照顾。

（3）对供电部门的输电线路用地、变电站用地，免征城镇土地使用税。

11. 水利设施用地。

（1）对水利设施及其管护用地（如水库库区、大坝、堤防、灌渠、泵站等用地），免征城镇土地使用税；其他用地，如生产、办公、生活用地，应照章征税。

（2）对兼有发电的水利设施用地城镇土地使用税的征免，具体办法比照电力行业征免城镇土地使用税的有关规定办理。

12. 交通部门港口用地。对港口的码头（即泊位，包括岸边码头、伸入水中的浮码头、堤岸、堤坝、校桥等）用地，免征城镇土地使用税。

13. 民航机场用地。

（1）对机场飞行区（包括跑道、滑行道、停机坪、安全带、夜航灯光区）用地、场内外通信导航设施用地和飞行区四周排水防洪设施用地，免征城镇土地使用税。

（2）在机场道路中，对场外道路用地免征城镇土地使用税；对场内道路用地依照规定征收城镇土地使用税。

（3）对机场工作区（包括办公、生产和维修用地及候机楼、停车场）用地、生活区用地、绿化用地，均须依照规定征收城镇土地使用税。

14. 老年服务机构自用的土地。老年服务机构是指专门为老年人提供生活照料、文化、护理、健身等多方面服务的福利性、非营利性的机构，主要包括老年社会福利院、敬老院（养老院）、老年服务中心、老年公寓（含老年护理院、康复中心、托老所）等。对老年服务机构自用土地免征城镇土地使用税。

15. 对国家机关、军队、人民团体、财政补助事业单位、居民委员会、村民委员会拥有的体育场馆，用于体育活动的土地，免征城镇土地使用税。

对经费自理事业单位、体育社会团体、体育基金会、体育类民办非企业单位拥有并运营管理的体育场馆，符合相关条件的，其用于体育活动的土地，免征城镇土地使用税。

对企业拥有并运营管理的大型体育场馆，其用于体育活动的土地，减半征收城镇土地使用税。

享受上述税收优惠体育场馆的运动场地用于体育活动的天数不得低于全年自然天数的70%。

16. 自2019年1月1日至2021年12月31日，对农产品批发市场、农贸市场（包括自有和承租）专门用于经营农产品的土地，暂免征收城镇土地使用税。对同时经营其他产品的，按其他产品与农产品交易场地面积的比例确定征免城镇土地使用税。

对农产品批发市场、农贸市场的行政办公区、生活区，以及商业餐饮娱乐等非直接为农产品交易提供服务的土地，应按规定征收城镇土地使用税。

17. 自2019年1月1日至2021年12月31日，对国家级、省级科技企业孵化器、大学科技园和国家备案众创空间自用以及无偿或通过出租等方式提供给在孵对象使用的房产、土地，免征城镇土地使用税。

18. 自2019年1月1日至2023年供暖期结束，对向居民供热收取采暖费的供热企业，为居民供热所使用的土地免征城镇土地使用税；对供热企业其他土地，应当按照规定征收城镇土地使用税。

对专业供热企业，按其向居民供热取得的采暖费收入占全部采暖费收入的比例，计算免征的城镇土地使用税。

对兼营供热企业，视其供热所使用的土地与其他生产经营活动所使用的土地是否可以区分，按照不同方法计算免征的城镇土地使用税。可以区分的，对其供热所使用土地，按向居民供热取得的采暖费收入占全部采暖费收入的比例，计算免征的城镇土地使用税；难以区分的，对其全部土地，按向居民供热取得的采暖费收入占其营业收入的比例，计算免征的城镇土地使用税。

对自供热单位，按向居民供热建筑面积占总供热建筑面积的比例，计算免征供热所使用土地的城镇土地使用税。

19. 自2020年1月1日至2022年12月31日，对物流企业自有（包括自用和出租）或承租的大宗商品仓储设施用地，减按所属土地等级适用税额标准的50%计征城镇土地使用税。

物流企业的办公、生活区用地及其他非直接用于大宗商品仓储的土地，不属于减税范围，应按规定征收城镇土地使用税。

【例题6-16】根据城镇土地使用税法律制度的规定，下列各项中，不属于免税项目的是（　　）。

A. 水库管理部门的办公用地　　B. 大坝用地

C. 堤防用地　　D. 水库库区用地

【答案】A

七、城镇土地使用税征收管理

（一）纳税义务发生时间

1. 纳税人购置新建商品房，自房屋交付使用之次月起，缴纳城镇土地使用税。

2. 纳税人购置存量房，自办理房屋权属转移、变更登记手续，房地产权属登记机关签发房屋权属证书之次月起，缴纳城镇土地使用税。

3. 纳税人出租、出借房产，自交付出租、出借房产之次月起，缴纳城镇土地使用税。

4. 以出让或转让方式有偿取得土地使用权的，应由受让方从合同约定交付土地时间之次月起缴纳城镇土地使用税；合同未约定交付土地时间的，由受让方从合同签订之次月起缴纳城镇土地使用税。

5. 纳税人新征用的耕地，自批准征用之日起满1年时开始缴纳城镇土地使用税。

6. 纳税人新征用的非耕地，自批准征用次月起缴纳城镇土地使用税。

知识要点：纳税期限除新征用的耕地外，从发生的“次月”起缴纳城镇土地使用税。

（二）纳税地点

城镇土地使用税在土地所在地缴纳。

纳税人使用的土地不属于同一省、自治区、直辖市管辖的，由纳税人分别向土地所在地税务机关缴纳城镇土地使用税；在同一省、自治区、直辖市管辖范围内，纳税人跨地区使用的土地，其纳税地点由各省、自治区、直辖市税务局确定。

（三）纳税期限

城镇土地使用税按年计算、分期缴纳，具体纳税期限由省、自治区、直辖市人民政府确定。

任务五 耕地占用税法律制度

耕地占用税是为了合理利用土地资源，加强土地管理，保护耕地，对占用耕地建设建筑物、构筑物或者从事非农业建设的单位和个人征收的一种税。

一、耕地占用税纳税人

耕地占用税的纳税人为在我国境内占用耕地建设建筑物、构筑物或者从事非农业建设的单位和个人。

经申请批准占用耕地的，纳税人为农用地转用审批文件中标明的建设用地人；农用地转用审批文件中未标明建设用地人的，纳税人为用地申请人。其中用地申请人为各级人民政府的，由同级土地储备中心、自然资源主管部门或政府委托的其他部门、单位履行耕地占用税申报纳税义务。未经批准占用耕地的，纳税人为实际用地人。

二、耕地占用税征税范围

（一）征税范围的一般规定

耕地占用税的征税范围包括纳税人为建设建筑物、构筑物或从事其他非农业建设而占用的国家所有和集体所有的耕地。

耕地是指用于种植农作物的土地。占用园地、林地、草地、农田水利用地、养殖水面、渔业水域滩涂以及其他农用地建设建筑物、构筑物或者从事非农业建设的，按规定缴纳耕地占用税。

园地包括果园、茶园、橡胶园以及种植桑树、可可、咖啡、油棕、胡椒、药材等其他多年生作物的园地。

林地包括乔木林地、竹林地、红树林地、森林沼泽、灌木林地、灌丛沼泽以及疏林地、未成林地、迹地、苗圃等林地；不包括城镇村庄范围内的绿化林木用地，铁路、公路征地范围内的林木用地，以及河流、沟渠的护堤林用地。

草地包括天然牧草地、沼泽草地、人工牧草地，以及用于农业生产并已由相关行政主管部门发放使用权证的草地。

农田水利用地包括农田排灌沟渠及相应附属设施用地。

养殖水面包括人工开挖或者天然形成的用于水产养殖的河流水面、湖泊水面、水库水面、坑塘水面及相应附属设施用地。

渔业水域滩涂包括专门用于种植或者养殖水生动植物的海水潮浸地带和滩地，以及用于种植芦苇并定期进行人工养护管理的苇田。

（二）征税范围的特殊规定

建设直接为农业生产服务的生产设施占用上述农用地的，不缴纳耕地占用税。直接为农业生产服务的生产设施，是指直接为农业生产服务而建设的建筑物和构筑物。

知识要点：占用耕地用于建设“直接为农业生产服务”的生产设施，不征收耕地占用税。

【例题6－17】根据耕地占用税法律制度的规定，下列情形中，应征收耕地占用税的是（　　）。

A. 占用草地建设畜禽养殖设施　　B. 占用林地建设木材集材道

C. 占用园地建设农业示范基地　　D. 占用草地建造公路

【答案】D

三、耕地占用税税率

（一）耕地占用税的税率形式及标准

耕地占用税实行定额税率。根据不同地区的人均耕地面积和经济发展情况实行有地区差别的幅度税额标准。税率具体标准如下：

1. 人均耕地不超过1亩的地区（以县、自治县、不设区的市、市辖区为单位，下同），每平方米为10～50元；

2. 人均耕地超过1亩但不超过2亩的地区，每平方米为8～40元；

3. 人均耕地超过2亩但不超过3亩的地区，每平方米为6～30元；

4. 人均耕地超过3亩的地区，每平方米为5～25元。

（二）耕地占用税具体适用税率的确定

各地区耕地占用税的适用税额，由省、自治区、直辖市人民政府根据人均耕地面积和经济发展等情况，在规定的税额幅度内提出，报同级人民代表大会常务委员会决定，并报全国人民代表大会常务委员会和国务院备案。各省、自治区、直辖市耕地占用税适用税额的平均水平，不得低于“各省份耕地占用税平均税额”（见表6－8）规定的平均税额。

表6－8　各省份耕地占用税平均税额

省份	平均税额（元/平方米）
上海	45
北京	40
天津	35
江苏、浙江、福建、广东	30
辽宁、湖北、湖南	25

续表

省份	平均税额（元/平方米）
河北、安徽、江西、山东、河南、重庆、四川	22. 5
广西、海南、贵州、云南、陕西	20
山西、吉林、黑龙江	17. 5
内蒙古、西藏、甘肃、青海、宁夏、新疆	12. 5

在人均耕地低于0. 5亩的地区，省、自治区、直辖市可以根据当地经济发展情况，适当提高耕地占用税的适用税额，但提高的部分不得超过确定的适用税额的50%。

占用基本农田的，应当按照当地适用税额，加按150%征收。

占用园地、林地、草地、农田水利用地、养殖水面、渔业水域滩涂以及其他农用地建设建筑物、构筑物或者从事非农业建设的，适用税额可以适当低于本地区确定的适用税额，但降低的部分不得超过50%。具体适用税额由省、自治区、直辖市人民政府提出，报同级人民代表大会常务委员会决定，并报全国人民代表大会常务委员会和国务院备案。

四、耕地占用税计税依据

耕地占用税以纳税人实际占用的耕地面积为计税依据，按照规定的适用税额标准计算应纳税额，一次性缴纳。实际占用的耕地面积，包括经批准占用的耕地面积和未经批准占用的耕地面积。

纳税人实际占用耕地面积的核定以农用地转用审批文件为主要依据，必要的时候应当实地勘测。

五、耕地占用税应纳税额的计算

应纳税额 = 实际占用耕地面积（平方米）× 适用税率

六、耕地占用税税收优惠

1. 军事设施、学校、幼儿园、社会福利机构、医疗机构占用耕地，免征耕地占用税。

2. 农村居民在规定用地标准以内占用耕地新建自用住宅，按照当地适用税额减半征收耕地占用税。其中，农村居民经批准搬迁，新建自用住宅占用耕地不超过原宅基地面积的部分，免征耕地占用税。

3. 农村烈士遗属、因公牺牲军人遗属、残疾军人以及符合农村最低生活保障条件的农村居民，在规定用地标准以内新建自用住宅，免征耕地占用税。

4. 铁路线路、公路线路、飞机场跑道、停机坪、港口、航道、水利工程占用耕地，减按每平方米2元的税额征收耕地占用税。

5. 根据国民经济和社会发展的需要，国务院可以规定免征或者减征耕地占用税的其他情形，报全国人民代表大会常务委员会备案。

按规定免征或者减征耕地占用税后，纳税人改变原占地用途，不再属于免征或者减征耕地占用税情形的，应当按照当地适用税额补缴耕地占用税。

知识要点：农村居民在规定用地标准以内占用耕地新建自用住宅，按照当地适用税额减半征收耕地占用税。

【例题6－18】2021年6月甲公司开发住宅社区，经批准共占用耕地100 000平方米。其中500平方米兴建幼儿园；8 000平方米修建学校。已知耕地占用税适用税率为30元/平方米。甲公司应缴纳耕地占用税税额的下列算式中，正确的是（　　）。

A. 100 000×30

B. （100 000－500－8 000）×30

C. （100 000－8 000）×30

D. （100 000－500）×30

【答案】B

【解析】军事设施、学校、幼儿园、社会福利机构、医疗机构占用耕地，可以依法免征耕地占用税。

七、耕地占用税征收管理

（一）纳税义务发生时间

耕地占用税的纳税义务发生时间为纳税人收到自然资源主管部门办理占用耕地手续的书面通知的当日。纳税人应当自纳税义务发生之日起30日内申报缴纳耕地占用税。

自然资源主管部门凭耕地占用税完税凭证或者免税凭证和其他有关文件发放建设用地批准书。

未经批准占用耕地的，耕地占用税纳税义务发生时间为自然资源主管部门认定的纳税人实际占用耕地的当日。

因挖损、采矿塌陷、压占、污染等损毁耕地的纳税义务发生时间为自然资源、农业农村等相关部门认定损毁耕地的当日。

纳税人占地类型、占地面积和占地时间等纳税申报数据材料以自然资源等相关部门提供的相关材料为准；未提供相关材料或者材料信息不完整的，经主管税务机关提出申请，由自然资源等相关部门自收到申请之日起30日内出具认定意见。

（二）纳税申报

纳税人占用耕地或其他农用地，应当在耕地或其他农用地所在地申报纳税。

纳税人因建设项目施工或者地质勘查临时占用耕地，应当按照规定缴纳耕地占用税。纳税人在批准临时占用耕地期满之日起1年内依法复垦，恢复种植条件的，全额退还已经缴纳的耕地占用税。临时占用耕地是指经自然资源主管部门批准，在一般不超过2年内临时使用耕地并且没有修建永久性建筑物的行为。

因挖损、采矿塌陷、压占、污染等损毁耕地属于税法所称的非农业建设，应依照税法规定缴纳耕地占用税；自然资源、农业农村等相关部门认定损毁耕地之日起3年内依法复垦或修复，恢复种植条件的，按规定办理退税。

纳税人改变占地用途，不再属于免征或减征情形的，应自改变用途之日起30日内申报补缴税款。补缴税款按改变用途的实际占用耕地面积和改变用途时当地适用税额计算。

纳税人占地类型和面积以自然资源等相关部门提供的相关材料为准；未提供相关材料或者材料信息不完整的，经主管税务机关提请，由自然资源等相关部门出具认定意见。

（三）征收机关与部门配合

耕地占用税由税务机关负责征收。税务机关应当与相关部门建立耕地占用税涉税信息共享机制和工作配合机制。县级以上地方人民政府自然资源、农业农村、水利等相关部门应当定期向税务机关提供农用地转用、临时占地等信息，协助税务机关加强耕地占用税征收管理。

税务机关发现纳税人的纳税申报数据资料异常或者纳税人未按照规定期限申报纳税的，可以提请相关部门进行复核。相关部门应当自收到税务机关复核申请之日起 30 日内向税务机关出具复核意见。

纳税人的纳税申报数据资料异常或者纳税人未按照规定期限申报纳税的，包括下列情形：

1. 纳税人改变原占地用途，不再属于免征或者减征耕地占用税情形，未按照规定进行申报的。

2. 纳税人已申请用地但尚未获得批准先行占地开工，未按照规定进行申报的。

3. 纳税人实际占用耕地面积大于批准占用耕地面积，未按照规定进行申报的。

4. 纳税人未履行报批程序擅自占用耕地，未按照规定进行申报的。

5. 其他应提请相关部门复核的情形。

县级以上地方人民政府自然资源、农业农村、水利、生态环境等相关部门向税务机关提供的农用地转用、临时占地等信息，包括农用地转用信息、城市和村庄集镇按批次建设用地转用而未提供信息、经批准临时占地信息、改变原占地用途信息、未批先占农用地查处信息、土地损毁信息、土壤污染信息、土地复垦信息、草场使用和渔业养殖权证发放信息等。各省、自治区、直辖市人民政府应当建立健全本地区跨部门耕地占用税部门协作和信息交换工作机制。

【例题 6－19】根据耕地占用税法律制度的规定，纳税人应当自纳税义务发生之日起一定期限内申报缴纳耕地占用税。该期限为（　　）日。

A. 30　　　　B. 60　　　　C. 90　　　　D. 180

【答案】A

【解析】纳税人应当自纳义务发生之日起 30 日内申报缴纳耕地占用税。

任务六　车船税法律制度

车船税是依照法律规定对在中华人民共和国境内的车辆、船舶，按照规定税目和税额计算征收的一种税。

一、车船税纳税人

车船税的纳税人是指在中华人民共和国境内属于《车船税法》所附“车船税税目税额表”规定的车辆、船舶（以下简称“车船”）的所有人或者管理人。

从事机动车第三者责任强制保险业务的保险机构为机动车车船税的扣缴义务人。

二、车船税征收范围

车船税的征税范围是指在中华人民共和国境内属于《车船税法》所规定的应税车辆和船舶。具体包括：

1. 依法应当在车船登记管理部门登记的机动车辆和船舶。

2. 依法不需要在车船登记管理部门登记的在单位内部场所行驶或者作业的机动车辆和船舶。

知识要点：依法应当在车船登记管理部门登记及不需要在车船登记管理部门登记的机动车辆和船舶均属于车船税征税范围。

三、车船税税目

车船税的税目分为六大类，包括乘用车、商用车、挂车、其他车辆、摩托车和船舶。

1. 乘用车是指在设计和技术特性上主要用于载运乘客及随身行李，核定载客人数包括驾驶员在内不超过9人的汽车。

2. 商用车

商用车是指除乘用车外，在设计和技术特性上用于载运乘客、货物的汽车，划分为客车和货车。

客车是指核定载客人数9人以上的汽车，包括电车。

货车包括半挂牵引车、三轮汽车和低速载货汽车。

3. 挂车是指就其设计和技术特性需由汽车或者拖拉机牵引，才能正常使用的一种无动力的道路车辆。

4. 其他车辆是指专用作业车和轮式专用机械车。

5. 摩托车是指无论采用何种驱动方式，最高设计车速大于每小时50公里，或者使用内燃机，其排量大于50毫升的两轮或者三轮车辆。

6. 船舶是指各类机动、非机动船舶以及其他水上移动装置，包括机动船舶和游艇，但是船舶上装备的救生艇筏和长度小于5米的艇筏除外。

【例题6-20】根据车船税法律制度的规定，下列各项中，属于车船税征税范围的是（　　）。

A. 自行车　　B. 拖拉机　　C. 高铁列车　　D. 半挂牵引车

【答案】D

四、车船税税率

（一）幅度定额税率

车船税采用定额税率，又称固定税额。根据《车船税法》的规定，对应税车船实行有幅度的定额税率，即对各类车船分别规定一个最低到最高限度的年税额。车船的适用税额依照“车船税税目税额表”执行。

（二）具体适用税额的确定

车辆的具体适用税额由省、自治区、直辖市人民政府依照《车船税法》所附“车船税税目税额表”规定的税额幅度和国务院的规定确定并报国务院备案。省、自治区、直辖市人民政府确定车辆具体适用税额应当遵循以下两条原则：

第一，乘用车依排气量从小到大递增税额；第二，客车按照核定载客人数20人以下和20人（含）以上两档划分，递增税额。

船舶的具体适用税额由国务院在《车船税法》所附“车船税税目税额表”规定的税额幅度内确定（见表6－9）。

表6－9　车船税税目税额表

税目		计税单位	年基准税额（元）	备注
乘用车［按发动机汽缸容量（排气量）分档］	1.0升（含）以下的	每辆	60～360	核定载客人数9人（含）以下
	1.0升以上至1.6升（含）的		300～540	
	1.6升以上至2.0升（含）的		360～660	
	2.0升以上至2.5升（含）的		660～1 200	
	2.5升以上至3.0升（含）的		1 200～2 400	
	3.0升以上至4.0升（含）的		2 400～3 600	
	4.0升以上的		3 600～5 400	
商用车	客车	每辆	480～1 440	核定载客人数9人以上，包括电车
	货车	整备质量每吨	16～120	包括半挂牵引车、三轮汽车和低速载货汽车等
挂车		整备质量每吨	按照货车税的50%计算	
其他车辆	专用作业车	整备质量每吨	16～120	不包括拖拉机
	轮式专用机械车	整备质量每吨	16～120	
摩托车		每辆	36～180	
船舶	机动船舶	净吨位每吨	3～6	拖船、非机动驳船分别按照机动船舶税额的50%计算
	游艇	艇身长度每米	600～2 000	

1. 机动船舶具体适用税额为：
（1）净吨位不超过200吨的，每吨3元；
（2）净吨位超过200吨但不超过2 000吨的，每吨4元；
（3）净吨位超过2 000吨但不超过10 000吨的，每吨5元；
（4）净吨位超过10 000吨的，每吨6元。
拖船按照发动机功率每1千瓦折合净吨位0.67吨计算征收车船税。
2. 游艇具体适用税额为：
（1）艇身长度不超过10米的，每米600元；
（2）艇身长度超过10米但不超过18米的，每米900元；
（3）艇身长度超过18米但不超过30米的，每米1 300元；
（4）艇身长度超过30米的，每米2 000元；
（5）辅助动力帆艇，每米600元。

3. 排气量、整备质量、核定载客人数、净吨位、千瓦、艇身长度，以车船登记管理部门核发的车船登记证书或者行驶证所载数据为准。

依法不需要办理登记的车船和依法应当登记而未办理登记或者不能提供车船登记证书、行驶证的车船，以车船出厂合格证明或者进口凭证标注的技术参数、数据为准；不能提供车船出厂合格证明或者进口凭证的，由主管税务机关参照国家相关标准核定，没有国家相关标准的参照同类车船核定。

五、车船税计税依据

车船税以车船的计税单位数量为计税依据。《车船税法》按车船的种类和性能，分别确定每辆、整备质量每吨、净吨位每吨和艇身长度每米为计税单位。具体如下：

1. 辆数。乘用车、商用客车和摩托车，以辆数为计税依据。

2. 整备质量吨位数。商用货车、挂车、专用作业车和轮式专用机械车，以整备质量吨位数为计税依据。

3. 净吨位数。机动船舶以净吨位数为计税依据。

4. 艇身长度。游艇以艇身长度为计税依据。

知识要点：车船税计税单位有每辆、整备质量每吨、净吨位每吨和艇身长度每米。

【例题6－21】根据车船税法律制度的规定，下列各项中，属于机动船舶车船税计税依据的是（　　）。

A. 购置价格　　B. 净吨位数　　C. 整备质量吨位数　　D. 辆数

【答案】B

【解析】机动船舶以净吨位数为计税依据。

六、车船税应纳税额的计算

（一）应纳税额的计算公式

车船税各税目应纳税额的计算公式为：

乘用车、客车和摩托车的应纳税额 = 辆数 × 适用年基准税额

货车、挂车、专用作业车和轮式专用机械车的应纳税额 = 整备质量吨位数 × 适用年基准税额

机动船舶的应纳税额 = 净吨位数 × 适用年基准税额

拖船和非机动驳船的应纳税额 = 净吨位数 × 适用年基准税额 × 50%

游艇的应纳税额 = 艇身长度 × 适用年基准税额

（二）购置的新车船应纳税额的计算

购置的新车船，购置当年的应纳税额自纳税义务发生的当月起按月计算。计算公式为：

应纳税额 = 适用年基准税额 ÷ 12 × 应纳税月份数

（三）保险机构代收代缴车船税和滞纳金的计算

1. 购买短期交强险的车辆。对于境外机动车临时入境、机动车临时上道路行驶、机动车距规定的报废期限不足 1 年而购买短期交强险的车辆，保单中“当年应缴”项目的计算公式为：

当年应缴 = 计税单位 × 年单位税额 ÷ 12 × 应纳税月份数

其中，应纳税月份数为“交强险”有效期起始日期的当月至截止日期当月的月份数。

2. 已向税务机关缴税的车辆或税务机关已批准减免税的车辆。对于已向税务机关缴税或税务机关已经批准免税的车辆，保单中“当年应缴”项目应为零。对于税务机关已批准减税的机动车，保单中“当年应缴”项目应根据减税前的应纳税额扣除依据减税证明中注明的减税幅度计算的减税额确定。计算公式为：

减税车辆应纳税额 = 减税前应纳税额 ×（1 − 减税幅度）

3. 对于 2007 年 1 月 1 日前购置的车辆或者曾经缴纳过车船税的车辆，保单中“往年补缴”项目的计算公式为：

往年补缴 = 计税单位 × 年单位税额 ×（本次缴税年度 − 前次缴税年度 − 1）

其中，对于 2007 年 1 月 1 日前购置的车辆，纳税人从未缴纳车船税的，前次缴税年度设定为 2006 年。

4. 对于 2007 年 1 月 1 日以后购置的车辆，纳税人从购置时起一直未缴纳车船税的，保单中“往年补缴”项目的计算公式为：

往年补缴 = 购置当年欠缴的税款 + 购置年度以后欠缴税款

购置当年欠缴的税款 = 计税单位 × 年单位税额 ÷ 12 × 应纳税月份数

应纳税月份数为车辆登记日期的当月起至该年度终了的月份数。若车辆尚未到车船管理部门登记，则应纳税月份数为购置日期的当月起至该年度终了的月份数。

购置年度以后欠缴税款 = 计税单位年单位税额 ×（本次缴税年度 − 车辆登记年度 − 1）

5. 滞纳金计算。对于纳税人在应购买“交强险”截止日期以后购买“交强险”的，或以前年度没有缴纳车船税的，保险机构在代收代缴税款的同时，还应代收代缴欠缴税款的滞

纳金。

保单中“滞纳金”项目为各年度欠税应加收滞纳金之和。

每一年度欠税应加收的滞纳金 = 欠税金额 × 滞纳天数 × 0.5‰

滞纳天数的计算自应购买“交强险”截止日期的次日起到纳税人购买“交强险”当日止。纳税人连续两年以上欠缴车船税的，应分别计算每一年度欠税应加收的滞纳金。

知识要点：拖船、非机动驳船分别按照机动船舶税额的50%计算。

【例题6-22】2021年4月甲公司购进净吨位900吨的拖船1艘。已知机动船舶车船税适用年基准税额为每吨4元。计算甲公司2021年度该艘拖船应缴纳车船税税额的下列算式中，正确的是（　　）。

A. 900×4=3 600（元）

B. 900×4÷12×9=2 700（元）

C. 900×4×50%=1 800（元）

D. 900×4×50%÷12×9=1 350（元）

【答案】D

【解析】拖船的车船税税额按照机动船舶税额的50%计算，选项AB排除；购置新车船，购置当年的应纳税额自纳税义务发生的当月起按月计算。

七、车船税税收优惠

（一）免征车船税的车船

下列车船免征车船税

1. 捕捞、养殖渔船。

2. 军队、武装警察部队专用的车船。是指按照规定在军队、武装警察部队车船登记管理部门登记，并领取军队、武警牌照的车船。

3. 警用车船。

4. 悬挂应急救援专用号牌的国家综合性消防救援车辆和国家综合性消防救援船舶。

5. 依照法律规定应当予以免税的外国驻华使领馆、国际组织驻华代表机构及其有关人员的车船。

6. 对使用新能源车船，免征车船税。免征车船税的使用新能源汽车是指纯电动商用车、插电式（含增程式）混合动力汽车、燃料电池商用车。纯电动乘用车和燃料电池乘用车不属于车船税征税范围，对其不征车船税。免征车船税的使用新能源汽车（不含纯电动乘用车和燃料电池乘用车），必须符合国家有关标准。

7. 临时入境的外国车船和香港特别行政区、澳门特别行政区、台湾地区的车船，不征收车船税。

8. 按照规定缴纳船舶吨税的机动船舶，自《车船税法》实施之日起5年内免征车船税。

9. 依法不需要在车船登记管理部门登记的机场、港口、铁路站场内部行驶或者作业的车船，自《车船税法》实施之日起5年内免征车船税。

（二）车船税其他税收优惠

1. 对节约能源车船，减半征收车船税。减半征收车船税的节约能源乘用车应同时符合以下标准：

（1）获得许可在中国境内销售的排量为1.6升以下（含1.6升）的燃用汽油、柴油的乘用车（含非插电式混合动力、双燃料和两用燃料乘用车）；

（2）综合工况燃料消耗量应符合标准。减半征收车船税的节约能源商用车应同时符合下列标准：

①获得许可在中国境内销售的燃用天然气、汽油、柴油的轻型和重型商用车（含非插电式混合动力、双燃料和两用燃料轻型和重型商用车）；

②燃用汽油、柴油的轻型和重型商用车综合工况燃料消耗量应符合标准。

2. 对受地震、洪涝等严重自然灾害影响纳税困难以及其他特殊原因确需减免税的车船，可以在一定期限内减征或者免征车船税。具体减免期限和数额由省、自治区、直辖市人民政府确定，报国务院备案。

3. 省、自治区、直辖市人民政府根据当地实际情况，可以对公共交通车船，农村居民拥有并主要在农村地区使用的摩托车、三轮汽车和低速载货汽车定期减征或者免征车船税。

【例题6－23】根据车船税法律制度的规定，下列车船中，应缴纳车船税的是（　　）。

A. 商用货车　　B. 捕捞渔船

C. 军队专用车船　　D. 纯电动商用车

【答案】A

【解析】选项BCD属于免征车船税。

八、车船税征收管理

（一）纳税义务发生时间

车船税纳税义务发生时间为取得车船所有权或者管理权的当月。以购买车船的发票或其他证明文件所载日期的当月为准。

（二）纳税地点

车船税的纳税地点为车船的登记地或者车船税扣缴义务人所在地。

扣缴义务人代收代缴车船税的，纳税地点为扣缴义务人所在地。

纳税人自行申报缴纳车船税的，纳税地点为车船登记地的主管税务机关所在地。

依法不需要办理登记的车船，其车船税的纳税地点为车船的所有人或者管理人所在地。

（三）纳税申报

车船税按年申报，分月计算，一次性缴纳。纳税年度为公历1月1日至12月31日。具体申报纳税期限由省、自治区、直辖市人民政府规定。

1. 从事机动车第三者责任强制保险业务的保险机构为机动车车船税的扣缴义务人，应当在收取保险费时依法代收车船税，并出具代收税款凭证。机动车车船税扣缴义务人在代收车船税时，应当在机动车交通事故责任强制保险的保险单以及保费发票上注明已收税款的信息，作为代收税款凭证。

2. 已完税或者依法减免税的车辆，纳税人应当向扣缴义务人提供登记地的主管税务机关出具的完税凭证或者减免税证明。

3. 纳税人没有按照规定期限缴纳车船税的，扣缴义务人在代收代缴税款时，可以一并代收代缴欠缴税款的滞纳金。

4. 扣缴义务人已代收代缴车船税的，纳税人不再向车辆登记地的主管税务机关申报缴纳车船税。没有扣缴义务人的，纳税人应当向主管税务机关自行申报缴纳车船税。

5. 纳税人缴纳车船税时，应当提供反映排气量、整备质量、核定载客人数、净吨位、千瓦、艇身长度等与纳税相关信息的相应凭证以及税务机关根据实际需要要求提供的其他资料。纳税人以前年度已经提供前款所列资料信息的，可以不再提供。

6. 已缴纳车船税的车船在同一纳税年度内办理转让过户的，不另纳税，也不退税。

（四）其他管理规定

1. 公安、交通运输、农业、渔业等车船登记管理部门、船舶检验机构和车船税扣缴义务人的行业主管部门应当在提供车船有关信息等方面，协助税务机关加强车船税的征收管理。车辆所有人或者管理人在申请办理车辆相关登记、定期检验手续时，应当向公安机关交通管理部门提交依法纳税或者免税证明。公安机关交通管理部门核查后办理相关手续。公安机关交通管理部门在办理车辆相关登记和定期检验手续时，经核查，对没有提供依法纳税或者免税证明的，不予办理相关手续。

2. 扣缴义务人应当及时解缴代收代缴的税款和滞纳金，并向主管税务机关申报。扣缴义务人向税务机关解缴税款和滞纳金时，应当同时报送明细的税款和滞纳金扣缴报告。扣缴义务人解缴税款和滞纳金的具体期限，由省、自治区、直辖市税务机关依照法律、行政法规的规定确定。

3. 购置的新车船，购置当年的应纳税额自纳税义务发生的当月起按月计算。应纳税额为年应纳税额除以 12 再乘以应纳税月份数。

4. 在一个纳税年度内，已完税的车船被盗抢、报废、灭失的，纳税人可以凭有关管理机关出具的证明和完税凭证，向纳税所在地的主管税务机关申请退还自被盗抢、报废、灭失月份起至该纳税年度终了期间的税款。已办理退税的被盗抢车船失而复得的，纳税人应当从公安机关出具相关证明的当月起计算缴纳车船税。

任务七　资源税法律制度

资源税是对在我国领域或管辖的其他海域开发应税资源的单位和个人征收的一种税。

一、资源税纳税人

资源税的纳税人是指在中华人民共和国领域和中华人民共和国管辖的其他海域开发应税资源的单位和个人。

中外合作开采陆上、海上石油资源的企业依法缴纳资源税。

2011 年 11 月 1 日前已依法订立中外合作开采陆上、海上石油资源合同的，在该合同有效期内，继续依照国家有关规定缴纳矿区使用费，不缴纳资源税；合同期满后，依法缴纳资源税。

知识要点：资源税在生产、开采销售（包括出口）或自用环节计算缴纳；在进口、批发、零售等环节不缴纳资源税。

二、资源税征税范围和税目

我国资源税的征税范围由《资源税法》所附“资源税税目税率表”（以下简称“税目税率表”）确定，包括能源矿产、金属矿产、非金属矿产、水气矿产、盐类共计五大类，各税目的征税对象包括原矿或选矿。

1. 能源矿产包括原油，天然气、页岩气、天然气水合物，煤、煤成（层）气，铀，钍，油页岩、油砂、天然沥青、石煤，地热。

2. 金属矿产包括黑色金属和有色金属。

3. 非金属矿产品包括矿物类、岩石类、宝玉石类。

4. 水气矿产包括二氧化碳气、硫化氢气、氦气、氡气、矿泉水。

5. 盐类包括钠盐、钾盐、镁盐、锂盐、天然卤水、海盐。

6. 自用应税产品。纳税人开采或者生产应税产品自用的，视同销售，应当按规定缴纳资源税。但是自用于连续生产应税产品的，不缴纳资源税。纳税人自用应税产品应当缴纳资源税的情形，包括纳税人以应税产品用于非货币性资产交换、捐赠、偿债、赞助、集资、投资、广告、样品、职工福利、利润分配或者连续生产非应税产品等。

7. 试点征收水资源税。国务院根据国民经济和社会发展需要，依照《资源税法》的原则，对取用地表水或者地下水的单位和个人试点征收水资源税。征收水资源税的，停止征收水资源费。

水资源税试点实施办法由国务院规定，报全国人民代表大会常务委员会备案。

知识要点：纳税人开采或者生产应税产品，自用于连续生产应税产品的，移送时不缴纳资源税。

【例题 6－24】根据资源税法律制度的规定，下列各项中，不属于资源税征税范围的是（　　）。

A. 天然卤水　　B. 轻稀土　　C. 金　　D. 柴油

【答案】D

【解析】选项 D 属于柴油属于成品油，不属于资源税的应税产品，但属于应税消费品。

【例题 6－25】采石厂将自采的花岗岩用于抵偿债务的，应当按规定缴纳资源税。（　　）

【答案】√

【解析】“抵债”属于自用于连续生产应税产品以外的其他方面，应视同开采销售资源税应税产品，缴纳资源税。

三、资源税税率

（一）比例税率与定额税率

资源税采用比例税率或者定额税率两种形式。税目、税率依照“税目税率表”执行。其中对地热、石灰岩、其他粘土、砂石、矿泉水和天然卤水6种应税资源采用比例税率或定额税率；其他应税资源均采用比例税率。

（二）具体适用税率的确定

“税目税率表”中规定实行幅度税率的，其具体适用税率由省、自治区、直辖市人民政府统筹考虑该应税资源的品位、开采条件以及对生态环境的影响等情况，在“税目税率表”规定的税率幅度内提出，报同级人民代表大会常务委员会决定，并报全国人民代表大会常务委员会和国务院备案。“税目税率表”中规定征税对象为原矿或者选矿的，应当分别确定具体适用税率。“资源税税目税率表”见表6－10。

表6－10　资源税税目税率表

税目			征税对象	税率
能源矿产		原油	原矿	6%
		天然气、页岩气、天然气水合物	原矿	6%
		煤	原矿或者选矿	2%～10%
		煤成（层）气	原矿	1%～2%
		铀、钍	原矿	4%
		油页岩、油砂、天然沥青、石煤	原矿或者选矿	1%～4%
		地热	原矿	1%～20%或者每立方米1～30元
金属矿产	黑色金属	铁、锰、铬、钒、钛	原矿或者选矿	1%～9%
	有色金属	铜、铅、锌、锡、镍、锑、镁、钴、铋、汞	原矿或者选矿	2%～10%
		铝土矿	原矿或者选矿	2%～9%
		钨	选矿	6.5%
		钼	选矿	8%
		金、银	原矿或者选矿	2%～6%
		铂、钯、钌、锇、铱、铑	原矿或者选矿	5%～10%
		轻稀土	选矿	7%～12%
		中重稀土	选矿	20%
		铍、锂、锆、锶、铷、铯、铌、钽、锗、镓、铟、铊、铪、铼、镉、硒、碲	原矿或者选矿	2%～10%

续表

税目			征税对象	税率
非金属矿产	矿物类	高岭土	原矿或者选矿	1%～6%
		石灰岩	原矿或者选矿	1%～6%或者每吨（或者每立方米）1～10元
		磷	原矿或者选矿	3%～8%
		石墨	原矿或者选矿	3%～12%
		萤石、硫铁矿、自然硫	原矿或者选矿	1%～8%
		天然石英砂、脉石英、粉石英、水晶、工业用金刚石、冰洲石、蓝晶石、硅线石（矽线石）、长石、滑石、刚玉、菱镁矿、颜料矿物、天然碱、芒硝、钠硝石、明矾石、砷、硼、碘、溴、膨润土、硅藻土、陶瓷土、耐火粘土、铁钒土、凹凸棒石粘土、海泡石粘土、伊利石粘土、累托石粘土	原矿或者选矿	1%～12%
		叶蜡石、硅灰石、透辉石、珍珠岩、云母、沸石、重晶石、毒重石、方解石、蛭石、透闪石、工业用电气石、白垩、石棉、蓝石棉、红柱石、石榴子石、石膏	原矿或者选矿	2%～12%
		其他粘土（铸型用粘土、砖瓦用粘土、陶粒用粘土、水泥配料用粘土、水泥配料用红土、水泥配料用黄土、水泥配料用泥岩、保温材料用粘土）	原矿或者选矿	1%～5%或者每吨（或者每立方米）0.1～5元
	岩石类	大理岩、花岗岩、白云岩、石英岩、砂岩、辉绿岩、安山岩、闪长岩、板岩、玄武岩、片麻岩、角闪岩、页岩、浮石、凝灰岩、黑曜岩、霞石正长岩、蛇纹岩、麦饭石、泥灰岩、含钾岩石、含钾砂页岩、天然油石、橄榄岩、松脂岩、粗面岩、辉长岩、辉石岩、正长岩、火山灰、火山渣、泥炭	原矿或者选矿	1%～10%
	宝玉石类	砂石	原矿或者选矿	1%～5%或者每吨（或者每立方米）0.1～5元
		宝石、玉石、宝石级金刚石、玛瑙、黄玉、碧玺	原矿或者选矿	4%～20%
水气矿产	二氧化碳气、硫化氢气、氦气、氡气		原矿	2%～5%
	矿泉水		原矿	1%～20%或者每立方米1～30元
盐	钠盐、钾盐、镁盐、锂盐		选矿	3%～15%
	天然卤水		原矿	3%～15%或者每吨（或者每立方米）1～10元
	海盐			2%～5%

水资源税根据当地水资源状况、取用水类型和经济发展等情况实行差别税率。

四、资源税计税依据

（一）资源税计税依据的一般规定

资源税按照“税目税率表”实行从价计征或者从量计征。以纳税人开发应税资源产品的销售额或者销售数量为计税依据。

“税目税率表”中规定可以选择实行从价计征或者从量计征的，具体计征方式由省、自治区、直辖市人民政府提出，报同级人民代表大会常务委员会决定，并报全国人民代表大会常务委员会和国务院备案。

实行从价计征的，应纳税额按照应税资源产品（以下简称“应税产品”）的销售额乘以具体适用税率计算；实行从量计征的，应纳税额按照应税产品的销售数量乘以具体适用税率计算。

应税产品为矿产品的，包括原矿和选矿产品。

纳税人开采或者生产不同税目应税产品的，应当分别核算不同税目应税产品的销售额或者销售数量；未分别核算或者不能准确提供不同税目应税产品的销售额或者销售数量的，从高适用税率。

（二）销售额

1. 资源税应税产品销售额是指纳税人销售应税产品向购买方收取的全部价款，但不包括收取的增值税税款。计入销售额中的相关运杂费用，凡取得增值税发票或者其他合法有效凭据的，准予从销售额中扣除。相关运杂费用是指应税产品从坑口或者洗选（加工）地到车站、码头或者购买方指定地点的运输费用、建设基金以及随运销产生的装卸、仓储、港杂费用。

2. 纳税人申报的应税产品销售额明显偏低且无当理由的，或者有自用应税产品行为而无销售额的，主管税务机关可以按下列方法和顺序确定其应税产品销售额：

（1）按纳税人最近时期同类产品的平均销售价格确定。

（2）按其他纳税人最近时期同类产品的平均销售价格确定。

（3）按后续加工非应税产品销售价格，减去后续加工环节的成本利润后确定。

（4）按应税产品组成计税价格确定。

$$\text{组成计税价格} = \text{成本} \times (1 + \text{成本利润率}) \div (1 - \text{资源税税率})$$

上述公式中的成本利润率由省、自治区、直辖市税务机关确定。

（5）按其他合理方法确定。

（三）销售数量

应税产品的销售数量，包括纳税人开采或者生产应税产品的实际销售数量和自用于应当缴纳资源税情形的应税产品数量。

（四）资源税计税依据的特殊规定

1. 纳税人外购应税产品与自采应税产品混合销售或者混合加工为应税产品销售的，在计算应税产品销售额或者销售数量时，准予扣减外购应税产品的购进金额或者购进数量；当期不足扣减的，可结转下期扣减。纳税人应当准确核算外购应税产品的购进金额或者购进数量；未准确核算的，一并计算缴纳资源税。

纳税人核算并扣减当期外购应税产品购进金额、购进数量，应当依据外购应税产品的增值税发票、海关进口增值税专用缴款书或者其他合法有效凭据。

2. 纳税人以外购原矿与自采原矿混合为原矿销售，或者以外购选矿产品与自产选矿产品混合为选矿产品销售的，在计算应税产品销售额或者销售数量时，直接扣减外购原矿或者外购选矿产品的购进金额或者购进数量。

纳税人以外购原矿与自采原矿混合洗选加工为选矿产品销售的，在计算应税产品销售额或者销售数量时，按照下列方法进行扣减：

准予扣减的外购应税产品购进金额（数量）= 外购原矿购进金额（数量）×（本地区原矿适用税率 ÷ 本地区选矿产品适用税率）

不能按照上述方法计算扣减的，按照主管税务机关确定的其他合理方法进行扣减。

3. 纳税人开采或者生产同一税目下适用不同税率应税产品的，应当分别核算不同税率应税产品的销售额或者销售数量；未分别核算或者不能准确提供不同税率应税产品的销售额或者销售数量的，从高适用税率。

4. 纳税人以自采原矿（经过采矿过程采出后未进行选矿或者加工的矿石）直接销售，或者自用于应当缴纳资源税情形的，按照原矿计征资源税。

纳税人以自采原矿洗选加工为选矿产品（通过破碎、切割、洗选、筛分、磨矿、分级、提纯、脱水、干燥等过程形成的产品，包括富集的精矿和研磨成粉、粒级成型、切割成型的原矿加工品）销售，或者将选矿产品自用于应当缴纳资源税情形的，按照选矿产品计征资源税，在原矿移送环节不缴纳资源税。对于无法区分原生岩石矿种的粒级成型砂石颗粒，按照砂石税目征收资源税。

5. 纳税人开采或者生产同一应税产品，其中既有享受减免税政策的，又有不享受减免税政策的，按照免税、减税项目的产量占比等方法分别核算确定免税、减税项目的销售额或者销售数量。

知识要点：资源税应税产品销售额为向购买方收取的全部价款，包括收取的相关运杂费用；但不包括收取的增值税税款。

五、资源税应纳税额的计算

资源税的应纳税额，按照从价定率或者从量定额的办法，分别以应税产品的销售额乘以纳税人具体适用的比例税率或者以应税产品的销售数量乘以纳税人具体适用的定额税率计算。

1. 从价定率计征资源税应纳税额的计算。实行从价定率计征办法的应税产品，资源税应纳税额按销售额和比例税率计算公式为：

应纳税额 = 应税产品的销售额 × 适用的比例税率

2. 从量定额计征资源税应纳税额的计算。实行从量定额计征办法的应税产品，资源税应纳税额按销售数量和定额税率计算公式为：

应纳税额 = 应税产品的销售数量 × 适用的定额税率

3. 代扣代缴资源税应纳税额的计算。扣缴义务人代扣代缴资源税应纳税额的计算公式为:

代扣代缴应纳税额 = 收购未税产品的数量 × 适用的定额税率

【例题6-26】甲煤矿为增值税一般纳税人。2021年10月销售原煤取得不含增值税价款435万元，其中包含从坑口到码头的运输费用10万元、随运销产生的装卸费用5万元，均取得增值税发票。已知资源税税率为2%。甲煤矿当月应缴纳资源税税额为（　　）万元。

A. 8.7　　B. 9　　C. 8.9　　D. 8.4

【答案】D

【解析】计入销售额中的相关运杂费用，凡取得增值税发票或者其他合法有效凭据的，准予从销售额中扣除。因此甲煤矿当月应缴纳资源税 = (435 - 10 - 5) × 2% = 8.4（万元）。

六、资源税税收优惠

（一）免征资源税的情形

有下列情形之一的，免征资源税：

1. 开采原油以及在油田范围内运输原油过程中用于加热的原油、天然气。
2. 煤炭开采企业因安全生产需要抽采的煤成（层）气。

（二）减征资源税的情形

有下列情形之一的，减征资源税：

1. 从低丰度油气田开采的原油、天然气，减征20%资源税。
2. 高含硫天然气、三次采油和从深水油气田开采的原油、天然气，减征30%资源费。
3. 稠油、高凝油减征40%资源税。
4. 从衰竭期矿山开采的矿产品，减征30%资源税。
5. 自2019年1月1日至2024年12月31日，对增值税小规模纳税人可以在50%的税额幅度内减征资源税。
6. 自2014年12月1日至2023年8月31日，对充填开采置换出来的煤炭，资源税减征50%。

根据国民经济和社会发展需要，国务院对有利于促进资源节约集约利用、保护环境等情形可以规定免征或者减征资源税，报全国人民代表大会常务委员会备案。

（三）地方减免资源税的情形

有下列情形之一的，省、自治区、直辖市可以决定免征或者减征资源税：

1. 纳税人开采或者生产应税产品过程中，因意外事故或者自然灾害等原因遭受重大损失。
2. 纳税人开采共伴生矿、低品位矿、尾矿。

上述规定的免征或者减征资源税的具体办法，由省、自治区、直辖市人民政府提出，报同级人民代表大会常务委员会决定，并报全国人民代表大会常务委员会和国务院备案。

纳税人开采或者生产同一应税产品同时符合两项或者两项以上减征资源税优惠政策的，除另有规定外，只能选择其中一项执行。

纳税人的免税、减税项目，应当单独核算销售额或者销售数量；未单独核算或者不能准确提供销售额或者销售数量的，不予免税或者减税。

七、资源税征收管理

（一）纳税义务发生时间

纳税人销售应税产品，纳税义务发生时间为收讫销售款或者取得索取销售款凭据的当日；自用应税产品的，纳税义务发生时间为移送应税产品的当日。

资源税由税务机关征收管理。海上开采的原油和天然气资源税由海洋石油税务管理机构征收管理。

（二）纳税地点

纳税人应当在矿产品的开采地或者海盐的生产地缴纳资源税。

（三）纳税期限

资源税按月或者按季申报缴纳；不能按固定期限计算缴纳的，可以按次申报缴纳。纳税人申报资源税时，应当填报“资源税纳税申报表”。纳税人享受资源税优惠政策，实行“自行判别、申报享受、有关资料留存备查”的办理方式，另有规定的除外。纳税人对资源税优惠事项留存材料的真实性和合法性承担法律责任。

纳税人按月或者按季申报缴纳的，应当自月度或者季度终了之日起 15 日内，向税务机关办理纳税申报并缴纳税款；按次申报缴纳的，应当自纳税义务发生之日起 15 日内，向税务机关办理纳税申报并缴纳税款。

任务八　环境保护税法律制度

环境保护税是为了保护和改善环境，减少污染物排放，推进生态文明建设而征收的一种税。

一、环境保护税纳税人

环境保护税的纳税人为在中华人民共和国领域和中华人民共和国管辖的其他海域，直接向环境排放应税污染物的企业事业单位和其他生产经营者。按照规定征收环境保护税，不再征收排污费。

二、环境保护税征税范围

环境保护税的征税范围是《环境保护税法》所附“环境保护税税目税额表”“应税污染物和当量值表”规定的大气污染物、水污染物、固体废物和噪声等应税污染物。

有下列情形之一的，不属于直接向环境排放污染物，不缴纳相应污染物的环境保护税：

1. 企业事业单位和其他生产经营者向依法设立的污水集中处理、生活垃圾集中处理场所排放应税污染物的。

2. 企业事业单位和其他生产经营者在符合国家和地方环境保护标准的设施、场所储存或者处置固体废物的。

依法设立的城乡污水集中处理、生活垃圾集中处理场所超过国家和地方规定的排放标准向环境排放应税污染物的，应当缴纳环境保护税。

企业事业单位和其他生产经营者储存或者处置固体废物不符合国家和地方环境保护标准的，应当缴纳环境保护税。

知识要点：环境保护税征税范围是大气污染物、水污染物、固体废物和噪声等应税污染物。

三、环境保护税税率

环境保护税实行定额税率。税目、税额依照“环境保护税税目税额表”执行，见表6－11。

表6－11　环境保护税税目税额

<table>
<tr><th colspan="2">税目</th><th>计税单位</th><th>税额</th><th>备注</th></tr>
<tr><td colspan="2">大气污染物</td><td>每污染当量</td><td>1.2～12元</td><td></td></tr>
<tr><td colspan="2">水污染物</td><td>每污染当量</td><td>1.4～14元</td><td></td></tr>
<tr><td rowspan="4">固体废物</td><td>煤矸石</td><td>每吨</td><td>5元</td><td rowspan="4"></td></tr>
<tr><td>尾矿</td><td>每吨</td><td>15元</td></tr>
<tr><td>危险废物</td><td>每吨</td><td>1 000元</td></tr>
<tr><td>冶炼渣、粉煤灰、炉渣、其他固体废物（含半固态、液态废物）</td><td>每吨</td><td>25元</td></tr>
<tr><td rowspan="6">噪声</td><td rowspan="6">工业噪声</td><td>超标1～3分贝</td><td>每月350元</td><td rowspan="6">1. 一个单位边界上有多处噪声超标，根据最高一处超标声级计算应纳税额；当沿边界长度超过100米有两个以上噪声超标，按照两个单位计算应纳税额。
2. 一个单位有不同地点作业场所的，应当分别计算应纳税额，合并计征。
3. 昼、夜均超标的环境噪声，昼、夜分别计算应纳税额，累计计征。
4. 声源一个月内超标不足15天的，减半计算应纳税额。
5. 夜间频繁突发和夜间偶然突发厂界超标噪声，按等效声级和峰值噪声两种指标中超标分贝值高的一项计算应纳税额。</td></tr>
<tr><td>超标4～6分贝</td><td>每月700元</td></tr>
<tr><td>超标7～9分贝</td><td>每月1 400元</td></tr>
<tr><td>超标10～12分贝</td><td>每月2 800元</td></tr>
<tr><td>超标13～15分贝</td><td>每月5 600元</td></tr>
<tr><td>超标16分贝以上</td><td>每月11 200元</td></tr>
</table>

应税大气污染物和水污染物的具体适用税额的确定和调整，由省、自治区、直辖市人民政府统筹考虑本地区环境承载能力、污染物排放现状和经济社会生态发展目标要求，在"环境保护税税目税额表"规定的税额幅度内提出，报同级人民代表大会常务委员会决定，并报全国人民代表大会常务委员会和国务院备案。

【例题6-27】根据环境保护税法律制度的规定，下列各项中，不属于环境保护税征税范围的是（ ）。

A. 工业噪声　B. 电磁辐射　C. 尾矿　D. 冶炼渣

【答案】B

【解析】环境保护税的征税范围是法定的大气污染物、水污染物、固体废物和噪声。

四、环境保护税计税依据

应税污染物的计税依据，按照下列方法确定：

1. 应税大气污染物按照污染物排放量折合的污染当量数确定。
2. 应税水污染物按照污染物排放量折合的污染当量数确定。
3. 应税固体废物按照固体废物的排放量确定。
4. 应税噪声按照超过国家规定标准的分贝数确定。

五、环境保护税应纳税额的计算

（一）环境保护税应纳税额的计算

环境保护税应纳税额的计算公式为：

应税大气污染物的应纳税额＝污染当量数×具体适用税额

应税水污染物的应纳税额＝污染当量数×具体适用税额

应税固体废物的应纳税额＝固体废物排放量×具体适用税额

应税噪声的应纳税额＝超过国家规定标准的分贝数对应的具体适用税额

（二）排放量和噪声分贝数的计算

应税大气污染物、水污染物、固体废物的排放量和噪声的分贝数，按照下列方法和顺序计算：

1. 纳税人安装使用符合国家规定和监测规范的污染物自动监测设备的，按照污染物自动监测数据计算。

2. 纳税人未安装使用污染物自动监测设备的，按照监测机构出具的符合国家有关规定和监测规范的监测数据计算。

3. 因排放污染物种类多等原因不具备监测条件的，按照国务院环境保护主管部门规定的排污系数、物料衡算方法计算。

4. 不能按上述第1项至第3项规定的方法计算的，按照省、自治区、直辖市人民政府环境保护主管部门规定的抽样测算的方法核定计算。

六、环境保护税税收优惠

（一）暂予免征环境保护税的情形

下列情形，暂予免征环境保护税：

1. 农业生产（不包括规模化养殖）排放应税污染物的。

2. 机动车、铁路机车、非道路移动机械、船舶和航空器等流动污染源排放应税污染物的。

3. 依法设立的城乡污水集中处理、生活垃圾集中处理场所排放相应应税污染物，不超过国家和地方规定的排放标准的。

4. 纳税人综合利用的固体废物，符合国家和地方环境保护标准的。

5. 国务院批准免税的其他情形。

（二）减征环境保护税的情形

纳税人排放应税大气污染物或者水污染物的浓度值低于国家和地方规定的污染物排放标准30%的，减按75%征收环境保护税。

纳税人排放应税大气污染物或者水污染物的浓度值低于国家和地方规定的污染物排放标准50%的，减按50%征收环境保护税。

【例题6－28】2021年10月，甲公司产生炉渣500吨，其中95吨贮存在符合国家和地方环境保护标准的设施中，100吨综合利用且符合国家和地方环境保护标准，其余的直接倒弃于周边空地。已知炉渣环境保护税税率为25元/吨。计算甲公司当月所产生炉渣应缴纳环境保护税税额的下列算式中，正确的是（　　）。

A. （500－95－100）×25　　B. 500×25

C. （500－100）×25　　D. （500－95）×25

【答案】A

【解析】甲公司在符合国家和地方环境保护标准的设施中贮存的95吨炉渣，不缴纳环境保护税；综合利用的固体废物，符合国家和地方环境保护标准的100吨炉渣，暂免征收环境保护税。

七、环境保护税征收管理

（一）征收机关

环境保护税由税务机关依照《税收征收管理法》和《环境保护税法》的有关规定征收管理。

环境保护主管部门应当将排污单位的排污许可、污染物排放数据、环境违法和受行政处罚情况等环境保护相关信息，定期交送税务机关。税务机关应当将纳税人的纳税申报、税款入库、减免税额、欠缴税款以及风险疑点等环境保护税涉税信息，定期交送环境保护主管部门。

（二）纳税义务发生时间与纳税地点

环境保护税纳税义务发生时间为纳税人排放应税污染物的当日。

纳税人应当向应税污染物排放地的税务机关申报缴纳环境保护税。

（三）纳税申报

环境保护税按月计算，按季申报缴纳。不能按固定期限计算缴纳的，可以按次申报缴纳。

纳税人按季申报缴纳的，应当自季度终了之日起 15 日内，向税务机关办理纳税申报并缴纳税款。纳税人按次申报缴纳的，应当自纳税义务发生之日起 15 日内，向税务机关办理纳税申报并缴纳税款。

任务九　烟叶税与船舶吨税法律制度

一、烟叶税法律制度

烟叶税是向收购烟叶的单位征收的一种税。

1. 烟叶税纳税人。烟叶税的纳税人为在中华人民共和国境内收购烟叶的单位。我国实行烟草专卖制度，因此烟叶税的纳税人具有特定性，一般是有权收购烟叶的烟草公司或者受其委托收购烟叶的单位。

2. 烟叶税征税范围。烟叶税的征税范围包括晾晒烟叶、烤烟叶。

3. 烟叶税税率。烟叶税实行比例税率，税率为 20%。

4. 烟叶税计税依据。烟叶税的计税依据是纳税人收购烟叶实际支付的价款总额，包括纳税人支付给烟叶生产销售单位和个人的烟叶收购价款和价外补贴。其中，价外补贴统一按烟叶收购价款的 10% 计算。价款总额的计算公式为：

$$价款总额 = 收购价款 \times (1 + 10\%)$$

5. 烟叶税应纳税额的计算。

烟叶税应纳税额的计算公式为：

$$\begin{aligned}应纳税额 &= 价款总额 \times 税率 \\ &= 收购价款 \times (1 + 10\%) \times 税率\end{aligned}$$

6. 烟叶税征收管理。烟叶税的纳税义务发生时间为纳税人收购烟叶的当日。烟叶税在烟叶收购环节征收。纳税人收购烟叶即发生纳税义务。

烟叶税按月计征，纳税人应当于纳税义务发生月终了之日起 15 日内申报并缴纳税款。

纳税人收购烟叶，应当向烟叶收购地的主管税务机关申报纳税。

二、船舶吨税法律制度

船舶吨税是对自中国境外港口进入境内港口的船舶征收的一种税。

（一）船舶吨税纳税人

对自中国境外港口进入中国境内港口的船舶（以下简称“应税船舶”）征收船舶吨税（以下简称吨税），以应税船舶负责人为纳税人。

（二）船舶吨税税目税率

吨税税目按船舶净吨位的大小分等级设置为4个税目。税率采用定额税率，分为30日、90日和1年三种不同的税率，具体分为两类：普通税率和优惠税率。我国国籍的应税船舶，船籍国（地区）与我国签订含有互相给予船舶税费最惠国待遇条款的条约或者协定的应税船舶，适用优惠税率；其他应税船舶，适用普通税率。我国现行吨税税目税率见表6-12。

表6-12 吨税税目税率

税目（按船舶净吨位划分）	税率（元/净吨）					
	普通税率（按执照期限划分）			优惠税率（按执照期限划分）		
	1年	90日	30日	1年	90日	30日
不超过2 000净吨	12.6	4.2	2.1	9.0	3.0	1.5
超过2 000净吨，但不超过10 000净吨	24.0	8.0	4.0	17.4	5.8	2.9
超过10 000净吨，但不超过50 000净吨	27.6	9.2	4.6	19.8	6.6	3.3
超过50 000净吨	31.8	10.6	5.3	22.8	7.6	3.8

（三）船舶吨税计税依据

吨税以船舶净吨位为计税依据。拖船按照发动机功率每千瓦折合净吨位0.67吨；无法提供净吨位证明文件的游艇按照发动机功率每千瓦折合净吨位0.05吨。拖船和非机动驳船分别按相同净吨位船舶税率的50%计征。

（四）船舶吨税应纳税额的计算

吨税按照船舶净吨位和吨税执照期限征收。应税船舶负责人在每次申报纳税时，可以按照“吨税税目税率表”选择申领一种期限的吨税执照。应纳税额的计算公式为：

应纳税额=应税船舶净吨位×适用税率

海关根据船舶负责人的申报，审核其申报吨位与其提供的船舶吨位证明和船舶国籍证书或者海事部门签发的船舶国籍证书收存证明相符后，按其申报执照的期限计征吨税，并填发缴款凭证交船舶负责人缴纳税款。

（五）船舶吨税税收优惠

下列船舶免征吨税：

1. 应纳税额在人民币 50 元以下的船舶。

2. 自境外以购买、受赠、继承等方式取得船舶所有权的初次进口到港的空载船舶。

3. 吨税执照期满后 24 小时内不上下客货的船舶。

4. 非机动船舶（不包括非机动驳船）。

5. 捕捞、养殖渔船。

6. 避难、防疫隔离、修理、终止运营或者拆解，并不上下客货的船舶。

7. 军队、武装警察部队专用或者征用的船舶。

8. 警用船舶。

9. 依照法律规定应当予以免税的外国驻华使领馆、国际组织驻华代表机构及其有关人员的船舶。

10. 国务院规定的其他船舶。

【例题 6－29】 根据船舶吨税法律制度的规定，下列船舶中，不予免征船舶吨税的是（　　）。

A. 捕捞渔船　　　　B. 非机动驳船

C. 养殖渔船　　　　D. 武装警察部队专用船舶

【答案】B

（六）船舶吨税征收管理

1. 纳税义务发生时间。吨税纳税义务发生时间为应税船舶进入境内港口的当日。应税船舶在吨税执照期满后尚未离开港口的，应当申领新的吨税执照，自上一执照期满的次日起续缴吨税。

应税船舶在进入港口办理入境手续时，应当向海关申报纳税领取吨税执照，或者交验吨税执照（或者申请核验吨税执照电子信息）。应税船舶在离开港口办理出境手续时，应当交验吨税执照（或者申请核验吨税执照电子信息）。

应税船舶负责人申领吨税执照时，应当向海关提供下列文件：

（1）船舶国籍证书或者海事部门签发的船舶国籍证书收存证明。

（2）船舶吨位证明。

2. 纳税期限。应税船舶负责人应当自海关填发吨税缴款凭证之日起 15 日内缴清税款。未按期缴清税款的，自滞纳税款之日起至缴清税款之日止，按日加收滞纳税款万分之五的税款滞纳金。

应税船舶到达港口前，经海关核准先行申报并办结出入境手续的，应税船舶负责人应当向海关提供与其依法履行吨税缴纳义务相适应的担保；应税船舶到达港口后，按规定向海关申报纳税。

人民币、可自由兑换货币，汇票、本票、支票、债券、存单，银行、非银行金融机构的保函和海关依法认可的其他财产、权利，可以用于担保。

3. 其他相关规定。船舶吨税由海关负责征收。海关征收吨税应当制发缴款凭证。

海关发现少征或者漏征税款的，应当自应税船舶应当缴纳税款之日起 1 年内，补征税款。但因应税船舶违反规定造成少征或者漏征税款的，海关可以自应当缴纳税款之日起 3 年内追征税款，并自应当缴纳税款之日起按日加征少征或者漏征税款万分之五的税款滞纳金。

海关发现多征税款的，应当在24小时内通知应税船舶办理退还手续，并加算银行同期活期存款利息。

应税船舶发现多缴税款的，可以自缴纳税款之日起3年内以书面形式要求海关退还多缴的税款并加算银行同期活期存款利息；海关应当自受理退税申请之日起30日内查实并通知应税船舶办理退还手续。

任务十　印花税法律制度

印花税是对经济活动和经济交往中书立、领受、使用的应税经济凭证征收的一种税。因纳税人主要是通过在应税凭证上粘贴印花税票来完成纳税义务，故名印花税。

一、印花税纳税人

（一）印花税纳税人的一般规定

在中华人民共和国境内书立应税凭证、进行证券交易的单位和个人，为印花税的纳税人，应当依照《印花税法》的规定缴纳印花税。在中华人民共和国境外书立在境内使用的应税凭证的单位和个人，应当依照《印花税法》规定缴纳印花税。

应税凭证是指《印花税法》所附“印花税税目税率表”列明的合同、产权转移书据和营业执照。

如果一份合同或应税凭证由两方或两方以上当事人共同签订，签订合同或应税凭证的各方都是纳税人，应各就其所持合同或应税凭证的计税金额履行纳税义务。

（二）印花税纳税人的具体规定

根据书立、使用应税凭证的不同，纳税人可分为立合同人、立账簿人、立据人和使用人等。

1. 立合同人是指合同的当事人，即对凭证有直接权利义务关系的单位和个人，但不包括合同的担保人、证人、鉴定人。所谓合同，是指根据《民法典》的规定订立的各类合同，包括买卖、借款、融资租赁、租赁、承揽、建设工程、运输、技术、保管、仓储、财产保险共11类合同。当事人的代理人有代理纳税义务。

2. 立账簿人是指开立并使用营业账簿的单位和个人。如某企业因生产需要，设立了若干营业账簿，该企业即为印花税的纳税人。

3. 立据人是指书立产权转移书据的单位和个人。

4. 使用人是指在国外书立、领受，但在国内使用应税凭证的单位和个人。

同一应税凭证由两方以上当事人书立的，按照各自涉及的金额分别计算应纳税额。

【例题6－30】 根据印花税法律制度的规定，下列各项中，属于印花税纳税人的是（　　）。

A. 合同的双方当事人　　B. 合同的担保人

C. 合同的证人　　D. 合同的鉴定人

【答案】A
【解析】合同的当事人是印花税的纳税人，不包括合同的担保人、证人、鉴定人。

二、印花税征税范围

现行印花税采取正列举形式，只对法律规定中列举的凭证征收；没有列举的凭证不征税。列举的凭证分为四类，即合同类、产权转移书据类、营业账簿类和证券交易类。

（一）合同

合同是指平等主体的自然人、法人、其他组织之间设立、变更、终止民事权利义务关系的协议。印花税税目中的合同按照《民法典》的规定进行分类，在税目税率表中列举了如下 11 大类合同。

1. 买卖合同。包括供应、预购、采购、购销结合及协作、调剂、补偿、易货等合同；还包括各出版单位与发行单位（不包括订阅单位和个人）之间订立的图书、报刊、音像征订凭证。

对于工业、商业、物资、外贸等部门经销和调拨商品、物资供应的调拨单（或其他名称的单、卡、书、表等），应当区分其性质和用途，即看其是作为部门内执行计划使用的，还是代替合同使用的，以确定是否贴花。凡属于明确双方供需关系，据以供货和结算，具有合同性质的凭证，应按规定缴纳印花税。

对纳税人以电子形式签订的各类应税凭证按规定征收印花税。

对发电厂与电网之间、电网与电网之间（国家电网公司系统、南方电网公司系统内部各级电网互供电量除外）签订的购售电合同，按购销合同征收印花税；对电网与用户之间签订的供用电合同不征印花税。

2. 借款合同。包括银行及其他金融组织和借款人（不包括银行同业拆借）所签订的借款合同。

3. 融资租赁合同。

4. 租赁合同。包括租赁房屋、船舶、飞机、机动车辆、机械、器具、设备等合同；还包括企业、个人出租门店、柜台等所签订的合同，但不包括企业与主管部门签订的租赁承包合同。

5. 承揽合同。包括加工、定做、修缮、修理、印刷、广告、测绘、测试等合同。

6. 建设工程合同。包括勘察、设计、建筑、安装工程合同的总包合同、分包合同和转包合同。

7. 运输合同。包括民用航空运输、铁路运输、海上运输、内河运输、公路运输和联运合同。

8. 技术合同。包括技术开发、转让、咨询、服务等合同。

技术转让合同包括专利申请转让、非专利技术转让所书立的合同，但不包括专利权转让、专利实施许可所书立的合同。后者适用于“产权转移书据”。

技术咨询合同是合同当事人就有关项目的分析、论证、评价、预测和调查订立的技术合同，而一般的法律、会计、审计等方面的咨询不属于技术咨询，其所立合同不贴印花。

技术服务合同的征税范围包括技术服务合同、技术培训合同和技术中介合同。

9. 保管合同。包括保管合同或作为合同使用的仓单、栈单（入库单）。对某些使用不规范的凭证不便计税的，可就其结算单据作为计税贴花的凭证。

10. 仓储合同。

11. 财产保险合同。包括财产、责任、保证、信用等保险合同。

（二）产权转移书据

产权转移即财产权利关系的变更行为，表现为产权主体发生变更。产权转移书据是在产权的买卖、交换、继承、赠与、分割等产权主体变更过程中，由产权出让人与受让人之间所订立的民事法律文书。

我国印花税税目中的产权转移书据包括土地使用权出让书据，土地使用权、房屋等建筑物和构建物所有权转让书据（不包括土地承包经营权和土地经营权转移），股权转让书据（不包括应缴纳证券交易印花税的）以及商标专用权、著作权、专利权、专有技术使用权转让书据。

（三）营业账簿

印花税税目中的营业账簿归属于财务会计账簿，是按照财务会计制度的要求设置的，反映生产经营活动的账册。按照营业账簿反映的内容不同，在税目中分为记载资金的账簿（以下简称资金账簿）和其他营业账簿两类。对记载资金的营业账簿征收印花税；对其他营业账簿不征收印花税。

1. 资金账簿是反映生产经营单位“实收资本”和“资本公积”金额增减变化的账簿。

2. 其他营业账簿是反映除资金资产以外的其他生产经营活动内容的账簿，即除资金账簿以外的，归属于财务会计体系的其他生产经营用账册。

（四）证券交易

证券交易是指转让在依法设立的证券交易所、国务院批准的其他全国性证券交易场所交易的股票和以股票为基础的存托凭证。证券交易印花税对证券交易的出让方征收，不对受让方征收。

知识要点：专利权转让、专利实施许可所书立的合同属于“产权转移书据”。

【例题6－31】下列合同，属于印花税征税范围的有（　　）。

A. 人身保险合同　　B. 财产保险合同

C. 买卖合同　　D. 委托代理合同

【答案】BC

【解析】选项AD未在列举的11类合同中，不属于印花税征税范围。

三、印花税税率

印花税实行比例税率。按照凭证所标明的确定的金额按比例计算应纳税额，既能保证财政收入，又能体现合理负担的原则。

1. 借款合同、融资租赁合同，适用税率为万分之零点五。

2. 营业账簿，适用税率为万分之二点五。

3. 买卖合同，承揽合同，建设工程合同，运输合同，技术合同，商标专用权、著作权、专利权、专有技术使用权转让书据，适用税率为万分之三。

4. 土地使用权出让书据，土地使用权、房屋等建筑物和构筑物所有权转让书据（不包括土地承包经营权和土地经营权转移），股权转让书据（不包括应缴纳证券交易印花税的），适用税率为万分之五。

5. 租赁合同、保管合同、仓储合同、财产保险合同、证券交易，适用税率为千分之一。

印花税税目、税率，依照《印花税法》所附“印花税税目税率”执行（见表6－13）。

表6－13　　印花税税目税率

<table>
<tr><th colspan="2">税目</th><th>税率</th><th>备注</th></tr>
<tr><td rowspan="12">合同（指书面合同）</td><td>借款合同</td><td>借款金额的万分之零点五</td><td>指银行业金融机构、经国务院银行业监督管理机构批准设立的其他金融机构与借款人（不包括同业拆借）的借款合同</td></tr>
<tr><td>融资租赁合同</td><td>租金的万分之零点五</td><td></td></tr>
<tr><td>买卖合同</td><td>价款的万分之三</td><td>指动产买卖合同（不包括个人书立的动产买卖合同）</td></tr>
<tr><td>承揽合同</td><td>报酬的万分之三</td><td></td></tr>
<tr><td>建设工程合同</td><td>价款的万分之三</td><td></td></tr>
<tr><td>运输合同</td><td>运输费用的万分之三</td><td>指货运合同和多式联运合同（不包括管道运输合同）</td></tr>
<tr><td>技术合同</td><td>价款、报酬或者使用费的万分之三</td><td>不包括专利权、专有技术使用权转让书据</td></tr>
<tr><td>租赁合同</td><td>租金的千分之一</td><td></td></tr>
<tr><td>保管合同</td><td>保管费的千分之一</td><td></td></tr>
<tr><td>仓储合同</td><td>仓储费的千分之一</td><td></td></tr>
<tr><td>财产保险合同</td><td>保险费的千分之一</td><td>不包括再保险合同</td></tr>
<tr><td colspan="3" style="display:none"></td></tr>
<tr><td rowspan="4">产权转移书据</td><td>土地使用权出让书据</td><td>价款的万分之五</td><td rowspan="4">转让包括买卖（出售）、继承、赠与、互换、分割</td></tr>
<tr><td>土地使用权、房屋等建筑物和构筑物所有权转让书据（不包括土地承包经营权和土地经营权转移）</td><td>价款的万分之五</td></tr>
<tr><td>股权转让书据（不包括应缴纳证券交易印花税的）</td><td>价款的万分之五</td></tr>
<tr><td>商标专用权、著作权、专利权、专有技术使用权转让书据</td><td>价款的万分之三</td></tr>
</table>

续表

税目	税率	备注
营业账簿	实收资本（股本）、资本公积合计金额的万分之二点五	
证券交易	成交金额的千分之一	

四、印花税计税依据

（一）应税合同的计税依据

应税合同的计税依据，为合同所列的金额，不包括列明的增值税税款；合同中价款或者报酬与增值税税款未分开列明的，按照合计金额确定。具体包括买卖合同和建设工程合同中的支付价款、承揽合同中的支付报酬、租赁合同和融资租赁合同中的租金、运输合同中的运输费用、保管合同中的保管费、仓储合同中的仓储费、借款合同中的借款金额、财产保险合同中的保险费以及技术合同中的支付价款、报酬或者使用费等。

（二）应税产权转移书据的计税依据

应税产权转移书据的计税依据，为产权转移书据所列的金额，不包括列明的增值税税款；产权转移书据中价款与增值税税款未分开列明的，按照合计金额确定。

应税合同、产权转移书据未列明价款或者报酬的，按照下列方法确定计税依据：

1. 按照订立合同、产权转移书据时市场价格确定；依法应当执行政府定价的，按照其规定确定。

2. 不能按照上述规定的方法确定的，按照实际结算的价款或者报酬确定。

（三）应税营业账簿的计税依据

应税营业账簿的计税依据，为账簿记载的实收资本（股本）、资本公积合计金额。

（四）证券交易的计税依据

证券交易的计税依据，为成交金额。以非集中交易方式转让证券时无转让价格的，按照办理过户登记手续前一个交易日收盘价计算确定计税依据；办理过户登记手续前一个交易日无收盘价的，按照证券面值计算确定计税依据。

（五）未列明金额时的计税依据

应税合同、产权转移书据未列明金额，印花税的计税依据按照实际结算的金额确定。计税依据按照上述规定仍不能确定的，按照书立合同、产权转移书据时的市场价格确定；依法应当执行政府定价或者政府指导价的，按照国家有关规定确定。

（六）核定印花税计税依据

纳税人有以下情形的，税务机关可以核定纳税人印花税计税依据：

1. 未按规定建立印花税应税凭证登记簿，或未如实登记和完整保存应税凭证的。

2. 拒不提供应税凭证或不如实提供应税凭证致使计税依据明显偏低的。

3. 采用按期汇总缴纳办法的，未按税务机关规定的期限报送汇总缴纳印花税情况报告，经税务机关责令限期报告，逾期仍不报告的或者税务机关在检查中发现纳税人有未按规定汇总缴纳印花税情况的。

五、印花税应纳税额的计算

印花税应纳税额按照计税依据乘以适用税率计算。具体计算公式如下：

1. 应税合同的应纳税额计算公式为：

应纳税额＝价款或者报酬×适用税率

2. 应税产权转移书据的应纳税额计算公式为：

应纳税额＝价款×适用税率

3. 应税营业账簿的应纳税额计算公式为：

应纳税额＝实收资本（股本）、资本公积合计金额×适用税率

4. 证券交易的应纳税额计算公式为：

应纳税额＝成交金额或者依法确定的计税依据×适用税率

同一应税凭证载有两个以上税目事项并分别列明金额的，按照各自适用的税目税率分别计算应纳税额；未分别列明金额的，从高适用税率。

已缴纳印花税的营业账簿，以后年度记载的实收资本（股本）、资本公积合计金额比已缴纳印花税的实收资本（股本）、资本公积合计金额增加的，按照增加部分计算应纳税额。

【例题6－32】某电厂与某运输公司签订了两份运输保管合同：第一份合同载明的金额合计50万元（运费和保管费并未分别记载）；第二份合同中注明运费30万元、保管费10万元。分别计算该电厂第一份、第二份合同应缴纳的印花税税额。

【解析】第一份合同应缴纳印花税税额：500 000×1‰＝500（元）；第二份合同应缴纳印花税税额：300 000×0.3‰＋100 000×1‰＝190（元）。

六、印花税税收优惠

1. 法定凭证免税。下列凭证，免征印花税：

（1）应税凭证的副本或者抄本。

（2）依照法律规定应当予以免税的外国驻华使馆、领事馆和国际组织驻华代表机构为获得馆舍书立的应税凭证。

（3）中国人民解放军、中国人民武装警察部队书立的应税凭证。

（4）农民、家庭农场、农民专业合作社、农村集体经济组织、村民委员会购买农业生产资料或者销售农产品书立的买卖合同和农业保险合同。

（5）无息或者贴息借款合同、国际金融组织向中国提供优惠贷款书立的借款合同。

（6）财产所有权人将财产赠与政府、学校、社会福利机构、慈善组织书立的产权转移书据。

（7）非营利性医疗卫生机构采购药品或者卫生材料书立的买卖合同。

（8）个人与电子商务经营者订立的电子订单。

根据国民经济和社会发展的需要，国务院对居民住房需求保障、企业改制重组、破产、支持小型微型企业发展等情形可以规定减征或者免征印花税，报全国人民代表大会常务委员会备案。

2. 免税额。应纳税额不足 1 角的，免征印花税。

3. 特定情形免税。有下列情形之一的，免征印花税：

（1）对商店、门市部的零星加工修理业务开具的修理单，不贴印花。

（2）对铁路、公路、航运、水路承运快件行李、包裹开具的托运单据，暂免贴花。

（3）对企业车间、门市部、仓库设置的不属于会计核算范围的账簿，不贴印花。

4. 单据免税。对运输、仓储、保管、财产保险、银行借款等，办理一项业务，既书立合同，又开立单据的，只就合同贴花。所开立的各类单据，不再贴花。

5. 企业兼并并入资金免税。对企业兼并的并入资金，凡已按资金总额贴花的，接收单位对并入的资金，不再补贴印花。

6. 租赁承包经营合同免税。企业与主管部门等签订的租赁承包经营合同，不属于租赁合同，不征收印花税。

7. 特殊情形免税。纳税人已履行并贴花的合同，发现实际结算金额与合同所载金额不一致的，一般不再补贴印花。

8. 书、报、刊合同免税。书、报、刊发行单位之间，发行单位与订阅单位或个人之间书立的凭证，免征印花税。

9. 外国运输企业免税。由外国运输企业运输进口货物的，外国运输企业所持有的一份结算凭证，免征印花税。

10. 特殊货运凭证免税。下列特殊货运凭证，免征印花税：

（1）抢险救灾物资运输结算凭证。

（2）为新建铁路运输施工所属物料，使用工程临管线专用运费结算凭证。

11. 物资调拨单免税。对工业、商业、物资、外贸等部门调拨商品物资，作为内部执行计划使用的调拨单，不作为结算凭证，不属于合同性质的凭证，不征收印花税。

12. 同业拆借合同免税。银行、非银行金融机构之间相互融通短期资金，按照规定的同业拆借期限和利率签订的同业拆借合同，不征收印花税。

13. 借款展期合同免税。对办理借款展期业务使用借款展期合同或其他凭证，按规定仅载明延期还款事项的，可暂不贴花。

14. 合同、书据免税。出版合同，不属于印花税列举征税的凭证，免征印花税。

15. 国库业务账簿免税。中国人民银行各级机构经理国库业务及委托各专业银行各级机构代理国库业务设置的账簿，免征印花税。

16. 委托代理合同免税。代理单位与委托单位之间签订的委托代理合同，不征收印花税。

17. 日拆性贷款合同免税。对中国人民银行向各商业银行提供的日拆性贷款（20 日以内的贷款）所签订的合同或借据，暂免征印花税。

18. 铁道企业特定凭证免税。国铁集团所属单位的下列凭证，不征收印花税：

（1）国铁集团层层下达的基建计划，不贴花。

（2）企业内部签订的有关铁路生产经营设施基建、更新改造、大修、维修的协议或责任书，不贴花。

（3）在铁路内部无偿调拨固定资产的调拨单据，不贴花。

（4）由国铁集团全额拨付事业费的单位，其营业账簿不贴花。

19. 电话和联网购货免税。对在供需经济活动中使用电话、计算机联网订货，没有开具书面凭证的，暂不贴花。

七、印花税征收管理

（一）纳税义务发生时间

印花税的纳税义务发生时间为纳税人书立应税凭证或者完成证券交易的当日。

证券交易印花税扣缴义务发生时间为证券交易完成的当日。

（二）纳税地点

纳税人为单位的，应当向其机构所在地的主管税务机关申报缴纳印花税；纳税人为个人的，应当向应税凭证书立地或者纳税人居住地的主管税务机关申报缴纳印花税。

不动产产权发生转移的，纳税人应当向不动产所在地的主管税务机关申报缴纳印花税。

纳税人为境外单位或者个人，在境内有代理人的，以其境内代理人为扣缴义务人；在境内没有代理人的，由纳税人自行申报缴纳印花税，具体办法由国务院税务主管部门规定。

证券登记结算机构为证券交易印花税的扣缴义务人，应当向其机构所在地的主管税务机关申报解缴税款以及银行结算的利息。

（三）纳税期限

印花税按季、按年或者按次计征。实行按季、按年计征的，纳税人应当自季度、年度终了之日起 15 日内申报缴纳税款；实行按次计征的，纳税人应当自纳税义务发生之日起 15 日内申报缴纳税款。

证券交易印花税按周解缴。证券交易印花税扣缴义务人应当自每周终了之日起 5 日内申报解缴税款以及银行结算的利息。

（四）缴纳方式

印花税可以采用粘贴印花税票或者由税务机关依法开具其他完税凭证的方式缴纳。

印花税票粘贴在应税凭证上的，由纳税人在每枚税票的骑缝处盖戳注销或者画销。

印花税票由国务院税务主管部门监制。

本章主要内容提示

1. 房产税是以房产为征税对象，按照房产的计税价值或房产租金收入向产权所有人征收的一种税。其纳税人包括产权所有人、承典人、房产代管人或者使用人。其征税范围包括城市、县城、建制镇和工矿区的房屋。

2. 契税以在我国境内转移土地、房屋权属的行为作为征税对象。契税的纳税人为在我国境内承受土地、房屋权属转移的单位和个人。

3. 土地增值税是对转让国有土地使用权、地上建筑物及其附着物并取得收入的单位和个人，就其转让房地产所得的增值额征收的一种税。

4. 城镇土地使用税的征税范围包括在城市、县城、建制镇、工矿区的土地。

5. 耕地占用税的征税范围包括纳税人为建设建筑物、构建物或从事其他非农业建设而占用的国家所有和集体所有的耕地。

6. 车船税计税依据有按辆数、整备质量吨位数、净吨位数、艇身长度。拖船、非机动驳船分别按照机动船舶税额的50%计算。

7. 资源税纳税地点在矿产品的开采地或者海盐的生产地。

8. 依法设立的城乡污水集中处理、生活垃圾集中处理场所排放相应的应税污染物，不超过国家和地方规定的排放标准的，暂免征收环境保护税。

9. 烟叶税是向收购烟叶的单位征收的一种税。

10. 船舶吨税是对自中国境外港口进入境内港口的船舶征收的一种税。

11. 印花税是对经济活动和经济交往中书立、领受、使用的应税经济凭证征收的一种税。同一应税凭证载有两个或两个以上经济事项并“分别列明”价款或者报酬的，按照各自适用税目税率计算应纳税额；“未分别列明”价款或者报酬的，按税率高的计算应纳税额。

章节小测

一、单项选择题

1. 根据房产税法律制度的规定，下列房屋中，不属于房产税征税范围的是（　　）。

A. 城市的房屋　　B. 县城的房屋

C. 建制镇的房屋　　D. 农村的房屋

2. 根据房产税法律制度的规定，下列各项中，不予免征房产税的是（　　）。

A. 名胜古迹中附设的经营性动物园　　B. 宗教寺庙自用的办公用房

C. 个人所有的唯一普通居住用房　　D. 高校学生公寓

3. 根据房产税法律制度的规定，下列表述中，正确的是（　　）。

A. 房屋产权属于国家所有的，不缴纳房产税

B. 房屋产权属于集体和个人所有的，集体单位和个人为房产税纳税人

C. 房屋产权出典的，出典人为房产税纳税人

D. 房屋产权未确定的，不缴纳房产税

4. 2021年甲公司的房产原值为2 000万元，已提折旧800万元。已知从价计征房产税税率为1.2%；当地规定的房产原值扣除比例为30%。甲公司当年应缴纳房产税税额的下列算式中，正确的是（　　）。

A. （2 000 - 800）×（1 - 30%）×1.2%　　B. （2 000 - 400）×1.2%

C. 2 000×（1 - 30%）×1.2%　　D. 2 000×1.2%

5. 甲企业厂房原值3 000万元。2020年10月对该厂房进行扩建，2020年底扩建完工并办理验收手续，增加房产原值400万元。已知房产税的原值扣除比例为30%；房产税比例税率为1.2%。计算甲企业2021年应缴纳房产税税额的下列算式中，正确的是（　　）。

A. 3 000×（1 - 30%）×1.2% + 400×1.2%　　B. （3 000 + 400）×（1 - 30%）×1.2%

C. 3 000×1.2% + 400×（1 - 30%）×1.2%　　D. 3 000×（1 - 30%）×1.2%

6. 根据耕地占用税法律制度的规定，下列情形中，不缴纳耕地占用税的是（　　）。

A. 占用渔业水域滩涂建设游乐园的　　B. 占用林地修建木材集材道的

C. 占用养殖水面建设城市公园的　　D. 占用耕地建设经济技术开发区的

7. 2021年9月，农村居民张某经批准在规定用地标准内占用耕地120平方米新建住宅；另占用园地30平方米用于修建大型鱼塘增氧泵。已知当地适用的耕地占用税税额为每平方米45元。有关张某就上述业务应当缴纳的耕地占用税，下列计算正确的是（　　）。

A. 120×45　　B. 120×45×50%

C. （120 + 30）×45　　D. （120 + 30）×45×50%

8. 2021年甲盐场占地面积为400 000平方米。其中办公用地60 000平方米；生活区用地40 000平方米；盐滩用地300 000平方米。已知当地规定的城镇土地使用税每平方米年税额为1.2元。甲盐场当年应缴纳城镇土地使用税税额的下列计算中，正确的是（　　）。

A. （60 000 + 300 000）×1.2　　B. 400 000×1.2

C. （40 000 + 300 000）×1.2　　D. （60 000 + 40 000）×1.2

9. 根据城镇土地使用税法律制度的规定，下列土地中，免征城镇土地使用税的是（　　）。

A. 盐场的生产厂房用地　　B. 县城水电站的发电厂房用地

C. 市政街道的公共用地　　D. 市区公园内附设照相馆使用的土地

10. 甲公司2021年初实际占地面积为5 000平方米。2021年7月10日，甲公司经有关部门批准新征用耕地2 000平方米。已知甲公司所占用的土地适用的城镇土地使用税年税额为5元/平方米。有关甲公司2021年应当缴纳的城镇土地使用税，下列计算正确的是（　　）。

A. 5 000×5　　B. 5 000×5 + 2 000×5

C. 5 000×5 + 2 000×5×5/12　　D. 5 000×5 + 2 000×5×6/12

11. 根据契税法律制度的规定，下列各项中，需要计算缴纳契税的是（　　）。

A. 获得住房奖励的个人　　B. 法定继承父母房产的子女

C. 转让土地使用权的企业　　D. 出售房屋的个体工商户

12. 2021年9月，甲公司从乙公司购入一处写字楼，支付不含增值税价款900万元。该写字楼乙公司账面原值600万元，已提折旧150万元。已知契税税率为4%。计算甲公司当月该笔业务应缴纳契税税额的下列算式中，正确的是（　　）。

A. 600×4%　　B. 900×4%

C. [900 -（600 - 150）]×4%　　D. （900 - 150）×4%

13. 甲房地产公司开发一项房地产项目，取得土地使用权支付的金额为9 324万元；开发成本6 000万元；允许扣除的房地产开发费用为1 366.2万元；允许扣除的有关税金及附加290万元。有关甲公司计算缴纳土地增值税时扣除项目金额合计的下列计算列式中，正确的是（　　）。

A. 1 366.2 + 290　　B. 9 324 + 6 000

C. 9 324 + 6 000 + 1 366.2 + 290　　D. 9 324 + 6 000 + 1 366.2 + 290 +（9 324 + 6 000）×20%

14. 甲公司转让一座旧车间，该仓库原造价为100万元。经法定评估机构评定，转让时该车间的重置成本价为300万元，成新度折扣率为6成。根据土地增值税法律制度的规定，甲公司转让该车间时的评估价格为（　　）万元。

A. 60　　B. 100　　C. 180　　D. 300

15. 2021 年7 月15 日，甲公司购买3 辆乘用车。已知乘用车发动机汽缸容量（排气量）为2.0 升；当地规定的车船税年基准税额为490 元/辆。甲公司2021 年应纳车船税税额的下列计算中，正确的是（　　）。

A. $3\times490\div12\times6$　　B. $3\times490\div12$

C. $3\times490\div12\times5$　　D. 3×490

16. 有关我国船舶吨税的相关规定，下列表述不正确的是（　　）。

A. 吨税实行从价加从量的复合税率

B. 吨税纳税义务发生时间为应税船舶进入境内港口的当日

C. 吨税以应税船舶负责人为纳税义务人

D. 吨税应当自海关填发吨税缴款凭证之日起15 日内缴清

17. 有关印花税的计税依据，下列表述正确的是（　　）。

A. 合同中金额和增值税税款未分开列明的，应以剔除增值税后的金额为应税合同的计税依据

B. 证券交易无转让价格的，无需缴纳印花税

C. 应税合同未列明金额的，无需缴纳印花税

D. 同一应税凭证有两个以上税目事项未分别列明金额的，从高适用税率

18. 某铅矿开采企业为一般纳税人。2021 年9 月开采并销售铅矿原矿，取得不含增值税销售额700 万元；销售以自采铅矿原矿生产的选矿取得含增值税销售额1 200 万元。已知适用的铅矿原矿资源税税率为6%；铅矿选矿资源税税率为4%；增值税税率为13%。有关该铅矿开采企业2021 年9 月应缴纳的资源税税额，下列计算列式正确的是（　　）。

A. $700\times6\%$　　B. $700\times6\%+1\,200\times4\%$

C. $700\times6\%+1\,200\div(1+13\%)\times4\%$　　D. $700\div(1+13\%)\times6\%+1\,200\div(1+13\%)\times4\%$

19. 根据房产税法律制度的规定，下列各项中，免征房产税的是（　　）。

A. 公园附设照相馆使用的房产　　B. 公立学校附设招待所使用的房产

C. 医院住院大楼　　D. 国家机关用于出租的房产

20. 下列各项中，属于契税纳税人的是（　　）。

A. 出售住房的李某　　B. 出让土地使用权的某市政府

C. 出租住房的张某　　D. 购买房屋的王某

二、多项选择题

1. 下列与房屋不可分割的附属设备中，应计入房产原值计缴房产税的有（　　）。

A. 给排水管道　　B. 电梯　　C. 暖气设备　　D. 中央空调

2. 下列有关房产税的纳税义务发生时间，表述不正确的有（　　）。

A. 纳税人将原有房产用于生产经营，从生产经营之次月起，缴纳房产税

B. 纳税人自行新建房屋用于生产经营，从建成之次月起，缴纳房产税

C. 纳税人购置新建商品房，从办理验收手续之次月起，缴纳房产税

D. 纳税人购置存量房，自房屋交付使用之次月起，缴纳房产税

3. 根据城镇土地使用税法律制度的规定，下列关于城镇土地使用税纳税义务发生时间的表述中，正确的有（　　）。

A. 纳税人购置新建商品房，自房屋交付使用之次月起缴纳城镇土地使用税

B. 纳税人以出让方式有偿取得土地使用权，应从合同约定交付土地时间的次月起缴纳城镇土地使用税

C. 纳税人新征用的耕地，自批准征用之日起满1 年时开始缴纳城镇土地使用税

D. 纳税人新征用的非耕地，自批准征用次月起缴纳城镇土地使用税

4. 根据耕地占用税法律制度的规定，下列各项中，免征耕地占用税的有（　　）。

A. 医院职工住宅楼占用的耕地　　B. 军用公路专用线占用的耕地
C. 学校教学楼占用的耕地　　D. 工厂生产车间占用的耕地

5. 根据城镇土地使用税法律制度的规定，下列关于城镇土地使用税纳税人的表述中，正确的有（　　）。
A. 土地使用权共有的，共有各方均为纳税人，由共有各方分别纳税
B. 土地使用权未确定或权属纠纷未解决的，由实际使用人纳税
C. 城镇土地使用税由拥有土地使用权的单位或个人缴纳
D. 拥有土地使用权的纳税人不在土地所在地的，由代管人或实际使用人纳税

6. 根据契税法律制度的规定，下列各项中，属于契税纳税人的有（　　）。
A. 房屋买卖的购买方　　B. 房屋赠与的受赠方
C. 房屋互换收到差价方　　D. 房屋租赁的承租方

7. 根据契税法律制度的规定，下列行为中，不应征收契税的有（　　）。
A. 甲公司出租地下停车场　　B. 丁公司购买办公楼
C. 乙公司将房屋抵押给银行　　D. 丙公司承租仓库

8. 关于契税计税依据的下列表述中，符合法律制度规定的有（　　）。
A. 受让土地使用权的，以成交价格为计税依据
B. 受赠房屋的，由税务机关参照房屋买卖的市场价格核定计税依据
C. 互换土地使用权的，以互换土地使用权的价格差额为计税依据
D. 购入土地使用权的，以评估价格为计税依据

9. 根据契税法律制度的规定，下列各项中，免征契税的有（　　）。
A. 纳税人承受荒滩土地使用权用于农业生产
B. 国家机关承受房屋用于办公
C. 军事单位承受土地用于军事设施
D. 城镇居民购买商品房用于居住

10. 根据土地增值税法律制度的规定，下列行为中，应征收土地增值税的有（　　）。
A. 企业转让国有土地使用权　　B. 政府出让国有土地使用权
C. 企业出售不动产　　D. 个人出租不动产

11. 根据土地增值税法律制度的规定，下列各项中，不属于土地增值税纳税人的有（　　）。
A. 出售厂房的工厂　　B. 受赠房屋的学校
C. 承租商铺的个体工商户　　D. 出让国有土地使用权的市人民政府

12. 根据土地增值税法律制度的规定，下列各项中，在计算土地增值税计税依据时，应列入房地产开发成本的有（　　）。
A. 前期工程费　　B. 公共配套设施费　　C. 土地出让金　　D. 基础设施费

13. 根据土地增值税法律制度的规定，纳税人转让旧房及建筑物，在计算土地增值税税额时，准予扣除的项目有（　　）。
A. 评估价格　　B. 转让环节缴纳的税金
C. 取得土地使用权所支付的地价款　　D. 重置成本

14. 根据土地增值税法律制度的规定，下列情形中，纳税人应当进行土地增值税清算的有（　　）。
A. 直接转让土地使用权的
B. 整体转让未竣工决算房地产开发项目的
C. 房地产开发项目全部竣工并完成销售的
D. 取得房地产销售（预售）许可证满1年尚未销售完毕的

15. 根据车船税法律制度的规定，下列各项中，属于车船税征税范围的有（　　）。
A. 非机动驳船　　B. 电动自行车　　C. 摩托车　　D. 挂车

16. 根据车船税法律制度的规定，下列车船中，以“辆数”为计税依据的有（　　）。
A. 摩托车　B. 机动车辆　C. 商用货车　D. 商用客车
17. 根据车船税法律制度的规定，下列关于车船税纳税地点的表述中，正确的有（　　）。
A. 依法不需要办理登记的车船，纳税地点为车船的所有人或者管理人所在地
B. 纳税人自行申报纳税的车船，纳税地点为车船登记地的主管税务机关所在地
C. 需要办理登记的车船，纳税地点为车船生产地
D. 扣缴义务人代收代缴税款的车船，纳税地点为扣缴义务人所在地
18. 下列船舶中，免征船舶吨税的有（　　）。
A. 应纳税额在人民币 150 元以下的船舶
B. 吨税执照期满后 24 小时内不上下客货的船舶
C. 捕捞、养殖渔船
D. 警用船舶
19. 根据印花税法律制度的规定，下列合同中，属于印花税征税范围的有（　　）。
A. 运输合同　B. 买卖合同　C. 租赁合同　D. 委托代理合同
20. 根据印花税法律制度的规定，下列各项中，属于印花税征收范围的有（　　）。
A. 审计咨询合同　B. 财产保险合同
C. 借款合同　D. 建设工程分包合同

三、判断题

1. 房屋产权出典的，应以出典人为房产税纳税人。（　　）
2. 我国现行房产税对从价计征和从租计征实行不同标准的比例税率。（　　）
3. 产权未确定以及租典纠纷未解决的，暂不征收房产税。（　　）
4. 某盐场 2021 年共占地 5 000 平方米，其中盐滩用地 3 500 平方米；办公用地 500 平方米；其余为职工宿舍用地。已知某盐场所在地城镇土地使用税年税额为每平方米 2 元。某盐场 2021 年应缴纳的城镇土地使用税 =（5 000 - 3 500 - 500）×2 = 2 000（元）。（　　）
5. 占用基本农田建设建筑物、构筑物或者从事非农业建设的，应当按照法定的当地耕地占用税税额，加按 180% 征收。（　　）
6. 对免税单位无偿使用纳税单位的土地，应征收城镇土地使用税。（　　）
7. 拥有土地使用权的纳税人不在土地所在地的，由代管人或实际使用人缴纳城镇土地使用税。（　　）
8. 对融资租赁的房屋计征房产税时，应以出租方取得的租金收入为计税依据。（　　）
9. 以房产投资收取固定收入、不承担经营风险的，应以出租方取得的不含增值税的租金收入为计税依据计缴房产税。（　　）
10. 土地承包经营权的转移应征收契税。（　　）
11. 某公立医院购置了一幢楼房作为本院医生、护士住房使用。由于该医院属于非营利性医疗机构，根据契税法律制度的规定，该医院上述楼房购置行为免征契税。（　　）
12. 因人民法院、仲裁委员会的生效法律文书或监察机关出具的监察文书等发生土地、房屋权属转移的，纳税义务发生时间为纳税人取得土地、房屋权属登记证书的当日。（　　）
13. 王某购买甲公司开发的 A 楼盘的一处 2 室 1 厅商品房，《商品房预售合同》约定面积为 100 平方米。该商品房交付验收时、王某发现房屋面积经权威机构测量仅为 98 平方米。王某除了向甲公司主张返还相应的房价款外，对于就该商品房已经缴纳的契税，可以依法申请退税。（　　）
14. 双方合作建商品房，建成后转让的，应征收土地增值税。（　　）
15. 船舶吨税纳税义务发生时间为应税船舶进入境内港口的当日。（　　）
16. 张某因父亲死亡继承其房屋，该行为应缴纳土地增值税。（　　）
17. 房地产开发项目中同时包含普通住宅和非普通住宅的，应分别计算土地增值税的税额。（　　）

18. 购置的新车船，购置当年车船税的应纳税额自纳税义务发生的次月起按月计算。（　　）
19. 对企业车间、门市部、仓库设置的不属于会计核算范围的账簿，不贴印花税。（　　）
20. 机动车排放应税污染物的，暂予免征环境保护税。（　　）

四、不定项选择题

（一）位于县城的某房地产开发企业（增值税一般纳税人）在当地开发建造普通标准住宅。2015 年 6 月取得土地使用权支付金额 1 000 万元；缴纳相关税费 40 万元；发生房地产开发成本 1 100 万元；另发生利息支出 80 万元（含加罚利息 10 万元）。该利息支出能够按转让房地产项目计算分摊并能提供银行贷款利息证明。2018 年 12 月将开发的房地产全部销售，取得不含增值税销售收入 3 000 万元并签订产权转移书据。

已知：其他房地产开发费用的扣除比例为 4%。该企业转让不动产选择简易计税办法，适用的增值税征收率为 5%。

要求：根据上述资料，回答下列问题。

1. 该房地产开发企业在计算土地增值税时准予扣除的“房地产开发费用”为（　　）万元。

A. 165.6　　B. 155.6　　C. 164　　D. 154

2. 关于该房地产开发企业转让房地产的行为，下列说法正确的是（　　）。

A. 应纳增值税 =3 000×5% =150（万元）

B. 应纳城建税 =3 000×5% ×7% =10.5（万元）

C. 应纳印花税 =3 000×0.5‰ =1.5（万元）

D. 应纳教育费附加 =3 000×5% ×3% =4.5（万元）

3. 该房地产开发企业在计算土地增值税时允许加计扣除项目的金额为（　　）万元。

A. 210　　B. 420　　C. 214　　D. 428

4. 下列各项中，属于房地产开发成本的是（　　）。

A. 土地征用费　　B. 开发间接费用

C. 基础设施费　　D. 取得土地使用权时支付的契税

（二）某市甲企业 2021 年初占地面积为 30 000 平方米；生产用房原值共计 1 000 万元，账面已计提折旧 100 万元；拥有小汽车 5 辆（其中 1 辆为节约能源乘用车）。2021 年有关资料如下：

（1）原值为 200 万元的厂房自本年初因房屋大修导致连续停用 5 个月，6 月恢复使用。

（2）6 月 15 日经批准新征用一块耕地，面积为 800 平方米。6 月 20 日开始开发该耕地建造新办公楼。

（3）6 月 25 日经批准新征用一块非耕地，面积为 1 200 平方米。7 月 5 日，甲企业将该土地用于开发建造新厂房。

（4）7 月 15 日从汽车销售公司购买 3 辆载货汽车和 4 辆挂车。每辆载货汽车整备质量为 5 吨；每辆挂车整备质量为 4 吨。取得汽车销售公司开具的“机动车销售统一发票”，并于当月取得了车辆的所有权。

（5）8 月 20 日，甲企业将拥有的一辆小汽车过户转让。

已知：房产税税率为 1.2%，当地省政府规定计算房产余值的扣除比例为 20%；每辆小汽车车船税的年税额为 480 元，载货汽车的车船税年税额为 60 元/吨；城镇土地使用税每平方米年税额为 2 元；当地耕地占用税税额为 10 元/平方米。

要求：根据上述资料，回答下列问题。

1. 根据房产税法律制度的规定，下列说法中正确的是（　　）。

A. 因房屋大修导致连续停用 5 个月的厂房，免征房产税

B. 因房屋大修导致连续停用 5 个月的厂房，应照章征收房产税

C. 甲企业 2018 年共应缴纳房产税 8.64 万元

D. 甲企业 2018 年共应缴纳房产税 9.6 万元

2. 根据城镇土地使用税法律制度的规定，下列说法中正确的是（　　）。

A. 甲企业新征用的耕地，自 2021 年 6 月起计算缴纳城镇土地使用税
B. 甲企业新征用的耕地，自 2021 年 7 月起计算缴纳城镇土地使用税
C. 甲企业新征用的非耕地，自 2021 年 7 月起计算缴纳城镇土地使用税
D. 甲企业新征用的非耕地，自 2022 年 6 月起计算缴纳城镇土地使用税

3. 下列关于甲企业 2021 年应缴纳城镇土地使用税和耕地占用税的说法中，不正确的是（　　）。
A. 应纳耕地占用税 $=800\times10=8\ 000$（元）
B. 应纳城镇土地使用税 $=30\ 000\times2+1\ 200\times2\times6\div12=61\ 200$（元）
C. 对于新征用的耕地可以在同一纳税年度内同时征收城镇土地使用税和耕地占用税
D. 对于新征用的耕地不可以在同一纳税年度内同时征收城镇土地使用税和耕地占用税

4. 根据车船税法律制度的规定，甲企业 2018 年应缴纳车船税（　　）元。
A. 3 260　　B. 3 040　　C. 2 850　　D. 2 800

模块七

税收征管法律制度

学习目标

1. 掌握税务登记管理、账簿和凭证管理、发票管理、纳税申报管理、应纳税额的核定和调整、应纳税额的缴纳、税款征收的保障措施、纳税信用管理、重大税收违法失信案件的信息公布、税务行政复议的范围、税务行政复议的管辖；

2. 熟悉征纳双方的权利和义务、税款征收方式、被检查人的义务、税收违法行为检举管理、税务行政复议申请与受理、税务行政复议审查和决定、税务管理相对人实施税收违法行为和税务行政主体实施税收违法行为的法律责任；

3. 了解税收征收管理法的概念、税务管理的概念、税收征收管理法的适用范围、税款征收主体。

案例导入

某市税务机关在对甲公司进行检查时，发现该公司存在如下问题：有两张已做账务处理的发票票物不符。税务机关在对相关发票进行拍照和复印时，该公司以商业机密为由拒绝。经税务机关核实，该公司通过销毁发票存根联、开具票物不符发票等手段，共计少缴税款30万元（占应纳税额的20%）。根据以上情况，市税务机关除责令其限期补缴少缴的税款30万元外，还依法对其进行了相应的处罚。该公司一直拖延缴纳税款。市税务机关在多次催缴无效的情况下，经局长批准于6月18日查封了该公司的一处房产，准备以拍卖所得抵缴税款。该公司认为该房产已于4月22日抵押给乙公司作为合同担保，并依法办理了抵押物登记，税务机关无权查封该房产。据此，该公司向上级税务机关提出行政复议。问：(1) 税务机关对相关发票进行检查的权力有哪些？(2) 该公司少缴税款，税务机关可以采取怎样的处罚措施？(3) 不得查封的财产有哪些？(4) 可以采取的税收保全措施有哪些？

任务一 税收征收管理法概述

一、税收征收管理法的概念

税收征收管理法是指调整税收征收与管理过程中所发生的社会关系的法律规范的总称。税收征收管理法属于税收程序法。它是以规定税收实体法中所确定的权利义务的履行程序为主要内容的法律规范，是税法的有机组成部分。

二、税收征收管理法的适用范围

凡依法由税务机关征收的各种税收的征收管理，均适用《税收征收管理法》。就现行有效税种而言，增值税、消费税、城市维护建设税、企业所得税、个人所得税、房产税、契税、土地增值税、城镇土地使用税、耕地占用税、车船税、车辆购置税、印花税、资源税、环境保护税、烟叶税等税种的征收管理均适用《税收征收管理法》。

由海关负责征收的关税和船舶吨税以及海关代征的进口环节的增值税、消费税，依照法律、行政法规的有关规定执行。

我国同外国缔结的有关税收的条约、协定同《税收征收管理法》有不同规定的，依照条约、协定的规定办理。

三、税收征收管理法的适用对象

（一）税收征收管理主体

国务院税务主管部门主管全国税收征收管理工作。各地税务局应当按照国务院规定的税收征收管理范围分别进行征收管理。

税务机关是指各级税务局、税务分局、税务所和省以下税务局的稽查局。稽查局专司偷税（逃税）、逃避追缴欠税、骗税、抗税案件的查处。国务税务总局应当明确划分税务局和稽查局的职责，避免职责交叉。

税务机关依法执行职务，任何单位和个人不得阻挠。

（二）税务征收管理相对人

税收征收管理相对人包括纳税人和扣缴义务人。纳税人和扣缴义务人必须依照法律、行政法规的规定缴纳税款，代扣代缴、代收代缴税款。

（三）相关单位和部门

地方各级人民政府应当依法加强对本行政区域内税收征收管理工作的领导或者协调，支持税务机关依法执行职务，依照法定税率计算税额，依法征收税款。

各有关部门和单位应当支持、协助税务机关依法执行职务。

四、税收征纳双方的权利和义务

税收征纳主体双方在税收征收管理中既享有各自的权利，也须承担各自的义务，它们共同构成了税收法律关系的内容。

（一）征税主体的权利和义务

征税主体的权利与义务直接体现为税收征收管理中征税机关和税务人员的职权和职责。

1. 征税主体的职权。征税主体作为国家税收征收管理的职能部门，享有税务行政管理权。税务机关和税务人员的职权主要包括：

（1）税收立法权。税收立法权包括参与起草税收法律法规草案，提出税收政策建议，在职权范围内制定、发布关于税收征管的部门规章等。

（2）税务管理权。税务管理权包括对纳税人进行税务登记管理、账簿和凭证管理、发票管理、纳税申报管理等。

（3）税款征收权。税款征收权是征税主体享有的最基本、最主要的职权。税款征收权包括依法计征权、核定税款权、税收保全和强制执行权、追征税款权等。

（4）税务检查权。税务检查权包括查账权、场地检查权、询问权、责成提供资料权、存款账户核查权等。

（5）税务行政处罚权。税务行政处罚权是对税收违法行为依照法定标准予以行政制裁的职权，如罚款等。

（6）其他职权。如在法律、行政法规规定的权限内，对纳税人的减、免、退、延期缴纳的申请予以审批的权利；阻止欠税纳税人离境的权利；委托代征权；估税权；代位权与撤销权；定期对纳税人欠缴税款情况予以公告的权利；上诉权等。

知识要点：税款征收权是征税主体享有的最基本、最主要的职权。

2. 征税主体的义务。征税机关和税务人员在行使职权时，也要履行相应的职责，主要包括：

（1）宣传税收法律、行政法规，普及纳税知识，无偿为纳税人提供纳税咨询服务。

（2）依法为纳税人、扣缴义务人的情况保守秘密，为检举违反税法行为者保密。纳税人、扣缴义务人的税收违法行为不属于保密范围。

（3）加强队伍建设，提高税务人员的政治业务素质。

（4）秉公执法，忠于职守，清正廉洁，礼貌待人，文明服务，尊重和保护纳税人、扣缴义务人的权利，依法接受监督。

（5）税务人员不得索贿受贿、徇私舞弊、玩忽职守、不征或者少征应征税款；不得滥用职权多征税款或者故意刁难纳税人和扣缴义务人。

（6）税务人员在核定应纳税额、调整税收定额、进行税务检查、实施税务行政处罚、办理税务行政复议时，与纳税人、扣缴义务人或者其法定代表人、直接责任人有利害关系，包括夫妻关系、直系血亲关系、三代以内旁系血亲关系、近姻亲关系、可能影响公正执法的其他利害关系的，应当回避。

（7）建立、健全内部制约和监督管理制度。上级税务机关应当对下级税务机关的执法活动依法进行监督。各级税务机关应当对其工作人员执行法律、行政法规和廉洁自律准则的情况进行监督检查。

（二）纳税主体的权利和义务

在税收法律关系中，纳税主体处于行政管理相对人的地位，须承担纳税义务，但也仍然享有相应的法定权利。

1. 纳税主体的权利包括：（1）知情权；（2）要求保密权；（3）依法享受税收优惠权；（4）申请退还多缴税款权；（5）申请延期申报权；（6）纳税申报方式选择权；（7）申请延期缴纳税款权；（8）索取有关税收凭证的权利；（9）委托税务代理权；（10）陈述权、申辩权；（11）对未出示税务检查证和税务检查通知书的拒绝检查权；（12）依法要求听证的权利；（13）税收法律救济权；（14）税收监督权。

2. 纳税主体的义务包括：（1）按期办理税务登记，及时核定应纳税种、税目；（2）依法设置账簿、保管账簿和有关资料以及依法开具、使用、取得和保管发票的义务；（3）财务会计制度和会计核算软件备案的义务；（4）按照规定安装、使用税控装置的义务；（5）按期、如实办理纳税申报的义务；（6）按期缴纳或解缴税款的义务；（7）接受税务检查的义务；

(8) 代扣、代收税款的义务；(9) 及时提供信息的义务；如纳税人有歇业、经营情况变化、遭受各种灾害等特殊情况的，应及时向征税机关说明等；(10) 报告其他涉税信息的义务。如企业合并、分立的报告义务等。

【例题7-1】 根据税收征收管理法律制度的规定，下列各项中，属于纳税人权利的有(　　)。

A. 陈述权　　B. 核定税款权

C. 税收监督权　　D. 税收法律救济权

【答案】ACD

【解析】选项B属于“征税主体”的职权。

任务二　税务管理

一、税务管理的概念

税务管理是指税收征收管理机关为了贯彻执行国家税收法律制度，加强税收工作，协调征税关系而对纳税人和扣缴义务人实施的基础性的管理制度和管理行为。税务管理是税收征收管理的重要内容，是税款征收的前提和基础。税务管理主要包括税务登记管理、账簿和凭证管理、发票管理和纳税申报管理等。

知识要点： 税务管理是税收征收管理的重要内容，是税款征收的前提和基础。

二、税务登记管理

税务登记又称纳税登记，是税务机关对纳税人的基本情况及生产经营项目进行登记管理的一项基本制度，是税务机关对纳税人实施税收征收管理的起点。税务登记的作用在于掌握纳税人的基本情况和税源分布情况。从税务登记开始，纳税人的身份及征纳双方的法律关系即得到确认。

(一) 税务登记申请人

企业，企业在外地设立的分支机构和从事生产、经营的场所，个体工商户和从事生产、经营的事业单位，都应当办理税务登记（统称“从事生产、经营的纳税人”）。

前述规定以外的纳税人，除国家机关、个人和无固定生产、经营场所的流动性农村小商贩外，也应当办理税务登记（以下统称“非从事生产经营但依照规定负有纳税义务的纳税人”）。

根据税收法律、行政法规的规定，负有扣缴税款义务的扣缴义务人（国家机关除外），应当办理扣缴税款登记。

【例题7-2】 企业在外地设立从事生产、经营的场所不需要办理税务登记。(　　)

【答案】×

（二）税务登记主管机关

县以上（含本级，下同）税务局（分局）是税务登记的主管机关，负责税务登记的设立登记、变更登记、注销登记和税务登记证验证、换证以及非正常户处理、报验登记等有关事项。

县以上税务局（分局）按照国务院规定的税收征收管理范围，实施属地管理，办理税务登记。有条件的城市，可以按照“各区分散受理、全市集中处理”的原则办理税务登记。

（三）税务登记的内容

根据我国法律和行政法规的规定，我国现行税务登记包括设立（开业）税务登记、变更税务登记、注销税务登记、外出经营报验登记以及停业、复业登记等。

1. 设立（开业）税务登记，是指纳税人依法成立并经工商行政管理登记后，为确认其纳税人的身份、纳入国家税务管理体系而到税务机关进行的登记。

（1）办理税务登记的地点。从事生产、经营的纳税人，向生产、经营所在地税务机关办理税务登记；非从事生产经营但依照规定负有纳税义务的其他纳税人，向纳税义务发生地税务机关办理税务登记。

税务机关对纳税人税务登记地点发生争议的，由其共同的上级税务机关指定管辖。

（2）申报办理税务登记的时限。

①从事生产、经营的纳税人领取工商营业执照的，应当自领取工商营业执照之日起 30 日内申报办理税务登记。税务机关发放税务登记证及副本。

②从事生产、经营的纳税人未办理工商营业执照但经有关部门批准设立的，应当自有关部门批准设立之日起 30 日内申报办理税务登记。税务机关发放税务登记证及副本。

③从事生产、经营的纳税人未办理工商营业执照也未经有关部门批准设立的，应当自纳税义务发生之日起 30 日内申报办理税务登记。税务机关发放临时税务登记证及副本。

④有独立的生产经营权、在财务上独立核算并定期向发包人或者出租人上交承包费或租金的承包承租人，应当自承包承租合同签订之日起 30 日内，向其承包承租业务发生地税务机关申报办理税务登记。税务机关发放临时税务登记证及副本。

⑤境外企业在中国境内承包建筑、安装、装配、勘探工程和提供劳务的，应当自项目合同或协议签订之日起 30 日内，向项目所在地税务机关申报办理税务登记。税务机关发放临时税务登记证及副本。

⑥非从事生产经营但依照规定负有纳税义务的其他纳税人，除国家机关、个人和无固定生产、经营场所的流动性农村小商贩外，均应当自纳税义务发生之日起 30 日内，向纳税义务发生地税务机关申报办理税务登记。税务机关发放税务登记证及副本。

（3）办理税务登记的程序。

①申请税务登记。纳税人应当在规定的时限内，向主管税务机关申报办理税务登记，并根据不同情况向主管税务机关如实提供以下证件和资料：工商营业执照或其他核准执业证件；有关合同、章程、协议书；组织机构统一代码证书；法定代表人或负责人或业主的居民身份证、护照或者其他合法证件。其他需要提供的有关证件、资料，由省、自治区、直辖市税务机关确定。

②填写税务登记表。纳税人在申报办理税务登记时，应当如实填写税务登记表。税务登记表的主要内容包括：单位名称、法定代表人或者业主姓名及其居民身份证、护照或者其他合法证件的号码；住所、经营地点；登记类型；核算方式；生产经营方式；生产经营范围；注册资金（资本）、投资总额；生产经营期限；财务负责人，联系电话；国家税务总局确定的其他有关事项。

③税务登记证件的核发和管理。纳税人提交的证件和资料齐全且税务登记表的填写内容符合规定的，税务机关应当日办理并发放税务登记证件；纳税人提交的证件和资料不齐全或税务登记表的填写内容不符合规定的，税务机关应当场通知其补正或重新填报。

为提升政府行政服务效率，降低市场主体创设的制度性交易成本，激发市场活力和社会创新力，自2015年10月1日起，登记制度改革在全国推行。随着国务院简政放权、放管结合、优化服务的“放管服”改革不断深化，登记制度改革从“三证合一”推进为“五证合一”，又进一步推进为“多证合一、一照一码”。使“一照一码”营业执照成为企业唯一的“身份证”；使统一社会信用代码成为企业唯一的身份代码，实现企业“一照一码”走天下。由此，纳税人以18位统一社会信用代码为其纳税人识别号，按照现行规定办理税务登记，发放税务登记证件。

纳税人应当将税务登记证件正本在其生产、经营场所或者办公场所公开悬挂，接受税务机关检查。

税务登记证件的主要内容包括：纳税人名称、税务登记代码、法定代表人或负责人、生产经营地址、登记类型、核算方式、生产经营范围（主营、兼营）、发证日期、证件有效期等。

纳税人办理开立银行账户和领购发票事项时，必须提供税务登记证件；纳税人办理其他税务事项时，应当出示税务登记证件，经税务机关核准相关信息后办理手续。

税务机关对税务登记证件实行定期验证和换证制度。纳税人应当在规定的期限内持有关证件到主管税务机关办理验证或者换证手续。

纳税人遗失税务登记证件的，应当在15日内书面报告主管税务机关，并登报声明作废。

2. 变更税务登记，是指纳税人办理设立税务登记后，因登记内容发生变化，需要对原有登记内容进行更改，而向主管税务机关申报办理的税务登记。

纳税人已在市场监管部门办理变更登记的，应当自变更登记之日起30日内，向原税务登记机关申报办理变更税务登记。

纳税人按照规定不需要在市场监管部门办理变更登记，或者其变更登记的内容与工商登记内容无关的，应当自税务登记内容实际发生变化之日起30日内，或者自有关机关批准或者宣布变更之日起30日内，到原税务登记机关申报办理变更税务登记。

纳税人提交的有关变更登记的证件、资料齐全的，应如实填写税务登记变更表。符合规定的，税务机关应当日办理；不符合规定的，税务机关应通知其补正。

税务机关应当于受理当日办理变更税务登记。纳税人税务登记表和税务登记证中的内容都发生变更的，税务机关按变更后的内容重新发放税务登记证件；纳税人税务登记表的内容发生变更而税务登记证中的内容未发生变更的，税务机关不重新发放税务登记证件。

3. 停业、复业登记，是指实行定期定额征收方式的纳税人，因自身经营的需要暂停经营或者恢复经营而向主管税务机关申请办理的税务登记手续。

（1）停业登记。实行定期定额征收方式的个体工商户需要停业的，应当在停业前向税务机关申报办理停业登记。纳税人的停业期限不得超过1年。

纳税人在申报办理停业登记时，应如实填写停业复业报告书，说明停业理由、停业期限、停业前的纳税情况和发票的领、用、存情况，并结清应纳税款、滞纳金、罚款。税务机关应收存其税务登记证件及副本、发票领购簿、未使用完的发票和其他税务证件。

纳税人在停业期间发生纳税义务的，应当按照税收法律、行政法规的规定申报缴纳税款。

（2）复业登记。纳税人应当于恢复生产经营之前，向税务机关申报办理复业登记，如实填写停业复业报告书，领回并启用税务登记证件、发票领购簿及其停业前领购的发票。

纳税人停业期满不能及时恢复生产经营的，应当在停业期满前到税务机关办理延长停业登记，并如实填写停业复业报告书。

4. 外出经营报验登记，是指从事生产经营的纳税人到外县（市）进行临时性的生产经营活动时，按规定申报办理的税务登记手续。

纳税人跨省税务机关管辖区域（以下简称跨省）经营的，应当在外出生产经营以前，持税务登记证到主管税务机关开具《外出经营活动税收管理证明》（以下简称《外管证》）；纳税人在省税务机关管辖区域内跨县（市）经营的，是否开具《外管证》由省税务机关自行确定。

税务机关按照"一地一证"的原则，发放《外管证》。《外管证》的有效期限一般为30日，最长不得超过180日。但建筑安装行业纳税人项目合同期限超过180日的，按照合同期限确定有效期限。

纳税人应当在《外管证》注明地进行生产经营前，向当地税务机关报验登记并提交税务登记证副本和《外管证》（实行实名办税的纳税人，可不提供）。从事建筑安装的纳税人另需提供外出经营合同或外出经营活动情况说明。纳税人在《外管证》注明地销售货物的，除提交以上证件、资料外，还应如实填写外出经营货物报验单，申报查验货物。

纳税人应当自《外管证》签发之日起30日内，持《外管证》向经营地税务机关报验登记，并接受经营地税务机关的管理。

纳税人外出经营活动结束，应当向经营地税务机关填报《外出经营活动情况申报表），并结清税款、缴销发票。

纳税人应当在《外管证》有效期届满后10日内，持《外管证》回原税务登记地税务机关办理《外管证》缴销手续。

5. 注销税务登记，是指纳税人由于出现法定情形终止纳税义务时，向原税务机关申请办理的取消税务登记的手续。办理注销税务登记后，该当事人不再接受原税务机关的管理。

（1）办理注销税务登记的原因。纳税人发生以下情形的，应向主管税务机关申报办理注销税务登记：

①纳税人发生解散、破产、撤销以及其他情形，依法终止纳税义务的。

②纳税人被市场监管部门吊销营业执照或者被其他机关予以撤销登记的。

③纳税人因住所、经营地点变动，涉及变更税务登记机关的。

④境外企业在中国境内承包建筑、安装、装配、勘探工程和提供劳务的，项目完工、离开中国的。

（2）申报办理注销税务登记的时限。

①纳税人发生解散、破产、撤销以及其他情形，依法终止纳税义务的，应当在向市场监管部门或者其他机关办理注销登记前，持有关证件和资料向原税务登记机关申报办理注销税务登记；按规定不需要在市场监管部门或者其他机关办理注册登记的，应当自有关机关批准或者宣告终止之日起15日内，持有关证件和资料向原税务登记机关申报办理注销税务登记。

②纳税人被市场监管部门吊销营业执照或者被其他机关予以撤销登记的，应当自营业执照被吊销或者被撤销登记之日起15日内，向原税务登记机关申报办理注销税务登记。

③纳税人因住所、经营地点变动，涉及改变税务登记机关的，应当在向市场监管部门或者其他机关申请办理变更、注销登记前，或者住所、经营地点变动前，持有关证件和资料，向原税务登记机关申报办理注销税务登记，并自注销税务登记之日起30日内向迁达地税务机关申报办理税务登记。

④境外企业在中国境内承包建筑、安装、装配、勘探工程和提供劳务的，应当在项目完工、离开中国前15日内，持有关证件和资料，向原税务登记机关申报办理注销税务登记。

（3）清税证明的出具。

①已实行“多证合一、一照一码”登记模式的企业办理注销登记，须先向主管税务机关申报清税，填写清税申报表。清税完毕后，受理税务机关根据清税结果向纳税人统一出具清税证明。

②清税证明免办。向市场监管部门申请简易注销的纳税人，未办理过涉税事宜或办理过涉税事宜但未领用发票、无欠税（滞纳金）及罚款的，可免予到税务机关办理清税证明，直接向市场监管部门申请办理注销登记。

③清税证明即办。向市场监管部门申请简易注销的纳税人，未办理过涉税事宜且主动到税务机关办理清税的，税务机关可根据纳税人提供的营业执照即时出具清税文书。办理过涉税事宜但未领用发票、无欠税（滞纳金）及罚款的纳税人，主动到税务机关办理清税，资料齐全的，税务机关即时出具清税文书；资料不齐的，可采取“承诺制”容缺办理。在其作出承诺后，即时出具清税文书。

经人民法院裁定宣告破产的纳税人，持人民法院终结破产程序裁定书向税务机关申请税务注销的，税务机关即时出具清税文书，按照有关规定核销“死欠”。

对向市场监管部门申请一般注销的纳税人，税务机关在为其办理税务注销时，进一步落实限时办结规定。对未处于税务检查状态、无欠税（滞纳金）及罚款、已缴销增值税专用发票及税控专用设备，且具备法定情形之一的纳税人，优化即时办结服务，采取“承诺制”容缺办理，即：纳税人在办理税务注销时，若资料不齐，可在其作出承诺后，税务机关即时出具清税文书。这里的法定情形是指纳税信用级别为A级和B级的纳税人；控股母公司纳税信用级别为A级的M级纳税人；省级人民政府引进人才或经省级以上行业协会等机构认定的行业领军人才等创办的企业；未纳入纳税信用级别评价的定期定额个体工商户；未达到增值税纳税起征点的纳税人。纳税人应按承诺的时限补齐资料并办结相关事项。未履行承诺的，税务机关将对其法定代表人、财务负责人纳入纳税信用D级管理。

（4）优化税务注销登记程序的其他规定。纳税人办理注销税务登记前，应当向税务机关提交相关证明文件和资料，结清应纳税款、多退（免）税款、滞纳金和罚款，缴销发票、税务登记证件和其他税务证件，经税务机关核准后，办理注销税务登记手续。

处于非正常状态纳税人在办理税务注销前，需先解除非正常状态，补办纳税申报手续。纳税人符合非正常状态期间增值税、消费税和相关附加需补办的申报均为零申报的，或者非正常状态期间企业所得税月（季）度预缴需补办的申报均为零申报，且不存在弥补前期亏损情况的，税务机关可打印相应税种和相关附加的《批量零申报确认表》，经纳税人确认后，进行批量处理。

纳税人办理税务注销前，无须向税务机关提出终止委托扣款协议书申请。税务机关办结税务注销后，委托扣款协议自动终止。

对已实行实名办税的纳税人，免予提供以下证件、资料：税务登记证正（副）本、临时税务登记证正（副）本和发票领购簿；市场监督管理部门吊销营业执照决定原件（复印件）；上级主管部门批复文件或董事会决议原件（复印件）；项目完工证明、验收证明等相关文件原件（复印件）。

知识要点：纳税人的停业期限不得超过1年。

【例题7-3】下列各项中，纳税人应当注销税务登记的有（　　）。

A. 纳税人被人民法院依法宣告破产，依法终止纳税义务的

B. 纳税人因住所、经营地点变动，涉及变更税务登记机关的

C. 纳税人董事会换届，更换了董事长并变更法定代表人的

D. 纳税人被市场监管部门吊销营业执照的

【答案】ABD

【解析】（1）选项C属于法定代表人或负责人属于登记事项，发生变更应当办理变更登记；（2）选项B属于纳税人因住所、经营地点变动，涉及改变税务登记机关的，并非办理变更登记，而是向原登记机关申报办理注销税务登记，并自注销税务登记之日起30日内向迁达地税务机关申报办理税务登记。

6. 临时税务登记。从事生产、经营的个人应办而未办营业执照，但发生纳税义务的，可以按规定申请办理临时税务登记。

7. 非正常户的认定与解除。已办理税务登记的纳税人未按照规定的期限进行纳税申报，税务机关依法责令其限期改正；纳税人逾期不改正的，税务机关可以收缴其发票或者停止向其发售发票。

纳税人负有纳税申报义务，但连续3个月所有税种均未进行纳税申报的，税收征管系统自动将其认定为非正常户，并停止其发票领购簿和发票的使用。

对欠税的非正常户，税务机关依照《税收征收管理法》的规定追征税款及滞纳金。

已认定为非正常户的纳税人，就其逾期未申报行为接受处罚、缴纳罚款，并补办纳税申报的，税收征管系统自动解除非正常状态，无须纳税人专门申请解除。

8. 扣缴税款登记。根据税收法律、行政法规的规定，负有扣缴税款义务的扣缴义务人（国家机关除外），应当办理扣缴税款登记。

已办理税务登记的扣缴义务人应当自扣缴义务发生之日起30日内，向税务登记地税务机关申报办理扣缴税款登记。税务机关在其税务登记证件上登记扣缴税款事项，税务机关不再发放扣缴税款登记证件。

根据税收法律、行政法规的规定可不办理税务登记的扣缴义务人，应当自扣缴义务发生之日起30日内，向机构所在地税务机关申报办理扣缴税款登记，并由税务机关发放扣缴税

款登记证件。

三、账簿和凭证管理

账簿和凭证是纳税人进行生产经营活动和核算财务收支的重要资料，也是税务机关对纳税人进行征税、管理、核查的重要依据。纳税人所使用的凭证、登记的账簿、编制的报表及其所反映的内容是否真实可靠，直接关系到计征税款依据的真实性，从而影响应纳税款及时足额入库。账簿、凭证管理是税收管理的基础性工作。

（一）账簿的设置

纳税人、扣缴义务人应按照有关法律、行政法规和国务院财政、税务主管部门的规定设置账簿，根据合法、有效凭证记账，进行核算。

1. 从事生产、经营的纳税人应当自领取营业执照或者发生纳税义务之日起15日内，按照国家有关规定设置账簿。

2. 生产、经营规模小又确无建账能力的纳税人，可以聘请经批准从事会计代理记账业务的专业机构或者财会人员代为建账和办理账务。聘请上述机构或者人员有实际困难的，经县以上税务机关批准，可以按照税务机关的规定，建立收支凭证粘贴簿、进货销货登记簿或者使用税控装置。

3. 扣缴义务人应当自税收法律、行政法规规定的扣缴义务发生之日起10日内，按照所代扣、代收的税种，分别设置代扣代缴、代收代缴税款账簿。

纳税人、扣缴义务人会计制度健全，能够通过计算机正确、完整计算其收入和所得或者代扣代缴、代收代缴税款情况的，其计算机输出的完整的书面会计记录，可视同会计账簿。

纳税人、扣缴义务人会计制度不健全，不能通过计算机正确、完整计算其收入和所得或者代扣代缴、代收代缴税款情况的，应当建立总账及与纳税或者代扣代缴、代收代缴税款有关的其他账簿。

（二）对纳税人财务会计制度及其处理办法的管理

纳税人的财务会计制度及其处理办法，是其进行会计核算的依据，直接关系到计税依据是否真实合理。

1. 备案制度。从事生产、经营的纳税人应当自领取税务登记证件之日起15日内，将其财务、会计制度或者财务、会计处理办法报送主管税务机关备案。

纳税人使用计算机记账的，应当在使用前将会计电算化系统的会计核算软件、使用说明书及有关资料报送主管税务机关备案。

2. 税法规定优先。从事生产、经营的纳税人、扣缴义务人的财务、会计制度或者财务、会计处理办法与国务院或者国务院财政、税务主管部门有关税收的规定抵触的，依照国务院或者国务院财政、税务主管部门有关税收的规定计算应纳税款、代扣代缴和代收代缴税款。

3. 使用计算机记账。纳税人建立的会计电算化系统应当符合国家有关规定，并能正确、完整核算其收入或者所得。

（三）账簿、凭证等涉税资料的保存

从事生产、经营的纳税人、扣缴义务人必须按照国务院财政、税务主管部门规定的保管期限保管账簿、记账凭证、完税凭证及其他有关资料。

账簿、记账凭证、报表、完税凭证、发票、出口凭证以及其他有关涉税资料应当保存10年；但是法律、行政法规另有规定的除外。

账簿、记账凭证、完税凭证及其他有关资料不得伪造、变造或者擅自损毁。

知识归纳（见表7－1）

表7－1 **账簿设置和保管期限**

要点	内容	
账簿设置	纳税人	自领取“营业执照”之日起“15日内”
	扣缴义务人	自扣缴义务发生之日起“10日内”
档案保管	证、账、表及其他涉税资料应保存“10年”，法律、行政法规另有规定除外	

【例题7－4】 根据税收征收管理法律制度的规定，从事生产、经营的纳税人应当自领取营业执照或者发生纳税义务之日起一定期限内，按照国家有关规定设置账簿。该期限是（　　）日。

A. 10　　B. 15　　C. 7　　D. 30

【答案】B

四、发票管理

发票是指在购销商品、提供或者接受服务以及从事其他经营活动中，开具、收取的收付款凭证。它是确定经济收支行为发生的法定凭证，是会计核算的原始依据。

（一）发票管理机关

税务机关是发票的主管机关，负责发票印制、领购、开具、取得、保管、缴销的管理和监督。国家税务总局统一负责全国发票管理工作。省、自治区、直辖市税务机关依据各自的职责，共同做好本行政区域内的发票管理工作。财政、审计、市场监督管理、公安等有关部门在各自职责范围内，配合税务机关做好发票管理工作。

在全国范围内统一式样的发票，由国家税务总局确定。在省、自治区、直辖市范围内统一式样的发票，由省、自治区、直辖市税务机关确定。

增值税专用发票由国家税务总局确定的企业印制；其他发票按照国家税务总局的规定，由省、自治区、直辖市税务机关确定的企业印制。禁止私自印制、伪造、变造发票。

（二）发票的种类、联次和内容

发票的种类、联次和内容以及使用范围由国家税务总局规定。

1. 发票种类。全国范围内全面推行“营改增”试点后，发票的类型主要是增值税专用

发票和增值税普通发票，还有特定范围继续使用的其他发票。

（1）增值税专用发票包括增值税专用发票（折叠票）、增值税电子专用发票和机动车销售统一发票。

（2）增值税普通发票包括增值税普通发票（折叠票）、增值税电子普通发票和增值税普通发票（卷票）。

（3）其他发票包括农产品收购发票、农产品销售发票、门票、过路（过桥）费发票、定额发票、客运发票和二手车销售统一发票等。

2. 发票的联次和内容。发票的基本联次包括存根联、发票联、记账联。存根联由收款方或开票方留存备查；发票联由付款方或受票方作为付款原始凭证；记账联由收款方或开票方作为记账原始凭证。省以上税务机关可根据发票管理情况以及纳税人经营业务需要，增减除发票联以外的其他联次，并确定其用途。

发票的基本内容包括发票的名称、发票代码和号码、联次及用途、客户名称、开户银行及账号、商品名称或经营项目、计量单位、数量、单价、大小写金额、开票人、开票日期、开票单位（个人）名称（章）等。省以上税务机关可根据经济活动以及发票管理需要，确定发票的具体内容。

用票单位可以书面向税务机关要求使用印有本单位名称的发票，税务机关依法确认印有该单位名称发票的种类和数量。

（三）发票的领购

1. 领购发票的程序。需要领购发票的单位和个人，应当持税务登记证件、经办人身份证明、按照国务院税务主管部门规定式样制作的发票专用章的印模，向主管税务机关办理发票领购手续。主管税务关根据领购单位和个人的经营范围和规模，确认领购发票的种类、数量以及领购方式，在5个工作日内发给发票领购簿。

单位和个人领购发票时，应当按照税务机关的规定报告发票使用情况，税务机关应当按照规定进行查验。

2. 代开发票。需要临时使用发票的单位和个人，可以凭购销商品、提供或者接受服务以及从事其他经营活动的书面证明、经办人身份证明，直接向经营地税务机关申请代开发票。依照税收法律、行政法规规定应当缴纳税款的，税务机关应当先征收税款，再开具发票。税务机关根据发票管理的需要，可以按照国务院税务主管部门的规定委托其他单位代开发票。禁止非法代开发票。

3. 外地经营领购发票。临时到本省、自治区、直辖市以外从事经营活动的单位或者个人，应当凭所在地税务机关的证明，向经营地税务机关领购经营地的发票。临时在本省、自治区、直辖市以内跨市、县从事经营活动领购发票的办法，由省、自治区、直辖市税务机关规定。

税务机关对外省、自治区、直辖市来本辖区从事临时经营活动的单位和个人领购发票的，可以要求其提供保证人或者根据所领购发票的票面限额以及数量交纳不超过1万元的保证金，并限期缴销发票。按期缴销发票的，解除保证人的担保义务或者退还保证金；未按期缴销发票的，由保证人或者以保证金承担法律责任。税务机关收取保证金应当开具资金往来结算票据。

（四）发票的开具和使用

1. 发票的开具。

（1）开票主体。销售商品、提供服务以及从事其他经营活动的单位和个人，对外发生经营业务收取款项，收款方应当向付款方开具发票；特殊情况下，由付款方向收款方开具发票。特殊情况是指：收购单位和扣缴义务人支付个人款项时；国家税务总局认为其他需要由付款方向收款方开具发票的。

所有单位和从事生产、经营活动的个人在购买商品、接受服务以及从事其他经营活动支付款项，应当向收款方取得发票。

在人民法院裁定受理破产申请之日至企业注销之日期间，企业因继续履行合同、生产经营或处置财产需要开具发票的，管理人可以以企业名义按规定申领开具发票或者代开发票。

知识要点：一般由收款方应当向付款方开具发票；特殊情况下，由付款方向收款方开具发票。

（2）开票程序。开具发票应当按期规定的时限、顺序、栏目，全部联次一次性如实开具，并加盖发票专用章。

安装税控装置的单位和个人，应当按照规定使用税控装置开具发票，并按期向主管税务机关报送开具发票的数据。使用非税控电子器具开具发票的，应当将非税控电子器具使用的软件程序说明资料报主管税务机关备案，并按照规定保存、报送开具发票的数据。

（3）开票地域。除国务院税务主管部门规定的特殊情形外，发票限于领购单位和个人在本省、自治区、直辖市内开具。使用电子计算机开具发票，须经主管税务机关批准，并使用税务机关统一监制的机外发票，开具后的存根联应当按照顺序号装订成册。

（4）禁止性规定。取得发票的主体在取得发票时，不得要求开票主体变更品名和金额。

不符合规定的发票，不得作为财务报销凭证，任何单位和个人有权拒收。

任何单位和个人不得有下列虚开发票行为：

①为他人、为自己开具与实际经营业务情况不符的发票。

②让他人为自己开具与实际经营业务情况不符的发票。

③介绍他人开具与实际经营业务情况不符的发票。

2. 发票的使用和保管。任何单位和个人应当按照发票管理规定使用发票，不得有下列行为：

（1）转借、转让、介绍他人转让发票、发票监制章和发票防伪专用品。

（2）知道或者应当知道是私自印制、伪造、变造、非法取得或者废止的发票而受让、开具、存放、携带、邮寄、运输。

（3）拆本使用发票。

（4）扩大发票使用范围。

（5）以其他凭证代替发票使用。

开具发票的单位和个人应当建立发票使用登记制度，设置发票登记簿，并定期向主管税务机关报告发票使用情况。开具发票的单位和个人应当在办理变更或者注销税务登记的同时，办理发票和发票领购簿的变更、撤销手续。开具发票的单位和个人应当按照税务机关的规定存放和保管发票，不得擅自损毁。已经开具的发票存根联和发票登记簿应当保存5年。

保存期满，报经税务机关查验后销毁。

（五）发票的检查

税务机关在发票管理中有权进行下列检查：

1. 检查印制、领购、开具、取得、保管和缴销发票情况。
2. 调出发票查验。
3. 查阅、复制与发票有关的凭证、资料。
4. 向当事各方询问与发票有关的问题和情况。
5. 在查处发票案件时，对与案件有关的情况和资料，可以记录、录音、录像、照相和复制。

印制、使用发票的单位和个人，必须接受税务机关依法检查，如实反映情况，提供有关资料，不得拒绝、隐瞒。税务人员进行检查时，应当出示税务检查证。

税务机关需要将已开具的发票调出查验时，应当向被查验的单位和个人开具发票换票证。发票换票证与所调出查验的发票有同等的效力。被调出查验发票的单位和个人不得拒绝接受。税务机关需要将空白发票调出查验时，应当开具收据；经查无问题的，应当及时返还。

（六）网络发票

网络发票是指符合国家税务总局统一标准并通过国家税务总局及省、自治区、直辖市税务局公布的网络发票管理系统开具的发票。

开具发票的单位和个人开具网络发票应登录网络发票管理系统，如实完整填写发票的相关内容及数据，确认保存后打印发票。开具发票的单位和个人在线开具的网络发票，经系统自动保存数据后即完成开票信息的确认、查验。

税务机关应根据开具发票的单位和个人的经营情况，核定其在线开具网络发票的种类、行业类别、开票限额等内容。开具发票的单位和个人需要变更网络发票核定内容的，可向税务机关提出书面申请，经税务机关确认，予以变更。

单位和个人取得网络发票时，应及时查询验证网络发票信息的真实性、完整性。对不符合规定的发票，不得作为财务报销凭证，任何单位和个人有权拒收。

开具发票的单位和个人需要开具红字发票的，必须收回原网络发票全部联次或取得受票方出具的有效证明，通过网络发票管理系统开具金额为负数的红字网络发票。开具发票的单位和个人作废开具的网络发票，应收回原网络发票全部联次，注明“作废”，并在网络发票管理系统中进行发票作废处理。开具发票的单位和个人应当在办理变更或者注销税务登记的同时，办理网络发票管理系统的用户变更、注销手续并缴销空白发票。

税务机关根据发票管理的需要，可以按照国家税务总局的规定委托其他单位通过网络发票管理系统代开网络发票。税务机关应当与受托代开发票的单位签订协议，明确代开网络发票的种类、对象、内容和相关责任等内容。

开具发票的单位和个人必须如实在线开具网络发票，不得利用网络发票进行转借、转让，虚开发票及其他违法活动。开具发票的单位和个人在网络出现障碍，无法在线开具发票时，可离线开具发票。开具发票后，不得改动开票信息，并于48小时内上传开票信息。

【例题7-5】根据税收征收管理法律制度的规定，开具发票的单位和个人应当依照税务机关的规定存放和保管发票，已经开具的发票存根联和发票登记簿应当至少保存一定期限。该期限为（　　）年。

A. 20　　B. 15　　C. 10　　D. 5

【答案】D

【例题7-6】根据税收征收管理法律制度的规定，下列各项中，属于税务机关发票管理权限的有（　　）。

A. 检查印制、领购、开具、取得、保管和缴销发票的情况

B. 查阅、复制与发票有关的凭证、资料

C. 调出发票查验

D. 向当事各方询问与发票有关的问题和情况

【答案】ABCD

五、纳税申报管理

纳税申报是指纳税人按照税法规定，定期就计算缴纳税款的有关事项向税务机关提交书面报告的法定手续。纳税申报是确定纳税人是否履行纳税义务、界定法律责任的主要依据。

（一）纳税申报的内容

纳税人、扣缴义务人的纳税申报或者代扣代缴、代收代缴税款报告的主要内容包括税种、税目，应纳税项目或者应代扣代缴、代收代缴税款项目，计税依据，扣除项目及标准，适用税率或者单位税额，应退税项目及税额、应减免税项目及税额，应纳税额或者应代扣代缴、代收代缴税额，税款所属期限、延期缴纳税款、欠税，滞纳金等。

（二）纳税申报的方式

纳税申报方式是指纳税人和扣缴义务人在纳税申报期限内，依照规定到指定税务机关进行申报纳税的形式。纳税申报的方式主要有以下几种：

1. 自行申报，也称直接申报。是指纳税人、扣缴义务人在规定的申报期限内，自行直接到主管税务机关指定的办税服务场所办理纳税申报手续。这是一种传统的申报方式。

2. 邮寄申报，是指经税务机关批准，纳税人、扣缴义务人使用统一的纳税申报专用信封，通过邮政部门办理交寄手续，并以邮政部门收据作为申报凭据的纳税申报方式。邮寄申报以寄出的邮戳日期为实际申报日期。

3. 数据电文申报，是指经税务机关批准，纳税人、扣缴义务人以税务机关确定的电话语音、电子数据交换和网络传输等电子方式进行纳税申报。纳税人、扣缴义务人采取数据电文方式办理纳税申报的，其申报日期以税务机关计算机网络系统收到该数据电文的时间为准；与数据电文相对应的纸质申报资料的报送期限由税务机关确定。

4. 其他方式。实行定期定额缴纳税款的纳税人，可以实行简易申报、简并征期等方式申报纳税。

（三）纳税申报的要求

1. 纳税申报的基本要求。纳税人办理纳税申报时，应当如实填写纳税申报表，并根据不同的情况相应报送下列有关证件、资料：

（1）财务会计报表及其说明材料。

（2）与纳税有关的合同、协议书及凭证。

（3）税控装置的电子报税资料。

（4）外出经营活动税收管理证明和异地完税凭证。

（5）境内或者境外公证机构出具的有关证明文件。

（6）税务机关规定应当报送的其他有关证件、资料。

扣缴义务人办理代扣代缴、代收代缴税款报告时，应当如实填写代扣代缴、代收代缴税款报告表，并报送代扣代缴、代收代缴税款的合法凭证以及税务机关规定的其他有关证件、资料。

2. 无税及减免税期间的纳税申报。纳税人在纳税期内没有应纳税款的，也应当按照规定办理纳税申报。

纳税人享受减税、免税待遇的，在减税、免税期间应当按照规定办理纳税申报。

3. 破产期间的纳税申报。在人民法院裁定受理破产申请之日至企业注销之日期间，企业应当接受税务机关的税务管理，履行税法规定的相关义务。破产程序中如发生应税情形，应按规定申报纳税。从人民法院指定管理人之日起，管理人可以按照《企业破产法》第25条规定，以企业名义办理纳税申报等涉税事宜。

4. 简并税费申报。自2021年5月1日起，海南、陕西、大连和厦门开展增值税、消费税分别与城市维护建设税、教育费附加、地方教育费附加申报表整合试点。

自2021年6月1日起，纳税人申报缴纳城镇土地使用税、房产税、车船税、印花税、耕地占用税、资源税、土地增值税、契税、环境保护税、烟叶税中一个或多个税种时，使用《财产和行为纳税申报表》。纳税人新增税源或税源变化时，需先填报《财产和行为税税源明细表》。

自2021年8月1日起，增值税、消费税分别与城市维护建设税、教育费附加、地方教育费附加申报表整合，启用《增值税及附加税费申报表（一般纳税人适用）》《增值税及附加税费申报表（小规模纳税人适用）》《增值税及附加税费预缴表》及其附列资料和《消费税及附加税费申报表》。

（四）纳税申报的延期办理

纳税人、扣缴义务人按照规定的期限办理纳税申报或者报送代扣代缴、代收代缴税款报告表确有困难，需要延期的，应当在规定的期限内向税务机关提出书面延期申请。经税务机关核准，在核准的期限内办理。

纳税人、扣缴义务人因不可抗力，不能按期办理纳税申报或者报送代扣代缴、代收代缴税款报告表的，可以延期办理；但是，应当在不可抗力情形消除后立即向税务机关报告。税务机关应当查明事实，予以核准。

经核准延期办理纳税申报、报送事项的，应当在纳税期内按照上期实际缴纳的税款或者税务机关核定的税款预缴税款，并在核准的延期内办理税款结算。

知识归纳（见表7－2）

表7－2　　纳税申报方式

<table>
<tr><th colspan="2">方式</th><th>具体内容</th></tr>
<tr><td colspan="2">自行申报</td><td>传统方式</td></tr>
<tr><td colspan="2">邮寄申报</td><td>以“寄出”的邮戳日期为实际申报日期</td></tr>
<tr><td colspan="2">数据电文申报</td><td>以税务机关计算机网络系统收到该数据电文的时间为实际申报日期</td></tr>
<tr><td rowspan="2">其他</td><td>简易申报</td><td rowspan="2">实行定期定额的纳税人</td></tr>
<tr><td>简并征期</td></tr>
<tr><td colspan="3">【注意】纳税人在纳税期内没有应纳税款；享受减、免税待遇，在减税、免税期间的均应当按规定办理纳税申报</td></tr>
</table>

【例题7－7】根据税收征收管理法律制度的规定，下列纳税申报方式中，符合规定的有（　　）。

A. 甲公司在规定的申报期限内，自行到主管税务机关指定的办税服务大厅申报

B. 经税务机关批准，乙公司以网络传输方式申报

C. 经税务机关批准，丙公司使用统一的纳税申报专用信封，通过邮局交寄

D. 实行定期定额缴纳税款的丁店（个体工商户），采用简易申报方式申报

【答案】ABCD

【解析】（1）选项A属于自行申报；（2）选项B属于数据电文申报；（3）选项C属于邮寄申报；（4）选项D属于其他方式申报。

【例题7－8】纳税人办理纳税申报采用邮寄方式的，以到达的邮戳日期为实际申报日期。（　　）

【答案】×

任务三　税款征收

税款征收是税务机关依照税收法律、法规的规定，将纳税人依法应当缴纳的税款组织入库的一系列活动的总称。它是税收征收管理工作的中心环节，是全部税收征管工作的目的和归宿。

知识要点：税款征收是税收征收管理工作的中心环节，是全部税收征管工作的目的和归宿。

一、税款征收主体

除税务机关、税务人员以及经税务机关依照法律、行政法规委托的单位和人员外，任何

单位和个人不得进行税款征收活动。税务机关依照法律、行政法规的规定征收税款，不得违反法律、行政法规的规定开征、停征、多征、少征、提前征收、延缓征收或者摊派税款。

税务机关应当加强对税款征收的管理，建立、健全责任制度。税务机关应当将各种税收的税款、滞纳金、罚款，按照国家规定的预算科目和预算级次及时缴入国库；税务机关不得占压、挪用、截留，不得缴入国库以外或者国家规定的税款账户以外的任何账户。

二、税款征收的方式

税款征收方式是指税务机关根据各税种的不同特点和纳税人的具体情况而确定的计算、征收税款的形式和方法。包括确定征收方式和缴纳方式。

（一）查账征收

查账征收是指针对财务会计制度健全的纳税人，税务机关依据其报送的纳税申报表、财务会计报表和其他有关纳税资料，依照适用税率，计算其应缴纳税款的税款征收方式。这种征收方式较为规范，符合税收法定的基本原则。适用于财务会计制度健全、能够如实核算和提供生产经营情况，并能正确计算应纳税款和如实履行纳税义务的纳税人。扩大查账征收纳税人的范围，一直是税务管理的努力方向。

（二）查定征收

查定征收是指针对账务不全，但能控制其材料、产量或进销货物的纳税单位或个人，税务机关依据正常条件下的生产能力对其生产的应税产品查定产量、销售额并据以确定其应缴纳税款的税款征收方式。这种征收方式适用于生产经营规模较小、产品零星、税源分散、会计账册不健全，但能控制原材料或进销货的小型厂矿和作坊。

（三）查验征收

查验征收是指税务机关对纳税人的应税商品、产品，通过查验数量，按市场一般销售单价计算其销售收入，并据以计算其应缴纳税款的税款征收方式。这种征收方式适用于纳税人财务制度不健全、生产经营不固定、零星分散、流动性大的税源。

（四）定期定额征收

定期定额征收是指税务机关对小型个体工商户在一定经营地点、一定经营时期、一定经营范围内的应纳税经营额（包括经营数量）或所得额进行核定，并以此为计税依据，确定其应缴纳税额的一种税款征收方式。这种征收方式适用于经主管税务机关认定和县以上税务机关（含县级）批准的生产、经营规模小，达不到《个体工商户建账管理暂行办法》规定设置账簿标准，难以查账征收，不能准确计算计税依据的个体工商户（包括个人独资企业）。

（五）扣缴征收

扣缴征收包括代扣代缴和代收代缴两种征收方式。扣缴义务人依照法律、行政法规的规定履行代扣、代收税款的义务。税务机关按照规定付给扣缴义务人代扣、代收手续费。对法律、行政法规没有规定负有代扣、代收税款义务的单位和个人，税务机关不得要求其履行代扣、代收税款义务。扣缴义务人依法履行代扣、代收税款义务时，纳税人不得拒绝；纳税人拒绝的，扣缴义务人应当及时报告税务机关处理。

（六）委托征收

委托代征税款是指税务机关根据有利于税收控管和方便纳税的原则，按照国家有关规定，通过委托形式将税款委托给代征单位或个人以税务机关的名义代为征收，并将税款缴入国库的一种税款征收方式。税务机关向代征单位或个人发给委托代征证书。受托代征单位或个人按照代征证书的要求，以税务机关的名义依法征收税款，纳税人不得拒绝；纳税人拒绝的，受托代征单位或个人应当及时报告税务机关处理。这种征收方式适用于零星分散和异地缴纳的税收。

知识归纳（见表 7－3）

表 7－3 税款征收方式

查账征收	适用于财务会计制度健全的纳税人
查定征收	适用于生产经营规模较小、产品零星、税源分散、会计账册不健全，但能控制原材料或进销货的小型厂矿和作坊
查验征收	适用于财务制度不健全，生产经营不固定，零星分散、流动性大的税源
定期定额征收	适用于生产、经营规模小，达不到法律规定设置账簿标准的个体工商户和个人独资企业
扣缴征收	包括代扣代缴和代收代缴
委托征收	适用于零星分散和异地缴纳的税收

【例题 7－9】根据税收征收管理法律制度的规定，下列税款征收方式中适用于纳税人财务制度不健全，生产经营不固定，零星分散、流动性大的税源的是（　　）。

A. 定期定额征收　　B. 查定征收

C. 查验征收　　D. 查账征收

【答案】C

三、应纳税额的核定和调整

（一）应纳税额的核定

1. 核定应纳税额的情形。纳税人有下列情形之一的，税务机关有权核定其应纳税额：

（1）依照法律、行政法规的规定可以不设置账簿的。

（2）依照法律、行政法规的规定应当设置但未设置账簿的。

（3）擅自销毁账簿或者拒不提供纳税资料的。

（4）虽设置账簿，但账目混乱或者成本资料、收入凭证、费用凭证残缺不全，难以查账的。

（5）发生纳税义务，未按照规定的期限办理纳税申报，经税务机关责令限期申报，逾期仍不申报的。

（6）纳税人申报的计税依据明显偏低，又无正当理由的。

2. 核定应纳税额的方法。为了减少核定应纳税额的随意性，使核定的税额更接近纳税人实际情况和法定负担水平，税务机关有权采用下列任何一种方法核定应纳税额：

（1）参照当地同类行业或者类似行业中经营规模和收入水平相近的纳税人的税负水平核定。

（2）按照营业收入或者成本加合理的费用和利润的方法核定。

（3）按照耗用的原材料、燃料、动力等推算或者测算核定。

（4）按照其他合理方法核定。

当其中一种方法不足以正确核定应纳税额时，可以同时采用两种以上的方法核定。纳税人对税务机关采取上述方法核定的应纳税额有异议的，应当提供相关证据。经税务机关认定后，调整应纳税额。

【例题7-10】根据税收征收管理法律制度的规定，下列情形中，税务机关有权核定纳税人应纳税额的有（　　）。

A. 纳税人设置的账簿账目混乱难以查账

B. 纳税人按法律、行政法规规定应当设置但未设置账簿的

C. 纳税人虽设置账簿，但成本资料、收入凭证、费用凭证残缺不全，难以查账的

D. 纳税人未按照规定的期限缴纳税款，经税务机关责令限期缴纳，逾期仍不缴纳的

【答案】ABC

【解析】选项D属于欠缴税额已经明确，不需要核定应纳税额。而是经责令限期缴纳逾期仍不缴纳，考虑采取税收强制执行措施。

（二）应纳税额的调整

1. 应纳税额调整的含义。企业或者外国企业在中国境内设立的从事生产、经营的机构、场所与其关联企业之间的业务往来，应当按照独立企业之间的业务往来收取或者支付价款、费用。

纳税人可以向主管税务机关提出与其关联企业之间业务往来的定价原则和计算方法，主管税务机关审核、批准后，与纳税人预先约定有关定价事项，监督纳税人执行。

不按照独立企业之间的业务往来收取或者支付价款、费用，而减少其应纳税的收入或者所得额的，税务机关有权进行合理调整。

2. 应纳税额调整的情形。纳税人与其关联企业之间的业务往来有下列情形之一的，税务机关可以调整其应纳税额：

（1）购销业务未按照独立企业之间的业务往来作价。

（2）融通资金所支付或者收取的利息超过或者低于没有关联关系的企业之间所能同意的数额，或者利率超过或者低于同类业务的正常利率。

（3）提供劳务未按照独立企业之间业务往来收取或者支付劳务费用。

（4）转让财产、提供财产使用权等业务往来，未按照独立企业之间业务往来作价或者

收取、支付费用。

（5）未按照独立企业之间业务往来作价的其他情形。

3. 应纳税额调整的方法。纳税人发生上述情形的，税务机关可以按照下列方法调整计税收入额或者所得额：

（1）按照独立企业之间进行的相同或者类似业务活动的价格。

（2）按照再销售给无关联关系的第三者的价格所应取得的收入和利润水平。

（3）按照成本加合理的费用和利润。

（4）按照其他合理的方法。

4. 应纳税额调整的期限。纳税人与其关联企业未按照独立企业之间的业务往来支付价款、费用的，税务机关自该业务往来发生的纳税年度起 3 年内进行调整；有特殊情况的，可以自该业务往来发生的纳税年度起 10 年内进行调整。

四、应纳税款的缴纳

（一）应纳税款的当期缴纳

应纳税款的当期缴纳是指纳税人、扣缴义务人按照法律、行政法规规定或者税务机关依照法律、行政法规的规定确定的期限，缴纳或者解缴税款。

税务机关收到税款后，应当向纳税人开具完税凭证。扣缴义务人代扣、代收税款时，纳税人要求扣缴义务人开具代扣、代收税款凭证的，扣缴义务人应当开具。纳税人通过银行缴纳税款的，税务机关可以委托银行开具完税凭证。完税凭证是指各种完税证、缴款书、印花税票、扣（收）税凭证以及其他完税证明。完税凭证不得转借、倒卖、变造或者伪造。

（二）应纳税款的延期缴纳

纳税人因有特殊困难，不能按期缴纳税款的，经省、自治区、直辖市税务局批准，可以延期缴纳税款，但是最长不得超过 3 个月。特殊困难是指因不可抗力，导致纳税人发生较大损失，正常生产经营活动受到较大影响的；当期货币资金在扣除应付职工工资、社会保险费后，不足以缴纳税款的。

纳税人需要延期缴纳税款的，应当在缴纳税款期限届满前提出申请，并报送下列材料：申请延期缴纳税款报告，当期货币资金余额情况及所有银行存款账户的对账单，资产负债表，应付职工工资和社会保险费等税务机关要求提供的支出预算。

税务机关应当自收到申请延期缴纳税款报告之日起 20 日内作出批准或者不予批准的决定；不予批准的，从缴纳税款期限届满之日起加收滞纳金。

知识要点：纳税人因有特殊困难，不能按期缴纳税款的，经批准，可以延期缴纳税款，但是最长不得超过 3 个月。

五、税款征收的保障措施

为了保证税款征收工作的顺利进行。《税收征收管理法》赋予了税务机关在税款征收过程中针对不同情况可以采取相应征收措施的职权。

（一）责令缴纳

1. 对纳税人、扣缴义务人、纳税担保人应缴纳的欠税，税务机关可责令其限期缴纳。逾期仍未缴纳的，税务机关可以采取税收强制执行措施。欠税是指纳税人、扣缴义务人、纳税担保人超过税收法律、行政法规规定的期限或者超过税务机关依照税收法律、行政法规规定确定的纳税期限未缴纳的税款。

从事生产、经营的纳税人、扣缴义务人未按照规定的期限缴纳或者解缴税款的，纳税担保人未按照规定的期限缴纳所担保的税款的，由税务机关发出限期缴纳税款通知书，责令缴纳或者解缴税款的最长期限不得超过15日。对存在欠税行为的纳税人、扣缴义务人、纳税担保人，税务机关可责令其先行缴纳欠税，再依法缴纳滞纳金；逾期仍未缴纳的，税务机关可以采取税收强制执行措施。

滞纳金按日加收，日收取标准为滞纳税款的万分之五。加收滞纳金的起止时间，为法律、行政法规规定或者税务机关依照法律、行政法规的规定确定的税款缴纳期限届满次日起至纳税人、扣缴义务人实际缴纳或者解缴税款之日止。

2. 对未按照规定办理税务登记的从事生产、经营的纳税人，以及临时从事经营的纳税人，税务机关核定其应纳税额，责令其缴纳应纳税款。

纳税人不缴纳的，税务机关可以扣押其价值相当于应纳税款的商品、货物。扣押后缴纳完应纳税款的，税务机关必须立即解除扣押，并归还所扣押的商品、货物；扣押后仍不缴纳应纳税款的，经县以上税务局（分局）局长批准，依法拍卖或者变卖所扣押的商品、货物，以拍卖或者变卖所得抵缴税款。

3. 税务机关有根据认为从事生产、经营的纳税人有逃避纳税义务行为，可在规定的纳税期之前责令其限期缴纳应纳税款；逾期仍未缴纳的，税务机关有权采取其他税款征收措施。

4. 纳税担保人未按照规定的期限缴纳所担保的税款，税务机关可责令其限期缴纳应纳税款；逾期仍未缴纳的，税务机关有权采取其他税款征收措施。

【例题7－11】甲公司按照规定，最晚应于2021年1月15日缴纳应纳税款30万元，该公司却迟迟未缴。主管税务机关责令其于当年2月28日前缴纳，并加收滞纳金。但直到3月15日，该公司才缴纳税款。甲公司应缴纳的滞纳金金额为（　　）元。

A. 8 850　　B. 8 700　　C. 9 000　　D. 6 600

【答案】A

【解析】该企业应缴纳税款期限是1月15日，即从1月16日滞纳税款，从1月16日至3月15日，共计16＋28＋15＝59（天）。根据税收征收管理法律制度的规定，纳税人未按照规定期限缴纳税款的；扣缴义务人未按照规定期限解缴税款的，税务机关可从滞纳税款之日起，按日加收滞纳税款万分之五的滞纳金。

（二）责令提供纳税担保

纳税担保是指经税务机关同意或确认，纳税人或其他自然人、法人、经济组织以保证、抵押、质押的方式，为纳税人应当缴纳的税款及滞纳金提供担保的行为。包括经税务机关认可的有纳税担保能力的保证人为纳税人提供的纳税保证，以及纳税人或者第三人以其未设置或者未全部设置担保物权的财产提供的担保。

1. 适用纳税担保的情形。

（1）税务机关有根据认为从事生产、经营的纳税人有逃避纳税义务行为，在规定的纳税期之前已经责令其限期缴纳应纳税款，在限期内发现纳税人有明显的转移、隐匿其应纳税的商品、货物，以及其他财产或者应纳税收入的迹象，责成纳税人提供纳税担保的。

（2）欠缴税款、滞纳金的纳税人或者其法定代表人需要出境的。

（3）纳税人同税务机关在纳税上发生争议而未缴清税款，需要申请行政复议的。

（4）税收法律、行政法规规定可以提供纳税担保的其他情形。

2. 纳税担保范围，包括税款、滞纳金和实现税款、滞纳金的费用。费用包括抵押、质押登记费用，质押保管费用，以及保管、拍卖、变卖担保财产等相关费用支出。

用于纳税担保的财产、权利的价值不得低于应当缴纳的税款、滞纳金，并考虑相关的费用。纳税担保的财产价值不足以抵缴税款、滞纳金的，税务机关应当向提供担保的纳税人或纳税担保人继续追缴。用于纳税担保的财产、权利的价格估算，除法律、行政法规另有规定外，参照同类商品的市场价、出厂价或者评估价估算。

3. 纳税担保方式主要有纳税保证、纳税抵押和纳税质押。

（1）纳税保证是指纳税保证人向税务机关保证，当纳税人未按照税收法律、行政法规规定或者税务机关确定的期限缴清税款、滞纳金时，由纳税保证人按照约定履行缴纳税款及滞纳金的行为。纳税保证须经税务机关认可。税务机关不认可的，保证不成立。

保证期间为纳税人应缴纳税款期限届满之日起60日，即税务机关自纳税人应缴纳税款的期限届满之日起60日内有权要求纳税保证人承担保证责任，缴纳税款、滞纳金。纳税保证期间内税务机关未通知纳税保证人缴纳税款及滞纳金以承担担保责任的，纳税保证人免除担保责任。

履行保证责任的期限为15日。即纳税保证人应当自收到税务机关的纳税通知书之日起15日内履行保证责任，缴纳税款及滞纳金。纳税保证人未按照规定的履行保证责任的期限缴纳税款及滞纳金的，由税务机关发出责令限期缴纳通知书，责令纳税保证人限期缴纳；逾期仍未缴纳的，经县以上税务局（分局）局长批准，对纳税保证人采取强制执行措施。

（2）纳税抵押是指纳税人或纳税担保人不转移对可抵押财产的占有，将该财产作为税款及滞纳金的担保。纳税人逾期未缴清税款及滞纳金的，税务机关有权依法处置该财产以抵缴税款及滞纳金。

纳税人提供抵押担保的，应当填写纳税担保书和纳税担保财产清单。纳税担保财产清单应当写明财产价值以及相关事项。纳税担保书和纳税担保财产清单须经纳税人签字盖章并经税务机关确认。纳税抵押财产应当办理抵押物登记。纳税抵押自抵押物登记之日起生效。

纳税人在规定的期限内未缴清税款、滞纳金的，税务机关应当依法拍卖、变卖抵押物，变价抵缴税款、滞纳金。

（3）纳税质押是指经税务机关同意，纳税人或纳税担保人将其动产或权利凭证移交税务机关占有，将该动产或权利凭证作为税款及滞纳金的担保。纳税人逾期未缴清税款及滞纳金的，税务机关有权依法处置该动产或权利凭证以抵缴税款及滞纳金。纳税质押分为动产质押和权利质押。

纳税人提供质押担保的，应当填写纳税担保书和纳税担保财产清单并签字盖章。纳税担保财产清单应当写明财产价值及相关事项。纳税质押自纳税担保书和纳税担保财产清单经税务机关确认和质物移交之日起生效。

纳税人在规定的期限内缴清税款及滞纳金的，税务机关应当自纳税人缴清税款及滞纳金之日起3个工作日内返还质物，解除质押关系；纳税人在规定的期限内未缴清税款、滞纳金的，税务机关应当依法拍卖、变卖质物，抵缴税款、滞纳金。

【例题7－12】根据税收征收管理法律制度的规定，下列情形中，税务机关可以责令纳税人提供纳税担保的是（　　）。

A. 纳税人同税务机关在纳税上发生争议而未缴清税款，需要申请行政复议的

B. 纳税人按照规定应设置账簿而未设置

C. 纳税人开具与实际经营业务情况不符的发票

D. 纳税人对税务机关作出逾期不缴纳罚款加处罚款的决定不服，需要申请行政复议的

【答案】A

【解析】（1）选项B，税务机关有权“核定其应纳税额”；（2）选项C属于“虚开发票”；（3）选项D，应当先缴纳罚款和加处罚款，再向作出行政处罚决定的税务机关申请行政复议。不需要提供纳税担保，也不可以提供纳税担保延缓罚款和加处罚款的缴纳。

【例题7－13】根据税收征收管理法律制度的规定，下列各项中，属于纳税担保方式的有（　　）。

A. 纳税抵押　　B. 纳税留置　　C. 纳税质押　　D. 纳税保证

【答案】ACD

（三）采取税收保全措施

税务机关认为有逃避纳税义务行为的纳税人具有税法规定的情形，责令其提供纳税担保而纳税人不能提供纳税担保的，经县以上税务局（分局）局长批准，税务机关可以采取税收保全措施。

1. 适用税收保全的前提条件。

（1）税务机关有根据认为从事生产、经营的纳税人有逃避纳税义务行为。

（2）纳税人有逃避纳税义务的行为发生在规定的纳税期之前，以及在责令限期缴纳应纳税款的限期内。

（3）税务机关责成纳税人提供纳税担保后，纳税人不能提供纳税担保。

（4）经县以上税务局（分局）局长批准。

2. 税收保全措施。

（1）书面通知纳税人开户银行或者其他金融机构冻结纳税人的金额相当于应纳税款的存款。

（2）扣押、查封纳税人的价值相当于应纳税款的商品、货物或者其他财产。其他财产包括纳税人的房地产、现金、有价证券等不动产和动产。

3. 不适用税收保全的财产。个人及其所扶养家属维持生活必需的住房和用品，不在

税收保全措施的范围之内。需要注意的是，个人及其所扶养家属维持生活必需的住房和用品不包括机动车辆、金银饰品、古玩字画、豪华住宅或者一处以外的住房。个人所扶养家属是指与纳税人共同居住生活的配偶、直系亲属以及无生活来源并由纳税人扶养的其他亲属。

税务机关对单价 5 000 元以下的其他生活用品，不采取税收保全措施。

4. 税收保全措施的期限。税务机关采取税收保全措施的期限一般不超过 6 个月；重大案件需要延长的，应当报国家税务总局批准。

5. 税收保全措施的解除。

（1）纳税人在规定期限内缴纳了应纳税款的，税务机关必须立即解除税收保全措施。

（2）纳税人在规定的限期期满仍未缴纳税款的，经县以上税务局（分局）局长批准，终止保全措施，转入强制执行措施。

【例题 7－14】 根据税收征收管理法律制度的规定，下列各项中，属于税收保全措施的是（　　）。

A. 责令纳税人提供担保

B. 书面通知纳税人开户银行从其存款中扣缴税款

C. 拍卖纳税人价值相当于应纳税款的货物，以拍卖所得抵缴税款

D. 查封纳税人价值相当于应纳税款的货物

【答案】D

【解析】纳税担保、税收保全及税收强制执行措施是有区别的，应注意鉴别。

（四）采取强制执行措施

从事生产、经营的纳税人、扣缴义务人未按照规定的期限缴纳或者解缴税款，纳税担保人未按照规定的期限缴纳所担保的税款，由税务机关责令限期缴纳；逾期仍未缴纳的，经县以上税务局（分局）局长批准，税务机关可以采取强制执行措施。

1. 采取强制执行措施的对象。

（1）未按照规定的期限缴纳或者解缴税款，经税务机关责令限期缴纳，逾期仍未缴纳税款的从事生产、经营的纳税人、扣缴义务人。

（2）未按照规定的期限缴纳所担保的税款，经税务机关责令限期缴纳，逾期仍未缴纳税款的纳税担保人。

2. 强制执行的措施。经县以上税务局（分局）局长批准，税务机关可以采取下列强制执行措施：

（1）强制扣款。即书面通知其开户银行或者其他金融机构从其存款中扣缴税款。

（2）拍卖变卖。即扣押、查封、依法拍卖或者变卖其价值相当于应纳税款的商品、货物或者其他财产，以拍卖或者变卖所得抵缴税款。

个人及其所扶养家属维持生活必需的住房和用品，不在强制执行措施的范围之内。税务机关对单价 5 000 元以下的其他生活用品，不采取税收保全措施。

3. 滞纳金的执行。税务机关采取强制执行措施时，对纳税人、扣缴义务人、纳税担保人未缴纳的滞纳金同时强制执行。对纳税人已缴纳税款，但拒不缴纳滞纳金的，税务机关可以单独对纳税人应缴未缴的滞纳金采取强制措施。

4. 抵税财物的拍卖与变卖。抵税财物是指被税务机关依法实施税收强制执行而扣押、查封或者按照规定应强制执行的已设置纳税担保物权的商品、货物、其他财产或者财产权利。拍卖是指税务机关将抵税财物依法委托拍卖机构，以公开竞价的形式，将特定财物转让给最高应价者的买卖方式。变卖是指税务机关将抵税财物委托商业企业代为销售、责令纳税人限期处理或由税务机关变价处理的买卖方式。国家税务总局发布的《抵税财物拍卖、变卖试行办法》对抵税财物的拍卖与变卖行为进行了规范，以保障国家税收收入并保护纳税人的合法权益。

税务机关将扣押、查封的商品、货物或者其他财产变价抵缴税款时，应当交由依法成立的拍卖机构拍卖；无法委托拍卖或者不适于拍卖的，可以交由当地商业企业代为销售，也可以责令纳税人限期处理；无法委托商业企业销售，纳税人也无法处理的，可以由税务机关变价处理，具体办法由国家税务总局规定。国家禁止自由买卖的商品，应当交由有关单位按照国家规定的价格收购。

拍卖或者变卖所得抵缴税款、滞纳金、罚款以及拍卖、变卖等费用后，剩余部分应当在3日内退还被执行人。

【例题7－15】根据税收征收管理法律制度的规定，下列各项中，属于税务机关可以采取的强制执行措施是（　　）。

A. 责令缴纳　　B. 通知出境管理机关阻止出境

C. 责令提供纳税担保　　D. 拍卖变卖

【答案】D

【解析】选项ABC属于其他的税款征收的保障措施。

（五）欠税清缴

1. 离境清缴。欠缴税款的纳税人或者他的法定代表人需要出境的，应当在出境前向税务机关结清应纳税款、滞纳金或者提供担保。

2. 税收代位权和撤销权。欠缴税款的纳税人因怠于行使到期债权，或者放弃到期债权，或者无偿转让财产，或者以明显不合理的低价转让财产而受让人知道该情形，对国家税收造成损害的，税务机关可以依法行使代位权、撤销权。税务机关依法行使代位权、撤销权的，不免除欠缴税款的纳税人尚未履行的纳税义务和应承担的法律责任。

3. 欠税报告。纳税人有欠税情形而以其财产设定抵押、质押的，应当向抵押权人、质权人说明其欠税情况。抵押权人、质权人可以请求税务机关提供有关的欠税情况。

纳税人有解散、撤销、破产情形的，在清算前应当向其主管税务机关报告；未结清税款的，由其主管税务机关参加清算。

纳税人有合并、分立情形的，应当向税务机关报告，并依法缴清税款。纳税人合并时未缴清税款的，应当由合并后的纳税人继续履行未履行的纳税义务；纳税人分立时未缴清税款的，分立后的纳税人对未履行的纳税义务应当承担连带责任。

欠缴税款5万元以上的纳税人在处分其不动产或者大额资产之前，应当向税务机关报告。

4. 欠税公告。县级以上各级税务机关应当将纳税人的欠税情况，在办税场所或者广播、电视、报纸、期刊、网络等新闻媒体上定期公告。对纳税人欠缴税款的情况实行定期公告的办法，由国家税务总局制定。

（六）税收优先权

税务机关征收税款，税收优先于无担保债权，法律另有规定的除外。纳税人欠缴的税款发生在纳税人以其财产设定抵押、质押或者纳税人的财产被留置之前的，税收应当先于抵押权、质权、留置权执行。

纳税人欠缴税款，同时又被行政机关决定处以罚款、没收违法所得的，税收优先于罚款、没收违法所得。

（七）阻止出境

欠缴税款的纳税人或者其法定代表人在出境前未按规定结清应纳税款、滞纳金或者提供纳税担保的，税务机关可以通知出入境管理机关阻止其出境。

知识归纳（见表7-4）

表7-4　　税款征收的保障措施

责令缴纳	前提	1. 纳税人、扣缴义务人、纳税担保人应缴纳的欠税； 2. 税务机关有根据认为从事经营的纳税人有逃避纳税义务行为的，可以在规定的纳税期之前
	不缴	采取税收保全措施、税收强制执行措施
	滞纳金	滞纳金=应纳税款×滞纳天数×0.5‰ 滞纳天数：自纳税期限届满之次日起至实际缴纳税款之日止
担保	方式	保证、抵押、质押
	情形	1. 税务机关有根据认为纳税人有逃避纳税义务行为，在规定的纳税期限之前经责令其限期缴纳税款，在“限期内”发现纳税人有明显的转移、隐匿财产的迹象； 2. 欠缴税款、滞纳金的纳税人或者其法定代表人需要出境； 3. 纳税人同税务机关在“纳税”上发生争议而未缴清税款，需要申请行政复议。 注意：对“罚款”不服申请行政复议无须提供担保
	范围	税款、滞纳金和实现税款、滞纳金的费用
保全	前提	税务机关责令具有税法规定情形的“纳税人”提供纳税担保而纳税人拒绝或不能提供担保
	具体措施	1. 书面通知“冻结”金额“相当于应纳税款”的存款（非冻结全部资金）； 2. “扣押、查封”价值“相当于应纳税款”的商品、货物或者其他财产（非全部财产）
	期限	一般最长不得超过“6个月”

续表

<table>
<tr><td rowspan="2">强制执行</td><td>前提</td><td>1. 从事生产经营的“纳税人、扣缴义务人”未按照规定的期限缴纳或者解缴税款；
2. “纳税担保人”未按照规定的期限缴纳所担保的税款，由税务机关责令限期缴纳，逾期仍未缴纳</td></tr>
<tr><td>具体措施</td><td>1. 书面通知从其存款中“扣缴”税款；
2. “扣押、查封、依法拍卖或者变卖”价值相当于应纳税款的商品、货物或者其他财产，以拍卖或者变卖所得抵缴税款</td></tr>
<tr><td rowspan="2">共同特征</td><td>批准</td><td>经县以上税务局（分局）局长批准</td></tr>
<tr><td>不适用</td><td>个人及其所扶养家属维持生活必需的住房和用品，单价 5 000 元以下的其他生活用品</td></tr>
<tr><td>阻止出境</td><td colspan="2">出境前未按规定结清应纳税款、滞纳金或者提供纳税担保，税务机关可以通知出境管理机关阻止出境</td></tr>
<tr><td>欠税清缴</td><td colspan="2">离境清缴、税收代位权、税收撤销权、欠税报告、欠税公告</td></tr>
<tr><td>税收优先权</td><td colspan="2">1. 税收优先于无担保债权，法律另有规定的除外；
2. 纳税人欠缴的税款发生在纳税人以其财产设定抵押、质押或者纳税人的财产被留置之前的，税收应当先于抵押权、质权、留置权执行；
3. 纳税人欠缴税款，同时又被行政机关决定处以罚款、没收违法所得的，税收优先于罚款、没收违法所得</td></tr>
</table>

六、税款征收的其他规定

（一）税收减免

纳税人依照法律、行政法规的规定办理减税、免税。地方各级人民政府、各级人民政府主管部门、单位和个人违反法律、行政法规规定，擅自作出的减税、免税决定无效。税务机关不得执行，并向上级税务机关报告。

享受减税、免税优惠的纳税人，减税、免税期满，应当自期满次日起恢复纳税；减税、免税条件发生变化的，应当在纳税申报时向税务机关报告；不再符合减税、免税条件的，应当依法履行纳税义务；未依法纳税的，税务机关应当予以追缴。

（二）税款的退还

纳税人超过应纳税额缴纳的税款，税务机关发现后，应当自发现之日起 10 日内办理退还手续。

纳税人自结算缴纳税款之日起 3 年内发现多缴税款的，可以向税务机关要求退还多缴的税款并加算银行同期存款利息，税务机关应当自接到纳税人退还申请之日起 30 日内查实并办理退还手续。加算银行同期存款利息的多缴税款退税，不包括依法预缴税款形成的结算退税、出口退税和各种减免退税。退税利息按照税务机关办理退税手续当天中国人民银行规定的活期存款利率计算。

涉及从国库中退库的，依照法律、行政法规有关国库管理的规定退还。当纳税人既有应退税款又有欠缴税款的，税务机关可以将应退税款和利息先抵扣欠缴税款；抵扣后有余额的，退还纳税人。

（三）税款的补缴和追征

因税务机关的责任，致使纳税人、扣缴义务人未缴或者少缴税款的，税务机关在3年内可以要求纳税人、扣缴义务人补缴税款，但是不得加收滞纳金。

因纳税人、扣缴义务人计算错误等失误，未缴或者少缴税款的，税务机关在3年内可以追征税款、滞纳金；有特殊情况的，追征期可以延长到5年。纳税人、扣缴义务人计算错误等失误，是指非主观故意的计算公式运用错误以及明显的笔误。特殊情况是指纳税人或者扣缴义务人因计算错误等失误，未缴或者少缴、未扣或者少扣、未收或者少收税款，累计数额在10万元以上的。

补缴和追征税款、滞纳金的期限，自纳税人、扣缴义务人应缴未缴或者少缴税款之日起计算。

对偷税（逃税）、抗税、骗税的，税务机关追征其未缴或者少缴的税款、滞纳金或者所骗取的税款，不受前述规定期限的限制。

知识要点：补缴税款期限为3年；追征期限为5年。对偷税（逃税）、抗税、骗税的，税务机关追征其未缴或者少缴的税款、滞纳金或者所骗取的税款，不受期限的限制。

（四）无欠税证明的开具

为积极回应市场主体需求，切实服务和便利纳税人，国家税务总局决定自2020年3月1日起向纳税人提供无欠税证明开具服务。

1. 无欠税证明的含义。无欠税证明是指税务机关依纳税人申请，根据税收征管信息系统所记载的信息，为纳税人开具的表明其不存在欠税情形的证明。

2. 不存在欠税情形，是指纳税人在税收征管信息系统中，不存在应申报未申报记录且无下列应缴未缴的税款：

（1）办理纳税报后，纳税人未在税款缴纳期限内缴纳的税款。

（2）经批准延期缴纳的税款期限已满，纳税人未在税款缴纳期限内缴纳的税款。

（3）税务机关检查已查定纳税人的应补税额，纳税人未缴纳的税款。

（4）税务机关根据《征收管收管理法》第27条、第35条核定纳税人的应纳税额，纳税人未在税款缴纳期限内缴纳的税款。

（5）纳税人的其他未在税款缴纳期限内缴纳的税款。

3. 无欠税证明的申请。纳税人因境外投标、企业上市等需要，确需开具无欠税证明的，可以向主管税务机关申请办理。

已实行实名办税的纳税人到主管税务机关申请开具无欠税证明的，办税人员持有效身份证件直接申请开具，无须提供登记证照副本或税务登记证副本。

未办理实名办税的纳税人到主管税务机关申请开具无欠税证明的，区分以下情况提供相关有效证件：

（1）单位纳税人和个体工商户，提供市场监管部门或其他登记机关发放的登记证照副本或税务登记证副本，以及经办人有效身份证件。

（2）自然人纳税人，提供本人有效身份证件；委托他人代为申请开具的，还需一并提供委托书、委托人及受托人有效身份证件。

4. 无欠税证明的开具。对申请开具无欠税证明的纳税人，证件齐全的，主管税务机关应当受理其申请。经查询税收征管信息系统，符合开具条件的，主管税务机关应当即时开具无欠税证明；不符合开具条件的，不予开具并向纳税人告知未办结涉税事宜。纳税人办结相关涉税事宜后，符合开具条件的，主管税务机关应当即时开具无欠税证明。

任务四　税务检查

税务检查又称纳税检查，是指税务机关根据税收法律、行政法规的规定，对纳税人、扣缴义务人履行纳税义务、扣缴义务及其他有关税务事项进行审查、核实、监督活动的总称。它是税收征收管理工作的一项重要内容，是确保国家财政收入和税收法律法规贯彻落实的重要手段。

一、税务机关在税务检查中的职权和职责

（一）税务检查的范围

税务机关有权进行下列税务检查：

1. 检查纳税人的账簿、记账凭证、报表和有关资料，检查扣缴义务人代扣代缴、代收代缴税款账簿、记账凭证和有关资料。

2. 到纳税人的生产、经营场所和货物存放地检查纳税人应纳税的商品、货物或者其他财产，检查扣缴义务人与代扣代缴、代收代缴税款有关的经营情况。

3. 责成纳税人、扣缴义务人提供与纳税或者代和代缴、代收代缴税款有关的文件、证明材料和有关资料。

4. 询问纳税人、扣缴义务人与纳税或者代扣代缴、代收代缴税款有关的问题和情况。

5. 到车站、码头、机场、邮政企业及其分支机构检查纳税人托运、邮寄应纳税商品、货物或者其他财产的有关单据、凭证和有关资料。

6. 经县以上税务局（分局）局长批准，指定专人负责，凭全国统一格式的检查存款账户许可证明，查询从事生产、经营的纳税人、扣缴义务人在银行或者其他金融机构的存款账户，并有责任为被检查人保守秘密。税务机关在调查税收违法案件时，经设区的市、自治州以上税务局（分局）局长批准，可以查询案件涉嫌人员的储蓄存款。税务机关查询所获得的资料，不得用于税收以外的用途。

知识要点：税务检查措施：查账权、场地检查权、责成提供资料权、询问权、交通邮政检查权、存款账户查询权。

（二）税务检查的措施与手段

税务机关对从事生产、经营的纳税人以前纳税期的纳税情况依法进行税务检查时，发现纳税人有逃避纳税义务行为，并有明显的转移、隐匿其应纳税的商品、货物以及其他财产或者应纳税收入的迹象的，可以按照《税收征收管理法》规定的批准权限采取税收保全措施或者强制执行措施。

税务机关调查税务违法案件时，对与案件有关的情况和资料，可以记录、录音、录像、照相和复制。税务机关依法进行税务检查时，有权向有关单位和个人调查纳税人、扣缴义务人和其他当事人与纳税或者代扣代缴、代收代缴税款有关的情况。

（三）税务检查应遵守的义务

税务机关派出的人员进行税务检查时，应当出示税务检查证和税务检查通知书，并有责任为被检查人保守秘密；未出示税务检查证和税务检查通知书的，被检查人有权拒绝检查。

二、被检查人的义务

纳税人、扣缴义务人必须接受税务机关依法进行的税务检查，如实反映情况，提供有关资料，不得拒绝、隐瞒。

税务机关依法进行税务检查，向有关单位和个人调查纳税人、扣缴义务人和其他当事人与纳税或者代扣代缴、代收代缴税款有关的情况时，有关单位和个人有义务向税务机关如实提供有关资料及证明材料。

【例题7－16】根据税收征管法律制度的规定，税务机关在实施税务检查时，可以行使的职权有（　　）。

A. 检查纳税人会计资料

B. 检查纳税人货物存放地的应纳税商品

C. 检查纳税人托运、邮寄应纳税商品的单据、凭证

D. 经法定程序批准，查询纳税人在银行的存款账户

【答案】ABCD。

三、纳税信用管理

纳税信用管理，是指税务机关对纳税人的纳税信用信息开展的采集、评价、确定、发布和应用等活动，有利于促进纳税人诚信自律，提高税法遵从度，推进社会信用体系建设。

（一）纳税信用管理的主体

国家税务总局主管全国纳税信用管理工作。省以下税务机关负责所辖地区纳税信用管理工作的组织和实施。

下列企业参与纳税信用评价：

1. 已办理税务登记，从事生产、经营并适用查账征收的独立核算的企业纳税人（以下

简称“纳税人”)。

2. 从首次在税务机关办理涉税事宜之日起时间不满一个评价年度的企业（以下简称“新设立企业”)。评价年度是指公历年度，即1月1日至12月31日。

3. 评价年度内无生产经营业务收入的企业。

4. 适用企业所得税核定征收办法的企业。

非独立核算分支机构可自愿参与纳税信用评价。非独立核算分支机构是指由企业纳税人设立，已在税务机关完成登记信息确认且核算方式为非独立核算的分支机构。非独立核算分支机构参评后，2019年度之前的纳税信用级别不再评价，在机构存续期间适用国家税务总局纳税信用管理相关规定。

（二）纳税信用信息采集

纳税信用信息采集是指税务机关对纳税人纳税信用信息的记录和收集。

1. 纳税信用信息的范围。纳税信用信息包括纳税人信用历史信息、税务内部信息、外部信息。

纳税人信用历史信息包括基本信息和评价年度之前的纳税信用记录，以及相关部门评定的优良信用记录和不良信用记录。

税务内部信息包括经常性指标信息和非经常性指标信息。经常性指标信息是指涉税申报信息、税（费）款缴纳信息、发票与税控器具信息、登记与账簿信息等纳税人在评价年度内经常产生的指标信息；非经常性指标信息是指税务检查信息等纳税人在评价年度内不经常产生的指标信息。

外部信息包括外部参考信息和外部评价信息。外部参考信息包括评价年度相关部门评定的优良信用记录和不良信用记录；外部评价信息是指从相关部门取得的影响纳税人纳税信用评价的指标信息。

2. 纳税信用信息采集的实施。纳税信用信息采集工作由国家税务总局和省税务机关组织实施，按月采集。

纳税人信用历史信息中的基本信息由税务机关从税务管理系统中采集，税务管理系统中暂缺的信息由税务机关通过纳税人申报采集；评价年度之前的纳税信用记录，以及相关部门评定的优良信用记录和不良信用记录，从税收管理记录、国家统一信用信息平台等渠道中采集。税务内部信息从税务管理系统中采集，采集的信息记录截止时间为评价年度12月31日(含本日)。外部信息主要通过税务管理系统、国家统一信用信息平台、相关部门官方网站、新闻媒体或者媒介等渠道采集。通过新闻媒体或者媒介采集的信息应核实后使用。

（三）纳税信用评价

1. 纳税信用评价的方式。纳税信用评价采取年度评价指标得分和直接判级方式。评价指标包括税务内部信息和外部评价信息。

年度评价指标得分采取扣分方式。近三个评价年度内存在非经常性指标信息的，从100分起评；近三个评价年度内没有非经常性指标信息的，从90分起评。

直接判级适用于有严重失信行为的纳税人。外部参考信息在年度纳税信用评价结果中记录，与纳税信用评价信息形成联动机制。

2. 纳税信用评价周期。纳税信用评价周期为一个纳税年度。有下列情形之一的纳税人，不参加本期的评价：

（1）纳入纳税信用管理时间不满一个评价年度的。

（2）因涉嫌税收违法被立案查处尚未结案的。

（3）被审计、财政部门依法查出税收违法行为，税务机关正在依法处理，尚未办结的。

（4）已申请税务行政复议、提起行政诉讼尚未结案的。

（5）其他不应参加本期评价的情形。

3. 纳税信用级别。纳税信用级别设 A、B、M、C、D 五级。

（1）A 级纳税信用为年度评价指标得分 90 分以上的。

有下列情形之一的纳税人，本评价年度不能评为 A 级：

①实际生产经营期不满 3 年的；

②上一评价年度纳税信用评价结果为 D 级的；

③非正常原因一个评价年度内增值税连续 3 个月或者累计 6 个月零申报、负申报的；

④不能按照国家统一的会计制度规定设置账簿，并根据合法、有效凭证核算，向税务机关提供准确税务资料的。

（2）B 级纳税信用为年度评价指标得分 70 分以上不满 90 分的。

（3）M 级纳税信用为评价年度未被直接判为 D 级的新设立企业和评价年度内无生产经营业务收入且年度评价指标得分 70 分以上的企业。

（4）C 级纳税信用为年度评价指标得分 40 分以上不满 70 分的。

（5）D 级纳税信用为年度评价指标得分不满 40 分或者直接判级确定的。

有下列情形之一的纳税人，本评价年度直接判为 D 级：

①存在偷税（逃税）、逃避追缴欠税、骗取出口退税、虚开增值税专用发票等行为，经判决构成涉税犯罪的；

②存在前项所列行为，未构成犯罪，但偷税（逃税）金额 10 万元以上且占各税种应纳税总额 10% 以上，或者存在逃避追缴欠税、骗取出口退税、虚开增值税专用发票等税收违法行为，已缴纳税款、滞纳金、罚款的；

③在规定期限内未按税务机关处理结论缴纳或者足额缴纳税款、滞纳金和罚款的；

④以暴力、威胁方法拒不缴纳税款或者拒绝、阻挠税务机关依法实施税务稽查执法行为的；

⑤存在违反增值税发票管理规定或者违反其他发票管理规定的行为，导致其他单位或者个人未缴、少缴或者骗取税款的；

⑥提供虚假申报材料享受税收优惠政策的；

⑦骗取国家出口退税款，被停止出口退（免）税资格未到期的；

⑧有非正常户记录或者由非正常户直接责任人员注册登记或者负责经营的；

⑨由 D 级纳税人的直接责任人员注册登记或者负责经营的；

⑩存在税务机关依法认定的其他严重失信情形的。

（6）纳税人有下列情形的，不影响其纳税信用评价：

①由于税务机关原因或者不可抗力，造成纳税人未能及时履行纳税义务的；

②非主观故意的计算公式运用错误以及明显的笔误造成未缴或者少缴税款的；

③国家税务总局认定的其他不影响纳税信用评价的情形。

知识要点：纳税信用级别设A、B、M、C、D五级。

4. 纳税信用评价结果。

（1）纳税信用评价结果的确定和发布。纳税信用评价结果的确定和发布遵循谁评价、谁确定、谁发布的原则。税务机关每年4月确定上一年度纳税信用评价结果，并为纳税人提供自我查询服务。纳税人对纳税信用评价结果有异议的，可以书面向作出评价的税务机关申请复评。作出评价的税务机关应按规定进行复核。

税务机关对纳税人的纳税信用级别实行动态调整。纳税人信用评价状态变化时，税务机关可采取适当方式通知、提醒纳税人。

税务机关对纳税信用评价结果，按分级分类原则，依法有序开放：主动公开A级纳税人名单及相关信息；根据社会信用体系建设需要，以及与相关部门信用信息共建共享合作备忘录、协议等规定，逐步开放B、M、C、D级纳税人名单及相关信息；定期或者不定期公布重大税收违法案件信息。

（2）纳税信用评价结果的应用。税务机关按照守信激励、失信惩戒的原则，对不同信用级别的纳税人实施分类服务和管理。

对纳税信用评价为A级的纳税人，税务机关予以下列激励措施：①主动向社会公告年度A级纳税人名单；②一般纳税人可单次领取3个月的增值税发票用量，需要调整增值税发票用量时即时办理；③普通发票按需领用；④连续3年被评为A级信用级别（简称3连A）的纳税人，除享受以上措施外，还可以由税务机关提供绿色通道或专门人员帮助办理涉税事项；⑤税务机关与相关部门实施的联合激励措施，以及结合当地实际情况采取的其他激励措施。

对纳税信用评价为B级的纳税人，税务机关实施正常管理。适时进行税收政策和管理规定的辅导，并视信用评价状态变化趋势选择性地提供上述激励措施。

对纳税信用评价为M级的企业，税务机关适时进行税收政策和管理规定的辅导。

对纳税信用评价为C级的纳税人，税务机关应依法从严管理，并视信用评价状态变化趋势有选择性地采取上述管理措施。

对纳税信用评价为D级的纳税人，税务机关应采取以下措施：①公开D级纳税人及其直接责任人员名单，对直接责任人员注册登记或者负责经营的其他纳税人纳税信用直接判为D级；②增值税专用发票领用按辅导期一般纳税人政策办理，普通发票的领用实行交（验）旧供新、严格限量供应；③加强出口退税审核；④加强纳税评估，严格审核其报送的各种资料；⑤列入重点监控对象，提高监督检查频次，发现税收违法违规行为的，不得适用规定处罚幅度内的最低标准；⑥将纳税信用评价结果通报相关部门，建议在经营、投融资、取得政府供应土地、进出口、出入境、注册新公司、工程招投标、政府采购、获得荣誉、安全许可、生产许可、从业任职资格、资质审核等方面予以限制或禁止；⑦对于因评价指标得分评为D级的纳税人，次年由直接保留D级评价调整为评价时加扣11分。对于因直接判级评为D级的纳税人，维持D级评价保留两年、第三年纳税信用不得评价为A级；⑧税务机关与相关部门实施的联合惩戒措施，以及结合实际情况依法采取的其他严格管理措施。

（四）纳税信用修复

1. 纳税信用修复申请人。纳入纳税信用管理的企业纳税人，符合下列条件之一的，可在规定期限内向主管税务机关申请纳税信用修复。

（1）纳税人发生未按法定期限办理纳税申报、税款缴纳、资料备案等事项且已补办的。

（2）未按税务机关处理结论缴纳或者足额缴纳税款、滞纳金和罚款，未构成犯罪，纳税信用级别被直接判为 D 级的纳税人，在税务机关处理结论明确的期限期满后 60 日内足额缴纳、补缴的。

（3）纳税人履行相应法律义务并由税务机关依法解除非正常户状态的。

2. 纳税信用修复程序。符合前述第（1）项所列条件的，如失信行为已纳入纳税信用评价，纳税人可在失信行为被税务机关列入失信记录的次年年底前向主管税务机关提出信用修复申请，税务机关按照《纳税信用修复范围及标准》调整该项纳税信用评价指标分值，重新评价纳税人的纳税信用级别；如失信行为尚未纳入纳税信用评价，纳税人无须提出申请，税务机关按照《纳税信用修复范围及标准》调整纳税人该项纳税信用评价指标分值并进行纳税信用评价。

符合前述第（2）项和第（3）项所列条件的，纳税人可在纳税信用被直接判为 D 级的次年年底前向主管税务机关提出申请，税务机关根据纳税人失信行为纠正情况调整该项纳税信用评价指标的状态，重新评价纳税人的纳税信用级别，但不得评价为 A 级。

非正常户失信行为纳税信用修复一个纳税年度内只能申请一次。纳税年度自公历 1 月 1 日起至 12 月 31 日止。

纳税信用修复后纳税信用级别不再为 D 级的纳税人，其直接责任人注册登记或者负责经营的其他纳税人之前被关联为 D 级的，可向主管税务机关申请解除纳税信用 D 级关联。

需向主管税务机关提出纳税信用修复申请的纳税人应填报纳税信用修复申请表，并对纠正失信行为的真实性作出承诺。税务机关发现纳税人虚假承诺的，撤销相应的纳税信用修复，并按照《纳税信用评价指标和评价方式（试行）调整表》予以扣分。

主管税务机关自受理纳税信用修复申请之日起 15 个工作日内完成审核，并向纳税人反馈信用修复结果。

纳税信用修复完成后，纳税人按照修复后的纳税信用级别适用相应的税收政策和管理服务措施，之前已适用的税收政策和管理服务措施不作追溯调整。

知识要点：非正常户失信行为纳税信用修复一个纳税年度内只能申请一次。

四、税收违法行为检举管理

为了保障单位、个人依法检举纳税人、扣缴义务人违反税收法律、行政法规行为的权利，规范检举秩序，根据《税收征收管理法》的有关规定，国家税务总局制定了《税收违法行为检举管理办法》（以下简称《办法》）。

（一）税收违法行为检举管理原则

检举管理工作坚持依法依规、分级分类、属地管理、严格保密的原则。

市（地、州、盟）以上税务局稽查局设立税收违法案件举报中心。国家税务总局稽查局税收违法案件举报中心负责接收税收违法行为检举，督促、指导、协调处理重要检举事项；省、自治区、直辖市、计划单列市和市（地、州、盟）税务局稽查局税收违法案件举报中心负责税收违法行为检举的接收、受理、处理和管理；各级跨区域稽查局和县税务局应当指定行使税收违法案件举报中心职能的部门，负责税收违法行为检举的接收，并按规定职责处理。税务机关应当向社会公布举报中心的电话（传真）号码、通信地址、邮政编码、网络检举途径，设立检举接待场所和检举箱。税务机关同时通过12366纳税服务热线接收税收违法行为检举。

前述所称的税收违法行为，是指涉嫌偷税（逃税），逃避追缴欠税，骗税，虚开、伪造、变造发票，以及其他与逃避缴纳税款相关的税收违法行为。

前述所称的检举是指单位、个人采用书信、电话、传真、网络、来访等形式，向税务机关提供纳税人、扣缴义务人税收违法行为线索的行为。检举税收违法行为的单位、个人称检举人；被检举的纳税人、扣缴义务人称被检举人。

检举税收违法行为是检举人的自愿行为，检举人因检举而产生的支出应当由其自行承担。检举人在检举过程中应当遵守法律、行政法规等规定；应当对其所提供检举材料的真实性负责，不得捏造、歪曲事实，不得诬告、陷害他人；不得损害国家、社会、集体的利益和其他公民的合法权益。

（二）检举事项的提出与受理

1. 检举的提出。检举人可以实名检举，也可以匿名检举。

检举人以个人名义实名检举应当由其本人提出；以单位名义实名检举应当委托本单位工作人员提出。举报中心接收实名检举，应当准确登记实名检举人信息。以来访形式实名检举的，检举人应当提供营业执照、居民身份证等有效身份证件的原件和复印件；以来信、网络、传真形式实名检举的，检举人应当提供营业执照、居民身份证等有效证件的原件。

以电话形式要求实名检举的，税务机关应当告知检举人采取前述的形式进行检举。

检举人未采取前述的形式进行检举的，视同匿名检举。

检举人检举税收违法行为应当提供被检举人的名称（姓名）、地址（住所）和税收违法行为线索；尽可能提供被检举人统一社会信用代码（身份证件号码），法定代表人、实际控制人信息和其他相关证明资料。鼓励检举人提供书面检举材料。

2. 税务机关应当合理设置检举接待场所。检举接待场所应当与办公区域适当分开，配备使用必要的录音、录像等监控设施，保证监控设施对接待场所全覆盖并正常运行。

3. 检举的受理。举报中心对接收的检举事项，应当及时审查。有下列情形之一的，不予受理：

（1）无法确定被检举对象，或者不能提供税收违法行为线索的。

（2）检举事项已经或者应当通过诉讼、仲裁、行政复议以及其他法定途径解决的。

（3）对已经查结的同一检举事项再次检举，没有提供新的有效线索的。

除前述规定外，举报中心自接收检举事项之日起即为受理。

举报中心可以应实名检举人要求，视情况采取口头或者书面方式解释不予受理原因。

（三）检举事项的处理

1. 分级分类处理。检举事项受理后，应当分级分类，按照以下方式处理：

（1）检举内容详细、税收违法行为线索清楚、证明资料充分的，由稽查局立案检查。

（2）检举内容与线索较明确但缺少必要证明资料，有可能存在税收违法行为的，由稽查局调查核实。发现存在税收违法行为的，立案检查；未发现的，作查结处理。

（3）检举对象明确，但其他检举事项不完整或者内容不清、线索不明的，可以暂存待查，待检举人将情况补充完整以后，再进行处理。

（4）已经受理尚未查结的检举事项，再次检举的，可以合并处理。

（5）《办法》规定以外的检举事项，转交有处理权的单位或者部门。

2. 处理的时限。举报中心应当在检举事项受理之日起 15 个工作日内完成分级分类处理，特殊情况除外。

举报中心可以税务机关或者以自己的名义向下级税务机关督办、交办检举事项。查处部门应当在收到举报中心转来的检举材料之日起 3 个月内办理完毕；案情复杂无法在期限内办理完毕的，可以延期。税务局稽查局对督办案件的处理结果应当认真审查。对于事实不清、处理不当的，应当通知承办机关补充调查或者重新调查，依法处理。

（四）检举人的答复和奖励

1. 检举人的答复。实名检举人可以要求答复检举事项的处理情况与查处结果。实名检举人要求答复处理情况时，应当配合核对身份；要求答复查处结果时，应当出示检举时所提供的有效身份证件。举报中心可以视具体情况采取口头或者书面方式答复实名检举人。

实名检举事项的处理情况，由作出处理行为的税务机关的举报中心答复。将检举事项督办、交办、提交或者转交的，应当告知去向；暂存待查的，应当建议检举人补充资料。

实名检举事项的查处结果，由负责查处的税务机关的举报中心答复。实名检举人要求答复检举事项查处结果的，检举事项查结以后，举报中心可以将与检举线索有关的查处结果简要告知检举人，但不得告知其检举线索以外的税收违法行为的查处情况，不得提供执法文书及有关案情资料。

12366 纳税服务热线接收检举事项并转交举报中心或者相关业务部门后，可以应检举人要求将举报中心或者相关业务部门反馈的受理情况告知检举人。

2. 检举人的奖励。检举事项经查证属实，为国家挽回或者减少损失的，按照财政部和国家税务总局的有关规定对实名检举人给予相应奖励。

五、重大税收违法失信案件信息公布

税务机关依照规定，向社会公布重大税收违法失信案件信息，并将信息通报相关部门，共同实施严格监管和惩戒。

（一）公布信息的案件范围

重大税收违法失信案件是指符合下列标准之一的案件：

1. 纳税人伪造、变造、隐匿、擅自销毁账簿、记账凭证，或者在账簿上多列支出或者不列、少列收入，或者经税务机关通知申报而拒不申报或者进行虚假的纳税申报，不缴或者少缴应纳税款 100 万元以上，且任一年度不缴或者少缴应纳税款占当年各税种应纳税总额 10% 以上的，或者采取前述手段，不缴或者少缴已扣、已收税款，数额在 100 万元以上的；

2. 纳税人欠缴应纳税款，采取转移或者隐匿财产的手段，妨碍税务机关追缴欠缴的税款，欠缴税款金额100万元以上的；

3. 骗取国家出口退税款的；

4. 以暴力、威胁方法拒不缴纳税款的；

5. 虚开增值税专用发票或者虚开用于骗取出口退税、抵扣税款的其他发票的；

6. 虚开普通发票100份或者金额400万元以上的；

7. 私自印制、伪造、变造发票，非法制造发票防伪专用品，伪造发票监制章的；

8. 具有偷税、逃避追缴欠税、骗取出口退税、抗税、虚开发票等行为，在稽查案件执行完毕前，不履行税收义务并脱离税务机关监管，经税务机关检查确认走逃（失联）的；

9. 为纳税人、扣缴义务人非法提供银行账户、发票、证明或者其他方便，导致未缴、少缴税款100万元以上或者骗取国家出口退税款的；

10. 税务代理人违反税收法律、行政法规造成纳税人未缴或者少缴税款100万元以上的；

11. 其他性质恶劣、情节严重、社会危害性较大的税收违法行为。

（二）公布的案件信息内容

公布重大税收违法失信案件信息，应当主要包括以下内容：

1. 失信主体基本情况；

2. 失信主体的主要税收违法事实；

3. 税务处理、税务行政处罚决定及法律依据；

4. 确定失信主体的税务机关；

5. 法律、行政法规规定应当公布的其他信息。

对依法确定为国家秘密的信息，法律、行政法规禁止公开的信息，以及公开后可能危及国家安全、公共安全、经济安全、社会稳定的信息，税务机关不予公开。

失信主体为法人或者其他组织的，公布其名称、统一社会信用代码（纳税人识别号）、注册地址以及违法行为发生时的法定代表人、负责人或者经人民法院生效裁判确定的实际责任人的姓名、性别及身份证件号码（隐去出生年、月、日号码段）；失信主体为自然人的，公布其姓名、性别、身份证件号码（隐去出生年、月、日号码段）。

经人民法院生效裁判确定的实际责任人，与违法行为发生时的法定代表人或者负责人不一致的，除有证据证明法定代表人或者负责人有涉案行为外，税务机关只向社会公布实际责任人信息。

（三）案件信息公布程序

税务机关对当事人依法作出《税务行政处罚决定书》，当事人在法定期限内未申请行政复议、未提起行政诉讼，或者申请行政复议，行政复议机关作出行政复议决定后，在法定期限内未提起行政诉讼，或者人民法院对税务行政处罚决定或行政复议决定作出生效判决、裁定后，符合前述标准情形之一的，税务机关确定其为失信主体。

对移送公安机关的当事人，税务机关在移送时已依法作出《税务处理决定书》，未作出《税务行政处罚决定书》的，当事人在法定期限内未申请行政复议、未提起行政诉讼，或者申请行政复议，行政复议机关作出行政复议决定后，在法定期限内未提起行政诉讼，或者人民法院对税务处理决定或行政复议决定作出生效判决、裁定后，符合前述标准情形之一的，税务机关确定其为失信主体。

符合前述标准 1 和标准 2 的失信主体，在失信信息公布前按照《税务处理决定书》《税务行政处罚决定书》缴清税款、滞纳金和罚款的，经税务机关确认，不向社会公布其相关信息。

符合前述标准 8 规定情形的失信主体，具有偷税、逃避追缴欠税行为的，按照前款规定处理。

税务机关应当在作出确定失信主体决定前向当事人送达告知文书，告知其依法享有陈述、申辩的权利。当事人在税务机关告知后 5 日内，可以书面或者口头提出陈述、申辩意见。当事人口头提出陈述、申辩意见的，税务机关应当制作陈述申辩笔录，并由当事人签章。

税务机关应当充分听取当事人陈述、申辩意见，对当事人提出的事实、理由和证据进行复核。当事人提出的事实、理由或者证据成立的，应当采纳。

经设区的市、自治州以上税务局局长或者其授权的税务局领导批准，税务机关在规定的申请行政复议或提起行政诉讼期限届满，或者行政复议决定、人民法院判决或裁定生效后，于 30 日内制作失信主体确定文书，并依法送达当事人。

（四）案件信息公布管理

税务机关应当通过国家税务总局各省、自治区、直辖市、计划单列市税务局网站向社会公布失信主体信息，根据本地区实际情况，也可以通过税务机关公告栏、报纸、广播、电视、网络媒体等途径以及新闻发布会等形式向社会公布。国家税务总局归集各地税务机关确定的失信主体信息，并提供至“信用中国”网站进行公开。失信主体信息自公布之日起满 3 年的，税务机关在 5 日内停止信息公布。

（五）提前停止公布

失信信息公布期间，符合下列条件之一的，失信主体或者其破产管理人可以向作出确定失信主体决定的税务机关申请提前停止公布失信信息：

1. 按照《税务处理决定书》《税务行政处罚决定书》缴清（退）税款、滞纳金、罚款，且失信主体失信信息公布满六个月的；

2. 失信主体破产，人民法院出具批准重整计划或认可和解协议的裁定书，税务机关依法受偿的；

3. 在发生重大自然灾害、公共卫生、社会安全等突发事件期间，因参与应急抢险救灾、疫情防控、重大项目建设或者履行社会责任作出突出贡献的。

上述第一种情形下申请提前停止公布的，申请人应当提交停止公布失信信息申请表、诚信纳税承诺书。

上述第二种情形下申请提前停止公布的，申请人应当提交停止公布失信信息申请表，人民法院出具的批准重整计划或认可和解协议的裁定书。

上述第三种情形下申请提前停止公布的，申请人应当提交停止公布失信信息申请表、诚信纳税承诺书以及省、自治区、直辖市、计划单列市人民政府出具的有关材料。

失信主体有下列情形之一的，不予提前停止公布：

1. 被确定为失信主体后，因发生偷税、逃避追缴欠税、骗取出口退税、抗税、虚开发票等税收违法行为受到税务处理或者行政处罚的；

2. 五年内被确定为失信主体两次以上的。

税务机关作出准予提前停止公布决定的，应当在 5 日内停止信息公布。税务机关可以组织申请提前停止公布的失信主体法定代表人、财务负责人等参加信用培训，开展依法诚信纳税教育。信用培训不得收取任何费用。

【例题 7－17】纳税人欠缴应纳税款，采取转移或者隐匿财产的手段，妨碍税务机关追缴欠缴税款，欠缴税款金额（　　）万元以上的属于重大税收违法失信案件。

A. 10　　B. 20　　C. 50　　D. 100

【答案】D

任务五　税务行政复议

一、税务行政复议的概念

税务行政复议是指纳税人和其他税务当事人对税务机关的税务行政行为不服，依法向上级税务机关提出申诉，请求上一级税务机关对原行政行为的合理性、合法性作出审议，复议机关依法对原行政行为的合理性、合法性作出裁决的行政司法活动。

二、税务行政复议范围

纳税人及其他当事人（以下简称申请人）认为税务机关（以下简称被申请人）的行政行为侵犯其合法权益，可依法向税务行政复议机关申请行政复议。税务行政复议机关（以下简称复议机关），是指依法受理税务行政复议申请，对行政行为进行审查并作出行政复议决定的税务机关。

（一）可以申请行政复议的行政行为

申请人对税务机关下列行政行为不服的，可以提出行政复议申请：

1. 征税行为。包括确认纳税主体、征税对象、征税范围、减税、免税、退税、抵扣税款、适用税率、计税依据、纳税环节、纳税期限、纳税地点和税款征收方式等行政行为，征收税款、加收滞纳金，扣缴义务人、受税务机关委托的单位和个人作出的代扣代缴、代收代缴、代征行为等。

2. 行政许可、行政审批行为。

3. 发票管理行为。包括发售、收缴、代开发票等。

4. 税收保全措施、强制执行措施。

5. 行政处罚行为。包括罚款、没收非法财物和违法所得、停止出口退税权。

6. 不依法履行下列职责的行为：（1）开具、出具完税凭证；（2）行政赔偿；（3）行政奖励；（4）其他不依法履行职责的行为。

7. 资格认定行为。

8. 不依法确认纳税担保行为。

9. 政府公开信息工作中的具体行政行为。

10. 纳税信用等级评定行为。

11. 通知出入境管理机关阻止出境行为。

12. 其他行政行为。

（二）可以一并申请行政复议的规范性文件

申请人认为税务机关的行政行为所依据的下列规定不合法，对行政行为申请行政复议时，可以一并向复议机关提出对该规定（不包括规章）的审查申请：

1. 国家税务总局和国务院其他部门的规定；

2. 其他各级税务机关的规定；

3. 地方各级人民政府的规定；

4. 地方人民政府工作部门的规定。

申请人对行政行为提出行政复议申请时不知道该行政行为所依据的规定的，可以在行政复议机关作出行政复议决定以前提出对该规定的审查申请。

【例题7－18】纳税人对税务机关的下列行为不服时，可以申请行政复议的有（　　）。

A. 税务机关为其确认征税范围

B. 税务机关对其作出征收税款的决定

C. 税务机关关于具体贯彻落实税收法规的规定

D. 税务机关责令其提供纳税担保

【答案】ABD

【解析】根据税务行政复议规则的规定，纳税人如果认为税务机关的行政行为所依据的规定不合法，可以向有关机关进行反映，或者在对行政行为申请行政复议时，一并向复议机关提出对该规定的审查申请，但不包括规章。

三、税务行政复议管辖

（一）复议管辖的一般规定

1. 对各级税务局的行政行为不服的，向其上一级税务局申请行政复议。

2. 对计划单列市税务局的行政行为不服的，向国家税务总局申请行政复议。

3. 对税务所（分局）、各级税务局的稽查局的行政行为不服的，向其所属税务局申请行政复议。

4. 对国家税务总局的行政行为不服的，向国家税务总局申请行政复议。对行政复议决定不服，申请人可以向人民法院提起行政诉讼，也可以向国务院申请裁决。国务院的裁决为最终裁决。

知识要点：国务院的裁决为最终裁决。

（二）复议管辖的特殊规定

1. 对两个以上税务机关以共同的名义作出的行政行为不服的，向共同上一级税务机关申请行政复议；对税务机关与其他行政机关以共同的名义作出的行政行为不服的，向其共同上一级行政机关申请行政复议。

2. 对被撤销的税务机关在撤销以前所作出的行政行为不服的，向继续行使其职权的税务机关的上一级税务机关申请行政复议。

3. 对税务机关作出逾期不缴纳罚款加处罚款的决定不服的，向作出行政处罚决定的税务机关申请行政复议。但是对已处罚款和加处罚款都不服的，一并向作出行政处罚决定的税务机关的上一级税务机关申请行政复议。

申请人向行政行为发生地的县级地方人民政府提交行政复议申请的，由接受申请的县级地方人民政府依法予以转送。

四、税务行政复议申请与受理

（一）税务行政复议申请

申请人可以在知道税务机关作出具体行政行为之日起60日内提出行政复议申请。因不可抗力或者被申请人设置障碍等原因耽误法定申请期限的，申请期限的计算应当扣除被耽误时间。

申请人对复议范围中征税行为不服的，应当先向复议机关申请行政复议。对行政复议决定不服的，可以再向人民法院提起行政诉讼。

申请人按前述规定申请行政复议的，必须依照税务机关根据法律、行政法规确定的税额、期限，先行缴纳或者解缴税款及滞纳金，或者提供相应的担保，方可在实际缴清税款和滞纳金后或者所提供的担保得到作出行政行为的税务机关确认之日起60日内提出行政复议申请。

申请人对复议范围中税务机关作出的征税行为以外的其他行政行为不服的，可以申请行政复议，也可以直接向人民法院提起行政诉讼。

申请人对税务机关作出逾期不缴纳罚款加处罚款的决定不服的，应当先缴纳罚款和加处罚款，再申请行政复议。

申请人申请行政复议，可以书面申请，也可以口头申请。书面申请的，可以采取当面递交、邮寄、传真或者电子邮件等方式提出行政复议申请；口头申请的，复议机关应当当场制作行政复议申请笔录，交申请人核对或者向申请人宣读，并由申请人确认。

知识要点：申请人对复议范围中征税行为不服的，应当先向复议机关申请行政复议。对行政复议决定不服的，可以再向人民法院提起行政诉讼。

（二）税务行政复议受理

复议机关收到行政复议申请后，应当在5日内进行审查，决定是否受理。对符合规定的行政复议申请，自行政复议机关收到之日起即为受理，应当书面告知申请人；对不符合规定的行政复议申请，决定不予受理，并书面告知申请人；对不属于本机关受理的行政复议申请，应当告知申请人向有关行政复议机关提出。复议机关收到行政复议申请以后未按照规定期限审查并作出不予受理决定的，视为受理。

对应当先向复议机关申请行政复议，对行政复议决定不服再向人民法院提起行政诉讼的行政行为，复议机关决定不予受理或者受理以后超过行政复议期限不作答复的，申请人可以自收到不予受理决定书之日起或者行政复议期满之日起 15 日内，依法向人民法院提起行政诉讼。

申请人向复议机关申请行政复议，复议机关已经受理的，在法定行政复议期限内申请人不得向人民法院提起行政诉讼；申请人向人民法院提起行政诉讼，人民法院已经依法受理的，不得申请行政复议。

行政复议期间行政行为不停止执行。但有下列情形之一的，可以停止执行：

1. 被申请人认为需要停止执行的。
2. 复议机关认为需要停止执行的。
3. 申请人申请停止执行，复议机关认为其要求合理，决定停止执行的。
4. 法律规定停止执行的。

五、税务行政复议审查和决定

（一）税务行政复议审查

复议机关审理行政复议案件，应当由 2 名以上行政复议工作人员参加。行政复议工作人员应当具备与履行行政复议职责相适应的品行、专业知识和业务能力。税务机关中初次从事行政复议的人员，应当通过国家统一法律职业资格考试取得法律职业资格。

行政复议原则上采用书面审查的办法，但是申请人提出要求或者复议机关认为有必要时，应当听取申请人、被申请人和第三人的意见，并可以向有关组织和人员调查了解情况。

对重大、复杂的案件，申请人提出要求或者复议机关认为必要时，可以采取听证的方式审理。听证应当公开举行，但是涉及国家秘密、商业秘密或者个人隐私的除外。行政复议听证人员不得少于 2 人，听证主持人由行政复议机关指定。听证应当制作笔录，申请人、被申请人和第三人应当确认听证笔录内容。第三人不参加听证的，不影响听证的举行。

复议机关应当全面审查被申请人的行政行为所依据的事实证据、法律程序、法律依据和设定的权利义务内容的合法性、适当性。

申请人在行政复议决定作出以前撤回行政复议申请的，经复议机关同意，可以撤回。申请人撤回行政复议申请的，不得再以同一事实和理由提出行政复议申请。但是，申请人能够证明撤回行政复议申请违背其真实意思表示的除外。

行政复议期间被申请人改变原行政行为的，不影响行政复议案件的审理。但是，申请人依法撤回行政复议申请的除外。

复议机关审查被申请人的行政行为时，认为其依据不合法，本机关有权处理的，应当在 30 日内依法处理；无权处理的，应当在 7 日内按照法定程序逐级转送有权处理的国家机关依法处理。处理期间，中止对行政行为的审查。

（二）税务行政复议决定

复议机关应当对被申请人的行政行为提出审查意见，经复议机关负责人批准，按照下列规定作出行政复议决定：

1. 行政行为认定事实清楚，证据确凿，适用依据正确，程序合法，内容适当的，决定维持。

2. 被申请人不履行法定职责的，决定其在一定期限内履行。

3. 行政行为有下列情形之一的，决定撤销、变更或者确认该具体行政行为违法：

（1）主要事实不清、证据不足的。

（2）适用依据错误的。

（3）违反法定程序的。

（4）超越或者滥用职权的。

（5）行政行为明显不当的。

决定撤销或者确认该行政行为违法的，可以责令被申请人在一定期限内重新作出行政行为。复议机关责令被申请人重新作出行政行为的，被申请人不得以同一事实和理由作出与原行政行为相同或者基本相同的行政行为；但复议机关以原行政行为违反法定程序而决定撤销的，被申请人重新作出行政行为的除外。

复议机关责令被申请人重新作出行政行为的，被申请人不得作出对申请人更为不利的决定；但是复议机关以原行政行为主要事实不清、证据不足或适用依据错误决定撤销的，被申请人重新作出行政行为的除外。

复议机关责令被申请人重新作出行政行为的，被申请人应当在60日内重新作出行政行为；情况复杂、不能在规定期限内重新作出行政行为的，经复议机关批准，可以适当延期，但是延期不得超过30日。

申请人对被申请人重新作出的行政行为不服的，可以依法申请行政复议，或者提起行政诉讼。

4. 被申请人不按照规定提出书面答复，提交当初作出行政行为的证据、依据和其他有关材料的，视为该行政行为没有证据、依据，决定撤销该行政行为。

复议机关应当自受理申请之日起60日内作出行政复议决定。情况复杂、不能在规定期限内作出行政复议决定的，经复议机关负责人批准，可以适当延期，并告知申请人和被申请人，但延期不得超过30日。

复议机关作出行政复议决定，应当制作行政复议决定书，并加盖印章。行政复议决定书一经送达，即发生法律效力。

知识要点：申请人可以在知道税务机关作出具体行政行为之日起60日内提出行政复议申请。复议机关应当自受理申请之日起60日内作出行政复议决定。

【例题7-19】纳税人对税务机关的下列行政行为不服时，可以申请行政复议，也可以直接向人民法院提起行政诉讼的有（　　）。

A. 确认纳税环节　　B. 税收保全措施

C. 不出具完税凭证　　D. 停止出口退税权

【答案】BCD

【解析】根据税务行政复议规则的规定，税务机关作出征税行为以外的其他行政行为，申请人可以申请行政复议，也可以直接向人民法院提起行政诉讼。

任务六　税收法律责任

一、税务管理相对人实施税收违法行为的法律责任

（一）违反税务管理规定的法律责任

1. 纳税人有下列行为之一的，由税务机关责令限期改正，可以处2 000元以下的罚款；情节严重的，处2 000元以上1万元以下的罚款：

（1）未按照规定设置、保管账簿或者保管记账凭证和有关资料的。

（2）未按照规定将财务、会计制度或者财务、会计处理办法和会计核算软件报送税务机关备查的。

（3）未按照规定将其全部银行账号向税务机关报告的。

（4）未按照规定安装、使用税控装置，或者损毁或者擅自改动税控装置的。

2. 扣缴义务人未按照规定设置、保管代扣代缴、代收代缴税款账簿或者保管代扣代缴、代收代缴税款记账凭证及有关资料的，由税务机关责令限期改正，可以处2 000元以下的罚款；情节严重的，处2 000元以上5 000元以下的罚款。

3. 纳税人未按照规定的期限办理纳税申报和报送纳税资料的，或者扣缴义务人未按照规定的期限向税务机关报送代扣代缴、代收代缴税款报告表和有关资料的，由税务机关责令限期改正，可以处2 000元以下的罚款；情节严重的，处2 000元以上1万元以下的罚款。

4. 纳税人、扣缴义务人编造虚假计税依据的，由税务机关责令限期改正，并处5万元以下的罚款。

5. 非法印制、转借、倒卖、变造或者伪造完税凭证的，由税务机关责令改正，处2 000元以上1万元以下的罚款；情节严重的，处1万元以上5万元以下的罚款；构成犯罪的，依法追究刑事责任。

6. 银行和其他金融机构未依照《税收征收管理法》的规定在从事生产、经营的纳税人的账户中登录税务登记证件号码，或者未按规定在税务登记证件中登录从事生产、经营的纳税人的账户账号的，由税务机关责令其限期改正，处2 000元以上2万元以下的罚款；情节严重的，处2万元以上5万元以下的罚款。

7. 扣缴义务人应扣未扣、应收而不收税款的，由税务机关向纳税人追缴税款，对扣缴义务人处应扣未扣、应收未收税款50%以上3倍以下的罚款。

8. 税务代理人违反税收法律、行政法规，造成纳税人未缴或者少缴税款的，除由纳税人缴纳或者补缴应纳税款、滞纳金外，对税务代理人处纳税人未缴或者少缴税款50%以上3倍以下的罚款。

【例题7－20】根据税收征收管理法律制度的规定，纳税人有骗税行为的，由税务机关

追缴其骗取的退税款，并处骗取税款一定倍数的罚款，该倍数为（　　）。

A. 5 倍以上 10 倍以下　　B. 1 倍以上 5 倍以下

C. 10 倍　　D. 10 倍以上 15 倍以下

【答案】B

（二）首违不罚制度

2021 年 4 月 1 日起，对于首次发生国家税务总局公布的“首违不罚”清单中事项且危害后果轻微，在税务机关发现前主动改正或者在税务机关责令限期改正的期限内改正的，不予行政处罚（见表 7－5）。税务机关应当对当事人加强税法宣传和辅导。

表 7－5　　税务行政处罚“首违不罚”事项清单

序号	事项
1	纳税人未按照《税收征收管理法》等有关规定将其全部银行账号向税务机关报送
2	纳税人未按照《税收征收管理法》等有关规定设置、保管账簿或者保管记账凭证和有关资料
3	纳税人未按照《税收征收管理法》等有关规定的期限办理纳税申报和报送纳税资料
4	纳税人使用税控装置开具发票，未按照《税收征收管理法》《发票管理办法》等有关规定的期限向主管税务机关报送开具发票的数据且没有违法所得
5	纳税人未按照《税收征收管理法》《发票管理办法》等有关规定取得发票，以其他凭证代替发票使用且没有违法所得
6	纳税人未按照《税收征收管理法》《发票管理办法》等有关规定缴销发票且没有违法所得
7	扣缴义务人未按照《税收征收管理法》等有关规定设置、保管代扣代缴、代收代缴税款账簿或者保管代扣代缴、代收代缴税款记账凭证及有关资料
8	扣缴义务人未按照《税收征收管理法》等有关规定的期限报送代扣代缴、代收代缴税款有关资料
9	扣缴义务人未按照《税收票证管理办法》的规定开具税收票证
10	境内机构或个人向非居民发包工程作业或劳务项目，未按照《非居民承包工程作业和提供劳务税收管理暂行办法》的规定向主管税务机关报告有关事项

（三）偷税（逃税）行为的法律责任

偷税（逃税）行为是指纳税人采取欺骗、隐瞒手段进行虚假纳税申报或者不申报，逃避缴纳税款的行为。

纳税人采取伪造、变造、隐匿、擅自销毁账簿、记账凭证，或者在账簿上多列支出或者不列、少列收入，或者经税务机关通知申报而拒不申报或者进行虚假的纳税申报的手段，不缴或者少缴应纳税款的，由税务机关追缴其不缴或者少缴的税款、滞纳金，并处不缴或者少缴的税款 50% 以上 5 倍以下的罚款。

纳税人采取欺骗、隐瞒手段进行虚假纳税申报或者不申报，逃避缴纳税款数额较大并且占应纳税额 10% 以上的，处 3 年以下有期徒刑或者拘役，并处罚金；数额巨大并且占应纳税额 30% 以上的，处 3 年以上 7 年以下有期徒刑，并处罚金。对多次实施前述行为，未经处理的，按照累计数额计算。

有上述行为，经税务机关依法下达追缴通知后，补缴应纳税款，缴纳滞纳金。已受行政处罚的，不予追究刑事责任；但是，5 年内因逃避缴纳税款受过刑事处罚或者被税务机关给予两次以上行政处罚的除外。

扣缴义务人采取上述手段，不缴或者少缴已扣、已收税款，由税务机关追缴其不缴或者少缴的税款、滞纳金，并处不缴或者少缴的税款 50% 以上 5 倍以下的罚款；构成犯罪的，依法追究刑事责任。

（四）欠税行为的法律责任

欠税行为是指纳税人欠缴应纳税款，采取转移或者隐匿财产的手段，妨碍税务机关追缴欠缴的税款的行为。

纳税人欠税的，由税务机关追缴欠缴的税款、滞纳金，并处欠缴税款 50% 以上 5 倍以下的罚款；构成犯罪的，依法追究刑事责任。

（五）抗税行为的法律责任

抗税行为是指纳税人、扣缴义务人以暴力、威胁方法拒不缴纳税款的行为。

对抗税行为，除由税务机关追缴其拒缴的税款、滞纳金外，依法追究刑事责任；情节轻微、未构成犯罪的，由税务机关追缴其拒缴的税款、滞纳金，并处拒缴税款 1 倍以上 5 倍以下的罚款。

（六）骗税行为的法律责任

骗税行为是指纳税人以假报出口或者其他欺骗手段，骗取国家出口退税款的行为。

纳税人有骗税行为，由税务机关追缴其骗取的退税款，并处骗取税款 1 倍以上 5 倍以下的罚款；构成犯罪的，依法追究刑事责任。

对骗取国家出口退税款的，税务机关可以在规定期间内停止为其办理出口退税。

为纳税人、扣缴义务人非法提供银行账户、发票、证明或者其他方便，骗取国家出口退税款的，税务机关除没收其违法所得外，可以处未缴、少缴或者骗取的税款 1 倍以下的罚款。

（七）纳税人、扣缴义务人不配合税务检查的法律责任

税务检查期间，纳税人、扣缴义务人发生不配合税务机关进行税务检查的下列行为，由税务机关责令改正，可以处 1 万元以下的罚款；情节严重的，处 1 万元以上 5 万元以下的罚款。

1. 逃避、拒绝或者以其他方式阻挠税务机关检查的。
2. 提供虚假资料，不如实反映情况，或者拒绝提供有关资料的。
3. 拒绝或者阻止税务机关记录、录音、录像、照相和复制与案件有关的情况和资料的。
4. 转移、隐匿、销毁有关资料的。
5. 有不依法接受税务检查的其他情形的。

知识归纳（见表 7－6）

表 7-6　　四大税收违法行为的主要联系与区别

行为类型	界定	罚款额度	是否存在刑事责任
偷税（逃税）行为	虚假或不申报	50% ~5 倍	是
欠税行为	妨碍追缴		
抗税行为	暴力、威胁方法拒不缴纳	1 ~5 倍	
骗税行为	骗取国家出口退税		

二、税务行政主体实施税收违法行为的法律责任

（一）渎职行为的法律责任

1. 税务人员徇私舞弊，对依法应当移交司法机关追究刑事责任的不移交，情节严重的，依法追究刑事责任。

2. 税务人员利用职务上的便利，收受或者索取纳税人、扣缴义务人财物或者谋取其他不正当利益，构成犯罪的，依法追究刑事责任；未构成犯罪的，依法给予行政处分。

3. 税务人员徇私舞弊或者玩忽职守，不征或者少征应征税款，致使国家税收遭受重大损失，构成犯罪的，依法追究刑事责任；未构成犯罪的，依法给予行政处分。

4. 税务人员滥用职权，故意刁难纳税人、扣缴义务人的，调离税收工作岗位，并依法给予行政处分。

5. 税务人员对控告、检举税收违法行为的纳税人、扣缴义务人以及其他检举人进行打击报复的，依法给予行政处分；构成犯罪的，依法追究刑事责任。

（二）其他违法行为的法律责任

1. 税务机关违反规定擅自改变税收征收管理范围和税款入库预算级次的，责令限期改正；对直接负责的主管人员和其他直接责任人员依法给予降级或者撤职的行政处分。

2. 税务人员在征收税款或者查处税收违法案件时，未按照《税收征收管理法》的规定进行回避的，对直接负责的主管人员和其他直接责任人员，依法给予行政处分。未按照《税收征收管理法》的规定为纳税人、扣缴义务人、检举人保密的，对直接负责的主管人员和其他直接责任人员，由所在单位或者有关单位依法给予行政处分。

3. 税务人员与纳税人、扣缴义务人勾结，唆使或者协助纳税人、扣缴义务人实施税收违法行为，构成犯罪的，依法追究刑事责任；未构成犯罪的，依法给予行政处分。

4. 税务人员私分扣押、查封的商品、货物或者其他财产，情节严重、构成犯罪的，依法追究刑事责任；未构成犯罪的，依法给予行政处分。

5. 违反法律、行政法规的规定提前征收、延缓征收或者摊派税款的，由其上级机关或者行政监察机关责令改正；对直接负责的主管人员和其他直接责任人员依法给予行政处分。

6. 违反法律、行政法规的规定，擅自作出税收的开征、停征或者减税、免税、退税、补税以及其他同税收法律、行政法规相抵触的决定的，除按《税收征收管理法》的规定

撤销其擅自作出的决定外，补征应征未征税款，退还不应征收而征收的税款，并由上级机关追究直接负责的主管人员和其他直接责任人员的行政责任；构成犯罪的，依法追究刑事责任。

本章主要内容提示

1. 由海关负责征收的关税和船舶吨税以及海关代征的进口环节的增值税、消费税。

2. 税务管理是税收征收管理的重要内容，是税款征收的前提和基础。税务管理主要包括税务登记管理、账簿和凭证管理、发票管理和纳税申报管理等。

3. 从事生产、经营的纳税人领取工商营业执照的，应当自领取工商营业执照之日起 30 日内申报办理税务登记。

4. 实行定期定额征收方式的个体工商户需要停业的，应当在停业前向税务机关申报办理停业登记。纳税人的停业期限不得超过 1 年。

5. 应当自营业执照被吊销或者被撤销登记之日起 15 日内，向原税务登记机关申报办理注销税务。

6. 从事生产、经营的纳税人应当自领取营业执照或者发生纳税义务之日起 15 日内，按照国家有关规定设置账簿。

7. 从事生产、经营的纳税人应当自领取税务登记证件之日起 15 日内，将其财务、会计制度或者财务、会计处理办法报送主管税务机关备案。

8. 邮寄申报以寄出的邮戳日期为实际申报日期。

9. 纳税人因有特殊困难，不能按期缴纳税款的，经省、自治区、直辖市税务局批准，可以延期缴纳税款，但是最长不得超过 3 个月。

10. 纳税担保方式主要有纳税保证、纳税抵押和纳税质押。

11. 个人及其所扶养家属维持生活必需的住房和用品，不在税收保全措施的范围之内。税务机关对单价 5 000 元以下的其他生活用品，不采取税收保全措施。

12. 因纳税人、扣缴义务人计算错误等失误，未缴或者少缴税款的，税务机关在 3 年内可以追征税款、滞纳金；有特殊情况的，追征期可以延长到 5 年。

13. 纳税信用级别设 A、B、M、C、D 五级。

14. 申请人可以在知道税务机关作出行政行为之日起 60 日内提出行政复议申请。

15. 复议机关应当自受理申请之日起 60 日内作出行政复议决定。行政复议决定书一经送达，即发生法律效力。

章节小测

一、单项选择题

1. 根据税收征收管理法律制度的规定，纳税人未按照规定期限缴纳税款的，税务机关可责令限期缴纳。并从滞纳之日起，按日加收滞纳税款一定比例的滞纳金。该比例为（　　）。

A. 万分之五　　B. 万分之七　　C. 万分之一　　D. 万分之二

2. 有关实行定期定额征收方式的个体工商户停业、复业登记，下列表述符合税收征收管理法律制度规定的是（　　）。

A. 纳税人应当在停业之日起30日内办理停业登记

B. 纳税人在停业期间发生纳税义务的，不需要申报缴纳税款

C. 纳税人应当于恢复生产经营之日起30日内，向税务机关申报办理复业登记

D. 纳税人的停业期限不得超过1年

3. 根据税收征收管理法律制度的规定，从事生产、经营的纳税人应当自领取营业执照或者发生纳税义务之日起（　　）日内，按规定设置账簿。

A. 7　　B. 10　　C. 15　　D. 30

4. 根据税收征收管理法律制度的规定，纳税人已开具的发票存根联和发票登记簿的保存期限是（　　）年。

A. 3　　B. 15　　C. 10　　D. 5

5. 根据税收征收管理法律制度的规定，下列关于纳税申报方式的表述中，不正确的是（　　）。

A. 邮寄申报以税务机关收到的日期为实际申报日期

B. 数据电文方式的申报日期以税务机关计算机网络系统收到该数据电文的时间为准

C. 实行定期定额缴纳税款的纳税人，可以实行简易申报、简并征期等方式申报纳税

D. 自行申报是指纳税人、扣缴义务人按照规定的期限自行直接到主管税务机关指定的办税服务场所办理纳税申报手续

6. 根据税收征收管理法律制度的规定，下列关于纳税申报的表述中，正确的是（　　）。

A. 纳税人享受减税待遇的，在减税期间无须办理纳税申报

B. 纳税人在纳税期内没有应纳税款的，也应当按照规定办理纳税申报

C. 纳税人享受免税待遇的，在免税期间无须办理纳税申报

D. 经核准延期办理纳税申报的，在纳税期内无须预缴税款

7. 根据税收征收管理法律制度的规定，下列关于发票开具和保管的表述中，正确的是（　　）。

A. 销售货物开具发票时，可按付款方要求变更品名和金额

B. 经单位财务负责人批准后，可拆本使用发票

C. 已经开具的发票存根联保存期满后，开具发票的单位可直接销毁

D. 收购单位向个人支付收购款项时，由付款方向收款方开具发票

8. 纳税人财务制度不健全，生产经营不固定，零星分散、流动性大，适用的税款征收方式是（　　）。

A. 定期定额　　B. 查账征收　　C. 查定征收　　D. 查验征收

9. 纳税人与其关联企业未按照独立企业之间的业务往来支付价款、费用的，税务机关自该业务往来发生的纳税年度起（　　）年内进行调整；有特殊情况的，可以自该业务往来发生的纳税年度起（　　）年内进行调整。

A. 1；3　　B. 3；5　　C. 3；10　　D. 5；10

10. 某市税务局查实甲企业偷税（逃税）200万元，根据税收征收管理法律制度的规定，税务局向企业追征税款的时限为（　　）。

A. 1年　　B. 3年　　C. 5年　　D. 没有追征期限限制

11. 欠缴税款、滞纳金的纳税人或者其法定代表人需要出境的，税务机关可以采取的措施是（　　）。

A. 责令提供纳税担保

B. 核定、调整应纳税额

C. 书面通知其开户银行从其存款中扣缴税款

D. 依法拍卖其价值相当于应纳税款的商品

12. 根据税收征收管理法律制度的规定，下列各项中，不属于纳税担保方式的是（　　）。

A. 保证　　B. 扣押　　C. 质押　　D. 抵押

13. 甲公司未缴纳税款和滞纳金共计50万元，其法定代表人需要出境参加重要会议，但未提供纳税担

保，则税务机关可以采取的税款征收措施是（　　）。

A. 书面通知甲公司开户银行冻结相当于应纳税款的存款

B. 书面通知甲公司开户银行从其存款中扣缴税款

C. 直接阻止甲公司法定代表人出境

D. 通知出境管理机关阻止甲公司法定代表人出境

14. 根据税收征收管理法律制度的规定，下列各项中，不适用税收保全措施的财产是（　　）。

A. 纳税人收藏的古玩字画　　B. 纳税人的别墅

C. 纳税人的豪华小汽车　　D. 纳税人的家庭唯一普通住房

15. 税务机关采取税收保全措施的期限一般不得超过（　　）个月。

A. 3　　B. 6　　C. 12　　D. 24

16. 根据税收征收管理法律制度的规定，有关纳税信用管理的下列表述中，正确的是（　　）。

A. 纳税信用评价周期为一个纳税年度

B. 纳税信用级别设 A、B、C、D、E 五级

C. 评价年度内无生产经营业务收入的企业不参与纳税信用评价

D. 纳税人对纳税信用评价结果有异议的，不可以书面向作出评价的税务机关申请复评

17. 纳税人虚开普通发票（　　）份或者金额（　　）万元以上的，属于重大税收违法失信案件。

A. 40，100　　B. 60，100　　C. 100，200　　D. 100，40

18. 下列各项中，属于妨碍税务机关追缴欠税行为的是（　　）。

A. 欠缴应纳税款的纳税人，转移或者隐匿财产

B. 纳税人擅自销毁账簿以不缴应纳税款

C. 纳税人在账簿上多列支出以少缴应纳税款

D. 纳税人进行虚假的纳税申报以少缴应纳税款

19. 纳税人、扣缴义务人以暴力、威胁方法拒不缴纳税款的行为，属于（　　）。

A. 骗税行为　　B. 抗税行为

C. 偷税（逃税）行为　　D. 欠税行为

20. 根据税收征收管理法律制度的规定，下列关于税务行政复议审查的表述中，不正确的是（　　）。

A. 对重大案件，申请人提出要求或者行政复议机构认为必要时，可以采取听证的方式审理

B. 对国家税务总局的具体行政行为不服申请行政复议的案件，由国务院提出书面答复

C. 行政复议机构审理行政复议案件，应当由 2 名以上行政复议工作人员参加

D. 行政复议原则上采用书面审查的办法

二、多项选择题

1. 根据税收征收管理法律制度的规定，下列各项中，属于税务机关税款征收权的有（　　）。

A. 追征税款权　　B. 税务检查权　　C. 依法计征权　　D. 核定税款权

2. 根据税收征收管理法律制度的规定，下列各项中，可以不办理税务登记的有（　　）。

A. 国家机关　　B. 企业在外地设立的分支机构

C. 无固定生产经营场所的流动性农村小商贩　　D. 负有个人所得税纳税义务的自然人

3. 根据税收征收管理法律制度的规定，纳税人办理下列事项，应当提供税务登记证件的有（　　）。

A. 开立银行账户　　B. 办理纳税申报

C. 领购发票　　D. 申请税务行政复议

4. 根据税收征收管理法律制度的规定，税务机关核准办理注销税务登记前，纳税人应当完成的事项有（　　）。

A. 结清应纳税款　　B. 撤销在银行开立的基本存款账户

C. 结清滞纳金和罚款　　D. 缴销发票、税务登记证件和其他税务证件

5. 根据税收征收管理法律制度的规定，税务机关在发票管理中有权（　　）。

A. 检查缴销发票的情况　　B. 调出发票查验

C. 向当事各方询问与发票有关的问题与情况　　D. 查阅与发票有关的凭证、资料，但无权复制

6. 根据税收征收管理法律制度的规定，下列行为中，属于未按照规定使用发票的有（　　）。

A. 扩大发票使用范围　　B. 拆本使用发票

C. 以其他凭证代替发票使用　　D. 转借发票

7. 根据税收征收管理法律制度的规定，下列关于发票开具和保管的表述中，符合法律规定的有（　　）。

A. 不得为他人开具与实际经营业务情况不符的发票

B. 已经开具的发票存根联和发票登记簿应当保存3年

C. 取得发票时，不得要求变更品名和金额

D. 开具发票的单位和个人应当建立发票使用登记制度，设置发票登记簿

8. 根据税收征收管理法律制度的规定，纳税申报方式包括（　　）。

A. 自行申报　　B. 邮寄申报

C. 数据电文申报　　D. 简并征期

9. 根据税收征收管理法律制度的规定，下列关于纳税申报的表述中正确的有（　　）。

A. 邮寄申报以税务机关收到的日期为实际申报日期

B. 实行定期定额缴纳税款的纳税人，可以实行简易申报、简并征期等方式申报纳税

C. 纳税人享受免税待遇的，在免税期间不需要办理纳税申报

D. 纳税人在纳税期内没有应纳税款的，也应当按照规定办理纳税申报

10. 根据税收征收管理法律制度的规定，纳税人的下列情形中，税务机关有权核定其应纳税额的有（　　）。

A. 擅自销毁账簿的

B. 依照法律、行政法规的规定可以不设置账簿的

C. 发生纳税义务，未按照规定的期限办理纳税申报的

D. 纳税人申报的计税依据明显偏低，又无正当理由的

11. 根据税收征收管理法律制度的规定，下列情形中，税务机关有权责令纳税人提供纳税担保的有（　　）。

A. 税务机关有根据认为从事生产、经营的纳税人有逃避纳税义务行为的

B. 欠缴税款、滞纳金的纳税人或者其法定代表人需要出境的

C. 纳税人同税务机关在纳税上发生争议而未缴清税款，需要申请行政复议的

D. 未按照规定的期限办理纳税申报，经税务机关责令限期申报，逾期仍不申报的

12. 根据税收征收管理法律制度的规定，纳税担保范围包括（　　）。

A. 税款　　B. 罚款　　C. 滞纳金　　D. 实现税款的费用

13. 根据税收征收管理法律制度的规定，下列各项中，属于税收保全措施的有（　　）。

A. 拍卖纳税人的价值相当于应纳税款的财产

B. 责令纳税人提供纳税担保

C. 书面通知纳税人开户银行冻结纳税人的金额相当于应纳税款的存款

D. 扣押纳税人的价值相当于应纳税款的商品

14. 下列关于税收保全措施和税收强制执行措施的说法中，不正确的有（　　）。

A. 纳税人作为唯一代步工具的一辆小汽车不在税收保全措施的范围之内

B. 税务机关对单价4 000元的沙发，不采取税收强制执行措施

C. 税务机关采取税收保全和强制执行措施时，对纳税人未缴纳的滞纳金也同时采取保全和强制执行措施

D. 税收保全措施是强制执行措施的必经前置程序

15. 根据税收征收管理法律制度的规定，除另有规定外，税务机关征收税款优先于（　　）。

A. 无担保的债权　　B. 在欠税之后设定的抵押权

C. 欠税同时被处的罚款　　D. 在欠税之前成立的留置权

16. 根据税收征收管理法律制度的规定，税务机关在实施税务检查时，可以采取的措施有（　　）。

A. 检查纳税人的财务会计资料

B. 检查纳税人货物存放地的应纳税货物

C. 检查纳税人托运、邮寄应纳税货物的单据、凭证

D. 到车站检查旅客自带物品

17. 根据税收征收管理法律制度的规定，纳税人的下列行为中，属于偷税（逃税）行为的有（　　）。

A. 采取转移或隐匿财产的手段，妨碍税务机关追缴欠缴税款

B. 伪造账簿，不缴应纳税款

C. 进行虚假纳税申报，少缴应纳税款

D. 按照规定应设置账簿而未设置的

18. 根据税收征收管理法律制度的规定，纳税人的下列行为中，属于逃税的有（　　）。

A. 采取转移或隐匿财产的手段，妨碍税务机关追缴欠缴税款

B. 伪造账簿，不缴应纳税款

C. 进行虚假纳税申报，少缴应纳税款

D. 按照规定应设置账簿而未设置的

19. 行政复议期间发生的下列情形，可以停止执行具体行政行为的有（　　）。

A. 申请人认为需要停止执行的　　B. 被申请人认为需要停止执行的

C. 行政复议机关认为需要停止执行的　　D. 法律规定停止执行的

20. 根据税收征收管理法律制度规定，下列各项中，属于税务机关派出人员在税务检查中应履行的职责有（　　）。

A. 出示税务检查通知书　　B. 出示税务机关组织机构代码证

C. 为被检查人保守秘密　　D. 出示税务检查证

三、判断题

1. 国家机关、个人和无固定生产经营场所的流动性农村小商贩，不办理税务登记。（　　）

2. 对未出示税务检查证和税务检查通知书的拒绝接受检查，是纳税主体享受的权利。（　　）

3. 纳税人发生解散、破产、撤销等情形，应当先向市场监督管理部门申请办理注销登记，再向税务登记机关申请办理注销税务登记。（　　）

4. 从事生产、经营的纳税人应当自领取税务登记证件之日起30日内，将其财务、会计制度或者财务、会计处理办法报送主管税务机关备案。（　　）

5. 销售商品、提供服务以及从事其他经营活动的单位和个人，对外发生经营业务收取款项时，应当由付款方向收款方开具发票。（　　）

6. 税务机关需要将已开具的发票调出查验时，应当向被查验的单位和个人开具发票换票证。（　　）

7. 甲企业按照国家规定享受2年内免缴企业所得税的优惠待遇，甲企业在这2年内不需办理企业所得税的纳税申报。（　　）

8. 人民法院裁定受理破产申请后，企业发生应税情形的，不需要办理纳税申报。（　　）

9 对生产经营规模较小、产品零星、税源分散、会计账册不健全，但能控制原材料或进销货的小型厂矿和作坊，税务机关可以采用查账征收的方式征收税款。（　　）

10. 发生纳税义务，未按照规定的期限办理纳税申报，经税务机关责令限期申报，逾期仍不申报的，税务机关可以采取税收强制执行措施。（　　）

11. 欠缴税款的纳税人或者其法定代表人在出境前未按规定结清应纳税款、滞纳金或者提供纳税担保的，税务机关可以通知出境管理机关阻止其出境。（　　）

12. 税务机关依法行使代位权、撤销权的，不免除欠缴税款的纳税人尚未履行的纳税义务和应承担的法律责任。（　　）

13. 税务机关派出的人员进行税务检查时，应当出示税务检查证和税务检查通知书。（　　）

14. 税务机关调查税务违法案件时，对与案件有关的情况和资料，可以记录、录音、录像、照相和复制。（　　）

15. 纳税人编造虚假计税依据的，由税务机关责令限期改正，并处以罚款。（　　）

16. 第一次违反国家税务总局公布的“首违不罚”清单中所列事项，均不予处罚。（　　）

17. 纳税人对加收滞纳金不服的，可以直接向人民法院提起行政诉讼。（　　）

18. 纳税担保的财产价值不足以抵缴税款、滞纳金的，税务机关应当向提供担保的纳税人或纳税担保人继续追缴。（　　）

19. 行政复议决定书从复议机关制作行政复议决定书并加盖印章之日起，发生法律效力。（　　）

20. 纳税人有骗税行为，由税务机关追缴其骗取的退税款，并处骗取税款 50% 以上 3 倍以下的罚款；构成犯罪的，依法追究刑事责任。（　　）

模块八

劳动合同与社会保险法律制度

学习目标

1. 掌握劳动合同的订立、劳动合同的主要内容、劳动合同的解除和终止、基本养老保险、基本医疗保险、工伤保险、失业保险；

2. 熟悉劳动合同的履行和变更、集体合同与劳务派遣、劳动争议的解决、社保保险费征缴与管理；

3. 了解劳动关系与劳动合同、违反劳动合同法律制度的法律责任、社会保险概述、违反社会保险法律制度的法律责任。

案例导入

甲公司将尚有3年劳动合同期限的职工张某派出参加6个月的专业技术培训，提供20万元专项培训费用，并与其签订了服务期协议。双方约定，张某培训结束后须在甲公司工作满4年，否则应向公司支付违约金。张某培训结束工作2年时因个人原因向公司提出解除劳动合同。请问：张某是否需要向甲公司支付违约金？其违约金额如何计算？

任务一　劳动合同法律制度

一、劳动关系与劳动合同

（一）劳动关系与劳动合同的概念与特征

1. 劳动关系与劳动合同的概念。劳动关系是指劳动者与用人单位依法签订劳动合同而在劳动者与用人单位之间产生的法律关系。劳动者接受用人单位的管理，从事用人单位安排的工作，成为用人单位的成员，从用人单位领取劳动报酬并依法享受劳动保护。

劳动合同是劳动者和用人单位之间依法确立劳动关系，明确双方权利义务的协议。

2. 劳动关系的特征。与一般的民事关系不同，劳动关系有其自身独有的特征：

（1）劳动关系的主体具有特定性。劳动关系主体的一方是劳动者；另一方是用人单位。

（2）劳动关系的内容具有较强的法定性。劳动合同涉及财产和人身关系。劳动者在签订劳动合同后，就会隶属于用人单位，受到用人单位的管理。为保护处于弱势地位的劳动者的权益，法律规定了较多的强制性规范。当事人签订劳动合同不得违反强制性规定，否则无效。

（3）劳动者在签订和履行劳动合同时的地位是不同的。劳动者与用人单位在签订劳动合同时，遵循平等、自愿、协商一致的原则，双方法律地位是平等的；一旦双方签订了劳动合同，在履行劳动合同的过程中，用人单位和劳动者就具有了支配与被支配、管理与服从的从属关系。

（二）《劳动合同法》的适用范围

1. 适用《劳动合同法》的劳动关系。中华人民共和国境内的企业、个体经济组织、民办非企业单位等组织（以下简称用人单位）与劳动者建立劳动关系，订立、履行、变更、解除或者终止劳动合同，适用《劳动合同法》。依法成立的会计师事务所、律师事务所等合伙组织和基金会，也属于《劳动合同法》规定的用人单位。

2. 依照《劳动合同法》执行的劳动关系。国家机关、事业单位、社会团体和与其建立劳动关系的劳动者，订立、履行、变更、解除或者终止劳动合同，依照《劳动合同法》执行。

3. 部分适用《劳动合同法》的劳动关系。地方各级人民政府及县级以上人民政府有关部门为安置就业困难人员提供的给予岗位补贴和社会保险补贴的公益性岗位，其劳动合同不适用《劳动合同法》有关无固定期限劳动合同的规定以及支付经济补偿的规定。

二、劳动合同的订立

（一）劳动合同订立的概念和原则

1. 劳动合同订立的概念。劳动合同的订立是指劳动者和用人单位经过相互选择与平等协商，就劳动合同的各项条款达成一致意见，并以书面形式明确规定双方权利、义务的内容，从而确立劳动关系的法律行为。

2. 劳动合同订立的原则。订立劳动合同应当遵循合法、公平、平等自愿、协商一致、诚实信用的原则。

（二）劳动合同订立的主体

1. 劳动合同订立主体的资格要求。

（1）劳动者有劳动权利能力和行为能力。《劳动法》规定，禁止用人单位招用未满16周岁的未成年人。文艺、体育和特种工艺单位招用未满16周岁的未成年人，必须遵守国家有关规定，并保障其接受义务教育的权利。

劳动者就业，不因民族、种族、性别、宗教信仰不同而受歧视。妇女享有与男子平等的就业权利。在录用职工时，除国家规定的不适合妇女的工种或者岗位外，不得以性别为由拒绝录用妇女或者提高对妇女的录用标准。残疾人、少数民族人员、退出现役的军人的就业，法律、法规有特别规定的，从其规定。

（2）用人单位有用人权利能力和行为能力。用人单位是指具有用人权利能力和用人行为能力，运用劳动力组织生产劳动，且向劳动者支付工资等劳动报酬的单位。

用人单位设立的分支机构，依法取得营业执照或者登记证书的，可以作为用人单位与劳动者订立劳动合同；未依法取得营业执照或者登记证书的，受用人单位委托可以与劳动者订立劳动合同。

2. 劳动合同订立主体的义务。

（1）用人单位的义务和责任。用人单位招用劳动者时，应当如实告知劳动者工作内容、工作条件、工作地点、职业危害、安全生产状况、劳动报酬，以及劳动者要求了解的其他情况。

用人单位招用劳动者，不得扣押劳动者的居民身份证和其他证件，不得要求劳动者提供担保或者以其他名义向劳动者收取财物。

用人单位违反《劳动合同法》规定，扣押劳动者居民身份证等证件的，由劳动行政部门责令限期退还劳动者本人，并依照有关法律规定给予处罚。用人单位以担保或者其他名义向劳动者收取财物的，由劳动行政部门责令限期退还劳动者本人，并以每人 500 元以上 2 000元以下的标准处以罚款；给劳动者造成损害的，应当承担赔偿责任。

（2）劳动者的义务。用人单位有权了解劳动者与劳动合同直接相关的基本情况，劳动者应当如实说明。

知识要点：文艺、体育和特种工艺单位可以招用未满 16 周岁的未成年人。

【例题 8 –1】用人单位招用劳动者的下列情形中，符合法律规定的是（　　）。

A. 甲超市与刚满 14 周岁的初中毕业生赵某签订劳动合同

B. 乙公司以只招男性为由拒绝录用应聘者王女士从事会计工作

C. 丙公司设立的分公司已领取营业执照，该分公司与张某订立劳动合同

D. 丁公司要求李某提供 1 000 元保证金后才与其订立劳动合同

【答案】C

【解析】（1）选项 A，赵某未满 16 周岁，甲超市不属于文艺、体育、特种工艺单位，不得招用未满 16 周岁的未成年人；（2）选项 B，“会计”不属于国家规定的不适合妇女的岗位，不得拒绝录用女性；（3）选项 C，该分公司已依法取得营业执照，可以作为用人单位与劳动者订立劳动合同，（4）选项 D，用人单位招用劳动者，不得扣押劳动者的居民身份证和其他证件，不得要求劳动者提供担保或者以其他名义向劳动者收取财物。

（三）劳动关系建立的时间

1. 用工之日。用人单位自用工之日起即与劳动者建立劳动关系。用人单位与劳动者在用工前订立劳动合同的，劳动关系自用工之日起建立。

2. 职工名册的建立。用人单位应当建立职工名册备查。职工名册应当包括劳动者姓名、性别、居民身份证号码、户籍地址及现住址、联系方式、用工形式、用工起始时间、劳动合同期限等内容。

知识要点：劳动关系自用工之日起建立。

（四）劳动合同订立的形式

1. 书面形式。建立劳动关系，应当订立书面劳动合同。已建立劳动关系，未同时订立书面劳动合同的，应当自用工之日起 1 个月内订立书面劳动合同。

（1）劳动者不与用人单位订立书面劳动合同的处理。自用工之日起 1 个月内，经用人单位书面通知后，劳动者不与用人单位订立书面劳动合同的，用人单位应当书面通知劳动者终止劳动关系，无须向劳动者支付经济补偿，但是应当依法向劳动者支付其实际工作时间的劳动报酬。

（2）用人单位超过 1 个月不满 1 年未与劳动者订立书面劳动合同的处理。用人单位自用工之日起超过 1 个月不满 1 年未与劳动者订立书面劳动合同的，应当向劳动者每月支付 2 倍的工资，并与劳动者补订书面劳动合同；劳动者不与用人单位订立书面劳动合同的，用人单位应当书面通知劳动者终止劳动关系，并支付经济补偿。用人单位向劳动者每月支付 2 倍工资的起算时间为用工之日起满 1 个月的次日，截止时间为补订书面劳动合同的

前一日。

（3）用人单位满1年未与劳动者订立书面劳动合同的处理。用人单位自用工之日起满1年未与劳动者订立书面劳动合同的，自用工之日起满1个月的次日至满1年的前一日应当向劳动者每月支付2倍的工资，并视为自用工之日起满1年的当日已经与劳动者订立无固定期限劳动合同，应当立即与劳动者补订书面劳动合同。

知识归纳（见表8－1）

表8－1　书面劳动合同的签订时间

<table>
<tr><th colspan="2">情形</th><th>用人单位的处理以及后果</th></tr>
<tr><td rowspan="2">自用工之日起1个月内</td><td>订立书面劳动合同</td><td>1. 合法
2. 双方依法依约继续履行劳动合同即可</td></tr>
<tr><td>经用人单位书面通知，劳动者不与用人单位订立书面劳动合同</td><td>1. 用人单位应当书面通知劳动者终止劳动关系
2. 无须向劳动者支付经济补偿金
3. 应当依法向劳动者支付其实际工作时间的劳动报酬</td></tr>
<tr><td rowspan="2">自用工之日起超过1个月不满1年</td><td>用人单位与劳动者补订了书面劳动合同</td><td>应当依法向劳动者每月支付2倍的工资（1倍正常工资＋1倍工资补偿）；起算时间为用工之日起满1个月的次日，截止时间为补订书面劳动合同的前1日</td></tr>
<tr><td>劳动者不与用人单位订立书面劳动合同</td><td>1. 用人单位应当书面通知劳动者终止劳动关系
2. 应向劳动者支付经济补偿金</td></tr>
<tr><td>自用工之日起满1年</td><td>用人单位与劳动者订立了书面劳动合同</td><td>1. 视为自用工之日起满1年的当日已经与劳动者订立无固定期限劳动合同，应立即与劳动者补订书面劳动合同
2. 应当依法向劳动者每月支付2倍的工资；支付时限为自用工之日起满1个月的次日至满1年的前1日（共计11个月，不论最终何时补订了书面劳动合同）</td></tr>
</table>

【例题8－2】2020年9月1日，甲公司向周某发出录用通知。9月6日，周某到甲公司上班。截至2020年10月31日，甲公司一直未与周某签订劳动合同。关于甲公司未与周某签订书面劳动合同法律后果的下列表述中，正确的有（　　）。

A. 甲公司与周某之间视为自2020年10月6日起已订立无固定期限劳动合同

B. 甲公司应当与周某补订书面劳动合同

C. 甲公司与周某之间未建立劳动关系

D. 甲公司与周某之间的劳动关系自2020年9月6日起建立

【答案】BD

【解析】（1）选项A，未满1年，不存在视为订立无固定期限劳动合同的问题；（2）选项CD，双方自用工之日起（2020年9月6日）建立劳动关系。

2. 口头形式。

（1）非全日制用工的概念。非全日制用工双方当事人可以订立口头协议。

非全日制用工是指以小时计酬为主，劳动者在同一用人单位一般平均每日工作时间不超过4小时，每周工作时间累计不超过24小时的用工形式。

（2）非全日制用工双方权利义务的特殊规定。从事非全日制用工的劳动者可以与一个或者一个以上用人单位订立劳动合同；但是，后订立的劳动合同不得影响先订立的劳动合同的履行。

非全日制用工双方当事人不得约定试用期。

非全日制用工双方当事人任何一方都可以随时通知对方终止用工。终止用工，用人单位不向劳动者支付经济补偿。

非全日制用工小时计酬标准不得低于用人单位所在地人民政府规定的最低小时工资标准。用人单位可以按小时、日或周为单位结算工资，但非全日制用工劳动报酬结算支付周期最长不得超过15日。

知识要点：非全日制用工双方当事人不得约定试用期。终止用工，用人单位不向劳动者支付经济补偿。

（五）劳动合同的效力

1. 劳动合同的生效。劳动合同由用人单位与劳动者协商一致，并经用人单位与劳动者在劳动合同文本上签字或者盖章生效。劳动合同文本由用人单位和劳动者各执一份。

如果用人单位不履行劳动合同，没有给劳动者提供约定的工作岗位，劳动者可以要求用人单位提供约定的工作岗位或者承担违约责任；如果劳动者不履行劳动合同，用人单位可以要求劳动者提供约定的劳动或者承担违约责任。如果因一方不履行劳动合同，造成另一方损失的，违约方还应赔偿对方相应的损失。

2. 无效劳动合同的情形。无效劳动合同是指由用人单位和劳动者签订成立，而国家不予承认其法律效力的劳动合同。劳动合同虽然已经成立，但因违反了平等自愿、协商一致、诚实信用、公平等原则和法律、行政法规的强制性规定，可使其全部或者部分条款归于无效。

下列劳动合同无效或者部分无效：

（1）以欺诈、胁迫的手段或者乘人之危，使对方在违背真实意思的情况下订立或者变更劳动合同的；

（2）用人单位免除自己的法定责任、排除劳动者权利的；

（3）违反法律、行政法规强制性规定的。

对劳动合同的无效或者部分无效有争议的，由劳动争议仲裁机构或者人民法院确认。

3. 无效劳动合同的法律后果。无效劳动合同，从订立时起就没有法律约束力。劳动合同部分无效，不影响其他部分效力的，其他部分仍然有效。

劳动合同被确认无效，劳动者已付出劳动的，用人单位应当向劳动者支付劳动报酬。劳动报酬的数额，参照本单位相同或者相近岗位劳动者的劳动报酬确定。

劳动合同被确认无效，给对方造成损害的，有过错的一方应当承担赔偿责任。

知识要点：无效劳动合同，从订立时起就没有法律约束力。劳动合同部分无效，不影响其他部分效力的，其他部分仍然有效。

【例题8-3】2021年6月19日，孙某被甲公司口头聘用。7月1日收到书面录用通知书；7月15日与甲公司在劳动合同文本上签章；7月21日上岗工作。孙某与甲公司所签劳动合同的生效时间为（　　）。

A. 2021年7月1日　　B. 2021年7月15日

C. 2021年6月19日　　D. 2021年7月21日

【答案】B

【解析】（1）劳动合同生效时间：双方均签章时（7月15日）；（2）劳动关系的建立时间：用工之日（7月21日）。

三、劳动合同的主要内容

（一）劳动合同必备条款

劳动合同必备条款是指劳动合同必须具备的内容。劳动合同应当具备以下条款：

1. 用人单位的名称、住所和法定代表人或者主要负责人。具有法人资格的用人单位，要注明单位的法定代表人；不具有法人资格的用人单位，必须在劳动合同中写明该单位的主要负责人。

2. 劳动者的姓名、住址和居民身份证或者其他有效身份证件号码。劳动者的姓名以户籍登记，也即身份证上所载为准。劳动者的住址，以其户籍所在地居住地为住址；其经常居住地与户籍所在地不一致的，以经常居住地为住址。

3. 劳动合同期限。劳动合同分为固定期限劳动合同、无固定期限劳动合同和以完成一定工作任务为期限的劳动合同。

（1）固定期限劳动合同。固定期限劳动合同是指用人单位与劳动者明确约定合同终止时间的劳动合同。劳动合同期限届满，劳动关系即告终止。如果双方协商一致，还可以续订劳动合同。

（2）以完成一定工作任务为期限的劳动合同。以完成一定工作任务为期限的劳动合同，是指用人单位与劳动者约定以某项工作的完成为合同期限的劳动合同。

（3）无固定期限劳动合同。无固定期限劳动合同是指用人单位与劳动者约定无确定终止时间的劳动合同。

有下列情形之一，劳动者提出或者同意续订、订立劳动合同的，除劳动者提出订立固定期限劳动合同外，应当订立无固定期限劳动合同：

①劳动者在该用人单位连续工作满10年的。连续工作满10年的起始时间，应当自用人单位用工之日起计算，包括《劳动合同法》施行前的工作年限。劳动者非因本人原因从原用人单位被安排到新用人单位工作的，劳动者在原用人单位的工作年限合并计算为新用人单位的工作年限。原用人单位已经向劳动者支付经济补偿的，新用人单位在依法解除、终止劳动合同计算支付经济补偿的工作年限时，不再计算劳动者在原用人单位的工作年限。

②用人单位初次实行劳动合同制度或者国有企业改制重新订立劳动合同时，劳动者在该用人单位连续工作满10年且距法定退休年龄不足10年的。

③连续订立2次固定期限劳动合同，且劳动者没有下述情形，续订劳动合同的：严重违反用人单位的规章制度的；严重失职，营私舞弊，给用人单位造成重大损害的；劳动者同时与其他用人单位建立劳动关系，对完成本单位的工作任务造成严重影响，或者经用人单位提出，拒不改正的；劳动者以欺诈、胁迫的手段或者乘人之危，使用人单位在违背真实意思的情况下订立或者变更劳动合同，致使劳动合同无效的；被依法追究刑事责任的；劳动者患病或者非因工负伤，在规定的医疗期满后不能从事原工作，也不能从事由用人单位另行安排的工作的；劳动者不能胜任工作，经过培训或者调整工作岗位，仍不能胜任工作的。

连续订立固定期限劳动合同的次数，应当自《劳动合同法》2008年1月1日施行后续订固定期限劳动合同时开始计算。

另外，用人单位自用工之日起满1年不与劳动者订立书面劳动合同的，视为用人单位自用工之日起满1年的当日已经与劳动者订立无固定期限劳动合同。

地方各级人民政府及县级以上地方人民政府有关部门为安置就业困难人员提供的给予岗位补贴和社会保险补贴的公益性岗位，其劳动合同不适用《劳动合同法》有关无固定期限劳动合同的规定。

【例题8-4】2010年以来，甲公司与下列职工均已连续订立2次固定期限劳动合同。再次续订劳动合同时，除职工提出订立固定期限劳动合同外，甲公司应与之订立无固定期限劳动合同的有（　　）。

A. 不能胜任工作，经过培训能够胜任的张某

B. 因交通违章承担行政责任的王某

C. 患病休假，痊愈后能继续从事原工作的范某

D. 同时与乙公司建立劳动关系，经甲公司提出立即改正的李某

【答案】ABCD

【解析】（1）选项A属于劳动者不能胜任工作，经过培训或者调整工作岗位，仍不能胜任工作的（张某经培训能够胜任）；（2）选项B属于被依法追究刑事责任（而非行政责任）的；（3）选项C属于劳动者患病或者非因工负伤，在规定的医疗期满后不能从事原工作，也不能从事由用人单位另行安排的工作的（范某可以从事原工作）；（4）选项D属于劳动者同时与其他用人单位建立劳动关系，对完成本单位的工作任务造成严重影响，或者经用人单位提出，拒不改正的（李某已经立即改正）。

4. 工作内容和工作地点。工作内容包括劳动者从事劳动的工种、岗位和劳动定额、产品质量标准的要求等。这是劳动者判断自己是否胜任该工作、是否愿意从事该工作的关键信息。

工作地点是指劳动者可能从事工作的具体地理位置。工作地点决定着劳动者上下班所需时间，进而影响劳动者生活，关系到劳动者切身利益。这也是劳动者判断是否订立劳动合同必不可少的信息，是用人单位必须告知劳动者的内容。

5. 工作时间和休息、休假。

（1）工作时间通常是指劳动者在一昼夜或一周内从事生产或工作的时间。换言之，是劳动者每天应工作的时数或每周应工作的天数。目前我国实行的工时制度主要有标准工时制、不定时工作制和综合计算工时制三种类型。

①标准工时制，也称标准工作日，是指法律统一规定的劳动者从事工作或劳动的时间。国家实行劳动者每日工作8小时、每周工作40小时的标准工时制度。有些企业因工作性质

和生产特点不能实行标准工时制度，应保证劳动者每天工作不超过8小时；每周工作不超过40小时；每周至少休息1天。

用人单位由于生产经营需要，经与工会和劳动者协商后可以延长工作时间，一般每日不得超过1小时；因特殊原因需要延长工作时间的，在保障劳动者身体健康的条件下延长工作时间，每日不得超过3小时；每月不得超过36小时。但对于发生自然灾害、事故或者因其他原因，威胁劳动者生命健康和财产安全，需要紧急处理的；生产设备、交通运输线路、公共设施发生故障，影响生产和公众利益，必须及时抢修的；以及法律、行政法规规定的其他情形，延长工作时间不受上述规定的限制。

②不定时工作制，也称无定时工作制、不定时工作日，是指没有固定工作时间限制的工作制度。主要适用于一些因工作性质或工作条件不受标准工作时间限制的工作岗位。

③综合计算工时制，也称综合计算工作日，是指用人单位根据生产和工作的特点，分别以周、月、季、年等为周期，综合计算劳动者工作时间，但其平均日工作时间和平均周工作时间仍与法定标准工作时间基本相同的一种工时形式。

对于因工作性质或生产特点的限制，实行不定时工作制或综合计算工时制等其他工作和休息办法的职工，企业应根据国家有关规定，在保障职工身体健康并充分听取职工意见的基础上，采取集中工作、集中休息、轮休调休、弹性工作时间等适当的工作和休息方式，确保职工的休息、休假权利和生产、工作任务的完成。

知识归纳（见表8-2）

表8-2　　工作时间

<table>
<tr><td>标准工时制</td><td>8小时/天，40小时/周</td><td rowspan="3">用人单位与工会和劳动者协商后可延长工作时间
一般：天≤1小时
特殊：天≤3小时，月≤36小时</td></tr>
<tr><td>不定时工作制</td><td>≤8小时/天，≤40小时/周；至少休息1天/周</td></tr>
<tr><td>综合计算工时制</td><td>以周、月、季、年为周期综合计算，但平均工时同标准工时制</td></tr>
</table>

（2）休息、休假。休息是指劳动者在任职期间，在国家规定的法定工作时间以外，无须履行劳动义务而自行支配的时间。包括工作日内的间歇时间、工作日之间的休息时间和公休假日（即周休息日，是职工工作满一个工作周以后的休息时间）。

休假是指劳动者无须履行劳动义务且一般有工资保障的法定休息时间。主要包括以下两类：①法定假日。是指由法律统一规定的用以开展纪念、庆祝活动的休息时间，包括元旦、春节、清明节、劳动节、端午节、中秋节、国庆节等；②年休假。是指职工工作满一定年限，每年可享有的保留工作岗位、带薪连续休息的时间。

《职工带薪年休假条例》规定，机关、团体、企业、事业单位、民办非企业单位、有雇工的个体工商户等单位的职工连续工作1年以上的，享受带薪年休假（以下简称年休假）。职工在年休假期间享受与正常工作期间相同的工资收入。职工累计工作已满1年不满10年的，年休假5天；已满10年不满20年的，年休假10天；已满20年的，年休假15天。国家法定休假日、休息日不计入年休假的假期。单位应根据生产、工作的具体情况，并考虑职工本人意愿，统筹安排职工年休假。年休假在1个年度内可以集中安排，也可以分段安排，一般不跨年度安排。单位因生产、工作特点确有必要跨年度安排职工年休假的，可以跨1个年度安排。

但当职工有下列情形之一时，不享受当年的年休假：①职工依法享受寒暑假，其休假天数多于年休假天数的；②职工请事假累计20天以上且单位按照规定不扣工资的；③累计工作满1年不满10年的职工，请病假累计2个月以上的；④累计工作满10年不满20年的职工，请病假累计3个月以上的；⑤累计工作满20年以上的职工，请病假累计4个月以上的。

根据《企业职工带薪年休假实施办法》（2008年9月18日人力资源和社会保障部令第1号），职工新进用人单位且符合享受带薪年休假条件的，当年度年休假天数按照在本单位剩余日历天数折算确定，折算后不足1整天的部分不享受年休假。

知识归纳（见表8－3）

表8－3　　带薪年休假制度

累计工作年限	年休假的天数	不得享受当年年休假的情形	
		请病假	其他情形
1年≤工作年限＜10年	5天	≥2个月	请事假累计≥20天且未扣工资 享受寒暑假超过年休假天数
10年≤工作年限＜20年	10天	≥3个月	
工作年限≥20年	15天	≥4个月	
【注意】（1）国家法定休假日、休息日不计入年休假假期 （2）变更工作单位当年度休假天数：按在新单位剩余日历天数折算确定，折算后不足1整天的部分不享受年休假			

【例题8－5】 王某工作已满15年。2021年上半年在甲公司已休带薪年休假5天；下半年调到乙公司工作，提出补休年休假的申请。已知，王某调到乙公司工作时当年剩余日历天数占全年日历天数的比例约为1/2。乙公司对王某补休年休假申请符合法律规定的答复是（　　）。

A. 不可以补休年休假　　B. 可补休5天年休假

C. 可补休10天年休假　　D. 可补休15天年休假

【答案】B

【解析】（1）王某累计工作已满15年，可以享受10天的带薪年休假；（2）王某调到乙公司时，当年剩余日历天数占全年日历天数的比例约为1/2，土某可以在乙公司补休的年休假＝10×1/2＝5（天）。

6. 劳动报酬。

（1）劳动报酬与支付。劳动报酬是指用人单位根据劳动者劳动的数量和质量，以货币形式支付给劳动者的工资。根据国家有关规定，工资应当以法定货币支付，不得以实物及有价证券替代货币支付。工资必须在用人单位与劳动者约定的日期支付。如遇节假日或休息日，则应提前在最近的工作日支付。工资至少每月支付一次，实行周、日、小时工资制的可按周、日、小时支付工资。对完成一次性临时劳动或某项具体工作的劳动者，用人单位应按有关协议或合同规定在其完成劳动任务后即支付工资。

用人单位应当依法支付劳动者在法定休假日和婚丧假期间以及依法参加社会活动期间的工资。在部分公民放假的节日期间（妇女节、青年节），对参加社会活动或单位组织庆祝活动和照常工作的职工，单位应支付工资报酬，但不支付加班工资。如果该节日恰逢星期六、星期日，单位安排职工加班工作，则应当依法支付休息日的加班工资。

【例题8－6】 根据劳动合同法律制度的规定，下列关于劳动报酬支付的表述中，正确的有（　）。

A. 对在国际劳动妇女节（工作日）照常工作的女职工，用人单位应支付加班工资

B. 用人单位应当支付劳动者在法定休假日期间的工资

C. 用人单位与劳动者约定的支付工资日期遇节假日的，应提前在最近的工作日支付

D. 用人单位不得以有价证券替代货币支付工资

【答案】BCD

用人单位在劳动者完成劳动定额或规定的工作任务后，根据实际需要安排劳动者在法定标准工作时间以外工作的，应当按照下列标准支付高于劳动者正常工作时间工资的工资报酬：①用人单位依法安排劳动者在日标准工作时间以外延长工作时间的，按照不低于劳动合同规定的劳动者本人小时工资标准的150%支付劳动者工资；②用人单位依法安排劳动者在休息日工作，而又不能安排补休的，按照不低于劳动合同规定的劳动者本人日或小时工资标准的200%支付劳动者工资；③用人单位依法安排劳动者在法定休假节日工作的，按照不低于劳动合同规定的劳动者本人日或小时工资标准的300%支付劳动者工资。

实行计件工资的劳动者，在完成计件定额任务后，由用人单位安排延长工作时间的，根据上述原则，分别按照不低于其本人法定工作时间计件单价的150%、200%、300%支付其工资。

用人单位安排加班不支付加班费的，由劳动行政部门责令限期支付加班费；逾期不支付的，责令用人单位按应付金额50%以上100%以下的标准向劳动者加付赔偿金。

经劳动行政部门批准实行综合计算工时工作制的，其综合计算工作时间超过法定标准工作时间的部分，应视为延长工作时间，按上述规定支付劳动者延长工作时间的工资。

实行不定时工时制度的劳动者，不执行上述规定。

【例题8－7】 2021年9月，甲公司安排职工周某于17日（周五）延长工作2小时，于18日（周六）加班1天，之后安排其补休1天。已知，甲公司实行标准工时制，周某的日工资为480元。计算甲公司应支付周某9月份最低加班工资的下列算式中，正确的是（　）。

A. $480 \div 8 \times 150\% \times 2 + 480 \times 150\% \times 1$

B. $480 \div 8 \times 200\% \times 2$

C. $480 \div 8 \times 200\% \times 2 + 480 \times 200\% \times 1$

D. $480 \div 8 \times 150\% \times 2$

【答案】D

【解析】（1）周末加班有补休，无须支付加班工资，选项AC错误；（2）晚上加班，加班工资支付标准为150%，选项B错误。选项D正确。

（2）最低工资制度。《劳动合同法》规定，国家实行最低工资保障制度。最低工资的具体标准由省、自治区、直辖市人民政府规定，报国务院备案。用人单位支付劳动者的工资不得低于当地最低工资标准。

最低工资标准是指劳动者在法定工作时间或依法签订的劳动合同约定的工作时间内提供了正常劳动的前提下，用人单位依法应支付的最低劳动报酬。最低工资不包括延长工作时间的工资报酬；以货币形式支付的住房补贴和用人单位支付的伙食补贴；中班、夜班、高温、低温、井下、有毒、有害等特殊工作环境和劳动条件下的津贴；国家法律、法规、规章规定的社会保险福利待遇。

劳动合同履行地与用人单位注册地不一致的，有关劳动者的最低工资标准、劳动保护、劳动条件、职业危害防护和本地区上年度职工月平均工资标准等事项，按照劳动合同履行地的有关规定执行；用人单位注册地的有关标准高于劳动合同履行地的有关标准，且用人单位与劳动者约定按照用人单位注册地的有关规定执行的，从其约定。

因劳动者本人原因给用人单位造成经济损失的，用人单位可按照劳动合同的约定要求其赔偿经济损失。经济损失的赔偿，可从劳动者本人的工资中扣除。但每月扣除的部分不得超过劳动者当月工资的20%。若扣除后的剩余工资部分低于当地月最低工资标准，则按最低工资标准支付。

用人单位低于当地最低工资标准支付劳动者工资的，由劳动行政部门责令限期支付其差额部分；逾期不支付的，责令用人单位按应付金额50%以上100%以下的标准向劳动者加付赔偿金。

知识归纳（见表8－4）

表8－4　　**工资支付标准**

正常	支付方式	应当以法定货币支付，不得以实物、有价证券代替
	支付时间	必须在约定日期支付，遇休息日、休假日“提前”支付
	支付次数	至少“每月”支付一次
特殊情况	部分人放假节日	有工资无加班费
	延长工作	≥150%，不可调休
	休息日	≥200%，可调休
	法定休假日	≥300%，不可调休
	扣工资	“每月”扣除部分不得超过劳动者当月工资的20%，剩余工资部分不得低于当地月最低工资标准
罚则	用人单位未及时足额支付劳动报酬，由劳动行政部门责令支付，逾期按应付金额50%至100%“加付”赔偿金	

【例题8－8】甲公司职工陈某因违章操作给公司造成了10 000元的经济损失。甲公司按照劳动合同的约定要求陈某赔偿，并每月从其工资中扣除。已知，陈某月工资4 800元，当地月最低工资标准2 400元。甲公司每月可从陈某工资中扣除的最高限额为（　　）元。

A. 960　　B. 4 800　　C. 2 200　　D. 440

【答案】A

【解析】标准1（劳动者当月工资的80%）＝4 800×80%＝3 840（元），标准2（最低工资标准）为2 400元；甲公司每月至少应按标准1和标准2中的孰高值（3 840元）向陈某发放工资。因此，可扣除的最高限额 =4 800 - 3 840 =960（元）。

7. 社会保险，包括基本养老保险、基本医疗保险、失业保险、工伤保险等。参加社会保险、缴纳社会保险费是用人单位与劳动者的法定义务，双方都必须履行。

8. 劳动保护、劳动条件和职业危害防护。劳动保护是指用人单位保护劳动者在工作过程中不受伤害的具体措施；劳动条件是指用人单位为劳动者提供正常工作所必需的条件，包括劳动场所和劳动工具；职业危害防护是用人单位对工作过程中可能产生的影响劳动者身体健康的危害的防护措施。劳动保护、劳动条件和职业危害防护，是劳动合同中保护劳动者身体健康和安全的重要条款。

9. 法律、法规规定应当纳入劳动合同的其他事项。用人单位提供的劳动合同文本未载明《劳动合同法》规定的劳动合同必备条款或者用人单位未将劳动合同文本交付劳动者的，由劳动行政部门责令改正；给劳动者造成损害的，应当承担赔偿责任。

（二）劳动合同可备条款

除劳动合同必备条款外，用人单位与劳动者还可以在劳动合同中约定试用期、培训、保守秘密、补充保险和福利待遇等其他事项，称为可备条款。但约定事项不能违反法律、行政法规的强制性规定，否则该约定无效。

1. 试用期是指用人单位和劳动者双方为相互了解、确定对方是否符合自己的招聘条件或求职意愿而约定的考察期间。

（1）试用期期限。劳动合同期限 3 个月以上（含本数，下同）不满 1 年的，试用期不得超过 1 个月；劳动合同期限 1 年以上不满 3 年的，试用期不得超过 2 个月；3 年以上固定期限和无固定期限的劳动合同，试用期不得超过 6 个月。

同一用人单位与同一劳动者只能约定一次试用期。以完成一定工作任务为期限的劳动合同或者劳动合同期限不满 3 个月的，不得约定试用期。试用期包含在劳动合同期限内。劳动合同仅约定试用期的，试用期不成立，该期限为劳动合同期限。

用人单位违反规定与劳动者约定试用期的，由劳动行政部门责令改正；违法约定的试用期已经履行的，由用人单位以劳动者试用期满月工资为标准，按已经履行的超过法定试用期的期间向劳动者支付赔偿金。

知识归纳（见表 8 -5）

表 8 -5　　试用期期限

合同类型	试用期期限
1. 劳动合同期限 <3 个月； 2. 以完成一定工作任务为期限的劳动合同； 3. 非全日制用工	不得约定试用期
3 个月≤劳动合同期限 <1 年	约定的试用期应当≤1 个月
1 年≤劳动合同期限 <3 年	约定的试用期应当≤2 个月
1. 劳动合同期限≥3 年； 2. 无固定期限劳动合同	约定的试用期应当≤6 个月

【例题8－9】甲公司与其职工对试用期限的下列约定中，符合法律规定的有（　　）。

A. 刘某的劳动合同期限4年，双方约定的试用期为6个月

B. 林某的劳动合同期限1年，双方约定的试用期为1个月

C. 钱某的劳动合同期限2年，双方约定的试用期为3个月

D. 王某的劳动合同期限5个月，双方约定的试用期为10日

【答案】ABD

（2）试用期工资。劳动者在试用期的工资不得低于本单位相同岗位最低档工资或者劳动合同约定工资的80%，并不得低于用人单位所在地的最低工资标准。劳动合同约定工资，是指该劳动者与用人单位订立的劳动合同中约定的劳动者试用期满后的工资。

知识要点：劳动合同明确约定工资数额，且该数额符合同工同酬的要求的，试用期工资≥“约定工资的80%”和“当地最低工资标准”二者的孰高数。

同一用人单位与同一劳动者只能约定一次试用期。

2. 服务期。

（1）服务期的适用范围。服务期是指劳动者因享受用人单位给予的特殊待遇而作出的关于劳动履行期限的承诺。《劳动合同法》规定，用人单位为劳动者提供专项培训费用，对其进行专业技术培训的，可以与该劳动者订立协议，约定服务期。

用人单位与劳动者约定服务期的，不影响按照正常的工资调整机制提高劳动者在服务期期间的劳动报酬。

劳动合同期满，但是用人单位与劳动者约定的服务期尚未到期的，劳动合同应当续延至服务期满；双方另有约定的，从其约定。

（2）劳动者违反服务期约定的违约责任。劳动者违反服务期约定的，应当按照约定向用人单位支付违约金。违约金的数额不得超过用人单位提供的培训费用。用人单位要求劳动者支付的违约金不得超过服务期尚未履行部分所应分摊的培训费用。

培训费用包括用人单位为了对劳动者进行专业技术培训而支付的有凭证的培训费用、培训期间的差旅费用以及因培训产生的用于该劳动者的其他直接费用。

一般而言，只有劳动者在服务期内提出与用人单位解除劳动关系时，用人单位才可以要求其支付违约金。不过，为了防止可能出现规避赔偿责任的情况，如果劳动者因下列情形而被用人单位解除劳动关系的，用人单位仍有权要求其支付违约金：

①劳动者严重违反用人单位的规章制度的；

②劳动者严重失职，营私舞弊，给用人单位造成重大损害的；

③劳动者同时与其他用人单位建立劳动关系，对完成本单位的工作任务造成严重影响，或者经用人单位提出，拒不改正的；

④劳动者以欺诈、胁迫的手段或者乘人之危，使用人单位在违背真实意思的情况下订立或者变更劳动合同的；

⑤劳动者被依法追究刑事责任的。

（3）劳动者解除劳动合同不属于违反服务期约定的情形。用人单位与劳动者约定了服务期，劳动者依照下述情形的规定解除劳动合同的，不属于违反服务期的约定，用人单位不得要求劳动者支付违约金：

①用人单位未按照劳动合同约定提供劳动保护或者劳动条件的；

②用人单位未及时足额支付劳动报酬的；

③用人单位未依法为劳动者缴纳社会保险费的；

④用人单位的规章制度违反法律、法规的规定，损害劳动者权益的；

⑤用人单位以欺诈、胁迫的手段或者乘人之危，使劳动者在违背真实意思的情况下订立或者变更劳动合同致使劳动合同无效的；

⑥用人单位在劳动合同中免除自己的法定责任、排除劳动者权利的；

⑦用人单位违反法律、行政法规强制性规定的；

⑧法律、行政法规规定劳动者可以解除劳动合同的其他情形。

知识归纳（见表8-6）

表8-6 **服务期**

约定前提	单位为劳动者提供专项培训费用
与合同期关系	服务期长于劳动合同期限的合同期限顺延至服务期满
违约金	签订合同时约定的违约金：以培训费为限 违约时要求支付的违约金：不得超过服务期尚未履行部分所应分摊的培训费用
恶意后果	因劳动者过错单位在服务期内提出解除合同，应支付违约金
	因单位过错劳动者在服务期内提出解除合同，不支付违约金

【例题8-10】甲公司安排职工陈某参加专项技术培训并支付培训费用20万元。双方约定陈某自培训结束后5年内不得辞职，否则应向公司支付违约金40万元。陈某完成专项技术培训后在甲公司工作满3年时辞职，甲公司要求陈某支付违约金。陈某依法应支付的违约金不得超过（　　）万元。

A. 8　　B. 16　　C. 40　　D. 20

【答案】A

【解析】服务期违约金：

（1）约定时，不得超过用人单位提供的培训费用。即本题违约金最高额为20万元；（2）支付时，不得超过服务期尚未履行部分所应分摊的培训费用。因此，陈某依法应支付的违约金最高额 $=20\times(5-3)\div5=8$（万元）。

3. 保守商业秘密和竞业限制。

（1）关于保守商业秘密和竞业限制的规定。商业秘密是指不为公众所知悉、能为权利人带来经济利益，具有实用性并经权利人采取保密措施的技术信息和经营信息，包括非专利技术和经营信息两部分。用人单位与劳动者可以在劳动合同中约定保守用人单位的商业秘密和与知识产权相关的保密事项。

竞业限制又称竞业禁止，是对与权利人有特定关系的义务人的特定竞争行为的禁止。在用人单位和劳动者之间的劳动关系解除和终止后，限制劳动者一定时期的择业权，对因此约定给劳动者造成的损害，用人单位给予劳动者相应的经济补偿。

对负有保密义务的劳动者，用人单位可以在劳动合同或者保密协议中与劳动者约定竞业限制条款，并约定在解除或者终止劳动合同后，在竞业限制期限内按月给予劳动者经济补偿。劳动者违反竞业限制约定的，应当按照约定向用人单位支付违约金。

竞业限制的人员限于用人单位的高级管理人员、高级技术人员和其他负有保密义务的人员，而不是所有的劳动者。竞业限制的范围、地域、期限由用人单位与劳动者约定，竞业限制的约定不得违反法律、法规的规定。

在解除或者终止劳动合同后，竞业限制人员到与本单位生产或者经营同类产品、从事同类业务的有竞争关系的其他用人单位工作，或者自己开业生产或者经营同类产品、从事同类业务的竞业限制期限，不得超过2年。

（2）对竞业限制的司法解释。针对司法实践中出现的关于竞业限制和经济补偿的各种争议，《最高人民法院关于审理劳动争议案件适用法律若干问题的解释（一）》对如何适用竞业限制条款处理争议作了如下规定：

①当事人在劳动合同或者保密协议中约定了竞业限制，但未约定解除或者终止劳动合同后给予劳动者经济补偿，劳动者履行了竞业限制义务，要求用人单位按照劳动者在劳动合同解除或者终止前12个月平均工资的30%按月支付经济补偿的，人民法院应予支持。月平均工资的30%低于劳动合同履行地最低工资标准的，按照劳动合同履行地最低工资标准支付。

②当事人在劳动合同或者保密协议中约定了竞业限制和经济补偿，当事人解除劳动合同时，除另有约定外，用人单位要求劳动者履行竞业限制义务，或者劳动者履行了竞业限制义务后要求用人单位支付经济补偿的，人民法院应予支持。

③当事人在劳动合同或者保密协议中约定了竞业限制和经济补偿，劳动合同解除或者终止后，因用人单位的原因导致3个月未支付经济补偿，劳动者请求解除竞业限制约定的，人民法院应予支持。

④在竞业限制期限内，用人单位请求解除竞业限制协议时，人民法院应予支持。在解除竞业限制协议时，劳动者请求用人单位额外支付劳动者3个月的竞业限制经济补偿的，人民法院应予支持。

⑤劳动者违反竞业限制约定，向用人单位支付违约金后，用人单位要求劳动者按照约定继续履行竞业限制义务的，人民法院应予支持。

知识归纳（见表8-7）

表8-7　服务期和竞业限制对比

项目	服务期	竞业限制
约定条件	用人单位为劳动者提供专项培训费用，对其进行专业技术培训	劳动者属于用人单位的高级管理人员、高级技术人员和其他负有保密义务的人员
与劳动合同期限的关系	劳动合同期限届满而服务期尚未届满的，劳动合同应当延续至服务期满（另有约定除外）	适用于劳动合同解除或终止后
最长期限	无法定限制	不得超过2年
劳动者履行约定	1. 按约定支付工资 2. 服务期不影响按正常的工资调整机制提高劳动者的劳动报酬	按月按约定支付竞业限制补偿金，如未约定，按劳动合同解除或终止前12个月平均工资的30%和当地月最低工资标准二者的孰高值支付

续表

项目		服务期	竞业限制
违约金	数额上限	不得超过用人单位提供的培训费用	无法定上限
	支付条件	1. 劳动者提出解除而用人单位不存在法定过错； 2. 用人单位提出解除而劳动者存在法定过错	违反竞业限制约定
	支付要求	不得超过服务期尚未履行部分所应分摊的培训费用	支付后用人单位仍可要求劳动者继续履行竞业限制义务

四、劳动合同的履行和变更

（一）劳动合同的履行

劳动合同的履行是指劳动合同生效后，当事人双方按照劳动合同的约定，完成各自承担的义务和实现各自享受的权利，使当事人双方订立合同的目的得以实现的法律行为。

1. 用人单位与劳动者应当按照劳动合同的约定，全面履行各自的义务。

（1）用人单位应当按照劳动合同约定和国家规定，向劳动者及时足额支付劳动报酬。用人单位拖欠或者未足额支付劳动报酬的，劳动者可以依法向当地人民法院申请支付令，人民法院应当依法发出支付令。

用人单位未按照劳动合同的约定或者国家规定及时足额支付劳动者劳动报酬的，由劳动行政部门责令限期支付；逾期不支付的，责令用人单位按应付金额50%以上100%以下的标准向劳动者加付赔偿金。

（2）用人单位应当严格执行劳动定额标准，不得强迫或者变相强迫劳动者加班。用人单位安排加班的，应当按照国家有关规定向劳动者支付加班费。

（3）劳动者拒绝用人单位管理人员违章指挥、强令冒险作业的，不视为违反劳动合同。劳动者对危害生命安全和身体健康的劳动条件，有权对用人单位提出批评、检举和控告。

（4）用人单位变更名称、法定代表人、主要负责人或者投资人等事项，不影响劳动合同的履行。

（5）用人单位发生合并或者分立等情况，原劳动合同继续有效，劳动合同由承继其权利和义务的用人单位继续履行。

2. 用人单位应当依法建立和完善劳动规章制度，保障劳动者享有劳动权利、履行劳动义务。

劳动规章制度是用人单位制定的组织劳动过程和进行劳动管理的规则和制度的总称。主要包括劳动合同管理、工资管理、社会保险福利待遇、工时休假、职工奖惩，以及其他劳动管理规定。合法有效的劳动规章制度是劳动合同的组成部分，对用人单位和劳动者均具有法律约束力。

用人单位在制定、修改或者决定有关劳动报酬、工作时间、休息休假、劳动安全卫生、保险福利、职工培训、劳动纪律以及劳动定额管理等直接涉及劳动者切身利益的规章制度和重大事项时，应当经职工代表大会或者全体职工讨论，提出方案和意见，与工会或者职工代表平等协商确定。

在规章制度和重大事项决定实施过程中，工会或者职工认为不适当的，有权向用人单位提出，通过协商予以修改完善。

用人单位应当将直接涉及劳动者切身利益的规章制度和重大事项决定公示，或者告知劳动者。如果用人单位的规章制度未经公示或者未对劳动者告知，该规章制度对劳动者不生效。公示或告知可以采用张贴通告、员工手册送达、会议精神传达等方式。

用人单位直接涉及劳动者切身利益的规章制度违反法律、法规规定的，由劳动行政部门责令改正，给予警告；给劳动者造成损害的，应当承担赔偿责任。

知识要点：用人单位的规章制度未经公示或者未对劳动者告知，该规章制度对劳动者不生效。

（二）劳动合同的变更

1. 劳动合同变更的概念。劳动合同的变更是指劳动合同依法订立后，在合同尚未履行或者尚未履行完毕之前，经用人单位和劳动者双方当事人协商同意，对劳动合同内容作部分修改、补充或者删减的法律行为。

2. 劳动合同变更的方式。用人单位与劳动者协商一致，可以变更劳动合同约定的内容。变更劳动合同，应当采用书面形式。变更后的劳动合同文本由用人单位和劳动者各执一份。

用人单位与劳动者协商一致变更劳动合同，虽未采用书面形式，但已经实际履行了口头变更的劳动合同超过1个月，且变更后的劳动合同内容不违反法律、行政法规且违背公序良俗，当事人以未采用书面形式为由主张劳动合同变更无效的，人民法院不予支持。

五、劳动合同的解除和终止

（一）劳动合同的解除

1. 劳动合同解除的概念与分类。

（1）劳动合同解除的概念。劳动合同解除是指在劳动合同订立后，劳动合同期限届满之前，因双方协商提前结束劳动关系，或因出现法定的情形，一方当事人单方通知对方结束劳动关系的法律行为。

（2）劳动合同解除的分类。劳动合同解除分为协商解除和法定解除两种情况。

①协商解除，又称合意解除、意定解除。是指劳动合同订立后，双方当事人因某种原因，在完全自愿的基础上协商一致，提前终止劳动合同，结束劳动关系。《劳动合同法》规定，用人单位与劳动者协商一致，可以解除劳动合同。

由用人单位提出解除劳动合同而与劳动者协商一致的，必须依法向劳动者支付经济补偿；由劳动者主动辞职而与用人单位协商一致解除劳动合同的，用人单位不需向劳动者支付经济补偿。

②法定解除是指在出现国家法律、法规或劳动合同规定的可以解除劳动合同的情形时，不需当事人协商一致，一方当事人即可决定解除劳动合同，劳动合同效力可以自然终止或由单方提前终止。在这种情况下，主动解除劳动合同的一方一般负有主动通知对方的义务。法定解除又可分为劳动者的单方解除和用人单位的单方解除。

2. 劳动者可单方面解除劳动合同的情形。

（1）劳动者提前通知解除劳动合同的情形：

①劳动者提前 30 日以书面形式通知用人单位解除劳动合同；

②劳动者在试用期内提前 3 日通知用人单位解除劳动合同。

在这两种情形下，劳动者不能获得经济补偿。如果劳动者没有履行通知程序，则属于违法解除。因此对用人单位造成损失的，劳动者应对用人单位的损失承担赔偿责任。

（2）劳动者可随时通知解除劳动合同的情形：

①用人单位未按照劳动合同约定提供劳动保护或者劳动条件的；

②用人单位未及时足额支付劳动报酬的；

③用人单位未依法为劳动者缴纳社会保险费的；

④用人单位的规章制度违反法律、法规的规定，损害劳动者权益的；

⑤用人单位以欺诈、胁迫的手段或者乘人之危，使劳动者在违背真实意思的情况下订立或者变更劳动合同致使劳动合同无效的；

⑥用人单位在劳动合同中免除自己的法定责任、排除劳动者权利的；

⑦用人单位违反法律、行政法规强制性规定的；

⑧法律、行政法规规定劳动者可以解除劳动合同的其他情形。

用人单位有上述情形的，劳动者可随时通知用人单位解除劳动合同。用人单位需向劳动者支付经济补偿。

（3）劳动者不需事先告知用人单位即可解除劳动合同的情形：

①用人单位以暴力、威胁或者非法限制人身自由的手段强迫劳动者劳动的；

②用人单位违章指挥、强令冒险作业危及劳动者人身安全的。

用人单位有上述两种情形的，劳动者可以立即解除劳动合同，不需事先告知用人单位，用人单位需向劳动者支付经济补偿。

3. 用人单位可单方面解除劳动合同的情形。

（1）因劳动者过错解除劳动合同的情形（随时通知解除）：

①劳动者在试用期间被证明不符合录用条件的；

②劳动者严重违反用人单位的规章制度的；

③劳动者严重失职，营私舞弊，给用人单位造成重大损害的；

④劳动者同时与其他用人单位建立劳动关系，对完成本单位的工作任务造成严重影响，或者经用人单位提出，拒不改正的；

⑤劳动者以欺诈、胁迫的手段或者乘人之危，使用人单位在违背真实意思的情况下订立或者变更劳动合同致使劳动合同无效的；

⑥劳动者被依法追究刑事责任的。

在上述情形下，用人单位可随时通知劳动者解除劳动关系，不需向劳动者支付经济补偿。

（2）无过失性辞退的情形（预告解除）

无过失性辞退是指由于劳动者非过失性原因和客观情况的需要而导致劳动合同无法履行时，用人单位可以在提前通知劳动者或者额外支付劳动者 1 个月工资后，单方解除劳动合同。

①劳动者患病或者非因工负伤，在规定的医疗期满后不能从事原工作，也不能从事由用人单位另行安排的工作的；

②劳动者不能胜任工作，经过培训或者调整工作岗位，仍不能胜任工作的；

③劳动合同订立时所依据的客观情况发生重大变化，致使劳动合同无法履行，经用人单位与劳动者协商，未能就变更劳动合同内容达成协议的。

在上述情形下，用人单位提前30日以书面形式通知劳动者本人或者额外支付劳动者1个月工资后，可以解除劳动合同。用人单位选择额外支付劳动者1个月工资解除劳动合同的，其额外支付的工资应当按照该劳动者上1个月的工资标准确定。用人单位还应当向劳动者支付经济补偿。

（3）经济性裁员的情形（裁员解除）。经济性裁员是指用人单位由于经营不善等经济性原因，解雇多个劳动者。根据《劳动合同法》的规定，用人单位有下列情形之一，需要裁减人员20人以上或者裁减不足20人但占企业职工总数10%以上的，用人单位提前30日向工会或者全体职工说明情况。听取工会或者职工的意见后，裁减人员方案经向劳动行政部门报告，可以裁减人员。

①依照《企业破产法》规定进行重整的；

②生产经营发生严重困难的；

③企业转产、重大技术革新或者经营方式调整，经变更劳动合同后，仍需裁减人员的；

④其他因劳动合同订立时所依据的客观经济情况发生重大变化，致使劳动合同无法履行的。

在上述情形下解除劳动合同，用人单位应当向劳动者支付经济补偿。

裁减人员时，应当优先留用下列人员：

①与本单位订立较长期限的固定期限劳动合同的；

②与本单位订立无固定期限劳动合同的；

③家庭无其他就业人员，有需要扶养的老人或者未成年人的。

用人单位裁减人员后，在6个月内重新招用人员的，应当通知被裁减的人员，并在同等条件下优先招用被裁减的人员。

4. 工会在解除劳动合同中的监督作用。用人单位单方解除劳动合同，应当事先将理由通知工会。用人单位违反法律、行政法规规定或者劳动合同约定的，工会有权要求用人单位纠正。用人单位应当研究工会的意见，并将处理结果书面通知工会。

知识归纳（见表8－8）

表8－8　劳动合同解除的类型

<table>
<tr><th colspan="3">劳动合同解除的类型</th><th>是否应付经济补偿金</th></tr>
<tr><td colspan="2" rowspan="2">协商解除</td><td>用人单位提出解除劳动合同</td><td>√</td></tr>
<tr><td>劳动者主动辞职</td><td>×</td></tr>
<tr><td rowspan="6">法定解除</td><td rowspan="3">劳动者</td><td>提前通知解除</td><td>×</td></tr>
<tr><td>随时通知解除</td><td>√</td></tr>
<tr><td>不需事先告知解除</td><td>√</td></tr>
<tr><td rowspan="3">用人单位</td><td>随时通知解除</td><td>×</td></tr>
<tr><td>无过失性辞退</td><td>√</td></tr>
<tr><td>经济性裁员</td><td>√</td></tr>
</table>

【**例题8-11**】甲公司与张某签订3年期限劳动合同。劳动合同履行2年后，张某欲到乙公司工作，向甲公司提出辞职。下列关于劳动合同解除及方式的表述中，正确的是（　　）。

A. 张某需经甲公司同意方可解除劳动合同

B. 张某可随时通知甲公司解除劳动合同

C. 张某解除劳动合同需提前30日以书面形式通知甲公司

D. 劳动合同期限未届满，张某不得解除劳动合同

【答案】C

【解析】劳动者主动辞职：（1）经用人单位同意，可以立即解除（协商解除）；（2）提前30日书面形式通知单位解除（法定解除）。

（二）劳动合同的终止

1. 劳动合同终止的概念。劳动合同终止是指用人单位与劳动者之间的劳动关系因某种法律事实的出现而自动归于消灭，或导致劳动关系的继续履行成为不可能而不得不消灭的情形。劳动合同终止一般不涉及用人单位与劳动者的意思表示。只要法定事实出现，一般情况下都会导致双方劳动关系的消灭。

2. 劳动合同终止的情形。

（1）劳动合同期满的；

（2）劳动者开始依法享受基本养老保险待遇的；

（3）劳动者达到法定退休年龄的；

（4）劳动者死亡，或者被人民法院宣告死亡或者宣告失踪的；

（5）用人单位被依法宣告破产的；

（6）用人单位被吊销营业执照、责令关闭、撤销或者用人单位决定提前解散的；

（7）法律、行政法规规定的其他情形。

用人单位与劳动者不得约定上述情形之外的其他劳动合同终止条件。

（三）对劳动合同解除和终止的限制性规定

一般劳动合同期满，劳动合同即终止，但也有例外。根据《劳动合同法》的规定，劳动者有下列情形之一的，用人单位既不得适用无过失性辞退或经济性裁员解除劳动合同的情形解除劳动合同，也不得终止劳动合同。劳动合同应当续延至相应的情形消失时终止：

1. 从事接触职业病危害作业的劳动者未进行离岗前职业健康检查，或者疑似职业病病人在诊断或者医学观察期间的；

2. 在本单位患职业病或者因工负伤并被确认丧失或者部分丧失劳动能力的；

3. 患病或者非因工负伤，在规定的医疗期内的；

4. 女职工在孕期、产期、哺乳期的；

5. 在本单位连续工作满15年，且距法定退休年龄不足5年的；

6. 法律、行政法规规定的其他情形。

但若符合因劳动者过错解除劳动合同的情形，则不受上述限制性规定的影响。

知识归纳（见表8－9）

表8－9 劳动合同终止的情形

情形		是否支付经济补偿金
劳动合同期满	用人单位维持或提高原条件续订而劳动者拒绝	×
	用人单位决定不续订或降低条件续订	√
劳动者开始依法享受基本养老保险待遇的		×
劳动者达到法定退休年龄的		×
劳动者死亡，或者被人民法院宣告死亡或者宣告失踪的		×
用人单位被依法宣告破产的		√
用人单位被吊销营业执照、责令关闭、撤销或者用人单位决定提前解散的		√

【例题8－12】根据劳动合同法律制度的规定，下列情形中，可导致劳动合同无效或部分无效的有（　　）。

A. 劳动合同条款违反法律、行政法规强制性规定的

B. 劳动合同欠缺必备条款的

C. 一方当事人以胁迫的手段，使对方在违背真实意思的情况下订立的

D. 劳动合同签订后，用人单位发生分立的

【答案】AC

【解析】（1）选项B：不导致劳动合同无效，而是由劳动行政部门责令改正。给劳动者造成损害的，应当承担赔偿责任；（2）选项D：用人单位发生合并或者分立等情况，原劳动合同继续有效。劳动合同由承继其权利和义务的用人单位继续履行。

（四）劳动合同解除和终止的经济补偿

1. 经济补偿的概念。劳动合同法律关系中的经济补偿是指按照劳动合同法律制度的规定，在劳动者无过错的情况下，用人单位与劳动者解除或者终止劳动合同时，应给予劳动者的经济上的补助，也称经济补偿金。

经济补偿金与违约金、赔偿金是不同的。

经济补偿金是法定的，主要是针对劳动关系的解除和终止。在劳动者无过错的情况下，用人单位应给予劳动者一定数额的经济上的补偿。

违约金是约定的，是指劳动者违反了服务期和竞业限制的约定而向用人单位支付的违约补偿。《劳动合同法》第25条明确规定，禁止用人单位对劳动合同服务期和竞业限制之外的其他事项与劳动者约定由劳动者承担违约金。

赔偿金是指用人单位和劳动者由于自己的过错给对方造成损害时，所应承担的不利的法律后果。

经济补偿金的支付主体是用人单位；违约金的支付主体是劳动者；赔偿金的支付主体则可能是用人单位，也可能是劳动者。

知识归纳（见表8-10）

表8-10　经济补偿金、违约金、赔偿金对比

项目	经济补偿金	违约金	赔偿金
产生原因	法定	约定	法定
适用情形	劳动合同解除或终止，而劳动者无过错	劳动者违反服务期或者竞业限制的约定	由于自己过错给对方造成损害
支付方	用人单位	劳动者	过错方（可能是用人单位，也可能是劳动者）

2. 用人单位应当向劳动者支付经济补偿的情形。有下列情形之一的，用人单位应当向劳动者支付经济补偿：

（1）劳动者符合随时通知解除和不需事先通知即可解除劳动合同规定情形而解除劳动合同的；

（2）由用人单位提出解除劳动合同并与劳动者协商一致而解除劳动合同的；

（3）用人单位符合提前30日以书面形式通知劳动者本人或者额外支付劳动者1个月工资后，可以解除劳动合同的规定情形而解除劳动合同的；

（4）用人单位符合可裁减人员规定而解除劳动合同的；

（5）除用人单位维持或者提高劳动合同约定条件续订劳动合同，劳动者不同意续订的情形外，劳动合同期满终止固定期限劳动合同的；

（6）用人单位被依法宣告破产或者被吊销营业执照、责令关闭、撤销或者用人单位决定提前解散而终止劳动合同的；

（7）以完成一定工作任务为期限的劳动合同因任务完成而终止的；

（8）法律、行政法规规定的其他情形。

3. 经济补偿的支付。经济补偿，根据劳动者在用人单位的工作年限和工资标准来计算具体金额，并以货币形式支付给劳动者。

经济补偿金的计算公式为：

经济补偿金＝劳动合同解除或者终止前劳动者在本单位的工作年限
×每工作1年应得的经济补偿

（1）经济补偿年限的计算标准。经济补偿按劳动者在本单位工作的年限，每满1年支付1个月工资的标准向劳动者支付。6个月以上不满1年的，按1年计算；不满6个月的，向劳动者支付半个月工资的经济补偿。

劳动者非因本人原因从原用人单位被安排到新用人单位工作的，劳动者在原用人单位的工作年限合并计入新用人单位的工作年限。原用人单位已经向劳动者支付经济补偿的，新用人单位在依法解除、终止劳动合同计算支付经济补偿的工作年限时，不再计算劳动者在原用人单位的工作年限。

（2）经济补偿基数的计算标准。

①月工资是指劳动者在劳动合同解除或者终止前12个月的平均工资。月工资按照劳动

者应得工资计算，包括计时工资或者计件工资以及奖金、津贴和补贴等货币性收入。劳动者工作不满12个月的，按照实际工作的月数计算平均工资。

②劳动者在劳动合同解除或者终止前12个月的平均工资低于当地最低工资标准的，按照当地最低工资标准计算。即：

经济补偿金 = 工作年限 × 月最低工资标准

③劳动者月工资高于用人单位所在直辖市、设区的市级人民政府公布的本地区上年度职工月平均工资3倍的，向其支付经济补偿的标准按职工月平均工资3倍的数额支付；向其支付经济补偿的年限最高不超过12年。即：

经济补偿金 = 工作年限（最高不超过12年）× 当地上年度职工月平均工资3倍

（3）关于补偿年限和基数的特殊计算。《劳动合同法》施行之日（2008年1月1日）已存续的劳动合同，在《劳动合同法》施行后解除或者终止，依照《劳动合同法》规定应当支付经济补偿的，经济补偿年限自《劳动合同法》施行之日起计算；《劳动合同法》施行前按照当时有关规定，用人单位应当向劳动者支付经济补偿的，按照当时有关规定执行。也就是经济补偿的计发办法分两段计算：2008年1月1日前的，按当时当地的有关规定执行；2008年1月1日以后的，按新法执行。两段补偿合并计算。

【例题8－13】2014年6月1日，张某到甲公司工作。2020年11月1日，双方的劳动合同期满，甲公司不再与张某续签。已知劳动合同终止前12个月，张某月平均工资5 000元；甲公司所在地职工月平均工资4 000元。计算劳动合同终止后甲公司应向张某支付经济补偿的下列公式中，正确的是（　　）。

A. 4 000×6　　B. 4 000×7　　C. 5 000×6.5　　D. 5 000×7

【答案】C

【解析】（1）工作年限：每满1年支付1个月工资标准的经济补偿金；6个月以上不满1年的，按1年算；不满6个月的，按半年算；本题张某在甲公司工作6年零5个月工作年限应为6.5年。（2）计算方法：张某的工资（5 000元）未超过当地职工月平均工资（4 000元）的3倍，正常计算即可。即甲公司应当向张某支付的经济补偿金＝工作年限×月工资＝6.5×5 000＝32 500（元）。

（五）劳动合同解除和终止的法律后果及双方义务

1. 劳动合同解除和终止后，用人单位和劳动者双方不再履行劳动合同，劳动关系消灭。劳动者应当按照双方约定，办理工作交接。

2. 劳动合同解除或终止的，用人单位应当在解除或者终止劳动合同时出具解除或者终止劳动合同的证明，并在15日内为劳动者办理档案和社会保险关系转移手续。用人单位出具的解除、终止劳动合同的证明，应当写明劳动合同期限、解除或者终止劳动合同的日期、工作岗位、在本单位的工作年限。用人单位对已经解除或者终止的劳动合同的文本，至少保存2年备查。用人单位未向劳动者出具解除或者终止劳动合同的书面证明，由劳动行政部门责令改正；给劳动者造成损害的，应当承担赔偿责任。劳动者依法解除或者终止劳动合同，用人单位扣押劳动者档案或者其他物品的，由劳动行政部门责令限期退还劳动者本人，并以每人500元以上2 000元以下的标准处以罚款；给劳动者造成损害的，应当承担赔偿责任。

3. 用人单位应当在解除或者终止劳动合同时向劳动者支付经济补偿的，在办结工作交接时支付。解除或者终止劳动合同，用人单位未依照《劳动合同法》的规定向劳动者支付经济补偿的，由劳动行政部门责令限期支付经济补偿；逾期不支付的，责令用人单位按应付金额50%以上100%以下的标准向劳动者加付赔偿金。

4. 用人单位违反规定解除或者终止劳动合同，劳动者要求继续履行劳动合同的，用人单位应当继续履行；劳动者不要求继续履行劳动合同或者劳动合同已经不能继续履行的，用人单位应当依照《劳动合同法》规定的经济补偿标准的2倍向劳动者支付赔偿金。用人单位支付了赔偿金的，不再支付经济补偿。赔偿金的计算年限自用工之日起计算。

5. 劳动者违反《劳动合同法》规定解除劳动合同，给用人单位造成损失的，应当承担赔偿责任。

六、集体合同与劳务派遣

（一）集体合同

1. 集体合同的概念和种类。

（1）集体合同的概念。集体合同是工会代表企业职工一方与企业签订的以劳动报酬、工作时间、休息休假、劳动安全卫生、保险福利等为主要内容的书面协议。尚未建立工会的用人单位，可以由上级工会指导劳动者推举的代表与用人单位订立集体合同。

（2）专项集体合同。企业职工一方与用人单位可以订立劳动安全卫生、女职工权益保护、工资调整机制等专项集体合同。

（3）行业性集体合同、区域性集体合同。在县级以下区域内，建筑业、采矿业、餐饮服务业等行业可以由工会与企业方面代表订立行业性集体合同，或者订立区域性集体合同。

2. 集体合同的订立。集体合同内容由用人单位和职工各自派出集体协商代表，通过集体协商（会议）的方式协商确定。集体协商双方的代表人数应当对等，每方至少3人，并各确定1名首席代表。

经双方协商代表协商一致的集体合同草案或专项集体合同草案应当提交职工代表大会或者全体职工讨论。职工代表大会或者全体职工讨论集体合同草案，应当有2/3以上职工代表或者职工出席，且须经全体职工代表半数以上或者全体职工半数以上同意，方获通过。集体合同草案或专项集体合同草案经职工代表大会或者职工大会通过后，由集体协商双方首席代表签字。

集体合同订立后，应当报送劳动行政部门；劳动行政部门自收到集体合同文本之日起15日内未提出异议的，集体合同即行生效。

集体合同中劳动报酬和劳动条件等标准不得低于当地人民政府规定的最低标准；用人单位与劳动者订立的劳动合同中劳动报酬和劳动条件等标准不得低于集体合同规定的标准。

依法订立的集体合同对用人单位和劳动者具有约束力。行业性、区域性集体合同对当地本行业、本区域的用人单位和劳动者具有约束力。

3. 集体合同纠纷和法律救济。用人单位违反集体合同，侵犯职工劳动权益的，工会可以依法要求用人单位承担责任；因履行集体合同发生争议，经协商解决不成的，工会可以依法申请仲裁、提起诉讼。

（二）劳务派遣

1. 劳务派遣的概念和特征。劳务派遣是指由劳务派遣单位与劳动者订立劳动合同，与用工单位订立劳务派遣协议，将被派遣劳动者派往用工单位给付劳务。劳动合同关系存在于劳务派遣单位与被派遣劳动者之间，但劳动力给付的事实则发生于被派遣员工与用工单位之间，也即劳动力的雇佣与劳动力使用分离，被派遣劳动者不与用工单位签订劳动合同、发生劳动关系，而是与派遣单位存在劳动关系。这是劳务派遣最显著的特征。

2. 劳务派遣的适用范围。劳动合同用工是我国企业的基本用工形式。劳务派遣用工是补充形式，只能在临时性、辅助性或者替代性的工作岗位上实施。临时性工作岗位是指存续时间不超过 6 个月的岗位；辅助性工作岗位是指为主营业务岗位提供服务的非主营业务岗位；替代性工作岗位是指用工单位的劳动者因脱产学习、休假等原因无法工作的一定期间内，可以由其他劳动者替代工作的岗位。

用工单位应当严格控制劳务派遣用工数量，使用的被派遣劳动者数量不得超过其用工总量的 10%。该用工总量是指用工单位订立劳动合同人数与使用的被派遣劳动者人数之和。

用人单位不得设立劳务派遣单位向本单位或者所属单位派遣劳动者。用工单位不得将被派遣劳动者再派遣到其他用人单位。劳务派遣单位不得以非全日制用工形式招用被派遣劳动者。

3. 劳务派遣单位、用工单位与劳动者的权利和义务。劳务派遣单位是用人单位，应当履行用人单位对劳动者的义务。劳务派遣单位与被派遣劳动者订立的劳动合同，除应当载明劳动合同必备的条款外，还应当载明被派遣劳动者的用工单位以及派遣期限、工作岗位等情况。劳务派遣单位应当与被派遣劳动者订立 2 年以上的固定期限劳动合同，按月支付劳动报酬；被派遣劳动者在无工作期间，劳务派遣单位应当按照所在地人民政府规定的最低工资标准，向其按月支付报酬。

接受以劳务派遣形式用工的单位是用工单位。劳务派遣单位派遣劳动者应当与用工单位订立劳务派遣协议。劳务派遣协议应当约定派遣岗位和人员数量、派遣期限、劳动报酬和社会保险费的数额与支付方式以及违反协议的责任。用工单位应当根据工作岗位的实际需要与劳务派遣单位确定派遣期限，不得将连续用工期限分割订立数个短期劳务派遣协议。

劳务派遣单位应当将劳务派遣协议的内容告知被派遣劳动者，不得克扣用工单位按照劳务派遣协议支付给被派遣劳动者的劳动报酬。劳务派遣单位和用工单位不得向被派遣劳动者收取费用。

被派遣劳动者享有与用工单位的劳动者同工同酬的权利。用工单位应当按照同工同酬原则，对被派遣劳动者与本单位同类岗位的劳动者实行相同的劳动报酬分配办法。用工单位无同类岗位劳动者的，参照用工单位所在地相同或者相近岗位劳动者的劳动报酬确定。

被派遣劳动者有权在劳务派遣单位或者用工单位依法参加或者组织工会，维护自身的合法权益。

知识归纳（见表8-11）

表8-11 劳务派遣

派遣单位	1. 与劳动者订立“2年以上”的固定期限劳动合同，按月支付“劳动报酬”；2. 劳动者无工作期间，派遣单位应按最低工资标准按月支付报酬；3. 将派遣协议的内容告知劳动者，不得克扣报酬；4. 不得设立劳务派遣单位向本单位或者所属单位派遣劳动者；【注意】与劳动者建立劳动关系、支付报酬、缴纳保险、支付离职补偿均为用人单位责任
用工单位	1. 派遣员工/（正式员工+派遣员工）≤10%；2. 不得将连续用工期限分割订立数个短期劳务派遣协议；3. 不得将被派遣劳动者再派遣到其他单位
劳动者	享有与用工单位的劳动者同工同酬的权利； 有权依法参加或者组织工会，维护自身的合法权益
【注意】（1）劳务派遣三性原则：“临时性”“辅助性”“替代性”； （2）劳务派遣单位和用工单位均不得向被派遣劳动者收取费用	

【例题8-14】甲劳务派遣公司应乙公司要求，将张某派遣到乙公司工作。根据劳动合同法律制度的规定，下列关于该劳务派遣用工的表述中，正确的是（　　）。

A. 甲公司应向张某按月支付劳动报酬

B. 乙公司将张某再派遣到其他用人单位

C. 甲公司可向张某收取劳务中介费

D. 乙公司与张某之间存在劳动合同关系

【答案】A

【解析】（1）选项A属于劳务派遣单位（甲公司）应当履行用人单位对劳动者的义务（按月支付劳动报酬）；（2）选项B属于用工单位（乙公司）不得将被派遣劳动者再派遣到其他用人单位；（3）选项C属于劳务派遣单位（甲公司）和用工单位（乙公司）均不得向被派遣劳动者（张某）收取费用；（4）选项D属于劳务派遣单位（甲公司）应当与被派遣劳动者（张某）订立劳动合同，用工单位（乙公司）与张某之间并不存在劳动合同关系。

七、劳动争议的解决

（一）劳动争议及解决方法

1. 劳动争议的概念及适用范围。劳动争议是指劳动关系当事人之间因实现劳动权利、履行劳动义务发生分歧而引起的争议，也称劳动纠纷、劳资争议。包括：

（1）因确认劳动关系发生的争议；

（2）因订立、履行、变更、解除和终止劳动合同发生的争议；

（3）因除名、辞退和辞职、离职发生的争议；

（4）因工作时间、休息休假、社会保险、福利、培训以及劳动保护发生的争议；

（5）因劳动报酬、工伤医疗费、经济补偿或者赔偿金等发生的争议；

（6）法律、法规规定的其他劳动争议。

劳动者与用人单位之间发生的下列纠纷，属于劳动争议。当事人不服劳动争议仲裁机构作出的裁决，依法提起诉讼的，人民法院应予受理：

（1）劳动者与用人单位在履行劳动合同过程中发生的纠纷；

（2）劳动者与用人单位之间没有订立书面劳动合同，但已形成劳动关系后发生的纠纷；

（3）劳动者与用人单位因劳动关系是否已经解除或者终止，以及应否支付解除或者终止劳动关系经济补偿金发生的纠纷；

（4）劳动者与用人单位解除或者终止劳动关系后，请求用人单位返还其收取的劳动合同定金、保证金、抵押金、抵押物发生的纠纷，或者办理劳动者的人事档案、社会保险关系等移转手续发生的纠纷；

（5）劳动者以用人单位未为其办理社会保险手续，且社会保险经办机构不能补办导致其无法享受社会保险待遇为由，要求用人单位赔偿损失发生的纠纷；

（6）劳动者退休后，与尚未参加社会保险统筹的原用人单位因追索养老金、医疗费、工伤保险待遇和其他社会保险待遇而发生的纠纷；

（7）劳动者因为工伤、职业病，请求用人单位依法给予工伤保险待遇发生的纠纷；

（8）劳动者依据《劳动合同法》第85条规定，要求用人单位支付加付赔偿金发生的纠纷；

（9）因企业自主进行改制发生的纠纷。

下列纠纷不属于劳动争议：

（1）劳动者请求社会保险经办机构发放社会保险金的纠纷；

（2）劳动者与用人单位因住房制度改革产生的公有住房转让纠纷；

（3）劳动者对劳动能力鉴定委员会的伤残等级鉴定结论或者对职业病诊断鉴定委员会的职业病诊断鉴定结论的异议纠纷；

（4）家庭或者个人与家政服务人员之间的纠纷；

（5）个体工匠与帮工、学徒之间的纠纷；

（6）农村承包经营户与受雇人之间的纠纷。

2. 劳动争议的解决原则和方法。

（1）劳动争议解决的基本原则。解决劳动争议，应当根据事实，遵循合法、公正、及时，着重调解的原则，依法保护当事人的合法权益。

（2）劳动争议解决的基本方法。劳动争议解决的方法有协商、调解、仲裁和诉讼。发生劳动争议，劳动者可以与用人单位协商，也可以请工会或者第三方共同与用人单位协商，达成和解协议；当事人不愿协商、协商不成或者达成和解协议后不履行的，可以向调解组织申请调解；不愿调解、调解不成或者达成调解协议后不履行的，可以向劳动争议仲裁机构申请仲裁；对仲裁裁决不服的，除《调解仲裁法》另有规定的以外，可以向人民法院提起诉讼。

劳动争议的调解是指在劳动争议调解组织的主持下，在双方当事人自愿的基础上，通过宣传法律、法规、规章和政策，劝导当事人化解矛盾，自愿就争议事项达成协议，使劳动争议及时得到解决的一种活动。

劳动仲裁是指劳动争议仲裁机构对劳动争议当事人争议的事项，根据劳动法律，法规、规章和政策等的规定，依法作出裁决，从而解决劳动争议的一项劳动法律制度。

劳动仲裁不同于一般经济纠纷的仲裁，除法律依据和适用范围不同外，还有以下几点区别：

①申请程序不同。一般经济纠纷的仲裁，当事人必须在事先或事后达成仲裁协议，才能据此向仲裁机构提出仲裁申请；而劳动争议的仲裁，则不要求当事人达成仲裁协议。只要一方当事人提出申请，有关仲裁机构即可受理。

②裁决的效力不同。一般经济纠纷的仲裁实行“一裁终局”制度。即仲裁裁决作出后，当事人就同一纠纷再申请仲裁或者向人民法院起诉的，仲裁委员会或者人民法院不予受理；而劳动争议仲裁，当事人对裁决不服的，除《调解仲裁法》规定的几类特殊劳动争议外，可以向人民法院起诉。因此，劳动争议的裁决一般不是终局的。

用人单位违反国家规定，拖欠或者未足额支付劳动报酬，或者拖欠工伤医疗费、经济补偿或者赔偿金的，劳动者可以向劳动行政部门投诉，劳动行政部门应当依法处理。

（3）举证责任。发生劳动争议，当事人对自己提出的主张，有责任提供证据。与争议事项有关的证据属于用人单位掌握管理的，用人单位应当提供；用人单位不提供的，应当承担不利后果。在法律没有具体规定，按照上述原则也无法确定举证责任承担时，仲裁庭可以根据公平原则和诚实信用原则，综合当事人举证能力等因素确定举证责任的承担。

（二）劳动调解

1. 劳动争议调解组织。可受理劳动争议的调解组织有：

（1）企业劳动争议调解委员会。企业劳动争议调解委员会由职工代表和企业代表组成。职工代表由工会成员担任或者由全体职工推举产生；企业代表由企业负责人指定。企业劳动争议调解委员会主任由工会成员或者双方推举的人员担任。

（2）依法设立的基层人民调解组织。

（3）在乡镇、街道设立的具有劳动争议调解职能的组织。

2. 劳动调解程序。

（1）当事人申请劳动争议调解可以书面申请，也可以口头申请。口头申请的，调解组织应当当场记录申请人基本情况、申请调解的争议事项、理由和时间。

（2）调解劳动争议，应当充分听取双方当事人对事实和理由的陈述，耐心疏导，帮助其达成协议。

（3）经调解达成协议的，应当制作调解协议书。调解协议书由双方当事人签名或者盖章，经调解员签名并加盖调解组织印章后生效。调解协议书对双方当事人具有约束力，当事人应当履行。自劳动争议调解组织收到调解申请之日起 15 日内未达成调解协议的，当事人可以依法申请仲裁。

（4）达成调解协议后，一方当事人在协议约定期限内不履行调解协议的，另一方当事人可以依法申请仲裁。因支付拖欠劳动报酬、工伤医疗费、经济补偿或者赔偿金事项达成调解协议，用人单位在协议约定期限内不履行的，劳动者可以持调解协议书依法向人民法院申请支付令。人民法院应当依法发出支付令。

（三）劳动仲裁

1. 劳动仲裁机构是劳动人事争议仲裁委员会（以下简称“仲裁委员会”）。仲裁委员会按照统筹规划、合理布局和适应实际需要的原则设立，不按行政区划层层设立。仲裁委员会下设实体化的办事机构，称为劳动人事争议仲裁院。

劳动争议仲裁不收费。仲裁委员会的经费由财政予以保障。

2. 劳动仲裁参加人。

（1）当事人。发生劳动争议的劳动者和用人单位为劳动争议仲裁案件的双方当事人。

劳务派遣单位或者用工单位与劳动者发生劳动争议的，劳务派遣单位和用工单位为共同当事人。劳动者与个人承包经营者发生争议，依法向仲裁委员会申请仲裁的，应当将发包的组织和个人承包经营者作为共同当事人。

发生争议的用人单位未办理营业执照、被吊销营业执照、营业执照到期继续经营、被责令关闭、被撤销以及用人单位解散、歇业，不能承担相关责任的，应当将用人单位和其出资人、开办单位或者主管部门作为共同当事人。

（2）当事人代表。发生争议的劳动者一方在10人以上，并有共同请求的，劳动者可以推举3～5名代表人参加仲裁活动。

因履行集体合同发生的劳动争议，经协商解决不成的，工会可以依法申请仲裁；尚未建立工会的，由上级工会指导劳动者推举产生的代表依法申请仲裁。

代表人参加仲裁的行为对其所代表的当事人发生效力，但代表人变更、放弃仲裁请求或者承认对方当事人的仲裁请求，进行和解，必须经被代表的当事人同意。

（3）第三人。与劳动争议案件的处理结果有利害关系的第三人，可以申请参加仲裁活动或者由仲裁委员会通知其参加仲裁活动。

（4）代理人。当事人可以委托代理人参加仲裁活动。委托他人参加仲裁活动，应当向仲裁委员会提交由委托人签名或者盖章的委托书，委托书应当载明委托事项和权限。

丧失或者部分丧失民事行为能力的劳动者，由其法定代理人代为参加仲裁活动；无法定代理人的，由仲裁委员会为其指定代理人。劳动者死亡的，由其近亲属或者代理人参加仲裁活动。

3. 劳动争议仲裁案件的管辖。仲裁委员会负责管辖本区域内发生的劳动争议。劳动争议由劳动合同履行地或者用人单位所在地的仲裁委员会管辖。双方当事人分别向劳动合同履行地和用人单位所在地的仲裁委员会申请仲裁的，由劳动合同履行地的仲裁委员会管辖。有多个劳动合同履行地的，由最先受理的仲裁委员会管辖。劳动合同履行地不明确的，由用人单位所在地的仲裁委员会管辖。案件受理后，劳动合同履行地或者用人单位所在地发生变化的，不改变争议仲裁的管辖。

4. 劳动仲裁申请和受理。

（1）仲裁时效。

①劳动争议申请仲裁的时效期间为1年。仲裁时效期间从当事人知道或者应当知道其权利被侵害之日起计算。劳动关系存续期间因拖欠劳动报酬发生争议的，劳动者申请仲裁不受1年仲裁时效期间的限制；但是，劳动关系终止的，应当自劳动关系终止之日起1年内提出。

②仲裁时效的中断。劳动仲裁时效，因当事人一方向对方当事人主张权利（即一方当事人通过协商、申请调解等方式向对方当事人主张权利的）；或者向有关部门请求权利救济（即一方当事人通过向有关部门投诉，向仲裁委员会申请仲裁，向人民法院起诉或者申请支付令等方式请求权利救济的）；或者对方当事人同意履行义务而中断。从中断时起，仲裁时效期间重新计算。这里的“中断时起”，应理解为中断事由消除时起。如权利人申请调解的，经调解达不成协议的，应自调解不成之日起重新计算；如达成调解协议，自义务人应当履行义务的期限届满之日起计算。

③仲裁时效的中止。因不可抗力或者有其他正当理由（无民事行为能力或者限制民事行为能力劳动者的法定代理人未确定等），当事人不能在仲裁时效期间申请仲裁的，仲裁时效中止。从中止时效的原因消除之日起，仲裁时效期间继续计算。

【例题8－15】2021年1月5日，甲公司作出决定与长期旷工的职工方某解除劳动合同；2021年1月10日，方某收到解除决定。同时认为公司违法解除劳动合同，拟申请劳动仲裁，请求公司支付违法解除劳动合同的赔偿金。下列关于方某申请劳动仲裁的期间的表述中，正确的是（　　）。

A. 应自2021年1月5日起1年内提出申请

B. 应自2021年1月10日起1年内提出申请

C. 应自2021年1月5日起3年内提出申请

D. 应自2021年1月10日起3年内提出申请

【答案】B

（2）仲裁申请。申请人申请仲裁应当提交书面仲裁申请，并按照被申请人人数提交副本。仲裁申请书应当载明下列事项：

①劳动者的姓名、性别、出生日期、身份证号码、住所、通信地址和联系电话，用人单位的名称、住所、通信地址、联系电话和法定代表人或者主要负责人的姓名、职务；

②仲裁请求和所根据的事实、理由；

③证据和证据来源，证人姓名和住所。

书写仲裁申请确有困难的，可以口头申请。由仲裁委员会记入笔录，经申请人签名、盖章或者捺印确认。

（3）仲裁受理。仲裁委员会收到仲裁申请之日起5日内，认为符合受理条件的，应当予以受理，并向申请人出具受理通知书；认为不符合受理条件的，向申请人出具不予受理通知书。

对仲裁委员会逾期未作出决定或者决定不予受理的，申请人可以就该争议事项向人民法院提起诉讼。

仲裁委员会受理仲裁申请后，应当在5日内将仲裁申请书副本送达被申请人。被申请人收到仲裁申请书副本后，应当在10日内向仲裁委员会提交答辩书。仲裁委员会收到答辩书后，应当在5日内将答辩书副本送达申请人。被申请人未提交答辩书的，不影响仲裁程序的进行。

5. 劳动仲裁开庭。

（1）仲裁基本制度。先行调解原则。仲裁庭在作出裁决前，应当先行调解。调解达成协议的，仲裁庭应当制作调解书。调解书经双方当事人签收后，发生法律效力。

仲裁公开原则及例外。劳动争议仲裁公开进行，但当事人协议不公开或者涉及商业秘密和个人隐私的，经相关当事人书面申请，仲裁委员会应当不公开审理。

仲裁庭制。仲裁委员会裁决劳动争议案件实行仲裁庭制。仲裁庭由 3 名仲裁员组成，设首席仲裁员。简单劳动争议案件可以由 1 名仲裁员独任仲裁。

回避制度。仲裁员有下列情形之一的，应当回避，当事人也有权以口头或者书面方式提出回避申请：①是本案当事人或者当事人、代理人的近亲属的；②与本案有利害关系的；③与本案当事人、代理人有其他关系，可能影响公正裁决的；④私自会见当事人、代理人，或者接受当事人、代理人请客送礼的。

（2）仲裁开庭程序。仲裁委员会应当在受理仲裁申请之日起 5 日内组成仲裁庭，并将仲裁庭的组成情况书面通知当事人。仲裁庭应当在开庭 5 日前，将开庭日期、地点书面通知双方当事人。当事人有正当理由的，可以在开庭 3 日前请求延期开庭。是否延期，由仲裁委员会根据实际情况决定。

申请人收到书面开庭通知，无正当理由拒不到庭或者未经仲裁庭同意中途退庭的，可以按撤回仲裁申请处理；申请人重新申请仲裁的，仲裁委员会不予受理。被申请人收到书面开庭通知，无正当理由拒不到庭或者未经仲裁庭同意中途退庭的，仲裁庭可以继续开庭审理，并缺席裁决。

开庭审理中，仲裁员应当听取申请人的陈述和被申请人的答辩，主持庭审调查、质证和辩论、征询当事人最后意见，并进行调解。

仲裁庭裁决劳动争议案件，应当自仲裁委员会受理仲裁申请之日起 45 日内结束。案情复杂需要延期的，经仲裁委员会主任批准，可以延期并书面通知当事人，但是延长期限不得超过 15 日。逾期未作出仲裁裁决的，当事人可以就该劳动争议事项向人民法院提起诉讼。

劳动争议仲裁中的“3 日”“5 日”“10 日”指工作日；“15 日”“45 日”指自然日。

6. 劳动仲裁裁决。

（1）裁决的规则。裁决应当按照多数仲裁员的意见作出，少数仲裁员的不同意见应当记入笔录。仲裁庭不能形成多数意见时，裁决应当按照首席仲裁员的意见作出。裁决书应当载明仲裁请求、争议事实、裁决理由、裁决结果、当事人权利和裁决日期。裁决书由仲裁员签名，加盖劳动争议仲裁委员会印章。对裁决持不同意见的仲裁员，可以签名，也可以不签名。

仲裁庭裁决劳动争议案件时，其中一部分事实已经清楚，可以就该部分先行裁决。

（2）一裁终局的案件。下列劳动争议，除《调解仲裁法》另有规定的外，仲裁裁决为终局裁决。裁决书自作出之日起发生法律效力：

①追索劳动报酬、工伤医疗费、经济补偿或者赔偿金，不超过当地月最低工资标准 12 个月金额的争议。如果仲裁裁决涉及数项，对单项裁决数额不超过当地月最低工资标准 12 个月金额的事项，应当适用终局裁决。

上述经济补偿包括《劳动合同法》规定的竞业限制期限内给予的经济补偿、解除或者终止劳动合同的经济补偿等；赔偿金包括《劳动合同法》规定的未签订书面劳动合同的第二倍工资、违法约定试用期的赔偿金、违法解除或者终止劳动合同的赔偿金等。

②因执行国家的劳动标准在工作时间、休息休假、社会保险等方面发生的争议。

仲裁庭裁决案件时，裁决内容同时涉及终局裁决和非终局裁决的，应当分别制作裁决书，并告知当事人相应的救济权利。

(3) 仲裁裁决的撤销。用人单位有证据证明上述一裁终局的裁决有下列情形之一，可以自收到仲裁裁决书之日起30日内向仲裁委员会所在地的中级人民法院申请撤销裁决：

①适用法律、法规确有错误的；

②劳动争议仲裁委员会无管辖权的；

③违反法定程序的；

④裁决所根据的证据是伪造的；

⑤对方当事人隐瞒了足以影响公正裁决的证据的；

⑥仲裁员在仲裁该案时有索贿受贿、徇私舞弊、枉法裁决行为的。

人民法院经组成合议庭审查核实裁决有上述规定情形之一的，应当裁定撤销。

7. 劳动仲裁执行。

(1) 仲裁庭对追索劳动报酬、工伤医疗费、经济补偿或者赔偿金的案件，根据当事人的申请，可以裁决先予执行，移送人民法院执行。仲裁庭裁决先予执行的，应当符合下列条件：①当事人之间权利义务关系明确；②不先予执行将严重影响申请人的生活。劳动者申请先予执行的，可以不提供担保。

(2) 当事人对发生法律效力的调解书、裁决书，应当依照规定的期限履行。一方当事人逾期不履行的，另一方当事人可以依照《民事诉讼法》的有关规定向人民法院申请执行。受理申请的人民法院应当依法执行。

(3) 当事人申请人民法院执行劳动争议仲裁机构作出的发生法律效力的裁决书、调解书，被申请人提出证据证明劳动争议仲裁裁决书、调解书有下列情形之一，并经审查核实的，人民法院可以裁定不予执行：①裁决的事项不属于劳动争议仲裁范围，或者劳动争议仲裁机构无权仲裁的；②适用法律、法规确有错误的；③违反法定程序的；④裁决所根据的证据是伪造的；⑤对方当事人隐瞒了足以影响公正裁决的证据的；⑥仲裁员在仲裁该案时有索贿受贿、徇私舞弊、枉法裁决行为的；⑦人民法院认定执行该劳动争议仲裁裁决违背社会公共利益的。人民法院在不予执行的裁定书中，应当告知当事人在收到裁定书之次日起30日内，可以就该劳动争议事项向人民法院提起诉讼。

【例题8-16】根据劳动争议仲裁法律制度的规定，下列关于劳动争议终局裁决效力的表述中，正确的是（　　）。

A. 一方当事人逾期不履行终局裁决的，另一方当事人可以向劳动仲裁委员会申请强制执行

B. 终局裁决被人民法院裁定撤销的，当事人可以自收到裁定书之日起15日内向人民法院提起诉讼

C. 劳动者对终局裁决不服的，不得向人民法院提起诉讼

D. 用人单位对终局裁决不服的，应向基层人民法院申请撤销

【答案】B

【解析】(1) 选项A，一方当事人逾期不履行劳动仲裁裁决时，另一方当事人可以向“人民法院”申请强制执行，劳动仲裁委员会无强制执行权。(2) 选项C，“劳动者”（仅限于劳动者一方）对劳动争议的终局裁决不服的，可以自收到仲裁裁决书之日起15日内向人民法院提起诉讼。(3) 选项D：用人单位有证据证明终局裁决有法定情形的，

可以自收到仲裁裁决书之日起 30 日内向仲裁委员会所在地的“中级”人民法院申请撤销裁决。

（四）劳动诉讼

1. 劳动诉讼的提起。

（1）对仲裁委员会不予受理或者逾期未作出决定的，申请人可以就该劳动争议事项向人民法院提起诉讼。

（2）劳动者对劳动争议的终局裁决不服的，可以自收到仲裁裁决书之日起 15 日内向人民法院提起诉讼。

（3）当事人对终局裁决情形之外的其他劳动争议案件的仲裁裁决不服的，可以自收到仲裁裁决书之日起 15 日内提起诉讼。

（4）终局裁决被人民法院裁定撤销的，当事人可以自收到裁定书之日起 15 日内就该劳动争议事项向人民法院提起诉讼。

2. 劳动诉讼程序。劳动诉讼依照《民事诉讼法》的规定执行。

知识归纳（见表 8－12）

表 8－12　　**劳动仲裁**

程序	内容		
基本规定	劳动仲裁是劳动争议当事人向人民法院提起诉讼的“必经程序”		
	劳动仲裁不收费		
参加人	当事人	劳务派遣	劳务派遣单位和用工单位为共同当事人
		承包	发包的组织和个人承包经营者为当事人
		单位终止	出资人、开办单位或主管部门为共同当事人
	当事人代表	劳动者“10 人以上”推举“3～5 名”代表	
	第三人	与处理结果有利害关系，可以申请参加或由劳动争议仲裁委员会通知其参加	
管辖权	地域管辖权	由“合同履行地”或者“用人单位所在地”管辖	
	履行地不明确	由“用人单位所在地”管辖	
	两方两地申请	由“合同履行地”管辖	
	一方先后申请	“受理在先”原则	
	【注意】劳动仲裁委员会不按行政区划层层设立，但有地域管辖问题		
申请	时效	自当事人知道或者应当知道之日起“1 年”；劳动关系存续期间因“拖欠劳动报酬”发生争议的，劳动者申请仲裁不受 1 年仲裁时效期间的限制；但是，劳动关系终止的，应当自劳动关系终止之日起 1 年内提出	
	方式	书面、口头均可	

续表

程序	内容	
开庭	开庭并“公开”、执行仲裁庭制、适用回避制度、可以和解与调解。	
裁决	终局裁决	不超过当地月最低工资标准12个月的。 【注意】(1)裁决涉及“数项”，单项数额不超过上述标准，应当适用终局裁决； (2)裁决内容同时涉及终局裁决和非终局裁决的，应当分别制作裁决书； (3)劳动者对劳动仲裁的终局裁决不服可以“直接”向法院提起诉讼；用人单位对终局裁决不服只能自收到裁决书之日起“30日”内向仲裁委员会所在地“中级”人民法院“申请撤销”该裁决，而不能直接起诉
	生效	终局裁决：作出之日起；非终局裁决：自收到裁决书之日起15日内不起诉

八、违反劳动合同法律制度的法律责任

（一）用人单位违反《劳动合同法》的法律责任

1. 用人单位规章制度违反法律规定的法律责任。

（1）用人单位直接涉及劳动者切身利益的规章制度违反法律、法规规定的，由劳动行政部门责令改正，给予警告；给劳动者造成损害的，应当承担赔偿责任。

（2）用人单位违反《劳动合同法》有关建立职工名册规定的，由劳动行政部门责令限期改正；逾期不改正的，由劳动行政部门处2 000元以上2万元以下的罚款。

2. 用人单位订立劳动合同违反法律规定的法律责任。

（1）用人单位提供的劳动合同文本未载明劳动合同必备条款或者用人单位未将劳动合同文本交付劳动者的，由劳动行政部门责令改正；给劳动者造成损害的，应当承担赔偿责任。

（2）用人单位自用工之日起超过1个月不满1年未与劳动者订立书面劳动合同的，应当向劳动者每月支付2倍的工资。

（3）用人单位违反《劳动合同法》规定不与劳动者订立无固定期限劳动合同的，自应当订立无固定期限劳动合同之日起向劳动者每月支付2倍的工资。

（4）用人单位违反《劳动合同法》规定与劳动者约定试用期的，由劳动行政部门责令改正；违法约定的试用期已经履行的，由用人单位以劳动者试用期满月工资为标准，按已经履行的超过法定试用期的期间向劳动者支付赔偿金。

（5）用人单位违反《劳动合同法》规定，扣押劳动者居民身份证等证件的，由劳动行政部门责令限期退还劳动者本人，并依照有关法律规定给予处罚。

（6）用人单位违反《劳动合同法》规定，以担保或者其他名义向劳动者收取财物的，

由劳动行政部门责令限期退还劳动者本人，并以每人500元以上2 000元以下的标准处以罚款；给劳动者造成损害的，应当承担赔偿责任。

（7）劳动合同依照法律规定被确认无效，给劳动者造成损害的，用人单位应当承担赔偿责任。

3. 用人单位履行劳动合同违反法律规定的法律责任。

（1）用人单位有下列情形之一的，依法给予行政处罚；构成犯罪的，依法追究刑事责任；给劳动者造成损害的，应当承担赔偿责任：

①以暴力、威胁或者非法限制人身自由的手段强迫劳动的；

②违章指挥或者强令冒险作业危及劳动者人身安全的；

③侮辱、体罚、殴打、非法搜查或者拘禁劳动者的；

④劳动条件恶劣、环境污染严重，给劳动者身心健康造成严重损害的。

（2）用人单位有下列情形之一的，由劳动行政部门责令限期支付劳动报酬、加班费；劳动报酬低于当地最低工资标准的，应当支付其差额部分；逾期不支付的，责令用人单位按应付金额50%以上100%以下的标准向劳动者加付赔偿金：

①未按照劳动合同的约定或者国家规定及时足额支付劳动者劳动报酬的；

②低于当地最低工资标准支付劳动者工资的；

③安排加班不支付加班费的。

（3）用人单位依照《劳动合同法》规定应当向劳动者每月支付2倍的工资或者应当向劳动者支付赔偿金而未支付的，劳动行政部门应当责令用人单位支付。

4. 用人单位违反法律规定解除和终止劳动合同的法律责任。

（1）用人单位违反《劳动合同法》规定解除或者终止劳动合同的，应当依照《劳动合同法》规定的经济补偿标准的2倍向劳动者支付赔偿金。

（2）用人单位解除或者终止劳动合同，未依照《劳动合同法》规定向劳动者支付经济补偿的，由劳动行政部门责令限期支付经济补偿；逾期不支付的，责令用人单位按应付金额50%以上100%以下的标准向劳动者加付赔偿金。

（3）用人单位违反《劳动合同法》规定未向劳动者出具解除或者终止劳动合同的书面证明，由劳动行政部门责令改正；给劳动者造成损害的，应当承担赔偿责任。

（4）劳动者依法解除或者终止劳动合同，用人单位扣押劳动者档案或者其他物品的，由劳动行政部门责令限期退还劳动者本人，并以每人500元以上2 000元以下的标准处以罚款；给劳动者造成损害的，应当承担赔偿责任。

5. 其他法律责任。

（1）用人单位招用与其他用人单位尚未解除或者终止劳动合同的劳动者，给其他用人单位造成损失的，应当承担连带赔偿责任。

（2）劳务派遣单位、用工单位违反《劳动合同法》有关劳务派遣规定的，由劳动行政部门责令限期改正；逾期不改正的，以每人5 000元以上1万元以下的标准处以罚款。对劳务派遣单位，吊销其劳务派遣业务经营许可证。用工单位给被派遣劳动者造成损害的，劳务派遣单位与用工单位承担连带赔偿责任。

（3）对不具备合法经营资格的用人单位的违法犯罪行为，依法追究法律责任；劳动者已经付出劳动的，该单位或者其出资人应当依照《劳动合同法》的有关规定向劳动者支付劳动报酬、经济补偿、赔偿金；给劳动者造成损害的，应当承担赔偿责任。

(4) 个人承包经营违反《劳动合同法》规定招用劳动者，给劳动者造成损害的，发包的组织与个人承包经营者承担连带赔偿责任。

（二）劳动者违反劳动合同法律制度的法律责任

1. 劳动合同被确认无效，给用人单位造成损失的，有过错的劳动者应当承担赔偿责任。

2. 劳动者违反《劳动合同法》规定解除劳动合同，给用人单位造成损失的，应当承担赔偿责任。

3. 劳动者违反劳动合同中约定的保密义务或者竞业限制，劳动者应当按照劳动合同的约定，向用人单位支付违约金。给用人单位造成损失的，应当承担赔偿责任。

4. 劳动者违反培训协议，未满服务期解除或者终止劳动合同的，或者因劳动者严重违纪，用人单位与劳动者解除约定服务期的劳动合同的，劳动者应当按照劳动合同的约定，向用人单位支付违约金。

任务二　社会保险法律制度

一、社会保险概述

社会保险是指国家依法建立的，由国家、用人单位和个人共同筹集资金、建立基金，使个人在年老（退休）、患病、工伤（因工伤残或者患职业病）、失业、生育等情况下获得物质帮助和补偿的一种社会保障制度。这种保障是依靠国家立法强制实行的社会化保险。

目前我国的社会保险项目主要有基本养老保险、基本医疗保险、工伤保险、失业保险和生育保险。2017 年 1 月 19 日，国务院办公厅印发了《生育保险和职工基本医疗保险合并实施试点方案》。在 2017 年 6 月底前启动生育保险和职工基本医疗保险合并实施试点工作，试点在 12 个试点城市行政区域开展，期限为 1 年左右。2019 年 3 月 6 日，国务院办公厅印发了《关于全面推进生育保险和职工基本医疗保险合并实施的意见》，全面推进两项保险合并实施。

二、基本养老保险

（一）基本养老保险的含义

基本养老保险制度是指缴费达到法定期限并且个人达到法定退休年龄后，国家和社会提供物质帮助以保证因年老而退出劳动领域者稳定、可靠的生活来源的社会保险制度。基本养老保险是社会保险体系中最重要、实施最广泛的一项制度。

（二）基本养老保险的覆盖范围

1. 基本养老保险制度组成。根据《社会保险法》的规定，基本养老保险制度由三个部分组成：职工基本养老保险制度、新型农村社会养老保险制度（以下简称“新农保”）、城镇居民社会养老保险制度（以下简称“城居保”）。根据国务院于2014年2月26日发布的《关于建立统一的城乡居民基本养老保险制度的意见》，新农保和城居保两项制度合并实施，在全国范围内建立统一的城乡居民基本养老保险制度。年满16周岁（不含在校学生），非国家机关和事业单位工作人员及不属于职工基本养老保险制度覆盖范围的城乡居民，可以在户籍地参加城乡居民养老保险。本章除特别说明外，基本养老保险均指职工基本养老保险。

2. 职工基本养老保险。职工基本养老保险费的征缴范围包括国有企业、城镇集体企业、外商投资企业、城镇私营企业和其他城镇企业及其职工，实行企业化管理的事业单位及其职工。这是基本养老保险的主体部分。基本养老保险费由用人单位和职工共同缴纳。

无雇工的个体工商户、未在用人单位参加基本养老保险的非全日制从业人员以及其他灵活就业人员可以参加基本养老保险，由个人缴纳基本养老保险费。

公务员和参照公务员管理的工作人员养老保险的办法由国务院规定。国务院于2015年1月14日发布了《关于机关事业单位工作人员养老保险制度改革的决定》，改革现行机关事业单位工作人员退休保障制度，逐步建立独立于机关事业单位之外、资金来源多渠道、保障方式多层次、管理服务社会化的养老保险体系。对于按照《公务员法》管理的单位、参照《公务员法》管理的机关（单位）、事业单位及其编制内的工作人员，实行社会统筹与个人账户相结合的基本养老保险制度。

（三）职工基本养老保险基金的组成和来源

基本养老保险基金由用人单位和个人缴费以及政府补贴等组成。基本养老保险实行社会统筹与个人账户相结合。基本养老金由统筹养老金和个人账户养老金组成。

养老保险社会统筹是指统收养老保险缴费和统支养老金，确保收支平衡的公共财务系统。用人单位应当按照国家规定的本单位职工工资总额的比例缴纳基本养老保险费，记入基本养老保险统筹基金。职工按照国家规定的本人工资的比例缴纳基本养老保险费，记入个人账户。基本养老保险基金出现支付不足时，政府给予补贴。

无雇工的个体工商户、未在用人单位参加基本养老保险的非全日制从业人员以及其他灵活就业人员参加基本养老保险的，应当按照国家规定缴纳基本养老保险费，分别记入基本养老保险统筹基金和个人账户。

个人账户不得提前支取，记账利率不得低于银行定期存款利率，免征利息税。参加职工基本养老保险的个人死亡后，其个人账户中的余额可以全部依法继承。

个人跨统筹地区就业的，其基本养老保险关系随本人转移，缴费年限累计计算。个人达到法定退休年龄时，基本养老金分段计算、统一支付。

（四）职工基本养老保险费的缴纳

1. 单位缴费。自2019年5月1日起，降低城镇职工基本养老保险（包括企业和机关事业单位基本养老保险）单位缴费比例。各省、自治区、直辖市及新疆生产建设兵团养老保险单位缴费比例高于 16% 的，可降至 16%；目前低于 16% 的，要研究提出过渡办法。

2. 个人缴费。按照现行政策，职工个人按照本人缴费工资的 8% 缴费，记入个人账户。缴费工资，也称缴费工资基数，一般为职工本人上一年度月平均工资（有条件的地区也可以本人上月工资收入为个人缴费工资基数）。月平均工资按照国家统计局规定列入工资总额统计的项目计算，包括工资、奖金、津贴、补贴等收入，不包括用人单位承担或者支付给员工的社会保险费、劳动保护费、福利费、用人单位与员工解除劳动关系时支付的一次性补偿以及计划生育费用等其他不属于工资的费用。新招职工（包括研究生、大学生、大中专毕业生等）以起薪当月工资收入作为缴费工资基数；从第二年起，按上一年实发工资的月平均工资作为缴费工资基数。即：

$$\text{个人养老账户月存储额} = \text{本人月缴费工资} \times 8\%$$

本人月平均工资低于当地职工月平均工资 60% 的，按当地职工月平均工资的 60% 作为缴费基数；本人月平均工资高于当地职工月平均工资 300% 的，按当地职工月平均工资的 300% 作为缴费基数。超过部分不计入缴费工资基数，也不计入计发养老金的基数。各省应以本省城镇非私营单位就业人员平均工资和城镇私营单位就业人员平均工资加权计算的全口径城镇单位就业人员平均工资，核定社保个人缴费基数上下限。

个人缴费不计征个人所得税。在计算个人所得税的应税收入时，应当扣除个人缴纳的养老保险费。

城镇个体工商户和灵活就业人员按照上述口径计算的本地全口径城镇单位就业人员平均工资核定社保个人缴费基数上下限，允许缴费人在 60% 至 300% 之间选择适当的缴费基数。缴费比例为 20%，其中 8% 记入个人账户。

【例题 8－17】甲公司职工韩某已参加职工基本养老保险，月工资 15 000 元。已知甲公司所在地职工月平均工资为 3 500 元，月最低工资标准为 2 500 元。计算甲公司每月应从韩某工资中扣缴基本养老保险费的下列算式中，正确的是（　　）。

A. 15 000 × 8%
B. 3 500 × 3 × 8%
C. 2 500 × 3 × 8%
D. 3 500 × 8%

【答案】B

【解析】（1）韩某本人的月工资高于当地职工月平均工资（3 500 元）的 300%，应以当地职工月平均工资的 300% 作为缴费基数；（2）职工基本养老保险的个人缴费率为 8%。因此，本题韩某应当缴纳的基本养老保险费为 3 500 × 3 × 8% = 840（元）。

（五）职工基本养老保险享受条件与待遇

1. 职工基本养老保险享受条件。

（1）年龄条件：达到法定退休年龄。目前国家实行的法定的企业职工退休年龄是：男年满 60 周岁，女工人年满 50 周岁，女干部年满 55 周岁；从事井下、高温、高空、特别繁重体力劳动或其他有害身体健康工作的，退休年龄为男年满 55 周岁，女年满 45 周岁；因病或非因工致残，由医院证明并经劳动鉴定委员会确认完全丧失劳动能力的，退休年龄为男年满 50 周岁，女年满 45 周岁。

知识归纳（见表 8－13）

表 8－13　法定退休年龄

条件	性别	年龄（周岁）
一般情况	男	60
	女	50
	女干部	55
从事“井下、高温、高空、特别繁重体力劳动或其他有害身体健康工作”	男	55
	女	45
因“病或非因工致残”，“医院证明并经劳动鉴定委员会确认完全丧失劳动能力”	男	50
	女	45

（2）缴费条件：累计缴费满 15 年。参加职工基本养老保险的个人，达到法定退休年龄时累计缴费满 15 年的，按月领取基本养老金。

2. 职工基本养老保险待遇。

（1）职工基本养老金。对符合基本养老保险享受条件的人员，国家按月支付基本养老金。

（2）丧葬补助金和遗属抚恤金。参加基本养老保险的个人，因病或者非因工死亡的，其遗属可以领取丧葬补助金和抚恤金，所需资金从基本养老保险基金中支付。但如果个人死亡同时符合领取基本养老保险丧葬补助金、工伤保险丧葬补助金和失业保险丧葬补助金条件的，其遗属只能选择领取其中的一项。

（3）病残津贴。参加基本养老保险的个人，在未达到法定退休年龄时因病或者非因工致残完全丧失劳动能力的，可以领取病残津贴，所需资金从基本养老保险基金中支付。

三、基本医疗保险

（一）基本医疗保险的含义

基本医疗保险制度是指按照国家规定缴纳一定比例的医疗保险费，参保人因患病和意外伤害而就医诊疗，由医疗保险基金支付其一定医疗费用的社会保险制度。

（二）基本医疗保险的覆盖范围

1. 职工基本医疗保险。职工应当参加职工套本医疗保险，由用人单位和职工按照国家规定共同缴纳基本医疗保险费。职工基本医疗保险费的征缴范围包括国有企业、城镇集体企业、外商投资企业、城镇私营企业和其他城镇企业及其职工，国家机关及其工作人员，事业单位及其职工，民办非企业单位及其职工，社会团体及其专职人员。

无雇工的个体工商户、未在用人单位参加基本医疗保险的非全日制从业人员以及其他灵活就业人员可以参加职工基本医疗保险，由个人按照国家规定缴纳基本医疗保险费。

2. 城乡居民基本医疗保险。国务院于2016年1月3日印发了《关于整合城乡居民基本医疗保险制度的意见》规定：整合城镇居民基本医疗保险和新型农村合作医疗两项制度，建立统一的城乡居民基本医疗保险制度。城乡居民基本医疗保险制度覆盖范围包括现有城镇居民基本医疗保险制度和新型农村合作医疗所有应参保（合）人员，即覆盖除职工基本医疗保险应参保人员以外的其他所有城乡居民，统一保障待遇。

（三）全面推进生育保险和职工基本医疗保险合并实施

根据国务院办公厅于2019年3月6日印发的《关于全面推进生育保险和职工基本医疗保险合并实施的意见》，推进两项保险合并实施，统一参保登记，即参加职工基本医疗保险的在职职工同步参加生育保险。统一基金征缴和管理，生育保险基金并入职工基本医疗保险基金，按照用人单位参加生育保险和职工基本医疗保险的缴费比例之和确定新的用人单位职工基本医疗保险费率，个人不缴纳生育保险费。两项保险合并实施后实行统一定点医疗服务管理，统一经办和信息服务。确保职工生育期间的生育保险待遇不变。

（四）职工基本医疗保险费的缴纳

基本医疗保险与基本养老保险一样采用“统账结合”模式，即分别设立社会统筹基金和个人账户基金，基本医疗保险基金由统筹基金和个人账户构成。

1. 单位缴费。由统筹地区统一确定适合当地经济发展水平的基本医疗保险单位缴费率，一般为职工工资总额的6%左右。用人单位缴纳的基本医疗保险费分为两部分，一部分用于建立统筹基金；另一部分划入个人账户。

2. 基本医疗保险个人账户的资金来源。

（1）个人缴费部分。由统筹地区统一确定适合当地职工负担水平的基本医疗保险个人缴费率，一般为本人工资收入的2%。

（2）用人单位缴费的划入部分。由统筹地区根据个人医疗账户的支付范围和职工年龄等因素确定用人单位所缴医疗保险费划入个人医疗账户的具体比例，一般为30%左右。

【例题8－18】甲公司职工周某的月工资为6 500元。已知当地职工基本医疗保险的单位缴费率为6%；职工个人缴费率为2%；用人单位所缴医疗保险费划入个人医疗账户的比例为30%。根据社会保险法律制度的规定，关于周某个人医疗保险账户每月资金增加额的下列算式中，正确的是（　　）。

A. 6 500×6%×30%　　B. 6 500×2%+6 500×6%×30%

C. 6 500×2%　　D. 6 500×2%+6 500×6%

【解析】个人账户本月资金增加额6 500×2%+6 500×6%×30%=247（元）。

3. 基本医疗保险关系转移接续制度。个人跨统筹地区就业的，其基本医疗保险关系随本人转移，缴费年限累计计算。

4. 退休人员基本医疗保险费的缴纳。参加职工基本医疗保险的个人，达到法定退休年龄时累计缴费达到国家规定年限的，退休后不再缴纳基本医疗保险费，按照国家规定享受基本医疗保险待遇；未达到国家规定缴费年限的，可以缴费至国家规定年限。目前对最低缴费年限没有全国统一的规定，由各统筹地区根据本地情况确定。

（五）职工基本医疗费用的结算

参保人员符合基本医疗保险药品目录、诊疗项目、医疗服务设施标准以及急诊、抢救的医疗费用，按照国家规定从基本医疗保险基金中支付。参保人员医疗费用中应当由基本医疗保险基金支付的部分，由社会保险经办机构与医疗机构、药品经营单位直接结算。目前各地对职工基本医疗保险费用结算的方式并不一致。要享受基本医疗保险待遇一般要符合以下条件：

1. 参保人员必须到基本医疗保险的定点医疗机构就医、购药或到定点零售药店购买药品；

2. 参保人员在看病就医过程中所发生的医疗费用必须符合基本医疗保险药品目录、诊疗项目、医疗服务设施标准的范围和给付标准。

参保人员符合基本医疗保险支付范围的医疗费用中，在社会医疗统筹基金起付标准以上与最高支付限额以下的费用部分，由社会医疗统筹基金按一定比例支付。

起付标准，又称起付线，一般为当地职工年平均工资的10%左右。最高支付限额，又称封顶线，一般为当地职工年平均工资的6倍左右。支付比例一般为90%。

参保人员符合基本医疗保险支付范围的医疗费用中，在社会医疗统筹基金起付标准以下的费用部分，由个人账户资金支付或个人自付；统筹基金起付线以上至封顶线以下的费用部分，个人也要承担一定比例的费用，一般为10%，可由个人账户支付也可自付。参保人员在封顶线以上的医疗费用部分，可以通过单位补充医疗保险或参加商业保险等途径解决。

（六）基本医疗保险基金不支付的医疗费用

下列医疗费用不纳入基本医疗保险基金支付范围：

1. 应当从工伤保险基金中支付的；

2. 应当由第三人负担的；

3. 应当由公共卫生负担的；

4. 在境外就医的。

医疗费用应当由第三人负担。第三人不支付或者无法确定第三人的，由基本医疗保险基金先行支付。基本医疗保险基金先行支付后，有权向第三人追偿。

【例题8－19】吴某在定点医院做外科手术，共发生医疗费用18万元。其中在规定医疗目录内的费用为15万元；目录以外费用为3万元。已知：当地职工平均工资为2 000元/月；起付标准为当地职工年平均工资的10%；最高支付限额为当地职工年平均工资的6倍；报销比例为90%。分析计算哪些费用可以从统筹账户中报销，哪些费用需由吴某自理。

【解析】医疗报销起付标准（起付线）为2 000×12×10%＝2 400（元）

最高支付限额（封顶线）为2 000×12×6＝144 000（元）

即吴某医疗费用中在2 400元以上、144 000元以下部分可以从统筹账户予以报销。

报销比例为90%。吴某可以报销的费用为（144 000－2 400）×90%＝127 440（元）

本人负担：180 000－127 440＝52 560（元）

其中，起付线以下部分：2 400（元）

起付线以上封顶线以下自费部分：（144 000－2 400）×10%＝14 160（元）

目录内封顶线以上部分：150 000－144 000＝6 000（元）

目录外部分：30 000（元）

（七）医疗期

医疗期是指企业职工因患病或非因工负伤停止工作，治病休息，但不得解除劳动合同的期限。

1. 医疗期的期限。企业职工因患病或非因工负伤，需要停止工作进行医疗时，根据本人实际参加工作年限和在本单位工作年限，给予3个月到24个月的医疗期：

（1）实际工作年限不足10年的，在本单位工作年限不足5年的为3个月；5年以上的为6个月。

（2）实际工作年限10年以上的，在本单位工作年限不足5年的为6个月；5年以上不足10年的为9个月；10年以上不足15年的为12个月；15年以上不足20年的为18个月；20年以上的为24个月。

2. 医疗期的计算方法。医疗期的计算从病休第一天开始，累计计算。医疗期3个月的按6个月内累计病休时间计算；6个月的按12个月内累计病休时间计算；9个月的按15个月内累计病休时间计算；12个月的按18个月内累计病休时间计算；18个月的按24个月内累计病休时间计算；24个月的按30个月内累计病休时间计算。

病休期间，公休、假日和法定节日包括在内。对某些患特殊疾病（如癌症、精神病、瘫痪等）的职工，在24个月内尚不能痊愈的，经企业和劳动主管部门批准，可以适当延长医疗期。

【例题8-20】 2018年12月31日，甲公司职工周某实际工作年限已满8年；在甲公司工作年限已满3年。2019年2月15日，周某因病住院治疗而开始第一次病休。计算周某依法享受医疗期的累计病休的时间段为（　　）。

A. 自2019年2月15日至2019年5月14日

B. 自2019年1月1日至2019年12月31日

C. 自2019年1月1日至2019年6月30日

D. 自2019年2月15日至2019年8月14日

【答案】D

【例题8-21】 甲公司职工夏某实际工作年限为9年；在甲公司工作年限为7年。因患病住院治疗，夏某可享受的医疗期最长不得超过法定期限。该期限为（　　）个月。

A. 3　　B. 6　　C. 9　　D. 12

【答案】B

3. 医疗期内的待遇。企业职工在医疗期内，其病假工资、疾病救济费和医疗待遇按照有关规定执行。病假工资或疾病救济费可以低于当地最低工资标准支付，但最低不能低于最低工资标准的80%。医疗期内，除劳动者有以下情形外，用人单位不得解除或终止劳动合同：（1）在试用期间被证明不符合录用条件的；（2）严重违反用人单位的规章制度的；（3）严重失职，营私舞弊，给用人单位造成重大损害的；（4）劳动者同时与其他用人单位建立劳动关系，对完成本单位的工作任务造成严重影响，或者经用人单位提出，拒不改正的；（5）以欺诈、胁迫的手段或者乘人之危，使用人单位在违背真实意思的情况下订立或者变更劳动合同致使劳动合同无效的；（6）被依法追究刑事责任的。如医疗期内遇合同期满，则合同必须续延至医疗期满，职工在此期间仍然享受医疗期内待遇。对医疗期满尚未痊愈者，或者医疗期满后，不能从事原工作，也不能从事用人单位另行安排的工作，被解除劳动合同的，用人单位需按经济补偿规定给予其经济补偿。

知识归纳（见表8－14）

表8－14　医疗期期限的计算

实际工作年限	在本单位工作年限	医疗期期限	计算方法
<10年	<5年	3个月	6个月
	≥5年	6个月	12个月
≥10年	<5年	6个月	12个月
	5年≤X<10年	9个月	15个月
	10年≤X<15年	12个月	18个月
	15年≤X<20年	18个月	24个月
	≥20年	24个月	30个月

四、工伤保险

（一）工伤保险的含义

工伤保险是指劳动者在职业工作中或规定的特殊情况下遭遇意外伤害或职业病，导致暂时或永久丧失劳动能力以及死亡时，劳动者或其遗属能够从国家和社会获得物质帮助的社会保险制度。

（二）工伤保险费的缴纳

职工应当参加工伤保险，由用人单位缴纳工伤保险费；职工不缴纳工伤保险费。

中华人民共和国境内的企业、事业单位、社会团体、民办非企业单位、基金会、律师事务所、会计师事务所等组织和有雇工的个体工商户（以下简称“用人单位”）应当依照《工伤保险条例》的规定参加工伤保险，为本单位全部职工或者雇工（以下简称“职工”）缴纳工伤保险费。用人单位的职工或者雇工，均有依照规定享受工伤保险待遇的权利。

用人单位应当按照本单位职工工资总额，根据社会保险经办机构确定的费率按时足额缴纳工伤保险费。用人单位缴纳工伤保险费的数额为本单位职工工资总额乘以单位缴费费率之积。工资总额是指用人单位直接支付给本单位全部职工的劳动报酬总额。

对难以按照工资总额缴纳工伤保险费的行业，其缴纳工伤保险费的具体方式，由国务院社会保险行政部门规定。

（三）工伤认定与劳动能力鉴定

1. 工伤认定。

（1）应当认定工伤的情形。职工有下列情形之一的，应当认定为工伤：

①在工作时间和工作场所内，因工作原因受到事故伤害的；

②工作时间前后在工作场所内，从事与工作有关的预备性或收尾性工作受到事故伤害的；

③在工作时间和工作场所内，因履行工作职责受到暴力等意外伤害的；

④患职业病的；

⑤因工外出期间，由于工作原因受到伤害或者发生事故下落不明的；

⑥在上下班途中，受到非本人主要责任的交通事故或者城市轨道交通、客运轮渡、火车事故伤害的；

⑦法律、行政法规规定应当认定为工伤的其他情形。

（2）视同工伤的情形。职工有下列情形之一的，视同工伤：

①在工作时间和工作岗位，突发疾病死亡或者在48小时内经抢救无效死亡的；

②在抢险救灾等维护国家利益、公共利益活动中受到伤害的；

③原在军队服役，因战、因公负伤致残，已取得革命伤残军人证，到用人单位后旧伤复发的。

（3）不认定为工伤的情形。职工因下列情形之一导致本人在工作中伤亡的，不认定为工伤：

①故意犯罪；

②醉酒或者吸毒；

③自残或者自杀。

2. 劳动能力鉴定。职工发生工伤，经治疗伤情相对稳定后存在残疾、影响劳动能力的，应当进行劳动能力鉴定。劳动能力鉴定是指劳动功能障碍程度和生活自理障碍程度的等级鉴定。

劳动功能障碍分为十个伤残等级，最重的为一级；最轻的为十级。生活自理障碍分为三个等级：生活完全不能自理、生活大部分不能自理和生活部分不能自理。劳动能力鉴定标准由国务院社会保险行政部门会同国务院卫生行政部门等部门制定。

自劳动能力鉴定结论作出之日起1年后，工伤职工或者其近亲属、所在单位或者经办机构认为伤残情况发生变化的，可以申请劳动能力复查鉴定。

【例题8－22】根据社会保险法律制度的规定，职工出现伤亡的下列情形中，视同工伤的是（　　）。

A. 在工作时间和工作场所内，因履行工作职责受到暴力伤害的

B. 因工外出期间，由于工作原因受到伤害的

C. 下班途中受到交通事故伤害，本人负主要责任的

D. 在工作时间和工作岗位，突发疾病死亡的

【答案】D

【解析】（1）选项AB属于“应当认定为工伤”的情形；（2）选项C，在上下班途中，受到“非本人主要责任”的交通事故或者城市轨道交通、客运轮渡、火车事故伤害的，应当认定为工伤。

（四）工伤保险待遇

职工因工作原因受到事故伤害或者患职业病，且经工伤认定的，享受工伤保险待遇。其

中，经劳动能力鉴定丧失劳动能力的，享受伤残待遇。

1. 工伤医疗待遇。职工因工作遭受事故伤害或者患职业病进行治疗，享受工伤医疗待遇。包括：

（1）治疗工伤的医疗费用（诊疗费、药费、住院费）。职工治疗工伤应当在签订服务协议的医疗机构就医，情况紧急时可以先到就近的医疗机构急救。治疗工伤所需费用符合工伤保险诊疗项目目录、工伤保险药品目录、工伤保险住院服务标准的，从工伤保险基金支付。

（2）住院伙食补助费、交通食宿费。职工住院治疗工伤的伙食补助费，以及经医疗机构出具证明，报经办机构同意，工伤职工到统筹地区以外就医所需的交通、食宿费用按标准从工伤保险基金支付。

（3）康复性治疗费。工伤职工到签订服务协议的医疗机构进行工伤康复的费用，符合规定的，从工伤保险基金支付。

（4）停工留薪期工资福利待遇。职工因工作遭受事故伤害或者患职业病需要暂停工作接受工伤医疗的，在停工留薪期内，原工资福利待遇不变，由所在单位按月支付。停工留薪期一般不超过12个月。伤情严重或者情况特殊，经设区的市级劳动能力鉴定委员会确认，可以适当延长，但延长不得超过12个月。工伤职工评定伤残等级后，停止享受停工留薪期待遇，按照规定享受伤残待遇。工伤职工在停工留薪期满后仍需治疗的，继续享受工伤医疗待遇。生活不能自理的工伤职工在停工留薪期需要护理的，由所在单位负责。

工伤职工治疗非因工伤引发的疾病，不享受工伤医疗待遇，按照基本医疗保险办法处理。

2. 辅助器具装配。工伤职工因日常生活或者就业需要，经劳动能力鉴定委员会确认，可以安装假肢、矫形器、假眼、假牙和配置轮椅等辅助器具。所需费用按照国家规定的标准从工伤保险基金支付。

3. 伤残待遇。经劳动能力鉴定委员会鉴定，评定伤残等级的工伤职工，享受伤残待遇。其包括：

（1）生活护理费。工伤职工已经评定伤残等级并经劳动能力鉴定委员会确认需要生活护理的，从工伤保险基金按月支付生活护理费。

（2）一次性伤残补助金。职工因工致残被鉴定为一级至十级伤残的，从工伤保险基金按伤残等级支付一次性伤残补助金。

（3）伤残津贴。职工因工致残被鉴定为一级至四级伤残的，保留劳动关系，退出工作岗位，从工伤保险基金中按月支付伤残津贴。伤残津贴实际金额低于当地最低工资标准的，由工伤保险基金补足差额。职工因工致残被鉴定为五级、六级伤残的，保留与用人单位的劳动关系，由用人单位安排适当工作；难以安排工作的，由用人单位按月发给伤残津贴。伤残津贴实际金额低于当地最低工资标准的，由用人单位补足差额。

（4）一次性工伤医疗补助金和一次性伤残就业补助金。五级、六级伤残，经工伤职工本人提出，可以与用人单位解除或者终止劳动关系；七级至十级伤残，劳动、聘用合同期满终止，或者职工本人提出解除劳动、聘用合同的，由工伤保险基金支付一次性工伤医疗补助金，由用人单位支付一次性伤残就业补助金。一次性工伤医疗补助金和一次性伤残就业补助金的具体标准由省、自治区、直辖市人民政府规定。

4. 工亡待遇。职工因工死亡，或者伤残职工在停工留薪期内因工伤导致死亡的，其近亲属按照规定从工伤保险基金领取丧葬补助金、供养亲属抚恤金和一次性工亡补助金。

（1）丧葬补助金为6个月的统筹地区上年度职工月平均工资。

（2）供养亲属抚恤金按照职工本人工资的一定比例发给由因工死亡职工生前提供主要生活来源、无劳动能力的亲属。供养亲属的具体范围由国务院社会保险行政部门规定。

（3）一次性工亡补助金标准为上一年度全国城镇居民人均可支配收入的20倍。

一至四级伤残职工在停工留薪期满后死亡的，其近亲属可以享受丧葬补助金、供养亲属抚恤金待遇；不享受一次性工亡补助金待遇。

【例题8－23】根据社会保险法律制度的规定，职工因工死亡的，其近亲属可享受遗属待遇。下列各项中，属于该待遇的有（　　）。

A. 一次性工亡补助金　　B. 供养亲属抚恤金

C. 遗属慰问金　　D. 丧葬补助金

【答案】ABD

（五）工伤保险待遇负担

1. 因工伤发生的下列费用，按照国家规定从工伤保险基金中支付：

（1）治疗工伤的医疗费用和康复费用；

（2）住院伙食补助费；

（3）到统筹地区以外就医的交通食宿费；

（4）安装配置伤残辅助器具所需费用；

（5）生活不能自理的，经劳动能力鉴定委员会确认的生活护理费；

（6）一次性伤残补助金和一级至四级伤残职工按月领取的伤残津贴；

（7）终止或者解除劳动合同时，应当享受的一次性医疗补助金；

（8）因工死亡的，其遗属领取的丧葬补助金、供养亲属抚恤金和因工死亡补助金；

（9）劳动能力鉴定费。

2. 因工伤发生的下列费用，按照国家规定由用人单位支付：

（1）治疗工伤期间的工资福利；

（2）五级、六级伤残职工按月领取的伤残津贴；

（3）终止或者解除劳动合同时，应当享受的一次性伤残就业补助金。

（六）特别规定

1. 工伤保险中所称的本人工资，是指工伤职工因工作遭受事故伤害或者患职业病前12个月平均月缴费工资。本人工资高于统筹地区职工平均工资300%的，按照统筹地区职工平均工资的300%计算；本人工资低于统筹地区职工平均工资60%的，按照统筹地区职工平均工资的60%计算。

2. 工伤职工有下列情形之一的，停止享受工伤保险待遇：

（1）丧失享受待遇条件的；

（2）拒不接受劳动能力鉴定的；

（3）拒绝治疗的。

3. 工伤职工符合领取基本养老金条件的，停发伤残津贴，享受基本养老保险待遇。基本养老保险待遇低于伤残津贴的，由工伤保险基金补足差额。

4. 职工所在用人单位未依法缴纳工伤保险费，发生工伤事故的，由用人单位支付工伤保险待遇。用人单位不支付的，从工伤保险基金中先行支付，由用人单位偿还。用人单位不偿还的，社会保险经办机构可以追偿。

5. 由于第三人的原因造成工伤，第三人不支付工伤医疗费用或者无法确定第三人的，由工伤保险基金先行支付。工伤保险基金先行支付后，有权向第三人追偿。

6. 职工（包括非全日制从业人员）在两个或者两个以上用人单位同时就业的，各用人单位应当分别为职工缴纳工伤保险费。职工发生工伤，由职工受到伤害时工作的单位依法承担工伤保险责任。

知识归纳（见表 8－15）

表 8－15　　工伤保险待遇

<table>
<tr><td>类型</td><td>“只伤”</td><td>“伤且残”</td><td>“伤且亡”</td></tr>
<tr><td>工伤医疗待遇</td><td>√</td><td>√</td><td>√</td></tr>
<tr><td>辅助器具装配</td><td></td><td>√</td><td>√</td></tr>
<tr><td>伤残待遇</td><td></td><td>√</td><td>√</td></tr>
<tr><td>工亡待遇</td><td></td><td></td><td>√</td></tr>
<tr><td>伤残等级</td><td>能否解除劳动合同</td><td colspan="2">领取内容</td></tr>
<tr><td>1～4 级</td><td>×</td><td colspan="2">伤残津贴（工伤保险基金负担）</td></tr>
<tr><td rowspan="2">5～6 级</td><td>本人提出：√</td><td colspan="2">1. 一次性工伤医疗补助金（工伤保险基金负担）；
2. 一次性伤残就业补助金（用人单位负担）</td></tr>
<tr><td>本人未提出：×</td><td colspan="2">1. 能适当工作：工资；2. 难以安排工作：伤残津贴（用人单位负担）</td></tr>
<tr><td rowspan="2">7～10 级</td><td>劳动合同期满：√
本人提出：√</td><td colspan="2">1. 一次性工伤医疗补助金（工伤保险基金负担）；
2. 一次性伤残就业补助金（用人单位负担）</td></tr>
<tr><td>其他情形：×</td><td colspan="2">正常工作、正常领取工资</td></tr>
</table>

五、失业保险

（一）失业保险的含义

失业是指处于法定劳动年龄阶段的劳动者，有劳动能力和劳动愿望，但却没有劳动岗位的一种状态。失业保险是指国家通过立法强制实行的，由社会集中建立基金，保障因失业而暂时中断生活来源的劳动者的基本生活，并通过职业培训、职业介绍等措施促进其再就业的社会保险制度。

（二）失业保险费的缴纳

职工应当参加失业保险，由用人单位和职工按照国家规定共同缴纳失业保险费。失业保险费的征缴范围包括国有企业、城镇集体企业、外商投资企业、城镇私营企业和其他城镇企业（统称城镇企业）及其职工，事业单位及其职工。

根据《失业保险条例》的规定，城镇企业事业单位按照本单位工资总额的2%缴纳失业保险费；职工按照本人工资的1%缴纳失业保险费。为减轻企业负担，促进扩大就业，人力资源和社会保障部、财政部数次发文降低失业保险费率，将用人单位和职工失业保险缴费比例总和从3%阶段性降至1%，个人费率不得超过单位费率。

职工跨统筹地区就业的，其失业保险关系随本人转移，缴费年限累计计算。

（三）失业保险待遇

1. 失业保险待遇的享受条件。失业人员符合下列条件的，可以申请领取失业保险金并享受其他失业保险待遇：

（1）失业前用人单位和本人已经缴纳失业保险费满1年的。

（2）非因本人意愿中断就业的。包括以下情形：①终止劳动合同的；②被用人单位解除劳动合同的；③被用人单位开除、除名和辞退的；④用人单位以暴力、威胁或者非法限制人身自由的手段强迫劳动，劳动者解除劳动合同的；⑤用人单位未按照劳动合同约定支付劳动报酬或者提供劳动条件，劳动者解除劳动合同的；⑥法律、行政法规另有规定的。

（3）已经进行失业登记，并有求职要求的。

2. 失业保险金的领取期限。用人单位应当及时为失业人员出具终止或者解除劳动关系的证明，并将失业人员的名单自终止或者解除劳动关系之日起7日内报受理其失业保险业务的经办机构备案，并按要求提供终止或解除劳动合同证明等有关材料。失业保险金自办理失业登记之日起计算。

失业人员失业前用人单位和本人累计缴费满1年不足5年的，领取失业保险金的期限最长为12个月；累计缴费满5年不足10年的，领取失业保险金的期限最长为18个月；累计缴费10年以上的，领取失业保险金的期限最长为24个月。重新就业后，再次失业的，缴费时间重新计算，领取失业保险金的期限与前次失业应当领取而尚未领取的失业保险金的期限合并计算，最长不超过24个月。失业人员因当期不符合失业保险金领取条件的，原有缴费时间予以保留，重新就业并参保的，缴费时间累计计算。

知识归纳（见表8－16）

表8－16　失业保险金的领取期限

用人单位和本人的累计缴费年限	领取失业保险金的最长期限
1年≤X<5年	12个月
5年≤X<10年	18个月
X≥10年	24个月

3. 失业保险金的发放标准。失业保险金的标准，不得低于城市居民最低生活保障标准。

一般也不高于当地最低工资标准，具体数额由省、自治区、直辖市人民政府确定。

4. 其他失业保险待遇。

（1）领取失业保险金期间享受基本医疗保险待遇。失业人员在领取失业保险金期间，参加职工基本医疗保险，享受基本医疗保险待遇。失业人员应当缴纳的基本医疗保险费从失业保险基金中支付；个人不缴纳基本医疗保险费。

（2）领取失业保险金期间的死亡补助。失业人员在领取失业保险金期间死亡的，参照当地对在职职工死亡的规定，向其遗属发给一次性丧葬补助金和抚恤金。所需资金从失业保险基金中支付。

个人死亡同时符合领取基本养老保险丧葬补助金、工伤保险丧葬补助金和失业保险丧葬补助金条件的，其遗属只能选择领取其中的一项。

（3）职业介绍与职业培训补贴。失业人员在领取失业保险金期间，应当积极求职，接受职业介绍和职业培训。失业人员接受职业介绍、职业培训的补贴由失业保险基金按照规定支付。补贴的办法和标准由省、自治区、直辖市人民政府规定。

（4）国务院规定或者批准的与失业保险有关的其他费用。

（四）停止享受失业保险待遇的情形

失业人员在领取失业保险金期间有下列情形之一的，停止领取失业保险金，并同时停止享受其他失业保险待遇：

1. 重新就业的；
2. 应征服兵役的；
3. 移居境外的；
4. 享受基本养老保险待遇的；
5. 被判刑收监执行的；
6. 无正当理由，拒不接受当地人民政府指定部门或者机构介绍的适当工作或者提供的培训的；
7. 有法律、行政法规规定的其他情形的。

六、社会保险费征缴与管理

（一）社会保险登记

1. 用人单位的社会保险登记。根据《社会保险费征缴暂行条例》的规定，企业在办理登记注册时，同步办理社会保险登记。企业以外的缴费单位应当自成立之日起 30 日内，向当地社会保险经办机构申请办理社会保险登记。

2. 个人的社会保险登记。用人单位应当自用工之日起 30 日内为其职工向社会保险经办机构申请办理社会保险登记。

自愿参加社会保险的无雇工的个体工商户、未在用人单位参加社会保险的非全日制从业人员以及其他灵活就业人员，应当向社会保险经办机构申请办理社会保险登记。

（二）社会保险费缴纳

用人单位应当自行申报、按时足额缴纳社会保险费，非因不可抗力等法定事由不得缓缴、减免。

职工应当缴纳的社会保险费由用人单位代扣代缴。用人单位应当按月将缴纳社会保险费的明细情况告知本人。

无雇工的个体工商户、未在用人单位参加社会保险的非全日制从业人员以及其他灵活就业人员，可以直接向社会保险费征收机构缴纳社会保险费。

根据中共中央2018年2月28日印发的《深化党和国家机构改革方案》，为提高社会保险资金征管效率，将基本养老保险费、基本医疗保险费、失业保险费等各项社会保险费交由税务部门统一征收。按照改革相关部署，自2019年1月1日起由税务部门统一征收各项社会保险费和先行划转的非税收入。根据国务院办公厅2019年4月1日《关于印发降低社会保险费率综合方案的通知》的规定，企业职工基本养老保险和企业职工其他险种缴费，原则上暂按现行征收体制继续征收，稳定缴费方式，“成熟一省、移交一省”；机关事业单位社保费和城乡居民社保费征管职责如期划转。

（三）社会保险基金管理

除基本医疗保险基金与生育保险基金合并建账及核算外，其他各项社会保险基金按照社会保险险种分别建账，分账核算，执行国家统一的会计制度。社会保险基金专款专用，任何组织和个人不得侵占或者挪用。

社会保险基金存入财政专户，按照统筹层次设立预算，通过预算实现收支平衡。除基本医疗保险基金与生育保险基金预算合并编制外，其他社会保险基金预算按照社会保险项目分别编制。县级以上人民政府在社会保险基金出现支付不足时，给予补贴。社会保险经办机构应当定期向社会公布参加社会保险情况以及社会保险基金的收入、支出、结余和收益情况。

社会保险基金在保证安全的前提下，按照国务院规定投资运营实现保值增值。不得违规投资运营；不得用于平衡其他政府预算；不得用于兴建、改建办公场所和支付人员经费、运行费用、管理费用；或者违反法律、行政法规规定挪作其他用途。

七、违反社会保险法律制度的法律责任

（一）用人单位违反《社会保险法》的法律责任

1. 用人单位不办理社会保险登记的，由社会保险行政部门责令限期改正；逾期不改正的，对用人单位处应缴社会保险费数额1倍以上3倍以下的罚款，对其直接负责的主管人员和其他直接责任人员处500元以上3 000元以下的罚款。

2. 用人单位未按时足额缴纳社会保险费的，由社会保险费征收机构责令限期缴纳或者补足。并自欠缴之日起，按日加收0.05%的滞纳金；逾期仍不缴纳的，由有关行政部门处欠缴数额1倍以上3倍以下的罚款。

3. 用人单位拒不出具终止或者解除劳动关系证明的，由劳动行政部门责令改正；给劳

动者造成损害的，应当承担赔偿责任。

（二）骗保行为的法律责任

1. 以欺诈、伪造证明材料或者其他手段骗取社会保险待遇的，由社会保险行政部门责令退回骗取的社会保险金，处骗取金额2倍以上5倍以下的罚款。

2. 社会保险经办机构以及医疗机构、药品经营单位等社会保险服务机构以欺诈、伪造证明材料或者其他手段骗取社会保险基金支出的，由社会保险行政部门责令退回骗取的社会保险金，处骗取金额2倍以上5倍以下的罚款；属于社会保险服务机构的，解除服务协议；直接负责的主管人员和其他直接责任人员有执业资格的，依法吊销其执业资格。

（三）社会保险经办机构、社会保险费征收机构、社会保险服务机构等机构的法律责任

1. 社会保险经办机构及其工作人员有下列行为之一的，由社会保险行政部门责令改正；给社会保险基金、用人单位或者个人造成损失的，依法承担赔偿责任；对直接负责的主管人员和其他直接责任人员依法给予处分：

（1）未履行社会保险法定职责的；

（2）未将社会保险基金存入财政专户的；

（3）克扣或者拒不按时支付社会保险待遇的；

（4）丢失或者篡改缴费记录、享受社会保险待遇记录等社会保险数据、个人权益记录的；

（5）有违反社会保险法律、法规的其他行为的。

2. 社会保险费征收机构擅自更改社会保险费缴费基数、费率，导致少收或者多收社会保险费的，由有关行政部门责令其追缴应当缴纳的社会保险费或者退还不应当缴纳的社会保险费；对直接负责的主管人员和其他直接责任人员依法给予处分。

3. 违反《社会保险法》规定，隐匿、转移、侵占、挪用社会保险基金或者违规投资运营的，由社会保险行政部门、财政部门、审计机关责令追回；有违法所得的，没收违法所得；对直接负责的主管人员和其他直接责任人员依法给予处分。

4. 社会保险行政部门和其他有关行政部门、社会保险经办机构、社会保险费征收机构及其工作人员泄露用人单位和个人信息的，对直接负责的主管人员和其他直接责任人员依法给予处分；给用人单位或者个人造成损失的，应当承担赔偿责任。

5. 国家工作人员在社会保险管理、监督工作中滥用职权、玩忽职守、徇私舞弊的，依法给予处分。

6. 违反《社会保险法》规定，构成犯罪的，依法追究刑事责任。

本章主要内容提示

1. 用人单位自用工之日起即与劳动者建立劳动关系。

2. 已建立劳动关系，未同时订立书面劳动合同的，应当自用工之日起1个月内订立书面劳动合同。

3. 从事非全日制用工的劳动者可以与一个或者一个以上用人单位订立劳动合同。

4. 国家法定休假日、休息日不计入年休假的假期。

5. 工资应当以法定货币支付，不得以实物及有价证券替代货币支付。

6. 试用期包含在劳动合同期限内。劳动合同仅约定试用期的，试用期不成立，该期限为劳动合同期限。

7. 劳动合同期满，但是用人单位与劳动者约定的服务期尚未到期的，劳动合同应当续延至服务期满；双方另有约定，从其约定。

8. 竞业限制的人员限于用人单位的高级管理人员、高级技术人员和其他负有保密义务的人员。

9. 用人单位裁减人员后，在6个月内重新招用人员的，应当通知被裁减的人员，并在同等条件下优先招用被裁减的人员。

10. 劳动合同用工是我国企业的基本用工形式；劳务派遣用工是补充形式，只能在临时性、辅助性或者替代性的工作岗位上实施。

11. 劳动争议申请仲裁的时效期间为1年。劳动关系存续期间因拖欠劳动报酬发生争议的，劳动者申请仲裁不受1年仲裁时效期间的限制；但是劳动关系终止的，应当自劳动关系终止之日起1年内提出。

12. 病假工资或疾病救济费可以低于当地最低工资标准支付，但最低不能低于最低工资标准的80%。

章节小测

一、单项选择题

1. 下列关于劳动合同的订立，说法正确的是（　　）。

A. 年龄未满18周岁的未成年人一律不得签订劳动合同

B. 年龄未满16周岁的未成年人一律不得签订劳动合同

C. 用人单位设立的分支机构，依法取得营业执照或者登记证书的，可以作为用人单位与劳动者订立劳动合同

D. 用人单位设立的分支机构，未依法取得营业执照或者登记证书的，一律不得与劳动者订立劳动合同

2. 2019年5月12日，陈某应聘到甲公司工作，每月领取工资20 000元。直至2020年4月12日，甲公司方与其订立书面劳动合同。根据劳动合同法律制度的规定，甲公司应依法向陈某支付未及时订立书面劳动合同的工资补偿为（　　）元。

A. 220 000　　B. 200 000　　C. 440 000　　D. 190 000

3. 甲公司职工陈某累计工作年限已满15年，在甲公司工作满5年且本年度未休年休假。根据劳动合同法律制度的规定，陈某可享受的年休假法定天数为（　　）天。

A. 10　　B. 15　　C. 0　　D. 5

4. 关于我国标准工时制的下列表述中，正确的是（　　）。

A. 每日工作8小时，每周工作40小时　　B. 每日工作8小时，每周工作48小时

C. 每日工作10小时，每周工作40小时　　D. 每日工作10小时，每周工作50小时

5. 2020年5月，甲公司安排陈某于5月1日（国际劳动节）、5月10日（周日）分别加班1天，事后未安排补休。已知甲公司实行标准工时制，陈某的日工资为250元。计算甲公司应支付陈某5月最低加班工资的下列算式中，正确的是（　　）。

A. $250\times300\%+250\times200\%$　　B. $250\times200\%+250\times150\%$

C. $250\times100\%+250\times200\%$　　D. $250\times300\%+250\times300\%$

6. 公司职工陈某因工作疏忽给公司造成经济损失 5 000 元。已知陈某每月工资收入为 2 200 元；当地月最低工资为 1 800 元。根据劳动合同法律制度的规定，该公司可从陈某每月工资中扣除的最高限额为（　　）元。

A. 400　　B. 500　　C. 600　　D. 700

7. 甲公司与陈某签订劳动合同，约定劳动合同期限 1 年，月工资 2 500 元，试用期 1 个月。已知甲公司职工月平均工资 4 000 元；当地月最低工资标准 2 200 元。甲公司依法向陈某支付的试用期工资最低不得低于（　　）元。

A. 3 200　　B. 2 200　　C. 2 000　　D. 1 760

8. 根据劳动合同法律制度的规定，对负有保密义务的劳动者，用人单位可以在劳动合同或者保密协议中与劳动者约定竞业限制条款，但竞业限制不得超过一定期限。该期限为（　　）年。

A. 3　　B. 2　　C. 5　　D. 1

9. 甲公司为员工陈某支付培训费用 6 万元约定服务期 3 年。2 年后，陈某以甲公司自其入职之日起从未按照合同约定提供劳动保护为由，向甲公司提出解除劳动合同。根据劳动合同法律制度的规定，下列说法正确的是（　　）。

A. 陈某违反了服务期的约定　　B. 甲公司可以要求陈某支付 6 万元的违约金

C. 甲公司可以要求陈某支付 2 万元的违约金　　D. 陈某无须支付违约金

10. 陈某受甲公司委派去美国参加技术培训，公司为此支付培训费用 20 万元。培训前双方签订协议，约定陈某自培训结束后 5 年内不得辞职；否则应支付违约金 20 万元。陈某培训完毕后在甲公司连续工作满 2 年时辞职，甲公司依法要求陈某支付的违约金数额最高为（　　）万元。

A. 20　　B. 0　　C. 8　　D. 12

11. 甲公司提出解除与林某的劳动合同且双方协商一致。下列关于法律后果的表述中，正确的是（　　）。

A. 应向林某支付经济补偿　　B. 应向林某支付一次性伤残就业补助金

C. 应向林某支付合同解除赔偿金　　D. 应向林某支付违约金

12. 根据劳动合同法律制度的规定，下列关于非全日制用工的表述中，不正确的是（　　）。

A. 非全日制用工劳动报酬结算支付周期最长不得超过 15 日

B. 非全日制用工双方当事人可以订立口头协议

C. 用人单位终止非全日制用工，应向劳动者支付经济补偿

D. 非全日制用工双方当事人不得约定试用期

13. 根据《劳动合同法》的规定，下列关于试用期的表述中，错误的是（　　）。

A. 劳动合同期限不满 3 个月的，不得约定试用期

B. 劳动合同期限 3 个月以上不满 1 年的，试用期不得超过 2 个月

C. 劳动合同仅约定试用期的，试用期不成立，该期限为劳动合同期限

D. 同一用人单位与同一劳动者只能约定一次试用期

14. 乙劳务派遣公司安排职工陈某到用工单位甲公司工作。下列关于该劳务派遣用工的表述中，不正确的是（　　）。

A. 陈某只能在甲公司从事临时性、辅助性或者替代性的工作

B. 甲公司应按月向陈某支付报酬

C. 甲公司不得再将陈某派遣到其他用人单位

D. 乙劳务派遣公司应当与甲公司订立劳务派遣协议

15. 根据劳动合同法律制度的规定，下列关于劳务派遣用工形式的表述中，不正确的是（　　）。

A. 被派遣劳动者在无工作期间，劳务派遣单位应当按照所在地人民政府规定的最低工资标准，向其按月支付报酬

B. 劳务派遣单位可与被派遣劳动者订立 1 年期劳动合同

C. 用人单位不得设立劳务派遣单位向本单位或者所属单位派遣劳动者

D. 被派遣劳动者享有与用工单位的劳动者同工同酬的权利

16. 甲公司录用陈某 6 个月后开始无故拖欠其工资。陈某向甲公司多次催要未果，直至双方劳动关系终止，甲公司仍未结清所欠工资。根据劳动合同法律制度的规定，陈某就甲公司拖欠工资申请劳动仲裁的时效期间是（　　）。

A. 自甲公司开始无故拖欠工资之日起 1 年

B. 自双方劳动关系终止之日起 1 年

C. 自赵某向甲公司最后一次催要工资未果之日起 2 年

D. 自赵某到甲公司工作之日起 2 年

17. 根据社会保险法律制度的规定，下列关于基本养老保险个人账户的表述中，不正确的是（　　）。

A. 无雇工的个体工商户自愿按照国家规定缴纳的基本养老保险费，全部记入个人账户

B. 职工按照国家规定的本人工资的一定比例缴纳的基本养老保险费，全部记入个人账户

C. 职工基本养老保险个人账户不得提前支取

D. 职工基本养老保险个人账户免征利息税

18. 根据社会保险法律制度的规定，参加基本养老保险的个人，达到法定退休年龄并且累计缴费满（　　）年的，按月领取基本养老金。

A. 10　　B. 15　　C. 20　　D. 25

19. 根据社会保险法律制度的规定，下列各项中，不属于应当认定为工伤的情形是（　　）。

A. 陈某在上班途中，由于非本人责任受到的交通事故伤害

B. 陈某在因工外出期间，由于工作原因发生事故下落不明

C. 陈某在工作时间内因为履行工作职责而被人殴打受伤

D. 陈某在工作时间内自杀死亡

20. 陈某 2003 年大学毕业后一直在甲公司从事维修工作。2021 年因患心脏病需要停止工作，进行治疗。根据社会保险法律制度的规定，陈某最长可以享受的医疗期期限为（　　）个月。

A. 6　　B. 12　　C. 18　　D. 24

二、多项选择题

1. 根据劳动合同法律制度的规定，可以招用未满 16 周岁的未成年人的用人单位包括（　　）。

A. 文艺单位　　B. 体育单位　　C. 特种工艺单位　　D. 兵工厂

2. 根据劳动合同法律制度的规定，下列关于非全日制用工的说法中，正确的有（　　）。

A. 从事非全日制用工的劳动者可以同时与两个用人单位签订劳动合同

B. 用人单位可以随时通知劳动者终止用工

C. 劳动报酬结算支付周期最长不超过一个月

D. 非全日制用工可约定一个月的试用期

3. 根据劳动合同法律制度的规定，下列各项中，劳动者提出或者同意续订、订立劳动合同，除劳动者提出订立固定期限劳动合同外，应当订立无固定期限劳动合同的有（　　）。

A. 王某在甲公司连续工作满 10 年

B. 乙国有企业改制重新订立劳动合同时，张某在乙企业连续工作满 10 年且距法定退休年龄不足 10 年

C. 2007 年 6 月 1 日，丁某劳动合同期满，续订 2 年期劳动合同。2021 年 1 月 1 日，双方再次续订劳动合同。丁某无任何违法违规行为且表现突出

D. 李某已经与丙公司连续订立 2 次固定期限劳动合同，但李某严重违反丙公司的规章制度

4. 根据劳动合同法律制度的规定，下列关于劳务派遣的表述中，不正确的有（　　）。

A. 只能在临时性工作岗位上实施

B. 被派遣劳动者数量不得超过其用工总量的20%

C. 用工单位不得将被派遣劳动者再派遣到其他用人单位

D. 劳务派遣单位可以以非全日制用工形式招用被派遣劳动者

5. 根据我国劳动合同法律制度的规定，下列选项中，用人单位既不得适用无过失性辞退或经济性裁员解除劳动合同，也不得终止劳动合同，劳动合同应当顺延至相应的情形消失时终止的有（　　）。

A. 张某疑似患上职业病，尚在医学观察期内

B. 李某怀有身孕，还有5天即是预产期

C. 郝某非因工负伤，尚在规定的医疗期内

D. 王某在甲公司连续工作满10年，并且距离法定退休年龄已不足10年

6. 根据劳动合同法律制度的规定，下列劳动合同中，属于无效劳动合同的有（　　）。

A. 以欺诈手段，使对方在违背真实意思的情况下变更劳动合同

B. 用人单位免除自己法定责任

C. 用人单位排除劳动者权利

D. 以胁迫手段，使对方在违背真实意思的情况下订立劳动合同

7. 根据我国劳动合同法律制度的规定，下列选项中，关于年休假的表述，不符合我国法律规定的有（　　）。

A. 冯某在某机关连续工作6个月以上，可享受带薪年休假

B. 陈某请事假累计20天，不能享受当年的带薪年休假

C. 褚某自1995年就业于甲公司之后工作至今，2017年累计请病假3个月，不能享受当年的年休假

D. 卫某在年休假期间享受与正常工作期间相同的工资收入

8. 根据我国劳动合同法律制度的规定，下列属于劳动合同的必备条款的有（　　）。

A. 工作内容　　B. 休息、休假　　C. 竞业限制　　D. 工作地点

9. 根据劳动合同法律制度的规定，甲公司下列职工中，属于经济性裁员优先留用人员的有（　　）。

A. 周某，与甲公司订立较长期限的固定期限劳动合同

B. 吴某，与甲公司订立无固定期限劳动合同

C. 郑某，有需要扶养的未成年人

D. 王某，家庭无其他就业人员，有需要扶养的老人

10. 发生劳动争议的用人单位，存在（　　）情形，不能承担相关责任的，应当将用人单位和其出资人、开办单位或者主管部门作为共同当事人。

A. 未办理营业执照　　B. 被责令关闭

C. 用人单位歇业　　D. 营业执照到期继续经营

11. 根据劳动仲裁法律制度的规定，下列各项中，属于仲裁员在仲裁劳动争议案件时应当回避的情形有（　　）。

A. 与本案有利害关系

B. 与本案当事人有其他关系，可能影响公正裁决

C. 私自接受争议案件的代理人请客送礼

D. 私自会见当事人

12. 根据我国劳动合同法律制度的规定，下列选项中，关于仲裁开庭程序，正确的有（　　）。

A. 申请人收到书面开庭通知，无正当理由拒不到庭或者未经仲裁庭同意中途退庭的，可以按撤回仲裁申请处理

B. 申请人重新申请仲裁的，仲裁委员会不予受理

C. 被申请人收到书面开庭通知，无正当理由拒不到庭，仲裁庭可以继续开庭审理，并缺席裁决

D. 被申请人收到书面开庭通知，未经仲裁庭同意中途退庭的，仲裁庭可以继续开庭审理，并缺席裁决

13. 根据我国劳动合同法律制度的规定，下列选项中，关于最低工资的表述，正确的有（　　）。

A. 国家实行最低工资保障制度，最低工资的具体标准由各省、自治区、直辖市人民政府规定

B. 最低工资包括延长工作时间的工资报酬

C. 最低工资不包括中班、夜班、高温、低温、井下、有毒、有害等特殊工作环境和劳动条件下的津贴

D. 最低工资不包括国家法律、法规、规章规定的社会保险福利待遇

14. 下列劳动争议，已知《调解仲裁法》并无特殊规定。其中表述正确的有（　　）。

A. 追索劳动报酬，不超过当地月最低工资标准 12 个月金额的争议，适用终局裁决

B. 追索工伤医疗费，不超过当地月最低工资标准 24 个月金额的争议，适用终局裁决

C. 因执行国家的劳动标准在工作时间、休息休假、社会保险等方面发生的争议，适用终局裁决

D. 仲裁裁决涉及数项，对单项裁决数额不超过当地最低工资标准 24 个月金额的事项，适用终局裁决

15. 关于一般经济纠纷仲裁和劳动仲裁共同点的下列表述中，正确的有（　　）。

A. 不按行政区划层层设立仲裁机构　　B. 开庭审理

C. 收费　　D. 可申请人民法院强制执行

16. 甲企业为 A 市海鲜批发企业，拥有员工 100 人。由于生产经营发生严重困难，需要进行裁员，目前给出了四种预备方案。根据相关规定，下列方案中，需要用人单位提前 30 日向工会或者全体职工说明情况，听取工会或者职工的意见后，向劳动行政部门报告的有（　　）。

A. 裁减 20 人　　B. 裁减 15 人　　C. 裁减 10 人　　D. 裁减 8 人

17. 根据社会保险法律制度的规定，下列情形中，视同工伤的有（　　）。

A. 张某在工作时间，猝死在工作岗位上

B. 周某在抢险救灾中受到伤害

C. 吴某原在军队服役，因战致残，已取得革命伤残军人证，到用人单位旧伤复发

D. 徐某在工作期间突然自残

18. 根据社会保险法律制度的规定，下列关于工伤保险的表述中，正确的有（　　）。

A. 工伤职工拒绝接受治疗的，停止享受工伤保险待遇

B. 职工在两个用人单位同时就业的，各用人单位应当分别为职工缴纳工伤保险费

C. 职工所在用人单位未依法缴纳工伤保险费，发生工伤事故的，由用人单位支付工伤保险待遇

D. 由于第三人的原因造成工伤，第三人不支付工伤医疗费用或者无法确定第三人的，由工伤保险基金先行支付

19. 根据社会保险法律制度的规定，下列关于失业保险的表述中，不正确的有（　　）。

A. 缴费满一年才能领取失业保险金　　B. 失业保险费由用人单位缴纳

C. 移居境外的，停止领取失业保险金　　D. 失业保险金不得低于当地最低工资标准

20. 下列关于社会保险基金的表述，正确的有（　　）。

A. 不得违规投资运营　　B. 可以用于平衡其他政府预算

C. 不得违反法律规定挪作他用　　D. 可以用于改建办公场所

三、判断题

1. 用人单位与劳动者在用工前订立劳动合同的，劳动关系自用工之日起建立。（　　）

2. 用人单位招用劳动者，不得扣押劳动者的居民身份证和其他证件，不得要求劳动者提供担保或者以其他名义向劳动者收取财物。（　　）

3. 用工单位应当严格控制劳务派遣用工数量，使用的被派遣劳动者数量不得超过其用工总量的 10%。该用工总量是指用工单位订立劳动合同人数与使用的被派遣劳动者人数之和。（　　）

4. 劳动争议仲裁公开进行，但当事人协议不公开进行或者涉及商业秘密和个人隐私、经相关当事人书面申请的除外。（　　）

5. 地方各级人民政府及县级以上地方人民政府有关部门为安置就业困难人员提供的给予岗位补贴和社

会保险补贴的公益性岗位，其劳动合同适用《劳动合同法》有关无固定期限劳动合同的规定以及支付经济补偿的规定。（　　）

6. 无效劳动合同，从订立时起就没有法律约束力。劳动合同部分无效，整个劳动合同同样无效。（　　）

7. 有多个劳动合同履行地的，由用人单位所在地的仲裁委员会管辖。（　　）

8. 书写仲裁申请确有困难的，可以口头申请。由劳动争议仲裁委员会记入笔录，经申请人签名、盖章或者捺印确认。（　　）

9. 仲裁庭裁决案件时，裁决内容同时涉及终局裁决和非终局裁决的，应当分别制作裁决书，并告知当事人相应的救济权利。（　　）

10. 只有企业劳动争议调解委员会可受理劳动争议的调解。（　　）

11. 医疗费用应当由第三人负担，第三人不支付或者无法确定第三人的，由基本医疗保险基金先行支付，然后向第三人追偿。（　　）

12. 个人死亡同时符合领取基本养老保险丧葬补助金、工伤保险丧葬补助金和失业保险丧葬补助金条件的，其遗属只能选择领取其中的一项。（　　）

13. 根据社会保险法律制度的规定，一次性工亡补助金，为上一年度全国城镇居民人均可支配收入的20倍。（　　）

14. 职工应当参加工伤保险，由用人单位和职工共同缴纳工伤保险费。（　　）

15. 抢险救灾等维护国家利益、公共利益活动中受到伤害的应当认定为工伤。（　　）

16. 劳动者开始依法享受基本养老保险待遇的，劳动合同终止。（　　）

17. 参加职工基本养老保险的个人跨统筹地区就业的，其基本养老保险关系随本人转移，缴费年限累计计算。（　　）

18. 参加职工基本养老保险的个人死亡后，其个人账户中的余额可以全部依法继承。（　　）

19. 用人单位应按季度将代扣代缴社会保险费的明细情况告知职工本人。（　　）

20. 职工非因工负伤享受医疗期待遇的，公休、假日和法定节日不包括在病休期间。（　　）

四、不定项选择题

（一）2020 年 9 月 21 日技术人员陈某到甲公司应聘成功，约定于次日上岗工作。后因公司原因陈某于 2020 年 9 月 25 日到岗工作。2020 年 9 月 30 日，双方订立了 3 年期劳动合同。2020 年 11 月，甲公司出资安排陈某外出参加专项技术培训。双方签订了服务期协议，对相关事项进行了约定。

服务期内，陈某在工作中严重失职、营私舞弊，给公司造成重大损害。公司据此解除了劳动合同并要求陈某支付违反服务期的违约金并赔偿损失。陈某对此不服，认为公司违法解除劳动合同，要求公司支付经济补偿和赔偿金。

已知：陈某在甲公司实行标准工时制。

要求：根据上述资料，不考虑其他因素，分析回答下列小题。

1. 甲公司与陈某建立劳动关系的时间是（　　）。

A. 2020 年 9 月 22 日　　B. 2020 年 9 月 21 日

C. 2020 年 9 月 30 日　　D. 2020 年 9 月 25 日

2. 甲公司与陈某对服务期协议内容的下列约定中，符合法律规定的是（　　）。

A. 服务期内按照公司正常工资调整机制提高劳动报酬

B. 服务期期限 5 年

C. 公司承担陈某的专项技术培训费用

D. 劳动合同期限延续至服务期满

3. 甲公司解除劳动合同方式的下列表述中，正确的是（　　）。

A. 需提前 30 日以书面形式通知陈某解除　　B. 可随时通知陈某解除

C. 无须通知陈某即可解除　　D. 需提前3日通知陈某解除

4. 关于甲公司与陈某劳动争议的表述中，正确的是（　　）。

A. 甲公司有权要求陈某赔偿公司的经济损失

B. 陈某有权要求甲公司支付违法解除劳动合同的赔偿金

C. 陈某无权要求甲公司支付解除劳动合同的经济补偿

D. 甲公司无权要求陈某支付违约金

（二）2020年齐某和张某进入甲公司工作，主要从事室外安装工作。张某的工资为2 200元/月；陈某的工资为4 200元/月。公司给缴纳五险一金。已知当地职工月平均工资为4 000元。11月2日，在进行室外工作中，张某和陈某安装设备时，因风力较大致使脚手架发生严重倾斜，二人均从10米高空意外坠落。因张某坠落时头部朝下，造成张某脊柱骨破裂；陈某伤情较轻。

要求：

根据上述资料，不考虑其他因素，分析回答下列小题。

1. 入职时张某个人需缴纳的基本养老保险金数额为（　　）元。

A. 176　　B. 192　　C. 320　　D. 336

2. 如张某送医院经抢救无效后死亡，其近亲属可以依法领取（　　）。

A. 供养亲属抚恤金　　B. 一次性工亡补助金

C. 丧葬补助金　　D. 精神损害赔偿金

3. 陈某经过抢救后成功度过危险期，但是医生要求其暂停工作，住院一个月。如陈某尚在停工留薪期内，下列表述正确的是（　　）。

A. 陈某在该期间的工资由甲公司支付

B. 陈某在该期间的工资可以低于当地最低工资标准支付，但最低不能低于最低工资标准的80%

C. 如陈某生活不能自理，该期间需要护理的，由甲公司负责

D. 陈某在该期间的工资由工伤保险基金支付

4. 如陈某被鉴定为3级伤残，则自劳动能力鉴定结论作出之日起（　　）后，陈某认为伤残情况发生变化的，可以申请劳动能力复查鉴定。

A. 2年　　B. 1年　　C. 6个月　　D. 3个月

《经济法基础》全真模拟练习

一、单项选择题（本类题共23小题，每小题2分，共46分。每小题备选答案中，只有一个符合题意的正确答案。错选、不选均不得分。）

1. 某企业对甲省乙市税务局给予其行政处罚的决定不服，申请行政复议。下列各项中，应当受理该企业行政复议申请的机关是（　　）。

A. 乙市税务局　　B. 乙市人民政府

C. 甲省税务局　　D. 甲省人民政府

2. 行政复议决定书发生法律效力的时间是（　　）。

A. 该决定书送达之日　　B. 该决定书作出之日

C. 该决定书作出之日起第30日　　D. 该决定书送达之日起第60日

3. 下列各项中，属于按照法的内容、效力和制定程序对法所作分类的是（　　）。

A. 成文法和不成文法　　B. 根本法和普通法

C. 实体法和程序法　　D. 一般法和特别法

4. 甲公司因连连亏损，单位负责人张某要求单位会计主管人员刘某把公司财务报表调整成利润收益20万元，遭到刘某拒绝。单位负责人张某则将刘某调到车间从事生产工作。据此，下列表述错误的是（　　）。

A. 张某有权力调动刘某工作岗位

B. 单位负责人授意、指使、强令会计人员编制虚假财务会计报告是违法行为

C. 打击报复情节恶劣的，可以对张某判处拘役三个月

D. 对受打击报复的会计人员应当恢复其名誉和原有职务、级别

5. 根据支付结算法律制度的规定，下列关于银行承兑汇票付款责任的表述中，不正确的是（　　）。

A. 承兑银行无抗辩事由的，应在汇票到期日或到期日后的见票当日支付票款

B. 出票人应于汇票到期前将票款足额交存开户银行

C. 承兑银行存在抗辩事由拒绝支付的，应出具拒绝付款证明

D. 汇票到期日出票人未足额交存票款的，承兑银行付款后应按票面金额计收利息

6. 根据票据法律制度的规定，下列关于票据提示付款期限的表述中，不正确的是（　　）。

A. 银行汇票的提示付款期限为自出票日起1个月

B. 商业汇票的提示付款期限为自出票日起10日

C. 银行本票的提示付款期限为自出票日起最长不得超过2个月

D. 支票的提示付款期限为自出票日起10日

7. 小张从某支付机构购买一张2 000元的预付卡，在乘坐公交车时丢失。小张到发卡的

支付机构要求挂失，支付机构不予办理。根据规定，下列说法中正确的是（　　）。

A. 单张不记名预付卡的最高限额为 5 000 元

B. 小张购买的 2 000 元预付卡属于不记名预付卡

C. 不记名预付卡不得挂失

D. 支付机构的做法正确

8. 2021 年 1 月 10 日，赵某应聘到某工厂工作；2021 年 3 月 10 日，赵某与工厂订立了劳动合同；2021 年 5 月 10 日，赵某在厂长胁迫下修改了劳动合同，减少了一些劳动者权利；2021 年 7 月 10 日，有关部门裁定赵某与工厂修改后的劳动合同无效。修改后的劳动合同没有法律约束力的起算时间是（　　）。

A. 2021 年 1 月 10 日　　B. 2021 年 3 月 10 日

C. 2021 年 5 月 10 日　　D. 2021 年 7 月 10 日

9. 赵某于 2021 年 3 月 15 日与甲公司签订劳动合同，约定试用期 1 个月。4 月 1 日赵某到甲公司上班。赵某与甲公司建立劳动关系的时间是（　　）。

A. 2021 年 3 月 15 日　　B. 2021 年 4 月 1 日

C. 2021 年 4 月 15 日　　D. 2021 年 5 月 1 日

10. 甲公司职工齐某因违章操作给公司造成经济损失 800 元。甲公司按照劳动合同约定要求齐某赔偿该损失，并按月从其工资中扣除。已知齐某月工资 2 600 元；当地月最低工资标准为 2 200 元。甲公司每月可以从齐某工资中扣除的最高限额为（　　）元。

A. 400　　B. 2 600　　C. 520　　D. 2 200

11. 根据增值税法律制度的规定，一般纳税人发生的下列行为中，不可以选择适用简易计税方法的是（　　）。

A. 咨询服务　　B. 收派服务　　C. 仓储服务　　D. 装卸搬运服务

12. 某个体商店为增值税小规模纳税人。2021 年 6 月，该个体商店购置一批货物，取得的普通发票上注明金额 32 000 元；月零货物取得销售收入 224 000 元。已知增值税征收率减按 1%。该个体商店当月应纳的增值税计算公式正确的是（　　）。

A. 224 000 ÷ (1 + 1%) × 1%　　B. 224 000 × 1%

C. (224 000 − 32 000) × 1%　　D. (224 000 − 32 000) ÷ (1 + 1%) × 1%

13. 下列各项中，免征增值税的是（　　）。

A. 单位销售自己使用过的小汽车　　B. 企业销售自产的仪器设备

C. 外贸公司进口服装　　D. 农业生产者销售自产的蔬菜

14. 某 4S 店 2021 年 8 月销售超豪华小汽车一辆。向购买方收取不含增值税的价款 150 万元；代收车辆购置税 15 万元，保险费 4 万元，牌照费 0.1 万元。已知超豪华小汽车零售环节的消费税税率为 10%。则该 4S 店 2021 年 8 月应缴纳消费税的下列计算中，正确的是（　　）。

A. 150 × 10% = 15（万元）

B. (150 + 0.1) × 10% = 15.01（万元）

C. (150 + 0.1 + 4) × 10% = 15.41（万元）

D. (150 + 0.1 + 4 + 15) × 10% = 16.91（万元）

15. 甲化妆品厂为增值税一般纳税人。2021 年 10 月销售高档化妆品，取得含税收入

45.2 万元；收取手续费 1.5 万元；另收取包装物押金 1 万元。已知高档化妆品增值税税率为 13%；消费税税率为 15%。则甲化妆品厂当月销售高档化妆品应缴纳消费税税额的下列计算中，正确的是（　　）。

A.（45.2 + 1.5）× 15% = 7.01（万元）

B.（45.2 + 1.5 + 1）× 15% = 7.16（万元）

C.（45.2 + 1.5）÷（1 + 13%）× 15% = 6.2（万元）

D.（45.2 + 1.5 + 1）÷（1 + 13%）× 15% = 6.33（万元）

16. 某企业 2021 年销售货物收入 5 000 万元。当年实际发生业务招待费 100 万元。该企业当年可在所得税前列支的业务招待费金额的下列计算中，正确的是（　　）。

A. 100（万元）　　B. 100 × 60% = 60（万元）

C. 5 000 × 5% = 25（万元）　　D. 100 × 60% − 5 000 × 5% = 35（万元）

17. 居民纳税人赵某 2021 年 6 月工资收入为 30 000 元人民币。其中含差旅费津贴 1 000 元和托儿补助费 500 元；个人缴纳三险一金 2 200 元。已知赵某 2021 年每月收入金额相等；工资、薪金所得减除费用标准为每月 5 000 元；赵某无专项附扣除和其他扣除项目；应纳税所得额超过 36 000 元至 144 000 元的适用预扣率为 10%，速算扣除数 2 520；前五个月已预交个人所得税 8 130 元。则单位代扣代缴赵某 6 月应缴纳个人所得税的下列计算列式中，正确的是（　　）。

A.（30 000 − 5 000）× 6 × 10% − 2 520 − 8 130 = 4 350（元）

B.（30 000 − 1 000 − 500 − 5 000）× 6 × 10% − 2 520 − 8 130 = 3 450（元）

C.（30 000 − 1 000 − 500 − 5 000 − 2 200）× 6 × 10% − 2 520 − 8 130 = 2 130（元）

D.（30 000 − 500 − 2 200 − 5 000）× 6 × 10% − 2 520 − 8 130 = 2 730（元）

18. 张某 2014 年购置一临街的商铺，财产原值 50 万元。2021 年 10 月，其将商铺转让，取得不含增值税转让收入 90 万元。不考虑交易过程中的其他税费，则张某 10 月应缴纳个人所得税的下列计算中，正确的是（　　）。

A.（90 − 50）× 20% = 8（万元）

B. 90 × 20% = 18（万元）

C.（90 − 50）×（1 − 20%）× 20% = 6.4（万元）

D. 90 ×（1 − 20%）× 20% = 14.4（万元）

19. 下列关于房产税的说法中，正确的是（　　）。

A. 产权属于国家所有的免征房产税

B. 赵某将个人拥有产权的房屋出典给侯某，则赵某为该房屋房产税的纳税人

C. 纳税单位和个人租赁房产管理部门、免税单位及纳税单位的房产，由承租人缴纳房产税

D. 房地产开发企业建造的商品房，在出售前已使用应按规定征收房产税

20. 根据关税法律制度的规定，下列各项中，从量计征关税的是（　　）。

A. 啤酒　　B. 手机　　C. 摄像机　　D. 小汽车

21. 根据印花税法律制度的规定，下列各项中，不征收印花税的是（　　）。

A. 发电厂与电网之间签订的购电合同

B. 以电子形式签订的买卖合同

C. 建设工程合同的分包合同

D. 企业与主管部门签订的租赁承包合同

22. 下列污染物按照污染物排放量确定环境保护税计税依据的是（　　）。

A. 大气污染物　　B. 水污染物　　C. 固体废物　　D. 噪声

23. 某公司2021年应补交企业所得税15万元。该公司在规定的期限内没有进行汇算清缴，税务机关责令其缴纳并加收滞纳金。该公司在6月30日办理了汇算清缴手续，并交纳了税款及滞纳金。根据税收征收管理法律制度的规定，从纳税人滞纳税款之日起，应按日加收滞纳税款0.5‰的滞纳金。该公司应缴纳的滞纳金金额的下列计算中，正确的是（　　）。

A. 150 000×0.5‰×30=2 250（元）　　B. 150 000×0.5‰×20=1 500（元）

C. 150 000×0.5‰×15=1 125（元）　　D. 150 000×0.5‰×10=750（元）

二、多项选择题（本类题共10小题，每小题2分，共20分。每小题备选答案中，有两个或两个以上符合题意的正确答案。请至少选择两个答案，全部选对得满分；少选得相应的分数；多选、错选、不选均不得分。）

1. 下列各项中，属于法律行为的有（　　）。

A. 日升月落　　B. 订立遗嘱　　C. 人的死亡　　D. 虚开发票

2. 根据支付结算法律制度的规定，下列各项中，属于无效票据的有（　　）。

A. 更改出票金额的票据

B. 更改出票日期及收款人名称的票据

C. 中文大写金额和阿拉伯数码不一致的票据

D. 出票日期使用小写填写的票据

3. 用人单位辞退张某，张某进行了失业登记。则下列说法中正确的有（　　）。

A. 若张某和用人单位缴纳失业保险费不满1年，则张某不可以申请领取失业保险金

B. 若张某和用人单位缴纳失业险费累计满1年不足5年，则张某领取失业保险金的期限最长为6个月

C. 若张某和用人单位缴纳失业险费累计满5年不足10年，则张某领取失业保险金的期限最长为18个月

D. 若张某和用人单位缴纳失业险费累计10年以上，则张某领取失业保险金的期限最长为24个月

4. 一般纳税人发生的下列应税行为中，可以选择适用简易计税方法计征增值税的有（　　）。

A. 电影放映服务　　B. 文化体育服务

C. 收派服务　　D. 交通运输服务

5. 下列各项中，应征收消费税的有（　　）。

A. 甲电池厂生产销售电池　　B. 丁百货公司零售钻石胸针

C. 丙首饰厂生产销售玉手镯　　D. 乙超市零售啤酒

6. P国公民M于2019年11月1日被P国母公司派往中国工作；12月3日返回P国母公司述职，离境时间共计10天；2021年12月1日被调回P国工作。假设P国与我国没有相关税收协定。则2019年12月M取得的下列所得，不征或免征个人所得税的有（　　）。

A. 在P国出版图书取得的稿酬

B. 12 月回 P 国述职期间由中国子公司发放的工资

C. 12 月境内供职期间由 P 国母公司支付的出差补贴

D. 12 月境内供职期间由中国子公司支付的现金形式的住房补贴

7. 下列支出项目中，在计算企业所得税应纳税所得额时，不得扣除的有（　　）。

A. 向投资者支付的股息、红利　　B. 银行按规定加收的罚息

C. 被没收财物的损失　　D. 直接赞助某学校的支出

8. 下列行为中，不征或免征耕地占用税的有（　　）。

A. 占用鱼塘建设直接为农业生产服务的生产设施

B. 占用林地建设军事设施

C. 占用菜地建造机场跑道

D. 农村居民占用耕地建设自用住宅

9. 下列各项中，征收机关可以参照市场价格核定契税的计税依据的有（　　）。

A. 甲、乙双方互换的房屋价格差额明显不合理且没有正当理由

B. 华侨马某赠与家乡某企业一幢楼房

C. 小王出卖一套房子给小红，因两人私交甚好，所以成交价格明显低于市场价格

D. 某公办学校以明显低于市场的价格购买一栋教学楼

10. 根据税收征收管理法律制度的规定，下列关于重大税收违法失信案件的说法中，正确的有（　　）。

A. 纳税人虚开增值税专用发票属于重大税收违法失信案件

B. 对重大税收违法失信案件的法人应当公布其名称、统一社会信用代码、注册地址、法定代表人

C. 税务机关作出处罚决定后，重大税收违法失信案件的当事人在法定期间内没有申请行政复议，税务机关依法向社会公布其信息

D. 重大税收违法失信案件信息一经录入相关税务信息管理系统，作为当事人的税收信用记录保存 3 年

三、判断题（本类题共 10 小题，每小题 1 分，共 10 分。请判断每小题的表述是否正确。每小题答题正确的得 1 分；错答、不答均不得分，也不扣分。）

1. 行政法规的制定主体是国家最高行政机关即国务院。（　　）

2. 单位分立后原单位解散的，其会计档案则必须交由统一的档案管理机构保管。（　　）

3. 同一单位的基本存款账户与一般存款账户可以在同一家银行开立。（　　）

4. 某公司为员工张某支付培训费 1 万元，约定其服务期为 5 年。3 年后，张某以劳动合同期满为由，不肯再续签合同。公司要求其支付违约金。公司的做法是正确的。（　　）

5. 失业者领取失业保险金，不可低于当地最低工资标准的 80%。（　　）

6. 居民个人取得综合所得，需要办理汇算清缴的，应当在取得所得的次年 1 月 1 日至 3 月 31 日内办理汇算清缴。（　　）

7. 编剧从其任职的电视剧的制作中心取得的剧本使用费，按照“特许权使用费所得”税目征收个人所得税。（　　）

8. 车辆购置税的纳税人购买自用的应税车辆的计税价格，为纳税人购买应税车辆而支付给销售者的全部价款和价外费用，不包括增值税税款。（　　）

9. 甲公司与乙公司签订的买卖合同中注明价款和增值税的合计金额为226万元，其中合同价款和增值税未分别列明。已知甲公司适用的增值税的税率为13%。则该合同甲、乙公司印花税的计税依据为200万元。（　　）

10. 申请人在行政复议决定作出以前，不得撤回行政复议申请。（　　）

四、不定项选择题（本类题共12小题，每小题2分，共24分。每小题备选答案中，有一个或者一个以上符合题意的正确答案，每小题全部选对得满分；少选得相应分值；多选、错选、不选均不得分。）

（一）2021年，财政部门对甲大型国有企业进行检查时，发现如下事项：

1. 该单位负责人安排其女婿担任会计机构负责人；

2. 会计人员王某因生病暂时不能工作，会计机构负责人安排李某直接接任王某的工作；

3. 因人手紧张，出纳张某同时负责会计档案保管；

4. 该企业2016年度亏损20万元。单位负责人授意会计人员李某采取伪造会计凭证等手段调整企业的财务会计报告，将本年利润调整为盈利50万元。李某拒绝执行。单位负责人将李某调离会计岗位。

要求：

根据上述资料，不考虑其他因素，分析回答下列问题。

1. 针对事项1，下列说法中正确的是（　　）。

A. 单位负责人的直系亲属不能担任本单位的会计机构负责人

B. 单位负责人的女婿可以担任本单位的出纳

C. 甲企业可以不实行回避制度

D. 单位负责人的女婿不是直系亲属，所以可以担任本单位的会计机构负责人

2. 针对事项2，下列说法中正确的是（　　）。

A. 王某需要办理会计工作交接

B. 王某办理交接，应由会计机构负责人负责监交

C. 王某只是因生病暂时不能工作，不需要办理会计工作交接

D. 单位负责人应为王某办理会计工作交接进行监交

3. 针对事项3，下列说法正确的是（　　）。

A. 张某不能同时负责会计档案保管

B. 张某可以负责会计档案保管

C. 张某可以兼管固定资产明细账的登记工作

D. 张某同时负责会计档案保管，不符合内部牵制制度的要求

4. 针对事项4，下列说法中正确的是（　　）。

A. 单位负责人有人事权，可以自由决定李某的工作岗位

B. 单位负责人的行为构成了对李某的打击报复

C. 构成犯罪的可以对单位负责人处3年以下有期徒刑

D. 对李某应当恢复其名誉和原有职务、级别

（二）某房产开发股份有限公司（增值税一般纳税人），从事多业经营。2021年12月发生如下业务：

1. 销售商品房取得不含增值税收入3 000万元；合同保证金收入218万元。

2. 自营四星级酒店取得餐饮收入300万元；客房住宿收入1 000万元；会议收入500万元；KTV收入400万元。

3. 与乙公司签订出租写字楼协议，月租金不含增值税为10万元。从2020年12月份起租，租期3年。房地产公司12月份一次性收取第一年租金120万元。

4. 拍得一宗建设用地使用权，支付土地出让金30 000万元。

已知：销售不动产和不动产租赁增值税税率为9%；契税税率为3%；房屋出租房产税税率为12%。

要求：

根据上述资料，不考虑其他因素，分析回答下列问题。

1. 该公司销售商品房，本月增值税销项税额的下列计算中，正确的是（　　）。

A. （3 000 +218）×9% =289.62（万元）

B. （3 000 +218）÷（1 +9%）×9% =265.71（万元）

C. [3 000 −218 ÷（1 +9%）]×9% =252（万元）

D. [3 000 +218 ÷（1 +9%）]×9% =288（万元）

2. 该公司自营的四星级酒店取得的下列收入中，应当按照生活服务缴纳增值税的是（　　）。

A. 餐饮收入300万元

B. 客房住宿收入1 000万元

C. 会议收入500万元

D. KTV收入400万元

3. 该公司出租写字楼服务，本月增值税销项税额和应缴纳房产税的下列计算中正确的是（　　）。

A. 增值税销项税额 =120 ×9% =10.8（万元）

B. 增值税销项税额 =120 ÷12 ×9% =0.9（万元）

C. 应纳房产税 =120 ×12% =14.4（万元）

D. 应纳房产税 =120 ÷12 ×12% =1.2（万元）

4. 该公司取得建设用地使用权支付土地出让金30 000万元。应纳契税的下列计算中，正确的是（　　）。

A. 0

B. 30 000 ×3% =900（万元）

C. 30 000 ÷（1 +10%）×3% =818.18（万元）

D. 30 000 ÷（1 +3%）×3% =873.79（万元）

（三）甲公司为居民企业，主要从事电冰箱的生产和销售业务。2021年有关经营情况如下：

1. 销售电冰箱收入8 000万元；出租闲置设备收入500万元；国债利息收入50万元；接受乙公司投资取得投资款30万元。

2. 符合条件的广告费支出1 500万元。

3. 向银行借入流动资金支付利息支出55万元；非广告性赞助支出80万元；向客户支付违约金3万元；计提坏账准备金8万元。

4. 全年利润总额为900万元。

已知：广告费和业务宣传费支出不超过当年销售（营业）收入15%的部分，准予扣除。

要求：

根据上述资料，不考虑其他因素，分析回答下列问题。

1. 甲公司下列收入中，应计入2021年度企业所得税收入总额的是（　　）。

A. 出租闲置设备收入500万元　　B. 国债利息收入50万元

C. 销售电冰箱收入8 000万元　　D. 接受投资款30万元

2. 甲公司在计算2021年度企业所得税应纳税所得额时，准予扣除的广告费支出是（　　）万元。

A. 1 275　　B. 1 500　　C. 1 287　　D. 1 200

3. 甲公司在计算2021年度企业所得税应纳税所得额时，下列支出中，不得扣除的是（　　）。

A. 向银行借入流动资金支付利息支出55万元

B. 向客户支付违约金3万元

C. 计提坏账准备金8万元

D. 非广告性赞助支出80万元

4. 计算甲公司2021度企业所得税应纳税所得额的下列算式中，正确的是（　　）。

A. 900 +（1 500 − 1 287）+ 80 + 3 + 8 = 1 204（万元）

B. 900 − 50 +（1 500 − 1 275）+ 80 + 8 = 1 163（万元）

C. 900 − 500 + 55 + 8 = 463（万元）

D. 900 − 30 +（1 500 − 1 200）= 1 170（万元）

参考文献

[1] 财政部会计资格评价中心．经济法基础［M］．经济科学出版社，2021.
[2] 王婷婷，孙桂娟．经济法基础［M］．立信出版社，2022.
[3] 李贺，宋建涛．经济法基础［M］．立信出版社，2021.
[4] 何万能，邓黎明，贺旭红．经济法基础［M］．中国财政经济出版社，2021.
[5] 东奥会计在线．经济法基础［M］．北京科学技术出版社，2021.
[6] 中华会计网校．经济法基础［M］．高等教育出版社，2021.
[7] 中国注册会计师协会．税法［M］．中国财政经济出版社，2022.
[8] 全国税务师职业资格考试教材编写组．税法Ⅰ［M］．中国税务出版社，2021.
[9] 全国税务师职业资格考试教材编写组．税法Ⅱ［M］．中国税务出版社，2021.